# 제 5 판 머리말

김연아, 반기문, 삼성전자, 포스코…. 세계 최고의 자리에 오른 한국의 대표적인 이름들이다. 이처럼 빛나는 한국인, 한국제품, 한국기업은 늘어나고 있는데, 지금 우리가 가장 크게 고민해야 할 바는 무엇인가? 어떻게 하면 한걸음 더 나아가 한국경제를 세계 최고의 수준에 올려놓을 것인가 하는 문제일 것이다. 그리고 그 답은 개인, 기업, 정부 할 것 없이 경쟁자들을 모방할 것이 아니라 그들의 강점을 융합하여 앞서 갈 수 있는 독창적 모델을 찾는 데 있다고 생각한다. 이 책은 그런 모델을 찾기 위한 하나의 시도이다.

한국경제만의 독창적 모델을 찾기 위해 가장 중요한 것은 무엇보다 한국경제를 잘 아는 것이다. 어느 북극점 등반가의 이야기가 생각난다. 비행기를 타고 또 자동차로 갈아탔는데도, 북극점까지 6시간을 더 걸어가야 했다. 만반의 준비를 하고 북극점을 향해 6시간을 부지런히 걸은 다음 위치를 확인해 보았더니 놀랍게도 여전히 출발한 지점 바로 그 위치였다. 큰 얼음판 위를 걷고 있었는데, 그 얼음판이 걷는 것과 똑같은 속도로 반대 방향으로 떠내려갔던 것이다. 지금 우리는 그 등반가와 다르지 않다. 우리는 한국경제라는 얼음판 위를 걷고 있다. 얼음판이 반대 방향으로 가면 아무리 열심히 걸어도 앞으로 나아가기 힘들다. 얼음판이 위기를 당하면 우리 모두 위기를 당한다. 얼음판을 잘 알고, 국민의 행복이라는 북극점을 향하여 잘 나아가게 만들어야 한다.

개인이나 기업은 한국경제라는 얼음판을 걷지만 한국경제는 세계경제라는 얼음판 위를 걷고 있다고 할 수 있다. 그것도 4대 강국에 둘러싸인 채 말이다. 손자병법은 지피지기 백전불태(百戰不殆), 즉 적을 알고 나를 알면 백 번 싸워도 위태롭지 않다고 했다. 개인이나 기업의 지피(知彼) 대상은 한국경제이고, 한국경제의 지피 대상은 세계경제이다. 4대 강국도 포함된다. 그래서 이 책은 세계경제와 4대 강국 경제에 대한 설명부터 시작한다(제1장). 그리고 세계경제에서 중요성이 점증하고 있는 EU와 인도의 경제도 제1장에서 설명한다.

## 1. 한국경제의 주요 문제

개미와 베짱이(매미)에 관한 우화를 보면, 매미는 여름철 노래만 부르다가 겨울철 양식이 없어서 개미에게 구걸하러 간다. 이는 농경사회 이야기이다. 지식사회에서는 매미가 여름철 경치 좋은 곳을 찾아 다니면서 노래하다가 음반이 나와서 떼돈을 벌고, 신세대 개미는 여름철 일하다가 허리를 다쳐서 매미에게 구걸하러 다닌다. 경제전쟁 시대에서는 이야기가 다시 바뀐다. 많은 돈 관리에 노하우가 있는 매미는 열심히 일하여 벌어 놓은 개미의 돈을 빼앗아 간다. 개미는 열심히 일하여 매미를 먹여 살려야 할지도 모른다.

한국은 제조업으로 열심히 일하여 돈을 버는 개미, 국제금융 재벌들은 금융 노하우로 개미의 돈을 빼앗는 매미에 비유된다. 제조업 제품을 수출하여 100억 달러(11~12조원)를 벌려면 수많은 사람들이 밤을 새고 산재 사고를 당하는 등 엄청난 고생을 해야 한다. 그러나 12조원이라는 돈을 증권시장에서 매미들에게 빼앗기는 데는 하루도 채 안 걸린다. 한국은 금융이 약해서 제조업으로 번 돈을 많이 빼앗기고 있다. 어느 유명 경제연구소 대표는 1997년 외환위기 이후 3년도 채 안 되어서 외국금융 매미들에게 최소한 100조원은 빼앗겼을 것이라고 했다. 우리는 한국경제의 문제점을 잘 알아야 한다. 그럼 어떤 문제가 있는가? 중요한 것 몇 가지를 보기로 하자.

• 한국의 10대 그룹 435개사의 자산총액은 7,901억 달러이고, 미국 GE의 자산은 7,818억 달러이다. 이는 연말 환율기준인데, 더 높은 연평균 환율을 적용하면 GE보다 적다. 중국에는 1993년까지 세계적 대기업(『포춘』지 글로벌 500)이 한 개도 없었지만 2010년에는 46개나 되었다. 같은 기간 한국의 대기업은 12개에서 10개로 감소했다. 한국의 국가대표 기업은 수도 적고 규모도 작은데, 그 이유는 무엇인가?

• 매년 전문대 이상 학교 졸업자 중 53만 명, 고졸자를 포함하면 63만 명이 취업 가능하다. 2000년부터 일자리가 이보다 많이 만들어진 해는 한 해도 없다. 취업자가 오히려 감소한 해도 있다. 실업자, 자살자가 증가하고 있는데, 그 대책은 무엇인가?

• 삼성전자 우선주의 80% 이상을 외국인이 소유하고 있다. 삼성전자의 소유자는 누구인가? 한국 우량기업 주식의 상당부분을 외국인들이 소유하고 있다. 왜 이렇게 되었는가?

• 인구가 한국의 5분의 1도 채 안 되는 스위스에는 은행이 350개나 있는데, 한국에는 18개밖에 없다. 세계 1,000대 은행 중 스위스에는 31개, 한국에는 9개가 있다. 한국 9대 은행 자산총액은 1.1조 달러, 스위스 UBS의 자산은 1.3조 달러이다. 한국금융의 현실이 이런데, 일류 선진국이 될 수 있는가?

• 한국산 반도체, 휴대폰, 선박, 자동차 등은 세계 최고수준인데, 한국 돈은 세계에서 돈 취급을 받지 못하고 있다. 한국 돈 1원의 가치는 1달러의 1,000분의 1도 안 된다. 경제전쟁은 돈으로 하는 것인데, 돈 가치가 이런데도 경제전쟁을 잘 할 수 있는가?

• 한국은 가로 세로 1,000m되는 땅에 500명이 살아야 할 정도로 인구밀도가 높다(인구밀도 세계 6위, 식량자급도 26.2%). 이렇게 많은 인구가 좁은 땅에서 살게 되면 어떤 문제가 발생하는가? 손자병법은 전쟁의 승패를 좌우하는 것은 첫째 국토, 둘째 자원, 셋째 인구, 넷째 군사력, 다섯째 승패의 기회라고 했다. 한국은 처음 두 가지의 불리함을 잘 극복해야 할 것이다.

• 호남선에는 앞으로 시속 400km의 KTX가 운행될 예정이다. 시속 700km의 KTX도 개발될 전망이다. 전국이 하나의 도시권으로 되어 가는데, 이에 대한 대책은 무엇인가?

• 태릉선수촌은 올림픽에 출전할 태극전사의 양성소이다. 경제올림픽에 출전할 각종 태극전사의 양성소는 어느 곳인가? 바로 세계수준의 종합연구대학(CRU)이다. 한국의 CRU는 세계경제전쟁 시대에 필요한 세계수준의 각종 전문가를 얼마나 잘 육성하고 있는가?

• 수출상품 중 수익성이 가장 좋은 것, 국가 브랜드 중 가장 중요한 것은 무엇인가? 우리는 왜 돈(원화)을 수출하지 못하는가?

• 가난한 공산국가의 야산이나 개천에는 살아서 움직이는 동물이 없다. 굶어 죽는 사람들이 모두 잡아먹기 때문이다. 굶어 죽는 사람들의 나라를 동경하는 사람들이 많은 이유, 그리고 그들이 원하는 것은 무엇인가?

• 한국경제는 2010년에 1,100조원의 국민소득(GNI)을 생산한다. 이런 규모의 경제를 잘못 관리하여 성장률을 1%만 떨어뜨리면 11조원(5억원짜리 아파트 2만 2천 채)의 국민소득이 날아간다. 반대로 잘 하여 10%를 더 성장시키면 110조원의 국민소득을 증가시킬 수 있다. 어떻게 관리하고 키워 나가야 하는가?

## 2. 왜 독창적 모델인가

한국은 254개 국 중 9대 수출대국, 28개 선진국 중 경제규모 제 9 위로 〈전 세계 수출 탑 텐〉, 〈경제규모 선진국 탑 텐〉이 되었다. 1인당 국민소득 2만 달러, 경제규모 1조 달러의 경제가 되었다. 정부는 한국을 2020년까지 〈세계 일류 선진국〉으로 만드는 비전을 제시했다(제 2 장). 한국은 일류선진국이 될 수 있는가? 가장 중요한 것은 독창적 모델을 잘 개발하는 것이다.

글로벌경쟁력(GC) 서양 제일인 스위스, 동양 제일인 싱가포르(세계경제포럼), 그리고 세계 제일의 경제대국 미국 등 일류국가들은 모두 독창적 모델이 있다. 특히 싱가포르는 1인당 국민소득(구매력평가)이 일본보다 크게 높다. 스위스보다도 높다. 만약 이웃나라를 모방했더라면 수천 달러에 불과했을 것이다.

한국 주위의 4대 강국들도 모두 독창적 모델이 있다. 칭기즈칸과 몽고족들도 독창적 모델이 있었다. 그들은 러시아를 240년간 통치하고, 중국은 원(元)나라를 세워서 통치하고, 인도는 무갈제국을 설립하여 다스렸다. 무갈은 페르시아말로 몽골을 의미한다. 중동과 유럽 여러 나라도 지배하였다. 독창적 모델이 없었다면 당시 인구 70～100만 명으로 이런 거대 제국들의 정복은 생각조차 할 수 없었을 것이다. 세계 일류는 개인, 기업, 국가 할 것 없이 모두 독창적 모델로 일류가 된다.

한국도 지정학적 위치, 문화, 자원조건, 역사적 전통 등의 특성에 맞는 독창적 모델을 개발해야 한다. 한국은 경쟁단계로 볼 때 혁신주도형 단계에 와 있다. 독창적 모델을 개발해야 하는 단계이다. 따라서 본서에서는 한국인의 독창적 MCC전략(제 9 장)과 코리아 모델(제 11 장), 독창에 이르는 4단계(제 10 장) 등을 개발하려고 했다. 일류 선진국이 되기 위한 12가지의 방향이나 방법을 제시하려고 했다. 이는 제13장에 자세히 설명되어 있다.

전 세계의 200개가 넘는 개도국들 중 상당수는 경제기적을 이룩한 한국의 발전 경험을 배우려고 한다. 발전경험을 외국에 전수하기 위해서는 우리 자신부터 코리아 모델을 잘 알 필요가 있다(제 8 장, 제 11 장). 코리아 모델의 초안은 저자가 이원복 교수와 같이 쓴 만화책 『부자국민 일등경제』에 발표한 바 있다. 그 이후 피터 드러커, 게리 베커, 필립 코틀러 등 국내외 전문가들로부터 평을 받아 수정하고 개선했다.

저자는 그 동안 수많은 외국의 공무원, 학생, 기업인을 대상으로 이 모델에 관한 강의를 여러 차례 한 바 있다. 강의할 때 개도국 전문가들에게 한국처럼 경제발전을 하려면 무엇보다 기업과 산업을 많이 육성하고 그 GC를 향상해야 함을 강조한다. 이 책도 산업(제3장)과 기업(제4장)의 성장을 국가경제의 성장(제2장)과 더불어 별개의 장으로 다룬다. 한국이 삼성전자와 같은 기업을 20개만 더 일으키면 1인당 국민소득이 2배가 되듯이 개도국들도 코리아 모델로 경제발전을 하기 위해서는 크고 작은 기업을 많이 육성하고 그 GC를 향상시켜야 한다. 이를 위해서 코리아 모델은 3개의 기초조건, 5개의 핵심 결정요인 그리고 3개의 환경적 요인들을 잘 해결해야 함을 강조한다(제11장). 한국은 사실 경제개발 초기단계부터 이렇게 해 왔고 앞으로도 그렇게 해야 할 것이다. 이것이 코리아 모델의 핵심이다. 저자의 경험으로는 이렇게 설명하는 것이 개도국 전문가들에게 가장 도움이 되는 것 같다.

• 대부분의 경제원론 교과서들은 경제성장의 결정요인은 생산요소(노동, 자본)와 생산기술이라고 한다. 우리의 코리아 모델은 이들 요인도 중시하지만, 경제가 성장하려면 무엇보다 기업과 산업이 성장해야 함을 강조한다. 때문에 코리아 모델은 기업과 산업의 GC향상을 강조하는 것이다.

• 경제학에서 제일 중요한 법칙인 수요와 공급의 법칙을 정립한 위대한 경제학자 알프레드 마샬은 "경제학은 경제활동을 하는 인간에 관한 학문"이라고 했다. 그런데 경제원론 교과서들은 대부분 최근까지 한국인은 물론 인간에 대해 다루지 않았다. 미국에서도 마찬가지이다. 경영학의 시조 피터 드러커 교수는 인간을 다루어야 할 경제학이 상품이나 서비스만을 다루는 데 실망하여 경제학에 흥미를 잃었다고 했다. 코리아 모델은 배움과 스피드를 중시하는 등의 한국인의 특성과 강점을 중시한다.

• 경제학은 사회과학인데, 경제원론 교과서들 중에는 과학으로서의 경제원리만 가르치지, 한국사회는 도외시하는 것이 많다. 한국은 2000년부터 고령화 사회가 되었고, 이미 총인구의 10%가 되어 버린 노인인구는 싱가포르 인구보다 많다. 생산인구는 2016년, 총인구는 2020년부터 감소할 전망이다. 1인가구의 비율은 20%를 넘었고, 외국인 부모를 둔 가정, 결손가정 등이 증가한다. 최근 중산층

이 감소하고 있다. 굶어 죽는 사람들의 나라인 공산국가를 동경하는 사람들이 많아서 사회가 분열될 우려도 있다. 코리아 모델은 한국사회의 특성과 강점을 중시한다.

• 또한 경제원론 교과서들은 똑같은 제품을 수많은 중소기업들이 되풀이 생산하면서 치열하게 경쟁하는 완전경쟁시장을 이상적이라고 가르친다. 그러나 현실은 휴대폰, 자동차, PC 할 것 없이 세계적인 소수의 대기업들이 글로벌시장에서 혁신적인 제품과 전략으로 치열하게 경쟁한다. 대기업, 혁신 및 전략의 중요성을 처음으로 주창한 경제학자는 조셉 슘페터이다. 피터 드러커 교수는 앞으로의 세계는 슘페터 경제학의 시대가 될 것이라고 했다. 토마스 매크로 하버드 경영대 교수도 같은 주장을 했다. 그러므로 코리아 모델 역시 슘페터 경제학을 중시한다.

## 3. 한국경제의 근본목표

지도자들이 근본문제가 무엇인지 모르는 것, 그 자체가 근본문제라는 말도 있다. 한국경제라는 배는 국민 5천만 명이 타는 배이다. 지도자들 중에는 고의로 배를 흔들어 승객을 불안하게 만들거나, 선의로 열심히 배를 몰지만 운항 경험이 없어서 승객을 불안하게 만드는 사람도 있다. 그런데 유능한 선장은 무엇보다 배를 안전하고 안정되게 운항한다(경제안정). 승객들을 차별하지 않고 누구든지 배의 각종 시설을 활용하게 만든다(분배). 승객들의 여행을 쾌적하게 만든다(삶의 질의 향상). 그리고 무엇보다 목적지에 빨리 잘 도착하도록 한다(성장). 이 네 가지가 근본목표가 된다. 이를 못하는 것이 바로 근본문제가 되는 것이다.

한국경제라는 배의 근본 경제목표도 경제성장, 경제안정, 형평 및 삶의 질 향상의 네 가지이며, 근본 경제문제는 이 네 가지를 못하는 것이다. 이에 관해서는 게리 베커 시카고대 교수의 자문을 받았다. 그는 인적자본(생산성에 영향을 주는 교육, 훈련, 기강, 건강 등)에 관한 연구로 1992년 노벨경제학상을 받은 바 있다.

인류 역사를 놓고 볼 때 국가 지도자들이 근본 경제문제를 몰라서 국민을 혼동시키고 국가경제를 파탄 낸 예는 수없이 많다. 한국에서도 과거 정권이 바뀔 때 근본 경제정책목표가 바뀌어 국민들은 혼동하고 경제는 불안하게 된 적이 있었다. 공산국가 지도자들은 더욱 그러했다. 공산주의 종주국 소련은 지도자들이 70년간이나 분배만이 근본 경제문제라고 착각한 결과 나라 자체가 없어졌다. 스위스, 싱가포르, 미국과 같은 일류 선진국들의 특징은 무엇보다 근본 경제목표가 확실하다는 점이다. 이 책은 한국의 근본 경제목표(문제)를 밝히고 또한 선진국 사례를 토대로 검토하고자 한다(제2~7장).

## 4. 왜 전략인가

한국은 평시 속의 전시인가, 전시 속의 평시인가? 유럽인들은 유사 이래 수많은 전쟁을 겪었으므로 평화는 전쟁 중의 평화라고 생각하는 경향이 강하다. 반면 미국인들은 평화 속의 전쟁이라는 생각이 강하다. 미국은 이라크 전쟁, 아프가니스탄 전쟁 등을 계속하지만 방대한 국력의 일부만 사용하고, 다른 나라에서 전쟁을 하므로 국민 대다수는 실감하지 못한다. 따라서 "미국에 유학 간 한국 학생들이 태평성대를 누리는 미국 학자들이 미국을 배경으로 주창한 것을 그대로 배워 와서 한국에 적용하려고 하는 것이 큰 문제이다. 한국인들은 세계 4대 강국 사이에서 생존해야 한다는 사실을 한시라도 잊어서는 안 된다. 한국의 평화는 전쟁속의 평화이다(이홍영 캘리포니아대 정치학 교수)." 국력의 지속적 확대가 생존과 직결되는 한국은 경제성장도 최소한 중국만큼은 중시해야 할 것이다(한국은 세계에서 전략을 가장 중시해야 할 국가 중의 하나이다).

한·일간 무역을 보면, 과거 일본은 전자제품, 한국은 어류 생산에 비교우위가 있어서 서로 비교우위에 따라서 생산하고 수출했다. 그러나 지금은 한국이 일본에 전자제품을, 일본이 한국에 생선을 수출하기도 한다. 왜 그렇게 되었는가?

한국은 철광석, 원유 등에 비교우위가 없음에도 불구하고 철강제품, 석유제품의 수출국이 되었다. 마이클 포터 하버드 경영대 교수는 비교우위를 결정하는 것은 자원(보이는 것)이고 경쟁우위를 결정하는 것은 두뇌(보이지 않는 것)라고 했다. 그런데 보이는 것이 결정하는 것은 비교우위이고, 보이지 않는 것이 결정하는 것은 경쟁우위인데, 경쟁우위를 결정하는 것이 곧 전략이라고 할 수 있다. 안동이 간 고등어를 수출하게 된 것, 자연자원이 없는 스위스, 싱가포르, 한국이 산업화를 한 것 등은 모두 전략의 결과이다. 저자는 한국인에 잘 맞는 전략은 제9장에 제시된 MCC전략이라고 생각한다. 그리고 전략의 수립과 시행을 위한 〈전략의 4단계〉를 마이클 포터 교수의 자문을 받아서 개발했다(제 9 장).

전략은 무력전쟁으로 볼 때도 대단히 중요하다. 예를 들어 베트남이 미국, 프랑스와 싸워 이긴 것, 칭기즈칸이 세계를 정복한 것은 전략이 아니면 설명이 어렵다. 중국은 산동성 인구만 2000년에 8,880여만 명이나 된 거대국가이다. 전략 개념이 없는 사람은 인구규모만 보고 한국은 중국의 변방에 불과하다고 생각하기 쉽다. 같은 이치로 스위스도 독일, 프랑스, 이탈리아의 변방이고, 싱가포르는 인도네시아나 말레이시아의 변방이라고 생각하기 쉽다. 그렇게 생각하다가는 독창적 모델을 찾지 못하고 발전도 못한다. 이웃나라에 부담만 주는 변방이 되기 쉽다. 그러나 전략을 잘 짜면 스위스나 싱가포르처럼 이웃나라를 크게 앞서고 도움을 줄 수도 있다. 때문에 이 책은 전략을 별도의 장으로 다룬다(제 9 장). 어느 제과회사 대표는 제과 3사간의 경쟁은 『삼국지』에 나오는 3국간의 전쟁과 똑같다고 했다. 실제로 글로벌 경쟁시대 많은 기업들은 전쟁에 버금가는 경쟁을 한다. 전략의 중요성은 이루 말할 수 없이 크다. 경제전쟁시대 우리는 전투사회인 한국을 전략사회로 바꾸어야 한다(박재희 포스코 전략대학 석좌교수).

## 5. 자본주의 시장경제의 창달

한국에는 자본주의(시장경제)를 잘 모르기 때문에 굶어 죽는 사람들의 나라인 공산국가를 동경하는 사람들이 적지 않다. 인류 역사를 놓고 볼 때 가장 똑똑한 사람들도 가장 잘 혼동한 것이 바로 시장경제라고 할 수 있다. 한국이 세계에서 유일하게 자본주의와 공산주의가 대치하는 분단국가가 된 것도 이 때문이다. 한국인이 이를 옳게 이해하는 것은 통일과 관련해서도 대단히 중요하다. 저자는 소련붕괴 직전 이원복 교수와 같이 만화책 『자본주의 · 공산주의』를 쓴 바 있다. 그 이후 국민들의 시장경제에 대한 이해의 수준이 대단히 높아졌지만 앞으로 한국이 일류 선진국이 되려면 국민 모두 시장경제 창달의 조건을 잘 알아야 한다(제 12 장).

## 6. 이 책을 쓰면서

세계 제일의 경제대국 미국에는 세계에서 가장 좋은 경제원론 책들이 가장 많다. 이들은 대부분 미국경제론 책이다. 세계 제 2 의 경제대국 일본에도 일본경제론 책들이 대단히 많다. 20판 넘게 출판된 책도 있다. 영국에도 18판이나 출판된 영국경제론 책이 있다. 선진국들은 경제전쟁시대 교범과 같은 경제교과서들이 있다. 그러나 한국은 그렇지 못하다. 특히 1997년 경제위기 전에는 한국경제교과서가 없었고, 코리아 모델에 관한 국민적 합의도 없었다. 때문에 경제위기를 맞이했고, 경제위기를 계기로 한국모델을 버리고 외국모델을 모방했다. 기업들도 GM과 같은 미국기업모델을 모방했다. 그 과정에서 엄청난 손해를 보았다. 더욱이 얼마 전 GM은 부도가 났다.

저자는『한국경제론』을 1981년에 초판, 그리고 1992년에 제 3 판을 출간했다. 영문책 *The Rise of the Korean Economy*는 옥스퍼드대학 출판부에서 1990년에 출판된 후 2003년까지 제 3 판을 냈다. 초판은 바로 중국 최대출판사인 상무인서관에서『한국경제의 굴기(掘起)』라는 제목으로 번역 출판되었다. 베트남어로도 번역된 바 있다. 제임스 토빈 예일대 교수(노벨경제학상 수상)는 스스로 4페이지나 되는 귀중한 평을 보내 주셨다. 외국의 다양한 전문가들로부터 귀중한 평을 많이 들을 수 있었다. 2006년에는『한국경제론』 제 4 판을 냈는데 제목은 출판사와 상의 끝에『일류 선진국이 되는 한국경제의 길』로 했다. 이번 제 5 판은 국민소득 1,000조원 시대의 한국경제에 관한 것으로 제목을『한국경제의 길 - 독창적 모델을 찾아서 -』로 했다.

경제학은 대단히 중요한 학문이지만 참으로 어려운 학문이기도 하다. 온 국민을 잘 살게 하는 학문이 어려울 수밖에 없는 것이 어쩌면 당연한 것 같기도 하다. 〈한국경제론〉은 학생들이나 일반인들에게 가르치는 일도 대단히 어렵지만 책으로 쓰기는 더더욱 어렵다. 저자는 이 책을 쓰면서 각종 국내외 최근 통계를 분석하고 수없이 많은 참고문헌도 여러 차례 검토해야 했다. 통계자료에 따라서는 수집기관에 따라서 차이가 나는 것도 있다. 또한 경제문제에 따라서는 어느 한두 명의 학자나 전문가가 쉽게 결론을 내릴 수 있는 것도 아니다. 정답을 쉽게 찾을 수 없는 문제도 적지 않다. 예를 들어, 박상철 서울의대 교수에 따르면 영양학 교수들은 잡곡밥이 건강에 좋다고 권장하는데, 100세에 가까운 장수인들을 만나보면 잡곡밥을 먹는 사람이 한 사람도 없다는 것이다.

저자는 각종 경제문제를 국내외 저명 전문가들의 견해를 바탕으로 객관적으로 분석하려고 노력했다. 문제에 따라서는 저명 학자의 연구결과를 그대로 인용한 경우도 있고, 저자의 주장을 가미한 것도 있다. 이런 것은 그대로 받아들이기보다 참고로 하였으면 한다.

경제학은 본래 그 자체가 즐겁고 또한 인간에게 즐거움을 주는 학문이 되어야 한다. 경제학의 시조 아담 스미스는 『국부론(國富論)』(1776년)을 심심해서 재미로 썼다고 했다. 자본주의 시장경제와 경제학은 이 책에서 출발했다. 이 책은 너무나 유명해서 모르는 사람이 없지만 읽어 본 사람도 없다는 우스갯소리도 있다. 미국 노벨경제학상 제1호인 폴 사뮤엘슨 MIT 교수는 수많은 논문과 책을 모두 즐기면서 썼다고 했다. 저자는 그의 강의를 들은 첫 한국인이었던 것 같다. 경영학의 시조 피터 드러커 교수는 자신이 원하는 것은 경영학의 연구와 강의인데, 이를 평생 즐기면서 할 수 있었던 것은 행운이라고 했다.

논어에 "아는 것보다 좋아하는 것, 좋아하는 것보다 즐기는 것이 낫다"(知之者 不如好之者, 好之者 不如樂之者)는 말이 있다. 저자는 이 책을 즐기면서 쓰고 경제학공부를 하지 않은 사람들도 즐기면서 읽을 수 있도록 쓰려고 했다. 그러나 주제에 따라서는 한계가 있다. 좋은 책을 쓰려고 했으나 막상 써 놓고 보니 부족한 점이 많아 보인다. 독자들의 기대에 어긋나는 점은 삼가 너그러운 양해를 구하는 바이다.

한국에는 훌륭한 경제전문가나 연구소들이 대단히 많다. 한국경제관련 훌륭한 저서나 논문도 대단히 많다. 이 책을 쓰면서 많이 읽고 참으로 많은 도움을 받았다. 참고문헌이나 통계도 여러분들이 보내 주셨다. 많은 분들을 만나 직접 배우기도 했다. 도움을 주신 분들 한 분 한 분께 깊은 감사를 드린다. 특히 서울대 김인준 교수, 이지순 교수와 김병연 교수, 그리고 손길승 SK그룹 회장 겸 전경련 회장(전), 삼성경제연구소 최우석 대표(전), 경제발전연구회의 좌승희 교수와 김종석 교수, 한국능률협회 경영자교육위원회 심갑보 회장, 전략연구모임의 교수님들, 삼성경제연구소의 이유경 님과 김정민 님께 깊은 감사를 드린다. 마지막으로 원고 정리를 도와준 서울대 경제학과 대학원생 노재연 양, 한혜란 양, 강준모 군, 그리고 이 책 출판에 아낌없는 도움을 주신 박영사 김양형 님, 조성호 님, 이선주 님 그리고 관계자 여러분께 머리 숙여 깊은 감사를 드린다.

2010. 9

저자 올림.

# 목차

C.O.N.T.E.N.T.S

## 제 I 부 글로벌경제와 경제목표

### 제1장 글로벌경제와 한국경제



### 제2장 경제성장

## 제5장 경제안정



## 제6장 형 평



## 제7장 삶의 질

# 제Ⅱ부 코리아 모델

## 제8장 한국의 기업모델



## 제9장 한국인의 전략: MCC(융합) 전략과 전략의 4단계



## 제10장 한국인의 경쟁단계: 혁신과 독창

## 제11장 코리아 모델: 기업과 산업의 육성과 GC의 향상



## 제12장 한국경제와 시장경제 창달의 조건



# 제 Ⅲ 부 생육하고 번성하는 경제

## 제13장 독창적 모델을 찾아서

제 I 부

# 글로벌경제와 경제목표

"생육하고 번성하여 땅에 충만하라. 땅을 정복하라."

- 성서

# 제 1 장 글로벌경제와 한국경제

## 1.1 글로벌 경쟁력의 시대

지금은 글로벌 경쟁력 시대이다. 세계경제와 한국경제, 그리고 그 관계를 잘 알아야 하는 시대이다. 한국의 경우 수출입이 국민총소득에서 차지하는 비중이 2008년 100%가 넘을 정도로 해외의존도가 높기 때문에 더욱 그러하다.

중국이 세계 제 2 의 경제대국으로 부상하고 한국의 최대 수출시장은 미국에서 중국으로 바뀌었다. 뿐만 아니라 중국에 대한 수출이 미국에 대한 수출의 2배가 넘는다. BRICs가 거대 경제권으로 부상하는 등 최근 글로벌경제는 급변하고 있다. 세계에서 유일하게 4대 강국 속에서 생존해야 하는 한국은 세계 4대 강국과 동아시아 경제권도 특히 잘 알아야 한다. 글로벌경제 시대는 글로벌기업들의 시대라고 할 수 있다. 글로벌기업들도 잘 알아야 한다. 그러므로 한국의 경제문제를 보기에 앞서 이런 문제를 제 1 장에서 살펴보기로 한다.

지금은 글로벌 경쟁력(GC : global competitiveness)의 시대이다. GC우위기업 하나의 경제규모가 GC열위국가의 경제규모보다 크게 될 수도 있다. 심지어 GC가 강한 개인의 경제규모도 그렇게 될 수 있다. 앞으로 GC의 중요성은 개인, 기업, 국가차원에서 계속 증가할 수밖에 없다.

| | |
|---|---:|
| 에티오피아(인구 8천 백만)의 경제규모 | $227억 |
| 삼성전자(종업원 18.8만)의 매출액 | $1,089억 |
| 중국석유화공(종업원 63만)의 매출액 | $1,875억 |
| 워런 버핏의 재산 | $620억 |
| 북한(인구 2천 3백만)의 경제규모 | $248억 |
| 월마트(종업원 210만)의 매출액 | $4,081억 |

위의 자료 중 기업은 『포춘』지(2010. 7. 26), 에티오피아의 경제규모는 세계은행 『세계개발보고서』(2010), 북한 경제규모는 통계청의 『북한의 주요 통계지표』(2009)의 자료이며 2008년 기준이다.

에티오피아는 인구 8천 백만 명, 1인당 국민소득 280달러로 국가 전체 경제규모가 227억 달러이다. 같은 해 종업원 18.8만 명의 삼성전자 매출액은 1,089억 달러이고, 부가가치는 327억 달러였다. 삼성전자의 부가가치가 에티오피아의 경제규모보다 더 크다. 워런 버핏의 재산은 620억 달러인데, 이는 6억 원짜리 아파트 100채가 있는 동네 1,200여 개에 해당하는 규모이다. 북한의 경제규모는 248억 달러이다(1인당 GNI $1,065로 계산). 그러나 그 몇 분의 1밖에 안 될 것이라고 하는 사람도 많다.

그런데 GNI는 부가가치 개념이다. 삼성전자의 규모를 국가와 비교하기 위해서 매출액을 부가가치로 환산하면 $327억이 된다. 이는 한국은행이 작성한 투입산출표에 나타난 6개 전자산업의 평균 부가가치율 30.0%를 적용한 것이다. 삼성전자의 부가가치 규모는 에티오피아 경제규모의 거의 1.4배이고, 북한 경제규모보다 더 크다.

세계 최대(종업원 규모기준) 회사인 월마트의 매출액은 4,081억 달러나 된다. 월마트의 종업원은 210만 명으로, 이런 회사 몇 개를 한국 내에 설립하면 실업문제가 거의 해결될 수 있다. 오히려 취직할 사람이 부족해질 정도이다. 조금 다른 이야기이나 중국 최대의 기업 중국석유화공은 매출액이 삼성전자의 약 2배가 안 되나 종업원은 무려 3배 이상이다. 중국석유화공이 삼성전자와 같은 GC우위기업이 되려면 수십만 명을 해고해야 한다. 이것이 중국의 공기업 구조조정의 중요한 문제의 하나이다. 중국의 많은 공기업은 인력을 과다 고용하고 있다.

삼성전자는 얼마 전 한국 총수출의 17%, 한국 법인세 총액의 6%를 납부한 바 있다. 삼성전자 같은 기업이 6개만 있으면 현재 한국의 수출을 모두 담당할 수 있고, 17개만 있으면 법인세 전액을 납부할 수 있다. 글로벌 경쟁력시대 우리의 생활수준이나 국력은 삼성전자나 포스코 같은 GC우위기업들에 의해서 결정된다. 피터 드러커 교수는 "기업은 사회의 기둥"이라고 했다.

한국이 농경사회였을 때 한국인을 먹여 살린 것은 농업이었다. 그러나 지금 국민총생산 중 농업의 비중은 2.3%에 불과하다. 국민을 먹여 살리는 것은 농업보다 제2차 및 제3차 산업이고, 그 생산물은 대부분 기업에 의하여 생산되므로 국민을 먹여 살리는 것은 곧 기업이다. 따라서 국민의 풍요로운 생활을 위해서는 GC우위기업이 많아야 한다.

### ✪ 전략목표는 글로벌 경쟁력(GC)

얼마 전 어느 언론인이 저자에게 글로벌 경쟁력의 뜻을 물어서 이렇게 답변했다.

> "여자 골프선수 신지애, 박세리, 안젤라 스탠포드처럼 시합하면 항상 일등하는 것은 아니지만 언제든지 일등할 수 있는 위치에 올라가 있을 때 GC가 있다고 한다."

피터 드러커 교수는 『21세기 경영도전』에서 글로벌 경쟁력의 중요성을 이렇게 강조한다.

> "21세기의 모든 조직체는 글로벌 경쟁력을 전략목표로 설정해야 한다. 기업, 대학교, 병원 할 것 없이 어떤 조직체도 세계 어디에서나 그 분야 리더가 설정하는 기준을 따라가지 못하면 성공은 커녕 생존 그 자체를 바랄 수 없다. 물론 동네 구멍가게나 미용실 등 순전히 동네 사람들을 위한 소규모의 조직체는 예외가 될 수 있다."

노벨경제학상 수상자인 게리 베커 시카고대 교수는 비교우위가 아니라 경쟁력(competitiveness)이 중요함을 다음과 같이 설명한다(대담 1997. 2. 3).

> "경쟁력이란, 내가 믿기로는 여러 가지 제품의 평균생산성을 나타낸다. 반면 비교우위란, 한 제품의 생산성이 다른 제품에 비해 어떠한가를 나타낸다. 때문에 한국이 경쟁력을 강조하는 것은 옳은 일이다. 생산성의 일반적 상승이기 때문이다. 그러므로 한국의 대통령이 비교우위를 더 높이자고 말해서는 안 된다. 비교우위란 단지 한 제품을 다른 제품에 비교하는 것이기 때문이다."

경쟁전략의 권위자인 마이클 포터 하버드대 교수는 경쟁력과 경쟁우위 및 생산성과의 관계에 대하여 다음과 같이 말한다(대담, 2002. 5. 16).

> "국가의 경쟁력, 지역의 경쟁력 또는 클러스터의 경쟁력 등 경쟁력(com-

petitiveness)은 장소에 관한 것이다. 그러므로 경쟁력은 생산성이다. 기업의 경우에는 경쟁우위(competitive advantage)라고 한다. 그러나 이 두 개념은 서로 긴밀한 관계가 있다. 왜냐하면, 한국기업들이 모두 경쟁우위가 있게 되면 한국의 경쟁력이 있게 되기 때문이다. … 비교우위(comparative advantage)는 노동, 자본 등 투입을 기반으로 하는 것이고 경쟁우위는 두뇌를 기반으로 하는 것이다. 그러므로 비교우위는 자원경쟁이라면 경쟁우위는 지식경쟁이다."

레스터 서로 MIT 교수는 비교우위에 대하여 이렇게 말한다(대담 1996. 11. 5).

"누구나 비교우위가 있다. 방글라데시도 비교우위가 있다. 그러나 비교우위를 가지면서 아주 가난하게 지낼 수 있다."

마이클 포터 교수는 경쟁력과 생산성에 대해서 다음과 같이 설명한다(세계경제포럼, 『글로벌 경쟁력보고서』).

"진정한 경쟁력은 생산성으로 측정된다. 생산성은 국가로 하여금 높은 임금, 강력한 화폐, 투자자본에 대한 매력 있는 수익－이와 더불어 높은 생활수준을 지탱하게 만든다. … 경제전체의 생산성은 취업가능 전체 근로자 1인당 실질 GDP로 측정된다. … 한 나라의 생산성은 궁극적으로 그 나라의 기업의 생산성에 의하여 결정된다."

OECD는 생산물 단위당 노동비용을 경쟁력의 주요 결정요인이라고 한다(『OECD 연감』, 2010).

### ❂ 국가경제에서 글로벌경제로

1980년대까지만 하더라도 세계경제는 국가경제 중심이었다고 할 수 있다. 그 특성은 다음과 같다.

- 국가간 자본, 정보, 상품, 기술, 기업, 사람의 이동에 많은 장벽이 있었다.
- 시장이나 산업구조는 주로 국가를 단위로 했다.
- 경제정책은 주로 국내경제를 대상으로 했다.
- 정치사회문제도 국내중심인 경우가 대부분이었다.
- 환경문제도 국내문제가 더 중요했다.

그러나 1991년 소련의 해체 및 공산주의의 붕괴와 더불어 많은 나라의 경제는 하나의 글로벌경제(global economy)로 통합되기 시작했다. 세계화를 촉진하는 요인은 다음과 같다. 이는 본장 마지막 부분에서 다시 논의된다.

① 기 술  수송기술과 정보·통신기술의 발전은 세계를 긴밀하게 연결시킨다.

• 수송기술 : 육로, 해상, 항공 및 관련활동(하역, 창고, 보관업 등) 부문의 기술혁신은 수송속도를 증가시키고 비용을 감소시킨다. GPS, 화물수송의 컨테이너화, 하역시설의 자동화, 육로수송과의 연계수단의 발달, 대형 유조선 및 첨단 LNG선의 개발 등은 수송을 보다 신속하고 안전하고 저렴하게 만든다. DHL, FedEx 등 특급 우편서비스의 발달도 세계화를 촉진시킨다.

• E-mail, 인터넷, 화상회의, 휴대폰, Fax, 전화기 등의 IT기술혁신은 생산과 소비활동의 세계화를 촉진한다.

② 글로벌기업  글로벌기업들이 전 세계를 하나의 시장으로 통합하고 있다.

③ 국제정치  공산주의 경제의 붕괴와 더불어 전 세계는 하나의 시장경제 체제로 통합되었다. 자유시장경제는 개방경제이므로 국가간의 재화·용역, 기업, 인력, 자본의 이동을 촉진한다.

④ 국제기구  WTO(국제무역기구), 국제연합, 세계은행, IMF 등은 국가간의 무역의 촉진, 투자 장벽의 감소 및 FDI(해외직접투자)의 증가를 촉진한다.

⑤ NGO 활동  세계 여러 나라의 NGO들은 서로 같은 문제의 범국가적 해결을 위하여 긴밀한 협조를 한다.

⑥ 환경문제  한·중·일 세 나라는 중국의 황사 피해를 모두 입고 있다. 전 세계는 산성비, 이상기온, 환경파괴의 영향을 받는다. 이러한 문제는 국가간의 협조를 긴밀하게 만든다.

⑦ 심 리  동계올림픽, 하계올림픽, 월드컵 등의 국제적 행사는 세계 각국 사람들의 관심을 증가시키고 또한 수렴하게 만든다. 햄버거, 스타벅스 커피, 청바지 등 세계적인 상품은 많은 나라 사람들의 욕망을 수렴시킨다. 동남아시아에 부는 한류 열풍도 마찬가지이다.

해외의존도가 특히 높은 한국과 세계경제는 맞물려 돌아갈 수밖에 없다. 미국이 이자율을 올리면 한국증권시세가 변동하고 중국위안화의 가치가 변하면 우리 수출이 곧바로 영향을 받는다. 한국의 최대 무역파트너는 1960년대까지 일본이었으나 1970년대부터 미국으로 바뀌었고, 2004년부터는 중국으로 바뀌었다. 중국의 고도성장은 석유자원 등의 가격을 급등시켜 한국경제와 국민생활에 바로 영향을 미친다. 이처럼 한국경제는 글로벌경제에 긴밀하게 통합되어 가고 있다. 따라서 세계경제를 모르고 한국경제 문제를 해결하기는 어려운 일이다. OECD는 『한국보고서』를 통해 다음 세 가지 면에서 통합이 크게 증가했음을 강조했다.

- 한국의 무역의존도(GDP에 대한 무역의 비중)는 1970년 40%에서 2009년 96%로 증가했다.
- 외국인의 한국주식 보유비중은 1997년 15%에서 그 이후 42%까지 증가했다가 2010년 초 32%로 감소했다. 우량기업의 경우 외국인의 주식 보유비중은 60%를 넘는 경우도 많다.
- 외국기업의 국내투자나 한국기업의 외국투자비중도 크게 증가했다.

## 1.2 세계경제의 엔진

세계의 나라 수는 집계하는 국가나 기관에 따라서 차이가 난다. 예컨대 중국은 대만과 홍콩을 나라로 간주하지 않는다. IMF(국제통화기금)는 대만을 〈선진국경제〉로 간주하나 세계은행은 대만을 통계작성대상 국가에서 제외한다. 이탈리아에는 나라 안에 바티칸과 산마리노의 두 나라가 더 있다. 이러한 나라들을 포함시키는가에 따라서 나라의 수는 달라진다. 세계 각국의 통계를 가장 체계적으로 파악하는 기관은 미국 중앙정보국(CIA)이다. CIA가 미국정부를 위하여 매년 작성하는 『세계연감』(2010)에 따르면 세계에는 194개의 독립국가와 72개의 특수국가 또는 지역이 있다. 특수국가 또는 지역은 대만, 사모아, 푸에르토리코, 괌, 홍콩, 마카오 등이다.

266＝194개의 독립국가＋72개의 특수국가 또는 지역

세계 전체의 경제규모는 약 69조 달러(2008년)이다. 이 중 세계 제일의 경제대국인 미국이 25.1%를 차지한다([표 1-1]). 경제규모(GNI)에 있어서 한국은 세계

제14위이다. 인구 대국인 인도를 2003년에는 앞섰다가 2004년에는 추월당했다. 구매력평가 GNI에 있어서는 13위이다. 러시아의 경제규모는 한국의 약 1.3배이다. 러시아는 군사력에 있어서는 세계적인 대국이나 경제력에 있어서는 그렇지 않다.

한국에 비해 미국, 일본, 중국, 독일, 인도의 경제규모는 얼마나 클까? 이는 경제규모를 당해연도 물가로 계산할 때와 구매력평가 GNI로 계산할 때 차이가 난다. 대체적으로 이들의 경제규모는 다음과 같다.

미 국 : 10～14배
중 국 : 4～6배
일 본 : 3～5배
독 일 : 2～3배
인 도 : 1～2배

과거 세계경제라는 비행기는 미·일·독의 3개의 엔진으로 움직였다. 그러나 일본경제는 1991년 거품경제 붕괴 후 10년 넘게 경기 침체를 겪으면서 어려움을 겪고 있으며, 독일경제 역시 과다한 사회보장비 지출과 통독 후유증으로 많이 약화되었다. 독일의 실업률은 10%가 넘을 때가 많고, 세계경제에서 차지하는 비중도 6%로 감소했다. 세계경제는 한때 미국이라는 엔진만으로 움직이는 단발 비행기에 비유되었다. 그러나 최근 중국의 지속적인 고도성장으로 세계경제는 미·중의 쌍발엔진 비행기가 되었다. 인도가 보조엔진의 역할을 할 것이라고도 한다. 그렇다면 앞으로 세계경제라는 비행기의 엔진은 어떻게 될 것인가?

- 미국, 중국, EU 및 일본(산업자원부 · 전국경제인연합회 · A.T. 커니의 공동연구보고서인 『2015 산업발전비전과 전략』)
- 미국, 유럽, 중국, 일본, 인도 및 러시아의 6대 강국(헨리 키신저)
- 미국, 중국, 일본, 인도, 독일의 5대 강국(구매력평가 GNI기준)

각국의 경제규모를 살펴보자. 세계 각국의 물가수준에는 큰 차이가 있다. 예를 들어, 한때 중국 양자강 상류에서 잡힌 물고기 200마리의 가격은 100달러가 안 되고, 일본 도쿄에서는 물고기 한 마리 가격이 200달러가 넘는 경우도 있었다.

**표 1-1　세계경제와 주요국의 경제규모**

| | | | GNI | | 구매력평가 GNI | |
|---|---|---|---|---|---|---|
| 세 계 | | | 57,637 | 100.0 | 69,309 | 100.0 |
| G7 | G5 | 미 국 | 14,466 | 25.1 | 14,283 | 20.6 |
| | | 일 본 | 4,879 | 8.5 | 4,498 | 6.5 |
| | | 독 일 | 3,486 | 6.0 | 2,952 | 4.3 |
| | | 영 국 | 2,787 | 4.8 | 2,218 | 3.2 |
| | | 프랑스 | 2,702 | 4.7 | 2,134 | 3.1 |
| | | 이탈리아 | 2,109 | 3.7 | 1,810 | 2.6 |
| | | 캐나다 | 1,390 | 2.4 | 1,206 | 1.7 |
| | | 한 국 | 1,046 | 1.8 | 1,367 | 2.0 |
| | | 브라질 | 1,411 | 2.4 | 1,933 | 2.8 |
| | | 러시아 | 1,364 | 2.4 | 2,216 | 3.2 |
| | | 중 국 | 3,899 | 6.8 | 7,984 | 11.5 |
| | | 인 도 | 1,215 | 2.1 | 3,375 | 4.9 |
| | | BRICs | 7,889 | 13.7 | 15,508 | 22.4 |
| | | 선진국 | 42.041 | 72.9 | 39,686 | 57.3 |
| | | G2 | 18,365 | 31.9 | 22,267 | 32.1 |

주 : 단위 10억 달러, 2008년 기준. G2는 미국과 중국.
GNI는 국민총소득, 구매력평가 GNI는 PPP GNI임.
자료 : 세계은행, 『세계개발보고서』, 2010.

이를 가령 미국가격 등 통일된 가격으로 다시 계산할 필요가 있는데, 이렇게 계산한 국민소득을 구매력평가(PPP : purchasing power parity) 국민소득(GNI)이라고 한다. 한국의 경우 2008년 환율은 1달러당 1,102.6원이나 구매력을 감안한 환율은 762원이 된다(『OECD 연감』, 2010). 이렇게 계산하면 세계경제 규모와 주요국의 상대적인 경제규모는 다르게 된다([표 1-1]). 중국은 미국 다음 세계 제 2의 경제대국이 된다. 최근 세계경제의 큰 변화를 일으키는 나라는 주로 미국과 중국이다.

구매력평가 국민소득 기준의 세계 4대 경제 대국은 미국, 중국, 일본, 인도의 순이다. 브라질과 러시아의 경제규모도 G7의 하나인 캐나다보다 크다. 브라질(Brazil), 러시아(Russia), 인도(India), 중국(China)의 첫 글자를 합한 BRICs가 세계경제의 5분의 1 이상을 차지하는데 이는 미국경제를 능가하는 규모이다. 앞으로 세계경제의 엔진은 BRICs가 될 것이라고 전망하는 사람도 많다.

미국과 중국을 지칭하는 G2의 경제규모는 세계경제의 거의 3분의 1이나 된다. 러시아의 경제규모는 한국보다 조금 더 크고, 미국의 경제규모는 일본의 약 3배이다. 그리고 미·일의 합은 세계 전체의 33.6%나 된다. 한국 주변의 4대 강국의 경제규모는 세계경제의 43%가 된다.

## ❂ 세계의 돈

앞으로 세계 금융시장의 중요성은 계속 증가할 것이다. 금융시장에 영향을 많이 주는 자금은 다음과 같이 분류해 볼 수 있다. 세계 자본시장을 장악하고 있는 유대계 자본에 화인자본과 오일머니가 가세하여 세계금융 흐름에 새로운 변화를 일으킨다. 앞으로 이들 자본의 흐름을 잘 알 필요가 있다.

• 유대계 자금 : 세계 최대의 자본시장은 미국 월가이지만 월가를 포함한 세계 자본시장의 흐름을 좌우하는 것은 바로 유대계 자본이라고 한다.

• OPEC자금 : 오일머니도 중요한 역할을 한다. 1970년대 두 차례의 유류파동 그리고 최근 유가가 치솟을 때 산유국들의 오일달러가 세계경제에 중요한 영향을 미쳤다. 유가가 크게 상승하면 산유국은 많은 돈을 벌지만 대부분 자국의 산업구조가 취약하여 국내에서 마땅한 투자처를 찾을 수 없다. 결국 국내 인프라를 구축하고 남는 돈은 투기자금화되기 쉽다.

• 재팬달러 : 1980년대 일본의 국력이 치솟을 대는 재팬달러가 중요한 역할을 했다. 당시 일본은 미국의 자존심이 걸린 뉴욕의 록펠러 센터 등 많은 부동산을 샀다. 세계경제대국, 무역흑자대국인 일본의 돈의 위력은 대단하다.

• 화인달러 : 중국의 고도성장으로 중국인과 전 세계에 진출해 있는 화교(華僑)들의 돈, 즉 화인(華人)달러가 중요하게 된다. 중국은 앞으로 최소한 10년간은 고도성장을 할 것으로 전망된다. 화인달러는 앞으로도 그 중요성이 커질 수밖에 없다.

미국발 금융위기 이전 미국은 이자율을 크게 떨어뜨린 결과, 미국인들이 돈을 빌려 집을 사고, 자동차, 가전제품, 의복 등 각종 제품을 사기 시작했다. 그 결과 미국시장에서 중국제품이 많이 팔렸다. 수출보다 수입을 많이 하기 때문에 무역수지 적자가 클 수밖에 없다. 따라서 미국달러 가치가 크게 떨어져야 한다. 그러나 중국이 미국에 수출하여 번 돈으로 미국 국공채 등 달러를 구매하기 때문에 달러 값이 떨어지지 않았다. 오일머니도 이에 가세했다. 『이코노미스트』지는 미국 소비자와 중국 생산자가 공모하여 세계경제를 거품경제로 만들었다고 했다.

미국은 최근 세계경제의 거품을 빼고자 했다. 중국에게도 위안화를 절상하여 경제의 거품을 빼는 데 동참해 달라고 하였다. 중국은 처음에는 거절하다가 얼마 전 위안화를 약간 평가절상한 바 있다. 이처럼 유태계자본, 화인자본, 오일달러, 미국달러가 세계 금융시장에 큰 영향을 미친다.

## 1.3 세계 최고의 선진국

### ❂ 세계 최고 선진국의 변화

OECD개발센터보고서로 작성된 앙구스 매디슨의 『세계경제－천년간의 전망』에 따르면 서양의 <최고 선진국>의 자리는 유사 이래 다음과 같이 여러 차례 바뀌었다.

제 1 차 : 베네치아공화국(이탈리아 북부 도시국가). 상업을 선도하고 조선기술을 개발함. 11～16세기 세계 제일의 부국

제 2 차 : 포르투갈. 배의 건조기술과 항해기술의 개발로 최초로 대서양 진출. 1500년에 브라질 발견 후 300년간에 걸친 남미지역 식민지 개척

제 3 차 : 네덜란드. 1600～1820년간 1인당 소득수준 세계 최고 기록. 아시아에서 방대한 규모의 무역제국 건설

제 4 차 : 영국. 1760년대 세계최대의 식민지 경영. 영국은 해외개척에 네덜란드 모델을 따르기는 했으나 훨씬 더 큰 무역제국을 건설했다. 산업과 수송기술의 발전을 선도함.

제 5 차 : 미국. 세계 최대 · 최고의 선진국 지위를 누림.

### ❂ 미국은 대국 ➔ 강대국 ➔ 초강대국

영국, 이탈리아, 프랑스 같은 선진국은 대국(大國)이고 일본, 중국은 이들 나라보다 경제규모가 2배나 더 큰 강대국(强大國)이며, 미국은 경제규모에 있어서 일본의 3배나 되는 세계 유일의 초강대국(超强大國)이다. 미국은 초강대국이라는 표현이 맞다. 미국이 재채기를 하면 세계는 감기에 걸린다고 할 정도이다. 또한

### ‖ 세계에서 가장 작은 나라 ‖

세계에서 제일 작은 나라는 바티칸이다. 인구 824명에 국토면적은 0.44평방킬로미터인데, 로마 시내에 있다. 이 나라는 산, 농토, 광물 등 자연자원이 하나도 없다. 경제활동은 우표와 기념품 판매 및 입장료 수입이 전부이다. 국가유지비 2천여억 달러는 외국 가톨릭 단체로부터의 기부금에 의존한다. 세금도 관세도 없다.

그 다음 작은 나라는 남태평양의 섬나라인 나우루인데, 인구 1.4만 명에 국토면적은 21평방킬로미터이다. 경제는 인 광산에 의존하는데, 인은 곧 고갈될 전망이다. 정부재정은 파탄 상태이다. 식수는 호주에 의존하고 있는데, 식수부족이 큰 문제이다.

세 번째로 작은 나라는 모나코인데 인구 3.3만 명에, 국토면적은 1.95평방킬로미터이다. 프랑스와 지중해 사이에 있고, 카지노와 관광산업이 경제기반이다. 어획량은 연 3톤. 개인소득세나 상속세가 없어서 세계적인 부호의 별장들이 많다. 법인세는 아주 낮아 기업의 조세회피지(tax haven)가 되고 있다. 국방이나 외교는 프랑스에 의존하고 있다.

네 번째로 작은 나라는 이탈리아 안에 있는 산마리노이다. 인구 약 3만 명에 면적은 61.2평방킬로미터이다. 산업은 금융, 의복, 도자기, 와인 및 치즈 등이다. 2006년 관광객은 2백만 명을 넘었다. 1인당 소득은 3.4만 달러로 추산된다.

미국은 글로벌 경쟁력이 강한 기업과 산업이 세계에서 제일 많은 나라, 자유시장경제의 대표국가, 서양을 대표하는 나라, NAFTA(북미자유무역협정)의 중심 국가이기도 하다.

① 세계경제에 대한 미국경제의 비중은 GNI기준으로 약 25%이다. 제 2 차 세계대전 직후 약 2분의 1이었으나 그 이후 감소했다.

② 미국은 세계 제일의 경제대국, 세계 제일의 군사대국, 세계 최고의 과학기술대국, 세계 제일의 교육대국 및 세계 제일의 기업대국이다. 세계 500대 기업 중 150개 이상이 미국기업이다.

③ 세계에서 유일하게 달러를 발행할 수 있는 나라이다.

④ 자본주의 시장경제의 종주국이다. 전 세계에 자본주의 전파를 위하여 노력하고 있다.

⑤ 가장 많은 산업에 글로벌 경쟁력이 있는 나라는 미국뿐이다.

⑥ 세계 거의 모든 나라 사람들이 거주하고 있는 나라는 미국뿐이다.

⑦ 세계 일류기업과 세계 일류대학이 시너지효과를 발휘하면서 가장 잘 발전하는 나라는 미국뿐이다.

⑧ 세계에 가장 많은 나라에 진출한 기업은 미국기업이다. 그러므로 미국식 기업경영, 조직, 기업지배구조 및 경제시스템의 영향력이 커진다.

미국은 50개 주를 통합해서 만든 합중국(合衆國)이다. 캘리포니아 주의 면적은 일본보다 크고, 텍사스 주의 면적은 독일보다 크다.

미국은 일반적으로 다음 두 가지의 특성이 있다.

- 인종의 다양성
- 기후의 다양성

미국은 주로 유럽에서 이민 온 사람들이 만든 나라이다. 미국에 유학생을 보낸 나라는 234개국이나 된다. 미국의 한 메리어트 호텔에는 종업원들이 사용하는 언어가 30여 개나 될 정도라고 한다. 미국 센서스국의 『미국통계요람』(2009)에 따르면 총인구 약 3억만 명 중 백인 66.4%, 흑인 12.3%, 남미계인 14.8%, 아시아계인 4.4%, 아메리칸 인디안이 1.5% 등이다. 미국 시민권을 가진 한국인은 108만 명이다. 미국은 세계 인종의 전시장이다. 다양한 인종의 문화가 용광로(melting pot)에서처럼 녹아서 신문화가 형성된 나라이다. 인종면에서도 합중국이라고 할 수 있다. 국적별 인종구성은 다음과 같다(한·중·일은 2000년 기준).

| | | | |
|---|---|---|---|
| • 독일계 | 4,918만 | • 프랑스계 | 1,179만 |
| • 남미계 | 4,432만 | • 폴란드계 | 977만 |
| • 흑인 | 3,834만 | • 중국계 | 243만 |
| • 아일랜드계 | 3,467만 | • 아랍 | 140만 |
| • 영국계 | 2,776만 | • 한국계 | 108만 |

• 이탈리아계　　1,723만　　　　• 일본계　　　　80만

미국은 세계에서 가장 많이 개방된 나라 중의 하나이다. 자유가 가장 많고, 경쟁도 가장 치열하다. 물질적으로도 가장 풍요로운 나라이다. 세계 어느 나라와도 다르기 때문에 어떤 나라도 미국을 그대로 모방할 수 없다. 주인 없는 나라라고 말하는 사람도 있다.

미국은 한국인들이 가장 많이 진출할 수 있고, 가장 잘 활용할 수 있는 나라이다. 한국이 고도성장을 할 때 미국은 한국의 제일 큰 수출 시장이었다. 한국 스포츠 선수들이 시민권 없이도 바로 선수생활을 할 수 있고, 한국 유학생들이 박사학위만 받으면 바로 교수가 될 수 있는 나라가 미국이다. 이런 점에서도 미국은 독특한 나라이다.

미국은 세계에서 유대인이 제일 많은 나라이다. 미국시스템을 만든 사람은 WASP(White Anglo-Saxon Protestant), 즉 앵글로색슨계 백인신교도이고 이를 운영하는 사람은 유대인이라고 한다. 많은 유대인들은 자녀들에게 미국은 주인이 없는 나라이기 때문에 누구나 차지할 수 있다고 가르친다. 반대로 남미인들은 자녀들에게 '미국은 물러가라'고 가르친다. 아르헨티나의 한 경제학 교수는 남미 지도자들이 겉으로는 '미국 물러가라'를 외치나 속으로는 미국을 좋아하며, 심지어 자녀들을 미국에 유학 보내고 돈도 미국으로 빼돌린다고 했다. 그는 남미계 미국인이 4천만 명이 넘고, 세계 모든 인종이 다 있는 미국을 물러가라고 하는 것은 세계와 담을 쌓고 살아가려는 것이나 마찬가지라고 했다. 한국에서도 얼마 전 반미(反美)적인 글을 많이 쓰는 어느 지식인을 조사해 보니 자녀들을 미국에 유학시키고 있었다. 세계에서 미국을 제일 적대시한 소련은 나라 자체가 없어졌다. 미국의 이웃으로 반미를 줄기차게 외친 쿠바는 중남미에서 가장 가난한 나라 중 하나가 되었다. 세계의 돈과 인재는 앞으로도 계속 미국으로 몰릴 것이라고 한다.

**경제라는 말의 뜻**

국가경제, 지역경제, 세계경제라고 할 때의 '경제'(economy)란 국가, 지역, 세계의 생산 및 소비활동의 총계를 나타내는 추상적 개념이다. 그러나 규모의 경제, 범위의 경제라고 할 때의 '경제'는 비용의 감소 또는 절약을 의미한다.

## 1.4 세계경제 중심은 동아시아, 그 지리적 중심은 한국

한국은 한때 '동북아의 경제중심, 물류중심, 금융허브, 연구개발 거점'을 지향한다는 방침을 밝힌 바 있다(『경제백서』, 2004 참조). 한국은 동아시아를 가장 잘 알아야 하는 나라이고, 잘 알 수 있는 나라이다. 일반적으로 동아시아라고 하면 한·중·일 3개국을 말하지만, 역사학자 아널드 토인비는 베트남을 포함한 4개국을 동아시아라고 했다. 이 네 나라는 한자문화권, 유교문화권, 젓가락 사용, 『삼국지』(三國志) 독자들이 많다는 공통점이 있다. 얼마 전 이 네 나라의 국립대학인 북경대, 서울대, 도쿄대, 하노이대 총장들은 〈베세토하(BESETOHA) 총장 모임〉을 만들어서 매년 돌아가면서 개최한다. 베세토하는 이 네 도시의 영문자 앞부분을 합성한 말이다.

동아시아의 경제규모(구매력평가 GNI기준)는 전 세계의 20.0%를 차지하며([표 1-2]), 미국을 중심으로 하는 북미자유무역지역(NAFTA) 및 유럽연합과 더불어 세계 3대 경제권을 형성하고 있다. 안충영 · 이창재 교수는 『동북아 경제협력 : 통합의 첫걸음』이란 책에서 한·중·일에 북한, 몽골, 러시아 극동지역, 홍콩, 대만을 합한 지역을 광의의 동북아지역이라고 했다. 그리고 한국이 동북아 경제공동체 설립에 앞장설 것을 강조했다. 이들은 앞으로 가장 빨리 성장할 나라는 중국이지만 앞으로 상당 기간 아시아 제일의 경제대국은 일본일 것이라고 말한다. 일본은 글로벌 경쟁력이 아주 강한 수출부문과 약한 내수부문의 이중경제라고도 한다.

**표 1-2 동아시아(한·중·일)의 경제규모**

| | 인구(백만) | 면적(천km²) | 1인당 GNI | GNI(PPP) | 상품수출 | 상품수입 |
|---|---|---|---|---|---|---|
| 한국 | 49 | 99.3 | 21,530 | 1,367 | 432 | 435 |
| 일본 | 128 | 377.8 | 38,210 | 4,498 | 782 | 762 |
| 중국 | 1,326 | 9,596.9 | 2,940 | 7,984 | 1,428 | 1,133 |
| 합계 | 1,503 | 10,074.0 | 6,537 | 13,849 | 2,632 | 2,330 |
| 세계 전체 | 6,692 | 148,429.5 | 8,613 | 69,309 | 16,130 | 16,300 |
| 비중(%) | 22.5 | 6.8 | 77.9 | 20.0 | 16.3 | 14.3 |

주 : 단위 10억 달러, 1인당 GNI는 달러, 2008년 기준.
자료 : 세계은행, 『세계개발보고서』, 2010.

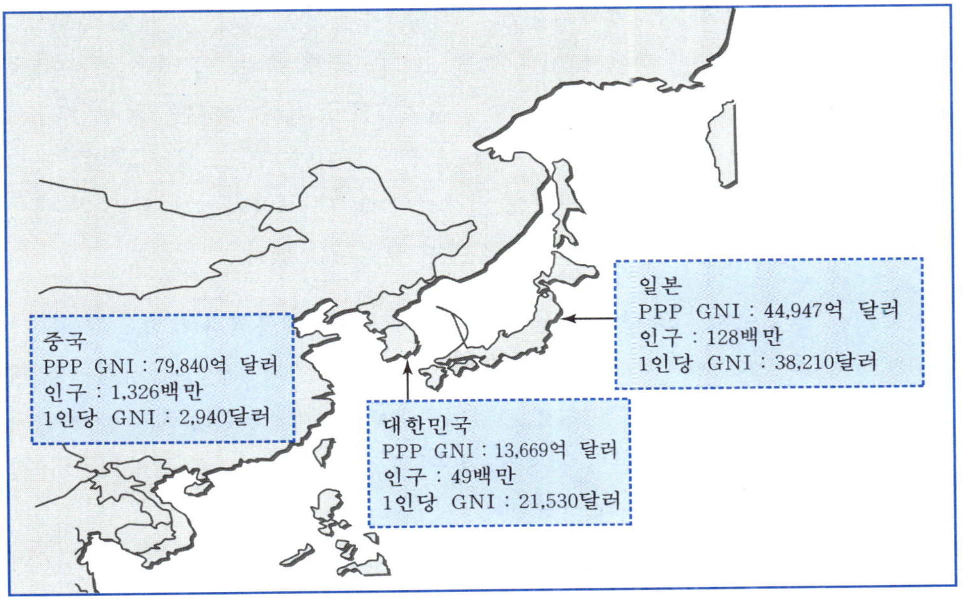


[지도 1-1] 한·중·일의 인구와 경제규모

아널드 토인비는 『삶을 선택하라』에서 앞으로 다음과 같은 이유로 동아시아가 세계를 통일할 수 있는 지리적 및 문화적 축을 만들어야 한다고 했다.

- 서양문화는 국가를 정치적으로 분열시키나 동아시아 문화는 하나로 통합한다. 중국은 장구한 세월 수많은 인구를 하나의 나라로 유지한 유일한 국가이다.
- 동아시아, 특히 일본은 과학기술의 민간 및 군사목적에 대한 응용이라는 서양게임에서 서양과 경쟁하여 이길 수 있음을 보였다.
- 베트남과 일본이 미국과의 전쟁에서 보여준 용기는 지속될 것이며, 이러한 용기는 인류평화 유지에 공헌할 것이다.
- 동아시아인의 자연조화사상
- 유교의 인본주의

## ❂ 서양이 동아시아를 앞선 연도

서양은 언제부터 동아시아를 앞섰을까? 로버트 포겔 시카고대 교수는 산업혁명을 기점으로 서양이 동양을 앞섰기 때문에 1750년부터라고 말한다. 많은 경제학자들은 자본주의 시장경제이론을 창시한 아담 스미스의 『국부론』(國富論, *The Wealth of Nations*)이 나온 1776년부터라고 말하기도 한다. 이 해는 미국이 독립한 해이기도 하다. 동서양 문명의 비교 전문가인 로버트 조지는 『동서양의 시계추』(*East-West Pendulum*)라는 명저에서 중국은 1794년까지도 서양을 앞섰다고 했다. 한편 데이비스 란드스 하버드대 경제사학 교수는 『국가의 부와 빈곤』에서 유럽은 1800년 이전에는 동아시아에 뒤떨어져 있었다고 했다.

1750년 설 : 이때부터 서양이 산업혁명을 시작했기 때문이다(로버트 포겔).

1776년 설 : 1776년 국부(國富)의 과학적 증진방법인 자본주의 시장경제의 기본원리를 인류 최초로 제시한 아담 스미스의 『국부론』이 출판되었다. 이때부터 서양은 자본주의 시장경제체제로 경제력을 본격적으로 키우기 시작했다.
또한 이 해는 미국이 영국의 식민통치로부터 독립한 해이다. 미국은 『독립선언서』를 발표한 후 아담 스미스의 『국부론』의 기본원리에 따라서 국력을 키우기 시작했다(폴 사뮤엘슨).

1794년 설 : 중국은 1794년까지 서양을 앞섰다(로버트 조지).

로버트 조지는 동아시아 경제가 1794년부터 계속 기울어지다가 1950년에 최저점을 통과한 후 상승국면으로 접어들었고, 그 추세는 앞으로 상당 기간 지속될 것이므로 세계경제의 중심은 다시 동아시아로 돌아온다고 했다. 그는 세계 역사를 보면 동서양 중 어느 쪽이 앞섰는가는 왔다갔다 하는 시계추와 같다고 말한다. 그에 따르면 1950년 한국은 6·25전쟁으로 국력이 많이 파괴되었으나 전쟁이 끝난 1953년부터 경제력 상승국면으로 접어들었고, 중국은 1949년 공산화 이후 국력을 키우기 시작했으며, 일본은 한국동란으로 인하여 1950년대 초부터 본격적으로 경기상승국면에 진입하여 국력을 키우기 시작했다. 그의 주장은 [표 1-3]을 보면 설득력이 있어 보인다. 한·중·일의 경제규모(구매력평가 GNI 기준)는 1950년 이후 계속 상승하여 현재 세계경제의 20%를 차지하고 있는데, 이는 미국경제와 맞먹는 규모이다([표 1-1]). 대만과 홍콩을 추가하면 경제규모는 더 커진다. 동아시아는 세계경제의 주변(periphery)이 아니라 중심(center)이 되어가는 것이다.

**표 1-3** 동서양의 경제력 변화의 비교

| | 1700 | 1820 | 1913 | 1950 | 1998 |
|---|---|---|---|---|---|
| 1. 유 럽 | 22.5 | 23.6 | 33.5 | 26.3 | 20.6 |
| 영 국 | 2.9 | 5.2 | 8.3 | 6.5 | 3.3 |
| 독 일 | 3.6 | 3.8 | 8.8 | 5.0 | 4.3 |
| 프랑스 | 5.7 | 5.5 | 5.3 | 4.1 | 3.4 |
| 2. 미 국 | 0.1 | 1.8 | 19.1 | 27.3 | 21.9 |
| 3. 아시아 | 61.7 | 59.2 | 24.5 | 18.5 | 37.2 |
| 중 국 | 22.3 | 32.9 | 8.9 | 4.5 | 11.5 |
| 인 도 | 24.4 | 16.0 | 7.6 | 4.2 | 5.0 |
| 일 본 | 4.1 | 3.0 | 2.6 | 3.0 | 7.7 |
| 4. 세 계 | 100.0 | 100.0 | 100.0 | 100.0 | 100.0 |

주 : 장기적 및 역사적인 연구로 매년 업데이트되는 통계가 아님.
자료 : Angus Maddison, *The World Economy-A Millennial Perspective*, OECD Development Centre Studies(Seminars), 2001.

### ❂ 서양이 동아시아를 앞서게 된 이유

얼마 전 서울을 방문한 노벨경제학상 수상자 르버트 포겔 시카고대 교수는, 한국인들은 유럽을 지나치게 모방하려고 하는데 유럽이 동아시아를 언제부터 앞섰는지 도대체 알기나 하느냐고 물었다. 그는 서양이 동아시아를 앞서기 시작한 것은 서양이 산업혁명을 시작한 1750년경부터라고 말한다. 그 이전에는 동서양 모두 농경사회로 서양이 동아시아보다 나을 이유가 없었다는 것이었다. 농경사회에서는 사람들이 아무리 열심히 일해도 먹을 것이 부족하여 굶주리고 병들어 죽는 사람들이 많다. 1750년 이전에는 오히려 중국이 여러 가지 발명면에서 서양을 크게 앞섰으며 경제력에 있어서도 크게 앞섰다고 말한다.

로버트 포겔 교수는 서양이 동아시아를 앞서게 된 구체적인 이유는 다음 두

**표 1-4** 동아시아가 서양을 발명면에서 앞선 연도

| | | | |
|---|---|---|---|
| 종 이 | 1400년 | 인 쇄 | 700년 |
| 우 산 | 1200년 | 지 폐 | 850년 |
| 도자기 | 1700년 | 성 냥 | 100년 |

가지 발명 때문이라고 말한다(대담 1996. 10. 29).

① **기업, 특히 주식회사라는 조직의 발명** 기업은 사람뿐만 아니라 자원, 기술, 노동, 자본 등의 힘을 생산적인 목적으로 뭉칠 수 있게 하는 조직이다.

② **자본주의라는 경제시스템의 발명** 자본주의는 주식회사를 발전시키고 국가차원에서 국민의 힘을 뭉치게 할 수 있는 조직방법이다.

개인적으로 아무리 훌륭한 축구선수라고 해도 팀이 없으면 능력을 발휘할 수 없다. 팀이 있어도 상대팀이 없으면 능력을 잘 키울 수 없다. 팀이 많아야 경쟁적으로 능력을 발휘할 수 있다. 팀이 많아도 축구장, 축구공, 공정한 심판이 없으면 안 된다. 축구팀이 기업이라고 한다면 자본주의는 선수들이 팀을 만들어서 기량을 마음껏 발휘할 수 있게 하는 모든 것(축구장, 공정한 심판, 상벌 제도 등)을 말한다.

한국의 기적적인 경제성장도 그 핵심은 기업(주식회사)과 자본주의, 이 두 가지를 잘 한 것이라고 할 수 있다. 이 책은 이 두 가지의 중요성을 강조한다. 이 두 가지를 잘 하는 나라치고 선진국이 안 된 나라가 없다. 선진국들이 좋은 예이다. 너무나 안타까운 것은 많은 한국인들이 이 두 가지에 대해서 강한 반감을 갖고 있다는 사실이다.

## 1.5 중국이 2020년 미국을 추월?

"중국을 잠자게 하라. 깨어나면 세계를 흔들기 때문이다."

— 나폴레옹

중국은 세계 제일의 인구대국이다. 중국의 인구규모는 일본의 10배, 한국의 26배이며, 미국보다 10억 명이나 더 많다. 세계 인구 5명 중 1명이 중국인인 셈이다. 한국과 여러 면에서 가장 비슷하다는 중국의 산동성은 인구가 2000년 8,888만 명을 넘었다(2010년 9,500만 명). 중국은 1978년부터 경제의 개방화 및 자유화, 농촌경제개혁 등 시장경제체제로의 전환을 위한 많은 조치를 취했다. 그 결과 자본주의 체제로 전환한 중국을 '붉은 자본주의', '붉은 드래곤'이라고도 한다. 한국의 5대 수출시장 중 중국이 2004년부터 미국을 제치고 최대 시장이 되었다. 제 4위 및 제 5위의 수출시장이 홍콩과 싱가포르인 점을 감안하면 앞으로 한국에 대한 중국 및 그 주변국의 영향력은 지대할 것이다. 반면 중국에게 한국은 일본다음 제 2위의 수입대상국이다.

중국의 고도성장은 일본산업의 과잉생산 능력 문제를 해소시켰을 뿐만 아니라 한국이 다시 수출주도형 성장을 할 수 있게 해 주었다. 세계적인 글로벌기업들은 중국에 거의 다 진출해 있다. 앞으로 우리 기업들의 중국과의 경쟁은 이런 글로벌기업들과의 경쟁이 된다. 한국산업의 경쟁력이 중국보다 앞선다면 중국의 고도성장은 한국경제를 한 차원 발전시킬 수 있는 좋은 기회가 된다. 그러나 중국산업에 추월당할 경우 한국경제는 많은 어려움에 처할 수 있다.

도미니크 바튼 맥킨지사 글로벌 담당 회장에 따르면 한국과 중국의 10대 수출상품 중 7개가 겹친다. 무역협회의 조사결과에 따르면 양국의 100대 수출품목 중 30개가 겹친다. 이 중 전자제품이 가장 많다. 미국 『포춘』지의 글로벌 500대 기업의 국가별 수를 보면, 2000~2010년 사이 한국은 12개에서 10개로 감소했으나 중국은 10개에서 46개로 증가했다. 일본은 경기침체로 107개에서 71개로 줄어들었다. 세계시장에서 '메이드인 차이나' 제품은 이미 '메이드인 코리아'를 바짝 추격하고 있다.

한국은 한·중·일로 구성되는 동아시아지역의 지리적 중앙에 위치해 있다. 지구본을 보면 중국의 만주지방 동쪽과 상해지역을 연결하는 선상에 한국이 있다. 중국의 국토 안에 위치한 것과 같은 이점을 누릴 수 있다. 앞으로 중국을 잘 알고 중국의 고도성장에 따른 이른바 이웃의 효과를 잘 활용해야 한다.

미국의 디스커버리 채널 방송국이 펴낸 『동아시아 통찰 안내』에 따르면, 중국 국토의 인구 부양능력은 8억 명으로 당나라 때 이미 5천만 명을 부양할 정도였다고 한다. 중국 전문가인 민상기 서울대 경영학 교수는 과거 중국의 인구 수는 1~5천만 명 사이에서 변동을 되풀이했다고 말한다. 그는 인구가 질병, 자연재해, 전쟁 등으로 천만 명 정도로 줄어들면 평화가 계속되다가 5천만 명까지 증가하게 되면 전쟁과 질병이 발생하여 다시 줄어들게 되었다고 말한다. 중국은 상당 기간 이런 역사적 과정을 되풀이해 왔다는 것이다.

중국은 한(漢)족과 55개의 소수민족으로 구성된 다인종 국가이다. 그런데 중국의 소수민족 중 모국이 있는 인종은 조선족 등 극소수이다. 14개국과 국경을 접하고 있어서 국경분쟁 문제도 많다. 중국이 추진하고 있는 동북아공정은 한·중 간의 국경이나 영토문제와 관련이 깊다. 한 역사학자는 동북공정에 대처하는 길은 이들 14개국과 연대하는 것이라고 말한다. 중국은 미국과 같이 인구의 다양성과 기후의 다양성이라는 두 가지 특징이 있다. 서양의 합중국이 미국이라면 동아시아의 합중국은 중국이라는 견해도 있다.

중국은 또한 전 세계에 5천 6백여만 명의 화교(華僑)가 있다. 그 수는 대만과 홍콩을 포함시키는가에 따라서 다르다. 중국시장학회는 전 세계 168개국의 화교 인구를 8천 7백만 명으로 잡고 있다. 이들의 상당수는 화상(華商)들이다. 이들은 2000년대에 들어와서 동남아경제의 3분의 2 이상을 장악하면서 서로 거미줄처럼 엮여 있다. 아시아 1,000대 기업 중 반 이상, 그리고 중국 FDI의 반 이상을 차지하고 있다. 3조 달러로 추산(『이코노미스트』지)되는 화교(華僑)자본은 미국과 EU에 이은 '제 3 의 경제세력'이라고도 한다. 세계경제의 용, 혹은 월가를 장악한 유대인과 맞설 수 있는 집단이라고 하는 주장도 있다. 이들의 중국투자액은 4천억 달러를 넘었다. 세계의 공장으로 부상한 중국 뒤에는 이들이 있다. 중국과 이들을 통틀어 중화권경제라고 한다.

중국의 1인당 GDP는 서기 1700년까지는 유럽보다 높았다. 그 뒤에도 경제규모면에서는 세계 제일이었다. 중국의 청(淸)나라 때인 1820년의 경제규모는 세계경제의 33%를 차지했다. 유럽과 미국의 경제를 합한 것보다 컸다. 그러나 그 비율은 1950년에는 5% 이하로 줄어들었다([표 1-3]).

중국은 경제규모(구매력평가 GDP 기준)에 있어서 이미 일본을 앞서 세계 제 2 의 경제대국이 되었다. 세계경제에서 차지하는 비중은 11.5%이다([표 1-1]). 덩샤오핑이 1978년 중국을 경제개혁의 길로 들어서게 한 이후 지금까지 연평균 성장률은 9.5%나 되었다. 과거 3년간 중국은 세계경제 성장의 3분의 1을 공헌했다. 미국의 주가거품 붕괴 이후 전 세계가 경기침체를 면할 수 있었던 것은 중국의 지속적인 고도성장 때문이다.

영국 『이코노미스트』는 중국이 앞으로 2억여 명의 잉여 노동력을 활용할 수 있으므로 상당 기간 7~8% 성장은 무난할 것이라고 했다. 상당 기간 아시아 경제의 기관차, 그리고 세계경제 성장의 견인차 역할을 할 전망이다. 2020년 이전에 경제규모면에서 미국을 따라잡을 것으로 전망된다. 때문에 2020년 중국이 미국이 된다고도 한다. 그러나 1인당 GDP가 같아지기 위해서는 상당 기간이 소요될 것이다. 골드만 삭스 전망에 따르면 중국은 1인당 국민소득면에서 2016년에 일본을 추월할 전망이나 미국을 추월하는 것은 2040년까지는 어려울 전망이다. 반면 맥킨지사는 중국이 2030년에 미국을 추월해 세계 최대의 경제대국이 되고, 2020년 중국인 중 1억 명의 1인당 평균소득은 서유럽 수준이 될 것으로 전망한다.

중국은 2008년 8월 8일 8시에 개최한 북경올림픽을 계기로 중화(中華)주의의 부활과 세계 제일의 국가건설이라는『중화의 꿈』을 실현하고자 했다. 중국이 사활을 걸고 추진한 또 하나의 프로젝트는 '2010 상해세계박람회'이다. 이를 계기로 상해는 2010년까지 지역금융허브, 2020년까지 국제금융허브로 성장한다는 것이다. 북경은 또한 친환경 IT도시로 변신한다는 것이다.

중국은 2004년에 일본을 앞질러 독일, 미국 다음의 세계 3대 수출 대국이 되었고, 세계 최대의 FDI(해외직접투자, Foreign Direct Investment) 유치국이 되었다. 최근 일본을 앞질러 세계 제 1 의 외환보유국이 되었다. 10년 안에 세계 최대 무역대국이 될 전망이다. 앞으로 10년 내에 전국에 40개 이상의 신공항을 건설할 예정이다.

중국은 '세계의 공장' 역할을 하고 있다. 세계 복사기, 전자레인지, DVD 플레이어 및 신발의 3분의 2, 디지털 카메라의 2분의 1, PC의 5분의 2를 생산한다. 중국은 또한 세계 최대의 자원소비국이다. 철강, 구리, 시멘트 및 석탄의 세계 최대 소비자이고, 석유는 미국 다음 세계 2대 소비자이다. 대니얼 맥패든 캘리포니아대 교수는 중국경제가 세계경제를 집어삼키고 있다고 해도 과언이 아니라고 말한다. 서양은 중국의 저가 공세로 인해 세계 저가제품 시장이나 원자재 시장을 싹쓸이 하여 세계경제에 재앙을 초래하는 이른바 황화(黃禍, yellow peril)공포를 우려할 정도이다. 중국이 세계의 표준을 좌우할 날도 멀지 않을 것이라고 한다.

중국은 이미 여러 면에서 미국경제와 긴밀한 관계를 맺고 있다. 중국은 미국의 재정증권을 많이 사고 있는데, 이는 채권 수익률을 떨어뜨린다. 또한 미국의 저금리정책은 2000년대 초 부동산 붐을 조성하여 부동산 가격을 상승시켰다. 미국의 주가상승과 집값상승은 소비자들로 하여금 재산이 증가한 것으로 착각하게 만들어 저축을 적게 하고 소비를 많이 하게 만들었다. 소비의 증가는 중국의 미국수출 증가로 이어졌다.

또한 중국 저가상품의 미국수출은 미국 인플레를 낮춘다. 미국의 저금리 정책은 미국인의 소비를 촉진시켰다. 중국은 미국시장에 수출하여 많은 달러를 벌고 있다. 미국은 무역적자가 너무 많아서 달러 가치가 많이 떨어져야 하나 중국이 이를 막아 주고 있다. 수출로 벌어들인 달러로 미국의 국채를 사기 때문이다. 중국과 미국의 경제는 이미 상당 정도 통합되어 있다. 따라서 과거에는 세계경제를 볼 때 선진국 경제만 보면 되었으나 지금은 중국경제까지도 잘 살펴보아야 한다.

### ❂ 중국경제 성장의 플러스 요인

중국경제 성장의 플러스 요인은 다음과 같다(『이코노미스트』지, 2004. 10. 2).

- 시장경제시스템의 활용
- 경제개방, 세계경제에의 통합, 그리고 선진국 추월 정책
- 중국정부와 국내외 기업의 많은 투자
- 생산성이 낮은 농업에서 높은 공업으로 노동 및 자원의 이전. 중국 제조업체는 저렴한 노동력을 거의 무한정 공급받는다. 2억 명의 농촌 불완전 취업자는 앞으로 20년이 지나야 없어질 것으로 전망된다.
- 경제특구를 중심으로 한 인프라에 대한 투자 확대
- 인적자원 육성 : 교육투자 확대 및 해외 화교인력 국내 유치

### ❂ 중국경제 성장의 마이너스 요인

중국경제성장의 마이너스 요인은 다음과 같다.

- 소득격차, 지역격차 증대에 따른 사회정치적 불안
- 농촌실업과 유휴노동력
- 중국식 경영시스템의 미발달
- 부실 공기업
- 후진적인 금융시스템
- 자원 수요의 급증에 따른 원자재 확보난 : 중국의 에너지 수요는 과거 10년간 2배 이상 증가했다. 세계 석유 증가량의 3분의 2를 소비하여 최근 세계 유가 상승의 주범이 되었다. 『이코노미스트』지에 따르면 2000년대 초 세계 자원가격지수 상승의 50%는 중국 때문이었다. 중국의 에너지 대외의존도가 크게 상승하였

는데, 대부분의 원자재 공급원이 편중되어 있어 국가간 협력의 중요성이 커지고 있다.

• 심각한 환경오염 : 중국은 현재 환경파괴가 심하고 고체, 액체, 기체 등 각종 형태의 오염물질이 급증하고 있다.

• 정부재정의 취약성

• 법률제도의 투명성 결여와 부패

• 경제체제와 정치체제간의 불균형

## 1.6 BRICs

BRICs는 브라질(Brazil), 러시아(Russia), 인도(India), 중국(China) 네 나라의 영문이름 첫 글자를 합성한 것이다. 미국의 세계적인 투자자문회사인 골드만 삭스가 『BRICs와 더불어 꿈을』(2003)이라는 보고서를 발표한 후 유행하기 시작한 말이다. 세계 전체와 비교할 때 BRICs는 인구 42%, 면적 26%나 차지한다. 그러나 1인당 평균소득은 2008년 현재 2,818달러로서 세계평균 8,620달러의 3분의 1 수준이다. 카도쿠라 타카시는 그의 책 『BRICs경제』에서 이 네 나라의 특징은 국토와 인구규모가 매우 크다는 사실이라고 말한다. 그리고 풍부한 천연자원과 인력을 바탕으로 본격적인 성장궤도에 진입한다면 많은 선진국을 능가하는 경제규모가 될 것이라고 말한다. BRICs의 성장 잠재력은 무한한 것으로 기대하고 있다. BRICs는 다음과 같은 점에서 앞으로 한국 상품이나 기업의 진출에 많은 잠재력을 보여주고 있다.

• 에너지 식량 등 자원 수입의존도가 높은 우리나라의 전략자원 공급기지로서의 중요성이 커지고 있다.

• 고임금과 노사문제에 시달리는 우리 기업의 중요한 투자대상국이 된다.

• 우리의 중요한 수출시장이다. BRICs에 대한 수출비율은 29%나 된다.

무역협회는 앞으로 중국은 한국의 제 2의 내수시장, 인도는 남아시아 및 서아시아 진출거점, 브라질은 남미 시장진출의 교두보, 러시아는 유럽진출의 중간기지와 과학기술 및 자원개발의 파트너로서 중요하게 된다는 점을 강조한 바 있다. 우리는 이미 앞에서 중국경제를 살펴보았으므로 여기서는 중국과 인도와의 차이, 그리고 BRICs 중 나머지 나라를 살펴보기로 한다.

### ❂ 친 디 아

친디아(Chindia=China+india)는 중국과 인도의 합성어이다. 스위스 IMD는 『세계경쟁력보고서』에서 앞으로 세계경제는 4개의 경제대국(미국, 중국, 통합 유럽 및 인도)과 3개의 중규모경제(일본, 브라질 및 러시아)로 구성될 것이라고 했다. 친디아는 인구가 세계인구의 약 37%이다. 세계에서 빈곤층 인구가 제일 많은 나라들이다. 경제성장률은 지난 10년간 중국이 인도보다 크게 높았다. 앞으로 상당 기간 7~8% 성장이 기대된다. 중국과 인도는 자원과 시장의 확보를 위하여 중동, 남미, 아프리카에 진출하면서 서로 간은 물론 미국 등과도 갈등을 일으키고 있다. 에콰도르와 카자흐스탄에서 석유회사 인수경쟁을 했으나 중국이 승리했다.

친디아는 21세기 세계경제의 흐름과 판도를 바꾸어 놓을 전망이다. 한국을 중국이나 인도와 비교하면 거의 임금은 10배, 땅값은 10배, 세금은 2배 이상의 차이가 난다. 중국이나 인도에는 전투적인 노조가 거의 없다. 노조가 있어도 세력이 약하다. 그러나 한국의 노조는 전투적인 경우가 많다. 기업의 투자여건으로 보면 중국이나 인도가 유리한 점이 많다.

어느 미국 기업인은 인도에 값이 싸기 때문에 진출하고, 품질이 좋기 때문에 머물며 혁신하기 좋기 때문에 투자한다고 말한다. 『이코노미스트』지에 따르면 인도는 중국에 비해서 시장개방이나 규제해제면에 있어서 10년 넘게 뒤떨어져 있다. 인도에는 중산층 이상의 가계가 5천만 이상이 되는데 그 수는 2010년 1억 정도로 늘어 날 것으로 보인다. 그리고 매년 40만 명 이상의 엔지니어들이 대학을 졸업한다. 전 세계에는 해외에 진출한 중국 화교(華僑)에 비견되는 인교(印僑)는 천 7백여만 명에 이른다. 이들이 송금, FDI 등으로 인도의 발전을 돕고 있다. 많은 미국 전자회사들은 소프트웨어 개발과 차세대 전자제품기술에 있어서 인도에 대한 의존도를 높이고 있다. 『비즈니스위크』지(2005. 8. 22)는 중국과 인도 특집 기사에서 인도의 방갈로어(Bangalore)는 미국의 과거 실리콘밸리에 비교된다고 말한다. 그리고 중국은 세계의 공장인 반면 인도는 소프트웨어, 디자인, 서비스, 정밀공업에 강점이 있으므로 상호 보완성이 크다고 말한다. 또한 21세기 중반에는 중국, 인도가 미국과 더불어 세계를 이끌어가는 트로이카가 될 것이라고 한다.

세계적으로 이 두 나라를 가장 잘 활용하고 있는 나라는 싱가포르이다. 싱가포르는 우선 지리적으로 이 두 나라를 잇는 국제해운로의 중앙에 위치하고 있다. 인종적으로 볼 때도 국민의 77%가 중국계, 인도계 8%, 말레이계 14% 등이므로 친(親) 친디아정책을 펼 수 있다. 싱가포르는 이미 오래 전 중국 소주시 공업단지와 인도의 IT산업의 본거지인 방갈로의 인프라건설에 참여한 바 있다. 2005년에는 인도와 '포괄적 경제협력협정'을 체결하였다. 이는 무관세 교역은 물론 과학기술협력, 교육·미디어·지식재산권협력 등 전방위 교류를 가능하게 하므로 FTA보다 더 포괄적이다. 싱가포르는 이런 정책으로 컨테이너 화물처리량에 있어서 홍콩을 앞서고 있다. 싱가포르는 앙트레 포트로서 홍콩의 왕관을 넘겨받은 셈이다. 경제 활력이 넘치고, 성장잠재력이 아주 높은 국가로 각광받고 있다.

인도와 중국은 다음과 같은 점에서도 차이가 있다.

• 인구는 중국이 더 많으나 인도가 더 젊다. 세계화된 인구는 중국이 4억 명 이상 그리고 인도는 2억 명 이상이라고 한다. 화교들은 세계 어느 주요 도시에나 다 진출해 있다.'어디에나 중국인이 있다.'

• GNI는 중국이 인도의 3배가 넘는다. 중국의 GNI(구매력평가기준)는 인도, 브라질, 러시아의 GNI를 합한 것보다 크다.

• 세계에 대한 영향력은 중국이 더 크다. 중국의 상품수출은 인도의 8배이다.

• 하이테크 서비스산업면에서는 인도의 여건이 더 좋다. 금융시스템에 있어서도 마찬가지이다. 영어의 상용화, 낮은 인건비, 우수한 과학기술인력, 재산권 보호면에서도 인도가 중국에 앞선다.

• 인프라, 교육, 저축률, IT면에서는 중국이 앞선다. 인도는 인도식 민주주의와 허약한 정부 때문에 인프라건설이 잘 안 된다. 그래서 인도를 거북이, 중국을 토끼라고 한다.

인도와 중국은 후진국으로서 공통적인 문제도 많다. 현대경제연구원은 『한국경제의 새로운 미래 BRICs』에서 이들의 공통문제로서 낮은 생산성, 정치 및 사회 불안, 관료주의, 복잡한 조세제도, 낙후된 인프라 시설, 후진적 금융제도 등을 꼽았다. 중국은 13억의 인구가 한문이라는 단일 언어를 사용하나 인도는 하나의 화폐에 15개의 언어를 사용하는 등 복잡하다. 또한 4개의 계급이 있는 등 사회문제도 복잡하다.

**표 I-5　BRICs의 주요 경제지표**

| | 브라질 | 러시아 | 인 도 | 중 국 | 합 계 |
|---|---|---|---|---|---|
| 인 구(백만) | 192 | 142 | 1,140 | 1,326 | 2,800 |
| 면 적(천km²) | 8,547 | 17,075 | 3,287 | 9,597 | 38,506 |
| 1인당 GNI(달러) | 7,350 | 9,620 | 1,070 | 2,940 | 2,818 |
| GNI(10억 달러) | 1,411 | 1,364 | 1,215 | 3,899 | 7,889 |
| 수출(10억 달러) | 198 | 472 | 179 | 1,428 | 2,277 |
| 수입(10억 달러) | 183 | 292 | 292 | 1,132 | 1,899 |

주 : 수출입은 상품수출입임. 2008년 기준.
자료 : 세계은행, 『세계개발보고서』, 2010; 일본 동경서적주식회사, 『세계각국요람』, 제12판, 2006.

빠르게 '성장하는 거인' 중국과 인도는 43년간의 국경분쟁 등 대립을 끝내고 2005년 양국 총리간 전략적 동반관계를 수립하기로 합의했다. 일부 외신은 이를 친디아의 공식 출범, 또는 세계 4대 문명 중 중국 황하와 인도 인더스강의 '양문명의 부활'이라고도 했다. 그러나 양국은 여러 면에서 대치 관계에 있다. 예를 들면 두 나라 간에는 직항노선이 없었다. 중국은 미국의 최대 가상적이다. 중·일 간에도 아시아 패권 다툼 때문에 대치관계에 있다. 앞으로 인도가 진로를 어떻게 잡느냐에 따라서 대국들의 관계가 크게 요동칠 수 있다.

### ❂ 러 시 아

러시아 경제는 1999년 푸틴의 집권 이후 정치안정과 높은 석유가격에 힘입어 비교적 높은 성장을 하고 있다. 러시아는 '강한 러시아'라는 슬로건하에 필요한 제도개혁을 하고 있다. 러시아는 무엇보다 사우디아라비아 다음으로 세계 제 2의 산유국이며 세계 제일의 천연가스 생산국이다. 자연자원도 많은 나라이다. 원유 및 가스 가격의 상승으로 재정수입이 증가하면 국가의 신용등급이 올라간다. 세계 최고 수준의 과학기술 인력도 갖고 있다. 그러나 러시아의 5대 기업 중 4개가 에너지 관련 기업으로 산업은 편중되어 있다. 석유가격이 상승하면 러시아 경제는 상승국면, 떨어지면 하강국면으로 접어든다. 부패, 높은 지하경제의 비율, 낙후된 금융부문, 범죄, 비효율적인 관료 등이 러시아경제의 문제로 지적된다(세계경제포럼, 『글로벌 경쟁력보고서』).

### ❂ 브라질

브라질 경제가 세계경제에서 차지하는 비중은 앞으로 높아질 전망이다. 브라질은 남미국가 중 가장 유력한 선진국 후보로 꼽힌다. 외채와 외환위기가 반복되는 어려운 상태에 있었으나 정부에 대한 신뢰가 회복되면서 금융시장과 경제가 안정되기 시작했다. 각종 자원이 풍부한 것이 강점이나 많은 외채 부담, 심각한 빈부격차, 후진적인 법체계, 관료주의, 부패, 사회간접자본 부족 등이 큰 문제로 지적되고 있다.

BRICs의 고도성장은 심각한 지구환경 문제를 일으킬 전망이다. 타카시 카도쿠는 『BRICs경제』에서 이 네 나라는 급속한 공업화, 자동차 보급, 노후화된 생산설비의 교체, 석탄 등의 화석연료에 대한 높은 의존도 등으로 볼 때 이산화탄소 배출량을 급증시켜 지구온난화 문제를 심화시킬 것이라고 말한다.

## 1.7 유럽연합

유럽연합(The European Union) 27개 회원국이 통합하여 하나의 연합경제가 탄생했다. 한국기업의 유럽진출에 매우 유리한 환경이 조성된 것이다. 과거에는 한국이 27개국을 하나하나 별도로 상대해야 했으나 지금은 이 모두를 한 나라처럼 상대할 수 있다.

EU는 1992년까지 유럽공동체(European Community)였다. EC는 1958년에 설립되었는데 그 회원국의 수는 1992년까지 15개국이었으나 2004년에 10개국, 2007년에 2개국이 새로 가입하여 27개국으로 증가했다. 호스트 시버트는 그의 책 『세계경제』에서 EU경제통합의 핵심은 네 가지의 자유(상품이동, 사람이동, 서비스이동 및 자본이동의 자유)라고 했다.

EU는 NAFTA(북미자유무역협정) 지역 및 동아시아 지역과 더불어 세계 3대 경제권으로 분류된다. EU는 경제규모에 있어서 미국에 버금간다. 그러나 현재 많은 문제를 안고 있다. 무엇보다 독일은 유럽대륙의 중심 국가로서 9개국과 국경을 접하고 있는데, 경제성장률이 1%대로 떨어져 9개국의 경제도 어려움을 겪고 있다. 독일은 최근 경제침체와 정치 불안을 겪은 바 있고, 독일과 더불어 서유럽 2대 경제대국인 프랑스는 국민투표에서 유럽연합 헌법을 부결시킨 바 있다.

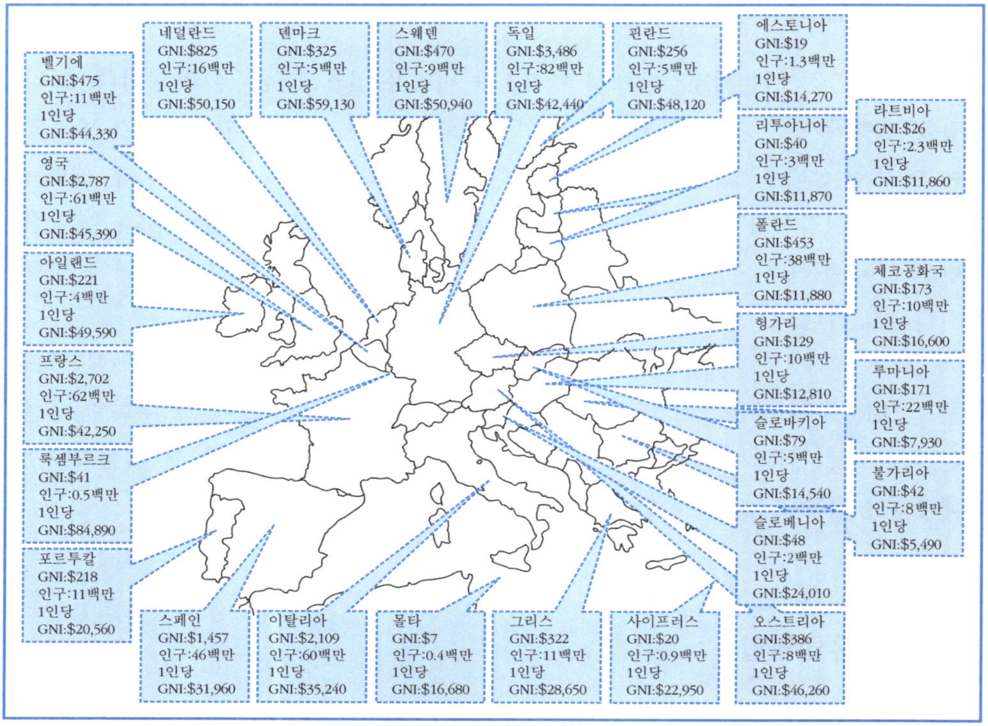


주 : GNI는 10억 달러, 인구는 100만, 2008년 기준.
자료 : 세계은행, 『세계개발보고서』, 2010.

[지도 I-2] EU국가의 주요 통계

EU는 앞으로 유럽을 경제적 · 정치적으로 통합한 강력한 경제권이 된다는 전망도 있으나 선장 없이 표류하는 배에 비유되기도 한다. 현재 EU의 경제성장률은 2%를 조금 넘을 정도로 저조하고 실업률은 8%를 넘을 정도로 높다.

EU국가들이 통화통합에 대해서는 비교적 유연하나 노동시장 문제에 대해서는 대단히 경직적이다. 이것이 이들의 주된 문제점 중 하나이다. 노동시장의 경직성과 노동자 보호 때문에 실업률이 높다. 최저임금수준이 너무 높고, 근로자보호가 과다하며, 실업수당 등 근로자에 대한 혜택도 과다하다.

### ◎ 유로화의 장단점

유럽연합의 회원국들은 2002년부터 유로라는 단일통화를 사용하고 있다. 그 이점은 다음과 같다.

① 회원국들의 화폐의 환전비용을 줄인다(300억 달러 절감 효과).
② 회원국들 고유 화폐가치의 파동을 막을 수 있다.
③ EU국가들의 경제적 및 금융면의 통합을 촉진한다.
④ 세계 금융시스템에서 EU의 역할을 증대시킨다.
⑤ 공통의 통화정책수립에 참여할 수 있다.
⑥ 회원국들에게 인플레나 재정적자 등의 의무를 부과한다.
⑦ 국제금융시장에서의 차입 비용이 절약된다.

그러나 유로의 가장 큰 문제는 회원국 중 일부가 심각한 경기침체 상태에 처했을 때 독자적인 금융재정정책이나 환율정책을 펼 수 없다는 점이다.

### EMU의 가입조건

EMU회원국이 되려면 다음 5가지의 자격조건이 필요하다. 마스트리히 조약은 EU회원국들에게 요구하는 이런 조건을 수렴조건(收斂條件)이라고 한다.

① 재정적자는 GDP의 3% 이하일 것
② 국가채무는 GDP의 60%를 초과하지 말 것
③ 인플레는 인플레 최하 3개국의 평균치보다 1.5%를 넘지 않을 것
④ 장기 이자율은 3대 모범국가의 수준을 넘지 않을 것
⑤ 유로를 중심으로 한 환율은 과거 2년간의 일정한 변동폭을 유지할 것

## 1.8 세계의 글로벌기업

『포춘』지는 매출액을 기준으로 매년 세계 500대 기업을 선정하여 발표한다. 이에 따르면 연 매출액 170억 달러 이상의 기업을 대기업으로 분류한다(2009년 기준). 세계 최대의 글로벌기업은 매출액 기준으로 미국의 월마트이고 종업원 기준으로도 월마트이다. 월마트의 종업원은 무려 210여만 명으로서 룩셈부르크(49만), 바레인(77만), 부탄(69만)의 인구보다 많다. 인구 2억이 넘는 인도네시아의 GNI가 4,582억 달러이니 세계 최대의 기업이 얼마나 큰지 짐작할 수 있다. 한국 최대의 기업은 삼성전자로서 세계 제32위이다. 삼성그룹 67개 회사 전체를 하나

**표 1-6** 주요국의 최대 회사

| | 최대 회사명 | 세계 순위 | 매출액(억$) | 종업원(천 명) |
|---|---|---|---|---|
| 한 국 | 삼성전자 | 32 | $1,089 | 188 |
| 세 계 | 로열 더치셀 | 2 | $2,811 | 101 |
| 미 국 | 엑손 모빌 | 3 | $1,928 | 103 |
| 독 일 | 폭스바겐 | 16 | $1,462 | 368 |
| 일 본 | 도요타 | 5 | $2,042 | 321 |
| 프랑스 | 토탈 | 14 | $1,559 | 96 |
| 중 국 | 중국석유화공 | 7 | $1,875 | 633 |

주 : 2009년 기준.
자료 : 『포춘』지(2010. 7. 26).

의 회사로 친다면 세계 10위, 현대자동차그룹은 74위가 된다. 한국의 기업그룹 전체를 하나의 기업으로 친다면 세계 500대 기업이 되는 것은 11개(삼성, 한전, 현대차, SK, LG, 롯데, 포스코, GS, 현대중공업, 한화, 금호아시아나)이다.

한국이 단일 기업으로 세계수준의 대기업 리스트에 포함된 것은 2009년 현재 10개이다. 세계적인 대기업을 많이 갖고 있는 나라의 순서와 각국의 대기업의 수는 다음과 같다. 한국은 세계 제10위이다. 그런데 스위스의 15대 기업 전체의 규모는 한국의 10대 기업의 경우보다 더 크다(『포춘』지 2010. 7. 26).

- 미 국 139
- 일 본 71
- 프랑스 39
- 영 국 29
- 독 일 37
- 중 국 46
- 스위스 15
- 네덜란드 13
- 이탈리아 11
- 한 국 10

## 1.9 한국은 경제규모 세계 14위, 수출규모 9위

지금은 세계화시대이다. 한국과 세계와의 긴밀한 관계는 무역을 통해서도 잘 나타난다. 세계은행의 『세계개발보고서』(2010)에 따르면 한국은 경제규모면에서 세계 14위(OECD국가 중에서는 9위)이고, 무역규모도 2005년 홍콩을 제치고 제 11위가 되었다. 1인당 GDP는 세계은행의 『세계개발지표』(2010)에 따르면 세계 50위(구매력평가기준으로는 46위)이다. 한국의 수출은 해방 이듬해인 1946년 처녀수출로 100만 달러에 불과했고 교역국가도 중국과 일본뿐이었다. 그러나 2008년에는 4,000억 달러가 넘었다. 2009년 수출입 합계가 약 7,000억 달러로서 세계 11위의 무역대국이 되었다. 한국의 수출은 아프리카 52개국, 남미 35개국 전체의 수출보다 많다. 그러나 한국이 세계경제에서 차지하는 비중은 경제규모 1.8%, 무역규모 2.6%에 불과하다. 세계경제에 큰 영향을 미치지 않고 그 비중을 더 증가시킬 수 있다. 현재 선진국과의 격차를 감안하면 더욱 그러하다. 한국무역협회는 2010년까지 <무역 1조 달러, 세계 8강> 달성을 목표로 하고 있다. 광복 70주년이 되는 2015년까지 수출 G6, 즉 세계 6대 수출대국이 된다는 방침을 밝힌 바 있다.

한국무역협회 『주요 무역동향지표』(2006)에 따르면 한국은 9만 2천여 개의 무역회사가 227개국에 8,500개의 품목을 수출하고, 222개 국가로부터 10,014개 품목을 수입했다. 한국은 사실상 세계의 거의 모든 나라와 무역을 하고 있다. 세계시장 점유율 1위의 국산품은 78개이다. 수출과 수입의 합계를 국민총소득(GNI)으로 나눈 무역의존도는 2009년 95.9%이다([표 1-7]). 미·일에 비하면 대단히 높다. 그런데 싱가포르나 홍콩 같은 소국의 경우에는 수출이나 수입이 국민총소득보다 많다. 수출에서 수입을 뺀 금액이 GNI에 포함되므로 수출과 수입이 GNI보다 클 수 있다. 수출의 경제성장 기여율(2003년)은 한국무역협회에 따르면 111.2%이다. 이는 경제성장률 3.1% 중 3.4%에 해당된다. 국내수요의 성장기여도는 마이너스였다.

경제개방도는 수출과 수입의 평균치를 GDP로 나누어 구할 수도 있다. 주요

**[수출의 증가추세]**

| | |
|---|---:|
| 1964년 | $1억 |
| 1971년 | $10억 |
| 1977년 | $100억 |
| 1995년 | $1,000억 |
| 2004년 | $2,000억 |
| 2008년 | $4,000억 |

**표 I-7** 수출입 대 GNI비율

| | 1953 | 1960 | 1970 | 1980 | 1990 | 2000 | 2009 |
|---|---|---|---|---|---|---|---|
| 수 출(%) | 3.2 | 4.1 | 15.6 | 35.1 | 29.1 | 42.3 | 49.9 |
| 수 입(%) | 9.8 | 12.7 | 24.4 | 44.9 | 30.2 | 39.6 | 46.0 |
| 무역의존도(%) | 13.0 | 16.8 | 40.0 | 80.1 | 59.3 | 81.9 | 95.9 |

자료 : 한국은행, 『숫자로 보는 광복 60년』, 2005 및 『조사통계월보』, 2010. 4.

국의 경제개방도를 보면 미국 14.5%, 일본 17%, 독일 44%, 중국 32.5%, 한국 53.5%, 싱가포르 224%, 홍콩 207%, 세계평균 28%이다(세계은행, 『세계개발지표』, 2010).

2009년 세계 5대 수출대국은 중국, 독일, 미국, 일본, 네덜란드 순이었다. 한국은 중국과 일본에 지리적으로 제일 가까운 나라라는 장점을 활용하는 등 세계시장에서 차지하는 한국경제의 비율을 더 높일 필요가 있다. 최근에 경험한 바와 같이 국내 소비와 투자가 경제성장을 견인하지 못할 때는 수출이 견인했다.

일본 『세계국세도회』(제20판, 2010)에 따르면 한국이 미국에게는 7번째 큰 수출 및 수입대상국이다. 캐나다와 멕시코가 북미자유무역협정(NAFTA) 대상국이라는 사실을 감안하면, 한국은 중·일·영·독 다음 미국의 5대 수출 및 수입대상국이다. 일본의 입장에서는 한국이 미·중 다음 세 번째 큰 수출대상국이고 다섯 번째 큰 수입대상국이다. 중국의 입장에서는 한국이 미·일 다음 세 번째 큰 수출시장이고, 일본 다음 두 번째 큰 수입대상국이다. 한국은 세계 3대 경제대국과 무역

**표 I-8** 한국의 5대 수출대상국

| 1964 ($1억) | | 1977 ($100억) | | 1995 ($1,000억) | | 2009 ($3,231억) | |
|---|---|---|---|---|---|---|---|
| 일 본 | 0.4 | 미 국 | 31 | 미 국 | 241 | 중 국 | 867 |
| 미 국 | 0.4 | 일 본 | 218 | 일 본 | 170 | 미 국 | 376 |
| 홍 콩 | 0.1 | 사우디 | 7 | 홍 콩 | 107 | 일 본 | 218 |
| 영 국 | 0.1 | 독 일 | 5 | 중 국 | 91 | 홍 콩 | 197 |
| 베트남 | 0.1 | 홍 콩 | 3 | 싱가포르 | 67 | 싱가포르 | 136 |

주 : 단위 억 달러, 괄호 안의 숫자는 그 해의 수출액.
자료 : 한국은행, 『경제통계연보』, 각 년도 ; 통계청, 『한국통계월보』, 2010. 4.

면에서 긴밀한 관계를 맺고 있다. 그리고 한국 수출상품은 미·일 등 선진국제품과 치열한 경쟁을 하고 있다. 10대 수출상품 중 미국은 항공기, 의약품, 그리고 일본은 고무제품에 있어서 한국과 많이 다르다.

## 1.10 한국은 선진국인가

### ❂ 한국이 선진국이라고 하는 데 사실인가

한국은 G20(세계 주요 20개국) 정상회의를 의장국으로서 서울에서 개최하고, 신국제금융 및 경제질서를 만들어 나가는 데 주도적 역할을 할 수도 있는 위치에 와 있다. 의사들이 고혈압을 따질 때는 서로 합의한 기준이 있다. 혈압이 그 기준을 넘으면 고혈압이 되는 것이다. 어떤 나라가 선진국인가 아닌가를 따지는 데는 객관적 기준(1인당 국민소득, HDI, OECD회원국 가입 여부 등)이 있다. 지금부터 이를 보기로 하자.

① **1인당 국민소득기준** 세계은행, 국제통화기금(IMF), 세계경제포럼(WEF) 등이 선·후진국 판단에 사용하는 기준은 1인당 국민소득(GNI)이다.

- 세계은행은 선·후진국을 1인당 GNI(2008년) 기준으로 다음과 같이 분류한다.

$975 이하 : 저소득(low income) 국가
$976 ~ 11,905 사이 : 중소득(middle income) 국가

**표 1-9 OECD 회원국(30개국)**

① 1인당 소득기준으로 선진국이 된 나라(27개국)

오스트레일리아, 오스트리아, 벨기에, 캐나다, 덴마크, 핀란드, 프랑스, 독일, 그리스, 아이슬란드, 아일랜드, 이탈리아, 일본, 한국, 룩셈부르크 네덜란드, 뉴질랜드, 노르웨이, 포르투갈, 스페인, 스웨덴, 스위스, 영국, 미국, 체코공화국, 헝가리, 슬로바키아

② 1인당 소득이 선진국 기준에 미달하는 나라(3개국)

멕시코, 폴란드, 터키

③ 선진국 중 인구가 한국보다 많은 나라(6개국)

미국, 일본, 독일, 프랑스, 영국, 이탈리아

$11,906 이상 : 고소득(high income) 국가

한국은 1인당 GNI가 21,530달러로 세계은행이 『세계개발지표』(2010)에서 밝힌 49개 고소득 국가 중 하나이다. 세계은행은 선진국 대신 고소득국, 후진국 대신 저소득국, 중진국 대신 중소득국이라는 용어를 사용한다. 그 이유는 어떤 나라를 1인당 소득기준만으로 선·후진국으로 분류하는 것은 무리라는 것이다. 예를 들어 인도인들은 종교, 철학, 요가 등에 있어서 인도가 가장 선진국이라고 생각한다. 한국의 1인당 GNI는 2004년에는 대만 다음 세계 31위였으나 2005년에는 대만을 앞질렀다.

• 한국은 선진국에 해당하지만 아직 선진국 대열의 맨 끝에 서 있다. 앞으로 더 많은 경제성장이 필요하다.

• 일부 한국인은 한국인 스스로를 후진국민이라 생각하고 행동한다. 의식구조, 법령, 조직, 전략, 시스템 등을 선진국 수준으로 빨리 높여야 한다.

IMF(국제통화기금)는 『세계경제전망보고서』에서 OECD회원국 중 2005년 현재 1인당 소득 기준으로 선진국으로 분류되는 24개국에 홍콩, 이스라엘, 싱가포르 및 타이완을 포함한 28개국을 선진경제(advanced economies)로 분류하고 있다. 한국은 세계은행이나 IMF기준으로 볼 때 선진국이다. IMF는 한국, 홍콩, 싱가포르, 대만을 '새로 공업화를 마친 4개국', 그리고 G7(미·일. 독·영·프·이·캐나다)을 '메이저 선진국' 으로 분류한다(미국 중앙정보국, 『세계연감』, 2010).

• 매년 초 다보스포럼을 개최하는 것으로 유명한 세계경제포럼(WEF)은 최근 『글로벌 경쟁력보고서』에서 1인당 국민소득 기준으로 선·후진국을 다음과 같이 구분하고 있다.

후진국(요소주도형 경제) : 2,000달러 이하
중진국(효율주도형 경제) : 2,000～17,000달러
선진국(혁신주도형 경제) : 17,000달러 이상

WEF는 한국을 1인당 GNI가 이 수준을 상회하므로 선진국으로 분류했다. 위 보고서는 한국이 경쟁단계로 볼 때 후진국 단계인 요소주도형 단계를 이미 오래 전에 지났고, 중진국 단계인 효율주도형 단계도 지났으며, 이미 선진국 단계

인 혁신주도형 단계에 진입했음을 밝혔다. 한국은 선진국 모방단계를 지나 이미 혁신으로 경쟁해야 하는 단계에 진입했다는 것이다.

② 인간개발지수(HDI : Human Development Index) 기준 많은 경제학자들은 인간개발지수가 1인당 국민소득보다 경제발전을 나타내는 더 유용한 지표로 생각한다. 존 마이어와 제임스 라우크는 『경제발전의 주요문제』(제 8 판)에서 HDI 값이 0.8 이하의 국가를 후진국, 그 이상의 국가를 선진국으로 분류 했다. 한국은 그 값이 0.937로 선진국에 해당한다. 선진국 기준을 0.85로 상향하더라도 한국은 선진국이며, 인구 천만 이상의 제 3 세계 국가 중 지난 세기 후반 이후 선진국이 된 나라는 한국밖에 없다고 한다. 대만도 그렇게 브면 선진국에 해당하지만 UN 기준에 따르면 대만은 국가가 아니다.

③ OECD 회원국 많은 사람들은 선진국 클럽이라고 하는 OECD(경제협력개발기구) 회원국이 된 나라는 선진국이라고 생각한다. 한국은 1996년에 가입하였다. 이는 앞서 말한 세계은행 기준처럼 공식적인 것은 아니다. 회원국 중에서도 1인당 국민소득이 세계은행의 기준에 미달하는 나라가 3개(Mexico, Poland, Turkey)국이다. 이들을 제외하면 OECD국가 중 선진국의 수는 27개국이다. 즉 27개국만이 OECD회원국이면서 동시에 세계은행 소득 기준으로 '선진국(advanced economies)'이다.

④ 기업의 경쟁력 세계 3대 조선회사는 도두 한국회사이다. 세계 최고의 빌딩을 건설한 회사도 마찬가지이다. 한국기업들은 세계 최고 수준의 자동차, TV, 에어컨, 휴대폰 등을 생산하고 있다. 세계은행 『세계개발지표』(2010)에 따르면, 2008년 현재 한국은 인구 100명당 인터넷 사용자수가 스웨덴, 네덜란드, 덴마크에 이어 세계 9위이다. 일본을 앞서는 것이다.

미국의 경제주간지 『비즈니스위크』지에 따르면 2002년 세계 100대 IT기업 중 1등은 삼성전자, 4등 KT프리텔, 9등 SK텔레콤으로 나타났다. 그리고 2004년 세계 일등은 LG전자였다(*BusinessWeek*지, 2002. 6. 24 및 2004. 6. 21).

대한항공은 2004년부터 연속 6년간 화물수송 세계 제일의 항공사가 되었다. 포스코는 3년 연속 철강 생산성 세계 제일의 기업이 된 바 있다. 세계 최고 기업은 어떤 산업이나 선진국에 있게 마련이다. 후진국에 세계 최고 수준의 기업이 있기는 어렵다.

## ❂ 한국은 선진국이고 NICs

한국은 다른 기업, 산업 및 지역들도 세계 최고 수준에 올라간 기업, 산업, 지역 수준으로 끌어 올려야 한다.

중앙아시아의 맹주 우즈베키스탄에서는 한국이 미국, 러시아 및 독일에 이어 4대 강국의 대접을 받고 있다. 그곳 국민이 되어 있는 고려인 23만여 명이 한국기업 진출에 큰 도움을 주고 있다. 반면 일본기업들은 그곳에 체류하는 일본인이 적어서 많은 어려움을 겪고 있다. 이 점에서 한국기업은 일본기업에 비하여 유리하다. 카자흐스탄 등 다른 중앙아시아에서도 사정은 비슷하다.

우즈베키스탄 주재 어느 한국외교관은 이런 말을 했다. 그곳 젊은이들의 꿈은 대우자동차를 타고, 삼성 애니콜로 전화하고, LG나 삼성TV로 한국드라마를 보는 것이라고 한다.

선진국 중 1인당 국민소득수준이 제일 높은 나라는 어디인가? 1인당 국민소득(구매력평가 GNI) 수준 세계 1～4위 국가는 다음과 같다.

| | |
|---|---|
| ① 리히텐슈타인 | \$11.8만(인구 3.5만) |
| ② 카타르 | \$10.3만(인구 83.3만) |
| ③ 룩셈부르크 | \$6.4만(인구 49.2만) |
| ④ 노르웨이 | \$5.9만(인구 466만) |

자료 ①, ②는 미국 중앙정보국『세계연감』(2010), 그리고 ③과 ④는 세계은행『세계개발보고서』(2010) 자료이다.

한때 학자들은 선진국을 제 1 세계, 공산권 국가를 제 2 세계, 후진국을 제 3 세계라고 한 바 있다. 그러나 공산권국가들이 시장경제체제를 채택하게 되자 제 2 세계는 없어졌다. 그 후 제 1 세계, 제 2 세계, 제 3 세계라는 말은 별로 쓰이지 않게 되었다. 참고로 한때 아주 못 사는 나라들을 제 4 세계로 부르자고 한 학자도 있었다. 최근에는 신생공업국, 신흥시장(emerging markets) 등의 표현이 많이 사용되고 있다. 신흥시장은 원래 공업화를 빠르게 진행하고 있는 NICs 및 개도국 내의 시장을 의미했으나 지금은 그런 나라를 의미한다. 신생공업국(NICs)에는 다음과 같이 두 가지 뜻이 있다. IMF는『세계경제전망보고서』(2005)에서 한국, 홍콩, 대만, 싱가포르를 새로 공업화를 끝낸 4개 신생공업국으로 분류하였다.

**표 1-10 세계 속의 한국경제 위상**

| | | | |
|---|---|---|---|
| GNI | 14위 | 사교육비 비중(OECD국가 중) | 1위 |
| 1인당 GNI | 49위 | 원유 수입국 순위 | 4위 |
| 인간개발지수(UNDP) | 26위 | 경제자유도 | 32위 |
| 인구규모 | 26위 | 국방비 지출 | 12위 |
| 인구밀도 | 12위 | 연구개발 투자 | 7위 |
| 국토면적 | 107위 | 석유 소비량 | 9위 |
| 연간 노동시간 | 1위 | 고속 인터넷 가입자 수 | 9위 |
| 교역규모 | 11위 | 자동차 생산 | 5위 |
| 외환보유고 | 6위 | 미국 유학생 수 | 3위 |
| 주식거래액 | 13위 | 산업용 로봇 보유 | 4위 |
| 무역의존도 | 39위 | 전자제품 생산 | 4위 |

자료 : 한국무역협회 국제무역연구원, 『세계 속의 대한민국』, 2009 ; 세계은행, 『세계개발보고서』, 2010; 『세계개발지표』, 2010.

① NICs(Newly Industrializing Countries) 공업화를 현재 진행하고 있는 나라라는 뜻의 신생공업국

② NICs(Newly Industrialized Countries) 공업화를 새로 끝낸 나라라는 뜻의 신생공업국

## 1.11 세계화는 어떻게 이루어지는가

세계화의 진전에 따라서 전 세계는 하나의 지구촌으로 되어가고 있다. CNN의 설립자 테드 터너는 "나에게 외국인이란 말을 쓰는 사람에게는 벌금을 부과한다"고 말한다. CNN은 전 세계가 활동장소이고 전 세계인을 대상으로 하므로 외국, 외국인이라는 말이 있을 수 없다는 것이다. 전 세계를 하나의 지구촌으로 보고 있다. *In Search of Excellence*의 저자인 톰 피터스는 CNN은 월마트와 더불어 세계 최우수 기업이라고 말한다(대담 1996. 3. 3)

세계화는 어떻게 측정하는가? A.T. 커니(A.T. Kearney)와 미국의 외교정책 전문지인 『포린 폴리시』지는 공동으로 세계화 수준을 지수로 만들고 이를 매년

측정하여 발표하고 있다. 세계 각국의 최근의 세계화지수(GI : Globalization Index)는 『포린 폴리시』지(2007년 11/12월호)에 발표했다([표 1-11]). 2007년에는 세계 72개국의 GI를 발표했는데, 이 72개국은 세계경제의 97%, 인구의 88%를 차지한다.

한국의 GI는 72개국 중 35위이다. GI가 높은 나라는 1위 싱가포르, 2위 홍콩, 3위 네덜란드, 4위 스위스, 5위 아일랜드, 6위 덴마크, 7위 미국, 22위 독일, 25위 프랑스, 28위 일본, 62위 러시아, 66위 중국, 71위 인도, 72위는 이란이다. 이란은 7년 연속 최하위이다.

커니와 『포린 폴리시』지는 세계화를 크게 경제통합, 개인적 접촉, 기술적 연결성 및 정치적 참여의 4개 분야로 나누어서 측정한다. 뿐만 아니라 이를 12개의 세부 지수로도 측정한다. 한국의 4분야 GI의 세계 순위는 기술적 연결성 20위, 경제적 통합 47위, 정치적 참여 44위, 그리고 개인적 접촉 52위이다. 한국의 경제규모가 세계 14위라는 사실을 감안하면 세계화 수준은 상대적으로 많이 낮은 편이다.

- 경제통합 : ① 무역, ② FDI(해외직접투자)
- 개인적 접촉 : ① 전화, ② 여행, ③ 송금 : 개인 간 소득이전
- 기술적 연결성 : ① 인터넷 사용자, ② 인터넷 호스트, ③ secure servers
- 정치적 참여 : ① 국제기구, ② 유엔 평화유지, ③ 국제조약, ④ 정부 소득이전

어떤 사람들은 국경이 없어지는 세계화시대에는 국가의 중요성이 줄어든다고 한다. 그러나 전혀 그렇지 않다. 마가렛 대처 전 영국수상은 자신의 책 『나라 다스리는 방법』에서 국가가 지속될 수밖에 없는 근본적인 이유는 다음 세 가지라고 말한다.

첫째, 법의 틀을 만드는 것은 국가이다. 그 중요성은 국가경제나 사회로 볼 때 그 어느 때보다 더 크다.

둘째, 국가는 국민에게 정체감(正體感)을 갖게 한다. 세계화가 진행될수록 국민들의 정체감은 증가한다.

셋째, 치안, 외교 및 국방은 국가의 독점기능이다.

**표 1-11** 한국과 주요 외국의 세계화 지수

| | 한 국 | 싱가포르 | 스위스 | 미 국 | 독 일 | 일 본 | 중 국 |
|---|---|---|---|---|---|---|---|
| GI 순위 | 35 | 1 | 4 | 7 | 22 | 28 | 66 |
| 1. 경제통합 | 47 | 2 | 11 | 71 | 45 | 70 | 43 |
| 무 역 | 31 | 1 | 22 | 71 | 36 | 69 | 44 |
| FDI | 61 | 5 | 8 | 69 | 50 | 66 | 35 |
| 2. 개인적 접촉 | 52 | 3 | 2 | 40 | 34 | 65 | 67 |
| 여 행 | 43 | 6 | 7 | 40 | 25 | 51 | 59 |
| 3. 기술적 연결 | 20 | 15 | 7 | 1 | 16 | 12 | 56 |
| 인터넷 사용자 | 4 | 25 | 15 | 8 | 22 | 7 | 55 |
| 4. 정치적 참여 | 44 | 40 | 28 | 56 | 19 | 15 | 65 |
| 국제기구 | 42 | 42 | 11 | 1 | 5 | 29 | 42 |
| 유엔평화유지 | 27 | 14 | 40 | 26 | 12 | 4 | 41 |

자료 : 『포린 폴리시』, November/December 2007. 이 숫자는 세계 72개국 중의 순위임.

"지구 전체를 인구 100명의 동네로 축소하면 이렇게 된다. 아시아인 57명, 유럽인 21명, 아프리카인 8명; 여자 48명, 남자 52명; 전 세계 부(富)의 59%를 6명이 차지하는 데 모두 미국인이다. 30명이 글을 못 읽고, 80명이 기준 이하의 주택에서 살며, 20명이 영양실조 상태이다. 대학졸업자는 1명이고, 컴퓨터 보유자도 1명이다."

— 존 힐즈, 『세계의 비즈니스』

# 제2장 경제성장

한국의 경제성장은 격화되는 글로벌기업들간의 경쟁, 그리고 정부의 일자리 창출, 녹색성장(2020년까지 온실가스 배출전망치 기준 30% 감축 등) 및 국방력 강화 정책 등과 관련하여 최근 다시 중요한 문제로 부각되고 있다.

한국의 경제성장은 OECD가 『경제성장의 이해』에서 밝힌 것처럼 국가경제, 산업, 기업의 세 가지 차원으로 나누어 볼 수 있다. 한국의 3대 조선기업(삼성중공업, 현대중공업 및 대우조선해양)은 세계 3대 조선기업이다. 이들의 높은 글로벌 경쟁력(GC)은 조선산업의 글로벌 경쟁력을 높이고, 이는 다시 한국경제의 글로벌 경쟁력을 높인다. 그 반대의 경우도 생각할 수 있다. 이 세 가지 차원의 성장은 모두 중요하고 또한 상호 긴밀한 관계에 있다. 그리고 산업은 산업클러스터 내의 일부이므로 그 GC에 많은 영향을 주고받는다.

기업 ⇄ 산업 ⇄ 산업클러스터 ⇄ 국가경제의 GC

한국은 1962년부터 1995년까지 1인당 소득이 백 달러에서 만 달러가 되는 성장을 거두었으며, 다음해 OECD에 가입할 때까지 경제개발 5개년 계획을 수립·시행해 왔다. 5개년 계획은 경제 전체의 계획, 이를 구성하는 산업차원의 계획, 산업부문 내의 주요 프로젝트에 대한 계획의 3단계로 구성되어 있었다. 5개년 계획을 실천하는 민간주체는 기업 또는 기업그룹이었다. 정부는 경제성장을 위해서 경제 전체, 이를 구성하는 산업, 산업을 구성하는 기업의 세 가지 차원에서 접근했다.

경제 전체 차원의 성장은 제2장, 산업차원의 성장은 제3장, 기업차원의 성장은 제4장에서 살펴보기로 한다. 먼저 한국의 경제목표부터 보기로 하자.

## 2.1 한국의 경제목표

### 1) 4대 경제목표

앞으로 한국경제의 건전한 발전을 위해서는 무엇보다 경제목표를 바르게 설정해야 한다. 그리고 국민 모두 이를 잘 알아야 한다. 그럼 한국의 경제목표는 무엇인가? 경제성장, 경제안정, 형평 및 삶의 질 향상의 네 가지이다. 저자는 이와 관련하여 게리 베커 시카고대 노벨경제학상 수상 교수 등 국내외 많은 학자들과 상의를 한 바 있다. 공산주의자들처럼 형평이나 일부 환경운동가처럼 환경보호를 통한 삶의 질 개선만이 유일한 목표라고 하는 주장은 잘못된 것이다. 게리 베커 교수는 한국의 경제목표를 이 4가지로 정해야 된다고 몇 차례나 강조했다(대담 1997. 2. 3). 그 이유는 경제성장은 역동적 효율의 결과이므로 효율을 성장과 별개의 목표로 정할 수 없고, 국제수지 흑자는 다른 경제목표 달성의 한 방법이므로 그 자체가 목표가 될 수 없기 때문이라고 했다. 그런데 베커 교수는 효율을 정태적 효율과 역동적 효율 두 가지로 나눌 수 있는데, 전자는 특정시점에서의 효율이고, 후자는 투자, 기술진보, 신지식 등에 따라 정태적 효율이 어떻게 변화하는가에 관한 것으로 경제성장을 결정한다고 했다.

그럼 4대 경제목표를 달성하기 위해서는 어떻게 해야 하는가? 무엇보다 자원을 효율적으로 잘 활용해야 한다. 그 길은 각 산업분야 최고의 기업들처럼 잘 활용하는 것이다. 예컨대 이순신 장군이 13척의 배로 130척이 넘는 일본 수군을 이길 수 있었던 것은 인적자원, 물적자원, 지형조건, 심지어 해류 등 각종 자원을 효율적으로 활용했기 때문이다. 이순신 장군 같은 CEO가 이끄는 GC우위기업들은 자원을 효율적으로 활용할 줄 안다. 따라서 국가자원을 가장 잘 활용하는 길은 이런 GC우위기업들을 많이 만드는 것이다.

글로벌 경쟁시대에서 GC우위기업들과 같이 자원을 잘 활용한다는 것은 결코 쉬운 일이 아니다. 그럼 그 방법은 무엇인가? 이순신 장군처럼 전략을 사용해야 한다. 피터 드러커 교수가 글로벌 경쟁시대 모든 기업의 전략목표는 GC라고 한 것은 바로 이 때문이다. 요약하면 경제목표의 달성을 위해서는 자원을 효율적으로 사용해야 하고, 이를 위해서는 GC우위기업을 많이 만들어야 하며, GC우위의 기업을 많이 만들기 위해서는 전략을 잘 세워야 한다.

전략 ⇨ GC ⇨ 역동적 효율 ⇨ 경제목표

### ❂ 4대 경제목표에 대해서 살펴보자

① 경제성장 누구나 좋은 직장을 얻어 승진도 하고 소득과 재산이 늘어나 생활수준이 향상되기를 바란다. 이를 가능하게 하는 것이 경제성장이다. 경제성장으로 일자리가 하나 늘어나는 것은 한 가정의 행복을 의미한다. 또한 한국은 세계에서 유일하게 4대 강국 속에서 살아가야 하므로 국가안보 차원에서도 경제성장은 대단히 중요하다.

② 경제안정 인간은 직업이 없거나 실직의 위험 혹은 월급이 줄어들 때 불안을 느낀다. 물가가 급등하거나 국제수지 적자가 계속되어도 불안하다. 경제성장이 어려웠던 옛날 왕들이 국태민안(國泰民安)을 중시했던 것은 경제안정이 그만큼 중요했기 때문이다. 경제안정은 고용, 물가 및 국제수지 안정의 세 가지로 나누어 볼 수 있다.

• 고용안정 : 고용안정은 실물경제에 따라서 좌우된다. 실물경제의 침체, 즉 경기침체(stagnation)가 되면 실업자가 늘어나므로 경제는 불안하게 된다. 실업자가 늘어나는 것은 불행한 사람이 늘어나는 것이다. 물가상승은 실업자에게 이중의 고통이 된다. 경제학자 아더 오쿤은 실업률과 물가상승률의 합을 고통지수(misery index) 또는 불행지수라고 했다.

• 물가안정 : 전반적인 물가의 상승, 즉 인플레(inflation)가 발생하면 열심히 일하고 받은 돈을 절약하여 은행에 저축한 사람은 손해를 보고, 돈을 빌린 사람들은 오히려 이득을 본다. 과도한 인플레는 소득과 재산을 임의적으로 재분배하므로 사회질서를 무너뜨리기 쉽다. 인플레가 심하면 사람들은 박탈감을 느끼게 된다.

경기침체(stagnation)와 인플레(inflation)가 동시에 발생하는 스태그플레이션(stagflation)은 '경제암'에 비유된다. 경제암은 정권의 기반을 뒤흔든다. 프랑스에서는 스태그플레이션이 심할 때 프랑스혁명이 발생했다. 독일에서는 경기침체가 극심할 때 실업과 빈곤문제의 해결을 구호로 내건 히틀러가 집권하게 되었다. 그는 집권 후 독일 국민을 엄청난 고통 속에서 살도록 만들었다. 한국에서도 스태그플레이션 상태에서 4·19혁명, 10·26사태 등이 발생하여 정권이 바뀐 적이 있다.

**표 2-1** 경제목표 측정지표

| | 1996 | 1997 | 1998 | 1999 | 2000 | 2002 | 2003 | 2005 | 2009 |
|---|---|---|---|---|---|---|---|---|---|
| 1. 경제성장 | | | | | | | | | |
| GNI(조 원) | 458.6 | 502.9 | 492.6 | 542.2 | 600.2 | 721.0 | 767.8 | 864.4 | 1,068.7 |
| 10억$ | 570 | 529 | 352 | 456 | 531 | 576 | 644 | 844 | 837 |
| 1인당 GNI($) | 12,518 | 11,505 | 7,607 | 9,778 | 11,292 | 12,100 | 13,460 | 17,531 | 17,175 |
| 만 원 | 1,007 | 1,094 | 1,064 | 1,163 | 1,277 | 1,514 | 1,604 | 1,796 | 2,192 |
| 성장률(GDP) | 7.0 | 4.7 | −6.9 | 9.5 | 8.5 | 7.0 | 3.1 | 4.0 | 0.2 |
| 성장률(GNI) | 5.6 | 2.7 | −8.3 | 9.4 | 5.5 | 7.0 | 1.9 | 2.0 | 1.5 |
| 2. 형 평 | | | | | | | | | |
| 지니계수(%) | 29.5 | | 31.6 | 32.0 | 31.7 | 31.2 | 29.3 | 30.6 | 31.9 |
| DDR(%) | 55.7 | | 50.7 | 49.6 | 50.4 | 51.4 | 50.0 | 55.2 | 61.0 |
| 노동소득분배율(%) | 63.4 | 62.3 | 61.9 | 59.6 | 58.8 | 58.2 | 59.8 | 60.7 | 60.6 |
| 중산층계층의식(%) | | | | 54.9 | | | 56.2 | 53.4 | 54.9 |
| 자가주택비율(%) | 53.3 | | | | 54.2 | | | 55.6 | 57.0[a] |
| 3. 경제안정 | | | | | | | | | |
| 실업률(%) | 2.0 | 2.6 | 7.0 | 6.3 | 4.1 | 3.1 | 3.4 | 3.7 | 3.6 |
| 물가상승률(%) | 4.9 | 4.4 | 7.5 | 0.8 | 2.3 | 2.7 | 3.6 | 2.8 | 2.8 |
| 지가상승률(%) | 0.8 | 0.7 | −9.7 | −2.7 | 2.1 | 5.7 | 5.4 | 5.0 | −0.3[b] |
| 주택가격지수 | 107.7 | 109.9 | 96.2 | 99.6 | 100.0 | 127.8 | 135.1 | 137.7 | 163.4[b] |
| 경상수지(억$) | −231 | −83 | 404 | 245 | 122 | 54 | 119 | 150 | 427 |
| 4. 생활의 질 | | | | | | | | | |
| HDI, 세계순위 | 29 | 32 | 30 | 30 | 31 | 27 | 30 | 28 | 25[a] |
| 평균교육년수 | 10.3 | | | | 10.6 | | | 11.2 | 12.1[a] |
| 평균기대수명 | | 74.4 | 75.5 | 75.6 | 75.9 | 77.0 | 78.6 | 78.6 | 80.1[b] |
| 주택보급률(%) | 89.2 | 92.0 | 92.4 | 93.3 | 96.2 | 100.6 | 101.2 | 105.9 | 109.9 |

주 : a-잠정치, b-2008 물가상승률은 소비자물가임.
DDR은 십분위 분배율임(제 6 장 참조).
자료 : 통계청, 『한국의 통계 2006, 2009』, 『한국의 사회지표 2006, 2009』; 한국은행, 『경제통계연보』, 2006, 2010; 통계청, 『한국통계월보』, 2010. 4.

나라경제가 불안하면 범죄, 스트레스, 질병, 자살이 많아진다. 경제 불안은 사회 불안, 정치 불안 등으로 이어진다. 미국에서는 경제가 불안할 때 실시된 대통령선거에서 대통령이 바뀌었다.

• 국제수지의 안정 : 글로벌 경쟁력 시대에서는 기업들이 GC를 잃으면 국제수지가 적자로 될 가능성이 크다. 국제수지 흑자는 해외의존도가 높은 우리 경제의 안정에 기본이 된다. 우리는 큰 폭의 국제수지 적자로 경제위기가 발생했을 때 온 국민이 얼마나 불안해 했는지 잘 안다. 어떤 사람들은 미국이 세계 최대 국제수지 적자국가임에도 불구하고 큰 문제가 없으므로 한국의 경우에도 국제수지는 문제가 안 된다고 한다. 그러나 결코 그렇지 않다. 국제수지의 흑자는 국가의 안정적인 경제운용을 가능하게 한다. 외국의 기업이나 정부도 안정된 나라로 평가한다. 국제수지가 흑자가 되어야 그 돈으로 외국에 투자하고, 외국회사 M&A하고, 원조를 주고, 돈도 빌려줄 수 있다. 선진국들처럼 성숙 채권국가가 될 수 있다.

미국에게 큰 폭의 무역적자는 큰 문제가 아닐 수 있다. 그러나 국민들의 식량, 마실 물은 물론 동물원의 새도 수입해야 하는 싱가포르의 경우에는 수출과 수입 모두 GDP보다 규모가 크다. 큰 폭의 지속적인 국제수지는 국가생존과 직결되는 문제이다. 개방된 소국일수록 국제수지 문제가 중요하다. 환율정책도 잘 해야 한다. 일본은 소국은 아니지만 오래 전부터 국제수지 흑자의 실현을 국가생존의 문제로 다루어 왔다. 때문에 일본은 오래 전부터 엄청난 양의 외환보유고나 대외자산을 쌓아왔던 것이다.

③ 형　평　소련, 중국 등이 공산주의를 도입한 주된 이유는 균등분배를 유일한 경제목표로 설정하였고, 또한 이 문제의 근본적 해결이 가능할 것이라고 믿었기 때문이다. 그러나 실제 많은 공산국가들은 이것이 불가능하다는 사실을 깨닫고 공산주의를 버렸다. 형평이라고 하면 많은 사람들은 소득이나 재산의 균등분배로 착각한다. 그러나 그런 의미가 아니다. 세계은행이 『세계개발보고서』에서 밝힌 형평의 두 가지 원칙은 다음과 같다.

• 하나는 평등해야 할 것은 소득, 재산이 아니라 이를 획득할 수 있는 기회(교육 등)라는 것이다. 평등의 대상은 결과가 아니라 기회이다.

• 다른 하나는 경제적 능력을 상실한 사람들(정신지체아, 이재민, 부양능력 없는 노인 등)에게 최저생활을 보장하여 절대궁핍을 면하게 해 주는 것이다. 이를 보장하는 것이 사회안전망이다.

유치원생이나 대학생에게 용돈을 똑같이 주는 것은 결과의 평등이다. 그러나 유치원생도 자라서 대학생이 될 수 있게 하는 것은 기회의 평등이다. 소득, 재산면에서 만민의 평등은 공산주의식 평등이다.

형평문제의 해결이 어려운 것은 사람들이 그 뜻을 모르기 때문이다. 좌승희 전 한국경제연구원장은 『신 국부론』에서 많은 개도국들이 퇴보하는 것은 평등주의 함정에 빠져있기 때문이라고 말한다. 가장 많은 사람들이 가장 쉽게 빠지는 함정이 바로 이것이다.

**④ 삶의 질 향상** 소득의 증가는 더 나은 품질의 재화를 소비할 수 있게 함으로써 삶의 질을 향상시킨다. 현재 우리 중산층의 생활은 과거 왕이나 황제들의 생활수준보다 낫다. 삶의 질은 경제성장과 더불어 향상되지만 공해와 환경파괴에 의해서 하락하는 경우도 있다.

나라경제는 안정된 가운데 잘 성장하고 형평도 잘 이루어질 때 '삶의 질'이 향상된다. 남아공처럼 성장이 잘 안 되는 나라에는 실업률이 23%나 된다. 길거리는 실업자, 결식아동, 불량청소년으로 넘쳐난다. 거리를 마음대로 걸어다닐 수가 없다. 이런 나라의 소득분배나 삶의 질은 좋을 수가 없다. 범죄의 증가도 삶의 질을 떨어뜨린다. 주택, 상가, 학교, 동사무소, 파출소 등의 공공시설이 품질만 좋아서는 안 되고 공간적 배치가 잘 되어 국민생활에 편리함을 주어야 하듯 삶의 질 향상을 위해 다원적 접근이 필요하다.

### 2) 경제목표의 설정

한국인들은 경제위기 이후 많은 경제불안(일자리, 물가 및 국제수지의 불안)을 겪었다. 가장 큰 이유 중의 하나는 형평에 치중하는 등 국가 경제목표 설정이 잘못되었기 때문이다. 때문에 경제성장률(GNI 기준)은 상당 기간 아시아 주요국 중 최하위권이었다. 미국, 싱가포르 같은 국가신용등급 최상위(스탠다드 앤 푸어스의 AAA급) 국가나 국가경쟁력 최상위 국가들의 특징은 무엇보다 경제목표가 옳고 명확하다는 것이다. 반면 경제적 어려움을 많이 겪고 있는 나라는, 예외없이 지도자들이 경제목표를 잘 모르는 나라들이다.

일본은 1991년 거품경제 붕괴 후 10년이 넘는 경기침체를 경험하게 되자, 실직자, 자살자, 의욕상실자, 정신질환자, 인생을 포기한 사람 등이 많아졌다. 중산층에서 저소득층으로 내려간 사람도 많아졌다. 일본 내각부의 『일본 21세기 비전』이 지적하듯이 '격차의 고정화' 현상도 나타났다. 경제가 오랫동안 성장하지 못하니 경제불안, 형평의 악화, 삶의 질의 저하가 자리잡기 시작한 것이다.

독일경제의 낮은 성장률은 국경을 접한 9개국의 성장률을 떨어뜨리고, 이는 이들이 소속된 EU의 성장률을 떨어뜨린다. 이웃나라의 실직자를 증가시켜 국민생활을 불안하게 만들고 형평도 악화시켰다. 호스트 시버트는 『독일경제론—사회시장을 넘어서』에서 독일의 경제불안, 형평의 악화는 노동자를 과보호하는 등 형평에 치중한 정책 때문이라고 했다.

① 경제목표는 앞서 설명한 이 네 가지이다. 어느 하나만은 경제목표가 될 수 없다.

• 형평은 그 자체가 유일한 목표가 될 수 없다. 공산국가들이 이를 증명했다.

• 안정과 형평만을 경제목표로 정하는 것도 잘못이다.

② 경제성장 이외의 목표는 경제성장이 잘 될 때 달성이 가능하다.

• 일반적으로 높은 수준의 성장은 높은 수준의 형평으로 이어진다(드와이트 퍼킨스 외, 『경제발전론』). 무엇보다 성장으로 일자리가 많아지면 가난한 실직자가 감소한다. 일본이 고도성장을 하던 1970년에는 실업률이 1.1%에 불과했다. 대졸자 1인당 일자리가 몇 개씩 돌아가니 기업들은 임금을 다투어서 올리려고 했다. 종업원들의 임금을 자연적으로 많이 올라가게 하는 길은 경제성장으로 일자리를 많이 만드는 것이다.

• 성장을 중시하더라도 형평을 성장보다 더 중시한 나라는 성공하지 못했다. 독일 등 유럽 여러 나라가 좋은 예이다.

③ 평등주의가 아니라 '성장을 통한 형평의식'이 중요하다.

지금부터 이를 좀더 자세히 살펴보기로 하자.

### ❂ 성장 속에는 분배가 있으나 분배 속에는 성장이 없다

빈곤퇴치의 유일한 길은 경제성장이다. 개별기업으로 보면 고용 없는 성장도 가능하나 경제전체로 보면 산업연관효과가 있기 때문에 기업의 성장은 고용의 증가를 초래한다. 성장 없는 분배는 아무도 승리할 수 없는 싸움판일 뿐이다. 직장이 없거나 생계를 유지할 수 없는 가난한 사람들을 돕는 가장 좋은 방법은 경제성장을 통한 일자리 창출이다. 경제성장은 정부의 조세 수입도 늘린다. 정부는 이를 통해 양로원, 고아원 등의 사회복지시설을 더 좋게 만들고 가난한 사람

**제로섬 게임**

놀음판에서 돈을 따는 사람의 금액은 잃는 사람의 금액과 똑같다. 딴 돈은 플러스, 잃은 돈은 마이너스로 하여 더하면 그 합(sum)은 제로가 된다. 이런 게임을 제로섬 게임(zero-sum game)이라고 한다. 국가경제가 성장하지 못하면 국민들의 경제활동(게임)은 제로섬 게임과 같다. 한 사람이 돈을 벌면 반드시 그 금액만큼 손해 보는 사람이 나온다. 한 사람의 큰 부자가 나오려면 수많은 가난한 사람이 나와야 한다. 남을 가난하게 만들지 않고 사람들을 잘 살 수 있게 하는 것이 경제성장이다.

을 도울 수 있다.

제 1 차 경제개발 5개년계획(1962～1966년)에 따르면 1960년의 실업률은 24.2%나 되었다. 이 많은 실업자들은 경제가 성장하지 않았다면 계속 빈곤층으로 남아 있을 수밖에 없었다. 그러나 경제성장으로 일자리가 늘자 빈곤층을 탈출할 수 있었다. 실업으로 빈곤해진 사람들에게 가장 좋은 소득분배방법은 일자리를 제공하여 빈곤층에서 벗어나게 하는 것이다.

"경제성장이라는 쥐를 잡을 수만 있다면 검은 고양이든 흰 고양이든 가리지 않는다"는 덩샤오핑의 말은 유명하다. 중국이 소득의 균등분배라는 공산주의 이상을 버리고 지역간, 도농간 및 계층간 소득격차가 증가함에도 불구하고 고도경제성장을 지상목표로 설정한 이유는 성장 없는 분배로는 사회문제를 해결할 수 없었기 때문이다. 중국은 최근 고도성장으로 환경파괴가 급증하게 되자 친환경적 경제성장, 즉 '녹색 고양이'를 중시하고 있다.

한국에서는 많은 사람들이 1인당 국민소득이 만 달러를 넘은 이상 앞으로 더 성장하지 말고 저소득층을 위한 분배문제 해결에 치중해야 될 것이라고 한다. 이는 광주리에 떡을 더 채울 생각은 않고 들어 있는 것을 나누어 갖자는 것이다. 경제성장이 안 되면 저소득층에서 중산층, 고소득층으로 올라가는 사람은 없고 거꾸로 떨어지는 사람만 많게 된다. 저소득층 인구가 증가하면 분배는 악화되고 사회는 후퇴한다. 분배담당 기구의 운영비 조달도 어려워진다. 나라경제가 성장하지 못하면 실직자, 일자리를 포기한 사람, 희망을 포기한 사람들이 속출한다. 일본이 피하려고 하는 각종 사회문제들이 몰려오게 된다. 성장이 되어야 이런 현상들이 일어나지 않는다.

### ◎ 성장을 통한 형평

이에 대해서는 4대 그룹(삼성, 현대, SK, LG) 의존도가 대단히 높은 한국경제의 현실로 설명할 수 있다. 4대 그룹은 우리나라 총수출의 거의 반을 차지한다. 그러나 4대 기업그룹 비중이 높기 때문에 이들을 강력히 규제해야 한다고 하는 것은 평등주의적 발상이다. 이에 반해 '성장을 통한 평등의식'은 새로운 4대 그룹을 여러 개 만들어 기존 4대 그룹에 집중됐던 경제력을 자연적으로 떨어뜨리는 것이다. 4대 그룹 중 어느 하나가 성장을 멈추면 한국경제는 위기 상황을 맞이할 수도 있다. 반도체, 자동차, 선박, 휴대폰, 철강 등을 수출하는 글로벌기업들 몇 개만 성장을 멈추어도 마찬가지이다. 우리 기업그룹을 강력하게 규제하다가 경제위기를 맞이할 수도 있다. 같은 예로 서울의 강남지역 아파트의 가격 급등을 막기 위해 세금으로 통제하는 것은 평등주의적 발상이다. 그러나 더 좋은 지역에 더 좋은 아파트를 많이 만들어서 강남지역 아파트 값을 저절로 떨어지게 하는 것은 성장을 통한 형평의식이다.

### ◎ 성장 없이는 안정도 없다

경제가 성장하지 못하는 사회는 불안하다. 러시아경제는 1990년부터 2003년까지 연평균 성장률이 마이너스 1.8%였다(세계은행, 『세계개발지표』). 일본의 경우에는 같은 기간 플러스 1.2%에 불과했다. 일본은 거품경제가 터진 1991년부터 2004년 사이 사업체의 수가 10만 개, 취업자 수는 80만 명 감소했다. 경제성장은 사회안정에 최선책이다. 후진타오 정책의 최우선순위는 고도의 경제성장에 있다. 그는 경제성장이야말로 사회안정과 공산당의 생존에 필수적이라는 당 지도부의 핵심 신조를 믿는다고 했다(『이코노미스트』지, 2005. 8. 20). 나라의 경제가 성장하지 않는 상태에서 경제 · 사회문제를 잘 해결한 나라는 없다. 인간의 욕망은 그야말로 KTX보다 빠르게 달린다. 사회는 경제가 성장하든 안하든 빠르게 변화한다. 경제가 성장하지 않으면 끊임없는 그리고 다양한 인간의 욕구변화와 사회문제의 변동에 대처할 수 없다.

## ❂ 삶의 질 향상

OECD는 『성장을 향해』라는 보고서에서 웰빙(well-being)에 관한 불완전성이 가장 적은 지표는 1인당 GDP라고 말한다. 경제성장은 바로 삶의 질 향상으로 연결된다는 것이다. 한국인은 1960년대까지 너무 가난해서 쌀밥을 하루 세 끼 일 년 내 먹을 수 있는 가정이 전국적으로 천 가구가 안 되었다. 경제성장은 다양한 제품을 소비하게 만든다. 옛날 자동차는 품질이 나빠서 잦은 고장으로 사고도 많았다. 약품도 잘 못 만들어서 부작용이 많았다. 그러나 지금 한국인들은 세계 최고의 자동차, 휴대폰, 가전제품, 신발, 의복을 소비하고 있다. 경제성장은 공공시설의 양과 질도 높인다. 일하는 사람도 삽으로 하던 일을 불도저로 하게 되듯이 더 편히, 더 많이 할 수 있다. 공장, 사무실의 근무 환경도 보다 좋아진다.

경제발전론의 대가 마이클 토다로와 스테픈 스미스는 『경제발전론』에서 경제발전의 목표를 생활수준의 향상, 기본생활에 필요한 재화와 서비스의 생산증가, 분배의 향상 및 경제사회적 선택 범위의 확대라고 했다.

## ❂ 경제 복(福)

4대 경제목표는 하나하나 모두 중요하다. 또한 서로 긴밀한 관계가 있다. 하나하나의 상대적 중요성은 경제발전 단계나 국가에 따라서 다를 수 있다. 지금까지 이를 모두 만족할 만한 수준으로 달성한 나라는 드물다. 그런 나라는 '경제 4복(福)'을 받은 나라라고 할 수 있다. 이 중 한 개도 달성하지 못하는 나라도 있고, 한두 개만 달성하는 나라도 있다. 한국은 고도성장기에 성장문제는 잘 해결할 수 있었으나 국제수지는 상당기간 적자 상태였다. 에너지 파동, 땅값 상승, 농산물가격 파동 등이 수시로 발생하여 경제안정도 상당기간 잘 해결하지 못했다. 중국은 현재 경제성장과 국제수지 문제는 잘 해결하고 있으나 분배문제는 심각한 상태이다. 환경오염 증가에 따른 삶의 질의 악화도 문제이다.

어느 나라나 이 네 가지 복을 다 누리기는 힘들고, 누리더라도 앞으로 지속가능할지 보장할 수 없다. 장기적으로 이를 다 누릴 수 있는 나라는 소수이다. 글로벌 경쟁력(GC)이 있는 국가만이 누릴 수 있다.

## 2.2 왜 경제성장인가

"나는 어떻게 하면 GE를 계속 성장시킬 수 있는가를 생각한다."

— 제프리 이멜트 GE회장

경제성장의 중요성에 대해서는 지금까지 설명해 왔다. 이제는 왜 경제성장을 지속시켜야 하는지 알아보자. 먼저 다른 나라나 국제기구들은 경제성장에 대하여 어떻게 생각하고 있는지 살펴보자.

• 선진국 클럽이라는 OECD(경제개발협력기구)는 협약(헌법) 제1조에서 그 목적이 "지속가능한 최대의 경제성장 및 고용과 생활수준의 향상"이라고 한다.

• 미국 경제정책의 뼈대를 형성하고 있는 고용법(The 1946 Employment Act)은 정부의 역할을 "최대의 고용과 생산의 촉진"으로 규정하고 있다.

• 독일은 통일 이후 동독경제를 서독수준으로 성장할 수 있도록 하기 위하여 최선을 다했으나 경제성장률은 1%를 약간 넘는 수준에 머물고 있다.

• 중국의 지도자들은 국력향상의 길은 경제성장이라고 믿고 경제성장에 총력을 기울이고 있다. 경제성장률은 2000년대 들어와서 연평균 9%를 넘었다.

• 일본경제는 거품경제가 터진 1991년부터 10년간 연평균 1.1% 성장했다. 국내총생산(명목)은 1997~2003년 동안 계속 감소했다. 일본정부의 수많은 노력에도 불구하고 2000년대의 경제성장률은 1.6%에 불과했다.

• 러시아는 1991년 시장경제체제 채택 이후 경제성장을 위하여 노력했으나 1990년대는 매년 평균 마이너스 4.7% 성장했다(세계은행, 『세계개발지표』, 2010).

• 스웨덴의 1인당 국민소득은 1970~2000년 사이 세계 제4위에서 17위로 떨어졌다. 50대 기업 중 1970년 이후에 생긴 것은 한 개도 없다. 스웨덴 전국기업인연합회는 2001년 단 하나의 목표를 정했는데, 그것은 성장촉진정책으로 10년 내에 세계 5대 부국(富國)으로 다시 태어나는 것이다(아담 졸리의 『유럽 비즈니스 편람』, 제10판).

• 유럽연합 정상들은 2005년 벨기에의 브뤼셀 정상회담에서 성장정책을 펴기로 합의했다. 오는 2010년까지 미국을 따라잡는 이른바 '리스본 아젠다'를 채택(2000년)한 바 있다. 그러나 여전히 미국에 많이 뒤떨어져 있고, 잘못하면 중국에 대항하기조차 힘들 것이라는 우려도 많다. 따라서 각국의 재정적자를 GDP의

3% 이내로 제한해 온 이른바 '3% 룰'을 완화하기에 이르렀다. 이 룰을 지키되 각국의 사정을 감안하여 예외를 인정한다는 것이다. 그만큼 경제성장이 시급하다는 것이다.

• 189개 UN회원국은 2000년 9월 새천년개발목표를 설정했는데, 그 첫째는 개도국의 성장을 통한 극심한 빈곤의 해소이다. 구체적으로 하루 생활비 1달러 이하의 세계 빈곤인구는 2000년 약 11억 명인데, 이를 2020년까지 반으로 줄이는 것이다.

이와 같이 선후진국들은 모두 경제성장을 중시한다. 구체적인 이유는 무엇인가?

① **생활수준의 향상** 국민의 생활수준을 나타내는 지표는 1인당 국민소득이다. 경제성장은 이를 증가시킨다. 재산을 늘어나게 하고, 각종 제품의 양과 질도 좋아지게 한다. 한국의 경제규모는 1조 달러가 넘는다. 1%의 경제성장은 100억 달러의 증가를 의미하는데, 이는 인구 6천만 명이 넘는 콩고의 경제규모보다 큰 금액이다. 이는 1억 원짜리 아파트 10만 채와 맞먹는 금액이다. 1%의 마이너스 성장은 그만큼의 소득이 사라지는 것이다.

한국인의 생활수준을 나타내는 1인당 국민소득은 선진국 평균의 반이 조금 넘는다. 아직 더 많은 성장이 필요하다. 산업면에서 보면 제조업은 선진국수준에 도달한 것이 많으나 서비스업은 그렇지 못하다.

② **경제주체의 능력 향상** 경제주체(개인, 기업 및 정부 등)의 생산능력을 키우는 것은 성장이다. 인간과 국가경제의 성장의 차이는 무엇인가? 인간은 20대

**표 2-2 한국의 국민소득**

| 연 도 | 1인당 국민소득 | 국민총소득 |
|---|---|---|
| 1963 | $100 | $27억 |
| 1974 | $500 | $100억 |
| 1979 | $1,000 | $500억 |
| 1995 | $10,000 | $5,000억 |
| 2005 | $16,000 | $8,000억 |
| 2007 | $20,000 | $10,000억 |

자료 : 한국은행, 『통계연보』, 각 년도.

### 국민소득과 이윤

경제학에서 소득이란 생산활동의 대가로 받는 것을 말한다. 미국에 간 한국 유학생이 부모님으로부터 송금받는 돈은 부모님 소득이 이전(된)소득(transfer income)이다. 생활무능력자들이 국가로부터 생활보조비로 받는 돈도 생산활동의 대가가 아닌 것이므로 이전소득이다. 그럼 국민들은 생산활동에 어떤 공헌을 한 대가로 어떤 형태의 소득을 받는가? 바로 다음의 4가지이다.

- 근로자는 노동을 제공하고 그 대가로 임금이라는 형태의 소득을 받는다.
- 자본가는 자금을 제공하고 그 대가로 이자 형태의 소득을 받는다.
- 지주는 토지를 제공하고 그 대가로 지대라는 소득을 받는다.
- 기업경영인은 기업가적 역량을 제공한 대가로 이윤이라는 소득을 받는다.

이 중 많은 사람들이 혼동하는 것이 이윤이다. 이윤(profit)이란 무엇에 대한 대가인가? 예를 보자. 삼성은 90년대 반도체사업에 명운을 걸었다. 반도체 사업에 실패하면 그룹전체가 위험에 놓일 수도 있었다. 그러나 삼성은 반도체 사업에 성공하여 연 이윤이 10조 원이 넘는 경우도 많다. 이 이윤은 첫째 반도체라는 혁신적 제품, 즉 혁신(innovation)에 대한 대가이다. 둘째는 그룹이나 개인의 장래 등 전체를 걸고 전력을 다한 것에 대한 대가, 즉 위험부담에 대한 대가이다. 셋째는 효율에 대한 대가이다. 반도체를 만들어도 잘 만들어야 한다. 넷째는 기업의 운영과 전략적 경영의사 결정에 대한 대가이다.

까지만 성장하나 국가경제는 수백 년간 성장할 수 있다. 미국은 1776년 독립 이후 지금까지 경제성장을 지속하고 있다. 개인이나 기업이 성장하면 나라의 경제가 성장하고 나라의 경제가 성장하면 개인이나 기업의 성장이 쉬워진다. 양자간에는 상승관계가 있다. 정부가 성장 풍토를 잘 조성하고, 개인과 기업의 장기적 성장잠재력 향상에 정책의 초점을 두는 것이 중요하다.

③ 일자리 창출 1960년경 1인당 국민소득이 한국보다 3배나 될 정도로 잘 살았던 필리핀 경제는 그 후 계속 제자리걸음만 했다 인구 8천 3백만 명의 10%가 훨씬 넘는 사람들이 일자리를 찾아서 외국으로 떠났다. 이들이 고향으로 송금하는 돈은 연 100억 달러가 넘는다. 하루 3천 명, 일 년에 백만 명 이상이 나라를 떠나는 해도 적지 않았다. 필리핀 사람들은 세계 거의 모든 나라에 진출해 있다. 그러나 대부분 저임금직종에 종사한다. 그 수는 곧 천만 명에 달할 것이라고 한다. 심지어 의사들도 필리핀에서는 돈벌이가 안 되기 때문에 외국으로 나가 간호사로 취업하는 경우도 있다. 이 때문에 의료서비스 공급체계가 무너진다는 우려가 나오고 있다. 이런 필리핀의 대졸 엘리트들이 바라는 것은 미국행 비행기를 타고 영원히 나라를 떠나는 것이라고 하는 사람도 있다. 이렇게 많은 사람들이 나라를 떠나는 데도 실업률은 대단히 높다.

현재 한국사회의 심각한 문제는 일자리 부족이다. 공무원 채용경쟁률이 1,000대 1이 넘을 때도 있다. 학교 졸업 후 일자리를 찾지 못하는 사람들도 많고 40~50대의 실직자들도 많다. 일자리 부족은 사회불안을 키운다. 이는 제 5 장에서 설명된다.

현재 독일의 가장 큰 문제도 경제성장률이 떨어져서 실업률이 높다는 사실이다. 독일의 저성장은 국경을 접하고 있는 9개국의 경제성장도 어렵게 만든다. EU 경제의 4분의 1을 차지하는 독일경제의 침체는 EU 전체의 경제성장도 어렵게 만들고 있다.

④ 글로벌 경쟁시대, 성장하지 못하면 퇴출당한다 국경이 닫혀 있던 시대에는 기업이 성장을 못해도 생존은 가능했다. 그러나 글로벌 경쟁시대에는 성장하지 못하는 기업은 퇴출당하기 쉽다. 기업의 예상 수명은 1940년대는 90년, 1960년대는 40년, 1990년대는 30년, 2000년대는 15년이라고 한다 이구택 전 포스코 회장은 앞으로 세계철강시장에서는 10~20년 안에 상위 5개 회사가 생산량의 50%를 독점할 것이므로 덩치를 키우지 않고는 살아남을 수 없을 것이라고 했다. 외국의 거대기업들이 몸집 줄이기를 하지 않는 한 맞붙어 싸워야 할 우리 기업들의 몸집 키우기는 불가피하다.

GE코리아의 현재 인천국제공항 사장인 이채욱 전 사장은 『한국기업의 미래 창조, 이것이 핵심이다』에서 경제전쟁시대는 Growth or Die(성장이냐 죽음이냐)의 시대이므로, 성장이냐 분배냐는 선택사안이 아니라고 했다. 그는 앞으로 바람직한 리더로 성장형 리더(growth leader)를 꼽았다. 일본의 세계적인 경제 평론가인 오마에 겐이치는 한국이 새로운 성장 동력을 찾지 못하면 중진국 대열에서 탈락할 수 있다고 경고했다. 고령화가 빨리 진행되는 상태에서 경제가 성장하지 못하면 사회는 심각한 문제에 직면하게 된다.

**⑤ 성장 이외의 경제목표의 달성** 우리는 이미 앞에서 경제성장이 경제안정, 형평, 삶의 질 향상이라는 나머지 경제목표 달성을 수월하게 만든다는 사실을 알았다.

**⑥ 경제성장은 인간의 본성과 잘 맞는다** 인간이 공통적으로 좋아하는 것은 물건을 싸게 사는 것, 더 잘사는 것, 더 부유하게 되는 것의 세 가지이다. 이는 성장을 필요로 하고, 성장은 이를 더 잘 이루어지게 한다.

**⑦ 성장은 자유시장경제의 속성** 자유시장경제체제의 속성은 국부(國富)의 증가, 곧 경제성장이다. 남덕우 전(前) 총리의 지적과 같이 시장경제는 자전거와 같아서 달리지 않으면 쓰러진다. 자본주의는 아담 스미스의 『국부론』에서 시작되는데, 『국부론』에 따르면 시장경제는 자유로운 상태에서 정상 가동하는 한 성장하게 되어 있다. 성장하지 못하는 시장경제는 고장난 경제이다. 때문에 시장경제를 지향하는 나라는 꾸준히 경제성장을 해야 한다.

크고 작은 파동을 수없이 겪을 수밖에 없는 나라경제를 현 수준에 묶어 놓는 것은 바다가 파도를 치지 못하게 하는 것과 같다. 글로벌 경쟁시대 국가경제가 성장을 멈추면 퇴출당하는 기업들이 속출한다. 그럴 경우 현재 국민소득수준의 지속은 불가능하다.

**⑧ 4대 강국 속의 국가안보는 성장으로** 이에 관해서는 두 가지 측면에서 살펴볼 수 있다.

• 경제력이 곧 국력이다. 국력을 키우는 두 가지 길은 국방력과 경제력을 키우는 것이다. 그런데 최신형 전투기는 한 대 1억 달러, 잠수함은 한 척에 3억 달러, 핵 항공모함 링컨호의 가격은 45억 달러가 넘는다. 이는 인구 6백만 명의 라오스 경제규모와 맞먹는다. 이런 국방장비는 경제력이 뒷받침되지 않으면 구입이 불가능하다. 경제력이 곧 국방력이다.

• 지정학적 위치로 볼 때 한국의 안보를 튼튼히 하는 길은 소득수준에서 중국과 일본을 앞서는 것이다. 역사적으로 볼 때 우리의 1인당 소득수준이 중·일에 비하여 크게 뒤떨어졌을 때 국가적 어려움을 겪었다. 일본의 식민지였을 때도 마

찬가지다. 제임스 릴리 전(前) 주한 미 대사는 이런 말을 했다. "중국이 경제번영을 통해 군대를 현대화하고 일본은 점점 더 강해지고 있으므로 한국은 눈 크게 뜨고 주변국이 뭘 하는지 살펴봐야 한다. 역사를 결코 잊어서는 안 된다(조선일보, 2005. 11. 5)." 중국이 소득분배 문제가 심화되는 데도 불구하고 경제성장에 전력을 다하는 것은 국제무대에서 안보는 경제력에 달렸다는 사실을 잘 알기 때문이다.

한국의 안보를 근본적으로 튼튼하게 하는 방법은 1인당 소득수준면에서 중·일은 물론 선진국을 모두 앞서는 것이다. 그렇게 되면 선진국들이 한국을 배우려고 할 것이다. 장쩌민(江澤民) 중국 전 국가주석은 삼성전자, 현대자동차, 현대중공업 등을 돌아보고 한국의 발전경험을 배워야 된다고 생각했다고 한다. 한국은 아직 성장 여력이 많다. 성장을 많이 해야 할 필요성도 많다.

**⑨ 한국의 높은 수입의존도** 한국의 높은 수입의존도와 지속적인 수입의 증가는 수출의 지속적인 성장을 필요로 한다. 한국은 식량, 에너지, 광물, 목재 등의 대부분을 수입에 의존하고 있는데, 수입은 매년 증가하고 있다. 수입증가보다 수출을 더 많이 하기 위해서는 우리 기업들이 성장을 계속해야 한다. 성장하지 못하면 수입이 수출을 초과하게 되어 달러부족 현상이 심화되며, 이는 경제의 위기를 초래할 수 있다. 1997년과 같은 위기가 오면 기업들이 쓰러지고 수많은 실업자, 노숙자들이 생긴다. 나라를 떠나는 사람, 가정파탄, 결식아동들도 늘어난다.

**⑩ 통일에 대한 대비** 통일 후 7천만 명이 넘는 인구를 먹여 살리는 것은 기업, 산업 및 국가경제의 성장뿐이다. 통일에 가장 잘 대비하는 길은 기업을 많이 만들고 키우는 것이다. 한국은 1962년 제1차 5개년 경제개발계획을 시작한 후 줄곧 성장지향정책을 폈다. 그러나 경제위기 직후에는 이 정책이 많이 퇴색되었다.

**⑪ 민주화의 촉진** 미국 CNN방송국이 펴낸 책 『사람, 장소 및 변화』는 민주주의를 "국민이 그들의 지도자를 선출하고 다수결에 의하여 다스리는 정치시스템"이라고 정의한다. 민주주의의 첫째는 모든 사람이 한 표라는 식의 '평등'이고, 둘째는 직접이든 간접이든 '참여'하는 것이다. 그런데 인도는 오래 전부터 정치적인 민주화는 많이 했으나 소득수준이 1,040 달러 수준으로 가전제품, 승용차, 휴대폰, 컴퓨터 등의 소비면의(경제적) 민주화는 하지 못했다. 오히려 격차가 커졌다. 미국의 경우에는 정치적 및 경제적 민주화가 다 같이 잘 되었다.

우드로 윌슨 미국 대통령은 1907년 자동차야말로 백만 명 중 한 사람이나 탈

정도의 사치재로서 부자와 빈자의 격차를 가장 확연히 드러내는 제품이라고 했다. 사회주의 사상 보급에 자동차보다 더 좋은 것은 없다고도 했다. 이럴 때 헨리 포드는 비싼 차를 만들어서 많은 독점이윤을 벌 수도 있었으나 모델 티(T)라는 저렴한 자동차를 만들어서 노동자들도 소유할 수 있도록 헌신적으로 노력했다. 이런 의미에서 헨리 포드는 민주화 인사라는 것이다.

해롤드 이반스는 그의 책 『그들이 미국을 만들었다』에서 정치의 민주화와 소비생활의(경제적) 민주화는 병행되어야 함을 강조했다. 코닥(Kodak)이란 브랜드로 사진의 민주화에 헌신한 조지 이스트만, 가난한 사람도 은행을 이용할 수 있게 만든 미국은행의 아마디오 지아니니 행장 등 기업경영인을 민주화 인사라고 했다. 소비의 민주화를 하는 사람은 기업경영인이라고 했다.

한국에서도 민주화는 기업인들이 많이 했다. 근로자들도 이제 세계 수준의 옷, 가전제품, 휴대폰 등의 사용면에서 평등하게 되었다. 어느 누구도 이 점에서 심지어 대통령과의 격차가 크다고 불평하지 않는다. 국민들이 민주주의의 기본이념의 하나인 평등을 소비생활면에서 실현할 수 있게 된 것은 이를 잘 생산한 기업경영인들 때문이다. 목숨 걸고 이런 제품을 세계수준으로 생산한 기업인들이 진정한 민주화 투사인 것이다. 정치인들의 민주화는 기업인들의 민주화의 뒷받침이 없이는 불가능하다.

로버트 배로 하버드대 교수는 『경제성장론』에서 경제성장은 민주화가 덜 된 나라에서는 민주화를 촉진하고, 과도하게 된 나라에서는 경제성장을 저해한다고 했다.

**존경받는 기업의 조건**

한때 세계에서 가장 존경받는 기업은 미국의 GE였다. 『포춘』지는 GE를 연속 7년간 세계에서 가장 존경받는 기업으로 선정한 바 있다. 그 조건은 무엇인가? 인천공항을 공항서비스 세계 최고의 공항으로 만든 바 있는 이채욱 전 GE코리아 사장은 다음의 5가지라고 했다.

① 덕을 갖춘 회사, ② 성장하는 회사, ③ 성과를 창출하는 회사, ④ 최고의 인재가 모이는 회사, ⑤ 사회적 책임을 다하는 회사(이채욱, 2005).

### ❂ 국가의 성장이 개인의 성장보다 쉬울 수도

중국은 1990년까지만 해도 최후진국이었다. 그러나 2004년 중국은 미국을 제치고 세계 최대 IT(정보통신)수출국이 되었다. 한정(韓正) 중국 상해시장은 2005년 상해포럼 기조연설에서 공산주의를 포기하고 자본주의를 시작한 불과 14~15년 만에 상해의 1인당 시민소득이 7백 달러에서 7천 달러로 기적처럼 증가했다고

#### ▌한국의 부자, 세계의 부자▐

재산이 얼마나 많으면 부자인가? 한길리서치가 서울시민 천 명을 대상으로 한 조사에 따르면 부자로 대접받기 위한 재산은 강북주민 19억 원, 강남주민은 25억 원 이상이다. 중산층의 재산은 강북주민 11억 원, 강남 주민 14억 원이다(서울경제신문, 2006. 3. 27).

세계금융자문회사인 메릴린치 사(社)는 2010년 『세계부자보고서』(*World Wealth Report*)에서 과소비재, 수집품 등을 제외한 투자자산 100만 달러 이상 소유자를 부자라고 한다. 2009년 세계 부자의 총수는 1,000만 명(2005년 870만 명)인데 주요 국가별 수는 다음과 같다(단위는 천 명).

| | | | | | | | |
|---|---|---|---|---|---|---|---|
| 미 국 | 2,866 | 일 본 | 1,650 | 독 일 | 861 | 중 국 | 477 |
| 영 국 | 448 | 프랑스 | 383 | 캐나다 | 251 | 스위스 | 22 |
| 이탈리아 | 178 | 호 주 | 174 | 브라질 | 147 | 스페인 | 143 |

한국의 부자는 2005년에 8.6만 명이었다. 메릴린치 사는 투자자산 기준으로 부자를 백만~5백만 달러, 5백만~3천만 달러, 3천만 달러 이상의 셋으로 나눈다. 이를 세계 수준의 부자, 거부, 부호로 칭하면 어떨까 한다. 부자들의 수는 경제성장, 주가의 상승, 소득증가 등에 따라서 달라지는데, 평균 재산구조는 다음과 같다.

증권 35%, 고정소득 31%, 현금과 예금 13%, 부동산 14%, 기타 8%

전 세계 1,000만여 명의 부자들의 총재산은 2009년 39조 달러이다. 연 8.1%씩 증가하여 2013년에는 48.5조 달러가 된다고 한다.

말했다. 정주영 현대그룹 창설자는 국민 몇 사람을 부자로 만드는 것보다 국가 전체를 부자로 만드는 것이 더 쉽다고 했다. 중국의 사례가 이를 잘 증명한다. 정 회장은 개인과 국가차원의 경제성장의 차이를 분명히 알았다. 이 장(章)에서 논의하는 국가차원의 성장이 중요한 것은 이 때문이다.

## ❂ 한국, 중국, 인도의 경제성장

인도경제는 1900~1950년 사이 매년 인도의 인구증가율과 똑같은 1%도 안 되는 경제성장을 했다(구르카란 다스의 『인도모델』). 50년간 1인당 국민소득이 동일한 수준에서 제자리걸음을 했는데, 이를 '힌두경제성장률'이라고 한다. 그 이유는 네루 수상의 경제정책 때문이다. 네루는 자본주의와 공산주의의 단점을 가장 잘 결합한 정책으로 유명하다. 반기업 정서가 강해 기업이 할 일을 정부가 하도록 만들었다. 민간기업을 많이 규제했으며, 무능한 독점 공기업을 많이 만들어 외국기업들이 발붙이지 못하게 했다. 노동자를 부추겨 노동생산성도 크게 떨어뜨렸다.

그러나 인도의 2000년대 초 경제성장률은 연평균 7% 이상이다. 그 결과 중산층은 2.5억 명으로 증가했고, 1억 명이 매년 절대빈곤선을 탈출하고 있다. 인도는 이제 구매력평가 국민소득 기준으로 미·중·일과 함께 세계 4대 강국이 되었다. 인도는 1991년 러시아의 자본주의 시작과 더불어 많은 개혁조치를 단행했다. 무역장벽을 낮추고, 관세와 조세를 낮추고, 독점공기업의 민영화, 기업규제의 철폐, 경쟁의 촉진, 대외개방 등 일련의 개혁조치를 취했다.

그런데 한국의 경제성장 전략은 성장지향적(Growth-oriented), 공업지향적(Industry-oriented), 해외지향적(Outward-oriented)이라는 세 가지 특징이 있다. 이를 GIO전략이라고 한다(송병락, *The Rise of the Korean Economy*—한국경제의 부상, 제 3 판).

중국의 경제발전전략은 한국을 본뜬 것처럼 같다. 즉, 연 경제성장률이 9%가 넘을 정도로 성장지향적이며, 세계의 공장이라고 할 정도로 공업지향적이다. 또한 무역의존도가 65%(미국은 29%)나 될 정도로 해외지향적이다.

인도의 성장전략은 중국과 거의 정반대이다. 인도는 수출보다는 내수, 공업보다는 서비스, 투자보다는 소비, 저가공산품 생산을 위한 저기술보다는 고가제품 생산을 위한 고기술, 국영기업이나 외국기업에 의존하는 중국과는 달리 민간

기업에 의한 성장주도 등의 특징이 있다(구르카란 다스의 『인도모델』 참조). 산업의 발전단계를 보면 선진국들은 대부분 농업에서 공업, 그리고 공업에서 서비스업의 순으로 발전한다. 그런데 중국이 농업경제에서 공업경제로 발전하고 있는 것에 반해 인도는 농업경제에서 바로 서비스경제로 진입하고 있다.

| | 중 국 | 인 도 |
|---|---|---|
| 수 요 | 수 출 | 내 수 |
| 산 업 | 공 업 | 서비스업 |
| 소비와 투자 | 투 자 | 소 비 |
| 기 술 | 저 기 술 | 고 기 술 |
| 공·사 기 업 | 공 기 업 | 사 기 업 |

## 2.3 경제성장의 지표

경제성장을 나타내는 지표는 GNI, 1인당 GNI, 노동자 1인당 GNI 세 가지이다. 이 중 앞의 두 가지를 많이 사용한다. GNI 대신 GDP도 많이 사용된다.

① GNI(국민총소득) 또는GDP(국내총생산) 한국의 GNI와 GDP는 2007년 처음으로 1,000조 원을 넘어섰다. 플러스 1%의 경제성장은 국민소득 10조 원 이상의 증가, 마이너스 1%의 성장은 10조 원 이상의 감소를 의미한다. 한국경제는 1963년 도약단계 진입 이후 지금까지 1980년과 1998년 두 해를 제외하면 플러스 성장을 했다.

나라경제가 가령 100을 생산할 능력이 있음에도 불구하고 심한 경기침체로 현재 80밖에 생산할 수 없다고 하자. 이때 생산이 88로 증가하더라도 보통 경제는 10% 성장한 것으로 본다. 그러나 경제성장연구로 노벨경제학상을 받은 사이먼 쿠즈네츠는 진정한 의미의 경제성장은 나라경제가 100을 회복한 후 생산능력 증가, 기술진보 및 국민들의 의식구조와 경제제도의 개선과 더불어 국민소득이 증가하는 것이라고 했다. 이 정의에 따르면 쿠웨이트처럼 석유 수출만으로 국민소득이 증가하는 것은 진정한 의미의 경제성장이 아니다.

② 1인당 GDP(또는 GNI)　국내총생산을 총인구(연앙인구)로 나눈 것으로 국민의 평균 생활수준을 나타내는 지표이다. 경제성장은 국내총생산 증가율이 인구증가율보다 높을 때 이루어진다. 토고와 같은 후진국은 경제가 성장하나 인구증가율이 경제성장률보다 높아서 1인당 GDP는 오히려 감소한다. 생활수준이 나빠지는 것이다.

③ 노동자 1인당 GDP　이는 노동자의 생산성이다. 국민 1인당 소득이 증가하기 위해서는 소득을 생산하는 사람, 즉 근로자의 생산성 곧 노동생산성이 증가해야 한다. 위의 세 가지 중 장기적으로 가장 중요한 것은 생산성 향상이다.

## 2.4 경제성장의 분석

글로벌시대 기업이 성장하려면 경쟁력이 있어야 한다. 이 책에서 우리가 개발한 GC시스템에 나타난 기업과 산업의 경쟁력의 결정요인은 11개이다(제11장). 이에 반해 스위스의 IMD(국제경영개발원)와 WEF(세계경제포럼)는 수많은 경쟁력 결정요인을 감안하고 있다.

### 1) 경제성장의 요인분석방법

많은 경제학자들은 국가경제의 성장요인으로 크게 노동, 자본 및 기술진보의 세 가지를 꼽는다. 기술진보를 총요소생산성이라고도 한다. 이 세 가지 요인이 경제성장에 각각 얼마나 기여하는가를 측정하는 것을 성장회계방법(growth accounting)이라고 한다. 경제성장의 요인(또는 원천)(sources of growth)을 찾아내는 것이다. 성장의 주된 요인은 ① 요소투입(노동과 자본)의 증가와 ② 그 생산성의 증가의 둘로 나눌 수 있다. 생산성 증가의 요인은 다시 노동의 질적 향상, 투자의 증가, 경영의 향상 및 기술진보 등으로 나눈다. 이를 잠시 보기로 하자.

노동($L$)과 자본($K$) 및 산출($Q$)간의 관계는 $Q=AF(K, L)$ 형태의 총생산함수로 나타낼 수 있다. 경제성장은 $L$과 $K$의 증가 및 기술진보에 따라서 이루어진다는 것이다. 그런데 노동이 경제성장에 $\frac{3}{4}$, 그리고 자본이 경제성장에 $\frac{1}{4}$을 각각 기여한다고 하면 경제성장률은 다음과 같이 표시할 수 있다.

### ▌한류(韓流) 배우의 옷은 자본이다 ▌

많은 사람들은 자본주의나 자본의 논리라고 할 때 '자본'이란 말에 대하여 부정적인 생각을 갖고 있다. 가장 많은 사람들이 혼동하는 말 중의 하나는 바로 자본이다. 이 말의 뜻을 제대로 알아야 자본주의 시장경제를 잘 알 수 있다. 그럼 자본이란 무엇인가? 다음 두 가지 조건을 충족시키는 것은 어떤 것이나 자본이다.

첫째, 인간이 만든 것

둘째, 다른 재화나 서비스의 생산을 위하여 사용되는 것

한류스타들이 입은 옷은 자본(자본재)이다. 인간이 만든 것이고, 서비스의 생산을 위하여 사용되기 때문이다. 우리가 입는 옷은 자본의 첫째 조건을 충족한다. 그러나 어떤 서비스의 생산을 위한 것이 아니므로 둘째 조건을 충족하지는 못한다. 야구선수들이 사용하는 야구방망이나 축구시합 때 선수들이 사용하는 축구공도 자본이다. 스포츠 서비스의 생산을 위한 것이기 때문이다. 위의 두 가지 조건을 모두 충족한다. 그러나 우리가 사용하는 야구방망이는 소비재이다.

$$\text{경제성장률} = \frac{3}{4}(\text{노동증가율}) + \frac{1}{4}(\text{자본증가율}) + TC$$

*TC*는 기술변화(technological change) 또는 총요소생산성(TFP : total factor productivity)이라고 한다. 이 세 가지가 앞으로 한국의 경제성장률에 각각 얼마나 기여할 것인가를 한국의 주요 기관들이 계산한 바 있다. 그 결과는 [표 2-3]에 요

**표 2-3 성장요인별 성장기여도**

| | 잠재성장률 | 노 동 | 자 본 | 총요소생산성 |
|---|---|---|---|---|
| 1. 산업발전전략 (2005~15) | 5.6(100.0) | 0.6(10.7) | 2.3(41.1) | 2.7(48.2) |
| 2. 한 국 은 행 (2005~14) | 5.2(100.0) | 0.9(17.3) | 2.3(44.2) | 2.0(38.5) |
| 3. 삼성경제연구소 (2005~15) | 6.3(100.0) | 0.7(11.1) | 2.6(41.3) | 3.0(47.6) |
| 4. 한국개발연구원 (2011~20) | 4.1(100.0) | 0.9(22.0) | 1.9(46.3) | 1.3(31.7) |

자료 : 산업자원부 · 전국경제인연합회 · A. T. 커니, 『2015 산업발전 비전과 전략』, 2006 : 한국개발연구원, 『미래비전 2040』, 2010. 6.

약되어 있다. 예를 들면, 삼성경제연구소는 한국경제가 2005년부터 2015년까지 연평균 6.3% 성장하는데, 이는 노동증가가 0.7%, 자본증가가 2.6%, 그리고 총요소생산성 증가가 3.0%이기 때문이다.

### ❂ 노동의 투입과 생산성

경제성장은 노동의 양적 증가와 생산성의 증가로도 설명할 수 있다. 국내총생산(GDP)은 전체 노동자(자영자 및 고용자 포함)들이 생산하는 것이다. 그럼 GDP를 결정하는 구체적 요인은 무엇인가? 그 요인은 다음과 같다.

첫째, 노동자의 시간당 평균생산성이 얼마인가(시간당 생산성)
둘째, 평균 몇 시간 일하는가(평균근로시간)
셋째, 몇 사람이 일하는가(경제활동인구)이다.

우리는 장기적 관점에서 일하기를 원하는 사람은 모두 일자리를 갖게 된다고 가정한다. 위의 세 가지를 곱하면 GDP를 구할 수 있다. 그런데 경제활동인구의 수는 인구와 경제활동참가율에 의하여 결정된다. 양자를 곱하면 구할 수 있다. 국내총생산은 결국 이 네 가지를 곱한 것이다. 이를 식으로 표시하면 다음과 같다. 이 식은 인구와 경제성장 간의 관계도 나타낸다.

GDP＝(GDP/총근로시간)×(총근로시간/경제활동인구)
×(경제활동인구/인구)×인구 ……………………………… 〈식 1〉
GDP＝시간당 생산성×평균근로시간×경제활동참가율×인구 … 〈식 2〉

경제성장률은 GDP의 증가율인데, 이는 이들 변수의 증가율로 표시할 수 있다. 우리는 수학에서 부분을 곱하여 전체를 구할 때 전체의 증가율은 부분의 증가율의 합과 같게 됨을 안다. 따라서 위의 식을 증가율로 표시하면 다음과 같다.

경제성장률＝생산성 증가율＋근로시간 증가율
＋경제활동참가율 증가율＋인구 증가율 ………… 〈식 3〉

그럼 한국의 경제성장률을 높이는 방법은 무엇인가? 그것은 바로 생산성, 노동시간, 경제활동참가율, 인구 네 가지를 증가시키는 것이다. 경제성장률은 이들 네 가지 요인의 합계만큼 증가한다. 고도 성장기에는 이 네 가지가 모두 증가

**표 2-4** 주요국의 경제활동참가율

| | 남 자 | 여 자 |
|---|---|---|
| 한 국 | 72 | 50 |
| 미 국 | 70 | 59 |
| 일 본 | 69 | 49 |
| 중 국 | 78 | 68 |
| 독 일 | 64 | 53 |
| 선진국 평균 | 68 | 53 |

주 : 2008년 기준.
자료 : 세계은행, 『세계개발지표』, 2010.

했다. 그러나 지금은 사정이 많이 다르다. 우선 인구증가율은 세계에서 최저일 정도로 낮다. 인구증가에 의한 경제성장은 기대하기 어렵다. 근로시간도 최근 주 5일제 등으로 감소했다. 이 역시 앞으로 증가할 것으로 기대하기 어렵다. 경제활동참가율의 경우 남자는 이미 선진국 수준에 근접했다. 그러나 여자의 경우에는 증가시킬 여지가 있다([표 2-4]). OECD 『한국경제보고서』는 여성의 경제활동참가율을 높일 것을 강조하고 있다.

앞으로 노동의 양적 증가에는 한계가 있으므로 경제성장률을 높이는 길은 생산성 향상이다. 생산성 향상이 중요한 이유는 여기에 있다.

그런데 국가경제가 성장해도 인구가 더 빨리 성장하면 국민 1인당 소득은 오히려 감소한다. 국민 개인의 생활수준을 나타내는 것은 1인당 국민소득이므로 경제성장을 이 기준으로 볼 필요가 있다. GDP를 인구로 나눈 것이 1인당 국민소득이므로 이는 〈식 2〉의 양변을 인구로 나누면 구할 수 있다(〈식 4〉). 이를 성장률로 표시하면 〈식 5〉가 된다.

1인당 GDP＝생산성×평균근로시간×경제활동참가율 …………〈식 4〉

경제성장률＝생산성 증가율＋근로시간 증가율
　　　　　＋경제활동참가율 증가율 …………………………〈식 5〉

1인당 국민소득을 기준으로 한 경제성장률은 이와 같이 세 가지 요인에 의하여 결정된다. 이미 앞서 설명한 바와 같이 앞으로 경제성장을 결정할 주된 요인은 생산성 향상이다. 미국 대통령경제자문위원회의 『대통령경제보고서』(2008)는

2007~2013년 미국 경제성장률을 2.8%로 전망했는데, 이 중 노동증가율이 0.3%, 노동생산성 증가율이 2.5% 기여할 것으로 예측했다.

생산성의 3대 결정요인은 자본의 양, 기술진보 및 교육과 훈련(윌리엄 보몰 & 알란 블라인더의 『경제학』)이라고 하는 사람도 많으나 규모의 경제, 자원의 배분, 사회 · 문화 · 정치환경 등도 중요한 요인이 된다.

### 성장회계법의 한계

성장회계 방법에 의하여 계산한 성장요인별 경제성장에 대한 기여도는 [표 2-3]에서 본 바와 같다. 그런데 이 방법에는 여러 가지 한계가 있다.

경제성장이 가능하려면 글로벌 경쟁력(GC)우위기업이나 산업이 많아야 하고 그러기 위해서는 글로벌 경쟁력의 각종 결정요인이 잘 작용해야 한다(제11장). 그런데 성장회계(growth accounting)방식은 많은 요인 중 공급측 요인, 그 중에서도 노동, 자본만을 중시하고 그 이외의 많은 요인들은 모두 총요소생산성 항목에 포함시킨다.

노벨경제학상 수상자인 조셉 스티글리츠 콜롬비아대 교수는 샤히드 유수프와 같이 펴낸 『동아시아 기적 다시 생각하기』에서 성장회계방법의 결함을 다음과 같이 지적하고 있다.

① GC우위기업이 많고 산업도 잘 발달된 선진국에서는 경제성장을 노동과 자본 및 기술진보 등으로 설명해도 설득력이 높다. 그러나 노동시장이 잘 발달되지 못한 개도국에서는 임금, 노동 등의 가치를 정확히 측정하기 어렵다.

② 성장회계법은 자본의 경우에도 물적자본, 인적자본 및 R&D투자 등을 적절하게 감안하지 못한다. 인적자본의 계산을 조금만 잘 못해도 결과에 큰 차이가 난다. 고속도로, 공장, 공항, 기계설비, 다목적 댐 등 각종 자본시설을 합계하는 것은 쉬운 일이 아니다.

③ 노동 및 자본의 생산에 대한 기여도를 계산한 후 설명하지 못한 부분을 모두 총요소생산성으로 간주하는 것은 문제이다. 이 세 가지는 서로 긴밀한 관계가 없다고 가정하여 각각의 기여도의 합(合)으로 경제성장을 설명하는 것은 문제이다. 새로운 장비의 도입은 노동생산성에 영향을 미친다. 교육과 훈련을 잘 받은 노동자는 장비를 잘 다룰 수 있다. 이처럼 이들 세 요인 간에는 긴밀한 관계가

있다.

④ 무엇보다 국가의 생산성은 정부정책, 기업규제, 경영전략, 기업환경 등 무수한 요인에 의하여 결정되는데 노동, 자본 및 총요소생산성만으로 경제성장을 설명하는 것은 무리이다.

결국 잘못 계산된 노동과 자본의 가치로 계산한 생산성은 틀릴 수밖에 없다. 스티글리츠는 이 방식으로 경제성장을 따지는 것은 마치 30센티미터 자로 부산과 대구, 서울과 대전 간의 거리를 잰 다음, 경부간의 거리에서 이 두 거리의 합을 빼서 대전과 대구 간의 거리를 계산하는 것과 같다고 말한다. 얼마 전 폴 크루그먼 프린스턴대 교수는 성장회계방법으로 싱가포르의 경제성장을 분석한 다음 싱가포르의 성장은 노동, 자본 등 생산요소의 양적 증가에 의한 것이지 생산성 증가에 의한 것은 아니라는 주장을 편 바 있다. 그는 얼마 후 그의 주장이 잘못되었음을 인정하였다. 요약하면, 수많은 요인에 의하여 결정되는 생산성의 증가는 스티글리츠 교수의 주장처럼 생산요소만에 의하여 설명되어질 성질의 것이 아니다.

경제성장연구로 노벨상을 받은 로버트 소로우 MIT대 교수는 『경제성장이론의 여러 나라에 대한 응용』이란 글에서 이 방법의 한계를 다음과 같이 밝히고 있다.

> "나의 견해로는 이런 성장이론은 선진국의 성장모델로 고안된 것이다. … 나는 이런 모델을 후진국에 결코 응용하지 않았다. 왜냐하면 이런 성장이론의 구조는 계획경제나 잘 발달된 선진 시장경제에 적용될 수 있다고 생각했기 때문이다."

### 2) OECD의 경제성장요인 분석

성장회계법은 앞서 말한 바와 같은 단점이 적지 않다. OECD는 경제성장요인을 다음과 같이 기본결정요인과 정책적·제도적 요인으로 양분한다(『경제성장의 이해』).

- 기본결정요인 : 인적자본, 혁신, 규제해제와 투자
- 정책적·제도적 요인 : 물가안정, 재정정책, 국제무역, 금융시스템

여기서는 OECD가 중시하는 다음 네 가지 정책적 · 제도적 요인만을 살펴보

기로 한다.

① 물가안정　　높은 인플레는 불확실성을 증가시키므로 투자에 대하여 부정적인 영향을 미친다. 물가안정이 안정적인 투자와 경제성장에 중요하다.

② 재정정책　　OECD 국가들의 재정지출은 GDP의 약 반이 되는 경우도 많다. 큰 정부와 재정규모의 팽창은 경제성장에 유해하다. 조세는 경제성장에 마이너스의 영향을 미친다. 정부지출의 증가는 민간부문 지출의 감소로 연결되기 쉽다.

③ 국제무역　　국제무역은 국내기업으로 하여금 규모의 경제를 실현할 수 있게 하고, 외국기업과 경쟁하게 만들며, 신지식을 활용하게 만든다.

④ 금융시스템　　OECD는 잘 발달된 금융시스템의 다음과 같은 기능을 중시한다.

• 저축의 동원 : 저축한 개인의 소액자금을 기업에게 대출하여 대규모 투자프로젝트를 가능하게 한다.
• 투자의 다변화를 통한 개별 저축자의 위험부담을 줄인다.
• 전문가를 활용함으로써 투자프로젝트에 관한 정보비용을 줄일 수 있다.
• 투자프로젝트를 감시함으로써 자금관리의 위험부담을 줄일 수 있다.
• 증권시장의 발달은 경제성장을 촉진한다.
• 금융제도가 발달할수록 자금을 수익성이 높은 투자목적에 사용할 수 있다.

## 2.5 기업과 산업의 GC와 경제성장

글로벌 경쟁력(GC) 연구에 GC가 있는 대표적인 연구기관은 스위스의 IMD(국제경영개발원)과 WEF(세계경제포럼), 그리고 미국의 경쟁력위원회(The Council on Competitiveness) 등이다. 이들은 국가의 경제성장은 기업과 산업의 GC에 의해서 결정되므로 GC우위기업과 산업이 많으면 경제도 더 성장한다고 한다. 경제성장의 요인은 기업의 GC라는 것이다.

얼마 전 IMD(경영대학원이면서 경쟁력연구기관)를 방문했을 때 만난 스태판 가렐리 경쟁력연구 책임자는 기업의 경쟁력이 곧 국가의 경쟁력이라고 했다. IMD의 주된 연구는 기업경쟁력이며, 1989년부터 집중적으로 연구해 오고 있다고 한다. 경쟁력연구가 스위스 경제학의 핵심이라고도 했다. 경쟁우위의 세계적 권위자인 마이클 포터 하버드 경영대 교수는 기업의 경쟁력이 국부창출의 81%를 담당한다고 말한다. 이들 기관의 GC연구를 보기로 하자. 성장회계법은 경제성장 요인이 노동, 자본 및 기술진보라고 한다. 그러나 우리는 이 책 제11장에서 한국의 경제성장을 결정하는 것은 GC우위기업과 산업이라고 한다.

### 1) IMD의 경쟁력 연구

IMD는 매년 많은 통계자료와 전 세계 기업경영인 대상의 서베이(2006년 113개 문항)를 토대로 세계 각국의 GC를 조사하여 『세계경쟁력보고서』를 발표한다. 2009년에는 58개국을 대상으로 했는데, 한국의 국가경쟁력은 조사대상국 중 23위이다. 한국의 언론기관들이 과거 많이 보도한 자료는 IMD의 것이다.

### 2) 세계경제포럼(WEF)의 경쟁력 연구

WEF는 2000년부터 마이클 포터, 제프리 삭스 고수 등과 공동으로 글로벌 경쟁력지표를 개발하고 세계 주요국의 GC를 측정하여『글로벌 경쟁력보고서』를 발표하고 있다. 그런데 WEF의 『글로벌 경쟁력 보고서』(2009/2010)에서는 자비어 살라이마틴 등의 경제전문가들이 글로벌 경쟁력의 구성부분을 기본조건, 효율향상 및 혁신요소 등의 셋으로 나누어서 133개국의 국가별 글로벌 경쟁력과 이 세 가지 세부경쟁력지수를 측정했다. 한국의 전체 GC와 3대 세부지수의 국가별 순위는 다음과 같다.

| | |
|---|---|
| 전체 경쟁력지수 세계 | 19위(133개국 중) |
| ① 기본조건 관련 지수 | 23위 |
| ② 효율 관련 지수 | 20위 |
| ③ 혁신 관련 지수 | 16위 |

GC지수는 아직 개발단계에 있다. 따라서 WEF가 발표한 GC지수는 잠정치이다. 그 책임자인 자비어 살라이 마틴은 지수개발에 있어서 마이클 포터 방법을 많이 응용하고 있다. 그런데 『글로벌 경쟁력 보고서』(2009/2010)에는 마이클 포터 교수의 보고서는 포함되지 않았다.

WEF는 한국이 앞으로 기업과 국가의 글로벌 경쟁력(GC) 향상과 관련하여 해결해야 할 문제점을 다음과 같이 지적하고 있다.

① 국가 GC 관련 문제　공공제도의 미비, 정부지출의 낭비, 과다한 정부 규제, 사법부 독립성의 결여, 재산권 보호의 미비, 공무원의 의사결정시 인맥 중시, 경제불안, 부패, 조직범죄 등

② 기업 GC 관련 문제　노사협력의 어려움, 외국인 소유의 제한, 낮은 전문경영인 활용도, 마케팅 능력의 부족, 기업이사회 기능의 미비, 국제유통망 장악의 어려움, 여성의 낮은 경제활동참가율, 증시활용의 어려움 등

WEF는 경쟁력의 자체 분석뿐만 아니라 세계 116개국의 최고경영자 만 명 이상을 대상으로 한국에서 기업경영을 할 때 당면하는 가장 어려운 점이 무엇인가에 관한 여론조사를 한 적이 있다. 가장 어려운 점은 비효율적인 정부관료이며 그 다음은 정책불안이다. 모두 다음과 같이 15개로 나타났다. WEF는 매년 같은 조사를 하고 있는데, 최근 몇 년간의 결과가 거의 비슷하다.

- 비효율적인 정부관료
- 정책불안
- 자금조달의 어려움
- 제한적인 노동 법규
- 조세규제
- 부　패
- 높은 세율
- 사회간접자본 시설의 부족
- 정부의 불안
- 잘못된 근로자 교육
- 인 플 레
- 잘못된 노동자의 근로윤리
- 외화 규제
- 범죄와 절도, 열악한 공중보건

### 3) 조동성 모델

조동성 교수는 국가의 경쟁력이 4개의 인적 요소(기업가, 근로자, 전문가, 정치가 및 행정관료)와 4개의 물적 요소(생산조건, 시장조건, 경영여건, 관련산업)에 의하여 결정된다고 한다. 그는 이 8대 요인을 기준으로 매년 주요 국가의 경쟁력을 측정하여 산업정책연구원(IPS)의 『IPS국가경쟁력보고서』를 통하여 발표하고 있다. 그 결과에 따르면 2010년 한국의 국가경쟁력은 세계 62개국 중 21위이고, 기업가는 15위, 근로자는 44위, 정치가 및 행정관료는 43위이다. 이 연구에 참여한 문휘창 서울대 국제대학원 교수는 경제발전에 따라서 인적 요소의 중요성이

근로자에서 정치가 및 행정관료, 기업가, 전문가의 순으로 바뀌고 있다고 말한다. 부연하면 후진국의 경쟁력은 주로 근로자와 정치가 및 행정관료에서 나오고, 선진국의 경쟁력은 주로 기업가와 전문가에 의해서 결정된다는 것이다.

### 4) 기 타

미국에서 국가경쟁력연구로 유명한 기관은 미국의 유명한 대학의 총장들과 주요 기업의 회장 및 노동계 대표들이 만든 경쟁력위원회(The Council on Competitiveness)이다. 이는 1980년대부터 미국 산업의 글로벌 경쟁력을 연구해 오고 있다. 21세기 미국의 경쟁력을 획기적으로 향상시키기 위한 방안을 연구해 왔는데, 그 결과는 『미국을 혁신하라』(*Innovate America*)는 보고서로 발표되었다. 우리는 이런 모델을 참고하여 우리 GC시스템을 개발했다(제11장)

### ❂ 국가경쟁력의 중요성

우리는 국가경쟁력에 대하여 다음과 같은 점을 잘 이해할 필요가 있다.

• 국가경쟁력의 목표는 생활수준의 향상이고, 이는 생산성에 따라서 결정된다.

유럽 경제학자들은 국가의 생산성을 노동 한 시간당 생산성만으로 따지는데, 이는 이런 단점이 있다. 즉, 노동자의 시간당 생산성은 실업자가 많은 상태에서도 대단히 높을 수 있다.

• 국가생산성은 다음 두 가지의 영향을 받는다. 하나는 재화와 서비스의 시장가치이고, 다른 하나는 그것이 얼마나 효율적으로 생산되는가이다.

• 국가경쟁력을 수출상품의 세계시장 비율 등 시장점유율만으로 따지는 것은 잘못이다. 밀어내기식 수출도 있고 생산성의 뒷받침이 없는 석유자원 등의 수출도 있다. 어떤 수출상품이 국가경쟁력 향상에 기여하기 위해서는 전 산업평균 생산성보다 높은 수준으로 생산할 수 있는 재화나 서비스를 수출하는 경우에만 가능하다.

• 국가경쟁력에 있어서 골목산업의 경쟁력도 중요하다. 그 이유는,
첫째, 골목산업의 생산성이 골목산업의 노임을 결정하고,
둘째, 지역주민의 생활비에 영향을 미치며,
셋째, 다른 기업의 생산비에 영향을 주기 때문이다.

• 국가경쟁력은 국내 각 지역의 경쟁력(수도권, 부산권, 광주권, 제주권 등)과 긴밀한 관계가 있다. 또한 이웃나라의 인접지역(중국 산동지방이나 상해지방, 일본의 도쿄지역이나 규슈 지역)의 GC와도 긴밀한 관계가 있다. 중국경제의 고도성장이나 일본경제의 장기침체 등은 한국의 기업이나 산업의 GC에 많은 영향을 준다(마이클 포터의 『번영의 미시경제적인 토대의 구축』).

## 2.6 최고 선진국의 최고의 비전

앞으로 10~30년간 우리 기업과 우리나라를 어떤 기업과 나라로, 그리고 왜 그렇게 만들려고 하는가? 이는 비전을 어떻게 설정하는가에 달려 있다. 세계 일류 개인, 기업, 조직 및 국가의 공통점은 훌륭한 비전이 있고 이를 실현하기 위해서 헌신한다는 것이다.

실례를 보자. 한국이 포항제철(현 포스코)을 건설하려고 했을 때 이를 목숨 걸고 반대하는 사람들이 많았다. 세계은행도 조롱조로 비난했다. 포스코가 일본의 신일본제철을 제치고 철강생산성 세계 제일이 될 것이라고 그 당시 믿을 사람은 아무도 없었다. 그러나 포스코 명예회장 박태준을 비롯한 포스코맨들은 원대한 비전을 수립하고 실현했다. 그들의 국내 철강수요를 충족시키는 정도의 회사가 아니라 세계 제일의 철강회사가 되고야 말겠다는 원대한 꿈을 세우고 이를 실현하기 위해 헌신했다. 이런 것이 바로 비전이다.

나라경제로 볼 때도 과거 몇 년간 4~5% 성장했으니 앞으로 10년간도 그렇게 성장하겠지라고 말하는 것은 전망이지 비전이 아니다. 한국이 1964년 1억 달러의 수출을 할 때, 이런 추세로 가면 '2006년에는 그 열 배는 될 것이다'라고 하는 것은 추세분석을 바탕으로 한 전망이지 비전이 아니다. 〈2008년 4천억 달러 수출〉이라는 원대한 꿈의 설정과 이의 달성을 위하여 매진하는 것이 비전이다. 그런데 세계 어느 나라도 수출을 이렇게 확대한 경우는 없다.

되풀이하지만 비전이란 원대한 꿈과 이의 실현을 가능케 하는 이념의 틀이다. 비전 문제의 최고 권위자인 제임스 콜린스와 제리 포라스는 그들의 유명한 글 "여러분 회사의 비전설정"에서 이 틀을 다음과 같이 설명하고 있다. 이 논문은 하버드 경영대학이 지금까지 모두 11차례에 걸쳐서 엄선한 경영학의 15대 논문 중의 하나이다.

비전의 틀

① 기본 이념(이데올로기)

• 핵심 가치관(기본 원칙 또는 신조)

• 핵심 목표(존재 이유)

② 꿈속에 그리는 미래

• 10~30년간에 걸친 대담한 목표

• 선명한 표현

비전은 크게 '기본 이념'과 '꿈속에 그리는 미래'의 두 부분으로 구성된다. 기본 이념은 다시 핵심 가치관과 핵심 목표로 나뉘지고, 꿈속에 그리는 미래는 10~30년간에 걸친 대담한 목표와 목표의 선명한 표현 두 부분으로 구성된다. 비전이란 대담한 꿈과 이를 실현시켜야 하는 이유, 그리고 실현시킬 수 있는 사고의 틀이다. 비전은 하나의 단어가 아니라 틀로 생각해야 한다. 예컨대 월트 디즈니사의 핵심 가치관은 '창의력, 꿈 및 상상력'이고 핵심 목표는 '사람들을 행복하게 만드는 것'이다. GE사의 경우 꿈속에 그리는 미래는 세계에서 가장 존경받는 회사가 되는 것이며, 이의 선명한 표현은 "일등이나 이등 하는 제품만 생산한다"는 것과 같다. 삼성의 경우 기본 이념은 설립자 이병철 회장이 자서전 『호암자전』에서 밝힌 '인재제일, 사업보국, 합리추구'이며, 꿈속에 그리는 미래는 세계 최고의 기업이다. 이 대담한 목표를 선명하게 표현한 것은 세계시장 점유율 제1위 제품을 2010년 50개(2005년 13개)로 증가시키는 것이다. 국가의 경우에도 이런 틀에 맞게 수립한 분명하고 확실한 비전이 있어야 세계 일류가 될 수 있다.

### ❂ 미국의 비전

세계 최강국 미국의 비전은 무엇인가? 미국인들은 자기나라를 어떤 나라로 만들려고 하는가? 미국의 비전은 1776년에 작성된 독립선언서가 정한 다음 세 가지이다(폴 사뮤엘슨 전 MIT대 교수).

"생명, 자유 및 행복의 추구"

(Life, Liberty and the Pursuit of Happiness)

그는 이의 실현방법이 자유민주주의와 시장경제이며, 그 작동원리를 밝힌 것이 같은 해 출판된 아담 스미스의 『국부론』(國富論)이라고 했다. 미국이 독립 이후 지금까지 계속 번영을 누릴 수 있었던 것은 이런 비전 때문이다.

### ✪ 유대인의 비전

세계에서 가장 성공한 인종, 유대인들의 경우는 어떠한가? 그들은 조국 멸망 후 1800년 이상 국가, 국토, 군대도 없이 떠돌이 생활을 했지만 1948년 다시 뭉쳐 이스라엘을 재건하였다. 노벨상 수상자의 20%, 세계 4백 명의 억만장자 중 15%가 유대인이다. 그들의 성공요인은 유대교의 비전에 있다. 그들은 유대교가 유일의 종교이고, 신으로부터 선택받은 국민, 즉 선민(The Chosen People, 選民)이란 강한 믿음이 있다.

> "너는 여호와 네 하나님의 성민(聖民)이라 네 하나님 여호와께서 지상 만민 중에서 너를 자기 기업의 백성으로 택하셨나니(성서 신명기)."

제임스 콜린스와 제리 포라스는 이런 선민의식이 유대인으로 하여금 다른

**유대인은 가장 우수한 인종**

유대인들은 책의 민족, 배움의 민족이라고 한다. 성서 배우는 것을 특히 중시한다. 옛날부터 글 모르는 사람이나 거지가 없는 인종은 유대인뿐이라고 한다. 그들은 '지혜'를 특히 강조한다. 지혜란 처세술 또는 인생의 노하우이며, 인생의 나침반 역할을 한다. 지식 자체의 관념적 논의보다 응용과 실용화를 중시한다. 그러므로 비즈니스에 강하다. 이는 유대교 목사 마빈 토카이어가 그의 책 『유태인 격언집』에서 한 말이다.

그들은 전형적 외유내강형 인간이다. 유대교에 대한 굳은 신앙심이 있으나 표정은 항상 부드럽다. 웃음을 좋아하므로 유대인들은 '웃음의 민족'이라고도 한다. '유대인 유머'도 유명하다. 과거 50년간 미국 코미디언의 80%가 유대인이었다. 그들은 웃음이 두뇌라는 칼을 가는 숫돌이고, 정신건강은 물론 두뇌 발달에도 좋다고 믿는다. 이는 태드 팰컨과 데이비드 블라트너가 『일반인을 위한 유대교』에서 한 말이다.

민족보다 우수해야 된다는 믿음을 갖게 하고 강한 결속력을 갖게 하며, 자기 기대치를 높이고, 큰 성공을 위하여 능력을 최대한 발휘하게끔 만든다고 말한다.

### ❂ 일본의 비전

일본의 비전은 지금까지 몇 차례의 변화를 겪었다. 메이지유신(明治維新, 1868년)부터 1973년까지 일본의 비전은 선진국 추월, 즉 캐치업(Catch-up) 성장이었다. 일본은 메이지유신 후 서구열강의 식민지가 되지 않기 위해서 국력을 될수록 빨리 그리고 많이 키우지 않으면 안 된다고 생각했다. 때문에 적극적인 산업정책을 폈고, 1973년까지 서구선진국들을 모두 따라잡았다. 현재 일본경제 규모는 유럽 최대국인 독일보다 크다. 그런데 문제는 그 이후 명확한 국가비전이 없었다는 것이다.

일본은 1973년 제1차 유류파동이 나자 심한 비관론에 휩싸였다. 자연자원 부족으로 더 이상의 경제성장은 불가능한 것으로 판단했다. 대신 공해방지 등 생활의 질적 향상 쪽으로 국가정책의 방향을 틀었다. 당시 자동차 매연방지기술에 있어서 세계 최고가 될 수 있었던 것은 이런 정책적 배경 때문이다. 그러나 전 세계가 제2차 유류파동(1979년)을 겪고 심한 침체상태에 있던 1980년대 초 석유 · 자원값이 계속 하락하게 되자, 자원 부족은 더 이상 경제성장에 제약요인이 되지 않는다고 판단하기에 이르렀다. 이에 일본은 경제성장 쪽으로 방향을 다시 틀어서 전력을 다하기 시작했다. 그 결과 1987년에는 일본 경제발전의 절정기라고 할 정도로 많은 성장을 했다. 당시 일본기업들은 미국 자존심의 상징이라는 뉴욕의 록펠러센터 등 많은 미국 부동산을 사들이는 등 오만한 행동을 보이기도 했지만 이후 경기침체로 큰 손해를 보고 미국에 다시 되팔았다. 그 때부터 쌓이기 시작한 거품경제는 1991년에 터지고 일본은 장기불황 국면으로 접어들었다. 일본은 미국과 달리 장기비전 설정에 문제가 있다는 것이 다수 의견이다.

일본 내각부(內閣府)는 21세기 비전전문조사회의 보고서를 기초로 2005년에 『일본 21세기 비전』, 즉 『2030 비전』을 발표했다. 이는 2030년까지 일본이 지향할 방향으로 다음 세 가지를 제시했다.

① **열린 문화 창조국가**　목적은 일본을 문화 열도로 만드는 데 있다. 정책 방향은 콘텐츠시장의 확대, 세계 표준의 선도, 세계의 지적개발거점, 이노베이션

물결의 확대, 온리원(Only One) 기술의 확보, 다양한 교육서비스의 제공, 동아시아 공동체형성의 촉진, 벽이 없는 나라, 일본거주 외국인의 증가, 품격 있는 국가, 폭넓은 국제교류 촉진의 가교역할을 하는 국가의 건설 등이다.

② 사는 것이 즐거운 건강수명 80세 　고령화 극복 선진국, 즐겁게 일하고 잘 배우고 잘 노는 것의 밸런스, 개인의 꿈이 실현되는 다재다능한 사회 등이다.

③ 풍부한 공공서비스와 작은 정부 　공공서비스의 확대, 작지만 효율적 정부, 자립적 분권사회, 지역간 경쟁의 촉진 등이다.

### ❂ 싱가포르의 비전

싱가포르는 이웃 말레이시아나 인도네시아로부터 침략위협이 있다고 판단하여 많은 방위비를 지출하고 있다. 싱가포르는 국가의 비전을 최근 다음과 같이 세 가지로 제시했다.

#### ▌2030 일본경제의 모습 ▌

일본 정부가 발표한 2000~2030년 일본경제의 주요 변화는 다음과 같다. 세계경제에서 일본경제의 지위가 대폭 저하될 것으로 전망하고 있다.

- GDP : 연 1.5% 정도 성장, 1인당 GDP는 인구감소로 연 2% 정도 성장, 노동생산성 증가율은 2% 약간 상회
- 산업구조 : GDP 중 제조업의 비율은 24%에서 20%로 감소, 비제조업은 76%에서 80%로 증가
- 취업구조 : 제조업은 20%에서 9%로 감소, 비제조업은 80%에서 91%로 증가
- 경상수지 : 경상수지의 GDP에 대한 비율은 완만하게 저하할 것이나 흑자는 유지
- 콘텐츠 산업 : 애니메이션, 영상, 음악, 게임, 미디어 등의 콘텐츠는 2030년 GDP의 5%로 상승(현재의 미국수준)
- 외국인 여행자 : 본 방문 외국인은 614만 명에서 4,000만 명으로 증가
- 평균수명 : 초고령화 시대 건강수명 80세 실현, 2002년은 75세

일본 내각부, 『일본 21세기 비전』, 2005.

- 글로벌 경쟁력 있는 국가
- 지식기반 국가
- 제조업과 서비스업을 성장의 양대 엔진으로 하는 국가

싱가포르는 목표를 실현하기 위해 아시아의 금융 · 물류 · 교육 · 의료허브로 성장하고, 연금제도의 보강, 노동시간의 탄력적 운영, 가정용 로봇의 보급을 통해 주부의 가사노동을 손쉽게 하는 등 다양한 방법들을 모색하고 있다.

싱가포르는 국민들로 하여금 '가장 좋은 주택, 가장 저렴한 주택, 가장 좋은 주거환경'에서 사는 것을 국가 비전으로 정한 바 있다. 그래서 싱가포르인들은 앞으로 국가가 비록 더 성장을 하지 못하더라도 세계에서 가장 좋은 주택과 주거환경에서 살 수 있도록 정책적 마련이 되어 있다. 싱가포르는 주택 2,500세대당 초등학교 한 개, 3,500세대당 중학교 한 개씩을 학생들이 등하교에 편안한 거리에 건설하는 등 쾌적한 주거환경시설의 개발을 국가의 비전으로 정한 바 있다.

## 2.7 한국의 경제 비전

### 1) 과거의 경제 비전

과거 성공적으로 경제적 성장을 했던 한국은 어떤 비전을 가지고 있었을까? 한국이 한강의 기적을 창출할 수 있었던 이유 중의 하나는 지도자들의 올바른 비전설정과 이를 실현하기 위한 헌신에서 비롯됐다고 볼 수 있다. 한국정부는 1962년에 시작된 제1차 경제개발 5개년계획(1962~1966)부터 제7차 경제개발 5개년계획(1992~1996)까지 매년 평균 7% 정도의 경제성장을 한다는 분명한 목표가 있었다. 그리고 제2차 유류파동과 10·26 사태가 겹쳐서 발생한 제4차 경제개발 5개년계획 기간을 제외하면 경제성장 목표를 항상 초과달성하였다. 이런 목표는 정부와 민간이 합의하여 설정했다.

5개년 계획서 이외의 중요한 경제계획서로는 경제기획원이 작성한 『우리 경제의 장기전망』(1972~1981)이다. 이는 중화학공업을 적극 육성하여 1981년까지 1인당 국민소득을 302달러에서 1,000달러, 그리고 수출은 17억 달러에서 100억 달러로 증가시키는 것이 주된 목표였다. 기본적으로 중화학공업추진계획이다. 다른

하나는 경제기획원 요청으로 한국개발연구원(KDI)이 작성한 『장기경제사회발전』(1977~1991)이다. 이를 당시 『장기전망』이라고 했다. 이를 중심으로 과거 한국정부가 설정했던 비전을 살펴보자.

① 기본 이념(이데올로기)

- 핵심 가치관 : 민주주의와 시장경제
- 핵심 목표 : 안정된 국민생활의 창달(장기전망의 표현)

② 꿈속에 그리는 미래

- 10~30년간에 걸친 대담한 목표 : 선진 경제수준의 달성
- 선명한 표현 : 1인당 국민소득을 760달러에서 7,700달러로 증가

『장기전망』의 핵심 가치관은 민주주의와 시장경제, 핵심 목표는 안정된 국민생활의 창달이었다. 1인당 국민소득이 760달러에 불과할 때 15년 뒤인 1991년까지 '선진 경제수준의 달성'이라는 그야말로 대담한 목표를 제시했다. 이 목표를 1991년의 1인당 소득수준 7,700달러로 선명하게 표시했다. 원화로는 1인당 국민소득을 1991년에 409만 원(경상가격)으로 증가시킨다는 것이었다. 이는 당시 그야말로 황당한 꿈이나 다름없었다. 그런데 이는 목표연도에 모두 달성되었다. 꿈이 실현된 것이다. 저자는 이 두 장기계획의 산업연관모델개발에 참여한 바 있다.

당시 한국의 국가비전은 비전의 틀에 맞게 잘 설정되어 있었다. 찌든 가난을 탈피해야 하는 국민들에게 "잘 살아 보세!"는 심금을 울리는 구호로 다가왔다. 가급적 빠른 기간에 북한 추월, 미군 철수에 따른 자주국방, 대단히 높게 설정된 1인당 소득이나 수출목표 달성 등의 절박감도 있었다. 국민의 힘은 이런 목표달성을 위하여 뭉쳐질 수 있었다.

비전이 옳고 분명한 상태에서 지도자들은 그 실현에 일로매진했다. 그들의 상당수는 군(軍)경영 경험이 풍부했다. 당시 한국군의 경영은 주어진 목표달성에 가장 효율적인 미국의 최신 군경영방법을 사용했다. 이런 이유들이 한국의 경제기적 창출에 결정적 역할을 했다.

### 2) 주요 기관의 경제 비전

한국의 1인당 국민소득을 얼마까지 증가시킬 수 있을까? 많은 국내외 연구소와 세계적 컨설팅회사들은 이에 관한 전망을 내놓고 있다. 이를 우리의 '비전

의 틀'에 담아보기로 하자. 이는 독자들이 한국경제에 관한 비전 문제를 검토하는 데 유용한 자료가 될 것으로 보인다.

① 기본 이념(이데올로기)

- 핵심 이념 : 자유민주주의와 시장경제(OECD)
  자유민주주의＋시장경제＋덕(德, 손길승 전 SK회장)
- 핵심 목표 : 풍요롭고 조화로운 경제(삼성경제연구소)

② 꿈에 그리는 미래

- 10~30년간의 대담한 목표:
  부강하고, 지속가능한 세계 초일류 경제(LG경제연구원)
  매력 있는 한국(삼성경제연구소)
  역동과 기회의 한국(한국개발연구원과 정부)
  잘 사는 나라, 행복한 시민(노성태 전 한국경제연구원장)
  동북아의 경제중심 : 물류중심, 금융허브, 연구개발 거점(재정경제부)
  G10급 선진국 진입 : 10년 내 1인당 국민소득 3만 달러 달성, 그리고 사회안전망을 갖춘 글로벌 지식 · 혁신 강국(국민경제자문회의)
  비전 2030 : 함께 가는 희망한국
- 선명한 표현 :
  2015년 1인당 GDP 35,000달러(산자부·전경련·A.T. 커니)
  2010년 1인당 GDP 선진국 평균수준 27,000달러 달성(베인 & 컴퍼니와 매일경제신문)
  2025년 1인당 소득 51,923달러로서 미·일 다음 세계 3위, 2050년 81,462달러로서 미국(89,663달러) 다음 세계 2위(골드만 삭스).
  2030년 1인당 국민소득 55,000달러(일본내각부)
  2020년대 1인당 소득 64,000달러(손욱 전 삼성인력연구원장)
  2030년 49,000달러(한국정부, 비전 2030－함께 가는 희망한국)
  국민총소득 1조 달러에서 4조 달러의 나라(손길승 전 전경련 회장)

OECD의 회원국 가입조건은 '자유민주주의와 시장경제'이다. 이는 우리의 비전 틀 중 핵심 이념에 해당된다. OECD는 한국이 이를 충족하였다고 판단해서

**남덕우 전 총리의 국가이념**

"개인의 삶에는 기본적으로 세 가지가 필요하다. 자유와 빵, 안전이 그것이다. 자유를 제도화한 것이 민주적 대의정치, (빵을 위한 것이) 자유경제체제, 그리고 이 두 가지를 지키기 위한 것이 안보체제다. 이것이 바로 자유민주주의의 기본 이념이다. 그것은 곧 우리나라의 국가이념이자 문명사회의 보편적 가치이다"(한국경제신문, 2005. 10. 13).

1995년 회원국으로 받아들였다. 중국은 아직 이를 충족시키지 못하고 있다. 손길승 전(前) 전경련 회장은 자유민주주의+시장경제+덕(德)이 한국의 기본 이념이 되어야 함을 강조한다. 베푸는 국민, 베푸는 사회가 되어야 한다는 것이다.

국가이념은 한국인의 안전을 보장할 뿐만 아니라 하나로 통합할 수 있도록 해야 한다. 자유민주주의와 시장경제 대신 민족주의를 기본 이념으로 하여 국가통일을 해야 한다는 사람도 있다. 그러나 세계화 시대에 민족주의는 통일 후 7천만이 넘는 나라의 핵심 이념이 되기 어렵다. 통일 예멘이 경험했던 것처럼 경제침체, 좌우이데올로기 충돌 등 사회혼란을 겪을 수 있다. 예멘에서는 아직도 통일을 반대하고 분단 상태로의 복귀를 주장하는 세력들이 남부지역에서 활동하고 있다. 남미에서는 베네수엘라, 볼리비아 등에서 자원민족주의의 확산으로 외국인 소유 기업을 국유화하는 등 시장경제에 반하는 조치들이 계속되고 있다. 국가의 통일은 많은 나라에서 시험을 거쳐 증명된 훌륭한 이데올로기를 전제로 한다.

"아시아의 각국 지도자는 자국의 민족주의를 자극하지 말아야 한다."

—나카소네 야스히로 전 일본수상

## 정부의 국가발전 비전

정부는 국가의 비전을 일류국가 건설로 정했다. 2020년까지 일류 선진국이 된다는 것이다. 그리고 다음과 같은 3대 목표를 설정했다.

① 창의와 활력으로 잘사는 국민

② 신뢰와 배려의 따뜻한 사회

③ 안전하고 매력 있는 강한 나라

그리고 이를 달성하기 위하여 다음과 같은 5대 전략을 제시했다.

① **창조경제** 세계 5대 과학 · 기술대국, 기업환경 세계 30위에서 10위로 제고, 그리고 국제특허 3위의 국가

② **녹색성장** 세계 4대 그린카 생산국, 저탄소국가, 에너지 자주개발률을 50%에서 300%로 높임.

③ **안심사회** 공적연금 수혜율 제고, 교통사고 사망자 줄임.

④ **소프트 혁명** 국가 브랜드를 32위에서 10위로, 그리고 교육 경쟁력을 35위에서 10위로 높임.

⑤ **교량국가** 유라시아와 태평양의 연결, 통일기반 확립, 10만 글로벌 청년리더 양성 등

그리고 지향하는 가치는 자유민주주의, 시장경제 및 국민복리이고, 실천 기조는 창조적 실용주의로 함(기획재정부, 『2009~2012 국가재정 운용계획』, 2008).

## ❂ LG경제연구원

LG경제연구원 전 이윤호 원장은 한국경제의 비전을 '부강하고(Rich), 지속가능한(Sustainable), 세계 초일류(World Top Class)경제' 라고 했다. 김주형 박사는 그 의미를 『성공으로 가는 길』에서 이렇게 설명했다.

- Rich : 세계 최고의 소득수준 달성
- Sustainable : 외부 환경변화에 성공적 대응, 강한 사회적 통합성 유지
- World Top Class : 세계경제의 질적 변화 선도, 자부심 갖게 하는 나라

## ❂ 삼성경제연구소

삼성경제연구소는 한국의 비전, 전략 등을 다음과 같이 밝히고 있다. 정구현 전 소장은 이를 국회의 '시장경제와 사회안전망 포럼' 창립 1주년 기념정책 발표회에서 발표한 적이 있다.

- 2015년 한국의 비전 : 매력 있는 한국

매력 있는 한국이란 2015년에 1인당 국민소득 3만 달러를 달성하고 세계 10대 경제대국이 되는 것으로 그 세부내용은 다음과 같다.

| 국내에서 | 국외에서 |
|---|---|
| 풍요롭고 조화로운 경제 | 가보고 싶은 나라 |
| 평생 살고 싶은 나라 | 벤치마킹해야 할 나라 |
| 자부심 강한 국민 | 투자하고 싶은 나라 |
| 신뢰받는 정부 | 차별이 없는 나라 |
| 상식이 통하는 사회 | |

• 향후 10년의 메가트렌드 : ① 미국중심의 불안한 세계질서, ② 글로벌화 확산, ③ 기술혁신에 따른 산업 재편, ④ 고령화 가속, ⑤ 자연의 보복

• 3가지 도전 : ① 중국경제 부상에 따른 상대적 입지 약화, ② 급속한 고령화에 따른 성장둔화, ③ 막대한 통일비용 부담

• 3대 기회 : ① 중국 · 인도 등 신흥시장의 확대, ② IT투자효과 가시화, ③ 아시아 국가간의 가교역할

• 5대 전략 : ① 혁신주도형 성장기반 구축, ② 인적자원의 업그레이드, ③ 시장기능 강화, ④ 개방과 신뢰 구축, ⑤ 3安(安心, 安全, 安樂) 확보

### ❂ 한국개발연구원

한국개발연구원은 정부의 요청으로 작성한 『역동과 기회의 한국—참여정부의 경제 · 사회 비전과 과제』에서 국가의 비전을 '역동과 기회의 한국'이라고 했다. 그 배경은 다음 두 가지라고 한다.

첫째, 기술진보나 변화가 급속하므로 신속한 대응, 곧 역동성(dynamism)이 중요하다.

둘째, 역동성은 우리 국민 모두에게 체화되어 있는 국민적 자산이다. 미래 한국의 구체적인 모습을 기업하기 좋은 나라, 과학기술 강국, 동북아 경제 중심, 무역 대국, 삶의 질이 높은 나라, 고르게 잘 사는 나라 등 6가지로 요약했다.

### ❂ 골드만 삭스 그룹

골드만 삭스는 『브릭스는 얼마나 견고한가』라는 보고서에서 한국은 1인당

**표 2-5 주요 기관의 경제성장률 전망**

| 전망기관 | 기 간 | 성장률(%) | 비 고 |
|---|---|---|---|
| 삼성경제연구소 | 2005~2015 | 2.6~6.1 | 도약 6.1%, 현상유지 4.1%, 퇴보 2.6% |
| 한국개발연구원 | 2011~2020 | 4.1 | |
| OECD | 2003~2012 | 4.6~5.2 | 시나리오 : A는 4.6%, B는 5.2% |

자료 : 기획예산처·한국개발연구원, 『미래비전 2040』, 2010; OECD, 『한국경제보고서』, 2005.

국민소득에 있어서 2025년에는 미국, 일본 다음으로 세계 3위, 2050년에는 미국 다음으로 세계 2위가 될 것이라고 했다. 이런 전망은 다음 5대 요인(세부 요인은 13개)을 기초로 하고 있다.

① 거시경제안정 인플레, 재정적자, 외채
② 거시경제조건 투자율, 경제개방도
③ 기술적 역량 PC, 전화기 및 인터넷 보급률
④ 인 적 자 본 교육, 평균수명
⑤ 정치적 조건 정치안정, 법치(法治), 부패

### ❂ 손욱 전(前) 삼성인력개발원장

그는 『잃어버린 혁신역량의 회복』이라는 글에서 현재 한국의 인재 활용률은 7.5%(미국 20.0%)이지만 이를 30%로 높이고 혁신역량을 잘 배양하면 2020년에는 한국의 1인당 국민소득을 6만 4천 달러까지 높일 수 있다고 말했다.

### ❂ 베인&컴퍼니와 매일경제신문사

세계적인 전략 컨설팅회사인 베인&컴퍼니가 매일경제신문사와 같이 산업자원부의 의뢰를 받아 공동으로 한국의 21세기 신산업 정책에 관한 연구를 했다. 그 결과에 관한 보고서인 『지식수출 강국』은 한국의 산업구조를 지식집약적 산업구조로 잘 전환할 경우, 1인당 국민소득을 2010년 선진국 평균수준인 2만 7천 달러까지 높일 수 있다고 예측했다. 이는 2000년 선진국의 평균소득 수준이다. 이 보고서의 한국 경제전망은 OECD 평균 성장률, 한국의 과거 성장률, OECD 국가의 각종 산업의 최고 성장률 등을 바탕으로 하고 있다.

### 3) 3개의 시나리오

세계은행의 2010년판 『세계개발보고서』는 앞서 말한 각종 전망을 한데 묶을 수 있는 흥미로운 통계치를 제시하고 있다. 1인당 국민소득수준(구매력환산)을 보면 한국은 2만 7천 달러, 선진국 평균은 3만 7천 달러, 미국은 4만 7천 달러, 세계 최고인 룩셈부트르크는 6만 7천 달러 수준에 가깝다. 한국의 경제 비전 설정에 참고가 되는 숫자이다.

| | 실제소득 | | 비전소득 | 소득의 배수 |
|---|---|---|---|---|
| 룩셈부르크 | $64,320 | ⇨ | $70,000 | 233 |
| 미 국 | $46,970 | ⇨ | $50,000 | 167 |
| 선진국평균 | $37,141 | ⇨ | $40,000 | 133 |
| 한 국 | $28,120 | ⇨ | $30,000 | 100 |

한국의 성장비전을 다음과 같이 생각해 보면 어떨까?

제 1 단계 : 선진국(일본 포함) 평균소득 수준 추월
제 2 단계 : 세계 최강국인 미국의 수준 추월
제 3 단계 : 세계 최고소득 국가인 룩셈부르크의 수준 추월
제 4 단계 : 룩셈부르크를 앞서서 세계 최고 소득국가가 되는 단계

과연 한국은 현 단계에서 소득수준을 제4단계까지 증가시킬 수 있을까? 앞으로 한국경제의 20년간에 걸친 비전을 살펴보자. 먼저 20년 전을 돌아보면, 1985년의 1인당 소득은 2,309달러에 불과했다. 2005년의 1인당 소득수준은 16,000달러로 실질소득이 4배 이상 증가했다. 한국은행의 『국민계정』에 따르면 한국경제(GDP)는 1971~2002년간 연평균 7.2%씩 성장했다.

LG경제연구원의 송태정 연구위원은 『한국의 잠재성장률 및 자연실업률 추정과 변화추이 분석』(2006)이라는 글에서 한국의 잠재성장률은 1980년대 8%, 1990년대 경제위기 전 6.7%, 경제위기 직후 4.9%, 2004년 4%대로 계속 하락했음을 밝혔다. 국내 다른 기관이나 전문가들도 한국의 잠재성장률을 4%대 후반~5%대 초반으로 보고 있다. 비전설정은 이런 잠재성장률을 높이기 위한 것이다. 그럼 2025년까지 한국경제는 얼마나 성장할 수 있을까? 이는 간단히 세 가지로 전망할

수 있다. 낙관적 전망은 연 7.0%, 비관적 전망은 선진국의 연평균 성장률(1990~2003년)인 2.6%로 성장하는 것이다. 이 두 성장률의 평균이 중간 시나리오이다. 낙관적 전망은 경제위기 전 90년대 성장률을 약간 상회한다.

- 낙관적 시나리오(6.9~7.1%) : 3.9배로 성장
- 중간 시나리오(4.8%) : 2.5배로 성장
- 비관적 시나리오(2.6%) : 1.7배로 성장

한국경제가 연 7%로 성장하면 1인당 소득은 2025년 3.9배까지 증가한다. 선진국의 1인당 소득의 과거 성장률 2.6%로 성장하면 2025년 1.7배로 증가한다. 그 결과 2025년의 1인당 소득은 한국 7.8만 달러(손욱 원장은 2020년 $6.4만 달러 전망), 그리고 선진국은 4.8만 달러가 된다. 달러로 표시한 우리의 1인당 소득은 생산증가, 환율하락 및 교역조건 개선의 3가지 요인에 의하여 좌우된다. 앞으로 이 3가지가 1인당 소득수준에 결정적 영향을 미칠 것이다.

- 생산의 증가
- 환율의 하락
- 교역 조건의 개선 : 우리가 수입하는 물품(석유, 식량, 광물 등) 가격은 떨어지고 수출하는 물품가격은 올라가면 1인당 국민소득(GNI)은 상승한다.

많은 기관들이 글로벌시대의 한국경제에 관한 낙관적 전망을 하는 이유는 무엇일까? 다음과 같은 근거를 들 수 있다.

- 한국은 앤 크루거 존스 홉킨스대학 교수가 밝혔듯이 1960~2000년 사이 1인당 소득수준을 10배나 증가시킨 귀중한 경험이 있다. 앞으로 20년간 이 정도는 아니더라도 3~4배 정도 증가는 가능하다는 것이다.
- 글로벌시대는 우리 기업을 해외에 진출시키고, 외국기업을 국내에 유치할 수 있으므로 성장잠재력을 크게 높일 수 있다. 또한 기업규제를 대폭 완화하고, 중국과 비슷한 정도의 성장드라이브 정책을 쓴다면 성장률을 크게 높일 수 있다.
- IT, BT, NT 등 성장성이 높은 첨단산업을 크게 일으킬 수 있다. 때문에 이지순 서울대 경제학 교수는 잠재경제성장률을 연 7~8%로 높이는 것도 가능할 것이라고 했다.

• 앞으로 최소한 10년간 8~9%의 고도성장이 전망되는 중국을 가장 잘 활용할 수 있는 위치에 있는 나라는 한국이다. 중국경제를 잘 활용하면 한국경제성장률을 상당히 높일 수 있다.

• 승리는 만드는 것이다(손자병법). 한국의 1960년 1인당 소득은 필리핀의 3분의 1 수준이었다. 당시 많은 사람들은 한국의 필리핀 추월은 불가능할 것이라고 했다. 그러나 현재 수준은 필리핀의 10배가 넘는다. 앞으로 소득수준을 얼마나 증가시킬 수 있는가는 국가의 비전과 전략에 달렸다.

• 골드만 삭스 연구그룹이나 세계경제포럼이 강조하듯 한국기업들은 조직력, 마케팅력, R&D 추진력 등에 있어서 많은 강점이 있다. 도미니크 바튼 맥킨지사 아·태지역 회장은, 한국은 2015년 세계 10대 경제대국 중 9위가 될 것이라고 했다. 인도를 앞선다는 것이다. 그가 말하는 세계 10대 경제대국은 미국, 일본, 중국, 독일, 영국, 프랑스, 이탈리아, 브라질, 한국, 인도의 순이다.

## 2.8 경제성장과 구조전환

### 1) 경제성장과 발전

경제학에서는 성장과 발전의 의미를 구분한다. 농업국가가 농업생산의 증가만으로 소득을 상승시키는 것은 경제성장이라고 한다. 공업을 발전시켜 산업구조가 바뀌는 가운데 소득을 상승시키는 것은 경제발전이라고 한다. 공업이 발전하면 농촌사람들이 도시로 이동하므로 국토의 사용구조도 바뀐다. 경제구조의 변화가 없는 상태에서 소득만 증가하는 것은 경제성장이지만 구조의 변화가 이루어지는 가운데 소득이 증가하는 것은 경제발전이다.

홀리스 체너리 하버드대 교수는 경제발전은 끊임없는 경제구조 전환의 과정이라고 말하면서 이를 발전과정론 또는 구조전환과정론이라고 칭한다. 후진국의 소득이 증가하기 위해서는 도·농간의 구조, 대기업과 중소기업의 구조, 산업구조, 통신구조, 직업구조, 고용구조 등 수많은 구조의 변화가 수반되어야 한다. 그러므로 경제성장보다 발전이라는 말이 더 타당하다. 홀리스 체너리는 평생 경제구조전환 연구를 한, 이 분야 최고 권위자 중 한 사람이다. 세계은행 연구담당 부총재로 재직하면서 그는 경제구조 분석틀을 전 세계에 보급하려고 노력했다. 드와이트 퍼킨스 하버드대 교수 등이 쓴 경제발전론의 대표적 교과서인 『발전의 경제학』(제5판)은 그의 분석틀을 중시하고 있다.

그런데 경제구조 변화의 전환점이 되는 소득수준이 있다. 세계은행은 『세계개발보고서』(2010)에서 1인당 소득 $975 이하를 후진국, $11,906 이상을 선진국, 그리고 그 사이를 중진국으로 분류한다. 그리고 중진국은 다시 1인당 소득 $3,855 이하를 저소득 중진국, 그리고 그 이상을 고소득 중진국으로 구분한다.

- 세계은행기준(경상GNI)
  후진국 ⇨ $975 ⇨ 중진국 ⇨ $11,906 ⇨ 선진국
- 세계경제포럼 기준
  후진국 ⇨ $4,000 ⇨ 중진국 ⇨ $17,000 ⇨ 선진국

한국은 선진국으로 분류되며(제1장), 구조전환에 있어서도 선진국 수준에 도달한 것이 많다. 예를 들어 도시화(총인구 중 도시인구 비중)의 경우, 중국(43%)과 같은 후진국은 아직 급증하는 상태에 있으나 한국은 이미 80%를 넘어 다른 선진국과 마찬가지로 성장곡선의 상부점근선 수준에 도달했다.

### 2) 구조전환은 어떻게 이루어지는가

경제구조전환은 어떻게 이루어지는가? 이에 관해서는 두 가지 대표적 학설이 있다.

#### ❂ 쿠즈네츠 이론

사이먼 쿠즈네츠는 선진국들의 과거 200여 년간의 경제성장을 현대경제성장(modern economic growth)이라고 부른다. 그는 이 분석을 토대로 경제구조전환에는 다음 세 가지 공통성이 있다고 했다. 하버드대 교수시절 이 연구로 노벨경제학상 수상자가 되었다. 한국의 경제성장에도 많은 관심이 있어 여러 차례 방문한 바 있다. 저자는 산업연관분석모델과 관련하여 자문을 받은 바 있다.

① 쿠즈네츠 교수는 산업을 크게 농업(A-Agriculture), 산업(I-Industry) 및 서비스(S-Services)의 3부문으로 나눈다. 이는 각각 제1, 2 및 3차 산업에 해당한다.

**성장, 발전 및 창조적 파괴**

공산주의 시절 베트남 사람들은 자전거를 많이 탔고, 개방정책을 채택한 이후에는 오토바이를, 최근에는 승용차를 많이 타고 다닌다. 자전거의 생산증가로 소득이 늘어나는 것은 경제성장이나 자전거가 오토바이, 오토바이가 승용차로 바뀌면서, 즉 교통구조의 변화와 더불어 소득이 늘어나는 것은 경제발전이다. 다른 예로 유선전화기 생산증가에 따른 소득증가는 경제성장이나 휴대폰 생산증가와 더불어 통신구조가 바뀌면서 발생하는 소득증가는 경제발전이다.

조지프 슘페터는 경제구조를 변화시키는 휴대폰 등 혁신적인 제품의 개발이 경제발전의 핵심이라고 했다. 공중전화기를 망치로 부수는 것은 범죄적인 파괴행위이다. 그러나 값싸고 성능 좋은 휴대폰을 생산하여 공중전화기 회사가 스스로 파괴되도록 하는 것은 창조적 파괴(creative destruction)이다. 조지프 슘페터는 창조적 파괴가 경제발전의 핵심이라고 했다.

경제성장과 더불어 A부문의 상대적 중요성은 감소하고 반대로 비농업부문(I와 S부문)의 상대적 중요성은 증가한다. 그 중 I부문보다 S부문의 상대적 중요성이 커진다. 그런데 지식사회에서는 미국의 경우에서 보는 바와 같이 제조업의 비중은 산업사회의 농업과 같이 계속 감소하고 있다. 그런데 제조업 비중이 증가하나 서비스산업보다 덜 증가한다는 쿠즈네츠 교수의 주장은 수정이 필요하다.

② **생산규모의 대규모화** 경제성장과 더불어 영세 내지 소규모의 개인기업 또는 가족기업의 비중은 감소하고 대기업의 비중이 커진다. 그리고 대기업은 점차 비인간적인 조직으로 변화한다.

③ 농촌보다 도시부문의 성장이 빨라지므로 인구와 노동력은 농촌을 떠나 도시로 이동한다. 이에 따라 직업구조, 고용의 입지형태 및 국토의 공간구조가 변화한다.

### 체너리 이론

체너리 교수는 경제발전이란 자원배분, 축적 및 인구와 분배의 3대 차원에서 구조변화가 이루어지는 것이라고 했다.

| 3대 분야 구조전환 | 10개 기본 구조 |
|---|---|
| 1. 자원배분과정 : | ① 생산구조, ② 국내수요구조, ③ 무역구조 |
| 2. 축적과정 : | ④ 물적자본, ⑤ 인적자본, ⑥ 사회간접자본 |
| 3. 인구 및 분배과정 : | ⑦ 고용배분, ⑧ 도시화율, ⑨ 인구변화, ⑩ 소득분배율 |

이 3대 분야는 다시 각각 몇 개의 세부구조로 구성된다. 예를 들면, 자원배분과정은 생산구조, 국내수요구조 및 무역구조로 구성되고, 축적과정은 물적자본, 인적자본 및 사회자본으로 구성된다. 이는 모두 10개인데, 체너리 교수는 이를 '10개 기본 구조'라고 한다. 경제발전이란 무엇보다 이와 같은 3대 구조전환과 10대 기본 구조의 전환이 잘 이루어지는 것이라고 할 수 있다.

한국의 경제구조 전환은 어떻게 이루어져 왔을까? 10대 기본 구조의 틀을 통해서 살펴보자. 먼저 한국의 경제발전 전략은 수출주도형 공업화 전략으로 수출품 중 공산품의 비중이 높아짐으로써 ③ 무역구조가 변화하기 시작했다. 공산품의 증가는 ① 생산구조의 변화를 가져왔으며, 공업노동력의 증가를 초래하여 ⑦ 고용구조를 변화시켰다. 공업은 주로 도시에 입지했으므로 공업의 발전은 인구와 노동력의 도시이동을 초래했다. 이는 ⑧ 도시화율(도시인구비중)을 높였다. 공업화에 따른 소득의 증가는 ② 국내수요구조를 변화시키고, 도시화와 더불어 ⑨ 인구의 변화(출생률과 사망률의 감소)를 가져왔으며, 도·농간 및 도시 내의 저소득층과 고소득층의 ⑩ 소득분배를 변화시켰다. 공업화는 ④ 직접생산자본(공장, 기계설비 등)의 투자를 필요로 했으며, 공업화와 도시화는 ⑥ 각종 사회자본의 투자를 필요로 했다. 이 모든 것은 한국인의 높은 교육열을 바탕으로 한 ⑤ 인적자본 투자가 많았기 때문에 가능했다.

요약하면 한국의 경제발전은 많은 경제구조 중 무역구조의 변화를 시작으로 다른 구조변화가 모두 잘 이루어질 수 있었기 때문에 가능했다. 많은 공산국가들은 소득분배부터 구조변화를 시도했는데, 이는 잘못된 것이다. 말레이시아는 농업을 강화하는 생산구조를 먼저 변화시켰는데 성공하지 못했다. 중국을 포함하여 한국을 배우고자 하는 다수의 국가들은 한국의 경제발전 전략을 쫓아 무역구조부터 변화를 시작하고 있다. 말레이시아는 한국 등 동아시아 국가를 배우는 것을 루크 이스트(Look East)정책이라고 말한다.

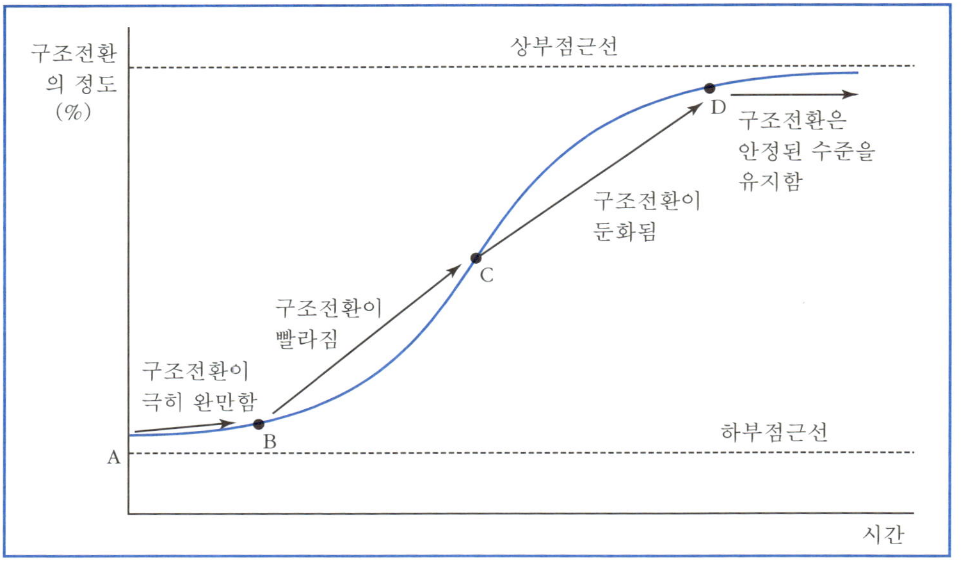


주 : 성장곡선(growth curve)은 로지스틱(logistic)곡선, 군수곡선 또는 S자형(S-shaped) 성장곡선이라고 도 함.

**[그림 2-1] 성장곡선과 구조전환**

### 3) 구조전환의 4대 특징

경제구조전환의 특징은 다음의 네 가지로 요약할 수 있다.

첫째, 경제구조전환은 일시적 현상이 아니라 연속적 변화의 과정이다. 예컨대 한국의 도시화(도시 인구비율)는 한두 해가 아니라 매년 조금씩 증가하여 오랜 세월을 거친 다음 비로소 선진국 수준에 도달한 것이다. 후진국의 경제구조는 일조일석에 선진국 상태로 전환되는 것이 아니다. 끊임없이 조금씩 전환하는 과정을 거친 후에 비로소 선진국 수준에 도달할 수 있다. 그러므로 공업화나 민주화, 금융실명제 등도 구조문제인 이상 금년 말까지 또는 내년 말까지 선진화한다고 하는 사람은 구조변화의 속성을 모르는 사람이다.

둘째, 경제구조전환은 다원적이며 상호 긴밀한 연계관계하에서 이루어진다. 이는 이미 앞에서 설명한 바와 같다.

셋째, 각종 구조의 전환은 그 속도와 패턴을 달리한다. 어떤 것은 개발 초기, 또 어떤 것은 개발 중기나 후기에 그 전환이 빠르게 또는 느리게 된다.

넷째, 구조전환의 전체 과정은 S자형 곡선(S-shaped curve) 형태로 진행된다.

이를 로지스틱곡선(logistic curve) 또는 성장곡선(growth curve)이라고도 한다. S자형 성장곡선에는 상부 및 하부점근선이 있다. 변곡점도 있다. 이 곡선의 모양이나 점근선의 수준은 기술변화, 사회경제정책목표, 자원부존도, 국제환경 등 많은 요인의 영향을 받는다. 이 중 상부점근선은 가령 도시화율, 공업화율 등이 일정 수준에 도달하게 되면 더 이상 변화하지 않거나, 변화하더라도 그 양이 극히 적어지는 수준, 즉 상한선을 나타낸다. 반대로 하부점근선은 경제가 존재하는 한 아무리 빈국이라 하더라도 최소한의 공업화가 이루어져야 하는 하한선이다. 이를 최저수준 또는 하부점근선이라고 한다. 네팔과 같이 아무리 가난한 나라에도 사람들이 주택, 옷, 농기구, 주방용구 등을 만들어야 하므로 최소한의 공업발전은 이루어져야 한다.

### 4) 경제구조전환의 국가간 공통적 변화를 초래하는 요인

어느 나라의 구조전환이건 공통된 부분과 차별화된 부분이 있다. 공통된 부분은 빨리 같게 만들고 차이가 나는 부분은 차별화 전략으로 연결시키는 것이 중요하다. 각국의 경제구조를 비슷하게 전환토록 하는 요인을 초국가적 요인(transnational factors), 그리고 다르게 하는 요인을 국내적 요인(national factors)이라고 한다. 여기서는 이를 쿠즈네츠의 『경제성장과 구조의 비교연구』와 체너리의 『구조변화와 발전정책』, 모쇄 시르퀸의 『구조변화의 패턴』 및 체너리와 시르퀸의 『발전의 패턴』을 참고하여 검토하기로 한다.

① 수요면의 공통성　엥겔의 법칙이 말해 주듯 소득증가에 따라서 가계소비 중 식료품비 비중의 점감은 어느 나라에서나 공통적으로 발생한다. 이는 각국의 산업구조의 변화를 유사하게 만든다.

② 중간수요 변화의 공통성　공업화는 어느 나라에서나 산업간의 거래를 증가시키므로 산업생산의 우회도(迂廻度)를 증가시키는 면에서 같다.

③ 소득수준 상승에 따른 자본축적면에서의 공통성　어느 나라이건 경제발전을 위해서는 도로, 항만, 전력, 통신, 용수시설 등 사회간접자본, 기계장비나 공장시설 등의 직접생산자본, 그리고 학교교육, 직업훈련, 사회교육 등을 통한 인적자본을 축적해야 된다. 이러한 공통성이 이들 산업이나 관련 산업의 발전 및 산업구조의 변화를 비슷하게 만든다.

④ 기술사용면에서의 공통성

⑤ 국제무역에 의한 공통성의 증가

⑥ 산업 또는 생산시스템의 공통성

⑦ 세 계 화

### 5) 경제구조전환의 국가간 차이를 초래하는 요인

**① 사회목표와 정책의 차이** 사회발전목표를 성장제일주의에 두고 이에 따라 수출 확대정책을 채택하는 국가는 농업보다는 공업, 그리고 내수산업보다는 수출산업의 성장이 상대적으로 빠르게 된다.

② 자원부존도의 차이

③ 국가규모의 차이

④ 해외자본 활용면에서의 차이

⑤ 글로벌경제에 대한 참여도의 차이

⑥ 각국 경제구조의 공통적 변화를 초래하는 요인 그 자체의 변화에 있어서 국가간 차이

**⑦ 기타 요인** 역사적 유산, 문화적 특성, 지정학적 위치 등도 각국의 경제구조전환의 차이를 초래하는 요인이 된다.

## 2.9 국부(國富)의 증가

우리 개인의 부(富)는 갖고 있는 총자산(주택 등의 부동산, 은행예금, 주식, 채권 등의 동산)에서 총부채(집 살 때 빌린 돈, 카드 빚 등)를 뺀 것이다. 그러나 국가의 부(富), 곧 국부(國富, National Wealth)는 개인의 경우와 다르다. 국부란 소득을 창출할 수 있는 국가의 총자산을 시장가치로 나타낸 것이다. 통계청은 지금까지 10년 기간으로 세 차례(1968년, 1977년 및 1997년)에 걸쳐서 우리나라의 국부를 조사한 바 있다. 그러나 최근에는 국부 통계를 1년 주기로 매년 간접 추계하는 방식으로 작성하고 있다.

통계청은 한국의 국부를 UN의 국민계정체계에 따라서 다음의 [표 2-6]에서와 같이 7개 자산으로 구분한다. 따라서 한국의 모든 부(富)를 포함하는 것은 아

**표 2-6** 우리나라의 국부 자산(2008)

| 자산의 종류 | 금액(조 원) |
|---|---|
| 국부총액 | 6,940 |
| 1. 비금융자산 | 6,759 |
| ① 생산자산 | 3,429 |
| 유형고정자산 | 2,972 |
| 무형고정자산 | 43 |
| 재고자산 | 415 |
| ② 비생산자산 | 3,330 |
| 토지자산 | 3,265 |
| 입목자산 | 23 |
| 지하자산 | 43 |
| 2. 내구소비재 | 180 |

자료 : 통계청, 『자산형태별 자산액』, 2008

니다.

세계은행은 국민의 소득을 창출할 수 있는 자산에는 다음 세 가지가 있는데, 그 합이 국부 총액이라고 했다.

① **자연자본**(natural capital)　이는 토지자원, 삼림자원, 수자원, 광물자원, 수산자원 등 자연으로부터 부여받은 자원, 곧 부존자원이다. 재생 가능한 것과 불가능한 것을 포함한다.

② **생산된 자산**(produced assets)　이는 기계, 수송 장비, 빌딩, 건축물, 도시용지 등 인간이 생산한 것을 말한다. 농업용지는 자연상태에 있다고 보아 자연자본에 포함된다.

③ **인적자원**(human resources)　이는 교육, 훈련, 경험 등으로 획득한 인간의 지식, 기술, 노동력 그리고 사회자본을 포함한다. 사회자본은 세계은행에 따르면 개인과 조직체의 관계, 사회네트워크(수직적 및 수평적 연합회), 정치적 환경 및 규범 등으로서 생산성에 영향을 미치는 것을 말한다.

세계은행은 이들 자산이 세계 여러 나라의 국부 중에서 차지하는 비율을 계산하였다. 선진국의 경우 자연자본 17%, 생산된 자산 16%, 인적자본(사회자본을

**표 2-7** 한국 및 주요 국가의 국부 구성

| | 1인당(천 달러) | 인적자원(%) | 자연자본(%) | 생산된 자산(%) | 합 계 |
|---|---|---|---|---|---|
| 한 국 | 168.0 | 82 | 2 | 16 | 100 |
| 미 국 | 401.0 | 77 | 4 | 19 | 100 |
| 일 본 | 304.0 | 68 | 1 | 31 | 100 |
| 독 일 | 281.0 | 75 | 1 | 23 | 100 |
| 중 국 | 37.0 | 77 | 7 | 16 | 100 |
| 인 도 | 20.0 | 58 | 20 | 22 | 100 |
| 탄자니아 | 8.0 | 21 | 27 | 52 | 100 |

주 : 1994년 기준임. 이것이 가장 최근 자료임.
자료: 세계은행, *Estimating National Wealth: Methodology and Results*, January 1998.

포함) 67%이다. 아프리카 후진국의 경우에는 자연자본 52%, 생산된 자산 17%, 인적자본 31% 등이다. 가장 중요한 국부는 선진국의 경우 인적자본이고 후진국의 경우는 자연자본이다. 한국과 주요국의 1인당 국부 금액 및 국부의 구성은 [표 2-7]에 나타난 바와 같다. 한국은 인적자원의 상대적 비중이 가장 높은 나라 중 하나이다.

"외교부의 재외공관은 종합상사의 지점과 같았다. 수출 실적이 좋은 지점장은 승진하였다. 그렇게 박 대통령은 대한민국종합상사의 CEO였다. 나아가 박 대통령은 자신을 대한민국이란 오케스트라의 지휘자로 간주하기 시작했던 모양이다. 수출을 종합예술이라 한 대목에서 그렇게 추론할 수 있다."

—이영훈

"한국은 세계를 선도할 녹색경제 국가가 될 수 있는 역량을 충분히 갖추고 있다."

- 크리스토 퍼 플래빈(월드와치연구소 대표)

# 제 3 장 경제성장: 산업차원

## 3.1 베이스산업이 중요하다

지금까지는 국가차원의 경제성장에 대해서 살펴보았다. 이제부터는 산업차원의 경제성장에 대해서 살펴보자.

가정, 지역, 기업, 국가를 막론하고 경제기반(economic-base)이 중요하다. 가장이 식당업을 하는 가정의 경제기반은 식당업이고, 봉급생활자인 가정의 경제기반은 가장의 봉급이다. 풍기는 인삼, 구미시는 전자산업, 제주도는 관광산업이 경제기반이다. 유한양행의 경제기반은 제약산업, 포스코의 경제기반은 철강산업이다. 쿠웨이트의 경제기반은 석유이고 미얀마의 경제기반은 농업이다.

지역이나 국가의 산업은 경제기반산업과 비경제기반산업으로 나뉜다. 구미시의 경우 생산하는 전자제품의 수요자는 다른 지역이나 다른 나라 사람들이다. 전자산업은 구미시의 수출산업으로 돈을 외부에서 벌어들인다. 이런 산업을 경제기반산업(economic-base industries), 또는 베이스산업(base industries)이라고 한다. 구미시의 식당업, 세탁업, 부동산중개업, 도·소매업 등은 베이스산업과 주민을 위한 것으로 비베이스산업이라고 한다. 지역의 모든 산업은 이 둘로 나눌 수 있다. 그런데 비베이스산업의 규모나 성장은 베이스산업에 따라서 결정되므로 지역의 경제성장을 결정하는 것은 베이스산업이다. 국가의 경우에도 마찬가지이다. 그러므로 베이스산업을 잘 정하는 것이 중요하다.

한국의 베이스산업은 1960년대에는 섬유산업, 합판산업 등 경공업이었고, 1970년대에는 중화학공업(추진계획), 지금은 반도체산업, 자동차산업, 조선업, 전자산업 등이다. 60년대부터 한국경제의 성장을 선도한 베이스산업의 변화는 10대 수출상품의 변화에서 그 일면을 찾아 볼 수 있다([표 3-1]).

삼성그룹은 베이스산업을 경공업에서 시작하여 중화학공업과 첨단전자산업으로 전환한 데 반하여 현대그룹은 바로 중화학공업으로 시작했다. 한진그룹은

**표 3-1 한국의 10대 수출상품**

| 순 위 | 1961 | 1970 | 1980 | 1990 | 2000 | 2008 |
|---|---|---|---|---|---|---|
| 1 | 철광석 | 섬유류 | 의 류 | 의 류 | 반도체 | 선 박 |
| 2 | 중 석 | 합 판 | 철강판 | 반도체 | 컴퓨터 | 석유제품 |
| 3 | 생 사 | 가 발 | 신 발 | 신 발 | 자동차 | 무선통신기기 |
| 4 | 무연탄 | 철광석 | 선 박 | 영상기기 | 석유제품 | 자동차 |
| 5 | 오징어 | 전자제품 | 음향기기 | 선 박 | 선 박 | 반도체 |
| 6 | 활선어 | 과자제품 | 인조섬유 | 컴퓨터 | 통신기기 | 평판디스플레이 |
| 7 | 흑 연 | 신 발 | 고무제품 | 음향기기 | 합성수지 | 철강판 |
| 8 | 합 판 | 연초제품 | 목재류 | 철강판 | 철강판 | 합성수지 |
| 9 | 미 곡 | 철강제품 | 영상기기 | 인조섬유 | 의 류 | 자동차부품 |
| 10 | 돈 모 | 금속제품 | 반도체 | 자동차 | 영상기기 | 컴퓨터 |

자료 : 무역협회 무역연구소, 『세계 속의 대한민국』, 2009.

**표 3-2 한국의 10대 수입상품**

| 순 위 | 1961 | 1970 | 1980 | 1990 | 2000 | 2008 |
|---|---|---|---|---|---|---|
| 1 | 양 모 | 일반기계 | 원 유 | 원 유 | 원 유 | 원 유 |
| 2 | 어패류 | 곡 물 | 곡실류 | 반도체 | 반도체 | 반도체 |
| 3 | 원 면 | 운반용기기 | 목재류 | 석유제품 | 컴퓨터 | 천연가스 |
| 4 | 연 료 | 전기기기 | 기호식품 | 섬유및화학기계 | 석유제품 | 석유제품 |
| 5 | 곡 물 | 석 유 | 기타농산물 | 가 죽 | 천연가스 | 철강판 |
| 6 | 대 두 | 섬유사 | 기타잡제품 | 컴퓨터 | 반도체장비 | 석 탄 |
| 7 | 목 재 | 목 재 | 선 박 | 철강판 | 금 은 | 컴퓨터 |
| 8 | 생고무 | 직 물 | 철강판 | 항공기 및 부품 | 유선통신기기 | 철선 · 고철 |
| 9 | 설탕류 | 철 및 강철 | 석유제품 | 목재류 | 철강판 | 정밀화학원료 |
| 10 | 펄 프 | 금속광 | 석 탄 | 계측제어분석기 | 정밀화학원료 | 동제품 |

자료 : [표 3-1]과 같음.

항공업 등 운수업, 롯데그룹은 호텔 · 백화점 등 서비스업을 베이스산업으로 정했다. 다른 나라의 경우를 살펴보자.

아프리카에서 1인당 국민소득 최고의 나라 보츠와나는 세계 최대의 다이아몬드 생산국으로 다이아몬드 광업이 국내총생산의 3분의 1 이상, 수출의 8할을 차지한다. 그러나 다른 산업이 별로 없어서 실업률이 18%나 된다(비공식 통계는 40%). 보츠와나의 경제성장을 좌우하는 것은 광업이다. 쿠웨이트의 경우에는 석유가 국내총생산의 50%, 수출의 96%, 정부세입의 80%를 차지한다. 나이지리아도 비슷하다. 이 두 나라의 경제성장은 석유산업을 빼고 이야기할 수 없다. 에티오피아(1인당 국민소득 160달러)의 경우에는 수출의 89%, GDP의 44%를 차지하는 농업이 좌우한다. 몽고는 국민의 40% 이상이 농업과 목축업에 종사한다. 한스싱거가 말한 "후진국은 산업이 없기 때문에 가난하고 가난하기 때문에 산업이 없다"는 말이 맞다.

자유시장경제의 전형인 홍콩은 원래 배후지(중국)가 생산하는 물자를 외국에 수출해 주고, 필요로 하는 물자를 외국으로부터 수입해 주는 역할을 하는 앙트레포트(중계무역항)였다. 경제성장에 한계를 느낀 홍콩은 얼마 전 가공무역항으로 탈바꿈했다. 주력산업을 중계무역업에서 가공무역업으로 바꾼 것이다. 홍콩의 수출이나 수입은 GDP보다 규모가 크다. 지금은 국제금융업을 베이스산업의 하나로 육성하고 있다. 홍콩의 베이스산업인 서비스산업은 GDP의 92%를 차지한다.

싱가포르는 동서 국제 해운로의 중앙인 말라카 해협에 위치한다는 지정학적 이점을 살려 항만산업, 항공산업, 앙트레포트 관련 산업을 잘 일으켰다. 도시국가로서 도시개발관련 산업을 잘하고 있다. 싱가포르의 항만과 공항은 세계 최고로 꼽힌다. 그런데 싱가포르는 농촌과 농업이 없는 나라이다.

1인당 국민소득이 세계 최고인 룩셈부르크의 베이스산업은 과거 철강산업에서 최근 화학, 고무 및 금융업 등으로 다각화했다. 현재 금융이 GDP의 28% 이상을 차지하며 유럽의 중요한 금융센터의 기능을 하고 있다. 이 나라의 은행들은 대부분 외국인 소유이다. 주민의 약 3할은 외국인이고, 취업자의 약 6할이 이웃나라에서 출퇴근한다(미국 CIA, 『세계연감』). 네덜란드는 서유럽의 중앙이라는 지리적 이점을 살려 물류산업을 잘 발전시켜 유럽의 물류허브를 지향하고 있다. 바다를 메워서 건설한 스키폴공항은 한때 세계 최고의 공항으로 싱가포르의 창이공항, 도쿄의 나리타공항 등의 롤 모델이 되었다. 로테르담 항(港)도 세계 최고 수준의 항으로 꼽힌다. 이외에도 가공식품, 석유화학, 전자산업, 꽃 산업 등이 강하다. 세계 제일의 휴대폰 회사로 유명한 핀란드는 전자산업이 강하다.

세계에서 거의 모든 산업에 글로벌 경쟁력이 있는 나라는 미국뿐이다. 미국은 세계 최대의 농업국으로서 소맥, 대두, 옥수수 수출에 있어서 세계 제일이다.

미국에는 방위산업, 항공기산업, 교육산업, 금융산업, 에너지산업, 유통업, 전자산업, 자동차산업, 패스트푸드산업, 영화산업, 출판산업, 법률산업, 호텔산업, 기업서비스(기업평가, 회계 등)산업, 우주개발산업 등 세계 최고 수준에 도달한 산업들이 수없이 많다. 이들이 미국경제 성장에 탄탄한 기반을 형성하고 있다.

## 3.2 한국에는 몇 개의 산업이 있는가

산업이란 무엇인가? '같거나 비슷한 생산물을 생산하는 기업의 무리'이다. 한국의 표준산업분류(KSIC : Korea Standard Industrial Classification, 제9차 개정, 2008) 방식에 따르면 산업은 '유사한 성질을 갖는 산업 활동에 주로 종사하는 생산단위(기업 등)의 집합'이다. 그런데 얼마나 같고 비슷한가에 따라서 산업의 범위는 아주 커질 수도 작아질 수도 있다. 예를 들어 제조업이라고 하면 아주 넓은 의미의 산업이다. 이를 대분류산업이라고 한다. 제조업 중에는 섬유산업, 금속산업 등이 있는데 이는 중분류산업이라고 한다. 또한 금속산업 안에는 철강산업, 비철금속산업 등이 있는데 이를 소분류산업이라고 한다. 철강산업 안에는 다시 제철, 제강 및 합금철산업 등이 있는데 이를 세분류산업이라고 한다. 그리고 그 안에 다시 제철 및 제강산업이 있는데 이를 세세분류산업이라고 한다.

한국에는 농·임업, 어업, 광업, 제조업, 건설업 등으로 크게 구분되는 21개의 대분류산업이 있고, 이를 다시 나눈 76개의 중분류산업, 이를 다시 나눈 228개의 소분류산업, 487개의 세분류산업, 1,145개의 세세분류산업 등이 있다. 대분류산업은 21개가 되므로 숫자로 표시하지 않고 영어의 알파벳으로 A에서 U까지 표시한다. 그리고 중분류산업 이하의 산업을 분류할 때는 십진법에 따른다. 이는 통계청의 한국표준산업분류 방식에 따른 것이다.

이렇게 보면 농업, 광업, 제조업, 건설업, 음식업, 소매업, 미용업 등은 모두 산업이다. "각 생산단위가 노동, 자본, 원료 등의 자원을 투입하여, 재화 또는 서비스를 생산 또는 제공하는 일련의 활동과정은"은 어떤 것이나 영리적·비영리적 활동을 막론하고 산업활동으로 간주한다(통계청, 『한국표준산업분류』, 2008). KSIC는 정치단체(산업분류번호 9492), 노동조합(9420), 시민운동단체(9493)도 모두 관련 산업활동으로 분류한다.

**표 3-3** 산업의 분류

| 산업분류단계 | 분류번호 | 산업의 수 | 산업의 예 |
|---|---|---|---|
| 대분류산업 | C | 21 | 제조업 |
| 중분류산업 | 24 | 76 | 제 1 차 금속산업 |
| 소분류산업 | 241 | 228 | 제 1 차 철강산업 |
| 세분류산업 | 2411 | 487 | 제철, 제강 및 합금철산업 |
| 세세분류산업 | 24111 | 1,145 | 제철산업 |

자료 : 통계청, 『한국표준산업분류』, 2008.

그런데 화학섬유는 화학제품인가, 섬유제품인가? 이런 것이 국가에 따라서 다르게 분류되면 국제무역의 혼란을 초래할 수 있으므로 통일이 필요하다. 따라서 유엔은 각종 산업의 분류를 체계화한 국제표준산업분류(ISIC : International Standard Industrial Classification)를 세계 각국이 사용할 것을 권장한다. 한국은 이를 기본으로 하여 한국의 산업 실정을 감안하여 한국표준산업분류(KSIC) 방식을 정했다. 우리가 많이 사용하는 KS라는 말은 KSIC에서 나온 것이다.

## 3.3 한국 산업구조의 변화

볼펜, 신발, 휴대폰은 제조업제품이다. 그러나 이를 생산하는 기업들의 입장에서 보면 볼펜산업, 신발산업, 휴대폰산업이 된다. 이는 모두 제조업이다. 볼펜산업은 매우 좁은 의미, 그리고 제조업은 넓은 의미의 산업이다. 제조업에 광업, 건설업 및 전기·가스·수도업을 더한 것을 공업 또는 제 2 차 산업이라고 하는데, 이는 전체 제조업보다 더욱 넓은 의미의 산업이다(세계은행, 『세계개발보고서』 2010). 그런데 산업구조를 분석할 때는 제조업 전체의 구조, 제조업 안의 섬유산업구조 등 세분하여 할 수도 있다. 경제전체 수준에서 분석할 때는 제 1 차, 제 2 차 및 제 3 차 산업 등 아주 넓은 산업을 기준으로 할 수 있다.

모든 산업활동은 크게 다음과 같이 셋으로 구분할 수 있다.

① 제 1 차 산업　　대자연으로부터 자원을 채취하는 경제활동
② 제 2 차 산업　　채취한 자원을 제조가공하는 경제활동

**박정희 대통령과 수출주도형 공업화**

이영훈 교수는 "20세기 한국경제사·사상사와 박정희"라는 글에서 박 대통이 수출주도형 공업화를 추진할 때의 상황을 다음과 같이 설명했다.

"박정희 대통령이 거의 매달 참석한 또 하나의 경제교실은 경제기획원이 개최한 월간경제동향이다. 1966년 박충훈 상공부장관이 수출진흥확대회의를 유치하자, 장기영 경제기획원장관이 경쟁적으로 유치한 것이 월간경제동향보고이다. 기획원출신의 한 고위관료에 의하면, 기획원이 군기반장으로서 나머지 정부를 길들이는 장소였다. 예컨대, 박 대통령에게 '재무부가 말을 듣지 않습니다' 라고 일러바치면, 재무부 장관이 쩔쩔매면서 변명하다가 꾸지람을 듣기도 했던 장소가 월간경제동향보고회였다. 기획원 출신의 다른 한 관료는 기획원이야말로 세종대왕이 집현전을 설치하여 한글을 창제한 이래 가장 훌륭한 정부제도였다고 단언한다고 했다. … 요컨대 월간경제동향보고회, 그것은 수출진흥확대 회의와 더불어 박 대통령이 한국경제의 고도성장과 시장경제의 건설을 맹렬히 채찍질한 대질주(大疾走, Big Spurt)의 쌍두마차였다. … 13년이나 반복된 그 경제교실에서 그는 대한민국 최고의 경제학자로 성장하였다."

③ 제 3 차 산업　　제조가공한 제품을 소비자들이 직접 사용할 수 있도록 하거나 이와 관련된 경제활동. 이는 1, 2차 산업 이외 모든 산업활동이다.

제 1 차 산업을 농업이라고 한다. 이때 농업(agriculture)은 넓은 의미의 농업으로 전통적 농업에 임업, 수산업, 목축업을 포함한다. 제 2 차 산업은 제조업에 광업, 건설업 및 전기 · 가스 · 수도업을 포함한 것이다. 이 책에서 공업(industry)은 제 2 차 산업을 의미한다.

공업＝광업＋제조업＋건설업＋전기·가스·수도업＝제 2 차 산업

산업(Industry)에는 두 가지 의미가 있다. 하나는 모든 경제활동(1, 2차 및 3차산업)을 지칭하는 것이고 다른 하나는 세계은행이 『세계개발보고서』에서 지칭하는 것으로 공업(＝광업＋제조업＋건설업＋전기·가스·수도업)을 의미한다. '산업

**표 3-4** 산업구조의 변화

| | 1953 | 1970 | 1980 | 1990 | 2000 | 2009 |
|---|---|---|---|---|---|---|
| 제 1 차 산업 | 47.3 | 29.2 | 16.2 | 8.9 | 4.9 | 2.6 |
| 제 2 차 산업 | 12.7 | 26.1 | 36.6 | 41.5 | 40.8 | 36.6 |
| 광 업 | 1.1 | 1.8 | 2.0 | 0.8 | 0.4 | 0.2 |
| 제 조 업 | 9.0 | 17.8 | 24.4 | 27.3 | 29.4 | 27.7 |
| 건 설 업 | 2.2 | 5.1 | 8.0 | 11.3 | 8.4 | 6.9 |
| 전기가스수도업 | 0.4 | 1.4 | 2.2 | 2.1 | 2.6 | 1.8 |
| 제 3 차 산업 | 40.0 | 44.7 | 47.2 | 49.6 | 54.3 | 60.8 |
| 합 계 | 100.0 | 100.0 | 100.0 | 100.0 | 100.0 | 100.0 |

주 : 당해년 가격 기준.
자료 : 한국은행, 『국민계정』, 2004; 『경제통계연보』, 2006 ; 『조사통계월보』, 2010. 4.

화사회' 라고 할 때의 산업은 공업을 의미한다.

사이먼 쿠즈네츠 전 하버드대 교수는 제 1 차 산업을 농업(A), 제 2 차 산업을 공업(I), 제 3 차 산업을 서비스(S)산업으로 표기하고, 경제성장과정에서 이 A, I, S 3부문의 상대적 중요성이 어떻게 변화하는가를 연구했다. 이는 이미 제 2 장에서 설명한 바 있다.

한국의 산업구조는 국민소득 통계의 작성이 시작된 1953년 이후 지금까지 많은 변화를 겪었다([표 3-4] 참조). 주요 내용을 보면 다음과 같다.

• 한국이 신생공업국이 된 때는 언제인가? 국내총생산 중 공업(제 2 차 산업)의 비중이 농업의 비중을 초과한 1973년부터이다.

• 제조업의 비중은 계속 증가하는가? 아니다. 미국에서는 총고용 중 제조업 고용의 비중이 1950년대 35%로 최고 수준에 도달한 후 계속 감소하여 지금은 거의 반이 되었다. 피터 드러커 교수는 경제성장과정에서 농업의 비중은 계속 감소했는데, 앞으로 제조업은 농업의 길을 걸을 것이라고 했다. 한국에서는 GDP 중 제조업의 비중이 1988년 30.7%로 최고점에 도달했다. 그 이후 1997년 경제위기 때까지 감소하다가 2000년 다시 증가했고, 그 이후 약간 감소하다가 28% 수준이 되었다. 제조업의 상대적 비중은 앞으로 서비스업의 성장에 따라서 감소할 전망이다.

• 한국은 언제 서비스경제가 되었는가? GDP 중 서비스산업의 비중이 50%를 넘어서기 시작한 1990년대 초부터라고 할 수 있다.

• 한국의 산업구조는 미·일·독 중에서 어느 나라에 가까운가? 제조업의 비중을 보면 미국보다 독일이나 일본에 가깝다. 독일이나 일본은 자연자원이 부족하므로 이를 수입하기 위해서는 달러를 벌어야 하고 달러를 벌기 위해서는 공산품의 수출을 많이 해야 한다. 그러므로 GDP 중 제조업의 비중이 높다.

• 한국의 농업은 미·일·독보다 비중이 높으나 선진국 평균수준에 가깝다.

**표 3-5** 고용구조의 변화 추이

| | 농림어업 | 광공업 | 건설업 | 서비스업 | 합계 |
|---|---|---|---|---|---|
| 1963 | 4,763(63.2) | 657(8.7) | 192(2.5) | 1,922(25.6) | 7,534(100.0) |
| 1970 | 4,846(50.4) | 1,377(14.3) | 281(2.9) | 3,114(32.4) | 9,618(100.0) |
| 1980 | 4,654(34.0) | 3,079(22.5) | 843(6.2) | 5,108(37.3) | 13,684(100.0) |
| 1990 | 3,237(17.9) | 4,990(27.6) | 1,346(7.4) | 8,512(47.1) | 18,085(100.0) |
| 2000 | 2,243(10.6) | 4,310(20.4) | 1,580(7.5) | 13,023(61.5) | 21,156(100.0) |
| 2009 | 1,648(7.0) | 3,859(16.4) | 1,720(7.3) | 16,279(69.3) | 23,506(100.0) |

주 : 단위는 천 명. (　　) 내는 고용비중(%), 서비스업은 전기 · 가스 · 수도업을 포함함.
자료 : 통계청, 『한국통계연보』, 각 년도.

**표 3-6** 세계 주요국의 산업구조 변화

| | | 한국 | 미국 | 일본 | 독일 | 중국 | 인도 | 선진국 평균 |
|---|---|---|---|---|---|---|---|---|
| 1. 농업 | 1990 | 9 | 2 | 2 | 2 | 27 | 31 | 3 |
| | 2008 | 3 | 1 | 1 | 1 | 11 | 14 | 1 |
| 2. 공업 | 1990 | 43 | 28 | 39 | 39 | 42 | 28 | 33 |
| | 2008 | 37 | 22 | 29 | 30 | 49 | 48 | 26 |
| 그 중 제조업 | 1990 | 29 | 19 | 27 | 28 | 33 | 17 | 22 |
| | 2008 | 28 | 14 | 21 | 24 | 34 | 28 | 20 |
| 3. 서비스업 | 1990 | 48 | 70 | 58 | 59 | 31 | 41 | 64 |
| | 2008 | 60 | 77 | 69 | 69 | 40 | 37 | 73 |
| 합계(GDP) | | 100 | 100 | 100 | 100 | 100 | 100 | 100 |

자료 : 세계은행, 『세계개발지표』, 2010 및 『세계개발보고서』, 각 년도; 미국은 센서스국, 『미국통계요람』, 2009.

**표 3-7** 주요국의 산업별 고용구조

| | 농업 | | 공업 | | 서비스 | | 합계 |
|---|---|---|---|---|---|---|---|
| | 남 | 여 | 남 | 여 | 남 | 여 | |
| 한국 | 7 | 8 | 33 | 16 | 60 | 76 | 100.0 |
| 미국 | 2 | 1 | 30 | 9 | 68 | 90 | 100.0 |
| 일본 | 4 | 4 | 35 | 17 | 60 | 77 | 100.0 |
| 독일 | 3 | 2 | 41 | 16 | 56 | 83 | 100.0 |
| 중국 | 40.8 | | 26.8 | | 32.4 | | 100.0 |

자료 : 중국자료는 중국통계출판사, 『중국통계연감』, 2008. 남녀 통합자료임.
The World Bank, *World Development Indicators*, 2010.

• 한국의 서비스산업 비중은 선진국에 크게 미달한다. 이는 앞으로 서비스산업이 많이 발전해야 함을 의미한다.

• 산업구조 전체를 보면 한국은 중국, 인도 등의 후진국과는 차이가 대단히 크나 선진국과는 비교적 작은 편이다. 선진국 수준에 많이 가까워졌다.

## 3.4 서비스경제와 서비스산업

한국경제가 서비스경제시대로 접어들었으므로 지금은 서비스산업이 잘 성장하도록 해야 한다. 정부는 서비스산업의 선진화를 적극 추진하고 있다(『경제백서』 2009). 서비스산업은 어떤 특성이 있는가? 서비스업의 가장 두드러진 특징 중 하나는 다양성이다. 그럼 서비스산업에는 어떤 것이 있는가? 한국은행은 한국의 서비스산업을 다음과 같이 분류한다. 이는 1993년 SNA(국민계정체계)를 토대로 한국표준산업분류 방식에 따라서 서비스산업을 다시 분류한 것이다.

① 도소매 및 음식숙박업
② 운수 및 보관업
③ 금융보험업
④ 부동산 및 임대업
⑤ 정보통신업

⑥ 사업서비스업

⑦ 공공행정 및 국방

⑧ 교육서비스업

⑨ 보건 및 사회복지사업

⑩ 문화 및 오락서비스업

⑪ 기타 서비스업

### ✪ 제조업과 서비스의 보완성

제조업과 서비스업의 주요 차이는 [표 3-8]에 나타난 바와 같다. 그런데 서비스업 중에는 제 1 차 및 제 2 차 산업을 지원하는 것이 많다. 전자회사와 자동차회사는 제품판매 후 고장 난 제품의 수리 서비스를 제공한다. 제조업체인 동시에 서비스업체라고 할 수 있다. 필립 코틀러는 "서비스산업이라는 것은 있을 수 없다. 서비스의 비중이 다른 산업보다 크거나 작은 산업만이 있을 뿐이다. 모든 산업은 서비스를 하고 있다. … 서비스 계획을 잘 하는 기업은 성공하고 이윤을 계획하는 기업은 실패하기 쉽다" 라고 말했다. 세계 최대 기업인 월마트의 창설자 샘 월튼은 이런 말을 했다. "회사로서 우리의 목표는 고객에게 최대의 서비스뿐만 아니라 전설적인 서비스를 제공하는 것이다."

한국의 기업들도 서비스산업으로의 중심이동에 대비하고 있다. 예컨대 전자회사들은 브랜드, 디자인 및 서비스 등 소프트 파워의 경쟁력을 본격적으로 강화하기 시작했다. 자동차회사도 마찬가지이다.

**표 3-8** 재화와 서비스의 비교

| 제조업제품＝재화 | 서비스산업제품＝서비스 |
|---|---|
| 저장이 가능 | 저장이 불가능(생산과 더불어 소멸됨) |
| 생산과 소비의 분리 가능 | 생산과 소비의 분리 불가능, 소비자와 더불어 생산 |
| 형태가 있음 | 일반적으로 형태가 없음 |
| 서비스에 비하여 동질성이 큼 | 재화에 비하여 이질성이 큼 |
| 목적을 위한 수단임 | 그 자체가 목적임 |
| 기술이 내재되어 있음 | 기술이 생산에 사용됨 |

자료 : Anders Gustafsson an Michael D. Johnson, *Comperting in a Service Economy*, John Wiley & Sons, Inc, 2003.

한국은 제조업과 건설업에 있어서 글로벌 경쟁력이 있는 기업들이 많다. 그러나 서비스산업의 경우에는 다르다. 선진국들은 일반적으로 서비스산업의 경쟁력이 강하다.

### ❂ 제조업은 농업의 길을 간다

농업은 농경사회에서는 성장산업이었으나 산업사회에서는 사양산업처럼 되었다. 일자리 창출면에서도 마찬가지였다. 같은 이치로 제조업은 산업사회의 성장산업이었으나 지식사회에서는 상대적 비중이 감소한다. 산업사회에서의 농업과 같은 처지가 된다. 농업은 지난 세기 초까지만 하더라도 선진국 국민소득의 최대 창출자였다. 그러나 지금은 그 비중이 선진국 GDP의 평균 1%에 불과하다.

**표 3-9 농업의 주요 지표**

| | 농 가 수 (1,000호) | 농가인구 (1,000명) | 농가인구비율 (%) | 호당 농가소득 (백만 원) | 1인당 쌀 소비량(kg) |
|---|---|---|---|---|---|
| 1970 | 2,483 | 14,422 | 44.7 | 0.3 | |
| 1980 | 2,156 | 10,827 | 28.4 | 2.7 | 132 |
| 1990 | 1,767 | 6,661 | 15.5 | 11.0 | 120 |
| 2000 | 1,383 | 4,031 | 8.6 | 23.1 | 94 |
| 2008 | 1,212 | 3,187 | 6.6 | 30.5 | 76 |

자료 : 농림수산식품부, 『농림수산식품통계연보』, 2009.

**표 3-10 경지면적과 식량자급도**

| | 경지면적 | 농가호당 경지면적 | 식량자급도 (%) | | 식량생산 (천 톤) | 미 곡 (천 톤) |
|---|---|---|---|---|---|---|
| | | | 전체 양곡 | 쌀 | | |
| 1970 | 2,298 | 92.5 | 80.5 | 93.1 | 6,937 | 3,939 |
| 1980 | 2,196 | 101.8 | 56.0 | 95.1 | 5,324 | 3,550 |
| 1990 | 2,109 | 119.4 | 43.1 | 108.3 | 6,635 | 5,606 |
| 2000 | 1,889 | 136.5 | 29.7 | 102.9 | 5,911 | 5,291 |
| 2008 | 1,759 | 145.0 | 26.2 | 95.8 | 5,015 | 4,843 |

주 : 단위 1,000ha, 호당 경지면적은 a, %.
자료 : 농림수산식품부, 『농림수산식품통계연보』, 2009.

한국의 경우 농업이 국민총소득에서 차지하는 비중은 국민소득통계 작성이 시작된 1953년 47.3%에서 계속 줄어들어 최근에는 2.6%가 되었다([표 3-4]).

## 3.5 한국 산업의 경쟁력

한국산업의 일반적인 글로벌 경쟁력은 다음과 같다.

① 한국의 GC우위산업은 수출상품([표 3-1])에서 잘 나타나듯이 주로 제조업이다. 산업자원부는 다음 8개의 산업, 즉 디지털 전자, 자동차, 반도체, 기계, 석유화학, 철강, 조선, 섬유(수출액의 순)를 한국의 8대 주력 기간산업이라고 한다. 10대 수출상품이 수출의 약 60%를 차지한다. 이들이 한국을 먹여 살리는 산업이다. 주요 수출상품의 세계시장 위상은 다음과 같다.

| | | | |
|---|---|---|---|
| 조선 : | 세계 1위 | 석유화학 : | 세계 5위 |
| 반도체 : | 세계 2위 | 전자제품 : | 세계 4위 |
| 철강 : | 세계 6위 | 화학섬유 : | 세계 5위 |
| 자동차 : | 세계 5위 | 휴대폰 : | 세계 2위 |

한국은 이들 제품의 생산과 수출에 있어서 이미 G5(5대 선진국)의 몇 나라를 앞설 정도이다.

• 국산품으로 세계시장 점유율 1위를 차지하고 있는 것은 53개이다. 세계시장점유율 1위인 제품의 수에 있어서 한국은 세계 19위이다. 세계 1위 제품의 수는 중국 1,128개, 독일 851개, 미국 610개, 이탈리아 294개, 일본 234개 순이다(국제무역협회, 『세계 속의 대한민국』, 2010).

• 한국은 조선대국이다. 현대중공업, 대우조선해양 및 삼성중공업은 세계조선업의 '빅3'이다.

• 한국은 IT강국이기도 하다. 『비즈니스위크』지는 매년 세계 100대 IT(정보통신)기업을 선정하여 순위를 정하는데, 2002년 세계 1위는 삼성전자, 4위는 KT프리텔, 9위는 SK텔레콤이라고 했다. 2004년 세계 1위는 LG전자였다.

② 한국은 부품산업의 GC가 약하기 때문에 부품 수입의존도가 높다. 많은

부품은 주로 일본으로부터 수입된다. 대일무역적자의 65%가 부품수입 때문이다(산자부 · 전경련 · A.T. 커니의 『2015 산업발전비전과 전략』). 한국의 반도체산업은 세계 일류지만 반도체 원료인 실리콘 웨이퍼는 일본에서 수입한다. 한국이 1965년 국교정상화 이후 일본과의 무역에서 한 해도 무역흑자를 보지 못한 것은 한국기업들이 핵심 부품과 소재를 일본기업에 크게 의존하기 때문이다. 다른 나라와의 무역에서 번 돈을 일본에 다 갖다 주는 격이다. 소재산업의 육성과 원천기술의 개발이 절실하다. 일본의 경제평론가 오마에 겐이치는 한국경제의 약점은 일본부품과 기계에 대한 수입의존도가 크기 때문에 한국 수출상품의 부가가치가 적은 것이라고 말한다.

③ 한국은 산업의 GC에 있어서 선진국 일본의 강한 견제와 후진국 중국의 강한 추격을 받고 있다. 이른바 넛크래커(nutcracker) 사이의 호두신세처럼 되어 있다. 한국의 수출산업구조가 일본 및 중국과 유사하기 때문이기도 하다. 중국은 의류, 신발, 완구 등에 있어서는 이미 한국을 앞서는 면이 많다. 철강, 석탄, 시멘트, 화학비료, TV 등에 있어서는 중국이 이미 세계 1위이다. 자동차 중 경차는 이미 세계 주요 생산대국이 되었다. 아직 품질면에서 뒤떨어지긴 하지만 한국과의 GC격차가 3~4년 이내로 줄어든 중국산업이 많다.

④ 한국은 글로벌시대에 중요시되는 금융산업의 GC가 약하다. 한국의 제조업체 중에는 글로벌 플레이어들이 적지 않으나 금융산업은 그렇지 못하다. 은행의 수만 봐도 미국은 7,527개, 일본 119개인 데 비하여 한국은 18개에 불과하다(삼성경제연구소, 박현수 외, 『은행경쟁력의 국제비교와 시사점』). 규모에 있어서도 큰 차이가 난다. 또한 한국의 은행들은 주로 국내업무만 하고 있다. 때문에 공업으로 번 돈을 국제금융 투기자본들에게 많이 빼앗기는 실정이다. 금융산업은 그 자체가 성장산업이고 또한 정보산업이다. 한국에서는 '산업자본의 금융자본지배의 위험'을 앞세워 산업자본의 금융자본화를 막았다. 그 결과 한국의 산업자본이 세계적인 외국 금융회사의 지배 아래 놓이고 있다. 금융산업의 선진화가 필요하다.

⑤ 한국은 서비스산업의 GC가 약하기 때문에 서비스 무역적자 문제를 안고 있다. 서비스산업의 1인당 부가가치액은 미국과 프랑스의 약 반 정도이다. 지난 20세기 최고의 성장산업이라고 하는 금융업은 물론, 21세기에도 계속 중요성이 커질 수밖에 없는 의료 · 보건산업도 경쟁력이 약하다. 그리고 피터 드러커 교수

의 말처럼 지식기반사회의 중심기관은 대학인데, 한국에는 하버드, MIT 같은 세계적인 대학이 없다. 교육산업의 경쟁력이 약하다. 호텔업, 국제 변호사업, 엔터테인먼트산업, 도·소매업, 국제우편, 회계업, 증권업, 비자카드나 마스터카드 같은 신용카드산업, 세계적인 컨설팅회사, 관광산업 등의 글로벌 경쟁력도 약하다.

한국에도 신용평가회사가 있으나 미국의 스탠다드 앤 푸어스(S&P), 무디스, 피치 같은 세계적인 신용평가회사에 비하면 경쟁력이 약하다. 세계적인 신용평가회사들이 한국기업과 국가를 평가한 신용등급을 우리는 그대로 받아들여야 하는 경우가 많다. 신용평가 활동도 하나의 산업이다. 한국은 미국, 일본에 이어 신용평가산업의 세계 3대 시장인데 관련산업의 글로벌 경쟁력은 대단히 약하다.

• 한국의 서비스산업 중 GC가 강한 산업은 항공업이다. 대한항공은 2004년부터 독일 프랑크푸르트 항공사를 제치고 세계 제일의 항공화물 수송회사가 되었다.

• 한국은 게임산업의 GC가 강하다. 한국은 세계에서 유일하게 프로게임단과 게임전용방송국이 있는 나라이며 스타크래프트 등 게임의 최강국이기도 하다. e-스포츠를 국내에서 출발시켰는데, 중국은 이를 스포츠 종목으로 인정했다. e-스포츠는 처음으로 샌프란시스코에서 개최된 '월드사이버게임즈(WCG) 2004'에 포함되었다. WCG의 창립을 주도한 회사는 한국의 전자회사이다.

⑥ 한국은 GC우위산업이 적다. 『포춘』지의 51대 산업자료에 따르면 한국이 GC우위기업이 한 개라도 있는 산업은 전자, 조선, 자동차, 철강, 정보통신, 항공, 정유, 무역, 화학, 전기, 보험산업 등이다. GC우위기업이 없는 산업이 대부분이다.

한국의 농업, 임업 및 광업은 GC가 매우 약하다. 식량 자급도 26%가 말하듯 농업의 경쟁력은 특히 약하다. 한국은 세계 6대 화장품시장이고, 4백여 개의 화장품회사가 있지만 화장품산업의 GC도 비교적 약하다. 한국 산업의 GC향상을 위한 대책이 필요하다.

## 3.6 기술과 산업의 컨버전스

앞서 설명했듯이 휴대폰은 통화 기능만 하는 것이 아니라 시계, 카메라, MP3 플레이어 등 다양한 기능을 한다. 이처럼 디지털기기의 융·복합화되는 현상을 디지털 컨버전스라고 한다. 이는 앞으로 인터넷과 TV, DVD, 방송 등에 걸쳐 광범하게 진행될 전망이다. 이를 산업면에서 보면 전화산업, 시계산업, 카메라산업, 계산기산업 등 여러 개 산업이 융·복합화된 것이다. 이를 산업의 컨버전스(industry convergence)라고 한다. 앞으로 소비자들의 혼성라이프스타일(composite lifestyle)은 이런 것을 더욱 많이 필요로 할 것이다. 『포춘』지가 아시아 최고의 경영인으로 꼽은 윤종용 전 삼성전자 부회장은 21세기의 화두는 컨버전스라고 말한다. 그의 책 『초일류로 가는 길』에서 디지털 컨버전스는 다음과 같이 4단계로 진행된다고 한다.

제 1 단계 : 기기와 서비스가 디지털화하는 단계
제 2 단계 : 기기가 컨버전스되는 단계
제 3 단계 : 네트워크와 서비스의 컨버전스 단계
제 4 단계 : 유비쿼터스 단계

유비쿼터스 시대는 "모든 사물에 컴퓨터칩이 내장되고 네트워크로 연결되어 사람이 필요한 정보를 언제 어디서나 누구와도 주고받을 수 있는 시대"라는 것이다.

앞으로는 방송과 통신, 유선과 무선, 음성과 데이터의 구분이 사라진다. TV, 전화, 인터넷, 영상통화 등도 융합된다. 언제 어디서나 어떠한 정보통신서비스도 이용할 수 있는 광대역통신망(BcN : Broadband Convergence Network) 시대가 오고 있다. 우리 정부는 2010년까지 이의 실용화를 목표로 하고 있다. 윤종용 전 부회장은 IT산업의 융·복합화를 다음과 같이 전망한다.

> "현재 통신과 방송의 융(복)합은 인터넷방송처럼 방송과 통신을 동시에 하는 서비스의 융합, 케이블 TV처럼 하나의 전송수단을 통신과 방송에 동시에 이용할 수 있는 전송망의 융합, 통신과 방송에 동시 사용할 수 있는 송수신 단말기의 융합, 통신사업과 방송사업을 겸업(兼業)하는 업체의 융합 같은 형태로 진행되고 있다."

컨버전스의 예를 살펴보자. 얼마 전 인텔회사를 방문했을 때 만난 임원은 앞으로 가장 큰 전자산업은 자동차가 될 것이라고 했다. 현재 고급 승용차의 성능은 전자제품에 의하여 좌우된다. 자동차는 전자산업과 기계산업의 컨버전스라고 할 수 있다. 관광상품도 각종 관광서비스를 하나의 패키지로 묶어서 판매하듯이 융합산업이 된다. 제조업의 서비스화는 제조업과 서비스업의 컨버전스이다. 일반 대중을 위한 강의는 교육(education)과 오락(entertainment)의 혼합, 즉 에듀테인먼트(edutainment)가 되어 간다. 이는 교육과 오락의 컨버전스이다.

이웃나라에서 한류열풍을 일으키고 있는 한국가수들은 노래뿐만 아니라 춤도 잘 춰야 한다. 의상과 무대매너도 좋아야 한다. 노래, 춤, 의상, 매너, 무대 장치, 음향효과, 이 모든 것의 컨버전스로 시너지효과를 낸다. 시계나 옷 등도 기능뿐만 아니라 디자인이 좋아야 한다. 이는 제조업과 디자인 산업의 컨버전스이다. 캐나다의 태양의 서커스는 서커스에 체조의 역동성, 마술의 매력, 뮤지컬의 흥겨움, 연극의 예술성, 발레의 우아함, 화려한 의상, 시선을 모으는 무대장치 등을 모두 융합하여 서커스를 사양산업에서 성장산업으로 변모시켰다. 마케팅의 최고 권위자인 필립 코틀러 교수는, 디즈니랜드는 만화산업, 관광산업, 호텔산업, 유람선산업, 교육산업을 같이 하는 등 산업의 커버전스에 기반을 두고 있다고 말한다.

앞으로 정보통신기술(IT : information technology), 생명공학기술(BT : bio technology) 및 나노기술(NT : nano technology)의 컨버전스도 활발히 진행된다. BT와 IT가 융합된 바이오인포매틱스(bioinformatics)나 바이오일렉트로닉스도 그 예이다.

21세기는 컨버전스의 시대 또는 융·복합의 시대이다. 경계가 사라지는 컨버전스 현상은 국가간 및 지역 간에도 발생한다. 이지순 서울대 경제학 교수는 21세기를 '혼혈의 시대' 라고 말한다.

### ❂ 금산(金産)의 컨버전스, 금산의 분리는 어렵다

제조업과 금융업 간에도 물론 컨버전스가 일어난다. 우리 은행법(제16조)은 비금융주력자(산업자본)가 금융기관의 의결권이 있는 발행주식 총수의 100분의 9를 초과하여 보유하는 것을 금하고 있다. 금융산업과 산업자본의 분리를 규정한 이 조항은 산업간의 컨버전스에 역행하는 것이다. 한국에서는 금(金)융자본의 산(産)업자본 지배를 막아야 된다는 주장을 하는 사람들이 많다. 그러나 이는 다음과 같은 이유로 설득력이 약하다.

① 세계에서 가장 존경받는 기업의 하나인 GE는 산업과 금융의 복합기업이다. 윤종용 전 부회장은 GE사는 업종이 다양할 뿐만 아니라 보험, 리스, 신용카드 등 수많은 금융회사를 매수하여 컨버전스 경영을 잘 한 결과 금융의 비중이 GE전체 매출액의 45%에 이른다고 했다. 또한 GE의 전 회장 잭 웰치는 제조업간의 융·복합은 물론 제조업과 금융업을 결합시키는 등 컨버전스 경영에 성공한 최고경영자 중 한 사람이라고 말한다.

② 금융자본은 단기 위험관리가 중요하므로 단기이익을 중시하고, 산업자본은 장기투자가 중요하므로 장기이익을 중시한다. 그러므로 상충되는 면이 있으나, 양자가 잘 연결되어야 시너지를 발휘할 수 있다.

③ 일본에서는 과거 미츠이, 미츠비시 등 그룹마다 자체은행을 갖고 있어서 그룹소속 은행과 기업들간에 상호 지원을 했다. 이런 은행을 주거래은행(main bank)이라고 한다. 독일의 기업들은 은행들과 주식을 상호 보유하거나 은행이 기업이사회에 이사를 파견하는 등 기업과 은행은 상호 긴밀한 관계에 있다. 이런 은행을 독일에서는 하우스 뱅크(house bank-Hausbanken)라고 한다. 레스터 서로 MIT 교수는 독일 기업들은 하우스 뱅크 중심의 기업그룹을 형성하고 있다고 말한다. 일본과 독일에서는 기업과 은행이 상호 긴밀한 관계에 있다.

④ 일본의 도요타는 이윤이 많아서 수많은 은행보다 돈을 더 많이 벌었다. 그래서 도요타가 은행인가, 자동차 회사인가라는 말도 있다. 자동차로 돈 버는 것도 중요하나 이렇게 많은 이윤의 재테크도 중요하다.

## 3.7 산업의 비전과 전략

산업자원부와 전국경제인연합회 및 세계적 컨설팅회사인 A.T. 커니는 공동으로 한국산업의 비전과 전략에 관한 연구를 한 적이 있다. 그 결과는 『2015 산업발전 비전과 전략』이라는 보고서로 출판되었다. 이 보고서를 토대로 한국산업의 비전과 전략을 살펴보자.

**표 3-11** 주요국의 산업비전과 전략

| | 미 국 | 중 국 | EU | 일 본 |
|---|---|---|---|---|
| 비 전 | Innovate America | 세계 수준의 개방되고 지속가능한 품격 높은 경제 | 고용·사회적 결속을 창출하는 경쟁력 있고 역동적인 지식기반경제 | 전 세계 과학기술 허브 |
| 중점산업 | 다각화된 산업 포트폴리오, 혁신적 하이테크 제조업, 고부가 지식기반 서비스 등 | 노동집약적 경공업 및 중화학 공업, 지역적 특화 산업 | 제조업의 지속발전, 차별화된 브랜드·디자인·엔지니어링, 환경 및 자원 산업 | 고기술·수출중심 제조업, 고부가 지식기반서비스, 독창적 클러스터, 실버산업 등 |
| 전 략 | 1. 고부가 지식서비스와 첨단 제조업 혁신<br>2. 전 산업에 걸친 혁신<br>3. 지속적 오프쇼어링 확대 | 1. 지속적 산업고도화<br>2. 산업포트폴리오 다변화와 지역적 특화<br>3. 노동집약적 산업의 중시 | 1. EU역외무역 확대<br>2. 차별화된 브랜드 제품 개발<br>3. 에너지 및 환경 산업 개발 | 1. 수출중심의 제조업 혁신<br>2. 신성장제조업의 개발<br>3. 고부가 서비스 산업 개발 |

자료 : 산자부 · 전경련 · A.T. 커니, 『2015 산업발전 비전과 전략』, 2006.

### 1) 주요 외국의 산업비전과 전략

한국의 산업비전과 전략을 보기에 앞서, 미·중·일 및 EU의 산업의 비전과 전략을 보면 [표 3-11]에 요약된 바와 같다. 미국은 다양한 산업에 GC가 있으므로 중점산업에 있어 다각화된 산업포트폴리오를 강조한다. 중국은 후진국이므로 중화학에 중점을 두고 있으며 EU는 브랜드, 디자인 등을 강조한다. 일본은 수출산업의 중요성을 강조한다.

### 2) 한국의 산업비전과 전략

한국의 산업비전은 "전 세계 산업의 균형적 발전을 촉진하는 Global Industry Integrator"이다. 이 보고서는 GII를 '세계분업구조의 보완자'로 표현한다. 한국은 과거 '발 빠른 추종자(Fast Follower)'이었으나 앞으로는 세계분업구조의 조정자가 된다는 것이다. 이런 산업비전으로 2015년 한국의 1인당 GDP는 3만 5천 달러, 경제규모(GDP)는 세계 9위(현재 11위)로 상승할 것이라고 한다. 한국경제의 연평균 잠재성장률은 5.6%인데, 이는 명목 GDP증가율 8.5%에서 GDP디플레이터(물가상승률) 상승률 2.9%를 뺀 것이다.

### ❂ 산업영역

레스터 서로 MIT 교수는 그의 책 『부의 건설』에서 지식기반경제를 이끌어 나갈 산업은 마이크로 일렉트로닉스, 생명공학, 신소재, 텔레콤 기술, 로봇 및 컴퓨터의 6개라고 했다. 그러나 산자부 · 전경련 · A.T. 커니는 2015년까지 한국경제를 이끌어 나갈 산업을 다음 4개 영역으로 구분했다.

① 신기술 융합산업 및 첨단제조업　반도체, 디지털전자, 바이오 및 전자의료기기

② 주력제조업　중간재(석유화학, 철강 및 부품/소재)와 최종재(조선, 자동차기계, 섬유/의류)

③ 인프라성 서비스산업　환경/에너지산업, 물류/유통, e-비즈니스, 비즈니스서비스

④ 소프트서비스업　창조산업(문화), 교육산업(산업인력 육성) 및 의료산업

### ❂ 산업전략

그리고 한국산업의 미래 전략 방향은 다음 네 가지로 요약했다.

① 역동성(dynamism)의 중시　한국은 과거 세계시장이나 분업구조를 수동적으로 받아들이는 편이었으나, 미래 한국은 역동적으로 발굴하고 개척해 나간다.

② 차별화(differentiation)　한국은 과거 수출품의 가격이나 생산비를 중시했으나 미래 한국은 차별화된 제품이나 서비스를 개발한다.

③ 세계화(globalization)의 적극적 활용　한국은 과거 세계시장을 비교적 잘 활용했다. 미래 한국은 세계시장을 국가별은 물론, 선진국, 중진국, 후진국, 블록화된 경제권 등으로 구분하여 체계적으로 활용한다.

④ 소프트웨어(software)의 중시　한국은 과거 하드웨어(공산품)에 치중했으나 미래 한국은 제조업의 서비스화, 고부가 서비스산업의 발달, 문화 등 소프트웨어를 중시한다.

이런 전략을 통하여 산업군별로 선진국에 대해서는 코리언세그먼트(Korean Segment), 개도국에 대해서는 코리언프리미엄(Korean Premium)을 확보하도록 한다는 것이다. 4대 산업영역별 전략은 다음과 같다.

• 신기술융합산업 및 첨단제조업 : 4대 기술(IT, BT, NT, ET)의 응용기술을 집중 육성한다. 신기술 · 융합기술 및 신산업 · 융합산업 트렌드를 주도한다. 한국을 테스트 베드(Test Bed)로서의 위상을 높이고 혁신역량을 강화한다. IT기반의 융합기술 · 산업의 글로벌 리더십을 확보한다.

• 주력제조업 : 중간재산업의 경우에는 M&A 등을 통한 대형화 및 다각화를 하고, 무형자산기반의 신사업을 개발한다. 중급기술시장의 경쟁력을 확보하고, 신기술개발을 촉진한다. 최종재의 경우에는 브랜드 역량을 강화하고 차별화를 촉진한다. 친환경제품의 글로벌 리더십을 확보하고, IT기반의 신사업모델을 구축한다.

• 인프라성서비스 : 경쟁력을 향상시키고, 중국시장 진출을 확대한다.

• 소프트서비스산업 : 창조적 계층을 확대하고, 국가브랜드를 개발하며, 세계시장대상의 마케팅체제를 구축한다. 산업클러스터의 개발로 관련 산업과의 시너지를 창출한다. 그리고 IT기술을 활용하여 기술리더십을 확보한다.

## 3.8 성장산업과 전략산업

### ❂ 성장산업

피터 드러커 교수는 경제성장률보다 빨리 성장하는 산업은 성장산업, 그 반대는 사양산업이라고 했다. 글로벌 경쟁시대는 성장산업의 판단 기준으로 세계경제성장률, 선진국 경제성장률 등을 사용할 수도 있다. 그러나 우리는 성장산업을 다음과 같이 나누어 보기로 한다.

① 기술혁신에 의한 신산업 이는 IT, BT, NT 등 신기술 관련산업이다. 일본 경제산업성은 『신산업창조전략』에서 연료전지, 정보가전, 로봇 및 콘텐츠의 네 가지가 바로 신산업이라고 했다. 산업자원부는 다음의 산업을 '10대 차세대

성장동력산업' 으로 지정하고, 이를 집중 육성하여 2012년까지 국민소득 3천억 달러, 일자리 370만 개 창출 등을 목표로 하는 기본 계획을 2002년에 수립했다(재정경제부, 『경제백서』, 2004).

바이오신약 / 장기, 지능형 로봇,
디스플레이, 디지털 TV / 방송,
차세대 반도체, 차세대 이동통신,
차세대 전지, 지능형 홈 네트워크,
미래형 자동차, 디지털 콘텐츠 / SW 솔루션

**② 사회수요 증가에 따른 신산업** 인구의 노령화에 따른 의료보건산업, 지식사회화에 따른 교육 · 훈련 등 지식관련 산업, 환경의 중요성의 증가에 따른 환경관련 산업 등이 그 예이다.

**③ 세계화와 세계경제의 변화에 따른 신산업** 중국, 인도경제의 고도성장은 철강, 석유, 구리 등 자원수요를 급증시키므로 자원관련 산업이 신성장산업으로 대두된다. 중국은 아프리카, 중남미, 중동 등에서 자원개발이나 자원관련 기업들의 M&A를 적극 추진하고 있다.

**④ 자연환경 관련 신산업-녹색산업** 녹색산업에는 드 가지가 있다. 하나는 그린카처럼 기존산업을 녹색산업으로 만드는 것이고, 다른 하나는 새로운 산업을 녹색산업으로 창출하는 것이다. 크리스토퍼 플래빈 월드와치연구소 대표는 앞으로 녹색경제에서 태양열, 풍력 및 바이오에너지 등 3대 에너지산업이 중요한 신(新)녹색산업이 될 것이라고 했다.

**⑤ 지방화와 문화산업** 현재 세계화(globalization)는 지방화(localization)와 동시에 추진되고 있다. 이를 글로칼리제이션(glocalization)이라고도 한다. 향토문화나 지방의 특성을 바탕으로 한 많은 신산업이 등장할 수 있다. 현재 중국, 일본 및 동남아에 부는 한류열풍도 그 예라고 할 수 있다.

**⑥ 전략을 바탕으로 한 산업** 글로벌시장은 규모가 방대하므로 전략을 잘 수립 · 시행하는 기업은 성장산업을 만들 수 있다. 중국시장에 진출한 스타벅스 커피, 맥도널드 햄버거 등이 그 예이다.

**⑦ 융합형 산업** 컨버전스의 시대에는 두 개 또는 그 이상의 제품이 잘 융합된 제품이 성장산업이 된다.

나라경제가 고도성장을 지속하면 성장산업이 더 많이 나타난다. 한국이 고도성장을 했을 때 많은 산업이 성장산업이 되었다. 당시 기업그룹들은 가급적 많은 산업에 진출했고, 일반인들은 이를 재벌들의 문어발식 사업 확장이라면서 비난했다. 현재 중국에서는 9%가 넘는 경제성장이 계속되자 거의 모든 산업이 성장산업처럼 되고 있다. 반면, 짐바브웨처럼 나라경제가 마이너스 성장을 하는 경우에는 대부분의 산업은 사양산업이 되기 쉽다.

정부는 2009년 신성장동력 기획단의 연구결과를 토대로 앞으로 5~10년 이후 한국을 먹여살릴 3대 산업 분야의 17개 성장동력 산업을 다음과 같이 선정했다(청와대, 『정책소식』(합본호), 2009).

① 첨단융합산업분야
- IT 융합 시스템
- 방송통신 융합산업
- 로봇
- 신소재 · 나노융합
- 바이오제약 · 의료기기
- 고부가 식품산업

② 녹색기술분야
- 신생 에너지
- 탄소저감에너지
- 그린수송 시스템
- 첨단그린도시
- 고도 물처리
- LED 응용

③ 고부가 서비스 산업분야
- 글로벌 교육 서비스
- 글로벌 헬스케어
- 콘텐츠 · 소프트웨어
- MICE · 관광
- 녹색 금융

## ❂ 전략산업

전략산업은 다음과 같이 정의할 수 있다.

① 군사적으로 중요한 산업(통신기계, 반도체, 전자장치 등)
② 연구개발 집약적 산업(생명공학, 항공기 등)
③ 기술 및 시장수요면에서 연관효과가 큰 산업(컴퓨터, 철강 등)
④ 금융산업
⑤ 정보수집관련 산업
⑥ 자국 문화관련 산업
⑦ 녹색성장산업

필립 코틀러 교수는 그의 책 『국가의 마케팅』에서 위의 ①, ②, ③을 전략산업이라고 했다. 미국은 2001년 9·11테러 이후 대량살상무기의 제조와 개발에 사용가능한 제품을 전략물자로 정한 바 있다.

싱가포르는 현재 교육산업과 의료산업을 21세기 전략산업으로 육성하고 있다. 전략산업을 제조 · 물류에서 엔터테인먼트와 생명공학 중심으로 바꾸고 있다. 싱가포르를 엔터테인먼트와 생명공학 중심의 R&D허브로 만드는 것이 국가목표이다.

한국의 문화를 외국에 알려서 지한파(知韓派)를 만들고 한국기업의 외국진출에 도움이 되는 한류관련 산업도 전략산업이라고 할 수 있다. 미국, 영국, 독일 등의 선진국들은 외국에 문화원을 세워 자국의 문화를 외국에 홍보함으로써 자국기업의 해외진출을 돕는다. 한국의 음식산업도 문화산업으로서 전략산업이 될 수 있다. 이와 같이 전략산업은 국가에 따라서 다소의 차이가 있다. 지금부터 전략적으로 집중 육성해야 할 몇 가지 산업들을 살펴보자.

## 금융산업

금융산업은 교육 · 보건산업과 더불어 20세기 3대 성장산업이었다. 그런데 은행산업은 통화량을 변동시키므로 정부의 통화정책에 영향을 미치는 공공성이 강한 산업이다. 그러므로 많은 나라에서는 금융산업에 대한 외국기업의 활동을 규제한다. 예컨대 미국, 싱가포르, 스위스 등은 외국인 이사의 수를 규제하며, 캐나다는 외국인의 은행보유주식 비중을 제한한다. 스위스의 중요한 전략산업 중 하나는 비밀은행으로도 유명한 금융산업이다. 스위스는 금융산업을 전략산업으로 육성하여 금융대국이 되었다. 경기도 인구의 70%밖에 안 되는 스위스에 350개의 은행이 있다(호이트 바버, 『스위스 은행의 비밀』).

세계 1,000대 은행 중 스위스는 31개를 갖고 있으나 한국은 9개뿐이다. 자산기준 한국 최대의 은행은 우리은행그룹으로 자산이 2,440억 달러인데, 세계 최대 은행인 BNP파리바의 자산은 3.0조 달러나 된다.

한국 9대 은행 전체의 자산총액은 1.1조 달러인데, 이는 스위스 최대 은행인 UBS의 자산 1.3조보다 적은 규모이다(『뱅커』지, 2010. 7). 한국은 금융산업이 대단히 약하다. 제조업으로 번 돈을 외국 금융기관에 많이 빼앗길 수 있는 것이다.

한국의 금융기관의 수는 1997년 모두 2,072개에서 2009년 말 현재 1,272개로 크게 감소했다. 은행은 같은 기간 33개에서 18개로 감소했다. 금융위기를 계기로 금융기관의 수가 크게 감소했다(한국은행, 『연차보고서』 2009).

미국에서 기본자본 규모 최대의 은행은 뱅크 오브 아메리카(Bank of America)이다. 자산은 2.2조 달러나 된다. 미국은 GDP 비중에 있어 금융 · 보험 · 부동산업이 제조업보다 더 크다. 미국을 먹여 살리는 산업이 금융이라고 할 정도로 금융산업이 잘 발달되어 있다.

자본시장통합법이 통과되어 증권사, 선물회사, 자산운용사 간의 벽이 허물어진다. 그러므로 우리 증권회사들은 증권매매업, 중개업, 자산운용업, 투자자문업, 자산보관 관리업 등을 할 수 있게 된다. 한국은 수출주도형 공업화를 추진한 결과 공업에는 선진국과 경쟁할 수 있는 기업들이 적지 않다. 그러나 과거 금융을 공업화정책의 수단으로 간주한 결과 금융산업은 잘 발달하지 못했다. 최종현 전 SK그룹 회장은 1997년 금융위기 직전 한국의 4대 은행의 매출액은 4대 기업그룹 하나의 매출액이 안 될 정도로 왜소하다고 말했다. 우리나라 증권사의 규모도 세계적인 증권회사에 비하면 대단히 왜소하다.

한국은 미국 및 다른 많은 나라와 FTA를 앞두고 외국기업의 우리 금융업 지배에 대한 우려가 크다. 은행업에도, 보험업에도 삼성전자 같은 회사를 하루 빨리 만들어야 한다. 한국에서 세계적인 은행을 운영할 수 있는 기업은 대기업 그룹밖에 없다. 세계적인 금융회사를 만들어야 산업활동에 필요한 혈액을 전 세계에 공급할 수 있다. 한국은 경제력에 맞는, 경제전쟁의 수행에 필요한 한국의 대표 금융기관을 여러 개 양성해야 한다. 그렇게 해야 한국 돈을 세계의 돈으로 만들 수 있다. 전 세계의 헤지펀드 수는 9천 5백여 개나 된다. 이들의 자금규모는 1조 5천억 달러가 넘는다. 이들의 투기자금은 한국증시를 좌우할 정도이다. 세계의 헤지펀드 전문가들은 한국이 헤지펀드를 몰라도 너무 모른다고 한다. 한국은 이에 대항할 수 있는 헤지펀드를 많이 키워야 한다.

### ❂ IT산업

한국의 정보통신부는 IT산업을 다음과 같이 분류한다(『정보통신백서』). IT산업은 한국의 전략산업이다.

① 정보통신 서비스산업　　기간통신서비스, 별정통신서비스, 부가통신서비스 및 방송서비스

② 정보통신 기기산업　　통신기기, 정보기기, 방송기기, 부품

### IT산업

IT산업은 『미국대통령경제보고서』에 따르면 다음 네 종류이다.

① 하드웨어(반도체, 컴퓨터 등)
② 소프트웨어(미리 포장된 소프트웨어와 자료처리)
③ 통신장비(가계 오디오와 비디오 장비)
④ 통신서비스(전화서비스 및 TV서비스)

도쿄대학 이토 타카토시 교수 등이 쓴 『검증 아메리카경제』는 IT산업을 다음과 같은 제조업과 서비스업이라고 했는데, 이는 OECD의 IT산업(『국제표준산업분류』, ISIC의 제3차 수정판) 정의와 일치한다.

① 제조업 : 전산기제조업, 전선제조업, 전자부품제조업, 방송 · 전화 · 전신기기 및 장치제조업, 방송수신 · 음성 · 화상의 녹음, 녹화 및 재생관련 제품, 각종 검사 · 검증 · 시험관련 제품, 생산공정 제어장치관련 제품

② 서비스업 : 기계기구 도매업, 사무용기계 및 기기 임대업, 통신업, 컴퓨터관련 산업, 하드웨어 · 소프트웨어 컨설팅업, 소프트웨어 공급업, 데이터처리업, 데이터 베이스업, IT제품 수리업, 기타 컴퓨터 관련 서비스업

③ **소프트웨어산업** 패키지소프트웨어, 컴퓨터관련 서비스, 디지털콘텐츠 개발서비스, 데이터베이스 제작, 검색대행

한국은 IT산업 발전에 유리한 조건을 구비하고 있다. 그 이유는 우선 교육수준이 높은 인구가 수도권 같은 좁은 지역에 밀집되어 있고, 소비자들의 모험심이 강하며 생산자나 소비자 모두 스피드를 중시하고, 또한 세계적인 IT제품 생산기업들이 많다는 것이다. 때문에 한국은 IT산업의 테스트 마켓(Test Market) 또는 테스트 베드(Test Bed)의 역할을 할 수 있다.

## 음식산업

얼마 전 영국에서 만난 S그룹기업 현지 임원은 한국이 음식산업을 전략적으

로 육성해야 된다고 했다. 그는 외국인 접대를 해야 할 때마다 한국 음식점이 마땅하지 않아 일식집에서 접대를 하게 되는데, 어렵게 수출로 번 돈을 일식집에 갖다 주니 속이 상한다고 했다. 영국에 있는 일식집은 만 개가 넘는다. 인도 음식점도 9천여 개나 된다. 한국 음식점은 50여 개에 불과하다. 세계 최강국 미국은 햄버거, 코카콜라, 도넛, 스타벅스 커피 등 식음료 산업으로 전 세계 시장을 석권하고 있다. 중국인들은 전 세계 주요 도시에 진출하여 중국 음식점을 경영하고 있다. 미국 실리콘밸리가 있는 샌프란시스코 지역에는 대형 중국 음식점만 만 개가 넘는다. 이들은 중국을 위한 국제 정보망 또는 비즈니스 네트워크를 형성한다. 일본은 세계 주요 도시의 가장 좋은 위치에 일식집을 갖고 있다. 이렇게 보면 세계 3대 경제 대국인 미·중·일은 모두 음식산업에 있어서 국제경쟁력이 높다.

일본정부는 최근 일식을 좋아하는 세계 인구를 두 배로 늘리겠다는 계획을 세웠다. 14명의 전문가로 구성된 식문화연구추진회를 만들어서 일식을 중국 및 프랑스요리와 함께 세계 3대 요리로 만든다는 것이다. 일식은 수출산업이기도 하지만 '재팬 브랜드' 위상을 높이는 데에도 긴요하다. 태국은 총리가 주재하여 음식을 전략산업으로 육성하는 'Kitchen of the World' 프로젝트를 추진중이다. 전 세계의 태국 음식점을 현재 5천 500개에서 3천 개 이상 증가시킨다는 것이다.

중국에서는 한국의 드라마 '대장금' 등 한류열풍으로 한국에 대한 관심이 높다. 이런 한류열풍을 잘 활용하면 중국에 한국음식을 수출할 수 있는 좋은 기회가 될 것이다. 현재 북경시의 한국식당은 500개가 넘는다. 세계적인 대도시마다 많은 한국식당을 진출시킬 필요가 있다. 음식산업을 전략산업으로 전 세계에 진출시켜야 할 이유는 많다.

• 외국에 진출한 한국음식점은 그 자체가 수출산업이다.

• 정보산업이 될 수 있으므로 한국기업의 해외진출에 도움이 된다.

• 전 세계 주요 도시에 진출한 한국 음식점은 무역네트워크 역할을 할 수 있다.

• 음식산업은 문화산업이다. 좋은 음식점을 통하여 한국문화를 세계에 보급함으로써 한국인과 기업의 세계 진출에 도움을 줄 수 있다.

• 음식산업은 고용효과가 크다.

• 한식은 자연식에 가까우므로 외국인의 건강증진에 도움이 된다.

## ❂ 의료산업

한국은 의료산업을 고부가 수출산업으로 육성할 수 있고 또한 육성해야 한다. 한·중·일 삼국을 놓고 볼 때 의료산업의 성장가능성은 무한하다. 미국의 유명한 병원들은 전 세계 부자들의 병을 고쳐주는 수출산업의 기능을 한다. 환자는 보호자와 같이 방문하므로 관광산업의 기능도 있다. 싱가포르는 최근 의료산업을 수출산업으로 하는 전략을 세웠다. 한국의 샴쌍둥이 무료 수술을 통하여 전 세계에 선전도 했다. 한국은 오래 전 간호사를 독일에 수출하여 귀중한 외화를 벌어들인 적이 있다. 지금까지 의료는 산업이 아니라 병을 고치는 사회 인프라로 생각하여 서민들에게 값싼 의료 서비스를 제공하기 위하여 의료수가를 통제해 왔다. 그러나 앞으로는 의료를 글로벌 경쟁력 있는 산업으로 육성할 필요가 있다. 한국의 의료는 수출산업으로서 성장잠재력이 크다. 그 이유를 보자.

① 의료산업은 의료인의 전문 지식과 하이테크를 바탕으로 하는 고부가가치 산업이다. 물적자원이 부족하고 고밀도 국가인 한국이 지향해야 할 산업이다.

② 의료산업이 글로벌 경쟁력을 갖고 국내 의료기술이 세계 수준으로 올라가면 그 혜택을 온 국민이 받게 된다.

③ 각종 수술에 있어서 한국인의 뛰어난 솜씨가 큰 장점이 될 수 있다. 국내 의료기술이 다른 나라에 비하여 뒤떨어질 이유가 없다. 생경공학기술과 연계하여 한국이 최고가 될 수 있는 분야를 개척하는 것이 필요하다.

④ 앞으로 각종 의료수요가 세계 최대가 될 중국에 제일 가까운 나라는 바로 한국이다. 동남아인들도 한국 의료산업의 좋은 고객이 될 수 있다.

⑤ 이웃나라 지도층 인사들의 질병을 값싸고 신속하게 그리고 잘 고쳐주는 것은 의료의 한류를 일으킬 수 있고, 장기적으로 경제교류 촉진은 물론 국가안보에도 도움이 된다.

⑥ 관광산업과 연계하면 시너지효과를 발휘할 수 있다.

## ❂ 스포츠산업

중국의 유명한 철학자 양수명(梁漱溟)은 옛날 중국이 기울어진 것은 지도자들이 스포츠를 도외시하였기 때문이라고 했다. 미국은 국가경영차원에서 야구, 농구 및 미식축구의 3대 스포츠를 장려한다. 스포츠는 국민의 건강, 여가활동, 팀워크, 페어플레이정신의 함양, 전략훈련, 국가브랜드 마케팅 등 여러 면에서 중요하다. 이를 추진하는 것이 스포츠산업이다.

## 3.9 산업은 클러스터로

클러스터란 무엇인가? 이 말을 보급시킨 마이클 포터 하버드 경영대 교수는 세계경제포럼이 펴낸 『글로벌 경쟁력보고서』에서 클러스터를 다음과 같이 정의했다.

> "클러스터(clusters)란 서로 긴밀한 관계에 있는 회사들, 납품업자들, 서비스 제공자들, 그리고 특정분야 관련기관들이 공통성이나 보완관계로 연결되어서 지리적으로 인접한 지역에 형성한 그룹을 말한다."

그 뜻을 분명히 하기 위하여 제주지역 관광 클러스터의 예를 보자. 제주를 관광하려면 무엇보다 제주행 비행기 편이 필요하다. 호텔 등의 숙박시설, 이동에 필요한 택시나 관광버스, 식사할 수 있는 음식점, 각종 관광 및 레포츠 시설, 여행사, 여행 안내원, 여행객들이 안심하고 관광할 수 있는 치안요원, 관광객의 병을 치료할 수 있는 병원, 관광요원 훈련시설, 관광연구 전담기구 등 수많은 관광 관련시설이 필요하다. 이들이 가까운 곳에 입지하여 하나의 무리를 잘 형성해야 관광객들이 관광을 잘 할 수 있는데, 이런 무리가 곧 관광클러스터이다. 관광산업이 발전하려면 이 중 어느 한 가지만 좋아서는 안 된다. 관광클러스터 전체가 좋아야 한다. 자동차의 경우에도 핸들, 타이어 등 어느 부품 하나를 잘 만드는 회사가 있다고 좋은 차가 만들어지는 것이 아니다. 수천 개에 달하는 부품업체와 관련 산업업체가 자동차회사와 더불어 하나의 클러스터를 형성할 때 비로소 세계 수준의 자동차를 만들 수 있다. 핀란드의 노키아가 휴대폰의 선두주자가 된 것은 노키아를 중심으로 하는 오울루 클러스터 때문이다. 오울루 종합연구단지에는 학교, 수많은 부품업체, 연구소 등이 거대한 클러스터를 형성하고 있다.

한국이 기업과 산업의 글로벌 경쟁력을 짧은 시간에 빨리 높일 수 있었던 것은 다음 두 가지 방법을 잘 사용했기 때문이다. 두 가지 다 어떤 의미에서 클러스터 형태의 접근법이라고 할 수 있다.

• 하나는 산업단지 접근법이고,
• 다른 하나는 기업그룹제도이다.

기업그룹제도는 다음 장에서 곧 설명되므로 여기에서는 산업단지 접근법을 살펴보자. 클러스터에는 여러 가지 유형이 있는데, 산업단지는 그 중의 하나이다. 한국은 경제발전 과정에서 수많은 산업단지를 조성했다. 한국산업단지공단의 『전국산업단지현황통계』에 따르면 한국의 산업단지 현황은 [표 3-12]에 나타난 바와 같다.

한국의 산업단지는 국가산업단지(인천 남동공단, 반월특수, 오송생명, 대덕연구단지 등), 일반산업단지(김포항공, 파주 LCD 등), 도시첨단산업단지(춘천 · 청주 · 전주 도시첨단단지 등), 그리고 각 시도에 위치한 농공단지의 세 종류가 있다. 이들 산업단지는 생산, 고용 및 수출 등 여러 면에서 한국경제 성장에 주도적인 역할을 했을 뿐만 아니라 클러스터 발전에도 긴요한 역할을 했다.

필립 코틀러는 클러스터를 수직연쇄효과(vertical linkages)와 수평연쇄효과(horizontal linkages)가 있는 산업 그룹이라고 정의한다. 한국의 산업단지는 이 정의에 더 가깝다. 수직연쇄효과에는 전방연쇄효과와 후방연쇄효과가 있다. 포스코의 예를 들면 포스코에 자재를 납품하는 회사들은 포스코의 입장에서 볼 때 후방연쇄효과가 있고, 포스코 제품을 사용하는 조선 및 자동차 회사들은 포스코와 전방연쇄효과가 있다. 수평연쇄효과란 생명공학산업과 제약산업과 같이 기술사용이나 마케팅면에서 보완관계가 있는 경우를 말한다(필립 코틀러의 『국가의 마케

**표 3-12** · **한국의 산업단지**

| | 국가산업단지 | 일반산업단지 | 도시첨단산업단지 | 농공업산업단지 | 합 계 |
|---|---|---|---|---|---|
| 단지 수(개) | 36 | 324 | 6 | 386 | 752 |
| 면적(백만$m^2$) | 833 | 384 | 0.7 | 62 | 1,279 |
| 입주 업체(천 개) | 35.1 | 16.3 | 0.1 | 5.4 | 56.9 |
| 생산(조 원) | 98.4 | 45.4 | – | 7.6 | 151.4 |
| 고용(천 명) | 803 | 486 | 1 | 118 | 1,408 |
| 수출(억 달러) | 413 | 171 | – | 17 | 601 |

자료 : 한국산업단지공단, 『전국산업단지현황통계』, 2010; 국토해양부, 『국트해양통계연보』, 2009.

### G밸리

G밸리(서울 디지털 산업단지)는 1970년대 공장근로 여성들의 애환이 서렸던 쪽방촌 구로공단이 탈바꿈한 것이다. 옛날 구로공단은 노동집약적 제품을 만들어 파는 수출 한국의 전진기지였으나 지금은 한국을 대표하는 IT 및 벤처 산업단지가 되었다. G밸리는 구로동과 가리봉동의 앞 글자의 영자를 따라 부르는 별칭인데, 2010년 입주기업 수가 만 개를 넘었다.

---

팅론』). 한국의 주요 산업의 전·후방연쇄효과는 [표 3-13]에 나타난 바와 같다. 전·후방연쇄효과가 다 같이 높은 산업은 철강, 화학, 비철금속 등이고, 다 같이 낮은 산업은 어업, 상업 등이다.

한국은 산업 클러스터의 개발에 성공 사례를 많이 가지고 있다. 잘 알려진 예로 울산의 석유화학, 자동차 및 조선산업 클러스터, 창원의 중화학산업 클러스터, 포항의 포스코와 포스코단지를 중심으로 한 철강산업 클러스터, 구미시의 구미공단 중심의 전자산업 클러스터, 대덕연구단지, 오송 생명공학연구단지 등을 들 수 있다. 한국의 과거 공업단지 개발은 이런 클러스터의 개발이었다. 울산공업단지는 1962년 제1차 경제개발 5개년계획(1962~1966)과 더불어 시작된 한국 최초의 공업단지이다. 석유화학단지로 출발하였으나 여섯 차례의 발전단계를 거치면서 석유화학뿐만 아니라 자동차 및 조선산업을 포함하는 세계적인 대규모 중화학산업 클러스터로 발전했다. 울산클러스터의 성공으로 한국은 세계 제일의 조선대국, 세계 6위의 자동차 생산대국이 되었다.

창원은 기계공업단지와 호주의 캔베라 시를 벤치마킹한 배후도시를 통합하여 건설한 대규모 도시 · 산업 연계클러스터이다. 두산중공업, LG전자, 삼성SDI를 비롯하여 국내 유명회사들이 입지한 곳으로 세계적으로 성공한 사례임은 물론 도시계획이 잘된 곳으로도 유명하다. 포항은 철강생산성 세계 제일인 포스코를 중심으로 철강산업 클러스터가 형성된 곳이다. 옛날 유기로 유명한 안성, 죽제품의 고장 담양, 인삼 유통 메카 풍기와 금산, 도자기의 본고장 이천 등도 고전적인 형태의 소형 클러스터라고 할 수 있다. 창원은 마산 및 진해와 더불어 이미 하나의 도시로 통합되었다.

정부는 2005년 일종의 혁신 클러스터인 대덕연구개발 특구를 출범시켰다. 이곳은 전자통신연구원 등의 연구소, 한국과학기술원을 비롯한 여러 개의 대학, 등으로 구성되어 있다. 정부는 수도권 발전 종합대책을 통하여 수도권에도 영종

**표 3-13** **연쇄효과와 산업의 분류**

Ⅲ. 후방연쇄효과는 높고 전방연쇄효과는 낮은 산업(최종재 제조업)

| | 전방연쇄효과 | | 후방연쇄효과 | |
|---|---|---|---|---|
| | 한 국 | 선진국 | 한 국 | 선진국 |
| 석탄제품(Ⅰ) | 0.15 | 0.67 | 0.78 | 0.63 |
| 의 류 | 0.01 | 0.12 | 0.69 | 0.69 |
| 수송용기계 | 0.32 | 0.20 | 0.65 | 0.60 |
| 피혁제품 | 0.32 | 0.37 | 0.63 | 0.66 |
| 조 선 | 0.20 | 0.14 | 0.60 | 0.58 |
| 기 계 | 0.15 | 0.28 | 0.60 | 0.51 |
| 가공식품 | 0.15 | 0.15 | 0.59 | 0.61 |
| 기타공업제품 | 0.20 | 0.20 | 0.54 | 0.43 |
| 비금속제품 | 0.20 | 0.30 | 0.54 | 0.47 |
| 인쇄 · 출판(Ⅱ) | 0.17 | 0.46 | 0.53 | 0.49 |

Ⅱ. 전·후방연쇄효과가 모두 높은 산업(중간재 제조업)

| | 전방연쇄효과 | | 후방연쇄효과 | |
|---|---|---|---|---|
| | 한 국 | 선진국 | 한 국 | 선진국 |
| 비철금속 | 0.83 | 0.81 | 0.69 | 0.61 |
| 섬 유 | 0.69 | 0.57 | 0.69 | 0.69 |
| 목제품(Ⅲ) | 0.45 | 0.38 | 0.68 | 0.61 |
| 고무제품 | 0.48 | 0.48 | 0.68 | 0.51 |
| 지류제품 | 0.84 | 0.78 | 0.64 | 0.57 |
| 제분(Ⅲ) | 0.64 | 0.42 | 0.63 | 0.89 |
| 철 강 | 0.49 | 0.78 | 0.60 | 0.66 |
| 화 학 | 0.68 | 0.69 | 0.58 | 0.60 |
| 석유제품 | 0.69 | 0.68 | 0.58 | 0.65 |

Ⅳ. 전·후방연쇄효과가 모두 낮은 산업(최종재 1차 산업)

| | 전방연쇄효과 | | 후방연쇄효과 | |
|---|---|---|---|---|
| | 한 국 | 선진국 | 한 국 | 선진국 |
| 어 업 | 0.15 | 0.36 | 0.33 | 0.24 |
| 수 송 | 0.24 | 0.26 | 0.30 | 0.31 |
| 농업 · 임업(Ⅰ) | 0.29 | 0.72 | 0.26 | 0.31 |
| 금속광업 | 0.35 | 0.93 | 0.22 | 0.21 |
| 상 업 | 0.31 | 0.17 | 0.07 | 0.16 |

Ⅰ. 전방연쇄효과는 높고 후방연쇄효과는 낮은 산업(중간재 1차 산업)

| | 전방연쇄효과 | | 후방연쇄효과 | |
|---|---|---|---|---|
| | 한 국 | 선진국 | 한 국 | 선진국 |
| 서 비 스(Ⅳ) | 0.60 | 0.34 | 0.39 | 0.19 |
| 전 력 | 0.62 | 0.59 | 0.27 | 0.27 |
| 석탄광업 | 0.93 | 0.87 | 0.22 | 0.23 |
| 비금속광업 | 0.80 | 0.52 | 0.14 | 0.17 |
| 원유 및 가스 | – | 0.97 | – | 0.15 |

주 : (1) 선진국 수치는 체너리와 와타나베, 그리고 한국의 수치는 저자가 계산한 것임.
(2) 원유와 천연가스는 국내생산이 안 되므로 계산에서 제외되었음.
(3) 괄호 속의 Ⅰ, Ⅱ, Ⅲ, Ⅳ는 산업군(群)을 나타내는 것임.

자료 : 선진국은 H.B. Chenery and T. Watannabe, "International Comparisons of the Structure of Production," *Econometrica*, 1958. 그리고 한국은 Song Byung-Nak, "The Production Structure of the Korean Economy: International and Historical Comparisons," *Econometrica*, 1977 참조. 한국의 연쇄효과는 한국은행, 『산업연관표』, 각 연도에서 계산하였음.

"우리의 사회적 신분이 높건 낮건 우리를 먹여 살리는 것은 산업이다."

– 영국 작가 존 게이

도 주위의 국제물류비즈니스 클러스터, 이천의 도자문화산업 클러스터, 파주의 LCD산업 클러스터 등 여러 개의 클러스터를 개발할 예정이다.

한국의 청계천 상가는 수많은 영세상인들을 유능한 기업인으로 만드는 데 일종의 기업인큐베이터(미숙아를 일정기간 키워내는 장치) 역할을 했다. 수많은 영세상인들, 기업인의 꿈을 가진 젊은이들이 기술, 경영기법, 인맥 형성방법들을 배울 수 있는 지역을 인큐베이터로 지정하여 개발해야 된다는 이론도 있다. 이를 경제발전의 인큐베이터이론이라고 한다. 용산전자상가도 이런 역할을 한다. 이런 클러스터들은 다음과 같은 점에서 해당 산업의 경쟁력을 향상시킨다.

① 클러스터 소속기업들은 고립기업에 비하여 원자재, 기술, 정보, 지식, 인력활용 등의 이점을 누릴 수 있다.

② 클러스터는 새로운 사업자 또는 신규 기업의 형성을 촉진한다.

③ 클러스터는 구성기업들의 혁신을 촉진한다.

삼성경제연구소의 복득규 박사 연구팀은 한국과 외국의 클러스터를 비교 연구한 『클러스터－한국산업과 지역의 생존전략』이라는 보고서에서 클러스터의 유형을 다음 5가지로 분류했다. 앞의 네 가지는 한국에도 있으나 가장 중요한 실리콘밸리형 클러스터는 한국에 없다고 지적했다.

① **대학 · 연구소 주도형**　대덕밸리와 미국의 샌디에고 클러스터

② **대기업 주도형**　울산공업단지와 일본의 도요타 시(市)

③ **창작자 주도형**　서울 충무로 및 강남과 미국 할리우드

④ **지역특산형**　이천도자기와 이탈리아 모데나

⑤ **실리콘밸리형**　한국에는 없음.

### ◎ 실리콘밸리

세계적으로 가장 유명한 클러스터는 실리콘밸리이다. 여러 나라가 이를 모방하려고 하였지만 아직 실리콘밸리만큼 성공한 사례가 없다. 그 이유는 실리콘밸리의 독특한 기술, 문화, 제도 및 환경을 똑같이 모방하기 어렵기 때문이다. 실리콘밸리의 시작 과정을 살펴보자.

실리콘밸리는 프레드릭 터만 스탠포드 대학 교수로부터 시작되었다. 그는

**비공식부문**

후진국 관광명소에는 여행객을 따라다니면서 꽃이나 물건을 파는 사람들이 많다. 이런 행상이나 노점상처럼 세금을 내지 않는 상태에서 하는 경제활동을 비공식부문(informal sector)이라고 한다. 세계은행의 『세계개발보고서』에 따르면 비공식부문이 나라경제 전체에서 차지하는 비중이 제일 큰 나라는 조지아로 65%, 그 다음은 페루 55%, 탄자니아 52%, 태국 50% 등이다. 과거 청계천과 같은 인큐베이터 안에는 이런 비공식부문이 상당히 많았을 것이다.

기술의 결정적 역할을 중시하고 최대한 발전시키고 활용하려고 했다. 이를 위해서 상업화가 결정적이라고 생각한 그는 자신의 두 학생인 윌리암 휴렛과 데이비드 팩커드(Hewlett-Packard 회사의 창시자)에게 538달러를 빌려주어 휴렛의 석사학위 논문인 진동자의 생산을 시작토록 했다. 이 두 사람은 1938년 팔로 알토시 스탠포드 대학 근처에 있는 차고에서 생산을 시작했다. 터만 교수는 스탠포드 대학을 중심으로 하는 연구공원 개발에 앞장섰다. 벨연구소에서 트랜지스터를 발명한 윌리암 쇼클 리가 이 곳에 반도체연구소를 설립하고 그 연구원의 한 사람인 로버트 노이스가 인텔을 설립함으로써 본격적인 발전이 시작되었다.

실리콘밸리의 성공요인은 타렉 카릴의 책 『기술경영』에 따르면 다음과 같다. 터만 교수의 비전, 스탠포드 공과대학 교수들의 뛰어난 과학기술 지식, 연구개발에 필요한 인프라, 벤처자본 조달의 용이, 직장의 유연성, 정보교환 네트워크 및 기업가적 학습 등이다.

### 중관촌(中關村)

미국 실리콘밸리에 비견되는 중국의 클러스터는 북경시 북경대 주위에 있는 중관촌이다. 이는 1988년 중국정부의 전략적 클러스터 개발계획인 횃불계획과 더불어 시작되었다. 중관촌 내의 각종 연구시설에는 북경대, 청화대 등 70여 개의 대학이 참여하고 있다. 중국정부는 과학원산하 200여 개의 공공기관을 중관촌에 입주시켰다. 2만여 개의 기업이 창설되었다. 각종 정부지원하에 중국기업은 물론 『포춘』 500대 기업 중 인텔, 모토롤라, 마이크로소프트 등 수십 개의 글로벌

기업들이 중관촌에 R&D센터를 설립했다. 면적은 무려 100평방킬로미터나 된다. 중관촌 과학단지는 북경시내에 여러 개의 부설 과학단지를 거느리고 있다.

## 3.10 산업정책

서구 경제학자들은 일본정부의 산업정책이 플러스보다 마이너스 역할을 더 많이 했다고 주장한다. 그러나 제2차 세계대전 후 일본의 경제계획과 산업정책에 깊이 간여한 시노하라 미요헤이(原三代平) 교수는 그의 유명한 책 『산업의 성장, 무역 및 일본경제의 다이내믹 패턴』에서 일본이 1868년 메이지유신 이후 1973년까지 100년 남짓한 기간에 유럽의 선진국을 추월하는 데 있어서는 산업정책이 아주 중요한 역할을 했다고 말한다. 메라 코이치(目良浩一) 전 하버드대 교수는 일본의 종합상사(總合商社)나 수직 및 수평 케이레츠 등은 일본의 경제성장에 중요한 역할을 했으며, 이는 산업정책의 일환으로 생긴 것이라고 한다.

이에 비해 미국은 산업정책이 거의 필요 없는 나라이다. 세계에서 거의 모든 산업이 골고루 잘 발달되어 있을 뿐만 아니라 글로벌 경쟁력도 세계 최고다. 다수의 미국 경제학자들은 정부의 산업정책에 대하여 강한 반론을 편다.

그러나 후진국은 경제발전을 하기 위해서 모든 산업을 동시에 발전시킬 수 없다. 집중 육성할 산업을 선정하고 지원하지 않으면 안 된다. 그리고 인프라산업(수송 · 통신, 전력 · 용수 등)도 선별적으로 육성하지 않으면 안 된다. 그러므로 후진국들에게는 산업정책이 불가피하다. 일본도 산업정책을 많이 추진했고 한국, 싱가포르도 마찬가지이다. 물류산업을 베이스산업으로 육성한 네덜란드, 금융을 전략산업으로 육성한 스위스도 산업정책을 잘 추진했다. 물론 정부와 기업 간의 관계의 차이는 있다.

시노하라 교수는 일본 산업정책의 주된 수단은 다음 7가지라고 한다. ① 저리융자, ② 조세혜택, ③ 무역장벽에 의한 수입제한, ④ 민간기업의 투자조정, ⑤ 기업 합병 · 통합 등에 의한 경쟁력 제고, ⑥ 무역자유화와 자본자유화의 연기, ⑦ 행정지도 등이다.

한국의 경우에도 산업정책 수단은 이와 비슷한 점이 많다. 그러나 몇 가지 중요한 차이점이 있다.

첫째, 한국은 수출주도형 공업화전략을 추진하는 과정에서 산업정책을 일본보다 더 강도 높게 추진했다.

둘째, 정부는 수출을 많이 하는 기업에게 많은 인센티브(플러스의 정책수단)를 주었으나 정책에 호응하지 않는 기업에게는 세무사찰, 단전, 융자금의 회수 등 처벌수단(마이너스 정책수단)도 강구했다. 플러스 및 마이너스의 정책수단을 다 같이 많이 사용했다.

셋째, 경제성장 초기 기업경영 경험이 적은 한국기업에게는 정척수단의 효과가 일본의 경우에 비하여 전반적으로 컸다. 특히 저리융자나 조세감면혜택 등 금전적인 수단의 영향력이 컸다.

넷째, 공업기반 시설이 빈약한 한국의 경우에는 공업단지나 전력, 용수, 통신시설 등 사회간접자본도 중요한 정책수단이 되었다.

다섯째, 한국도 행정지도(administrative guidance) 또는 창구지도를 중요한 정책수단으로 사용하였으나 일본보다 더 많이 그리고 강도높게 사용했다.

서양 경제학자들 중에는 한국의 경우에도 산업정책이 플러스보다 마이너스의 역할을 더 많이 했다고 주장하는 사람들이 적지 않다. 그러나 포스코, 창원공업도시, 울산석유화학단지, 구미전자산업단지, 기업그룹 등은 산업정책을 떠나서 생각할 수 없다. 중화학공업은 산업정책의 결과로 시작된 것이다.

한국의 경험으로 볼 때 후진국은 고소득 후진국(세계은행의 1인당 소득수준 3천 9백 달러)이 될 때까지 정부주도형 산업정책이 필요할 것이다. 그러나 그 이후에는 민간주도형 산업정책으로 전환하는 것이 필요하다. 정부는 그 이전은 물론 이후에도 교육개혁, 과학기술 진흥, 친기업 문화의 창달 등 산업발전 지원정책을 잘 해야 함은 물론이다.

> "여러분은 성장을 원해야 한다. 성장하기로 결심해야 한다. 성장을 위한 노력을 해야 한다. 성장에 집착해야 한다."
>
> —릭 워렌, 『목적이 이끄는 삶』

# 제 4 장 경제성장: 기업차원

## 4.1 선진국은 기업이 많은 나라, 후진국은 기업이 적은 나라

선진국은 기업의 수가 많고 규모가 크다. 후진국은 정반대이다. 인구가 730만 명인 스위스는 세계적 대기업을 15개나 갖고 있으나, 스위스 인구의 11배가 넘는 베트남은 한 개도 없다. 중소기업(세계은행 기준, 종업원 249명까지)의 수에 있어서도 한국은 300여만 개 이상이나 인구가 한국의 1.7배나 되는 베트남은 5만여 개(2007)에 불과하다(세계은행, 『세계개발지표』). 인구 8천만이 넘는 에티오피아의 경제규모는 삼성전자보다도 작다.

우즈베키스탄 수도인 타슈켄트에서 만난 고려인 3세는 그곳 또래들의 봉급이 30달러 정도(2005년)인데, 자신은 100달러가 넘게 받는다고 자랑스러워 했다. 농업국가인 그 나라에는 봉급을 많이 줄 수 있는 기업이 별로 없다. 그곳은 스탈린이 1937년 연해주 동포를 강제 이주시킨 곳으로 현재 23만여 명의 동포들이 살고 있다. 최근에는 기업사정이 나빠져서 사람들이 일자리를 찾아 다른 나라로 많이 떠나고 있다고 했다. 기업이 거의 없는 아프가니스탄의 은행원 봉급은 전쟁 직후 월 5달러까지 떨어지기도 했다. 나이지리아 주재 어느 한국 상사원은 개인 경비원 10명을 고용하고 있는데 월급은 1인당 20달러라고 한다.

천안시보다 인구가 적은 룩셈부르크가 1인당 국민소득에 있어 세계 제 4 위가 된 것은 GC우위기업들 때문이다. 룩셈부르크는 국민총소득이 414억 달러일 때 매출액이 천억 달러가 넘는 철강회사(아르셀로)를 갖고 있었다. 얼마 전 아르셀로 회사는 인도계 미텔스틸과 합병하여 세계 최대의 철강회사인 아르셀로-미텔이 되었다. 후진국들이 소득수준이 낮은 것은 기업이 적기 때문이다. 소득수준을 높이려면 기업을 많이 만들어야 한다.

사과를 직접 만드는 것은 사과밭도, 주인도 아닌 사과나무이다. 국부(國富)를 직접 만드는 것도 정치가나 민주화 인사가 아니라 기업경영인이다. 아무리 정치

**경제주체**

과거 미국의 GDP 중 무역이 차지하는 비중이 5%밖에 안 되었을 때, 경제학자들은 미국경제의 향방을 좌우하는 것이 가계, 기업, 정부 세 가지라고 말했다. 그러나 무역의 중요성이 날로 커지고 있는 글로벌시대에 경제의 향방을 좌우하는 것은 가계, 기업, 정부, 해외부문의 네 가지이다.

수출이 GDP보다 규모가 큰 싱가포르의 경우 경제주체로서 해외부문의 중요성은 가히 절대적이다. 한국의 경우에도 해외부문의 중요성은 대단히 크다. 민간소비가 줄어들 때도 GDP가 증가할 수 있었던 것은 수출 때문이었다. 증권시장의 경우 외국인들이 우리 우량회사 주식의 반 이상을 소유하며, 한국증시를 쥐었다 폈다 하는 경우도 있다. 해외부문의 중요성은 계속 증가하고 있다.

나 민주화를 잘 해도 기업경영인이 의욕을 잃으면 기업이 경쟁력을 잃고, 이에 따라 나라경제는 경쟁력을 잃는다. 경제전쟁시대 정치의 핵심이나 정부정책의 방향은 기업의 GC이다. 그런데 정부가 GC우위기업을 만들려면 정부의 GC부터 향상해야 한다. 마이클 포터 교수는 국민소득 증가에는 필요조건과 충분조건이 있는데, 그 공헌도는 전자가 19%, 후자가 81%라고 했다. 피터 드러커 교수는 국부를 창출하는 것은 기업이므로 기업이 사회의 기둥이라고 했다.

- 필요조건 = 민주화된 제도 + 거시경제정책 + 법체계 등(공헌도 19%)
- 충분조건 = 기업의 운영, 전략, 관련산업, 수급조건 등(공헌도 81%)

기업이 많은 나라는 선진국이고 적은 나라는 후진국이다. 기업을 살리는 나라는 선진국, 죽이는 나라는 후진국이거나 공산국가이다.

## 4.2 국민을 먹여 살리는 것은 기업

"어떤 사람들은 기업을 총에 맞아 죽어야 할 야수로 생각하고, 또 어떤 사람들은 우유를 생산하는 젖소로 생각하나, 마차를 끌고 갈 튼튼한 말로 생각하는 사람은 소수이다."

— 윈스턴 처칠

박정희 대통령이 이병철 삼성그룹 창설자에게 기업의 소임에 대하여 질문했을 때 그는 이렇게 답했다. "기업하는 사람의 본분은 많은 사업을 일으켜 많은 사람들에게 일자리를 제공하면서 그 생계를 보장해 주는 한편, 세금을 납부하여 그 예산으로 국토방위는 물론이고 정부운영, 국민교육, 도로, 항만시설 등 국가운영을 뒷받침하는 데 있다고 생각합니다(이병철, 『호암자전』)."

현대자동차가 캐나다의 부르몽 시에 건설했던 공장을 폐쇄하자 시가지는 온통 폐허로 변했다. 각종 상점은 문을 닫았고 식당도 영업을 하지 않았다. 상가나 점포 및 땅값은 폭락했다. 시(市)정부는 세금을 징수하지 못해 겨울에 눈이 올 때 길에 뿌리는 염화칼슘도 사지 못할 정도가 되었다. 현대자동차가 부르몽 시민들을 먹여 살렸던 것이다. 지금부터 기업의 기능을 자세히 보기로 하자.

① **재화와 서비스의 생산** 기업은 우리 생활에 필요한 옷, 책, 휴대폰, 자동차, 약품 등을 생산한다. 그 과정에서 소득도 생산한다. 국민은 이 소득으로 기업이 생산한 제품을 구매한다. 국민소득은 대부분 기업에서 나온다. 국민을 먹여 살리는 것이 농경사회에서는 농토라면, 지식사회에서는 기업이다. 지식사회에서 국부(國富, national wealth)를 창출하는 것은 주로 기업이다. 기업이 많은 나라가 잘사는 나라가 된다.

② **자산의 관리와 증식** 기업은 이윤추구가 목적이다. 제품의 생산과 판매로 이윤을 증가시키는 것도 중요하나 번 돈의 관리와 증식도 중요하다. 헤지펀드 같은 기업의 주된 업무는 바로 자산의 관리와 증식이다. 이윤추구 조직으로서 기업의 가장 중요한 기능은 바로 ①과 ②의 두 가지이다. 기업은 이외에도 다음과 같이 많은 기능을 한다.

• **인간의 능력을 뭉치고, 키우고, 발휘하게 하는 조직** 축구선수는 개인적으로 아무리 유능해도 축구팀이 없으면 능력을 발휘할 수 없다. 축구팀이 있어도 선수들에게 알아서 뛰라고 하면 오합지졸이 되버린다. 그러나 조직과 작전을 잘 짜서 경기하면 엄청난 저력을 발휘할 수 있다. 기업은 축구팀과 같다. 구슬이 서 말이라도 꿰어야 보배이듯, 기업은 인적 · 물적자원을 꿰어서 보배로 만드는 역할을 한다. 그런데 축구팀은 선수 11명의 힘만 뭉치지만 기업은 수많은 사람(삼성전

자 14만 명, 월마트 210만 명)의 힘을 뭉치게 한다. 기업은 팀에 속하는 선수의 제한이 없다.

• 일자리 창출 『탈무드』는 빈자를 가장 잘 도우는 길은 스스로 살아갈 수 있는 일자리를 마련해 주는 것이라고 한다. 일자리를 만드는 기업은 최고의 구빈(救貧)기관의 역할도 한다. 에드워드 메이슨 하버드대 교수는 『한국의 경제사회 발전』에서 조선시대 선비들이 목숨 걸고 당쟁을 한 이유는 일자리 부족 때문이라고 말한다. 좋은 자리는 소수의 관직뿐인데, 양반집 자녀들의 수가 늘어나게 되자 서로 이를 차지하려고 목숨 걸고 싸우게 되었다는 것이다.

한국에서 일하는 사람 2천 3백 5십여만 명 중 공무원은 97만 명에 불과하다. 효율을 지향하는 정부는 앞으로 공무원 수를 늘리기 어렵다. 기업이 일자리를 만들어야 한다. 통일 후 7천만 명 이상의 국민을 위한 일자리도 대부분 기업이 만들어야 한다.

• 정부수입(세금)의 원천 정부수입의 대부분은 조세수입과 세외수입이다. 조세수입은 기업이나 개인으로부터 납부받은 세금이다. 그런데 개인이 납부하는 세금은 대부분 기업에서 일하고 받은 돈이다. 그 원천은 기업이다. 세외수입은 수수료, 입장료, 벌과금 등인데, 그 원천 역시 결국은 기업이다.

• 민주화의 촉진 정치적인 민주화는 선거에서 국민을 1인 1표라는 점에서 평등하게 만든다. 기업은 한국인들을 휴대폰, TV, 신발, 음식, 의복 등의 사용면에서 평등하게 만든다. 이를 경제민주화라고 한다. 경제민주화가 잘 되어야 정치민주화도 잘 되고 그 반대의 경우에도 마찬가지이다. 한국 여행객들이 도쿄에 오면 일제 전자제품을 사려고 모두들 이곳으로 몰려들었으나 지금은 국산품이 더 좋아서 방문 자체를 안 한다고 한다. 세계 일등하는 기업들은 한국인에게 우리도 세계 일등을 할 수 있다는 자신감을 갖게 한다. 1960년대까지만 하더라도 '한국인은 안 된다'는 패배의식에 사로잡혀 있었다. 그러나 지금은 외국인들도 '한국인은 (세계 일등 제품생산을) 할 수 있다'고 생각한다.

• 인재의 양성 한국의 기업그룹들은 세계 수준의 인력개발원을 운영하면서 세계 수준의 인재를 육성하고 있다. 한국에서 글로벌 경쟁력 있는 인재를 가장 많이 육성하는 곳은 기업이다. 얼마 전 정부부처의 간부들이 삼성인력개발원에서 특별연수를 받기도 했다.

• 사람과 자원의 가치를 높인다 한국의 기업들은 손이나 삽으로 농사짓던

농경사회 사람들을 첨단 반도체나 통신장비들을 생산케 함으로써 그들의 능력과 가치를 올린다. 포스코 같은 세계 일류회사에서 일하는 사람들은 능력도 세계 일

**▌기업이란▐**

콩나물 국밥집은 기업인가? 다음 중 기업이 아닌 것은 어느 것인가?

"문방구, 포장마차, 학원, 음식점, 꽃집, 결혼식장, 공원묘지, 피아노 학원, 과수원, 당구장, 과일가게, 유치원, 노래방, PC방, 내과의원, 주차관리사무소, 노점상, 구두수리소, 복덕방, 치과의원, 세무사사무소, 이발소, 약방, 떡집"

이들은 모두 기업이다. 생산요소를 사용하여 재화와 서비스를 생산하는 조직체는 어느 것이나 기업이다. 이들의 소유와 운영은 모두 민간이 하므로 민간기업 또는 사기업이라고 한다. 반면 지하철공사, 수자원공사 등 정부나 공공단체가 소유하고 운영하는 것을 공기업이라고 한다. 공기업에는 중앙정부공기업과 지방정부공기업이 있다.

민간기업 중에는 돈벌이를 위한 영리기업과 돈벌이가 아니라 사회적 서비스의 제공을 목적으로 하는 비영리기업으로 나뉜다. 앞서 예로 든 기업은 모두 영리기업이다. 삼성전자, LG전자, 현대자동차 등도 영리기업이다. 반면 교회, 사립학교, 사찰 등은 돈벌이를 목적으로 하지 않으므로 비영리기업이라고 한다(경제학의 정의).

영리기업은 다시 개인기업, 합동기업 및 주식회사의 셋으로 나뉜다. 개인기업은 자영업주(proprietorship)라고도 하는데, 자영농민, 개업중인 의사, 변호사, 개인소유 상점 등이다. 개인기업은 수도 많고 종류도 다양하다.

합동기업(partnership)은 2인 이상의 무한책임사원으로 구성되는 합명회사와 무한 및 유한 책임사원으로 구성되는 합자회사가 있다. 합동변호사 사무실, 합동의원 등이 그 예이다.

주식회사(corporation)는 '인수한 주식가액을 한도로 책임을 지는(상법 제331조)' 주주들이 소유하는 회사이다. 포스코, 대한항공 등 대기업들은 대부분 주식회사이다.

류로 인정받는다. 포스코는 그 제품을 사용하는 다른 기업들의 가치도 높인다.

• **기술혁신** 한국의 국제특허등록 건수의 90% 이상은 기업이 출원한 것이다. 한국의 반도체 전자, 조선, 철강, 자동차 산업관련 기술혁신은 주로 기업들이 이룩한 것이다. 세계시장에서 일등을 하는 제품 53개와 관련된 기술도 마찬가지이다. 조직과 제도에 관한 연구로 노벨경제학상을 수상한 더글라스 노드 교수는 제품관련 기술 못지않게 중요한 것은 조직관련 기술이라고 했다. 한국에서 경영이나 조직관련 기술을 세계 수준으로 높일 수 있는 조직도 기업이다.

③ **경제전쟁을 직접 하는 것은 기업이다** 월드컵에서는 축구선수들이 태극전사이나 경제전쟁시대의 태극전사는 국가 대표기업들이다. 경제전쟁에서 이기는 기업이 많은 나라는 안정과 번영을 누리나 그렇지 못한 나라는 침체한다. 롯데리아는 국내에 진출한 외국의 햄버거회사들, 이마트는 국내에 진출한 미국 유통업체들과 치열한 경쟁을 한다. 국내 금융기관들은 헤지펀드 등 외국 금융기관으로부터 한국시장을 지키느라 많은 노력을 하고 있다. 우리 기업은 해외에서는 시장쟁탈전, 국내에서는 한국시장방어전을 하고 있다.

④ **세계화의 주역** 삼성전자나 LG전자 직원 중 해외 장기파견자와 단기파견자 수를 모두 합하면 해외에 파견된 한국 외교관의 수보다 각각 더 많다고 한다. 전 세계 주요 도시에 진출해 있는 이들의 정보수집과 이들이 만드는 세계 무역망은 한국기업과 한국인의 세계 진출에 많은 도움이 된다. 일본의 8대 종합상사가 거느리는 7천 3백여 개의 자회사는 전 세계의 무역망과 정보수집망의 역할을 한다. 경제정보 수집에 있어서는 미국 CIA를 앞선다고 한다.

⑤ **사회질병의 예방** 기업이 고성장할 때는 일자리가 많기 때문에 사람들이 실직걱정을 않는다. 민심도 안정된다. 그러나 기업이 없는 가난한 나라에서는 실업자, 환자, 불평분자, 범죄자들이 많아 사회가 불안하다. 가난한 나라는 비생산적인 일에 마음을 쓰는 사람들이 많고 각종 사회문제도 사회가 병들기 쉽다. 병든 사회를 예방하거나 고치는 가장 좋은 방법은 기업의 활성화를 통한 일자리 창출이다.

### ❂ 중소기업의 기능

기업은 위와 같이 다양한 기능을 하지만 중소기업과 대기업의 기능에는 차이가 있다. 먼저 중소기업의 기능을 살펴보자.

중소기업은 다음과 같이 크게 세 가지로 나눌 수 있다.

① **생계형 중소기업**(식당, 채소가게, 문방구 등)　　주민들의 일상생활과 관련된 재화와 서비스를 공급한다. 고객이 대부분 지역주민들이므로 이들과의 친밀한 유대관계를 형성한다.

② **성장벤처형 중소기업**　　혁신(새로운 재화나 서비스의 생산 등)을 촉진하며, 대기업으로 성장이 가능하다.

③ 대기업이 필요로 하는 재화나 서비스를 공급한다. 자동차 부품을 생산하는 중소기업이나, 대형 건설회사가 건설한 아파트에 도배, 창문, 전기관련 공사 등을 담당하는 중소기업들이 좋은 예이다.

중소기업의 일반적인 기능은 다음과 같이 나누어 볼 수 있다.

• 중소기업은 전문화된 재화나 서비스를 생산 · 공급한다.

• 국가경제의 우연성을 촉진한다. 대기업은 설립하기가 어려울 뿐만 아니라 망했을 때 개인뿐만 아니라 경제 전체적으로 충격이 크다. 그러나 중소기업은 보다 쉽게 설립할 수 있고, 경제에 큰 부담 없이 바로 그만둘 수도 있다.

• 중소기업의 업종은 노동집약적인 것이 많으므로 새로운 일자리를 대기업보다 더 많이 만들 수 있다.

• 자유기업경제 발전에 필수적인 혁신적이고 모험심 있는 기업 경영인을 양성하는 훈련장의 역할을 한다. 중소기업은 경영자에게 포괄적인 학습능력 개발의 장이 된다.

• 출판회사나 제약업체들처럼 대기업과 치열한 경쟁을 하는 경우 대기업의 경쟁력을 높인다.

• 창업을 통한 사업의 보람과 만족감을 얻을 수 있게 한다(리온 메긴손 등의 공저『소 기업경영』 저 4 판과 윌리엄 프라이드 등의 공저,『비즈니스』, 제 8 판).

참고로 일본의 개정『중소기업기본법』은 중소기업의 역할을 다음과 같이 밝히고 있다. 이는 국가경제의 활력유지 및 강화와 관련된 중소기업의 역할을 강조하는 것이다.

• 신산업의 창출
• 취업기회의 증대

- 경쟁의 촉진
- 지역경제의 활성화

중소기업의 역할을 논할 때는 생계형 중소기업(식당, 채소가게, 문방구 등), 성장벤처형 중소기업, 그리고 대기업과 협력관계에 있는 중소기업 등으로 구분할 필요가 있다. 대부분의 중소기업은 생계형이다. 채소가게, 꽃집, 자신의 집을 사무실로 사용하는 컨설턴트 등 개인, 가족의 생계수단이나 가업(家業)으로 경영되는 것이다. 성장벤처형 중소기업은 개인보다는 팀에 의하여 운영되며, 신제품 및 서비스의 개발 등으로 빠른 성장이 가능하다. 가장 유명한 예는 마이크로 소프트이다.

### ❂ 대기업의 기능

대기업의 기능은 크게 4가지로 나눌 수 있다(알프레드 챈들러의 『대기업과 현대 경제성장의 다이나믹스』).

① **자동차, 철강, 반도체 등의 산업에 필요한 대규모의 금융자본, 물적자본 및 인적자본의 조달** 한국에서는 1970년대 초 중화학공업의 추진과 더불어 대기업이 많이 설립되었다. 이들이 중화학공업 발전을 주도해 왔다.

② 기술의 도입 및 상용화와 관련된 학습 중심지의 역할

③ **협력업체들과 형성하는 네트워크의 중핵 역할** 윌리엄 프라이드 등의 공저 『비즈니스』(제 8 판)에 따르면 GM사는 32,000개의 중소기업으로부터 부품을 사고, 11,000개의 독립된 판매회사에게 자동차를 판매한다. GM은 이 많은 기업들과 형성한 기업 네트워크의 중핵이다. 국내 자동차나 전자회사들의 경우에도 마찬가지이다.

④ **R & D(연구개발)의 촉진** 국가경제 전체의 R & D 향상을 촉진한다.

대기업은 이런 강점이 있으나 조직의 비대화나 관료화로 인해 유연성을 잃을 우려가 있다. 반면 중소기업은 고객의 수요와 급변하는 경영환경에 유연하게 대응할 수 있다. 고객과의 관계도 긴밀하게 유지할 수 있다. 대기업은 "작은 것이 아름답다"는 중소기업의 강점을 살릴 필요가 있다.

## 4.3 미국은 기업을 어떻게 보호하는가

"미국에 좋은 것은 제너럴모터스(GM)에 좋고, GM에 좋은 것은 미국에 좋다."

— 미국 정치인 찰스 윌슨

선진국은 경제생활에 절대적 역할을 하는 기업의 중요성을 잘 안다. 그래서 기업을 적극적으로 보호하고 발전시킬 수 있는 정책을 펴려고 한다.

현대자동차가 최근 미국 앨라배마 주(洲)에 자동차 공장을 세울 때 그 곳 주지사는 공장설립을 위한 모든 편의를 제공했다. 주정부 직원이 직접 공장에 나와서 필요한 행정서비스를 '원 스톱 서비스'로 처리해 주기까지 했다. 주정부가 요구한 조건은 종업원 2천 명의 고용이다. 현재 앨라배마 공장은 그 이상을 고용하

**미국정부가 현대차에 제공한 인센티브**

미국 앨라배마 주정부는 현대차 공장을 유치하기 위하여 다음과 같이 많은 인센티브를 제공했다.

• 공장부지 : 210만 평을 1달러만 받고 현대차에 소유권 이전, 지번(地番)은 현대차 울산 공장과 같은 700번으로 변경해 주었음.

• 인 프 라 : 고속도로와 공장 간의 도로를 4차선으로 확장하고 '현대대로'로 이름을 지어줌, 철도 인입선은 공장 안까지 연결해 주고, 전기 · 가스 · 수도 및 전화시설을 건설해 줌, 소방서와 경찰서도 인근에 설치해 줌.

• 세　　금 : 법인세와 지방세는 20년간 감면, 각종 인허가 수수료 면제, 공장전체를 보세지역으로 지정함.

• 연수시설 : 주정부가 직업훈련시설을 건설해 주고 20년간 무상 사용할 수 있게 함. 아울러 현대차의 요구대로 종업원 후보를 선발하고 교육해 줌.

• 기　　타 : 2년간 신문 및 TV에 현대차 광고를 해 주고, 주재원가족의 현지 적응을 지원해 줌.

자료 : 박정인(현대모비스 부회장), 『자동차산업의 중요성』, 2005. 7.

고 있다.

국가경쟁력 세계 제1위인 스위스는 세계 2대 글로벌 경쟁력연구소인 IMD와 WEF를 통하여 기업의 글로벌 경쟁력을 키울 수 있는 이론과 방법을 찾으려고 노력한다. 세계 제2의 경제대국 일본은 1868년 메이지유신(明治維新) 이후 부국강병(富國强兵)의 기치 아래 기업을 만들고, 경쟁력을 키우는 데 국력을 집중했다. 종합상사라는 일본 특유의 기업조직도 만들었다. 대기업 뒤에 중기업, 중기업 뒤에 소기업을 배치하는 일본식 케이레츠라는 기업과 산업의 통합조직도 만들었다. 그 결과 일본은 유럽 선진국들보다 공업화를 100년이나 늦게 시작했지만 100년 안에 모두 따라 잡을 수 있었다.

중국은 세계적인 대기업(『포춘』 500대 기업)이 1993년까지 한 개도 없었지만 2010년에는 46개가 되었다. 중국은 이 수를 2015년까지 50개로 늘릴 계획이다. 그리고 중형 다국적기업 500개, 소형 다국적기업 5천 개를 만든다는 계획을 발표한 바 있다.

미국은 연방정부, 지방정부 모두 자유기업경제를 건설하기 위하여 적극 노력한다. 외국에 진출한 미국기업 보호를 위하여 그야말로 발 벗고 뛴다. 미국에는 기업을 철저하게 보호하기 위한 여러 겹의 장치가 마련되어 있다. 부시 대통령은 대대적인 친기업정책을 폈다. 미국은 기업을 가장 잘 보호하는 나라이다. 어떻게 보호하며, 어떤 보호 장치가 되어 있는가를 살펴보자.

**① 대기업의 자체 보호** 미국의 GE는 자산규모가 한국의 10대그룹 453개 회사 전체의 자산을 합한 것과 거의 맞먹는다. 월마트의 종업원은 무려 210만 명이나 된다. 미국에는 코카콜라, GM 등 세계적인 대기업이 140개나 된다. 이들은 거대한 자체능력으로 스스로를 보호하는 힘이 강하다.

**② 기업연대를 통한 보호** 미국은 2천 개의 기업들이 USA · NAFTA라는 기업연대를 만들어서 정부가 북미자유무역협정(NAFTA)을 조속히 통과시키도록 하는 데 결정적 역할을 했다. 미국 기업연대 중 최대의 것이다. 다른 예는 WTO를 출범시키기 위하여 20만 개의 기업이 연대하여 만든 Alliance for GATT Now(지금 GATT를 위한 연대)이다. 450개의 기업과 120개의 경제단체들이 연대하여 만든 America Leads on Trade(미국이 무역을 주도한다)도 대표적인 예이다.

**③ 경제단체를 통한 보호** 미국은 여러 종류의 경제단체를 만들어서 스스로

를 보호하고 있다. 3백여만 개의 미국기업들이 만든 미국상공회의소(US Chamber of Commerce)는 세계 최대의 상공회의소이다. 이는 미국기업의 이익을 옹호하는 주된 기관임을 자처한다. 한때 상공회의소 회장은 40개의 주요 도시를 순회하면서 5만 개의 적극 가담자에게 해당 국회의원 대상의 로비를 권유한 적도 있다. 미국의 Business Round Table(기업 원탁회의)은 미국의 대표적인 150여 개 기업이 구성한 경제단체로서 한국의 전국경제인연합회(전경련)에 해당된다. 그러나 회원기업 규모면에서 Business Round Table은 전경련과 비교할 수 없을 정도로 크다. 한국기준으로 보면 '전국거대경제인연합회' 라고 할 수 있다.

US Council for International Business(국제 비즈니스 평의원회)는 국제노동기구(ILO), 국제무역기구(WTO), 경제협력 및 개발기구(OECD) 등 국제기구를 대상으로 로비하는 단체들이다. National Foreign Trade Council(국가무역위원회)는 국제무역과 관련하여 정부의 잘못된 규제나 조치를 시정하기 위한 단체이다. 전국제조업연합회는 1만 4천 명의 회원으로 구성된 막강한 로비단체이다.

한국에는 국제 비즈니스 평의원회 같은 단체가 없다. 전국경제인연합회, 대한상공회의소, 한국경영자총협회, 한국무역협회, 중소기업협동조합중앙회 같은 경제5단체들이 기업발전이나 친기업 환경조성을 위한 노력을 한다. 그러나 미국에 비하면 수나 기능면에서 많이 떨어진다. 이들이 정부가 경제정책의 올바른 방향을 잡고 일관성을 유지하도록 하는 데 앞장서야 한다.

일본의 경우에는 게이단렌(經團連), 상공회의소 등의 단체가 그런 역할을 한다. 게이단렌은 일본사회에 막강한 영향력을 행사하고 있다. 일본사회에서 한때 좌익세력과 공산주의 사상이 퍼졌을 때 이를 강력히 저지한 단체도 게이단렌이다. 한국은 퇴임한 관료들이 낙하산인사로 경제단체장이 되는 경우가 많고 경제단체에 대한 정치권의 입김이 문제이나 일본은 그 반대이다.

**④ 싱크 탱크(think tank)를 통한 보호** 미국에는 피터슨 연구소, 브루킹즈 연구소, 미국기업연구소, 국제경제연구소, 헤리티지재단, 카토연구소 등 세계적으로 유명한 연구소들이 많다. 이들의 주 목적은 미국의 국익 보호인데, 국익이란 곧 미국기업의 이익을 말한다. 미국기업연구소는 『포춘』지 선정 세계 500대 기업 리스트에 들어가는 미국 대기업을 위한 연구소라고도 한다. 자유무역 관련 연구도 한다. 카토연구소는 시장에 대한 정부의 간여를 반대하는 연구를 한다. 국제경제연구소는 자유무역을 주창하며 국제무역에 대한 각종 간여에 반대한다. 헤리티

**국회는 정부인가**

정부는 행정부, 입법부, 사법부로 구성되는데 국회는 법을 만드는 곳으로 입법부라고 한다. 그러므로 국회는 정부이다.

---

지재단은 국회 대상의 친기업적 · 친시장적 정책을 위한 로비를 한다.

⑤ **국제기구를 통한 보호** 제 2 차 세계대전 후 미국의 주도하에 설립된 3대 대표적인 국제기구는 생산담당의 세계은행, 금융담당의 국제통화기금(IMF) 및 무역담당의 국제무역기구(WTO)이다. 이들 국제기구는 미국의 주도하에 설립하였기 때문에 그만큼 미국의 돈이 많이 투입되었다. 이 극제기구들의 궁극적인 목적은 미국의 금융기관과 기업이익의 보호이다.

⑥ **정부에 의한 보호** 미국정부는 친기업정책으로 유명하다. 집단소송법이 기업활동에 지장을 초래한다는 기업의 건의에 따라 최근 이를 수정하였으며, 개인의 파산법이 금융기업에 어려움을 준다는 주장에 따라서 이를 수정하기도 했다. 또한 미국정부는 회사를 경영해 본 경험이 풍부한 CEC(최고경영자)를 장관에 임명하여 정부정책을 친기업적으로 만든다. 무엇보다 전 국민을 친기업적으로 만들기 위하여 노력한다(사라 앤더슨과 존 카바나의 『글로벌경제』, 제 2 판, 2005).

⑦ **기 타** 미국의 금융회사들이 외국에 금융투자를 할 때는 미국의 연금재단(Pension Fund), 뮤추얼 펀드(Mutual Fund), 각종 재단 등과 공동전선을 펴거나 협력하는 경우도 많다.

## 4.4 한국에는 몇 개의 기업이 있는가

① **글로벌 경쟁시대 글로벌기업이 적다** 우리나라 10대그룹 전체 회사의 자산총액은 미국 GE 한 회사의 자산총액보다 약간 많다.

한국의 10대 그룹 435개 회사의 자산 총액 : $7,917억
미국 GE 회사의 자산 총액 : $7,818억

세계적인 거대은행의 자산규모를 보면, 로얄 뱅크 오브 스코틀랜드는 2.7조

**표 4-1** 세계 주요국의 대기업의 변화

| | 1993 | 2010 |
|---|---|---|
| 미 국 | 161 | 139 |
| 일 본 | 128 | 71 |
| 영 국 | 40 | 29 |
| 독 일 | 32 | 37 |
| 프랑스 | 30 | 39 |
| 한 국 | 12 | 10 |
| 중 국 | 0 | 46 |

자료 : 『포춘』지 각 년도.

달러, 미국 시티그룹은 1.9조 달러, 스위스 UBS는 1.3조 달러, 일본 미츠비시UFJ 금융그룹은 2.2조 달러, 삼성생명은 0.1조 달러이다(『포춘』지, 2010. 7. 26). 그리고 한국의 국민총소득은 1.1조 달러이다.

세계 석유공급을 좌우하는 6대 석유메이저(로열 더치 쉘, 엑손 모빌, 비피, 중국석유화공, 셰브론, 토탈)는 자국에 석유를 안정적으로 공급함은 물론 돈도 많이 번다. 엑손 모빌사의 2007년 이윤은 452억 달러나 된다. 매출액은 한국 최대의 에너지회사인 SK의 7배가 넘었다.

한국의 글로벌 대기업(『포춘』 500대 기업리스트 포함 기업)은 현재 10개이다. 영국, 프랑스, 독일 수준이 되려면 최소한 3~4배로 증가해야 하고, 스위스 수준이 되려면 90개로 늘어나야 한다. 얼마 전 모 정치인이 저자에게 한국이 대기업

**표 4-2** 한국의 세계적인 대기업

| 『포춘』지 선정 10대 대기업 | | 공정거래위원회 지정 10대 그룹 | |
|---|---|---|---|
| ① 삼성전자 | ② LG | ① 삼성 | ② 토지주택공사 |
| ③ 현대자동차 | ④ SK홀딩스 | ③ 한전 | ④ 현대자동차 |
| ⑤ 포스코 | ⑥ GS홀딩스 | ⑤ SK | ⑥ LG |
| ⑦ 한전 | ⑧ 삼성생명 | ⑦ 롯데 | ⑧ 포스코 |
| ⑨ 한화 | ⑩ 현대중공업 | ⑨ 한국도로공사 | ⑩ GS |

자료 : 『포춘』지(2010. 7. 26). 순위는 매출액 기준임.
공정거래위원회, 『자산 5조원 이상 상호출자제한 기업집단 지정』(2010. 4. 1). 그룹은 자산액 기준.

**표 4-3** 한국, 일본 및 미국의 기업의 수

| | 종업원 5인 이상 | 전체 기업의 수 |
|---|---|---|
| 한국(2008) | 552.3 | 3,264.8 |
| 일본(2006) | 2,236.0 | 5,723.0 |
| 미국(2004) | 3,802.0 | 28,696.0 |

주 : 단위는 천 개. 사업체 기준임. 단, 미국의 경우는 기업의 수임.
자료 : 한국, 『한국통계연감』, 2009; 일본, 『일본통계연감』, 2008.
U.S. Census Bureau, *Statistical Abstracts of the United States*, 2008.

형 경제가 아니냐고 물은 적이 있는데 어림없는 소리이다. 일본의 경제평론가 오마에 겐이치는 이런 말을 했다. "한국과 일본이 FTA(자유무역협정)를 체결하면 한국 산업이 몰락할 수도 있다." 그 이유는 한·일간의 기업력(企業力)의 차이 때문이다. 그는 한국경제의 삼성 의존도가 너무 높아서 삼성에 탈이 나면 한국경제는 큰 타격을 입을 수도 있다고 했다(한국경제신문, 2004. 10. 13).

일본의 대기업은 거품경제가 터진 1990년대 초 이후 많이 감소했다. 세계적인 대기업은 미국 『포춘』지가 매년 작성하는 세계 500대 기업 리스트에 들어가는 기업으로 매출액이 170억 달러(약 20조 원) 이상이다(알프레드 챈들러 하버드 경영대 교수).

② 중소기업의 수도 적다　종업원 5인 이상 기업의 수를 보면 한국은 약 55.2만개이다. 일본은 인구가 한국의 약 2.7배이므로 기업의 수도 2.7배인 149만여 개로 예상되나 실제는 224만 개나 된다. 미국은 인구비례로 보면 330여만 개로 예상되나 실제는 380만 개나 된다. 이렇게 기업이 많은 미국은 세계 1위, 일본은 세계 2위의 경제대국이 되었다. 미국을 비즈니스 사회, 일본을 '카이샤 샤카이(회사사회)'라고 하는 것은 우연이 아니다. 미국에는 종업원 1~4명의 기업들이 무수히 많다. 자영업자의 수도 2,059여만 명이나 된다. 미국기업 중 여성이 소유한 것은 649여만 개이다. 미국은 기업의 천국이라고도 한다.

③ 기업 피라미드　세계 3대 강국인 미·일·독은 소, 중, 대기업의 수가 모두 많고 튼튼하다. 그 반대의 나라는 모두 후진국이다. 미국은 소기업이 많고 이들이 잘 성장하여 중기업이 되며 중기업이 잘 성장하여 대기업이 된다. 미국의 기업 피라미드는 크고 보기 좋은 삼각형 모양이다. 독일은 중기업(mittelstand)이 특히 튼튼하다. 스웨덴은 소기업과 대기업이 상대적으로 많고 중기업은 별로 없다. 스

웨덴의 기업 피라미드는 모래시계 모양이다.

유럽 선진국의 경우는 창업이 잘 안 되므로 피라미드의 아래 부분이 약하고 중간부분이 상대적으로 넓은 편이다. 인도네시아나 필리핀은 기업의 수가 적고, 소기업이 대부분이므로 기업 피라미드 자체가 작다. 세계적인 대기업이 한 개도 없으므로 윗부분이 없는 피라미드 모양이다. 한국은 경제위기 이후 소기업의 증가로 기업 피라미드의 아랫부분이 상대적으로 넓어졌으나 대기업의 수는 줄어들었다. 그리고 기존 기업들이 많이 성장하여 한국의 기업 피라미드는 높이는 커지면서 윗부분이 좁아진 모양이다.

### ❂ 중소기업과 대기업

중소기업과 대기업의 분류기준은 국가마다 차이가 있다. 어떤 기업이 중소기업이고 대기업인가를 살펴보자.

① 한　국　한국은 '중소기업기본법'에 의해 중소기업을 종업원이나 자본금 기준으로 분류한다. 일본에서는 자본금 3억 엔 이하 또는 종업원 300명 이하의 기업을 중소기업이라고 한다.

• 광업, 제조업, 건설업 및 운수업 : 종업원(임시 종업원 포함) 300인 이하 또는 자본금이 제조업의 경우에는 80억 원 이하, 기타산업의 경우에는 30억 원 이하의 기업

• 전기·가스·수도업 및 통신업 : 종업원 200인 이하 또는 매출액 200억 원 이하

② 세계은행　세계은행은 기업의 규모를 종업원 기준으로 다음과 같이 구분한다(『세계개발지표』, 2006).

영세기업(micro enterprises) : 종업원 수 0~9명
소기업(small enterprises) : 종업원 수 10~49명
중기업(medium-size enterprises) : 종업원 수 50~249명
대기업(large enterprises) : 종업원 수 250명 이상

③ 미　국　미국은 중소기업이라는 말 대신 스몰 비즈니스(SB : small business)가 공식 용어이다. 미국의 스몰 비즈니스는 제조업의 경우, 업종에 따라

서 종업원 500~1,550명까지의 기업을 말한다. 한국에서는 대기업일지라도 미국에 가면 스몰 비즈니스가 되는 경우가 많다. 미국의 스몰 비즈니스법(Small Business Act of 1953)은 스몰 비즈니스를 '독자적으로 소유되고 운영되는 기업으로서, 그 사업 분야에서 지배적이 아닌 기업'이라고 정의한다. 스몰 비즈니스가 되기 위한 조건은 첫째, 소유와 경영의 독립성과 둘째, 해당사업 분야에서의 비지배성의 두 가지이다. 규모만 중시하는 우리나라의 경우와는 다르다.

소유나 경영면에서 대기업의 지배를 받는 기업은, 예컨대 대기업 소유 회사나 연결결산대상 자회사는 규모가 아무리 작아도 스몰 비즈니스가 아니다. 또한 대기업 자회사나 관련기업이 아니더라도 해당 사업 분야에서 시장지배력을 행사할 수 있는 기업은 규모에 상관없이 스몰 비즈니스가 아니다. 이런 정의는 미국인의 경제철학 때문이다. 이는 스몰 비즈니스법 제2조에 잘 나타나 있다.

> "사기업(私企業)을 토대로 하는 미국 경제체제의 요체는 자유경쟁이다. 완전하고 자유로운 경쟁을 통해서만이 자유시장과 기업의 자유로운 사업 진출, 개인의 창의력과 판단력의 표현 및 성장의 기회들이 보장된다. 그러한 경쟁의 보전과 확대는 국가의 경제복지뿐만 아니라 안전보장의 기본이 된다. 그런 안전보장과 복지는 스몰 비즈니스의 실제적이고 잠재적인 능력의 장려나 개발 없이는 실현될 수 없다."

스몰 비즈니스는 법적 용어이면서 정책 용어라고도 할 수 있다. 미국은 스몰 비즈니스야말로 미국경제의 버팀목이며 개인의 자유, 창의력, 모험심, 번영, 검소, 근면의 이상을 실현할 수 있는 자유기업경제의 근간이라고 믿는다. 그리고 스몰 비즈니스의 소유·경영이야말로 위대한 아메리칸 드림의 실현이자, 부자되는 최선의 방법 중 하나라고 믿는다.

④ 유 럽 영국은 종업원 기준으로 소기업은 종업원 50명 이하, 중기업은 50~250명, 대기업은 250명 이상의 기업으로 분류한다(말콤 소여의 『영국경제론』). OECD는 종업원 20명 이하의 기업을 소기업, 250명 이상의 기업을 대기업으로 분류한다(OECD, 『연감』, 2010). 독일은 연 매출액 5천만 유로 이하 또는 종업원 500명 이하의 기업을 중기업(Mittelstand)이라고 한다. 중기업은 독일경제의 지주이다. 호스트 시버트는 『독일경제론』에서 종업원 9인 이하의 기업을 소기업으로 분류한다. 독일 중소기업의 주된 특징은 사적 소유와 소유자 경영이다. 전문

기술을 바탕으로 하는 경우도 많다.

EU는 회원국의 기업조직과 관련 규정을 단순화하고 통일한 《유럽기업》제도를 2004년에 출범시켰다. 예를 들면, 독일 금융회사 알리안츠 AG는 알리안츠 SE로 이름을 바꾸었다. AG는 독일말로 주식회사란 뜻이나 SE(라틴어 Societas Europaea)는 유럽기업을 의미한다. 과거 알리안츠는 유럽 여러 나라에 진출할 때마다 나라별 규정이 다르고 중복되는 것이 많아서 애를 많이 먹었다. 그러나 유럽기업으로 전환됨에 따라 이런 문제는 많이 해소되었다. 감사회 인원도 20명에서 12명으로 감소했다.

## 4.5 일본은 기업그룹(BG)의 나라

일본 도요타 자동차사는 581개의 자(子)회사와 51개의 관련회사를 거느린 하나의 거대한 기업그룹(BG : Business Group)이다(미하라 아츠오의 『최신 업계지도를 알 수 있는 책』). 도요타는 또한 거대한 미츠이그룹의 회원사이다. 도요타와 같이 모회사와 자회사들이 형성한 기업그룹을 수직 케이레츠(수직 기업그룹)라고 하고 미츠이그룹과 같이 수직 케이레츠의 모회사들로 구성된 기업그룹을 수평 케이레츠라고 한다. 미츠이그룹은 도요타, 도시바 등 20개가 넘는 기업으로 구성되어 있다. 그런데 도요타는 세계적인 회사로서 독자적인 운영이 가능하므로 그룹의존도가 낮다. 도시바도 마찬가지이다. 그러므로 수평 케이레츠의 결속력은 약하다. 그러나 수직 케이레츠는 결속력이 강한 기업그룹이다. 도요타그룹은 하나의 생산단위를 형성하고 있다.

한국은 1965년 일본과 국교정상화 이후 지금까지 40년 넘게 무역을 해 오고 있지만 한 해도 한국이 무역흑자를 낸 적이 없다. 일본과의 경제게임에서 40년 넘게 지고 있는 것이다. 더욱 심각한 것은 한국의 대일 무역적자폭이 최근 더 증가한 바 있다는 점이다. 세계시장에서 한국기업과 가장 치열한 경쟁을 하는 기업은 일본기업이다. 일본의 도요타, 소니, 혼다 등 국제경쟁력이 강한 기업들은 대부분 기업그룹을 형성하고 있다. 제조업체들은 대부분 자회사들과 더불어 수직그룹을 형성하고 있으며, 수직그룹의 모회사들은 다른 수직그룹의 모회사들과 더불어 수평그룹을 형성하고 있다. 일본은 기업그룹의 나라라고 해도 과언이 아니다.

일본경제학회 회장인 다치바나키 도시아키 교토대 교수는 일본의 기업그룹에 대해서 다음과 같이 말했다(한국경제신문, 2006. 1. 1).

"한국은 일본경제의 발전과정을 교훈삼아 좋은 점은 받아들이고, 나쁜 점을 배우지 않으면 반드시 성공할 것이다. 구체적으로 말하면 일본의 경제성장에는 대기업그룹 체제가 커다란 역할을 했다. 그룹전체가 지원하고 협력해 짧은 기간에 세계 기업과의 경쟁에서 이길 수 있었다. 세계 1위 자동차메이커로 올라선 도요타가 대표적인 사례이다."

## ◎ 일본의 재벌해체

일본의 재벌해체 경위를 보자. 미국은 패전국 일본의 기업지배구조와 산업조직의 민주화를 위한다는 명분으로 일본의 재벌(財閥)을 해체하려고 했다. 맥아더 사령부(GHQ)의 일본재벌해체 담당자였던 코윈 에드워즈는 그 목적을 이렇게 설명한다.

"일본의 재벌해체는 군사력을 심리적 · 제도적으로 파괴하기 위한 것이다."

재벌해체는 일본에 많은 플러스 요인이 되었다고 하는 사람도 있으나 반론을 펴는 사람도 많다. 타카후사 나카무라 전 도쿄대 경제학 교수는 『전후일본경제』(제 2 판)에서 재벌해체에 관한 그의 견해를 다음과 같이 밝혔다.

"제 2 차 세계대전 전 재벌이 취한 행동이 모두 나쁘다고 하는 것은 잘못이다. 예를 들면, 자이바츠(재벌, 財閥)는 계속해서 많은 신종산업을 일으키고 일본풍토에 굳건히 토착시키기도 했다. 재벌의 반봉건적 통제가 저임금과 국내시장 위축을 가져왔고, 이로 인하여 중산층이 발달하지 못했다는 것은 믿기 어렵다. 재벌이 제국주의를 촉진시켰다고 하는 것도 문제이다. 미츠이 재벌과 미츠비시 재벌의 성장의 주 요인은 국제무역이었다."

사카이야 다이치(堺屋太一)는 일본경제기획청 장관을 역임한 바 있는 경제평론가이며 소설가이다. 그의 책 『일본을 이끌어 온 12인물』에서 맥아더 사령부의 일본경제정책을 다음과 같이 비판했다.

"맥아더의 농지해방정책에는 일본의 노동력을 지방으로 분산하여 거대한 산

**일본의 재벌**

신일본제철(주)이 펴낸 『일본-그 모양과 마음』(제7판)은 자이바츠(財閥, 재벌)를 이렇게 설명한다.

> "재벌이란 명치시대부터 제2차 세계대전 종전 때까지 존속한 대자본 그룹으로서, 어느 일족(一族)이 소유하는 지주회사가 주식보유를 통해서 여러 업종에 걸친 산하기업의 인사, 경영을 지배하는 폐쇄적이고 중앙집권적인 조직이다."

에드워드 메이슨 하버드대 교수도 『한국의 경제 및 사회적 근대화』에서 일본의 재벌을 이와 비슷하게 정의하고 있다.

업국가가 되지 못하게 하려는 속셈도 있었다. 일본에 거대한 제조공장이 생겨나는 것을 막으려는 미국의 의도가 농지해방의 명목으로 인구를 농촌으로 분산하는 정책을 취하게 되었다."

도쿄대 어느 경제학 교수는 도쿄에서 개최된 세계은행회의에 참석했을 때 저자에게 이런 말을 했다. 점령군사령부(GHQ)가 일본 재벌해체를 밀어부칠 때 수많은 일본인들은 밤마다 모여서 분통을 터트리며 재기를 다짐했다는 것이다. 그는 재벌이 공식적으로는 해체된 것으로 보였을지 모르나 실제로는 해체되지 않았다고 말한다. 점령군사령부는 일본 재벌해체 작업을 추진하던 중 6·25전쟁이 발발하자 일본에 대한 정책을 180도 바꾸었다. 일본의 국력을 오히려 키워서 아시아에서 팽창일로에 있는 공산주의의 대항세력으로 만든다는 것이었다. 이에 따라 일본 재벌해체 작업은 더 이상 추진되지 않았다. 점령군사령부는 각 그룹의 주거래 은행을 해체하지 않았으므로 해체된 재벌기업들은 주거래 은행을 중심으로 재결합하여 새로운 기업그룹을 탄생시킬 수 있었던 것이다.

### ❂ 한국과 일본의 기업그룹의 차이

김병하 경제사 교수는 그의 책 『한국재벌의 형성과 기업가 활동』에서 재벌을 '가족이나 친척 지배하의 다각적 대기업집단'으로 정의했다. 한국의 기업그룹은 과거 일본의 재벌과 크게 다르다. 우선 한국의 기업그룹은 지주회사의 지배를 받지 않았다. 물론 지주회사가 있는 경우도 있으나 이는 최근의 일이다. 또한 일본의 재벌처럼 폐쇄적이지 않다. 과거 일본 재벌은 모두 비슷했으나 한국의 기업그룹은 다양하다. 일족 지배를 받지 않는 경우도 있고 오너와 전문경영인의 혼합체계를 지향하는 기업그룹도 있다. 한국의 기업그룹은 현재 일본의 기업그룹과도 큰 차이가 있다. 여기서 말하는 일본의 기업그룹은 6대 수평케이레츠이다. 한국과 일본의 기업그룹의 주요 차이점을 살펴보자.

• 일본의 기업그룹은 은행을 소유할 수 있었다. 소속기업들은 그룹에 소속된 은행과 주로 거래를 하기 때문에 해당 은행을 주거래은행(Main Bank)이라고 한다. 그러나 한국의 기업그룹은 은행을 소유할 수 없다. 또한 일본의 6대 기업그룹은 모두 종합상사를 갖고 있다. 중핵기관이 주거래 은행과 종합상사이다. 그러나 한국의 경우에는 종합상사가 없는 기업그룹도 있다. 그룹회장을 중심으로 하는 구조조정본부나 전략기획실이 중핵기관이다.

• 기업의 소유에 있어 일본은 대부분 케이레츠 기업들이 대주주이다. 그러나 한국은 삼성전자의 주식을 외국인이 50% 이상 소유하듯이 우량기업의 주식은 반 이상을 외국인들이 소유하고 있다. 나머지는 그룹회사, 가족 및 개인들이 소유하고 있다. 한국기업의 소유는 우량기업의 경우 외국인을 포함한 혼합소유 형태이다.

• 한국기업은 그룹소속사들의 결속력이 아주 강하다. 일본기업은 수직케이레츠의 경우 하나의 생산단위처럼 행동하므로 결속력이 아주 강하나 수평케이레츠의 경우에는 약하다.

• 일본기업의 수평케이레츠 회원사들은 대부분 강력한 수직케이레츠의 모회사들이다. 그러나 한국기업은 회원사들이 강력한 수직케이레츠를 형성하고 있지 않는 경우가 대부분이다.

## ❂ 기업그룹은 해체대상이 아니다

많은 사람들은 경제위기 전 기업그룹(BG : Business Group)을 '재벌'이라고 비난하면서 해체를 주장했다. 우리는 재벌이라는 단어의 의미를 혼동하고 있다.

- '재벌 아들 병역 기피'라고 할 때의 재벌은 돈 많고 부도덕한 개인이다.
- '재벌해체'라고 할 때는 기업그룹 또는 기업집단을 의미한다.

재벌이라는 말은 긍정적 의미보다 부정적 의미로 사용될 때가 많다. 일본이 전후 재벌을 해체했으니 한국도 그렇게 해야 된다는 사람도 있다. 정의가 불명확하여 많은 사람을 혼동시키는 재벌이라는 말은 공식적 용어로는 사용하지 말아야 한다. 대신에 기업그룹 또는 공정거래법이 정한 기업집단이라는 법적 용어를 사용해야 된다. 일부에서는 기업그룹이 한국에만 있는 기업조직으로 해체대상이라고 하나 그렇지 않다.

피터 드러커 교수는 전 세계적으로 기업그룹이 없는 나라는 거의 없다고 말했다. 중국에는 기업집단의 수가 무려 1,073개나 된다(2005년판 『중국시장경제발전보고서』). 유군예(劉群藝) 북경대 교수는 중국에 기업그룹이 이미 오래 전 2,767개나 되었다고 했다(유군예 · 고미경, 『중국의 기업발전』). 홍콩에도 기업그룹이 많다. 리카싱(李嘉誠)이 설립한 홍콩 최대 그룹인 청콩(長江)그룹은 주력회사인 허치슨왐포아, 청콩실업, 홍콩텔레콤 등 수백 개의 기업을 거느리며, 종업원도 40여 개국에 18만 명이나 되는 거대그룹이다. 홍콩인들은 리카싱을 황제의 호칭인 대군(大君)으로 부른다. 초인(超人) 또는 상신(商神)으로 부르는 경우도 있다. 21세기 경제대국이 된다는 인도는 최대의 기업그룹인 타타그룹을 비롯하여 기업그룹의 나라라고 할 정도로 많다. 타타그룹은 8개 업종에 80개의 기업을 거느리고 있다. 창업주 가문 전체가 소유한 기업은 300여 개나 된다. 1960년대까지 세계 제일의 복지국가, 모범선진국 등으로 알려졌던 스웨덴경제는 발렌베리그룹이 이끈다고 해도 과언이 아니다.

미국공정거래위원을 역임한 에프 엠 셔러 하버드대 교수에 따르면, 미국기업 중 한국의 기업그룹과 가장 비슷한 기업은 세계에서 가장 존경받는 기업 GE라고 말한다(대담, 1996. 10. 11).

지금은 기업조직이나 경영에 하나의 정답이 없는 시대이다. '기업그룹은 안 된다', '기업그룹이 아니면 안 된다'는 모두 틀린 말이다. 올바른 기업의 조직이나 지배구조를 안다는 사람도 틀리다. 그 옳고 그름의 판단기준은 글로벌 경쟁력(GC)이 있는가의 여부이다. 중소기업, 대기업 기업집단을 불문하고 글로벌 경쟁력이 있으면 그 조직이나 운영은 옳은 것이다.

다른 나라가 하지 않으므로 우리도 하지 말아야 한다고 생각하는 것은 모방적 사고이다. 전략적 사고는 다른 나라와 다르게 하는 것이다. 다른 나라가 하지 않는 것을 우리가 해서 다른 나라를 앞설 수 있는 방안을 모색해야 한다.

## 4.6 BG의 강점과 단점

과거 한국은 기업그룹 체제로서 세계에서 가장 빠른 경제성장을 하는 등 한강의 경제기적을 창출했다. 그럼 기업그룹은 어떤 강점이 있다는 것인가?

**① 규모의 경제와 범위의 경제** 1990년대 초 세계 4대 회사는 모두 일본 종합상사였다. 한국은 수출구조가 일본과 비슷하여 일본의 거대기업들과 해외시장에서 치열한 경쟁을 하지 않으면 안 되었다. 한국기업들은 그룹을 만들어서 힘을 합치지 않으면 안 되었다. 한국정부는 과거 세계시장 대상의 수출주도형 공업화 정책을 추진하면서 우리 기업들로 하여금 규모의 경제와 범위의 경제를 실현할 수 있도록 기업그룹을 장려했다. 그러나 지금도 기업그룹의 규모는 글로벌대기업에 비하면 작은 편이다. 삼성그룹 67개 회사 전체의 매출액은 2009년 220조 원이었는데, 이는 도요타의 그 전년도 매출액보다 적은 것이다.

다양한 업종의 기업들을 그룹화하면 범위의 경제의 혜택을 볼 수 있다. 자동차 산업은 기계 · 전자 · 화학산업 등의 융합산업이다. 일본의 미츠이(三井)그룹은 이런 산업을 모두 갖고 있다. 미국은 산업 안에 기업이 있으나, 한국은 기업그룹 안에 기업과 산업이 있다. 한국의 기업그룹은 기업과 산업의 통합조직이다. 이는 범위의 경제 관점에서는 효과적이다. 세계에서 가장 존경받는 기업의 하나인 GE가 여러 분야(GE인프라, GE인더스트리얼, 건강관리, NBC유니버설, GE상업금융, GE소비자금융 등)의 사업에 다각화하는 것은 범위의 경제에 기인하는 바 크다.

**② 대규모 투자** 일반적으로 미국기업은 증권시장, 일본과 독일기업은 은행으로부터 필요한 자금을 조달한다. 그런데 삼성이 반도체를 시작할 때에 증시는 잘 발달하지 못했고 은행은 정부 통제하에 있었다. 삼성은 투자에 필요한 막대한 규모의 돈을 주로 삼성그룹 소속회사들을 통해 동원했다. 반도체 사업 시작 후 5년간이나 계속되는 적자도 그룹사들이 공동 부담했다. 그룹전체가 부도 직전까지 간적도 있다. 삼성의 반도체는 삼성전자가 아니라 삼성그룹이 만든 것이다. 현대자동차, LG전자, SK텔레콤도 그룹의 합작품이다.

기업그룹은 대규모 투자면에서 단독 기업에 비하여 월등히 유리하다. 대기업 문제의 권위자인 알프레드 챈들러 하버드 경영대 교수는 『규모와 범위』에서 산업화 시대 대기업은 다음과 같은 투자를 잘 해야 된다고 말한다.

### ▎범위의 경제(economies of scope) ▎

범위의 경제는 단일 제품보다 다수 제품을 생산할 때 생산단가가 감소하는 것을 말한다. 한 제품(반도체)이 다른 제품(휴대폰)의 원자재가 되거나, 동시 판매가 유리한 제품(냉장고, 에어컨, 세탁기 등)이거나, 광고비나 금융비용의 절약이 가능하게 될 때 발생한다. 마케팅의 예를 보면, 삼성이나 LG는 전 세계 주요 도시에 광고판을 세우는 등 세계시장 대상의 마케팅을 한다. 제품을 여러 개 판매할수록 제품 단위당 세계시장 마케팅 비용은 감소한다.

삼성전자는 5대 제품(반도체, LCD, 정보통신, 디지털 미디어, 생활가전) 복합생산전략을 채택하고 있다. 산업의 융합에 따른 범위의 경제 때문이다. 전 세계에서 삼성전자처럼 제품구조가 잘 짜여진 전자회사는 거의 없다고 한다. 팀 힌들이 쓴 이코노미스트의 『경영아이디어 안내』(제 2 판)는 범위의 경제가 과거 미국과 영국의 복합기업 출현의 원인이라고 했다.

- 규모의 경제(economies of scale)의 이점을 누릴 수 있는 대규모 생산 공장에 대한 투자
- 원료조달과 제품판매를 원활하게 할 수 있는 유통망에 대한 투자
- 최고 경영층이나 중간 경영층 등 경영에 대한 투자

알리스 암스덴 디국 MIT 교수는 『한국 : 진취적인 기업그룹과 기업가적인 정부』라는 글에서 한국의 기업그룹은 글로벌 기업들간의 경쟁시대에 이러한 투자에 유리하다고 했다.

**③ 세계정보망과 무역망의 형성** 정보화시대, 글로벌시대, 경제환경 급변의 시대에 정보의 중요성은 그 어느 때보다 크다. 일본의 경우 전 세계 주요 도시에 진출한 무수한 종합상사와 자회사들이 형성한 무역망, 중국의 경우에는 전 세계 주요 도시에 진출한 화교상인들이 세계 경제정보망 역할을 하고 있다. 미국의 경우에는 맥도널드, 코카콜라, 월마트 등 거대기업의 해외지사들과 정부기관이 그런 역할을 한다. 한국은 기업그룹의 수많은 계열사 해외 지사들이 세계 경제정보망 역할을 하고 있다.

### 규모의 경제(economies of scale)

예를 들어, 초현대식 시설을 갖춘 신문사가 하루 신문을 10만 부 발행할 때 발행비가 5억 원이나, 100만 부 발행할 때 10억 원이라고 하면 신문 1부당 평균비용은 5천 원에서 1천 원으로 감소한다. 이와 같이 생산규모의 증가에 따른 평균 생산비의 감소를 규모의 경제(대량생산의 경제)라 하고, 1부당 평균비용이 최소가 되는 규모를 최소효율규모(MES : minimum efficient scale)라고 한다. 규모의 경제가 발생하는 이유는 ① 생산 발행부수 증가에 따른 1부당 고정비의 감소, ② 전문 인력이나 장비의 사용, ③ 발행부수 증가에 따른 광고비 수입의 증가 등이다. 신문사는 광고비 수입이 많게 되면 판매가격을 떨어뜨릴 수 있다.

최소효율규모는 미용실, 이발소의 경우에는 작고, 자동차, 비행기회사의 경우에는 매우 크다. 미국 비행기회사 중에는 공장 정문 크기가 그야말로 축구장만한 것도 있다. 햄버거 가게의 크기는 전 세계적으로 비슷비슷한데 이는 최소효율규모 때문이다. 세계적인 호텔의 규모도 마찬가지이다. 그런데 최소효율규모는 국가간의 인건비나 소득차이 때문에 달라질 수 있다. 매출액 기준으로 세계 최대의 회사는 2008년 로열 더치셸 석유회사였다. 그러나 석유값의 하락으로 2009년 세계 최대 회사는 월마트가 되었다.

삼성전자와 LG전자가 해외에 파견한 직원의 수는 앞서 말한 바와 같이 장파(장기 파견)와 단파(단기 파견)를 포함하여, 해외주재 한국외교관의 수보다 각각 많다. 삼성그룹 전체, LG그룹 전체가 해외에 파견한 직원의 수는 이를 크게 상회한다. 정보는 글로벌 경쟁시대 승부를 결정하는 주요 요인 중의 하나이다. 한국의 세계정보망과 무역망을 형성하는 것은 BG이다. BG는 세계경제 정보수집과 활용에 있어서 단독기업에 비하면 대단히 효과적인 조직이다.

**④ 소속기업을 세계적인 회사로** LG그룹은 LG전자를 세계적인 전자회사로 만들었다. 삼성그룹은 삼성전자를 비롯하여 많은 회사를 세계적인 회사로 만들었다. 한국의 기업그룹은 소속 회사를 세계 일류로 많이 만들었다. 대한항공, SK텔레콤, 현대자동차, 현대중공업 등도 그 예이다. 피터 드러커 교수는 한국의 BG의

역할 중 하나는 소속기업을 세계수준으로 만드는 것이라고 말한다. 또한 한국은 통일을 앞두고 BG를 해산하면 안 될 것이라고 한다. 그의 말을 보자.

> "경제발전 초기단계에서는 BG는 절대적으로 긴요하다. 기업가적 재능은 부족하고 사업할 기회는 많기 때문이다. 이 점에서 한국이나 일본이나 프랑스나 독일이나 오스트리아나 차이가 없다. 그리고 BG의 주요 역할 중의 하나는 소속 기업을 세계 일류로 키우는 것이다. 내 말이 아주 인기 없는 말이 될지 모르나, 한국은 통일을 앞두고 있는 시점에서 BG를 해산하면 안 된다. 통일 후 북한에 BG가 필요할 것이기 때문이다. 내 생각에 통일은 곧 올 것으로 보인다. 북한에는 경제가 없다. 중국인들은 북한을 더 이상 지원하지 않는다. 러시아는 지원할 자원이 없다. 북한을 지원할 사람은 한국인뿐이다."
>
> —피터 드러커(대담, 2003. 6. 24)

**⑤ 산업의 육성** 삼성그룹은 한국의 반도체 산업을 세계적인 산업으로 만들었다. 현대그룹은 한국의 조선산업과 자동차산업을 일으켰고, 한진그룹은 한국의 항공산업을 일으켰다.

**⑥ 산업의 융합화** 휴대폰은 전화기, 시계, 계산기, 디카, MP3 등 다양한 산업제품이 컨버전스(또는 융·복합)된 것이다. 다가오는 기술과 산업의 컨버전스시대 한국의 기업그룹은 기술과 산업을 잘 컨버전스할 수 있는 조직이다.

**⑦ 글로벌시대에 맞는 성장 방법** 글로벌 경쟁시대 기업들에게 가장 좋은 성장 방법의 하나는 기업간의 전략적 제휴(SA : Strategic Alliance)이다. 그런데 기업그룹은 소속 기업들간에 SA를 가장 잘 할 수 있게 하는 조직이다.

**⑧ 인재확보와 양성** GE가 운영하는 미국 크론톤빌 연수원은 이미 오래 전 1년 예산이 1조 원이나 되었다. 미국 최고의 기업인 연수원이라고 한다. 삼성그룹의 삼성인재개발원은 GE연수원에 버금가는 동양 최고의 기업경영인 양성소이다. 이런 연수원은 대기업이 아니면 운영할 수 없다. 개별기업은 이런 연수원을 독자적으로 운영하기 어려울 뿐만 아니라 연수받을 인재도 부족할 수 있다.

지식기반시대에는 세계수준의 변호사, 금융전문가, 컨설턴트, 기술자를 개별 회사마다 고용하는 것보다 그룹차원에서 소수를 고용하여 회원사들이 공동 활용하는 것이 효율적이다. 기업그룹은 지식이나 기술의 축적면에서도 단독기업에 비하여 유리하다. 기업그룹의 다종다양한 일자리, 승진기회, 좋은 대우 등은 우수한 인재를 확보할 수 있는 요인이다.

⑨ **글로벌 마케팅** 전 세계 시장을 대상으로 하는 마케팅은 단독기업보다 기업그룹이 월등히 유리하다. 현재 삼성과 LG는 전 세계 주요 도시에 선전 광고탑을 세우는 등 마케팅을 한다. 어느 한 회사가 이를 한다는 것은 어렵다. 그러나 한 그룹이 하면 그룹회사 전체가 혜택을 볼 수 있다. 아프리카, 남미, 중동 등에 진출하여 에너지자원을 조달하는 경우에도 마찬가지이다.

⑩ **협 상 력** 외국 기업이나 정부와 협상을 할 때도 기업그룹이 단독기업보다 유리하다. 후진국의 부정부패한 정치인이나 정부 관리를 대상으로 한 협상에 있어서도 마찬가지이다. 그룹에는 다양한 인재가 있고, 외부에서 협상 전문가를 고용하여 소속 기업들이 공동으로 활용할 수 있다.

⑪ **경쟁의 촉진** 기업그룹의 가장 큰 장점 중 하나는 경쟁의 촉진이다. LG전자, 삼성전자는 해당그룹의 지원을 받으면서 사운을 걸고 국내외에서 상상을 초월할 정도로 치열하게 경쟁했다. 이런 경쟁이 한국의 전자회사를 세계 일류로 만들고, 한국을 전자강국으로 만든 것이다. 삼성건설, LG건설(GS건설), 현대건설의 경우에도 마찬가지이다. 이들이 중동에 진출하여 오일달러를 벌어들이는 등 한국의 공업화에 결정적인 역할을 했다. 한국인들이 세계수준의 고속도로를 세계적인 한국차로 달리고 세계수준의 아파트에서 살게 된 것은 이런 건설회사들 때문이다. 기업그룹은 소속 기업들이 국내외에서 치열한 경쟁을 통해 글로벌 경쟁력을 높일 수 있는 대단히 효율적인 조직이다.

⑫ **M&A시대 안전망 역할** 전 세계는 넘쳐나는 유동성 때문이기도 하지만 현재 기업의 M&A열풍이 불고 있다. 어느 나라 기업이나 M&A 당하지 않기 위하여 많은 노력을 해야 한다. 한국의 기업그룹은 소속기업들로 하여금 M&A 당할 위험이 적은 상태에서 장기적으로 투자할 수 있게 만든다. 어느 기업그룹 소속사가 외국기업에 인수 당할 위험이 있을 때는 회원사들이 뭉쳐서 이를 막을 수 있다. 예컨대 삼성이나 LG그룹의 회원사가 외국기업의 M&A로 부실기업이 된다면 삼성과 LG의 브랜드 이미지에 큰 타격을 준다. 그룹 소속기업들은 단기적인 주가관리나 외국기업에 의한 M&A 방지 등의 면에서 단독기업에 비하여 유리하다.

⑬ **기업그룹과 신뢰성** 서민들이 어렵게 모은 돈으로 중소 건설업체가 건설하는 아파트에 청약했다가 부도로 낭패 보는 경우가 있다. 공사가 부실하게 되어 추가로 돈을 많이 지출해야 되는 경우도 있다. 그러나 기업그룹 소속 건설업

**표 4-4** 한국의 20대 기업집단

| 순 위 | 기업집단명 | 자 산 | 자 본 금 | 매 출 액 | 당기순이익 | 계열사 수 |
|---|---|---|---|---|---|---|
| 1 | 삼 성 | 192,847 | 11,953 | 220,120 | 17,664 | 67 |
| 2 | 토지주택공사 | 130,338 | 20,353 | 6,882 | 459 | 4 |
| 3 | 한국전력공사 | 123,517 | 5,751 | 60,543 | 1,416 | 13 |
| 4 | 현대자동차 | 100,755 | 7,945 | 94,652 | 8,429 | 42 |
| 5 | SK | 87,522 | 5,864 | 95,118 | 2,625 | 75 |
| 6 | LG | 78,918 | 7,530 | 94,638 | 7,332 | 53 |
| 7 | 롯 데 | 67,265 | 3,767 | 39,570 | 3,069 | 40 |
| 8 | 포스코 | 52,877 | 1,871 | 42,479 | 3,686 | 48 |
| 9 | 한국도로공사 | 45,355 | 22,508 | 3,645 | 62 | 4 |
| 10 | GS | 43,084 | 2,070 | 43,898 | 1,967 | 69 |
| 11 | 현대중공업 | 40,189 | 1,331 | 32,554 | 2,853 | 16 |
| 12 | 금호아시아나 | 34,942 | 4,680 | 22,222 | -3,867 | 45 |
| 13 | 한 진 | 30,387 | 1,151 | 12,074 | -1,541 | 37 |
| 14 | KT | 27,099 | 2,382 | 18,995 | 560 | 30 |
| 15 | 두 산 | 26,788 | 2,411 | 17,208 | -564 | 29 |
| 16 | 한 화 | 26,391 | 6,371 | 28,989 | 1,092 | 48 |
| 17 | 한국가스공사 | 23,094 | 410 | 19,557 | 242 | 3 |
| 18 | 한국철도공사 | 21,386 | 10,617 | 4,073 | 664 | 11 |
| 19 | STX | 20,901 | 970 | 15,796 | -210 | 16 |
| 20 | LS | 16,179 | 1,554 | 19,433 | 473 | 44 |

자료: 공정거래위원회, 2010년 4월 기준. 단위: 십억 원.

체가 건설한 아파트의 경우에는 이런 일이 거의 없다. 중앙일보가 동아시아연구원과 공동으로 '한국의 23개 파워조직'의 신뢰도를 조사한 결과(중앙일보, 2005. 5. 25)에 따르면 한국에서 가장 신뢰할 수 있는 조직의 순위는 제 1~3 위가 3대 그룹이고 4위가 헌법재판소이며 청와대는 19위로 나타났다.

**⑭ 기업그룹과 공동체주의 문화** 기업그룹은 한국인의 강점인 공동체주의를 잘 활용할 수 있는 조직이다. 기업그룹은 개인주의가 기본 이데올로기인 나라의 사람들과는 잘 맞지 않는 것으로 보인다. 레스터 서로 MIT 교수는, 미국인들은 일반적으로 기업그룹 경영을 쉽지 않다고 생각하나 한국과 일본에서는 성공하고 있는 것이 놀랍다고 말했다. 기업그룹은 모든 나라가 잘 할 수 있는 것이 아

**재벌문제의 편견들**

신장섭 싱가포르 국립대 교수의 『재벌문제의 편견들』(중앙일보, 2005. 9. 10)이라는 글의 내용을 요약해 보기로 한다. 한국재벌을 해외에서는 경제기적의 주역으로 긍정적으로 평가하나, 국내에서는 반대로 평가하는 경향이 있어 크게 상반된다. 그런데 부정적 평가는 편견이라고 할 수 있는 것들이 많다. 우선 선단식 경영을 막고 계열사간 거래를 부당 내부거래로 규정하여 공정거래법으로 규제하는 나라는 한국밖에 없다. 삼성전자나 현대중공업이 세계적인 기업으로 성장하는 데는 내부자 거래가 결정적인 역할을 했다. 내부거래는 재벌들이 존재하는 이유이다.

재벌경영의 폐해의 다른 하나로 가족경영을 꼽는데, 전문경영제도가 잘 발달했다는 미국에서도 5만 4천 개의 상장기업의 60%가 가족기업이다. 독일, 이탈리아, 프랑스 등의 경우에는 상장기업의 60% 이상이 가족기업이다. 중국, 인도 등 아시아에서는 가족기업이 압도적이다. 1990년대 미국 800대 기업을 살펴보면 가족기업들이 산업평균보다 수익성은 33%, 성장성은 15% 더 높은 것으로 나타났다. 80년대 영국의 325대 기업의 경우에도 가족기업이 수익이나 성장성에서 앞선 것으로 나타났다.

재벌에 대한 국내의 평가가 부정적인 것은 논의가 정치화되었기 때문이다. 때문에 해외에서는 재벌에 대한 비판이 잘 통하지 않지만 국내에서는 잘 통하는 것 같다.

니다. 한국인의 강점을 살릴 수 있는 조직은 기업그룹이다. 기업과 그룹에 관한 관심이 많은 사람은 저자의 『기업을 위한 변명』을 참조 바란다.

제임스 오스틴 하버드 경영대 교수는 『개도국에서의 경영』이란 책에서 개도국에서의 기업그룹은 시장이나 경제적 여건이 좋지 않기 때문에 발생한 것이라고 지적했다. 개도국의 시장은 규모가 작고 비능률적이며, 정보가 불완전하고 자본조달 비용이 높으며 정부의 각종 규제가 많고, 진입장벽이 높다는 것이 특징이다. 이런 상황에서는 기업그룹이 생길 수밖에 없다는 것이다. 알리스 암스덴 MIT 교수는 공업화를 늦게 시작한 한국은 선진국의 진입장벽 때문에도 기업그룹이 필요하다고 말한다. 현재의 선진국들이 공업화를 추진할 때에는 진입장벽을 설정하는 다른 선진국이 없었다. 그러나 일본이 공업화를 할 때에는 기존의 선진국들이 진입장벽을 설정했다. 한국이 공업화를 할 때는 선진국뿐만 아니라 일본도 진입장벽을 설정했다. 이를 극복하기 위해서는 단독기업보다 기업그룹이 절대적으로 유리하다. 노벨경제학상을 수상한 로버트 포겔 시카고대 교수는 한국의 기업그룹은 한국의 정치, 경제, 사회, 문화 풍토 때문에 발생했다는 사실을 강조했다(대담 1996. 10. 29).

마우로 구일렌 펜실베니아대 경영학 교수는 한국, 스페인 및 아르헨티나 3국의 기업조직과 경제발전 간의 관계를 연구한 결과를 『컨버전스의 한계』라는 책으로 출판했다. 주된 내용은 세계화는 여러 나라의 기업조직, 경제발전 정책, 경영관례, 시장과 산업의 조직, 기업의 지배구조 등에 있어서 차이를 줄이는 것이 아니라 오히려 크게 만든다고 말한다. 세계화시대에는 이런 것에 다양한 형태가 있을 수 있으므로 하나의 정답이 있다는 주장을 버려야 된다는 것이다. 그는 한국의 경우 기업을 다음과 같은 세 부류로 나누어서 이들이 모두 경제성장에 기여하

**▮ 외국학자들의 기업그룹에 대한 견해 ▮**

저자는 외국의 저명학자들을 만나 한국의 기업그룹에 대한 평을 들을 기회가 있었다. 그들은 다음과 같은 견해를 밝혔다(송병락, 『기업을 위한 변명』 참조).

게리 베커 시카고대 교수 : "나는 재벌들이 한국 발전에 결정적 역할을 했다고 생각한다. 현재까지 재벌에 대하여 다소 적대감도 있었을 것이다. 그러나 나는 그런 적대감이 잘못 되었다고 생각한다."

로버트 포겔 시카고대 교수 : "내 생각으로는 재벌문제는 경제발전단계나 산업과 분리해서 생각할 수는 없다고 생각한다. 재벌에 대하여 하나의 답이 없다고 생각한다."

에프 엠 셔러 전 미국공정거래위원 : "한국의 재벌들은 신기술 습득을 비상하게 잘 하고 있다. … 다각화는 재벌들이 알아서 할 문제이다. … 전문경영인이 좋은가 소유자경영이 좋은가는 서로 강점과 약점이 있다. 신중하게 접근해야 한다."

도록 하는 것이 중요하다고 했다.

• 기업그룹
• 중소기업 및 기업그룹 소속이 아닌 기업
• 한국에 진출한 외국의 다국적기업. 참고로 『포춘』 500대 기업 중 한국에 진출한 기업은 260개 이상이다.

대기업 문제의 권위자인 알프레드 챈들러 교수는 선진국이 되는 데는 사람, 기술 및 조직력이 중요하다고 말한다. 기업은 사람, 기술, 자연 및 자본 등 각종 자원의 힘을 뭉치는 조직이다. 기업그룹은 기업의 힘을 다시 뭉치는 조직이다. 기업그룹은 잘만 하면 엄청난 힘을 발휘할 수 있다. 송호근 서울대 사회학과 교수는 그의 책 『한국, 어떤 미래를 선택할 것인가』에서 "한국의 경제성장은 재벌의 경쟁력에 달려 있다"고 했다.

### ◎ 기업그룹과 콩글로머레이트의 차이

많은 사람들은 양자를 동일시하나 그렇지 않다. 콩글로머레이트는 개인주의를 바탕으로 한 복합기업이고, 공통의 모회사가 여러 개의 계열사를 가지며, 모회사와 계열사 간의 관계는 법률적이고 계약적이며, 계열사간의 인적 교류는 없다. 반면 한국이나 많은 개도국의 기업그룹은 공동체주의를 바탕으로 한 기업집단이며, 소속회사들은 하나의 생산조직체의 부분처럼 행동한다. 기업들간의 관계는 비공식적이고 장기적이며, 소속회사들간의 인적 교류가 가능하다.

### ◎ 기업그룹의 단점관련 논의

한국에서 기업그룹을 해체해야 한다고 주장하는 사람들은 기업그룹의 단점으로 다음과 같은 점을 지적한다.

① **기업그룹과 문어발 확장** 이는 기업그룹이 사업을 한두 업종에 전문화하지 않고 문어발식으로 확장한다는 것이다. 삼성그룹 창설자 이병철 회장은 사업을 도·소매업(삼성상회)으로 시작하여 반도체까지 다각화를 잘 하여 삼성을 세계적 기업으로 키웠다. 현대그룹 창설자인 정주영 회장도 쌀가게(복흥상점)에서 출발하여 세계적인 자동차 및 조선 회사를 일으키는 등 다각화에 성공했다. 다각

화는 곧 설명하는 바와 같이 글로벌시대 기업성장의 한 방법이다. GE 잭 웰치 전 회장은 그의 책 『위대한 승리』에서 사업의 다각화를 통해 성공했다고 밝혔다. GE는 그야말로 사업을 문어발식으로 확장해서 성공한 대표적인 기업이다.

다각화는 국가경제 성장과 긴밀한 관계가 있다. 가령 한국경제가 심한 마이너스 성장을 하게 되면 모든 사업이 어렵게 되어 문어발식 사업 확장이 불가능하다. 그러나 고도성장을 지속하게 되면 거의 모든 사업이 잘 되므로 문어발식 확장이 쉬워진다. 중국처럼 나라경제가 9% 넘게 성장할 때는 거의 모든 산업이 성장산업이 되므로 문어발식 확장의 성공가능성이 높아진다(피터 드러커 교수).

**② 기업그룹과 경제력 집중** 재벌해체 옹호자들은 삼성의 규모가 국내 시장규모에 비하여 과다하므로 시장지배적 사업자로 지정하여 규제해야 한다고 말한다. 그런데 삼성전자는 수출비중이 매출액의 80% 이상으로 국내시장과 큰 연관성이 없다. 한국의 많은 기업그룹 회원사들은 글로벌 시장에서 외국기업들과 치열한 경쟁을 한다. 기업그룹의 경제력 집중은 국내시장이 아니라 글로벌 시장을 기준으로 따져야 한다.

대기업이 나라경제에서 차지하는 비중이 현저하게 낮은 나라는 세계 2대 경제대국인 미국과 일본뿐이다. 스위스는 그 비율이 대단히 높다. 프랑스와 네덜란드의 비중은 한국보다 크게 높다. 경제규모가 작은 나라일수록 세계적인 대기업을 한 개라도 갖게 되면 경제력 집중도는 급증한다. 반대로 글로벌 기업이 없어지거나 경쟁력을 잃게 되면 경제력 집중도는 급감한다. 경제력 집중도를 낮추다 보면 소득수준도 낮게 된다. 에드워드 메이슨 하버드대 교수의 『한국의 경제사회 근대화』에 의하면 1975년경 한국의 경제력 집중도는 인도나 파키스탄보다 낮았다.

**③ 기업그룹과 족벌경영** 많은 사람들은 기업그룹의 단점이 족벌경영이라고 한다. 자격이 부족한 창업주의 자녀나 친척들이 경영에 대거 참여하여 기업을 부실하게 만든다는 것이다. 이런 경우도 적지 않았다. 그런데 가족이 모두 나서서 경영을 하다가 실패하면 온 가족이 패가망신할 수도 있다. 따라서 가족경영을 하는 사람들은 최선을 다하려고 한다. 그러므로 역으로 기업경영인들로 하여금 최선을 다하도록 만드는 길은 경영에 가족을 참여시키는 것이라고 할 수 있다. 가족경영의 장단점을 일률적으로 말하기는 어렵다. 창업주 아들이 상속받아 기업경영에 성공한 경우도, 실패한 경우도 많다. 중소기업의 경우에도 마찬가지이다.

일본에서는 창업자 가족이 경영에 참여하는 기업을 '동족기업'이라고 한다.

도요타는 창업자의 후손들이 승계하여 가족경영이 되고 있다. 도요타는 동족기업의 의사결정이 빠르고 창업자가 그룹의 구심점이 되는 강점을 잘 살린 기업으로 평가받는다. 독일의 BMW는 창업자 가문이 지분의 40% 이상을 소유하고 있다. 창업자 2세는 경영에 직접 참여하지 않고, 감사위원회 위원으로서 경영진 선임에 영향력을 많이 행사할 정도이다. 세계적으로 유명한 스웨덴의 발렌베리그룹은 5대에 걸쳐서 소유권과 경영권을 행사하고 있다. 지주회사 인베스터를 통해서 그렇게 하고 있다. 이 그룹은 1930년대 고용보장을 요구하는 정부의 건의를 수용하는 대신 소유와 경영권을 보장받은 독특한 사례이다.

④ 중소기업의 성장 저해　한국인들이 기업그룹에 대한 반론을 펴는 이유로서 대기업 때문에 중소기업이 성장하지 못한다는 사실을 지적한다. 중소기업이 대기업의 틈바구니에서 살아남으려면 나름대로의 전략이 있어야 한다. 정구현 전 삼성경제연구소 소장은, 1990년 이후 한국은 중소기업의 수가 계속 증가하나 대기업의 수는 감소하고 있는데 이것이 문제라고 지적했다. 그는 사자나 호랑이들이 가젤 양을 잡아먹을 때 종(種)으로 보면 가젤 양이 먼저 멸종될 것 같으나 멸종위기에 있는 것은 오히려 사자나 호랑이 같은 동물이라고 했다. 대기업과 중소기업도 동물처럼 하나의 '생태계'로 보는 것이 옳다.

정부는 한때 대기업들로 하여금 벤처기업을 M&A하지 못하도록 했다. 벤처기업은 개발한 기술을 대기업에 팔고 다시 기술개발을 해야 하는데, 정부규제 때문에 이를 할 수 없었다. 벤처기업이 생존하는 하나의 방법은 대기업에 흡수되는 것이었다. 다행히 지금은 정부가 이를 허용하고 있다.

중소기업은 성쇠가 무상한 것이 중요한 특징 중의 하나이다. 경기가 좋을 때는 창업이 많아지므로 생산을 늘리고, 반대로 경기가 나쁠 때는 폐업으로 생산을 줄여서 나라경제의 유연성을 높이기도 한다. 중소기업에 유리한 환경을 조성하여 잘 성장하도록 하는 것은 매우 중요하다. 그러나 중소기업이라는 이유만으로 정부가 계속 보호해야 한다는 주장은 옳지 않다.

⑤ 경제위기의 원인과 기업그룹　어떤 사람들은 1997년 경제위기의 원인이 기업그룹에 있다고 말한다. 그러나 기업그룹은 그 이전에도 계속 있었고, 경제위기 극복 때도 있었으며, 지금도 있는데 왜 1997년에 경제위기가 발생했는가? 기업그룹만으로는 설명이 어렵다. 조셉 스티글리츠 콜롬비아대 교수는 제2차 세계대전 이후 전 세계적으로 발생한 각국의 경제위기는 100여 건이나 된다고 했다.

그럼 이 모든 나라의 경제위기의 원인도 기업그룹이란 말인가?

아직도 경제위기의 원인이 기업그룹이라고 잘못 알고 그 해산을 주장하는 사람들이 있다. 한국의 삼성, LG, SK, 현대그룹 등은 경제위기 전후 반도체, 자동차, 조선, 철강 등에 많은 투자를 했기 때문에 수출로 한국경제를 지탱해 나가고 있다. 이들은 이미 오래 전에 다가올 중국특수와 세계시장변동을 잘 예측하고 많은 투자를 했기 때문에 수출을 많이 하여 무역흑자를 쌓고 외환보유고도 2천억 달러가 넘게 만든 것이다.

### ❂ 한국의 공기업

한국의 공기업은 새로 제정된 『공공기관의 운영에 관한 법률(2007. 4)』에 의하여 그 정의가 변경되었다. 이 법률은 정부의 투자, 출자 또는 지원 등으로 설립되고 운영되는 기관을 '공공기관'이라고 한다. 그리고 공공기관을 다음과 같이 3개의 유형, 즉 공기업, 준정부기관 및 기타 공공기관으로 분류한다.

① 공기업　　공기업은 시장형 공기업과 준시장형 공기업으로 구분된다. 시장형 공기업은 자산 규모가 2조원 이상이면서 총수입액 가운데 자체수입액의 비중이 85% 이상인 공공기관이고, 비시장형 공기업은 이 비율이 50~85% 사이의 공공기관이다.

• 시장형 공기업 : 한국전력공사, 인천국제공항공사, 한국가스공사, 한국공항공사, 인천항만공사 등 6개

• 준시장형 공기업 : 한국조폐공사, 한국관광공사, 한국철도공사, 한국도로공사, 한국방송공사 등 18개

② 준정부기관　　이는 기금관리형과 위탁집행형의 두 가지로 구분된다.

• 기금관리형 : 「국가재정법」에 따라 기금의 관리를 위탁받은 기관으로 예금보험공사, 국민연금공단, 한국수출보험공사, 신용보증기금, 근로복지공단 등 16개

• 위탁집행형 : 정부 업무의 위탁집행을 하는 기관으로 한국농촌공사, 한국가스안전공사, 한국학술진흥재단, 대한무역투자진흥공사, 한국디자인진흥원, 한국전기안전공사 등 64개

③ 기타 공공기관　　위의 공기업과 준정부기관을 제외한 공공기관으로서 한국산업은행, 한국투자공사, 한국개발연구원, 중소기업은행 등 193개

지방공기업이란 지방자치단체가 운영하는, 지방공기업법의 적용을 받는 사업이다. 지방자치단체가 직접 기업을 행정조직형태로 설치·운영하거나, 지방공사, 공단, 또는 민관공동 출자법인을 설립하여 운영하는 기업을 말한다. 지방공기업에는 다음과 같이 3개의 유형이 있다.

① **지방직영기업** 지방자치단체가 100% 출자하여 정부조직형태로 직접 운영하는 상하수도 사업, 공영개발사업 등 238개

② **지방공사·공단** 지방자치단체가 설립하여 간접적으로 운영하는 도시개발공사, 시설관리공단 등 131개

③ **제3섹터** 지방자치단체가 자본금 또는 재산의 2분의 1 미만을 출자 또는 출연한 주식회사 또는 재단법인 등이다.

한국의 지방공기업 369개의 자산규모는 119.5조 원(2008년)이고 예산은 약 49조 원이다(행정안전부, 『지방공사 · 공단현황』, 2009).

### ◎ 대만식 중소기업형 경제, 한국에 맞는가

① 한국의 기업들도 1960년대 초까지는 대만기업들처럼 대부분 중소기업이었다. 한국이 대만식 중소기업형 경제가 되기 위해서는 그때부터 삼성전자, 현대자동차, 포스코, LG전자, 현대중공업 같은 대기업의 성장을 억제했어야 했다.

글로벌 경쟁시대에 성공하는 중소기업은 바로 세계적인 대기업이 될 수 있다. 그러나 중소기업으로 계속 남을 수는 없다. 나라경제 전체를 계속 중소기업형 경제로 유지한다는 것은 불가능하다.

② 매출액이 10억 원짜리 중소기업 8만 개를 합쳐도 삼성전자 한 회사보다 작다. 업종에 따라서는 대기업이 중소기업에 비교할 수 없을 정도로 경쟁력이 강하다. 그야말로 좁쌀 만 번 구르는 것보다 호박 한 번 구르는 것이 더 멀리 간다.

③ 한국의 주력 수출상품은 반도체, 자동차, 철강, 가전제품 등 대규모 생산시설이 필요하므로, 대규모 투자를 해야 하는 규모의 경제산업(scale-economy industries)제품들이다. 즉 대기업 제품들이다. 이승만 대통령 때 재무장관을 지낸 송인상 한국능률협회 회장은 이런 말을 했다. 자신은 1960년대 경제발전을 시작할 때 중소기업 중심으로 해야 된다고 강하게 주장했지만, 이병철 삼성그룹 전 회장은 대기업 중심으로 성장해야 된다고 강하게 주장하여 항상 의견충돌이 있

었다고 했다. 이 회장은 일본을 따라잡고 세계시장에서 빨리 크기 위해서는 대기업을 많이 키우는 수밖에 없다고 주장했고, 반면 송 회장은 기업이 차근차근 크지 않고 갑자기 크면 안 된다고 하면서 중소기업론을 주장했다는 것이다. 이병철 회장 사망 몇 달 전에도 같은 논쟁을 했지만 이 회장은 주장을 굽히지 않았다고 한다. 송 회장은 지금 생각하면 이 회장의 주장이 맞다고 말한다.

④ 인구 2천만 명이 대·소국 구분의 기준이다(스위스 IMD). 소국은 중소기업, 대국은 대기업의 길을 갈 수 있다. 대만은 공업화를 시작할 때 인구가 2천만 명 이하였다. 대만 정부도 중소기업경제를 할 것이라는 사실을 공표한 바 있다. 한국은 인구가 대만의 2배 이상이다. 대국의 길을 갈 수 있다. 그런데 세계화시대에는 스위스 같은 소국도 대기업을 많이 일으킬 수 있다. 한국과 같은 대국은 대기업이 많아야 전 국민이 먹고 살 수 있다. 통일 후의 인구는 영국, 프랑스, 이탈리아의 인구를 능가한다.

⑤ 선진국들은 대기업의 수가 한국의 몇 배나 된다. 선진국들과 경쟁하기 위해서는 대기업을 많이 육성해야 한다.

⑥ 대만인은 가족주의(familism)가 강하기 때문에 중소기업이 잘 맞는다.

⑦ 대만인 정치문제 때문에도 중소기업을 선호했다. 대만을 통치한 장제스정부는 본토에서 마오쩌둥과의 싸움에 져서 대만으로 도망 온 사람들이 만든 정부이다. 이들은 대만의 군대, 경찰, 고위관료, 공기업 등을 차지했고 원주민들은 주로 농업이나 중소기업으로 생활하게 되었다.

⑧ 공업화 전략 차원에서 보면 포스코와 같은 대기업을 한 개 만들어서 좋은 철강제품을 생산하면 그 제품을 활용하는 수많은 중소기업이 발생하게 된다. 각종 제품의 납품회사들도 많이 생긴다. 대기업이 하나 생기면 전·후방산업연관효과가 있는 산업들이 많이 생성된다는 것이 경제발전론자인 알버트 허시만의 불균형 성장론의 핵심이다. 각종 산업에 기업을 골고루 많이 일으키는 것은 라그나 넉시의 균형성장이론이고, 소수 주요 산업에 대기업을 몇 개 일으켜서 여러 산업에 걸쳐서 많은 중소기업들이 저절로 일어날 수 있도록 하는 것이 불균형 성장이론의 핵심이다.

> "경제성장을 위한 최선의 그리고 유일한 길은 기업이라는 사실을 이상하게도 주류 경제학은 인정하지 않으려고 한다."
>
> – 토마스 매크로 하버드 경영대교수

## 4.7 기업의 성장방법

### 기업의 성장

일본에서는 거품경제가 터진 1991년 이후 10년간 기업의 수가 많이 줄어들었다. 전용욱 중앙대 경영학 교수는 『세계 초우량 글로벌기업의 발전추이와 변환』이라는 글에서 1965년 한국 20대 기업 중 2004년까지 20대 기업으로 남은 것은 한 개도 없다고 말한다.

윤종용 삼성전자 전 부회장은 『초일류로 가는 길』에서 기업 최상의 목표는 '지속적으로 성장하고 발전하는 것'이라고 말한다. 조 후지오 도요타 회장은 도요타의 가장 큰 도전은 국제적인 성장과 글로벌화라고 한다. 제프리 이멜트 GE회장은 앞으로 기업, 국가 할 것 없이 모두 성장을 가장 중요한 화두로 삼아야 되며, GE의 목표는 끊임없는 성장이라고 말한다. GE는 매년 나이키회사 하나를 새로 만든다고 할 정도로 많은 성장을 했다. 그는 회장취임 후 모든 역량을 성장에 쏟아 붓는다고 하면서 한국의 기업이나 정부도 모두 성장을 가장 중요한 정책으로 삼아야 될 것이라고 했다. 앞으로 존경받는 기업이란 성장하는 기업, 성과를 창출하는 기업이라는 것이다.

기업의 성장이란 무엇인가? 정구현 전 삼성경제연구소 소장은 『기업성장의 한계 : 어떻게 극복할 것인가』라는 글에서 매출액이 경제성장률(=실질성장률+물가상승률)보다 빨리 증가하는 것이라고 했다. 이익이 주식가치와 더불어 증가해야 함은 물론이다. 성장하지 못하는 기업은 무엇보다 투자를 하기 어려우므로 일류인재를 확보하기 어렵다. 기술혁신이 급격한 시대에는 도태되기 쉽다. 그는 외부감사대상기업(자산규모 70억 원 이상)의 1990~2004년 종업원 규모별 성장추세를 분석한 바에 따르면 종업원 천 명 이상의 대기업의 비중은 계속 감소하여 4분의 1로 줄어들었는데, 종업원 5천 명 이상의 기업이 특히 많이 줄어든 반면 종업원 300명 이하의 기업의 비중은 크게 증가했다고 한다. 그는 한국의 기업성장에 대하여 다음과 같이 말했다.

- 창업의 증가로 중소기업의 수가 증가하여 전체 기업의 총수는 증가하고 있으나 대기업의 수는 감소했다.
- 기업의 성장은 점점 더 어려워지고 있다.

• 외환위기 이후 대기업과 중소기업의 격차는 종업원 1인당 매출액이나 부가가치로 볼 때 증가하고 있다.

## ◎ 기업의 성장방법

기업은 어떤 성장방법을 채택하는가에 따라서 성장에 큰 차이가 난다. 기업 성장에는 다음 네 가지 방법이 있다.

### 1) 유기체적 성장(OG : organic growth)

이는 기업이 자체의 자원으로 성장하는 방법이다. 즉 스스로 조달한 자금, 개발한 제품을 바탕으로 성장하는 것으로 전통적인 성장방법이다. 캐논, IBM은 주로 이 방법으로 성장했다. 개인의 경우 자신의 성장이나 경쟁력은 자신에게만 달려 있다고 생각하는 것에 비유할 수 있다. GE는 M&A도 많이 했으나 유기체적 성장을 중시한다.

### 2) 합병 및 매수(M&A : Mergers & Acquisitions)

삼성은 얼마 전 독일의 세계적인 카메라회사인 롤라이를 M&A하였다. 그 직후 삼성카메라의 렌즈 성능은 세계 일류 수준으로 좋아졌다. LG전자는 미국의 세계적인 전자회사 제니스사를 M&A하였다. 세계 제 1 위의 철강회사인 인도계 미텔스틸도 아르셀로(EU)를 인수합병하여 거대 철강회사로 성장했다. 앞으로 세계 철강업계는 아르셀로-미텔, 신일본제철, 포스코의 3강체제로 개편된다는 것이다.

한국의 M&A 사례는 많다. 오래 전 한진그룹의 창업주 조중훈 회장은 공기업인 대한항공공사를 M&A하여 대한항공으로 키웠다. 그의 동생 조중건 회장은 자서전 『창공에 꿈을 싣고』에서 대한항공을 M&A한 것은 박정희 대통령의 "재임기간중 국적기를 타고 외국 방문하는 것이 소원"이라는 호소에 많은 영향을 받았다고 했다. 두산은 한국중공업을 인수하여 두산중공업으로 만들었다. SK그룹의 최종현 회장과 손길승 회장은 유공을 인수하여 (주)SK로 육성했고, 한국이동통신회사를 M&A하여 SK텔레콤으로 육성했다.

외국의 예를 보면, 중국의 에너지회사들은 다른 나라의 에너지회사를 사기 위해 여러 나라에 기업 M&A팀을 운영하고 있다. 중국은 수출로 번 돈으로 전 세계를 다니면서 회사를 M&A하고 있다. 글로벌기업 쇼핑에 나선 것이다. 미국의 정유업체 유노칼을 인수하려다가 미국의 반대에 부딪혀 실패하기도 했다. 한국도 동남아 등지의 주요 외국기업을 많이 M&A해야 할 것이다.

독일의 다임러 벤츠 자동차회사는 1998년 미국의 3대 자동차 회사 중 하나인 크라이슬러 회사와 합병하여 "하나의 회사, 하나의 비전, 한 사람의 회장, 두 개의 문화"라는 비전을 내걸고 다임러크라이슬러 회사를 출범시켰다. 합병규모는 기업 역사상 최대였다. 그러나 합병 바로 뒤 크라이슬러의 많은 임원들이 회사를 그만두어 합병이라기보다 오히려 다임러 벤츠회사가 크라이슬러회사를 인수하는 것과 같이 되었다. 합병 후 많은 어려움이 있었다. 주가도 크게 떨어졌다. 합병을 주도한 회장은 임기를 다 채우지 못하고 사임했다. 이는 로버트 그란트와 켄트 뉴퍼트의 책 『최신 전략분석의 사례』(제 3 판)에 있는 설명이다. 미국에서는 2000년대에 들어 매년 7천 건이 넘는 M&A가 있었다(『미국통계요람』). 이런 추세는 앞으로 계속될 것으로 보인다. 그런데 매수의 경우에는 주도한 회사가 매수당한 회사와의 갈등을 비교적 잘 조정할 수 있으므로 성공하는 경우가 많으나 합병의 경우에는 갈등조정의 어려움 때문에 실패하는 경우도 많다.

과거 소버린은 SK를 M&A하려고 하면서 주식매매차익으로 많은 돈을 벌었다. 칼 아이칸은 KT&G를 M&A하려고 했다. 우리도 소버린 같은 기업을 키워야 된다는 주장이 일고 있다. 전 세계에는 유동성의 증가와 투기자금의 급증으로 M&A 열풍이 불고 있다. 중국이나 BRICs의 고도성장도 이에 가세하고 있다. 중국의 기업들이 현재 중시하는 성장 방법은 M&A이다. 외국에서 사업할 때는 외국회사를 인수하는 것이 맨바닥에서 시작하는 것보다 성공할 확률이 높다.

### 3) 다각화(diversification)

GE는 다각화에도 성공한 기업이다. 많은 사람들이 GE를 금융회사라고도 하듯이, GE는 금융부문의 사업도 많이 하고 있다. 그러나 금융부문 이익이 50%를 넘지 않게 하고 있다.

포스코의 경우 광양공장은 소품종을 대량생산하고, 포항공장은 다품종을 소량생산한다. 다품종 소량생산이 다각화에 가깝다. 한국의 경제위기가 발생했을 때 외국 전자회사들은 삼성전자에게 다각화하지 말고 반도체 한 품목에 전문화하라고 충고했다. 실제 외국의 적잖은 일류 전자회사들은 전문화의 길을 갔다. 그러나 삼성전자는 앞으로 산업의 변화추세는 휴대폰에서 보는 것처럼 전화기에 계산기, 시계, 카메라, 인터넷 등 많은 기능이 합쳐지는 융(복)합화임을 파악했기 때문에 이에 반대했다. 때문에 디지털 미디어, 정보통신, 반도체, LCD, 생활가전 제품 등으로 다각화하여 성공했다.

일본기업으로서 다각화의 상징적인 기업은 종합상사(總合商社)이다. 취급 업종은 '씨앗에서 인공위성까지', '생수에서 미사일까지' 또는 '라면에서 원자력발전소까지'라고 할 정도로 다양하다. 참고로 니시노 타케히코(西野武彦)가 쓴 『업계의 구성』에 따르면 일본 8대 종합상사 전체의 매출액은 705조 원, 종업원은 17여만 명, 자회사의 수는 7,300여 개나 된다. 이렇게 많은 자회사들이 다양한 제품을 취급하고 있다.

다각화는 전문화의 잣대로 보면 부정적이나 범위의 경제의 잣대로 보면 긍정적이다. 산업의 컨버전스의 추세로 볼 때에도 마찬가지이다. 기업가들 중에는 전문화나 다각화를 다 잘하는 경우도 있으나 그 반대의 경우도 있다. 토마스 베이트만과 스코트 스넬의 『경영-새로운 경쟁적 조망』(제 6 판)에 따르면 일반적으로 저성장 업종, 위협받는 업종의 기업은 다각화가 효과적이다. 산업연관관계가 없는 업종으로의 다각화, 즉 비관련 다각화보다는 관련 업종으로의 다각화가 적합하다는 것이다.

한국의 기업그룹이 과거 비관련 다각화를 많이 하게 된 것은 나라경제가 급속하게 성장하여 산업이 고성장하고 그에 따른 사업기회가 증가하였기 때문이라고 할 수 있다. 다양한 업종을 벌려도 다 돈벌이가 되니 그룹마다 다투어 하게 된 것이다. 그러나 피터 드러커 교수는 경기침체기에는 전문화나 다각화 모두 어렵다고 경고한다.

국가로 보면, 룩셈부르크는 다각화에 성공한 나라이다. 과거 룩셈부르크의 경제를 지탱한 산업은 철강이었다. 그러나 아담 졸리의 『유럽비즈니스 핸드북』(제10판)에 따르면 룩셈부르크는 전자산업, 금융산업 등에 190개의 회사를 창설함으로써 다각화에 성공했고, 그 결과 1인당 국민소득 세계 제 4 위의 나라가 되었다.

### 4) 전략적 제휴(strategic alliance)

LG는 필립스와 더불어 LG필립스 LCD회사를 설립했다. 삼성전자는 인텔, 마이크로 소프트 등과 협력하여 첨단제품을 개발한 바 있으며 소니와는 공동투자를 했다. 대한항공은 에어프랑스, 미국의 델타항공과 노스웨스트 항공, 알리탈리아항공, 체코항공 등과 '스카이 팀'이라는 항공협력체인의 회원이 되어 국제 여객수송, 항공기 부품과 항공유 공동구입 등의 협력을 하고 있다. 글로벌 경쟁시대에는 어느 하나의 기업이 자원개척, 기술개발, 마케팅 능력을 다 감당하기 어려운 경우가 많다. 다른 기업과의 협력(연대 또는 연합)이 필요하다. 글로벌시대는 산·학·연·정(산업, 대학, 연구소, 정부)의 협력도 중요한 시대이다. 전략적 제휴의 시대에는 적과의 동침도 가능해야 한다.

법제도와 문화가 상이한 나라에 가서 생산공장을 직접 건설하여 운영하는 것보다 현지 기업과의 전략적 제휴가 유리한 경우가 많다. 이는 21세기 기업의 가장 중요하고, 빠르고, 효율적인 목표달성 방법 중의 하나이다. 경제평론가 오마에 겐이치는 일본의 첨단기술을 가장 잘 활용할 수 있는 나라는 한국이므로 한국기업들은 일본기업들과의 전략적 제휴가 긴요할 것이라고 했다. 전략적 제휴에는 인간관계가 중요하다. 일반적으로 인맥형성을 가장 중시하는 나라는 한·중·일이고, 그 다음은 유럽, 미국 순이라고 한다. 중국은 그들의 독특한 인간관계, 즉 관시(관계, 關係)를 중시한다.

팀 힌들은 그의 책 『경영아이디어 안내서』에서 『포춘』지가 선정하는 세계 500대 기업은 각각 50~70건의 전략적 제휴를 맺고 있다고 했다. 지금은 전 세계적으로 매년 수많은 전략적 제휴가 발생하고 있다. 일본의 도요타가 세계 최고의 자동차를 생산할 수 있는 중요한 이유 중의 하나는 신일본제철이 최적의 강판을 제공하기 때문이다. 이 두 회사는 오랜 세월 긴밀한 전략적 제휴로 변함없는 윈윈(win-win)관계를 유지하고 있다.

기술급변 시대에는 국내외 업체들간의 합종연횡이 많아질 전망이다. 전략적 제휴는 크게 다음 세 가지 유형으로 나눌 수 있다.

• 합작투자(joint venture) : 이는 LG와 필립스가 합작투자로 LG필립스를 만들어서 LCD제품을 생산 · 판매하는 것을 예로 들 수 있다. 한 회사가 단독으로는 기술개발, 생산 및 글로벌 마케팅을 모두 담당하기 어려울 때 합작투자를 하게 된다.

• 공동협력(collaboration) : 이는 아시아나항공이 독일의 루프트한자 항공사와 같이 여객이나 화물수송에 관한 협력을 하는 것과 같다. 철강생산성 세계 제일인 포스코는, 자동차용 강판 생산기술의 최고인 일본의 신일본제철과 얼마 전

포괄적인 제휴를 맺었다. 제휴목적 중의 하나는 서로를 배우는 것이다. 포스코는 기술을, 신일본제철은 가격경쟁력을 배운다는 것이다. 최근 외국 휴대폰 제조회사들은 한국 휴대폰의 독주를 막기 위하여 공동협력하고 있다. 싱가포르는 의료, 교육, 수송, 통신, 환경보호 분야에 있어서 공공부문과 민간부문 공동협력을 잘하고 있다.

• 컨소시엄(consortium) : 이는 한국의 여러 개 회사가 공동으로 협력하여 해외 유전개발사업을 하거나 많은 금액과 위험부담이 큰 사업을 할 때 몇 개의 기업이 협력하여 하는 것을 예로 들 수 있다. SK 등 국내기업들이 컨소시엄을 만들어서 예멘LNG사의 지분을 상당부분 보유하여, 이 회사가 생산하는 가스를 해외에 판매하고 있다. 기업들이 범경제계 차원의 컨소시엄을 구성하여 정부가 서남해안 지역에 건설 예정인 관광레저도시 건설 사업에 참여하는 것도 같은 예이다.

기업들은 과거에는 유기체적 성장 방법을 중시했으나 현재에는 전략적 제휴도 중시하고 있다. 피터 드러커 교수는 앞으로의 기업성장은 각종 제휴를 바탕으로 해야 한다고 지적했다. 글로벌 경쟁력시대에는 이 네 가지 방법 모두 중요하다.

## 4.8 기업의 경쟁력

기업의 글로벌 경쟁력은 그 중요성이 계속 증가할 수밖에 없다.

• 기업의 평균수명은 1930년대 90년, 1980년대 30년, 21세기 글로벌 경쟁력(GC)시대에는 15년으로 계속 짧아지고 있다고 한다.

'『포춘』지 선정 세계 500대 기업리스트'에 포함된 세계 여러 나라의 대기업들은 대부분 중국에 진출해 있다. 이들 중 중국기업과 합작한 것도 많다. 그러므로 한국기업들은 이런 중국기업들과도 경쟁을 해야 한다. 메이드 인 차이나 제품은 이미 메이드 인 코리아 제품을 턱밑까지 따라와 있다.

• 중국의 수출 품목과 한국의 수출 품목은 겹치는 것이 많다.

• 글로벌 경쟁시대에는 GC우위기업은 승자가 되고 GC열위기업은 패자가 되기 쉽다. GC가 있는 국가와 없는 국가간의 격차도 커진다.

• 신상품의 수는 1970년 천 4백여 개에서 2002년 2만 2천여 개로 증가했다

(도미니크 바튼, 2005 참조). 혁신적 상품개발 능력의 중요성이 커진다.

손욱 전 삼성인력개발원 원장은 100대 기업의 30년간 생존율을 보면 미국은 32%(1969~1999년)이나 한국은 20%(1975~2004년)에 불과하다고 지적한다. 그는 중요한 차이는 혁신역량에 있다고 말한다.

어떤 기업이 좋은 기업인가? 다음에서 제시하는 단기적 기준은 『비즈니스위크』지가 매년 세계 100대 IT기업을 선정하여 그 순위를 정하는 데 사용하는 기준이고, 장기적 기준은 제임스 콜린스와 제리 포라스가 *Built To Last*에서 밝힌 것이다.

- 단기적 기준 : ① 매출액 ② 성장률 ③ 자본 수익률 ④ 주가 상승률 ⑤ 이윤
- 장기적 기준 : ① 그 산업의 대표기업인가, ② 기업경영인들의 폭넓은 존경을 받는가, ③ 이 세상에 지워지지 않는 업적을 남겼는가, ④ 산전수전(여러 제품의 주기)을 다 겪었는가, ⑤ 오랜 역사가 있는가(최소한 5년, 15년 등) 등

### 1) 개별기업의 경쟁력

글로벌 경쟁력시대, 좋은 기업의 조건은 장단기를 불문하고 GC우위기업이다. GC의 구체적인 판단기준은 무엇인가? 다음 4가지이다.

① 혁신(Innovation)
② 품질(Quality)
③ 가격(Price)
④ 속도(Speed)

**표 4-5** 시대별 100대 기업 생존율

| 1955 | 1965 | 1975 | 1985 | 1995 | 2004 |
|---|---|---|---|---|---|
| 100 | 13 | 12 | 9 | 11 | 7 |
| | 100 | 25 | 17 | 18 | 8 |
| | | 100 | 38 | 29 | 20 |
| | | | 100 | 61 | 29 |
| | | | | 100 | 47 |
| | | | | | 100 |

자료 : 손욱, 『잃어버린 혁신역량 회복』, 2005. 5.

서울 강남의 어느 보리비빔밥집의 예를 보자. 이 집은 특히 주말에 손님들이 줄을 설 정도로 많다. 손님들이 자리에 앉자마자 바로 식사를 제공한다(속도). 손님들이 빨리 달라는 말이 없다. 가격도 저렴하다. 맛(품질)이 좋다. 뿐만 아니라 열무 등 반찬과 그릇 등이 다른 집에서 볼 수 없는 혁신적인 것들이다. 이 집은 속도, 가격, 품질 및 혁신, 이 네 가지(신품가속, IQPS)면에서 모두 경쟁력이 있다. 이 집은 한국에서 일류이다. 보리비빔밥집은 다른 나라에 없으므로 한국 일류가 곧 세계 일류이다. 글로벌기업은 아니나 GC우위기업이라고 할 수 있다.

삼성전자의 경쟁력은 과거 기술, 경험, 노력이었으나 오늘날은 혁신과 속도라고 한다(윤종용, 『초일류로 가는 길』). 쿠바의 카스트로 의장은 이동식 발전설비를 현대중공업에 전량 발주하면서, 일본기업은 속도면에서 현대중공업에 뒤떨어진다고 했다. 이구택 전 포스코 회장은 지금은 경기변동 사이클이 짧아지고, 제품 가격의 진동폭은 커지는 등 경영환경이 급변하므로 속도경영의 중요성이 커졌다고 했다. 지금은 시간이 조금 지나면 어느 기업이나 거의 같은 제품을 만들 수 있다. 김쌍수 전 LG전자 부회장(현 한전 사장)은 글로벌 경쟁시대에는 경쟁업체보다 혁신이나 가격면에서 30%는 앞서야 된다고 말한다.

『뉴스위크』지(2004. 10. 11)는 세계 가전업체 중 시가총액면에서 삼성전자가 세계 최고이며 삼성의 속도경영을 배워야 한다고 칭찬했다. 윤종용 전 삼성전자 부회장은 과거 규모의 경제가 중요할 때는 '큰 기업이 작은 기업'을 잡아 먹었지만 오늘날은 '빠른 기업이 느린 기업'을 잡아먹는다고 지적한다. 인터넷시대는 속도경쟁이 아니라 가속도 경쟁, 속도자승의 경쟁시대라고 하는 사람도 있다.

경쟁력의 기준은 시대나 업종에 따라서 변한다. 예를 들어 공업화 초기 기술혁신이 별로 없어서 같은 제품이 반복 생산될 때는 가격이 주된 결정요인이었다. 소비자들도 값싼 제품을 선호했다. 세계의 공장이라 불리는 중국기업의 경쟁력은 대부분 가격경쟁력이다. 미국에서 팔리는 값싼 제품은 대부분 중국 것이다. 저가품으로 '너 죽고 나 살기' 식의 공세를 펴는 중국기업도 있다.

국민소득이 증가하면 품질도 중요해진다. 사람들이 스타벅스 커피를 선호하는 것은 품질 때문이다. 진로소주가 일본에서 7년간 소주시장점유율 1위를 차지한 것도 마찬가지이다. 현대자동차는 미국의 권위 있는 시장조사기관인 JD파워의 2006년 신차품질조사(IQS : Initial Quality Study)에서 포르셰, 도요타 다음으로 세계 3위를 차지했다. 지금은 세계 1위도 하고 있다. 고급차를 제외하면 일반브랜드

차의 품질에 있어서는 현대자동차가 최고인 셈이다.

세계적 명품회사인 루이뷔통은 한국원단을 사용하여 명품을 만든다. 그 경쟁력은 혁신(디자인 등)이다. 한국기업은 같은 원단을 쓰고도 그러한 명품을 잘 만들지 못한다. 미국의 3M은 세상에 없는 제품을 만든다. 그 경쟁력도 단연코 혁신이다. 세계 최대의 기업인 월마트는 계속 새로운 경영방법을 개발하여 현실에 안주하는 기업의 시장을 빼앗아 왔다. 유명한 경영학자인 게리 하멜은 앞으로 많은 이단자들이 기존 산업을 뒤흔들 것이라고 했다. 경쟁은 엉뚱한 생각을 하는 기업과 현실에 안주하는 기업간의 경쟁이 될 것이라고도 했다. 전통을 뒤집고 정설이 뒤집히는 일이 많이 생길 것이라는 것이다.

글로벌 경쟁력이 강한 기업은 이 네 가지를 모두 잘하는 기업이다. 사실 성공하는 음식점도 보면 이 네 가지를 다 잘 한다. 직장인의 경우에도 이 4가지, 즉 얼마나 일을 빨리 하는가(속도), 잘 하는가(품질), 참신하게 하는가(혁신), 그리고 저렴한 가격에 맞게 하는가가 경쟁력 판단의 기준이다.

### 2) 기업부문(전체 기업)의 경쟁력

이는 개별기업이 아니라 기업 전체(국가차원)의 경쟁력이다. 마이클 포터 교수는 이를 비즈니스경쟁력(BC : Business Competitiveness)이라고 명명한다. 그는 이 경쟁력의 측정을 위하여 비즈니스경쟁력지수(BC Index)를 개발했다. 그는 국가의 경쟁력은 국가의 생산성, 국가생산성은 다시 기업의 생산성에 의하여 결정된다고 한다. 그리고 기업의 생산성은 앞서 말한 바와 같이 필요조건(기업환경)과 충분조건(기업의 운영 및 전략)의 두 가지에 의하여 결정된다고 한다.

**① 기업의 운영과 전략** 기업경영은 내부에 관한 운영과 외부에 관한 전략의 두 부분으로 나눌 수 있다. 내부운영 못지 않게 전략이 중요하다. 마이클 포터 교수는 이와 관련된 주요 요인으로 다음과 같은 것을 들었다. 즉, 제품의 브랜드 인지도, 혁신능력, 마케팅능력, R&D지출비율, 생산공정의 효율성, 글로벌마켓 활용도, 종업원 및 간부의 교육훈련, 국제물류 통제 정도, 전문경영인 활용 정도, 종업원에 대한 인센티브제도, 국내외 판매비율, 고객지향 정도 등이다. 그는 기업들이 경쟁방법을 요소, 투자, 혁신주도형 등으로 지속적으로 업그레이드해야 함을 강조했다([표 10-1] 참조).

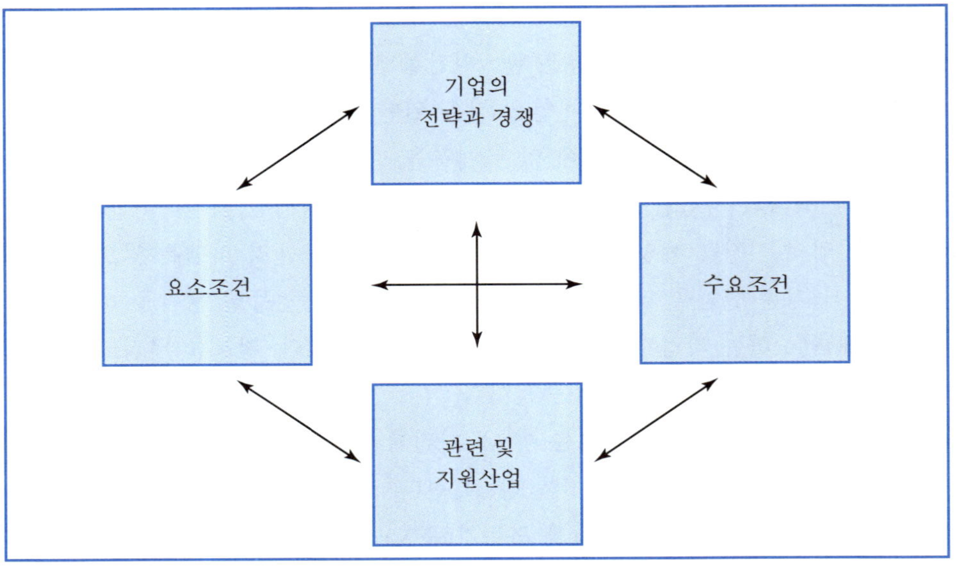


[그림 4-1] 미시환경과 다이아몬드 모델

② 미시적 기업환경　　기업환경은 거시환경과 미시환경으로 구분된다. 전자는 이 책 여러 장에서 논의된다. 미시환경요인은 포터 교수에 따르면 다음 네 가지이다(『세계경쟁력보고서』). 이를 그림표로 나타내면 다이아몬드 모양이 되는데, 이것이 유명한 포터다이아몬드 모델이다([그림 4-1]).

- 요소조건 : 인적자원, 자연자원, 자본시장, 인프라(물적 · 행정적 정보 및 과학 · 기술적 인프라)
- 수요조건 : 세련되고 까다로운 국내 소비자, 국내소비자의 수요가 해외수요를 선도하는가의 여부, 특정분야 국내소비자의 유례없는 수요가 해외수요로 이어지는가의 여부
- 관련 및 지원 산업 : 산업이 고립된 것이 아니라 클러스터의 일부로 존재하는가의 여부, 관련 산업들이 경쟁력이 있고, 근접 입지해 있는가의 여부
- 기업전략과 경쟁의 상태 : 국내 법규와 환경이 생산성을 촉진하는가, 인센티브 제도가 잘 마련되어 있는가, 국내기업들간의 경쟁이 치열한가 등

### 3) 성장경쟁력

이는 나라경제의 성장저력, 곧 국가경쟁력을 나타내는 것이다. 제프리 삭스 교수는 이를 측정하기 위하여 성장경쟁력지수(GCI : growth competitiveness index)를 개발했다. GCI의 3대 결정요인과 그 공헌도는 다음과 같다.

- 기술 : 50%
- 공적 제도 : 25%
- 거시경제 환경 : 25%

WEF(세계경제포럼)는 현재 인구 100만 명당 미국에 실용 특허를 27개 이상 등록한 25개국을 코어혁신국가(core-innovators), 그 이외의 국가를 비코어혁신국가로 구분한다. 위의 비율은 코어혁신국가를 대상으로 한 것이다. 전 세계에는 한국을 포함하여 25개의 코어혁신국가(2004년)가 있다. 실용특허가 많은 순으로 한국은 제12위이다.

코어혁신국가의 경우 기술이 1인당 GDP 성장에 50%를 차지한다는 것이다. WEF는 혁신의 결정요인으로 다음 6가지를 강조한다. 이 중 앞의 두 가지는 통계자료, 나머지는 여론조사를 통해서 파악한다.

- 인구 100만 명당 매년 미국 실용특허 등록 건수
- 고등교육 취학률
- 기술 선도국과의 기술 격차
- 기업의 신기술 도입 정도
- 타국 기업에 비한 기업의 R&D 지출 비율
- 기업의 국내 대학과의 R&D 공동개발 정도

공적제도는 다음 두 가지이며 그 세부 결정요인은 다음과 같다. 이 두 가지의 공헌도는 동등하다.

① **계약과 법집행** 사법부의 독립(정부나 정당으르부터) 여부, 재산권(금융자산 포함)의 분명한 규정과 법적 보호 여부, 공공기관 계약 때 정부의 중립 여부, 조직범죄가 기업에게 상당한 부담이 되는가의 여부 등

② **부 패** 수출입 허가 관련 뇌물의 정도, 전기 · 가스 · 수도시설 관련

뇌물의 정도, 세금관련 뇌물의 정도

선진국일수록 거시정책이 잘 되므로 국가경쟁력 결정에 있어서 미시정책의 중요성이 커진다. 지금까지의 설명은 세계경제포럼의 『글로벌 경쟁력보고서』에 실린 제프리 삭스 교수의 논문 "성장경쟁력 지수"와 마이클 포터 교수의 논문 "번영의 미시경제학적 기초의 건설 : 기업경쟁력지수로부터 발견한 사실" 등을 참조했다.

## 4.9 기업의 사회적 책임

"삼성그룹 창업자가 내걸었던 사업보국(事業報國), 그 창업이념은 새로운 시대, 새로운 경영 속에 있어도 형태를 바꿔 계속 빛나지 않으면 안 된다."

—후카가와 유키코 도쿄대 교수

### 1) 사회적 책임을 다하는 기업가, 무책임한 기업가

기업의 사회적 책임(SR : Social Responsibility)은 앞으로 계속 중요해질 것이다. 기업이 시속 100킬로미터로 달린다면 그 뒤를 바짝 뒤쫓고 있는 것은 시속 70킬로미터로 달리면서 기업의 사회적 책임을 중요시하는 NGO이다. 선진국들은 현재 기업의 사회적 책임에 대한 규범화를 추진하고 있다. 증가하는 사회적 책임의 중요성에 대한 대비책이 필요하다.

대부분의 사람들은 기업경영인이 돈을 벌면 당연히 사회에 환원해야 된다고 생각한다. 어느 사업가 F씨의 예를 보자. F씨는 자신이 모아둔 돈과 친척에게 빌린 돈으로 음식점을 창업했다. 그러나 얼마 안가 부도로 문을 닫았다. 밀린 종업원 월급은 줄 돈이 없었고 건물 임대료도 내지 못했다. 친척에게 빌린 돈은 원금은커녕 이자도 갚지 못했다. 자식은 대학을 중퇴하고 군에 입대했다. 부인은 파출부로 일하면서 생계를 유지했다. F씨는 기업가로서 사회적 책임을 다한 것이 아니라 자신, 가족, 종업원, 건물주인 등 사회에 막대한 피해를 주었다. 무책임한 기업가인 것이다.

성공한 S씨는 음식점을 하여 엄청난 돈을 벌었다. 종업원 봉급도 잘 주고, 집세, 빌린 돈에 대한 이자도 잘 지불했다. 그래도 돈이 많이 남았다. 즉 이윤을 많이 실현했다. 몇 년간 사업을 잘 하게 되자 종업원들도 비교적 여유 있는 생활을 하면서 자녀교육도 잘 시키는 등 대부분 집안을 잘 일으켰다. 기업가로서 사회적 책임을 다한 것이다.

서울에는 수없이 많은 음식점들이 있다. 음식점을 잘 경영해서 돈을 번다는 것(이윤의 실현)은 하늘의 별따기처럼 어렵다. 돈을 번다는 것은 음식을 잘 만들고, 종업원 봉급을 잘 주며, 집세나 빌린 돈에 대한 이자도 잘 갚는다는 것이다. 돈을 많이 버는 것이 곧 기업경영인으로서의 사회적 책임을 다하는 것이다.

기업의 사회적 책임에 대해서는 두 가지 상반된 견해가 있어 왔다.

첫째, 기업의 사회적 책임은 '이윤의 극대화'이다(노벨경제학상 수상자인 밀턴 프리드먼 전 시카고대 교수). 이윤이란 능률향상, 혁신, 위험부담에 대한 대가이다. 즉 이윤을 많이 낸다는 것은 능률적으로 경영하고 혁신하며 위험부담을 잘 감당해 내고 있다는 것이다. 송자 전 연세대 총장에 따르면 한국에서 지난 5년간 계속 이익이 증가한 회사는 5개밖에 없다고 한다.

둘째, 기업도 사회구성원인 이상 사회에 대하여 생산활동 이외의 책임을 져야 한다는 견해이다.

그런데 최근부터 이 두 견해를 절충한 주장이 설득력을 얻고 있다. 그 대표적인 학자는 영국의 경제 · 경영학자인 찰스 핸디이다. 그는 "기업은 부(富)와 능률을 위한 것이지만 인류 문명의 발전을 위해서는 이윤과 동정심의 밸런스를 맞추어야 된다"고 말한다. 현재 지배적인 견해는 기업이 사회적 책임을 다하는 것이 기업의 장기적인 경쟁력을 높이는 길이라는 것이다.

### 2) 기업의 사회적 책임

기업의 각종 사회적 책임은 경제적 · 법적 · 윤리적 및 자발적 책임의 네 가지로 나눌 수 있다.

① 경제적 책임　삼성그룹의 수출은 이미 2005년 한국 총수출의 20%를 넘어섰다. 만약 삼성그룹이 경영부실로 수출을 못하게 되면 어떻게 될까? 한국경제는 경제위기를 맞게 될 수도 있다. 무역수지가 적자로 돌아서고, 환율과 물가의 상승, 실업 증가, 주식 및 땅값의 하락 등으로 사회불안이 심화된다. 그럼 삼성의

### ▌포스코와 박태준 회장 ▌

그는 포스코를 건설하여 세계적인 철강회사로 키웠다. 세계적인 철강 전문분석기관인 미국의 WSD(World Steel Dynamics)는 얼마 전 세계 주요 21개 철강회사 중 포스코를 글로벌 경쟁력 최고의 회사로 연속 3년간이나 선정한 바 있다. 미국의 『포춘』지는 세계에서 '가장 존경받는 기업들'(The Most Admired Companies)을 매년 선정하여 발표하는데, 포스코를 연속 3년간이나 철강부문의 그런 기업으로 선정한 바 있다.

포스코에는 '우향우 정신'이라는 것이 있다. 포스코를 세계 최고의 철강회사로 만들지 못하면 우향우하여, 즉 오른쪽으로 돌아서면 동해바다가 보이는데, 이 바다에 빠져죽는다는 정신이다.

포스코는 편의시설이 잘 갖추어진 아름다운 사원주택단지도 건설해 놓았다. 빅토르 사도브니치 모스크바대 총장은 1991년 포스코 방문 때 이 시설을 돌아본 후 눈시울을 적시면서 이런 말을 했다. "레닌 동지가 꿈꾸고 추구한 이상향을 저는 포스코에 와서 보았습니다. 우리의 꿈이 그런 것이었습니다." 중국의 덩샤오핑은 1978년 중국발전에 꼭 필요한 박태준 회장을 수입해야 된다고 했다.

박 회장은 세계 최고의 철강인으로 철강기업의 역사를 다시 쓰게 한 사람이라고도 한다. 프랑스가 외국인에게 주는 최고 훈장을 포함하여 상도 많이 받았다. 프랑수아 미테랑 대통령은 그를 이렇게 칭찬했다. "한국에 봉사하고 또 봉사하는 것, 그것이 귀하의 삶에는 끊임없는 지상명령이었습니다." 세계은행의 『1968년 한국경제 보고서』는 한국인이 철강회사를 일으킬 능력이 없다는 견해를 공식적으로 밝혔다. 이 보고서의 철강부문 담당자는 영국인 자페였는데, 박 회장이 후일 그를 만나서 이런 질문을 했다. "당신이 불가능하다고 했던 포스코는 현재 생산량 3천만 톤의 세계 최고의 철강회사가 되어 있는데, 이 점에 대해서 어떻게 생각하느냐?" 그의 대답은 이러했다. "당시 나의 판단은 정상적이었다. 그러나 당신이 비정상적으로 경영했기 때문에 성공한 것이다." 박태준에 관한 다른 많은 기록은 이대환의 『세계 최고의 철강인 박태준』에 설명되어 있다.

가장 중요한 사회적 책임은 무엇인가? 경영을 잘 하여 좋은 제품을 만들어 수출도 많이 하고 나라경제가 잘 성장하게 하는 것이다. 이것이 삼성그룹의 가장 중요한 사회적 책임인데, 곧 경제적 책임인 것이다.

학교의 사회적 책임은 유능한 인재의 양성이다. 병원은 사회적 책임이 환자들의 병을 잘 고쳐주는 것이다. 의사, 간호사 등의 일자리를 만들기 위한 조직이 아니다. 병원이 환자 병 고쳐 주는 것을 소홀히 하고 가령 환경보호운동 등에 전념하는 것은 사회적 책임을 다하는 것이 아니라 오히려 회피하는 것이다. 아파트 건설회사는 좋은 아파트 건설, 제약회사는 좋은 약, 자동차 회사는 좋은 차, 음식점은 좋은 음식, 신발회사는 좋은 신발을 만드는 것이 사회적 책임을 다하는 것이다.

사회는 수많은 기업으로 구성되어 있다. 각종 기업이 맡은 제품을 잘 생산해야 나라 경제가 작동하고 국민의 생존이 가능하게 된다. 글로벌 경쟁력이 강한 제품을 생산하는 기업들은 사회적 책임을 아주 잘 하는 기업들이다.

기업은 생산한 제품이 사회에 대하여 미치는 영향에 대해서도 물론 책임을 져야 한다. 예를 들면, 음식점은 음식을 잘못 만들어서 고객에게 식중독을 일으킨다면 그 책임을 져야 한다. 배출 쓰레기에 대해서도 마찬가지이다. 장난감 회사는 장난감이 어린이들의 건강을 해치는 경우에는 그 책임을 져야 한다. 미국의 듀퐁회사는 화학제품을 생산하는 과정에서 많은 독극성 공해물질이 발생한 후 산업독극물연구소를 설립하여 이 문제에 잘 대처했을 뿐만 아니라 독극물 처리기술 판매도 할 수 있게 되었다. 이는 문제를 기회로 활용한 대표적인 사례이다.

② **법적 책임**　기업은 개인과는 달리 법인(法人)이다. 법인으로서 지켜야 될 법적 책임이 있다. 이는 국가사회의 법이나 국제법 모두를 잘 준수하는 것이다.

③ **윤리적 책임**　"알면서 남에게 해로운 짓을 하지 않는다." 이는 이른바 2500년 전의 히포크라테스의 선서로 알려진 윤리기준으로 지금도 타당하다. 전문직업인들에게도 해당되는 윤리기준이다. 합법적으로 속이는 행위를 해서도 안 된다.

대기업만이 아니라 문방구, 음식점, 책방, 세탁소 등도 윤리적 책임이 있다. 사회적 책임을 가장 많이 져야 할 사람들은 각계 각층의 지도자들이다. 피터 드러커 교수는 이들이 스스로는 이를 회피한 채 대기업의 사회적 책임을 따지는 것은 궤변이라고 했다. 윤리적 책임에 대해서는 개인, 기업, 지도자 간의 차이가 있을 수 없다. 일본 도쿄대학 후카가와 유키코(深川 由起子) 교수는 한국기업의 지나친 윤리적 책임에 대해서 우려를 표시한 바 있다. "한국인들은 유교의 영향 때문인지 기업에게 지나친 윤리를 요구하는 것 같다. 현재 한국사회의 기업관은 마치 유교 근본주의 같은 생각이 든다"(조선일보, 2004. 11. 5).

④ **자발적 책임** 장학재단 설립, 스포츠 팀 운영, 불우이웃 돕기 등이 그 예이다. 자발적 책임은 개인에게도 해당된다. 강요할 수 있는 것이 아니다.

### 3) 기업의 이윤, 사회 환원해야 하는가?

우리의 소득이 4가지인 것은 생산요소가 4가지(노동, 자본, 토지 및 기업가적 역량)이기 때문이다. 노동자는 임금소득, 지주는 지대소득, 자본가는 이자소득, 그리고 기업가는 이윤소득을 받는다.

① 노　　동 ⇨ 임금소득
② 자　　본 ⇨ 이자소득
③ 토　　지 ⇨ 지대소득
④ 기업가적 역량 ⇨ 이　　윤

---

⑤ 지　　식 ⇨ 지식소득(로열티, 기술 사용료 등)

피터 드러커 교수는 앞으로 지식사회에서는 생산요소는 다섯 개가 되고, 그 중 가치결정에 가장 중요한 요인은 지식이 될 것이라고 했다. 중국에서 휴대폰을 생산하는 한국의 전자회사는 인건비로 생산비의 채 1%가 안 되는 금액을 중국인에게 지급한다. 그러나 로열티로는 5%가 넘게 미국 퀄컴사에 지불하고 있다. 이것이 지식에 대한 대가이다.

이윤은 두 부분이다. 정상이윤과 이를 초과하는 이윤, 즉 초과이윤이다. 가령 옷 가게를 하는 사람은 옷 가게를 하지 않고 음식점, 과일가게 등 다른 사업을 해도 최소한 어느 정도의 돈을 벌 수 있다. 다른 사업을 해도 벌 수 있는 금액만큼은 이윤으로 인정해 줘야 한다. 이를 정상이윤이라고 한다. 이는 기업가가 받아야 할 당연한 대가이다. 생산비의 일부이다. 정상이윤보다 더 버는 돈은 초과이윤이다. 이 초과이윤은 기업가의 능률향상, 혁신, 위험부담 등에 대한 대가이다. 어떤 사람이 회사에 취직을 하지 않고 패가망신할 위험을 무릅쓰고 직접 휴대폰 회사를 경영하는 것은 이런 돈을 벌기 위해서이다. 이런 이윤이 사회에 환원되어야 한다면 임금, 지대, 이자소득도 같이 환원되어야 한다. 이런 이윤이 휴대폰 회사를 크게 만들고, 국민들에게 좋은 휴대폰을 사용하게 하고, 좋은 일자리를 만들며, 정부의 세금 수입을 많게 한다. 기업가들로 하여금 이윤소득을 마음껏 차지할 수 있게 해야 우리가 사용하는 각종 제품의 성능이 좋아지고, 더 새로운 제품이 계속 생산되고, 일자리와 정부의 조세 수입이 계속 늘어나게 된다. 이것이 자유시장경제를 움직이는 핵심이다.

## 4.10 기업하기 좋은 나라

"회사를 창업하려면 콩고에서는 서류절차를 마치는 데 149일이 소요되고, 짐바브웨에서는 연소득의 499배를 자본금으로 낼 수 있어야 한다. 보스니아와 헤르체고비나에서 사업용 건물 건축허가를 받는 데 연소득의 565배의 돈이 든다." 이는 세계은행의 보고서 『기업하기(*Doing Business*)』에 있는 내용이다. 글로벌 경쟁시대 정부정책의 핵심은 기업하기 좋은 나라를 만드는 것이다. 외국기업이 국내에서 자유롭게 활동할 수 있어야 한국인의 일자리와 소득이 증가한다. 이 보고서가 183개국의 기업환경을 평가한 결과에 따르면 기업하기 좋은 나라로 1위 싱가포르, 2위 뉴질랜드, 3위 홍콩, 4위 미국을 꼽았다. 한국은 19위, 일본은 15위, 중국은 89위이다. 세계은행은 국제금융공사(IFC)에 의뢰하여 전 세계 기업관련 전문가 3천 5백 명을 대상으로 한 여론조사를 바탕으로 다음 10개의 항목을 기준으로 주요국의 기업환경을 평가하였다.

① 창　업　　⑥ 투자자 보호
② 인 허 가　　⑦ 납　세
③ 고용과 해고　　⑧ 외국무역
④ 재산등록　　⑨ 계약의 이행
⑤ 자금조달　　⑩ 폐　업

### 반기업 정서의 해결

세계적인 경영컨설팅회사인 맥킨지(McKinsey)는 주요 아시아 기업가들을 대

**표 4-6 주요국의 기업환경 비교**

| | 미 국 | 싱가포르 | 한 국 | 일 본 | 독 일 | 중 국 |
|---|---|---|---|---|---|---|
| 1. 창 업 | | | | | | |
| 절차의 수 | 6 | 3 | 8 | 8 | 9 | 14 |
| 소요 날짜 | 6 | 3 | 14 | 23 | 18 | 37 |
| 비용(1인당 소득대비, %) | 0.7 | 0.7 | 15 | 7.5 | 4.7 | 4.9 |
| 2. 종업원 채용의 어려움(0~100) | 0 | 0 | 38 | 16 | 42 | 31 |
| 3. 조 세 | | | | | | |
| 납부 횟수 | 10 | 5 | 14 | 13 | 16 | 7 |
| 시간(연 시간 수) | 187 | 84 | 250 | 355 | 196 | 504 |
| 총세율(총이윤의 비율) | 46.3 | 27.8 | 31.9 | 55.7 | 44.9 | 78.5 |

자료 : The World Bank, *Doing Business*, 2010.

상으로 아시아에서 가장 투자하고 싶은 나라를 조사했다. 조사결과 한국은 2002년 투자우선순위 1등이었으나 2004년에는 최하위였다(도미니크 바튼, 2005년 참조). 2001년 액센추어 컨설팅회사는 전 세계 22개국 900명의 CEO를 대상으로 반기업 정서가 최고인 나라를 조사했다. 결과는 안타깝게도 한국이 최고였다.

남덕우 전 국무총리는 기업은 국민의 생활을 윤택하게 만드는 데도 국민들은 마치 기업 때문에 못사는 것처럼 생각하는 것이 문제라고 했다. 실제로 기업들이 국민을 먹여 살리는 데도 불구하고 적지 않은 국민들은 기업을 정경유착, 땅 투기, 문어발 확장, 2세 상속 등의 주범처럼 생각한다.

반기업 정서는 기업가의 의욕을 꺾는다. 정부와 정치권이 계속 기업규제를 양산한다면 기업은 사업을 줄이거나 문을 닫거나 해외로 이전할 수밖에 없다. 내일의 일자리는 줄고 주가는 하락한다. 세계적인 글로벌 경쟁력 평가기관인 스위스의 세계경제포럼은 『글로벌 경쟁력보고서』에서 한국에서 기업하기 어려운 것은 정부나 정치의 후진성 때문이라고 지적했다. 한국에서 기업경영의 문제점은 첫째 비효율적인 정부관료, 둘째 정치불안, 셋째 자금조달, 넷째 잘못된 노동규제이다. 한국정부의 경쟁력이 낮다는 사실은 IMD의 『세계경쟁력보고서』도 연례행사처럼 지적하고 있다.

## ❂ 한국기업의 전략적 아젠다

경쟁전략의 대가인 마이클 포터 하버드대 경영학 교수는 얼마 전 〈서울대학교의 저명학자 초청강좌〉 프로그램에 초청되어 행한 연설 '한국기업들에게 불가피한 일'에서 한국기업들이 앞으로 불가피하게 해야 할 일을 다음과 같이 8가지로 밝혔는데, 이는 지금도 타당한 것으로 보인다.

- 경쟁우위의 원천을 확산하라.
- 독자적인 경쟁전략을 개발하라.
- 종래의 산업의 범주를 뛰어넘으라.
- 다각화의 구조를 다시 짜라.
- 산업구조의 역할을 다시 생각하라.
- 국가의 기업환경 개선에 앞장서라.
- 성장지향에서 투자수익률 중심으로 경영의 방향을 다시 잡아라.
- 운영상 효율에 있어서 세계 일류기업을 따라 잡아라.

## ❂ 기업문제는 생태계 차원에서

정부의 기업정책은 대기업, 중소기업, 소기업 구분할 것 없이 글로벌 경쟁력을 향상시킬 수 있는 방향으로 추진되어야 한다. 정부의 중소기업정책은 생존지원에서 경쟁력지원으로 바뀌고 정책의 대상은 개별기업보다 기업생태계가 되어야 한다.

앞서 언급했듯이 강한 사자가 약한 가젤 양을 잡아먹는 것이 불쌍하다고 사자를 모조리 없애면 가젤 양이 갑자기 급증하게 되고 이들은 초지부족으로 영양실조 또는 질병으로 죽게 된다. 결국에는 생태계가 파괴되는 것이다. 가젤 양, 사자, 초지의 문제는 개체가 아니라 생태계 차원에서 해결해야 한다. 대기업과 중소기업 문제도 마찬가지이다. 중소기업은 약자이므로 무조건 보호하고 이를 잡아먹는 대기업은 총에 맞아 죽어야 할 사자 정도로 생각하면 안 된다.

뉴질랜드 정부는 한때 부실한 기업은 모두 퇴출시키거나 외국기업에 매각하고 건전한 기업만 생존하게 했다. 그 결과 소수는 튼튼하게 되었으나 전체 기업수가 과소하여 국민들이 취직할 곳이 부족하게 되었다. 중국에는 얼마 전 시멘트공장이 5천여 개나 있었는데 국제기준에 맞는 것은 한두 개밖에 없었다. 중국정부가 만약 개별기업 위주의 정책을 폈다면 그 많은 공장을 퇴출시켜야 했을 것이다. 그

랬다면 국민의 일자리가 무수히 사라졌음은 물론 공장, 도로, 항만 등의 건설이 어려웠을 것이다. 한국에서도 국제기준에 맞지 않는 기업은 문을 닫게 하거나 외국기업에 팔아야 된다고 하는 사람들이 많다. 그렇게 하면 극소수의 세계적인 우량기업은 가질 수 있으나 국민 대다수는 실직자가 될지 모른다. 기업문제는 개별기업이 아니라 기업생태계 또는 기업피라미드 차원에서 풀어나가야 한다.

> "체코 경제학자들은 모두 금융경제학자들인 것 같다. 기업의 경쟁력 이야기는 하는 일이 없고 금융정책만 논하니 수입은 계속 증가한다. 상점에 가보면 체코제는 물과 맥주밖에 없다."
>
> — 프라하 주재 어느 한국 상사원

# 제 5 장 경제안정

가장의 일자리는 한 가정의 행복을 의미한다. 일자리를 잃을 위험이 있거나 일자리가 없는 사람은 하루하루가 불안하다. 설상가상으로 물가가 급등하면 실질 소득의 감소로 생존의 위협을 받는다. 나라경제의 경우에도 수출은 줄어드는 데 수입은 늘어나 국제수지적자가 쌓이면 불안하게 된다. 나라경제의 불안은 일자리, 물가 및 국제수지 불안의 셋으로 나누어 볼 수 있다. 따라서 경제안정은 크게 다음 세 가지를 안정시키는 것이다.

① 고용(일자리) 안정
② 물가안정
③ 국제수지 안정

경제안정은 선후진국을 막론하고 달성해야 하는 4대 근본 경제문제 중의 하나이다. 일자리가 없는 남아공, 이집트, 에티오피아 같은 후진국의 젊은이들은 길거리에 모여 잡담으로 시간을 보내거나 방탕한 생활로 살아간다. 범죄가 너무 많아서 외국 관광객들을 경찰이 경호해야 할 정도이다. 동남아의 어느 후진국은 젊은이들의 꿈이 미국비자를 받아서 자국을 영원히 떠나는 것이라고 한다. 이처럼 못 사는 나라의 공통점은 일자리가 적고 나라가 불안하다는 것이다.

선진국인 일본이 겪은 경제 불안을 보자. 1991년 이전 일본에는 전국에 부동산 열풍이 불었다. 일본인들은 집값이 계속 상승할 것으로 믿고 많은 빚을 내서 집을 샀다. 기업들도 앞 다투어 돈을 빌려 부동산을 샀다. 그러나 1991년 부동산 거품이 꺼지면서 집값이 폭락했다. 일본인들은 집을 팔아도 은행 빚을 갚을 수가 없었다. 기업도 큰 손해를 입었다. 많은 기업들이 부도가 났으며 실직자들이 속출했다. 직장을 잃은 사람들이 늘어났고 이혼, 질병, 자살도 증가했다. 일본은 1990년대를 '잃어버린 10년'이라고 한다. 1990년대 일본은 심한 경제 불안을 경험했다. 1991~2006년 사이 일본의 기업 수는 671만 개에서 591만 개로, 취업자

수는 6,002만 명에서 5,879만 명으로 감소했다. 반면 자살자 수는 거품경제가 터지기 전 연 2만여 명에서 2000년대에는 3만 명 이상으로 증가했다.

이런 심각한 정도의 경제 불안은 아니더라도 어느 나라나 항상 크고 작은 경제변동을 겪는다. 순탄한 성장만 하는 것이 아니다. 한국경제도 예외가 아니다. 한국의 과거 경제안정관련 지표를 보면 심한 경제변동이 있었음을 알 수 있다. 땅값이 한해 33%, 심지어 49%까지 상승한 경우도 있었다([표 5-1]). 어느 나라 경

**표 5-1** 경제안정관련 지표

| | (1) 경제성장률 | | (2) 실업률 | (3) 경상수지 | (4) 소비자물가 | | (5) 주택 · 지가상승률 | |
|---|---|---|---|---|---|---|---|---|
| | GNI | GDP | | | 지 수 | 상승률 | 주 택 | 지 가 |
| 1971 | 7.5 | 8.2 | 4.4 | 1.3 | 8.4 | 13.5 | | |
| 1972 | 4.2 | 4.5 | 4.5 | 0.9 | 9.3 | 10.7 | | |
| 1973 | 12.1 | 12.0 | 3.9 | 1.0 | 9.6 | 3.2 | | |
| 1974 | 6.7 | 7.2 | 4.0 | 2.4 | 12.0 | 25.0 | | |
| 1975 | 4.1 | 5.9 | 4.1 | 2.2 | 15.0 | 25.0 | | 27.0 |
| 1976 | 12.4 | 10.6 | 3.9 | −1.1 | 17.3 | 15.3 | | 26.6 |
| 1977 | 10.8 | 10.0 | 3.8 | −0.8 | 19.0 | 9.8 | | 33.5 |
| 1978 | 1.4 | 9.3 | 3.2 | −2.3 | 21.8 | 14.7 | | 49.0 |
| 1979 | 6.1 | 6.8 | 3.8 | −5.3 | 25.8 | 18.3 | | 16.6 |
| 1980 | −4.2 | −1.5 | 5.2 | −4.8 | 33.2 | 28.7 | | 11.7 |
| 1981 | 5.2 | 6.2 | 4.5 | −4.9 | 40.3 | 21.4 | | 7.5 |
| 1982 | 8.0 | 7.3 | 4.4 | −2.4 | 43.2 | 7.2 | | 5.4 |
| 1983 | 11.2 | 10.8 | 4.1 | −1.7 | 44.7 | 3.5 | | 18.5 |
| 1984 | 8.2 | 8.1 | 3.8 | −1.4 | 45.7 | 2.3 | | 12.8 |
| 1985 | 6.3 | 6.8 | 4.0 | −0.9 | 46.8 | 2.4 | | 7.0 |
| 1986 | 12.5 | 10.6 | 3.8 | 3.1 | 48.1 | 2.8 | | 7.3 |
| 1987 | 13.1 | 11.1 | 3.1 | 6.3 | 49.6 | 3.1 | 7.1 | 14.7 |
| 1988 | 12.1 | 10.6 | 2.5 | 8.9 | 53.1 | 7.1 | 13.2 | 27.5 |
| 1989 | 8.4 | 6.7 | 2.6 | 0.9 | 56.1 | 5.6 | 14.6 | 32.0 |
| 1990 | 8.9 | 9.2 | 2.4 | −4.8 | 60.9 | 8.6 | 21.0 | 20.6 |
| 1991 | 9.8 | 9.4 | 2.4 | −9.7 | 66.6 | 9.3 | −0.5 | 12.8 |
| 1992 | 5.8 | 5.9 | 2.5 | −5.1 | 70.8 | 6.2 | −5.0 | −1.3 |
| 1993 | 6.3 | 6.1 | 2.9 | −1.6 | 74.2 | 4.8 | −2.9 | −7.4 |

| | (1) 경제성장률 | | (2) | (3) | (4) 소비자물가 | | (5) 주택 · 지가상승률 | |
|---|---|---|---|---|---|---|---|---|
| | GNI | GDP | 실업률 | 경상수지 | 지 수 | 상승률 | 주 택 | 지 가 |
| 1994 | 8.2 | 8.5 | 2.5 | −6.3 | 78.8 | 6.3 | −0.1 | −0.6 |
| 1995 | 9.5 | 9.2 | 2.1 | −8.7 | 82.3 | 4.5 | −0.2 | 0.5 |
| 1996 | 5.6 | 7.0 | 2.0 | −23.1 | 86.4 | 4.9 | 1.5 | 1.0 |
| 1997 | 2.7 | 4.7 | 2.6 | −8.3 | 90.2 | 4.4 | 2.0 | 0.3 |
| 1998 | −8.3 | −6.9 | 7.0 | 40.4 | 97.0 | 7.5 | −12.4 | −13.6 |
| 1999 | 9.4 | 9.5 | 6.3 | 24.5 | 97.8 | 0.8 | 3.4 | 2.9 |
| 2000 | 5.5 | 8.5 | 4.4 | 12.3 | 100.0 | 2.3 | 0.4 | 0.7 |
| 2001 | 2.8 | 3.8 | 4.0 | 8.0 | 104.1 | 4.1 | 9.9 | 1.3 |
| 2002 | 7.0 | 7.0 | 3.3 | 5.4 | 106.9 | 2.7 | 16.4 | 9.0 |
| 2003 | 1.9 | 3.1 | 3.6 | 11.9 | 110.7 | 3.6 | 5.7 | 3.4 |
| 2004 | 3.9 | 4.7 | 3.7 | 28.2 | 114.7 | 3.6 | −2.1 | 3.9 |
| 2005 | 0.5 | 4.0 | 3.7 | 15.0 | 117.8 | 2.7 | 3.2 | 5.0 |
| 2006 | 3.9 | 5.2 | 3.5 | 5.4 | 120.3 | 2.2 | 11.5 | 5.6 |
| 2007 | 4.8 | 4.1 | 3.2 | 5.9 | 123.4 | 2.5 | 12.0 | 3.9 |
| 2008 | −0.6 | 2.3 | 3.2 | −5.8 | 129.2 | 4.7 | 3.1 | −0.3 |
| 2009 | 1.5 | 0.2 | 3.6 | 42.7 | 133.0 | 2.8 | | 1.0 |

자료 : 한국은행, 『경제통계연보』, 각 년도; 한국토지공사, 『지가동향』, 2005 및 국민은행, 『도시주택가격동향조사』, 2005; 국토해양부, 『국토해양통계연보』, 2009; 통계청, 『통계로 본 대한민국 50년의 경제사회상 변화』, 1998 ; 『한국통계월보』, 2010. 4.

### 러시아의 경제개혁과 경제안정 문제

러시아는 1991년 12월 소련연방의 해체와 더불어 탄생했다. 옐친 대통령은 34세의 급진적 시장경제주의자인 가이다르씨를 수상대행으로 지명하여 국유기업의 사유화, 가격의 전면적 자유화 등 과격한 개혁조치를 시행했다. 그 결과 1992년 물가는 25배 이상, 환율은 1달러=110루블에서 400루블 이상으로 급등했다. 극심한 인플레의 계속으로 환율은 1996년 말 5,500루블이 되었다. 당시 러시아인들은 해외에 많은 자금을 도피하기 시작했는데, 그 규모는 연 100억 달러를 크게 넘었을 것이라고 했다.

러시아 경제는 1990~2000년 사이 연평균 마이너스 4.7%씩 성장했다. 소련 해체 후 인플레가 연 2,000%나 되는 해도 있었다. 1998년에는 1,000루블을 1루블로 하는 디노미네이션을 실시하여 환율을 1달러당 6루블로 정했다. 그러나 연말에 20루블 이상이 되었다. 러시아 경제는 2000년부터 플러스 성장으로 돌아섰으나 2005년 현재까지도 1989년 수준을 회복하지 못했다고 한다.

소련연방 해체직전 중산층 근로자들은 봉급이 500루블 정도였다. 은퇴하면 국가에서는 이들에게 연금으로 이 정도의 돈을 매월 평생 지급할 것이므로 노후생활 걱정을 하지 말라고 했다. 그러나 극심한 인플레로 매월 받는 연금 500루블은 0.1달러, 즉 우리 돈으로 100원 이하로 떨어졌다. 연금생활자들의 생활은 극도로 불안하게 되었다. 인플레가 기승을 부릴 때 돈을 믿을 수가 없어서 러시아 경제는 물물교환경제로 후퇴했다(타나카 후미노리의 『아메리카 · 유럽경제의 상식』).

제나 성장을 하는 가운데 가급적 안정된 수준의 변동을 하도록 하는 것이 중요하다. 경제안정은 경제성장 못지 않게 중요하다. 경제안정의 중요성을 모르는 나라는 후진국이 되고, 알아도 대처를 잘못하는 선진국은 일본처럼 되며, 알지도 못하고 대처도 잘못하는 나라는 경제위기를 맞게 된다. 한국의 경제위기는 이 장 끝 부분에서 검토된다. 먼저 한국의 고용안정 문제를 보기로 하자.

## 5.1 일자리 안정

### ◎ 심한 일자리 불안

지금 한국에는 일자리를 찾지 못한 사람, 찾다가 희망이 없어서 포기한 사람, 잃을까 봐 불안해 하는 사람 등 일자리 문제로 고민하는 사람들이 많다([표 5-2] 참조). 왜 한국에 일자리 부족 현상이 벌어지고 있는가?

① 한국의 총 취업자 중 상용근로자는 10명 중 4명꼴이다. 이 비율이 너무나 낮다. 임시직 · 일용직 그리고 무급 가족종사자의 비율은 36%나 된다. 이는 외환위기 때 수많은 일자리가 없어진 데도 큰 원인이 있다.

**표 5-2** 노동인구 통계

| | 1980 | 1990 | 2000 | 2009 |
|---|---|---|---|---|
| 1. 총 인 구 | 38,124 | 42,869 | 47,008 | 48,747 |
| 15세 이상 인구 | 24,463 | 30,887 | 36,186 | 40,092 |
| 경제활동인구 | 14,431 | 18,539 | 22,134 | 24,394 |
| 2. 경제활동참가율(%) | 59.0 | 60.0 | 61.2 | 60.8 |
| 남 자 | 76.4 | 74.0 | 74.4 | 73.1 |
| 여 자 | 42.8 | 47.0 | 48.8 | 49.2 |
| 3. 취 업 자 | 13,683 | 18,085 | 21,156 | 23,506 |
| 여성의 비율(%) | 38.2 | 40.8 | 41.4 | 41.6 |
| 실 업 자 | 748 | 454 | 979 | 889 |
| 실 업 률 | 5.2 | 2.4 | 4.4 | 3.6 |
| 4. 총취업자 구성비(%) | 100.0 | 100.0 | 100.0 | 100.0 |
| ① 임금근로자 | 47.2 | 60.5 | 63.1 | 70.0 |
| 상 용 | 37.7 | 32.8 | 30.2 | 39.9 |
| 임 시 | - | 17.5 | 21.8 | 21.7 |
| 일 용 | 9.5 | 10.2 | 11.1 | 8.4 |
| ② 비임금근로자 | 52.8 | 39.4 | 36.8 | 30.0 |
| 자 영 자 | 34.0 | 28.0 | 27.7 | 24.3 |
| 무급 가족종사자 | 18.8 | 11.4 | 9.1 | 5.7 |
| 5. 주당 평균근로시간 | 51.6 | 48.2 | 47.5 | 45.9 |
| 제조업 | 53.1 | 49.8 | 49.3 | 47.4 |
| 월평균근로일수 | 24.6 | 24.7 | 24.5 | 21.2 |
| 6. 임금격차 | | | | |
| 고졸=100.0 | 100.0 | 100.0 | 100.0 | 100.0 |
| 중졸 이하 | | | 86.3 | 89.6 |
| 전문대졸 | | | 103.2 | 106.4 |
| 대졸 이상 | | | 158.9 | 153.6 |

주 : 단위는 천 명. 총인구는 연앙인구임.
자료 : 통계청, 『한국의 사회지표』, 2009; 『한국통계연보』, 2009; 『2009년 경제활동인구연보』, 2010.

"경제는 참으로 다루기가 어렵다. 지식만으로 열의만으로 되는 것이 아니다."

– 박정희, 『국가와 혁명과 나』(1963)

② 자영자의 비율은 24.3%나 될 정도로 높다. 외환위기 이후 일자리를 잃은 수많은 사람들이 소매업, 음식 · 숙박업 등에 종사하는 영세 자영자가 되었다. 자영자 중 상당수는 좋은 일자리가 있으면 취업할 사람들이다. OECD의 『2010연감』에 따르면 30개의 OECD 국가 중 이 비율이 한국보다 높은 나라는 터키(47%)와 멕시코(35%)뿐이다. 미국은 6%, 일본은 12%, 독일은 9%이다.

③ 취업기회가 적어서 졸업을 연기하고, 6~7년 만에 대학을 졸업하는 사람들이 늘어나고 있다.

④ 기업체보다 공무원이나 교사직을 선호하는 사람들이 늘고 있다.

⑤ 한국인 중 일하는 사람의 비율은 48.2%로서, 미국 63.1%나 일본의 50.0%에 비하면 낮다. 이 비율을 미국이나, 일본 수준으로 높이려면 많은 일자리가 만들어져야 한다. 한국의 잠재실업자는 대단히 많다.

일자리 부족은 어느 사회 어느 시대에도 심각한 문제이다. 미국에서 가장 영향력 있는 경제지표는 고용이다. 현재 미국에서도 일자리 부족은 심각한 문제이다.

### ❂ 일자리가 부족한 이유

• 일자리는 대부분 기업이 만들어야 한다. 많은 사람들은 정부가 공무원의 수를 늘려서 일자리를 만들어야 된다고 하는데 이는 잘못된 생각이다. 공무원의 수는 적정수 이상으로 증가하면 안 된다. 또한 기업은 많이 규제해도 된다고 생각하니 일자리가 잘 만들어지지 않는다. 한국의 취업자 수 2,350여만 명 중 공무원은 98만 명에 불과하다. 설령 공무원 수를 두 배로 늘린다 해도 현재의 실업자(잠재실업자 포함)를 모두 취업시킬 수 없다. 공무원들은 국민의 세금으로 월급받는 사람들이다. 적정수 이상의 증가는 국민의 세금부담과 정부규제의 증가를 의미한다.

• 국내에 기업환경이 좋지 않아서 해외로 나가는 기업들이 많다.

• 한국에 투자하기 위하여 오는 외국기업들이 적다.

• 인건비 상승은 기업들의 공장자동화 등 노동절약적 투자를 증가시킨다.

• 도요타에서는 근로자들이 평생직장의 개념으로 일한다. 많은 한국기업에서도 외환위기 이전에는 평생직장의 개념으로 일했다. 그러나 외환위기 이후 미국식 고용제도를 과다하게 모방하느라 30대, 40대, 50대 근로자의 해고가 증가하고 온 국민의 고용이 불안하게 되었다. 독일의 경우 사회불안을 초래하지 않을

수준의 실업자 수는 3백만 명인데, 이미 5백만 명을 넘었다고 한다(호스트 시버트, 『독일경제』). 실업률이 11%를 넘을 때도 있었다. 현재 한국사회를 불안하게 하는 요인은 일자리 없는 사람들이 많다는 사실이다.

한국의 공식적인 실업률은 유럽 국가들에 비하면 상대적으로 낮은 편이다. 그런데 노동부 『노동통계연감』은 실업자를 '조사대상 주간을 포함한 지난 4주간 수입이 있는 일을 하지 않았고, 적극적으로 구직활동을 하였으며, 일이 주어지면 즉시 일할 수 있었던 자'로 정의한다. 그러므로 사실상 실업자이지만 학원을 다니는 등 몇 십만 명으로 추산되는 취업준비자들은 실업자 통계에서 제외된다. 이들을 포함하면 실업률은 크게 증가한다.

매년 학교를 졸업하고 취업을 원하는 사람들의 수는 얼마나 될까?

• 2009년 4년제 대학과 교육대학 졸업자는 28.5만 명이고, 진학자는 2.7만 명이다. 취업가능한 사람은 25.8만 명이나 된다.

• 전문대학의 경우 졸업자 19.9만 명에 진학자는 7천 7백 명으로 19.2만 명이 취업가능하다.

• 고등학교의 경우 실업계학교를 포함하여 57.6만 명이 졸업하고 47.2만 명이 진학했다. 취업가능자는 10.4만 명이다.

이렇게 보면 고등학교와 대학을 졸업하고 매년 취업이 가능한 사람의 수는 최대 55.4만 명이나 된다. 이 많은 일자리가 매년 만들어지지 못한다면 실직자 수는 계속 증가할 수밖에 없다.

## 5.2 물가안정

현재 높은 물가 때문에 생활의 불안을 느끼는 사람들이 많다. 그 이유를 살펴보자.

① 집값이 비싸서 결혼시기를 늦추는 남성들, 부부가 같이 벌어도 내집 마련이 어렵다는 신혼부부들이 늘고 있다. 보건사회연구원의 조사에 따르면 미혼 남성들이 결혼을 미루는 중요한 이유 두 가지는 높은 주택 가격과 고용불안이다.

때문에 한국인의 평균 초혼 연령은 1984~2008년 사이 남자는 26.8세에서 31.4세로, 여자는 23.9에서 28.3세로 높아졌다(통계청, 『한국의 사회지표』).

② 과다한 사교육비 때문에 둘째 아이를 포기하는 부부들이 적지 않다.

③ 주거비와 사교육비의 증가는 맞벌이 부부를 양산한다. 맞벌이는 선택이 아니라 필수처럼 되어가고 있다. 맞벌이는 저출산의 요인이 된다. 높은 물가는 맞벌이 부부를 양산하고, 결혼연령을 높이고, 출산율을 감소시키고, 한국을 아이 낳아 키우기 어려운 나라로 만들고 있다.

④ 서울의 일부 부동산은 소득의 상대적 수준을 감안할 때 일본 도쿄보다도 비싸다. 근로자 평균 가구소득 대비 평균주택가격은 한국이 미국이나, 영국보다 높다.

⑤ 서울의 높은 부동산가격은 높은 물가로 이어진다.

⑥ 국제유가 상승은 휘발유 값, 난방비를 상승시킨다. 때문에 생활비를 걱정하는 사람들을 많게 한다. 국제수지도 악화시킨다.

## ✪ 인플레의 해악

물가를 왜 안정시켜야 하는가? 인플레(전반적인 물가의 상승)가 일정 수준(안정된 수준)을 넘으면 경제의 4대 목표 달성이 어렵게 된다.

① 심한 인플레는 제품과 서비스의 상대가격을 변화시킨다. 일시적으로 아파트 임대료가 건물 임대료보다 더 비싸게 될 수 있고, 아파트가 과다하게 생산될 수도 있다. 물건 값이 뒤죽박죽이 되기도 한다.

② 심한 인플레는 예측이 어렵고 미래에 대한 불확실성을 증가시키므로 기업의 투자활동을 위축시킨다.

③ 인플레는 채권자는 손해를 보고 채무자는 이익을 보게 만든다. 채권자에서 채무자로 소득을 재분배한다. 고정소득자도 손해를 보게 만드는 등 소득이나 재산을 임의적으로 재분배한다.

④ 돈은 '계산의 단위'의 기능을 하는데, 인플레는 돈을 고무줄 자와 같이 만들어 버린다. 따라서 돈의 신뢰성을 떨어뜨린다. 돈보다 실물을 선호하게 만든다.

⑤ 사소한 것이긴 하나 인플레가 심할 때는 백화점, 식당, 상점할 것 없이 가격표를 수시로 변경해야 한다.

### 가격과 물가

휴대폰이나 커피 한 잔의 '가격'이라고 할 때의 가격은 재화나 서비스 하나의 값을 나타낸다. 반면 소비자물가, 생산자물가라고 할 때의 물가는 소비자나 생산자가 사용하는 여러 가지 재화나 서비스의 가격의 대표치 또는 평균치를 나타낸다. 가령 자동차 한 대 2천만 원, 커피 한 잔 2천 원, 사과 한 개 200원, 휴대폰 한 대 20만 원이라고 할 때, 이를 모두 더하는 것은 소비자물가 측면에서는 의미가 없다. 과거 어느 해와 비교했을 때 얼마나 올랐는가를 파악하는 것이 중요하다. 그래서 그 해 물가를 100으로 했을 때 금년 물가가 가령 105가 되었다면 소비자물가는 5% 상승했다고 한다. 그러므로 물가는 100, 105, 107 등과 같이 지수로 표시한다.

코트라(KOTRA)는 해외무역관이 소재하고 있는 세계 주요 도시의 물가를 2002년부터 매년 조사하고 있다. 2005년에는 해외무역관이 소재하고 있는 105개 도시 중 77개 도시의 118개 항목의 가격을 조사했다. 코트라보고서 『2006년 세계 주요 도시의 생활여건』에 따르면 서울과 주요 도시의 물가수준은 [표 5-3]에 나타난 바와 같다. 특급호텔요금 1박 기준으로 볼 때 세계에서 제일 비싼 도시는 런던이고 서울은 비싼 순서로 10등이다. 도쿄는 50등이다. 서울은 물가가 비싸기로 유명한 도쿄보다 조식, 자동차, 쇠고기, 휘발유 등이 비싼 것으로 나타났다.

**표 5-3** 세계 주요 77개 도시 중, 물가가 높은 순서

| | 서 울 | 도 쿄 | 북 경 | 싱가포르 | 뉴 욕 | 런 던 | 취리히 | 모스크바 |
|---|---|---|---|---|---|---|---|---|
| 특급호텔 | 10등 | 50 | 24 | 42 | 2 | 1 | 36 | 8 |
| 조 식 | 36등 | 51 | 32 | 23 | 18 | 4 | 46 | 41 |
| 사무직 초봉 | 26등 | 27 | 62 | 36 | 9 | 3 | 1 | 39 |
| 자 동 차 | 72등 | 75 | 61 | 9 | 67 | 55 | 43 | 59 |
| 쇠 고 기 | 2등 | 41 | 62 | 18 | 25 | 4 | 1 | 42 |
| 쌀 | 17등 | 9 | 75 | 53 | 46 | 23 | 5 | 34 |
| 라 면 | 59등 | 61 | 62 | 49 | 41 | 55 | 14 | 17 |
| 휘 발 유 | 16등 | 26 | 66 | 34 | 56 | 4 | 21 | 50 |
| 택시 기본료 | 36등 | 5 | 45 | 42 | 26 | 13 | 7 | 12 |

주 : 조식은 특급호텔의 아침식사 기준, 사무직 초봉은 사무실 직원 초봉 기준, 자동차는 2,000cc기준, 쇠고기는 안심 1kg 기준, 쌀은 1kg 기준, 라면은 한국산 라면 120g 기준, 휘발유는 1리터 기준임.
자료 : 코트라(KOTRA), 『2006년 세계 주요 도시의 생활여건』.

## ❂ 제로인플레가 목표인가

물가안정이라고 할 때 가장 안정된 물가상승률은 얼마인가? 즉 인플레 타깃은 얼마인가? 물가상승률이 제로, 제로보다는 마이너스가 더 좋을 것이라 생각하기 쉽지만 경제학적으로는 그렇지 않다. 제로인플레나 디플레이션(일반 물가 수준의 하락)은 물가목표가 될 수 없다. 그 이유는 다음과 같다.

① 제로인플레는 그 대가가 클 수 있다. 예를 들어 인플레를 제로로 하기 위한 심한 긴축정책은 경기침체로 실업률을 증가시킬 수 있다.

② 물가지수는 제품의 품질향상을 제대로 반영하지 못한다. 예를 들면, 자동차의 가격은 성능의 향상 때문에 상승하기도 한다. 지금의 자동차는 과거 자동차에 비하여 고장이 덜 난다. 에어백, 매연 방지장치, 레이디얼 타이어, 자동변속기 등의 성능이 크게 향상되었다. TV 등 다른 제품의 경우에도 마찬가지이다. 컴퓨터의 경우에는 성능은 좋아지고 가격은 하락해 왔다. 품질의 향상을 잘 감안하지 못하는 물가지수는 물가상승률을 1~2% 정도 과대평가하기 쉽다. 따라서 인플레율을 제로로 하면 실제 인플레율은 마이너스가 된다.

③ 약간의 인플레는 나라경제라는 기계의 윤활유 역할을 한다.

- 약간의 물가상승은 기업의 이윤증가로 이어져 생산활동을 촉진한다. 물가

### ▎인플레의 세계 신기록 ▎

역사적으로 인플레의 세계 신기록을 세운 나라는 독일이다. 독일의 물가는 1923년 한 해 동안 1조 배나 올랐다. 물가가 하루 두 배 이상 오를 때는 월급을 받는 즉시 상점으로 달려갔다. 돈의 가치가 떨어지기 때문에 빨리 물건을 구매해 두어야 했다. 도둑들은 돈 대신 물건을 훔쳐갔고, 어린이들은 장난감이 너무 비싸서 현금뭉치를 갖고 놀 정도였다. 우표 한 장 값이 1조 마르크나 되었다. 1조 마르크짜리 동전은 한국은행 화폐박물관에 전시되어 있다. 인플레가 이렇게 높은 상태에서는 생산활동이 어려워 경제가 무너지는 것이다. 남미 여러 나라도 극심한 인플레를 경험했다. 인플레가 심했던 기간에는 버스를 타고 가는 도중에 요금이 바뀌기도 하고, 점심을 먹는 사이에도 요금이 바뀐 경우도 있었다고 한다.

하락 국면에서는 기업들이 투자활동을 연기하려고 한다. 물가상승률이 제로가 되면 투자를 서두를 필요가 없다. 물가상승률이 마이너스가 되는 디플레상태에서는 투자를 연기하는 것이 득이 된다. 그러므로 투자가 잘 안 되어 경제가 침체하기 쉽다. 일본에서는 거품경제가 터진 뒤 계속 집값이 하락하여 집을 팔아도 은행에서 빌린 돈을 갚을 수가 없어서 자살하는 사람이 많아졌다. 은행들은 빌려준 돈을 돌려받지 못하여 파산하기도 했다. 미국에서도 대공황 때 물가가 33%나 하락하여 이런 현상이 발생했다. 직장인들의 봉급도 하락하는 경우에는 상황이 더 심각해진다.

• 빚이 있는 기업이나 소비자는 채무부담이 경감되므로 빚 갚기가 쉬워진다.

• 근로자들은 약간의 인플레에 따른 실질임금의 삭감은 받아들인다. 이는 기업의 인건비 부담을 줄인다.

### 물가안정목표

한국과 주요국의 물가안정목표를 보자.

• 한국은행은 2010년부터 적용될 물가상승률을 2009년 말 발표했다. 그 내용은 새로운 물가안정목표를 소비자물가상승률 기준으로 3.0±1%로 했다. 목표의 중심치는 3.0%로 하고 변동폭을 상하 1.0%로 한 것이다. 신(新)물가안정목표의 적용기간은 2010~2012년까지 3년으로 하였다(한국은행, 『연차보고서』, 2009).

• 세계경제포럼은 『글로벌 경쟁력 보고서』에서 가장 바람직한 인플레율을

#### 근원인플레

근원인플레(core inflation, underlying inflation)는 석유나 곡물 이외의 식품처럼 가격변동이 심한 품목을 제외하고 계산한 인플레를 말한다. 과거의 노동과 자본 비용 및 그 변화에 대한 기업의 예상에 따라 결정되는 인플레만을 의미한다. 석유가격은 OPEC이나 국제정세, 식품가격은 농산물의 풍·흉작의 영향을 많이 받으므로 예측이 어렵다. 그러므로 이들을 제외하여 계산한 근원인플레는 예측이 보다 쉽다.
현재 우리나라 소비자물가지수(CPI)에 포함되는 품목은 모두 516개이다(2005년 기준). 이 중 석유류, 곡물 이외의 농산물 등 모두 49개(가중치 11.7%)를 제외하고 계산한 CPI가 한국의 근원인플레다.
이렇게 계산한 근원인플레는 물가의 단기적 급등락 없이 추세적인 변동을 나타내므로 예측이 가능하고 중앙은행의 통화정책으로 조정이 어느 정도 가능하다. 그러나 가격변등이 심한 품목들이 제외되어 소비자들의 체감 물가와 괴리가 크다. 그러므로 연금 등을 계산할 때 근원인플레율 사용에 대하여 이해 당사자들이 반대할 수도 있다. 때문에 2006년부터 물가안정목표를 소비자물가 기준으로 변경했다.

0~3%로 제시했다.

• 미국에서는 완전고용 및 균형성장법(1978년)에 의하여 처음으로 인플레의 치적 목표가 정해졌다. 이 법은 물가상승률 목표를 연 3% 이내, 그리고 실업률목표를 연 4%로 정했다.

• 물가정책의 주관부서인 미국의 연방준비은행(FRB)도 연 2~3% 수준의 인플레율을 바람직하게 생각하고 있다.

• 많은 유럽 선진국들은 1~2.5%를 타깃으로 하고 있다.

국가의 물가안정목표는 다음 두 가지이다.

첫째는 안정된 수준의 물가상승률을 정하는 것이고,

둘째는 물가상승을 매년 일정수준으로 안정되게 유지하는 것이다. '첫 해 1%+다음 해 4%', '첫 해 3%+다음 해 2%' 인 경우 평균치는 모두 연 2.5%이지만, 이보다 매년 2.5%로 유지하는 것이 바람직하다.

인플레는 1차산품가격지수(commodity price indices), 생산자물가지수, 소비자물가지수, GDP디플레이터 등으로 측정할 수 있다. 일반적으로 물가상승은 1차산품(석유, 철광석, 주석 등)에서 시작되어 소비재까지 전파되는 경우가 많다. 우선 1차산품 가격이 상승하면 임금도 상승한다. 이 두 가지의 상승은 생산자물가의

### ▌인플레의 원인▐

재화나 서비스의 가격은 모두 수요와 공급에 의하여 결정된다. 가위는 양날이 있어야 천을 자를 수 있다. 경제에서 가위의 양날에 해당하는 것이 수요곡선과 공급곡선이다. 인플레는 일반물가 수준의 상승이므로 국가경제 전체 차원의 수요와 공급, 즉 총수요와 총공급에 의하여 결정된다. 총수요의 결정요인에는 돈, 정부지출, 조세, 순수출 등이 있다. 총공급이 일정한 상태에서 총수요가 증가하면 인플레는 발생한다. 총수요의 증가는 돈 때문에 증가한다고 하는 사람들도 많다. 이런 사람들을 통화주의 학파라고 한다. 총수요는 돈 때문에 증가하기도 하지만 정부지출이나 수출이 증가해도 증가한다고 하는 사람들을 주류경제학자라고 한다. 총수요가 일정한 상태에서 에너지가격의 상승이나 노임의 상승으로 총공급이 감소하게 되면 인플레가 발생하고 총생산은 감소한다. 이를 스태그플레이션이라고 한다.

상승, 그리고 소비자물가의 상승을 초래하며, 결과적으로 GDP디플레이터의 상승으로 이어진다.

## 5.3 부동산 가격의 안정

일반물가의 안정도 중요하나 국민생활에 큰 영향을 주는 부동산(주택, 토지 등)가격의 안정도 중요하다. 어느 한 사람의 집값만 크게 상승하면 그 사람은 큰 돈을 버나 전 국민의 집값이 모두 상승하면 국가경쟁력이 약화되어 결국 모두가 손해를 보게 된다. 부동산 가격의 상승은 한국에서 생산되는 모든 제품의 생산비를 높인다. 집 없는 사람의 실질소득을 감소시키기 때문에 집 없는 사람의 상대적 박탈감은 커지고 빈부 격차는 더욱 심화되어 사회가 불안해진다.

[표 5-1]에 나타난 바와 같이 1978년 땅값이 49%나 상승했다. 물가도 많이 상승했다. 그 전 해에도 크게 상승했다. 어떤 일이 발생했겠는가? 그 다음 해 10·26 사태가 발생했다. 이어서 반정부 데모도 많아졌다. 1980년에는 고도성장 이후 처음으로 경제성장률이 마이너스로 돌아섰다. 최근 들어 지가가 많이 상승했다. 국내총생산에 대한 한국 총지가의 비율은 2002년 이후 매년 상승했다([표 5-4]). 나라 차원에서는 땅값의 안정이 극히 중요하다. 미국이 얼마 전 이자율을 여러 차례 인상한 이유 중의 하나는 부동산가격의 거품을 빼기 위해서였다.

**표 5-4** 국내총생산과 총지가(조 원)

| | 1980 | 1990 | 2000 | 2001 | 2003 | 2005 | 2008 |
|---|---|---|---|---|---|---|---|
| 국내총생산(A) | 38.8 | 186.7 | 578.7 | 622.1 | 724.7 | 806.6 | 1,026.5 |
| 총지가(B) | 122 | 1,058 | 1,277 | 1,307 | 1,546 | 2,176 | 2,380 |
| 비율(B/A) | 3.1 | 5.7 | 2.2 | 2.1 | 2.1 | 2.7 | 2.3 |

자료 : 국내총생산은 한국은행, 『경제통계연보』 각 년도 ; 1980~1990기간의 지가는 국토개발원, 정희남 · 김승종 · 박동길, 『토지에 대한 개발이익환수제도의 개편 방안』; 국토연 2003-24, 2003년; 2000년 이후 자료는 국토해양부, 『연도별 개별공시지가 현황』, 2005 및 『국토해양통계연보』, 2009.

**| 은퇴 후의 생활비 |**

은퇴 후의 생활비는 얼마나 필요한가? 삼성생명에 따르면 55세 은퇴 후 85세까지의 예상 생활비는 다음과 같다(조선일보, 2005. 9. 12).

- 저소득층 수준의 생활 : 4.8억 원
- 중산층 생활 : 7.1억 원
- 고소득층 생활 : 13.4억 원(2010년에는 약 1.2배)

### ❂ 서울의 부동산 값

두 아들을 둔 어머니로부터 들은 이야기이다. IMF경제위기 직후 거의 같은 시점에 3억 원에 가까운 돈으로 형은 부산에, 동생은 서울에 아파트를 한 채씩 샀다. 그런데 10년 뒤 아파트 값을 보니 형의 것은 값이 그대로인데 동생의 것은 10억 원 가까이 되어 있었다. 왜 서울의 부동산 값만 이렇게 폭등했을까?

주택의 가격변화는 다른 재화와 마찬가지로 수요와 공급의 많은 결정요인에

**| 주택은 다른 재화와 어떻게 다른가 |**

① 주택은 이동이 불가능하다. 그러므로 학군, 경관, 공공시설, 교통, 시장, 도심과의 거리, 환경오염, 지역적 특성 등의 영향을 많이 받는다.

② 주택은 하나하나 특성이 모두 다르다. 위치, 규모, 건축연도, 내부 구조와 장식, 그리고 아파트의 경우에는 층수, 같은 층이라도 위치가 모두 다르다.

③ 가격이 대단히 비싸다. 많은 사람들에게는 평생 돈을 모아도 사지 못할 정도로 가격이 비싸다.

④ 주택은 내구성이 강하다. 유지 · 보수를 잘 하면 수십 년간 사용이 가능하다.

⑤ 이주비용(금전적 및 비금전적)이 많이 든다. 이사하려면 이사비용뿐만 아니라 학군, 이웃과의 관계, 거래은행, 상점 등을 모두 바꾸는 데 따른 직·간접비용도 크게 된다.

의해서 결정된다. 그러나 주택에 대한 수요와 다른 제품에 대한 수요는 중요한 차이가 있다. 주택의 가격변화는 무엇보다 기대심리가 대단히 중요한 역할을 하기 때문이다.

아파트 가격이 높은 서울 강남지역 아파트의 경우, 수요자는 강남인구뿐만 아니라 강북인구, 지방인구, 외국인 등 다양하다. 그리고 강남지역 전체 면적은 그린벨트지역을 제외하면 실제 면적이 그리 크지 않다. 강남의 땅 면적은 한정되어 있는데 수요는 계속 증가하므로 강남 집값은 오를 수밖에 없다. 집값을 떨어뜨리는 가장 좋은 방법은 수요와 공급의 법칙을 따르는 것이다. 즉 땅 면적과 주택공급량을 증가시키는 것이 가장 쉬운 방법이다.

그런데 최근 우리나라는 많은 요인 중 하나인 세금으로 집값을 잡으려고 했다. 세금을 벌금처럼 부과하여 주택가격의 상승을 막으려고 하는 것이다. 이는 잘못된 방법이다. 오히려 주택시장 침체, 주택공급의 감소 때문에 장기적인 아파트 가격상승을 초래하기 쉽다. 특히 서울에는 각종 도시 용도에 필요한 땅이 너무나 부족하다. 그래서 땅값이 비쌀 수밖에 없는 것이다. 먼저 땅이 부족한 이유에 대해서 살펴보자.

**표 5-5** 서울과 수도권의 토지사용 현황

| | 서울 | | 경기도 | |
|---|---|---|---|---|
| | 면적($km^2$) | 비율(%) | 면적($km^2$) | 비율(%) |
| 총면적 | 605.3 | 100.0 | 10,133.9 | 100.0 |
| 대지 | 215.9 | 35.7 | 447.3 | 4.4 |
| 임야 | 148.8 | 24.6 | 5,531.7 | 54.6 |
| 도로 | 75.8 | 12.5 | 350.7 | 3.5 |
| 하천 | 51.9 | 8.6 | 399.3 | 3.9 |
| 농지 | 29.4 | 4.9 | 2,369.6 | 23.4 |
| 학교 | 23.5 | 3.9 | 40.8 | 0.4 |
| 공원 | 11.6 | 1.9 | 33.4 | 0.3 |
| 공장 | 2.9 | 0.5 | 155.5 | 1.5 |
| 기타 | 45.5 | 7.5 | 805.6 | 7.9 |
| (개발제한구역) | (155.8) | (25.7) | (1,212.5) | (12.0) |

주 : 2008년 현재.
자료 : 통계청, 『한국통계연감』, 2009; 국토해양부, 『국토해양통계연보』, 2009.

첫째, 서울의 총면적은 현재 605km²로 1973년과 같은 면적이다. 그 10년 전인 1963년에는 594km²였으니, 1963~1973년 사이 2% 늘어난 이후 한 평도 더 늘어나지 않았다. 반면 그때부터 2010년까지 인구는 3배, 가구는 7배, 소득은 10배 이상 증가했다. 외국인들도 많이 증가했다. 서울의 면적은 인구가 서울의 반도 안 되는 부산(765.9km²)보다 작고, 10분의 1도 안 되는 울산(1,057.5km²)의 60%에 불과하다. 서울의 자동차대수만 울산의 7배가 넘는다. 주차공간도 그만큼 많이 있어야 한다. 그런데 이렇게 좁은 지역도 산이나 강이 차지하는 면적이 많아 도시용(주택, 도로, 학교, 상가, 공공시설 용지 등)으로 사용할 수 있는 면적은 상대적으로 적다.

서울의 토지사용 상태를 보면 면적의 24.6%가 임야이고, 강이나 하천은 8.6%나 된다([표 5-5]). 임야는 대부분 개발이 불가능한 그린벨트지역이다. 서울의 면적은 로스앤젤레스 같이 평지에 건설된 도시에 비교하면 면적은 605.4km²가 아니라 395.3km²에 불과하다. 임야와 강을 제외했기 때문이다. 이렇게 되면 서울의 인구밀도는 16,806명이 아니라 25,738명으로 높아진다.

이는 세계 최고 수준인 홍콩이나 싱가포르 인구밀도의 거의 4배나 된다. 이렇게 높은 인구밀도 때문에 서울의 집값은 세계 수준으로 급등할 수밖에 없는 것이다. 서울의 땅값과 집값이 높게 되니 물가 또한 세계 수준으로 높아진다. 앞으로도 서울의 땅값과 집값 상승은 불가피하다.

둘째, 서울의 면적은 다른 세계적인 대도시에 비해서 상대적으로 작다. 이는 서울의 (가격)경쟁력을 떨어뜨리는 것이다.

**[세계 주요 도시의 총면적]**

| 도 시 명 | 면적(km²) | 도 시 명 | 면적(km²) |
|---|---|---|---|
| 서 울 | 605 | 로스앤젤레스 | 1,215 |
| 북 경 | 16,808 | 런 던 | 1,580 |
| 중 경 | 82,300 | 파 리 | 762 |
| 도 쿄 | 2,102 | 뉴 욕 | 785 |

셋째, 서울의 땅값을 높이는 다른 중요한 요인은 그린벨트이다. 도쿄와 뉴욕 같은 대도시권의 크기는 도심에서 반경 40~60km나 되는 원형에 가깝다. 이를

대도시권지역(metropolitan area)이라고 한다. 그 이유는 자동차로 한 시간 통근거리이기 때문이다. 그곳 주민들은 도심에서 반경 60km지역에 비교적 골고루 분산되어 거주한다. 자유시장경제를 하는 나라에서는 사람들이 그 거리 지역 안에 자유롭게 주거지를 정하여 산다. 그러나 서울의 경우에는 도심에서 15~20km 지점에 그린벨트를 설치해 놓았다. 서울의 공간적인 확장을 막기 위해서이다. 그린벨트는 도시성장이 중지되고 토지의 도시용 활용이 안 되는 땅이다.

넷째, 분당, 일산 같은 신도시는 서울 도심에서 20km 이상 떨어진 곳에 건설되어 있다. 도시경제문제의 세계적인 대가인 존 케인 하버드대 교수는 서울주변 신도시 건설 때 서울의 그린벨트, 신도시 및 토지사용에 관한 연구를 한 바 있다. 그는 서울이 왜 그 넓은 그린벨트를 유지하고 서울에서 많이 떨어진 곳에 뉴욕의 맨해튼 같은 고층건물의 신도시를 건설해야 하는지 도저히 이해가 안 된다고 했다.

다섯째, 뉴욕, 도쿄, 런던, 파리 같은 세계적인 대도시는 산이 없는 평지도시이다. 그러므로 땅을 대부분 도시용도로 사용할 수 있다. 그러나 서울의 경우에는 산이 전체 면적의 4분의 1을 차지한다. 강과 하천은 전체 면적의 9%를 차지한다. 덕수궁, 창경원 등의 고궁이나 군사시설도 많은 땅을 차지하고 있다. 도로도 서울면적의 12%를 차지한다.

또한 전 세계 주요 기업들은 서울에 계속 진출하고 있다. 이렇게 보면 주거용, 산업용, 도시용, 외국기업용으로 사용할 수 있는 땅이 대단히 부족함을 알 수 있다. 최상철 서울대 환경학 교수, 존 케인 하버드대 교수를 비롯한 수많은 학자들은 그린벨트의 선별적 사용을 비롯하여 서울지역의 토지사용 정책의 혁신을 주장하고 있다.

한국은 주요 선진국 중 인구밀도가 가장 높은 나라이다. 특히 서울과 수도권의 높은 지가상승은 항상 문제가 된다. 서울시내 땅에 대한 수요는 앞으로도 계속 증가할 수밖에 없으므로 공급량이 증가하지 않는 한 땅값은 계속 올라갈 수밖에 없다. 강남구나 서초구의 부동산 값의 급등을 막으려면 무엇보다 강남구나 서초구 같은 지역을 더 많이 만들어야 한다. 최상철 교수는 "영국그린벨트의 30년에 걸친 실험"이란 논문에서 한국은 1971~1973년 사이 영국 런던의 그린벨트제도(Green Belt)를 도입했는데, 앞으로 그린벨트를 잘 활용해야 함을 강력히 주장한다. 설령 정부가 그린벨트제도를 도입했을 때 완벽하게 설정했다고 하더라도 지금은 환경이 많이 변했으므로 환경변화에 맞게 재조정할 필요가 있다는 것이다.

**▌한국인의 내집 마련▐**

한국인의 내집 마련 관련 통계는 국민은행연구소의 조사(19개 도시, 3,467가구, 2005년)에 따르면 다음과 같다(2010년은 1.15~1.20배).

| | |
|---|---|
| 예상주택가격 : | 2.8억 원 |
| 주택구입시 고려사항 : | 자녀교육 30.2%, 주거환경 28.7%, 집값 상승 12.4%. |
| 내집 마련 기간 : | 결혼 후 7.7년 |
| 자금 마련 : | 금융회사 대출 52.0%(대출금액은 주택가격의 38.2%). |

### 생활의 안정과 주거

싱가포르는 국민생활의 안정을 위해 주거안정에 역점을 둔다. 즉 세계에서 가장 좋은 주택을 가장 저렴하게 건설하여 국민들이 거주할 수 있게 한다. 그 결과 현재 국민의 약 86%가 HDB(Housing Development Board, 주택개발원)가 건설한 주택에 거주하고 있다. 뿐만 아니라 싱가포르는 주택과 더불어 생활에 필요한 학교, 파출소, 소방서, 시장, 종교시설을 잘 갖추고 있다. 많은 나라들이 싱가포르의 주거환경정책을 벤치마킹하고 있다. 1인당 소득수준이 아무리 높은 나라라고 하더라도 국민들이 불량주택이나 불량 주거환경에서 살아야 한다면 고소득은 큰 의미가 없다. 생활의 안정에 있어서 주거(주택+거주환경)의 중요성은 아무리 강조해도 지나침이 없다.

## 5.4 한국의 경제변동

### 순환적 변동의 시작

한국경제는 성장도 많이 했지만 변동도 많이 있었다. 한국이 농업국이었을 때는 농사가 풍작이면 경제도 호경기, 흉작이면 경제도 불경기였다. 경기는 태풍, 홍수, 병충해 등 기후나 자연조건의 지배를 받았다. 그러나 1970년대 초부터 국

**표 5-6** 한국의 경기순환과 기점

| | 경기저점(Trough) | 경기정점(Peak) | 경기저점(Trough) |
|---|---|---|---|
| 제 1 순환 | 1972년 3월 | 1974년 2월 | 1975년 6월 |
| 제 2 순환 | 1975년 6월 | 1979년 2월 | 1980년 9월 |
| 제 3 순환 | 1980년 9월 | 1984년 2월 | 1985년 9월 |
| 제 4 순환 | 1985년 9월 | 1988년 1월 | 1989년 7월 |
| 제 5 순환 | 1989년 7월 | 1992년 1월 | 1993년 1월 |
| 제 6 순환 | 1993년 1월 | 1996년 3월 | 1998년 8월 |
| 제 7 순환 | 1998년 8월 | 2000년 8월 | 2001년 7월 |
| 제 8 순환 | 2001년 7월 | 2002년 12월 | 2005년 4월 |
| 제 9 순환 | 2005년 4월 | 2007년 12월 | 2009년 1월 |
| 제10순환 | 2009년 1월 | | |

주 : 제9 순환 경기저점까지의 자료는 통계청 자료임. 제9 및 10순환의 저점은 잠정치임.
자료 : 한국은행, 『알기쉬운 경제지표해설』, 2006.

민총생산에서 차지하는 공업의 비중이 농업의 비중을 초과하게 되자 한국경제의 변동은 농업보다 공업과 서비스업의 영향을 더 많이 받았다. 선진공업국의 경기변동의 모습을 닮기 시작했다. 이는 소득증가에 따라서 점점 더 심화되었다. 지금은 국내총생산에서 차지하는 농업의 비율이 3% 이하이므로 한국의 경제변동은 선진국의 경기변동과 같은 모습을 나타낸다고 할 수 있다. 선진국의 경제는 장기적인 성장추세에 따라서 성장하는 가운데, 호경기와 불경기 국면을 되풀이한다. 이것을 경기순환(business cycle)이라고 한다. 그러므로 선진국의 경제변동을 경기변동 또는 경기순환이라고 한다. 한국의 경우에도 마찬가지이다. 한국이 신생공업국이 되기 시작한 1970년대 초부터 겪은 경기변동은 [표 5-6]에 나타난 바와 같다. 그리고 경제성장률로 본 한국의 경기변동은 [표 5-1]에 나타난 바와 같다.

한국의 경기순환의 평균주기([그림 5-2]에서 A점과 C점간의 기간)는 53개월로 미국의 평균주기 61개월보다 짧으나(한국은행, 『알기 쉬운 경제지표해설』) 일본의 평균주기 50개월보다는 약간 긴 것으로 나타났다. 최근 선진국의 평균주기는 약 6년(확장기 5년, 후퇴기 1년)인 경우가 많다.

### 순환적 변동의 이유

경기순환에는 경기상승(expansion), 경기정점(peak), 경기침체(recession) 및

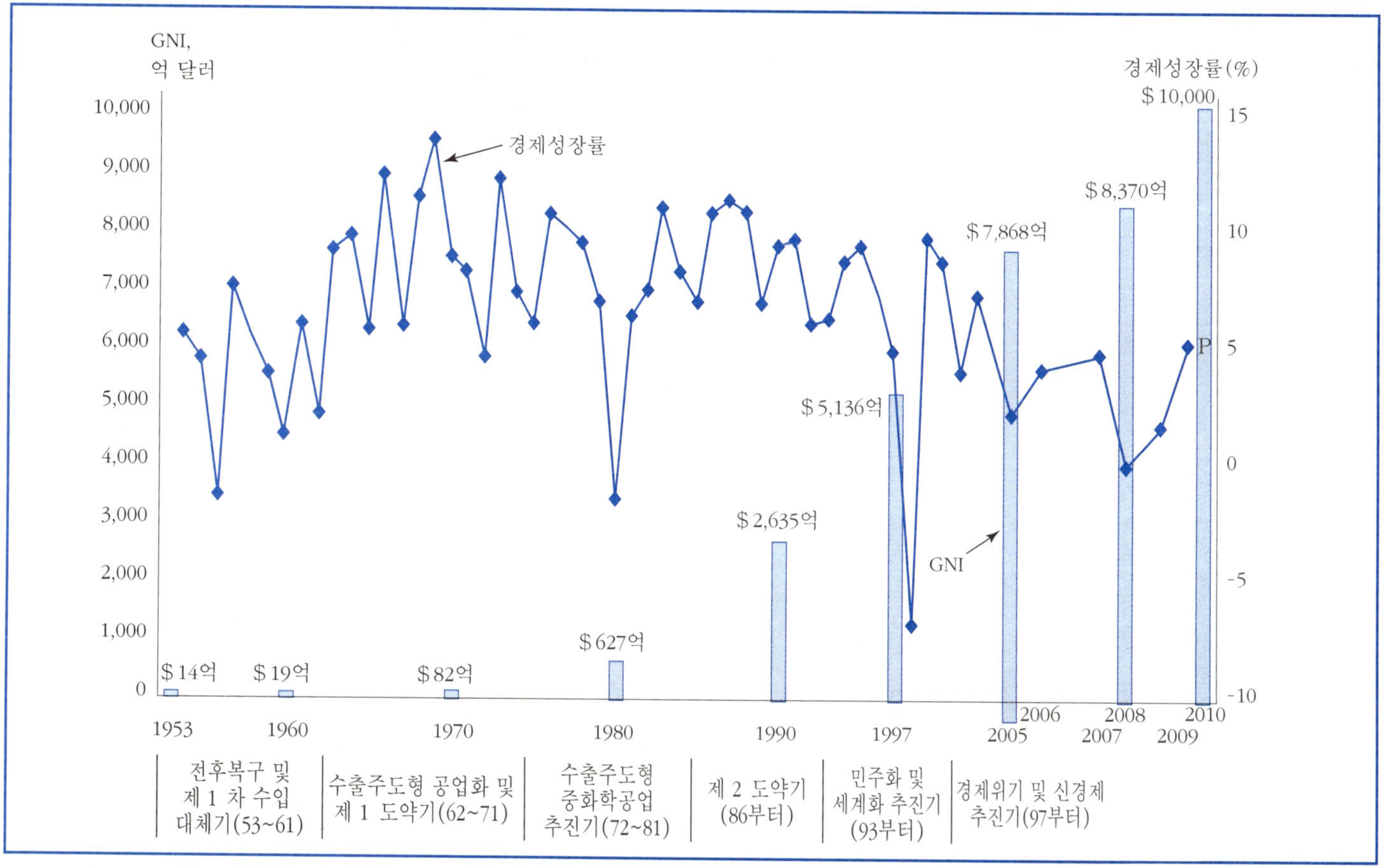


자료 : 한국은행, 『숫자로 보는 광복 60년』, 2005 ; 『통계연보』, 2006 ; 『조사통계월보』, 2010. 6.

**[그림 5-1] 한국의 경제성장과 변동**

경기저점(trough)의 4개 국면이 있다. 경기변동의 한 사이클은 일반적으로 경기정점보다 경기저점을 기준으로 정한다. 따라서 현재 경기저점과 다음 경기저점 간의 경기변동이 한 사이클이다. [그림 5-2]에서 A, B, C로 표시된 사이클도 그러한 것이다. 그럼 왜 경기는 이런 4국면을 되풀이하게 되는가?

경기가 저점([그림 5-2]의 A)에 있다고 하자. 이때 정부의 내수 진작책이나 수출의 증가로 수요가 증가하면 어떤 일이 일어나겠는가? 우선 기업의 재고가 감소한다. 이것이 경기상승의 첫 신호이다. 그리고 생산이 증가하는데 재고 보충의 필요성 때문에 수요보다 빠르게 증가한다. 기업들은 고용을 늘리게 되고 이는 근로자들의 소비지출을 증가시킨다. 이는 경제 전체의 수요(총수요)를 증가시키므로 다시 기업의 고용증가로 이어진다. 이런 과정을 승수효과라고 한다. 기업들은 수요증가가 계속될 것으로 기대하면 투자를 더 늘린다. 생산증가가 투자를 증가시키는 것을 가속도효과라고 한다. 이런 승수 및 가속도효과는 경기상승을 지속시킨다. 그런데 이런 국면은 언제까지나 계속될 수 없다. 우선 기업들이 투자를 많이 하게 되면 자금수요가 많게 되어 이자율이 상승한다. 고용도 계속 증가하다 보면 임금이 과다하게 상승할 수 있다. 또한 물류비용도 많이 증가하는 등 경제의

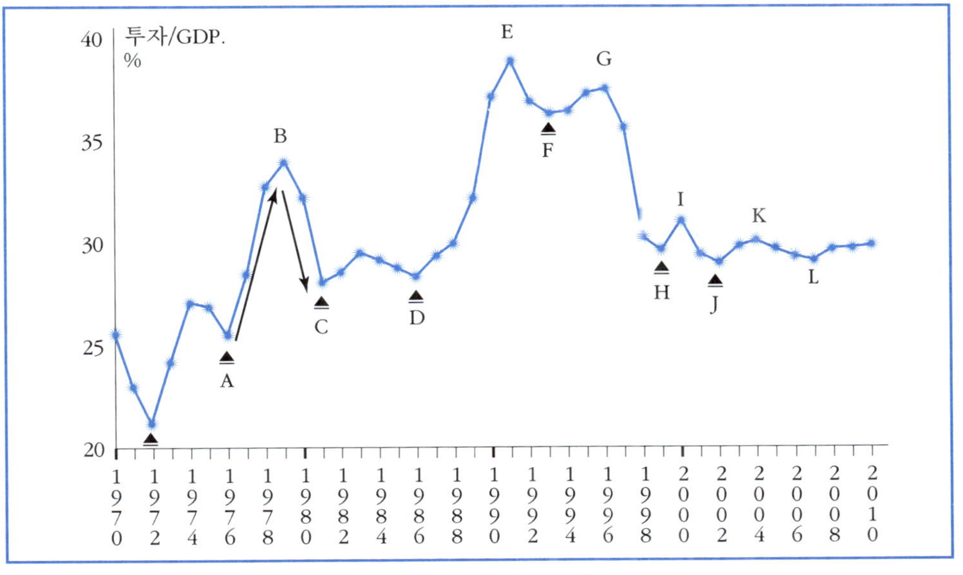


자료 : 한국은행, 『숫자로 보는 광복 60년』, 2005 ; 『경제통계연보』, 각 년도.

[그림 5-2] 설비투자로 본 한국의 경기변동

보틀넥(Bottle-neck)이 발생한다. 이런 상태가 되면 기업들은 투자를 중단하게 된다. 이때가 경기정점(peak)이다([그림 5-2]의 B점). 따라서 소비수요는 지속되더라도 기업의 투자는 감소한다. 투자의 감소는 자본재 생산기업의 생산 및 고용의 감소를 초래한다. 이에 따라 실업이 증가한다. 실업의 증가는 소비수요의 감소, 이는 총수요의 감소로 이어진다. 따라서 경기는 다시 침체(recession)국면으로 접어든다. 그런데 경기침체란 GDP의 성장률이 2분기 연속 마이너스가 성장을 할 때를 말한다.

경기는 한 없이 침체의 길을 갈 수 없다. 우선 공무원들의 소비, 실업수당, 연금, 사회복지지출 등이 있기 때문에 총수요가 어느 수준 이하로는 떨어지지 않는다. 또한 경기침체가 심하게 되면 기업들의 투자기피로 이자율이 떨어지고 임금수준도 떨어진다. 아주 낮은 수준으로 떨어지게 되면 기업들은 돈을 빌려서 감가상각으로 마모되는 기계장비라도 보전하려고 한다. 보전투자를 시작하는 시점이 경기 바닥, 곧 경기저점(trough)이다([그림 5-2]의 C점). 이런 보전투자는 자본재생산기업의 생산증가, 생산증가는 고용증가, 고용증가는 수요의 증가를 초래하므로 다시 경기는 상승국면으로 진입한다. 지금까지 우리는 경기가 경제내적 요인에 의하여 경기저점에서 출발하여 경기상승국면에 진입하여 경기상승을 지속하다가 경기정점을 맞이하게 되고, 그 이후 다시 경기침체국면으로 들어가서 경기저점에 도달하는 과정을 보았다. 즉, 경기순환의 한 사이클([그림 5-2]에서 A→B→C로 표시된 사이클)을 보았다(『이코노미스트』지의 『경제지표 안내』 참조). [그림 5-2]를 보면 이런 사이클이 되풀이됨을 알 수 있다. 그런데 어떤 사이클도 똑같은 것이 없다. 경기상승이나 침체국면의 길이나 정점과 저점 간의 기간 등에 있어서 모두 다르다. 그런데 [그림 5-2]는 투자 사이클이므로 [표 5-6]에 나타난 나라 전체의 경기순환과 경기전환점이 일치하지 않을 수도 있다.

## 5.5 경기순환과 경기예측

어떤 사람들은 주식을 경기정점([그림 5-2]의 B점)에서 대량 사서 큰 손해를 보기도 하고 또 어떤 사람은 경기저점([그림 5-2]의 A점이나 C점)에서 사서 큰 돈을 벌기도 한다. 주식을 경기저점에서 사서 정점까지 갖고 있으면 돈을 많이 벌 수 있으나 결코 쉬운 일은 아니다.

삼성그룹을 창립한 이병철 회장은 경기예측에 달인이었다고 한다. 나라의 경기가 [그림 5-2]의 A점에 있을 때는 많은 기업가들이 투자를 기피했다. 그러나 이병철 회장은 이때 투자를 많이 하고 신입사원도 많이 채용했다. 공장 건설이 끝나면 바로 경기가 좋아져서 많은 돈을 벌 수 있었다. 경기가 A점에 있을 때가 투자의 최적기라고 할 수 있다. 그러나 많은 중소기업가들은 공장건설 등의 투자를 B점에서 하여 손해를 보는 경우가 많다. 그래서 일본에서는 법인 설비투자를 경기후행지표로 취급한다. 경기예측을 잘 못하는 기업들이 투자를 많이 하게 되면 경기는 끝났다는 것이다. 이는 마치 핸드백 부대(소액투자 주부들)가 무리를 지어 주식을 사기 시작하면 주식을 팔 때라고 하는 것이나 마찬가지이다. 그럼 경기를 예측하는 방법에는 어떤 것이 있는가? 경기지표, 기업 및 소비자 실사지수 및 계량경제모델의 세 가지 방법이 있다. 여기에 해외경기지표분석을 추가할 필요가 있다. 이를 차례로 보기로 하자.

### 1) 경기지표(economic indicators)

백화점 앞에 손님을 기다리는 택시의 줄이 길수록 경기가 좋지 않다는 사실을 알 수 있다. 택시의 줄의 길이는 일종의 경기지표 역할을 한다. 수출이 잘 되는 것을 보니 경기가 좋아지는 것 같다고 하는 사람은 경기판단에 수출을 지표로 사용하는 것이다. 남미 여러 나라에는 두 가지의 줄이 있다. 하나는 무료 급식소 앞에 공짜로 주는 밥을 얻어먹기 위하여 찾아온 가난한 사람들의 줄이고, 다른 하나는 나라를 탈출하기 위하여 미국 대사관 앞에서 비자를 받으려고 서 있는 돈 많은 사람들의 줄이다. 이 두 줄의 길이가 길수록 경기는 나쁘고, 빈부격차도 심함을 알 수 있다. 전문가들은 어떤 기준을 통해서 경기를 판단할까? 가장 많이 사용되는 지표는 다음의 세 가지 지표이다.

#### ◎ 경기선행지표(leading indicators)

통화량이 증가하면 이자율이 하락하는데, 이는 투자를 촉진하고 주식가격을 상승시킨다. 그러므로 앞으로 경기가 좋아지는 것을 나타내는 통화량의 증가는 경기의 선행지표이다. 한국의 경기선행지표에는 통화량(금융기관유동성, Lf), 종합주가지수, 건설수주액 등 10개가 있다.

### ❂ 경기동행지표(coincidental indicators)

경기가 현재 좋은가 나쁜가는 공장가동률을 보면 알 수 있다. 경기와 같이 움직이는 한국의 경기동행지수는 도소매업판매액지수, 광공업생산지수, 제조업 가동률지수, 수입액 등 8개이다. 미국의 경기동행지표는 비농업부문의 취업자수, 개인소득(이전소득 제외), 산업생산 및 도·소매 매출액의 네 가지이다.

### ❂ 경기후행지표(lagging indicators)

경기가 좋아질 것으로 기대하고 제품생산을 많이 했다가 나빠지면 팔리지 않아서 창고에 쌓이게 된다. 그러므로 생산자제품재고지수는 후행지표이다. 이런 지표에는 상용근로자수, 소비재수입액 등 모두 5개가 있다.

위의 지표들은 하나하나를 경기판단에 사용할 수도 있다. 그리고 여러 개의 지표를 하나로 묶어 종합지수(composite indicators)로 만들어 사용할 수도 있다. 한국에서는 10개의 선행지표를 묶어서 하나의 선행종합지수, 8개의 동행지표를 묶어서 하나의 동행종합지수, 5개의 후행지표를 묶어서 하나의 후행종합지수로 만들어서 사용하고 있다. 현재 한국의 경기예측 전문가들은 이 방법을 사용하고 있다. 미국의 예를 보면 다음과 같다. 가장 쉽게 사용 가능한 미국의 선행종합지표는 10개의 선행지표(3개의 금융지표와 7개의 실물지표)를 통합하여 하나의 지표로 만든 것이다. 10개의 종류와 그 가중치는 다음과 같다.

• 금융지표 : 종합주가지수(2.9%), M2기준통화량(27.7%), 이자율 스프레드(장기이자율과 콜금리의 차이, 33.0%).

• 실물지표 : 주당근무시간(19.7%), 신주택 건축허가(2.0%), 제조업체의 소비재 생산 주문(5.9%), 구입소비재의 배달 소요시간(2.9%), 실업수당 지급청구건수(2.5%), 소비자기대심리지수(1.9%), 제조업체의 자본재생산 주문건수(1.5%)

미국에서 가장 중요한 경기선행지표는 이자율과 통화량이다. 미국의 일반 국민들의 상당수는 빚으로 사는 사람들이라고 해도 과언이 아니다. 예를 들면, 주택은 30여 년간의 빚을 얻어서 사고, 자동차는 10여 년간의 빚, 옷은 몇 개월간의 빚을 얻어서 산다. 빚이 많은 사람에게는 이자부담이 큰 문제이다. 그러므로 미국에서는 이자를 변경시키는 금융정책이 아주 중요한 역할을 한다. 이자율이 가장 중요한 경기선행지표의 기능을 한다.

### 2) BSI와 CSI

경기분석 전문가들은 경기지표방법과 더불어 기업경기실사지수(BSI : Business Survey Index)와 소비자동향지수(CSI : Consumer Survey Index)를 많이 사용한다. 기업경기실사지수란 기업들의 경기전망을 실제로 조사하여 이를 지수로 만든 것이다. 기업들에게 다음 분기, 반기, 또는 연도의 구체적인 매출액이나 이윤의 규모를 질문한다면 답변을 하지 않을지 모른다. 그러나 가령 "내년에 신입사원 채용, 또는 매출액을 금년보다 늘릴 것인가 줄일 것인가"와 같은 질문은 기업경영인들이 답변할 수 있는 것들이다. 이를 통하여 기업인들의 경기 전망을 파악한 후 이를 지수로 만든 것이 BSI이다. 한국에서는 한국은행, 대한상공회의소, 산업은행 등에서 BSI를 작성하고 있다. 이 값이 100 이상이면 경기를 좋게 보는 기업의 수가 나쁘게 보는 기업의 수보다 많다는 사실을 의미하고, 100 이하이면 그 반대를 의미한다.

소비자동향조사는 소비자의 경제사정(소득, 지출 등), 경제에 대한 인식, 그리고 예상 소비행위 등을 조사함으로써 소비행위가 경기에 미치는 영향을 파악하려는 것이다. 한국의 CSI는 한국은행의 전국 주요 도시 가구대상의 조사, 통계청의 월별소비자 전망조사와 분기별 소비자 태도조사, 삼성경제연구소의 소비자 태도조사 등이 있다. CSI는 소비자의 심리를 나타내는 것이므로 장기보다 단기경기변동 파악에 도움이 된다. 그리고 평상시보다 경제변혁기 소비자 심리 파악이 중요할 때 유용하게 사용할 수 있다.

### 3) 계량경제모델

국내총생산은 소비, 투자, 정부지출 및 순수출의 합계이다. 그런데 통화량은 이자율에 영향을 주고 이자율은 내구 소비재의 소비나 투자에 영향을 주며, 환율은 순수출에 영향을 준다. 그리고 조세와 재정지출도 국민총생산에 영향을 준다. 통화량이나 이자를 변경시키는 금융정책이나 세율을 변경시키는 정부정책이 국내총생산의 구성부분과 전체에 어떠한 영향을 미치는가를 계량경제모델을 만들어서 파악하는 것이다.

경기분석 전문가들은 위의 세 가지 방법을 다 사용하여 경기를 전망하고 현재의 경기순환 국면을 파악하려고 한다. 그러나 이를 정확히 파악하는 일은 참으로 어렵다. 그 이유 중의 하나는 한국경제는 무역의존도가 90%를 크게 넘어 해외

**▌장기전망의 어려움▐**

서울시정개발연구원이 펴낸 『서울 20세기－생활 문화 변천사』에 따르면 1927년 서울의 자동차 수는 130대였다. 1930년대 자동차 수가 400대로 늘어나자 서울시는 교통혼잡과 사고가 감당할 수 없을 정도라고 판단했다. 그래서 근본대책을 세워야 된다고 하면서 50년 장기교통계획을 수립했는데 50년 뒤, 곧 1980년대 서울의 자동차 수가 1,600대는 될 것이라고 전망했다.

경기의 영향을 많이 받는다는 사실이다. 한국의 6대 수출대상국은 중국, 미국, 일본, 홍콩, 싱가포르, 대만의 순인데, 이들의 경기가 한국경기에 많은 영향을 준다. 그러므로 주로 한국경제를 토대로 한 위의 세 가지 방법에 해외경기지표분석을 추가할 필요가 있다.

### 4) 해외 경기지표의 활용

한국의 경기전망을 잘 하기 위해서는 한국경제에 많은 영향을 미치는 다른 국가들의 경기지표를 잘 감안할 필요가 있다. 여기서는 이들 국가의 대표적인 경기지표를 알아보기로 한다. 한국 제일의 수출시장인 중국의 경기지표 중 가장 신빙성 있는 것은 월별 산업생산지수이다(버나드 보몰의 『경제지표의 비밀』). 중국은 세계의 공장이라고 할 정도로 공산품 생산을 많이 한다. 공업의 생산은 GDP의 반이 넘는다.

한국의 제2의 수출시장인 미국에서는 컨퍼런스보드가 작성하는 선행, 동행 및 후행 경기종합지표가 유명하다. 미국에서 영향력이 큰 경제지표는 GDP와 재고지수, 고용통계, 주택신축 및 건물건축허가, 소비자지출과 신뢰지수, 물가, 임금, 생산성 등이다. 그리고 한국의 제3의 수출시장인 일본에서 가장 신빙성 있고 가장 중요한 경기지표는 경제산업성이 1953년부터 작성해온 월별 산업생산지수이다. 유럽에서 가장 유명하고 많이 사용되는 경기지표는 OECD가 작성하는 경기선행종합지수(CLI: Composite Leading Indicators)이다. OECD의 CLI는 미국 CLI에 버금가는 경기지표이다.

## 5.6 한국의 중심경제지표

### 경제건강의 지표

한국경제의 안정과 건강상태를 나타내는 가장 중요한 지표는 GDP(Gross Domestic Product, 국내총생산)이다. 이는 모든 경제지표의 근원이 되고, 가장 중요한 경제지표이다. 위에서 말한 경기지표들이 전망하려고 하는 것도 궁극적으로는 GDP이다. 그럼 국내총생산이란 무엇인가? 여기서는 경기전망과 관련된 부분만을 보기로 한다.

한국영토 내에서 생산되는 모든 최종생산물을 시장가격으로 계산하여 합계한 것이 GDP이다. 여기서 '최종생산물'의 뜻을 잘 이해할 필요가 있다. 가령 실로 천을, 천으로 옷을 만들 때 이 모두를 시장가격으로 책정하여 더하면 실은 삼중계산, 천은 이중계산이 된다. 실과 천은 '중간생산물'이므로 그 값은 최종생산물인 옷값에 포함되어 있다. 그러므로 한국에서 생산되는 생산물 중 옷과 같은 최종생산물만 골라서 시장가격으로 계산하여 모두 더하면 GDP가 된다. 그런데 수많은 생산물 중에서 어떤 것이 최종생산물이고, 중간생산물인지 어떻게 구분하는가? 쉬운 방법이 있다.

어떤 제품이건 우리나라의 생산 공장(정)에 한번이라도 들어가는 것은 중간생산물이고, 다시는 들어가지 않는 것은 최종생산물이다. 예를 들어 옷, 빵, 신발 등은 국민들이 소비($C$)하므로 더 이상 생산공장에 들어가지 않는다. 이런 것은 최종생산물이다. 정부가 소비($G$)하는 컴퓨터, 볼펜 등도 더 이상 생산공장에 들어가지 않으므로 최종생산물이다. 시멘트, 철근 등은 제품의 특성상 중간생산물이나 빌딩이나 교실 건설 등 투자용($I$)으로 사용되면 생산공장에 더 이상 들어가지 않으므로 최종생산물이다. 또한 시멘트, 반도체, 엔진, 충무 김, 풍기인삼, 유조선, 자동차 엔진 할 것 없이 어떤 것이라도 수출로 한국을 떠나는 것은 한국의 생산공장에 더 이상 들어가지 않는다. 그러므로 수출용($X$)으로 사용되는 것은 모두 최종생산물이다. 이 네 가지 용도에 사용된 생산물은 모두 최종생산물이다. 그런데 이를 모두 더한 것, 즉 $C+G+I+X$에는 한국에서 생산되지 않은 원재료, 부품, 기계장비 등 각종 수입품($M$)이 포함되어 있으므로 이를 빼야 한다. 따라서 GDP는 다음과 같이 구할 수 있다. 이 식에서 $C+I+G$는 내수(국내수요)이고, 수출($X$)은 해외수요이다.

$$\begin{array}{ccccccccccc} \text{국내총생산} & = & \text{민간소비} & + & \text{정부소비} & + & \text{투자} & + & \text{수출} & - & \text{수입} \\ \text{GDP} & = & C & + & G & + & I & + & X & - & M \end{array}$$

### ❂ 명목GDP와 실질GDP

가령 어느 옷 생산업자의 매출이 작년 10억 원(10만 원 하는 옷 만 벌 판매)에서 금년 11억 원으로 증가했다고 하자. 이때 금년에 천 벌을 더 생산하여 11억 원의 수입이 되었다면 경제성장이다. 다른 사람의 생활수준을 향상시킨 것이다. 그러나 생산은 같은 데 옷값이 11만 원으로 올라서 매출이 증가했다면 이는 다른 사람의 생활수준을 감소시킨 것이다. 같은 옷을 더 비싸게 사도록 만들어 다른 사람의 구매력을 감소시켰기 때문이다.

이와 같이 GDP의 증가는 생산증가에 의한 것일 수도 있고, 단순한 물가 상승 때문일 수도 있다. 앞의 예에서 옷의 '실질' 생산은 증가하지 않았다. 어느 한 해(기준년)의 가격으로 계산한 GDP를 실질GDP(기준년 가격 GDP)라고 하는데, 위의 예에서와 같은 경우 실질GDP는 변하지 않았다. 당해년도 가격으로 계산한 GDP를 당해년 가격GDP(명목 또는 경상 GDP)라고 하는데, 명목GDP에는 물가상승 부분도 포함되어 있다. 따라서 명목GDP의 증가는 생산증가와 물가증가가 함께 포함되어 있다.

### ❂ 국내총생산(GDP), 국민총생산(GNP) 및 국민총소득(GNI)

GDP는 우리 영토 내에서 생산된 것이다. 그럼 우리 국민(의)총생산(GNP : Gross National Product)은 어떻게 되는가? 생산은 생산요소(노동, 자본, 토지, 기업가역량)에 의하여 이루어진다. 그런데 우리 생산요소가 외국에 가서 생산한 것도 있고 외국요소가 우리 영토에 와서 생산한 것도 있다. GDP에서 전자를 더하고 후자를 빼면 GNP를 구할 수 있다.

$$\text{GDP} + \text{국외수취요소소득} - \text{국외지급요소소득} = \text{GNP}$$

그런데 명목GNP는 명목국민총소득(GNI : Gross National Income)과 같다. 그러나 실질GNP와 실질GNI는 같지 않다. 예를 들어 어떤 농민이 금년에도 작년과 동일하게 쌀 10가마니를 생산했는데, 쌀값이 같다면 생산은 같다. 총생산과 총소득이 같은 것이다. 즉 GNP=GNI이다. 그러나 비료값, 농약값이 작년에 비하여 크게 상승했으면 실질소득(실질GNI)은 크게 감소했다. 실질GNI는 이와 같이 교역조건의 변화를 감안한 것이므로 실질GNP와 실질GNI는 다르게 된다. 실질GDP에 교역조건변화에 따른 실질무역손익을 더한 것이 실질국내총소득(GDI : Gross Domestic Income)이다. 여기에 실질 국외순수취요소소득을 더한 것이 실질 GNI이다. 국외수취요소소득에서 국외지급요소소득을 뺀 것을 국외순수취요소소득이라고 한다.

한국에서는 중심지표를 1995년부터 GNP에서 GDP로 바꾸었다. 그리고 1999년부터 소득지표로 GNP대신 GNI를 사용하게 되었다.

### GDP의 구성 요인

GDP는 그 자체가 중요한 경제지표이지만 이를 구성하는 민간소비, 정부소비, 투자, 수출 및 수입도 모두 중요한 지표이다. 그리고 수출에서 수입을 뺀 것

**표 5-7 주요 통화지표**

| | 화폐발행액 | 본원통화 | 협의통화(M1) | 광의통화(M2) | 금융기관유동성(Lf) |
|---|---|---|---|---|---|
| 1990 | 8.2 | 13.8 | 44.1 | 145.6 | 198.1 |
| 2000 | 21.4 | 28.2 | 196.7 | 707.7 | 911.6 |
| 2010 | 37.7 | 64.3 | 388.2 | 1,621.2 | 2,070 |

주 : 단위는 조 원. 2010년 4월 평잔기준.
자료 : 한국은행, 『조사통계월보』, 2010. 6.

**표 5-8 금리변동 추이**

| | 1945 | 1970 | 1980 | 1990 | 2000 | 2010 |
|---|---|---|---|---|---|---|
| 예 금 금 리 | 3.4 | 22.8 | 18.6 | 10.0 | 7.01 | 2.88 |
| 대 출 금 리 | 6.6 | 24.0 | 20.0 | 12.5 | 8.55 | 5.49 |
| 회사채수익률 | - | 20.10 | 30.70 | 15.48 | 9.35 | 4.69 |
| 콜금리(익일물) | - | 17.90 | 22.85 | 14.03 | 5.05 | 2.00 |

주 : 2010년 4월 현재, 단위는 연 %.
자료 : 한국은행, 『숫자로 보는 광복 60년』, 2005 및 『조사통계월보』, 2010. 6.

을 순수출($E=X-M$)이라고 하는데, 이는 무역수지를 나타내는 것으로 역시 중요한 지표이다. 민간 소비는 내구재, 준내구재, 비내구재, 서비스소비 등으로 나눌 수 있고 투자도 고정자본형성과 재고로 나눌 수 있다. 수출도 상품별 · 지역별로 나누어 볼 수 있다. 이들 하나하나는 모두 나름대로 유용한 경기지표가 된다.

## 통 화 량

앞에서 통화량과 이자율은 미국에서 가장 중요한 경기선행지표임을 알았다. 한국에서도 이는 중요한 경기지표이다. 여기서는 얼마 전에 변경된 우리나라의 주요 통화개념과 금리를 보기로 한다.

한국은행은 2002년 새 통화지표를 편제하여 공표한 바 있다. M1을 종전 '통화'에서 '협의통화'로, M2를 '총통화'에서 '광의통화'로 이름을 바꾸고, 내용도 바꾸었다. 한국은행의 『알기 쉬운 경제지표해설』에 따르면 M1은 현금통화에 결제성예금(요구불예금 및 수시입출식예금)을 더한 것이고, M2는 M1에 준결제성 예금을 더한 것이다. L(광의 유동성)는 M2에 예금은행 및 비은행금융기관의 기타 예수금 그리고 국채, 지방채, 회사채, 기업어음 등을 합한 것이다.

**표 5-9** 경상수지와 자본수지

| | 2000 | 2001 | 2002 | 2003 | 2005 | 2009 |
|---|---|---|---|---|---|---|
| 1. 경상수지 | 122.5 | 80.3 | 53.9 | 119.5 | 165.6 | 426.7 |
| 상품수지 | 169.5 | 134.9 | 147.8 | 219.5 | 334.7 | 561.3 |
| 서비스수지 | −23.5 | −38.7 | −82.0 | −74.2 | −130.9 | −172.0 |
| 소득수지 | −24.2 | −12.0 | 4.3 | 3.3 | −13.2 | 45.5 |
| 경상이전수지 | 5.7 | −3.9 | −16.2 | −29.0 | −25.0 | −8.1 |
| 2. 자본수지 | 121.1 | −33.9 | 62.5 | 139.1 | 4.9 | 204.4 |
| 투자수지 | 127.3 | −26.6 | 73.4 | 153.1 | 28.0 | 252.6 |

주 : 단위는 억 달러.
자료 : 통계청, 『한국통계연감』, 2005; 한국은행, 『조사통계월보』, 2010. 6.

## 5.7 국제수지와 경제위기

세계 최대의 무역적자국은 미국이다. 그러나 미국에게 무역적자는 과거 큰 문제가 되지 않았다. 그 이유는 다음과 같다.

첫째, 미국은 외국으로부터 돈을 빌릴 수 있고, 또한 외국기업들이 미국에 계속 투자하므로 외국자본이 계속 들어왔다.

**표 5-10 국제수지표**

| | 1996 | 2005 | 2009 |
|---|---|---|---|
| 1. 경상계정 | | | |
| (1) 상품수출 | 130.0 | 289.0 | 373.6 |
| (2) 상품수입 | 145.1 | 255.5 | 317.5 |
| (3) 상품수지(=(1)−(2)) | −15.1 | 33.5 | 56.1 |
| (4) 서비스수출 | 23.4 | 45.4 | 58.5 |
| (5) 서비스수입 | 29.6 | 58.5 | 75.7 |
| (6) 서비스수지(=(4)−(5)) | −6.2 | −13.1 | −17.2 |
| (7) 상품 · 서비스수지(=(3)+(6)) | −21.3 | 20.4 | 38.9 |
| (8) 소득수지 | −1.8 | −1.3 | 4.6 |
| (9) 상품 · 서비스 · 소득수지(=(7)+(8)) | −23.1 | 19.1 | 43.5 |
| (10) 경상이전수지 | 0.0 | −2.5 | −0.8 |
| (11) 경상수지(=(9)+(10)) | −23.1 | 16.6 | 42.7 |
| 2. 자본계정 | | | |
| (12) 투자수지 | 23.9 | 2.8 | 25.3 |
| (13) 기타자본수지 | −0.6 | −2.3 | 1.2 |
| (14) 자본수지 | 23.3 | 0.5 | 26.4 |
| 3. 준비자산증감 | −1.4 | −19.8 | −69.0 |
| 4. 오차 및 누락 | 1.2 | 2.8 | −0.1 |
| (15) 종합수지(=(11)+(14)+4) | 1.4 | 19.9 | 69.0 |
| (16) 전체수지(=(11)+(14)+3+4) | 0.0 | 0.0 | 0.0 |

주 : 단위는 10억 달러.
자료 : 한국은행, 『경제통계연보』, 1997, 2006 ; 『조사통계월보』, 2010. 4 ; 통계청, 『한국통계연감』, 2005; Thomas A. Pugel, *International Economics*, 제12판.

둘째, 미국의 잘 발달된 금융기관들이 이런 문제를 어느 정도 해결했다.

셋째, 미국의 무역적자는 약 20% 정도가 외국에 진출한 미국회사들이 미국에 역수출하는 것이었다. 예를 들면, 월마트는 중국에서 2백억 달러 이상의 상품을 사는 해도 있었다.

넷째, 미국은 달러를 발행할 수 있는 특권이 있다.

미국의 경제학원론 교과서들은 거의 대부분 무역적자를 근본적인 경제문제라고 하지 않는다. 많은 한국인들은 외환위기 발생 전해인 1996년 무역적자가 2백억 달러가 넘는 데도 문제가 안 된다고 했다. 한국인들도 그 영향을 받았을지 모른다. 그러나 한국은 위의 네 가지 면에서 미국과 사정이 크게 다르다. 한편 현재 미국에서도 무역적자의 비중이 GDP(국내총생산)의 6%로 증가하게 되자 무역적자가 감당하지 못할 수준까지 증가했다는 우려의 목소리도 높아가고 있다.

한국은 1998년부터 지금까지 2008년을 제외하고 한 해도 빼놓지 않고 무역흑자를 나타내고 있고 외환보유고도 2천억 달러가 넘는다. 외환보유고의 적절한 활용이 중요하게 되었다. 우리는 외환보유고가 세계에서 가장 많은 나라인 중국의 외화자산 운용 노하우를 연구할 필요가 있다. 또한 외환보유고를 모두 달러로만 보유할 것이 아니라 유로, 위안화 등으로 포트폴리오를 잘 구성하는 것도 중요하다.

1997년 경제위기가 발생했을 때 한국인은 모두 극심한 경제불안을 겪었다. 경제위기는 주로 외환위기에서 온 것이었고 이는 달러 부족 때문에 발생하였다. 그 원인을 자세히 살펴보기로 하자.

외환위기 직전 전경련 회장이었던 SK그룹 최종현 회장은 심한 질병으로 산소 호흡기를 꽂은 채로 국가 지도자들과 정책담당자들을 찾아다니면서 경제위기가 임박했음을 경고하며 신속히 환율을 올리고 이자율을 떨어뜨려야 한다고 호소했다. 그러나 오히려 일국의 경제총수가 경제위기 운운하고 다닌다며 비난을 받았다. 그는 경제학자들에게도 경제위기의 발생은 불가피하며, 발생하면 30대 그룹 중 절반은 없어질 것이라는 사실을 여러 차례 강조했다. 그의 예상은 적중했다. 외환위기의 원인은 다음과 같이 몇 가지로 나누어 볼 수 있다.

**① 생산성을 넘는 임금** 최종현 회장은 1980년대 후반에 시작된 민주화와 노동운동 때문에 평균임금이 3만 7천 달러나 될 정도로 높아진 SK그룹도 국제경

쟁력을 잃었다고 했다. 남덕우 전 부총리는 다른 경제학자들과 같이 쓴 책『IMF 사태의 원인과 교훈』에서 이렇게 말했다. "당시 민주화의 양상은 외국 사람이 평한 대로 '술에 취한 운전자'의 모습을 방불케 했다. 격렬한 노사분규로 임금이 급상승하였고 이 나라의 경제실력(생산성)이 지탱할 수 없는 보수수준이 일반화되었다."

② 지나치게 낮은 환율　　최종현 회장은 당시 환율이 1달러당 800~900원이었는데, 1,200원 정도는 되어야 한다고 했다. 이지순 서울대 경제학 교수는 당시 정부가 환율만 잘 올렸어도 외환위기를 피할 수 있었을 것이라고 말한다. 환율이 너무 낮으니 수입품 가격이 너무 싸게 되어 국민들의 수입과 해외여행이 대 유행이 되었다. 어떤 어머니들은 심지어 혼수를 장만하러 미국에 가기도 했다. 수입은 계속 늘고 수출은 잘 안 되니 무역수지적자는 1994년부터 계속 증가하여 1996년에는 230억 달러나 되었다. 정책담당자들은 세계화시대에는 국제수지적자의 국경적 의미가 달라지므로 문제되지 않는다고 했다. 환율을 높이면 달러로 계산한 국내 임금수준도 낮아지므로 국내기업들의 국제경쟁력이 그만큼 높아질 수 있었는데, 이를 하지 않았던 것이다.

③ 경쟁국에 비하여 높은 이자율　　한국의 이자율은 경쟁관계에 있는 일본의 몇 배나 되었다. 예를 들어, 1996년 일본의 콜금리는 0.44%였인데, 한국은 12.35%나 되었다. 남덕우 전 총리는 이렇게 말했다.

> "자율화, 개방화의 바람을 타고 은행, 종금사와 대기업들은 외국의 저리 단기자본차입에 열을 올렸다. 그리고 그것을 국내의 장기투자에 투입하는가 하면, 해외투자에 경험이 없는 종금사들은 높은 기대수익률에 현혹되어 인도네시아 혹은 러시아의 부실채권을 사들였다. … 한국의 고금리에 현혹된 외국투자자들은 해외에서 6~7%의 저금리로 자금을 조달하여 한국에 가지고 와서 원화로 환전하여 12~13%의 고금리로 운용하면 환율이 안정되어 있는 한두 곱 장사가 된다는 묘미를 맛보게 됐다. 그래서 그들은 한국이 자본시장을 더욱 개방해야 한다고 본국정부를 통해 한국정부에 압력을 가하였다. … 경제위기의 직접적 원인은 해외에서 과다하게 차입한 단기 투기자본을 장기 시설투자와 증권투자에 투입한 결과 유동성부족에 직면했기 때문이다."

④ 관치금융으로 기형이 된 금융산업　　한국경제는 하나의 거대한 기계이

고, 이 기계는 금융과 실물이라는 거대한 두 바퀴로 굴러간다고 할 수 있다. 그런데 기계의 규모가 크게 되면 실물과 금융이 균형 있게 커야 한다. 그러나 한국경제라는 기계는 실물 부문은 계속 성장하고 금융부문은 성장하지 못했다. 이는 관치금융 때문이다. 그 결과 양자는 균형이 맞지 않았다. 금융이 실물을 지탱할 수 없게 되자 위기가 발생한 것이다.

최종현 회장은 경제위기 전 한국의 4대 은행은 전체 매출액이 4대 기업그룹(BG) 하나의 매출액보다 적을 정도로 왜소했다고 지적했다. 4대 기업그룹은 투자자금을 국내은행에서 조달받을 수 없어서 자체조달이나 해외차입 등에 의존할 수밖에 없었다고 한다. 미국국제경제연구원의 에드워드 그라함 수석연구원은 『한국의 산업콩글로머레이트 개혁』(2003)이란 책에서 경제위기 발생의 중요한 이유 중의 하나는 금융부문이 실물부문처럼 발전하지 못했기 때문이라고 말한다.

**⑤ 일관성 있는 정책 추진력의 상실** 남덕우 전 총리는 이에 관하여 다음과 같이 설명한다.

> "민주화 과정에서 고임금, 고보수, 고지가, 과소비현상이 빈번하였는데 정부는 나라의 위상과 만불 소득(1인당)을 자랑하며 국민들의 해이를 바로잡지 못했다. 문민정부는 세계화의 구호를 내세웠으나 그에 대응하는 구체적 시책을 일관적으로 추진하지는 못했다. … 경제가 침체하여 여론이 악화되면 경제각료를 경질하는 것으로 국면전환을 꾀하였다. 김영삼정부 5년 동안에 경제부총리가 일곱 번이나 바뀌었으니 행정이 항상 불안정한 상태에서 정책 추진력이 약화된 것은 당연한 결과라 할 것이다. … 문민정부가 들어서면서 정략적 차원의 부정부패 청산이 정치일정으로 등장하였고 그 과정에서 전직 두 대통령이 영어의 몸이 되는가 하면 … 이제는 잘못하면 철창신세를 지게 된다는 것을 실감한 금융기관들은 불황국면에서 기업들이 가뜩이나 자금난에 허덕이고 있는 때에 여신 업무를 조이기 시작하였다. 그 때문에 금융력이 비교적 약한 중소기업과 기업집단들이 먼저 부도를 냈고 드디어 기아그룹이 그 뒤를 따르게 된다. … 드디어 외국채권자들은 한국으로부터 자금을 회수하기 시작하였다. 그들이 주식을 투매하자 주가가 폭락하고, 일시에 자금을 회수하니 환율이 폭등하고 드디어 외환보유고는 바닥이 났다. 금융파탄이 온 것이다."

정몽준 전 국제축구연맹 부회장 겸 현대중공업회장은 『일본에 말한다』라는 저서에서 경제위기의 원인으로 너무 빠른 자본시장의 개방과 아시아 각국 간의 지역협력 부족을 들었다. 멕시코 위기 때는 미국이 멕시코에 적극 협력했으나 아시아 위기 때 일본은 그렇게 하지 않았다는 것이다. 그는 이와 관련하여 이렇게 말한다.

> "IMF위기의 책임자로 비판의 대상이 되었던 김영삼 전 대통령은 대통령 임기를 마친 뒤 국회의 청문회가 보낸 질의서에 대해 다음과 같이 대답하고 있다. '한국이 경제위기를 맞게 된 이유는 일본이 한국 내에 있었던 일본의 자금을 회수한 것이 가장 큰 원인이었다. 당시 일본은 단기간에 150억 달러를 회수 했다.' … 김영삼 전 대통령은 1996년 국내외의 기자들이 모인 가운데 '일본인의 버르장머리를 고쳐주겠다'고 했다. … 외무부장관을 지냈던 사람 말에 의하면, 일본에서 사람이 올 때마다 '김 대통령이 그런 말을 한 것은 사실입니까?'라며 반드시 확인을 했다는 것이다."

⑥ IMF의 잘못된 처방 IMF는 한국이 경제위기를 벗어나는 데 도움을 주었으나 다음과 같은 조치 때문에 한국기업을 곤경에 처하게 만들었다는 비난도 받는다. IMF의 대표적인 처방은 다음 7가지이다. 이러한 처방에는 긍정적 효과도 컸으나 부정적 효과도 적지 않았다.

• 이자율 인상과 외자유치 : 이는 부채가 많은 기업들을 쓰러지거나 외국기업에 팔려가게 만들었다. 빚이 많은 개인도 위기를 맞이했다.

• 환율의 인상과 수출의 촉진 : 환율의 인상으로 수출은 촉진되었으나 수입원자재 가격이 급등했다.

• 재정지출의 삭감과 재정적자의 감소 : 이는 교육, 보건, 환경 등과 관련된 정부지출의 감소로 서민층에 피해를 줄 수 있다.

• 금융시장의 자유화 : 이는 외국 투기자본의 국내 진출을 촉진한다.

• 공기업의 민영화 : 이는 대량실업을 초래할 수 있다.

• 노동기준의 완화

• 농업보조금의 삭감 : 이는 농민의 소득을 감소시킨다.

IMF는 한국뿐만 아니라 다른 나라에도 같은 처방을 했다. 삼성경제연구소의 김경원 · 권순우 등은 『외환위기 5년, 한국경제 어떻게 변했나』에서 이렇게 지적했다.

> "IMF는 한국의 특수성과 외환위기의 근본원인을 무시하고 자체 매뉴얼에 의해 일률적이고 과도한 처방을 시행한 결과 이에 따른 부작용을 양산하기도 했다."

따라서 이들은 IMF 프로그램을 '절반의 성공'으로 표현했다. IMF는 부도난 한국기업들에게 돈을 빌려준 외국금융기관들이 원금과 이자를 한 푼의 손해도 없이 회수해 가도록 했다. 이자율은 오히려 더 높여서 받아 갔다.

노성태 전 한국경제연구원장은 1997년 경제위기의 책임을 경제주체별로 따진다면 정부 50%, 금융기관 30%, 그리고 기업그룹 20%라고 했다(대담 2006. 8. 11). 그런데 당시 금융기관은 정부 통제하에 있었고 기업그룹도 정부의 엄격한 규제를 받았으므로 외환위기의 원인은 정부에 있었다는 것이다. 당시 정부가 환율, 이자율 정책만 잘 했어도 외환위기를 피할 수 있었을 것이다.

1997년 한국은 국제통화기금(IMF)의 처방대로 개방을 확대하고 외환규제도 대폭 완화하는 등으로 외환위기를 극복했다. 그러나 말레이시아의 모하메드 마하티르 수상은 한국과 거의 정반대로 하여 국부유출을 막고 외환위기를 극복하였다.

그는 국제 금융투기자본들이 자신들의 자금운영을 철저히 비밀에 부친 채 말레이시아 기업들의 투명성을 요구하는 것을 거절했다. 그는 국제사회에서 이단자 취급을 받았다. 그러나 자신의 길을 가서 위기극복에 성공했다. 국가경제 운영에는 하나의 길만이 있는 것은 아니다.

"나는 내 일생을 통해 80%는 인재를 모으고, 교육시키는 데 시간을 보냈다."

—이병철

# 제 6 장 형 평

중국의 역대왕조는 농민반란으로 멸망한 경우가 많다. 마오쩌둥(毛澤東)은 도농간의 소득격차 문제가 심각한 것을 알고서 '공산화된 농촌으로 도시를 포위한다'는 전략으로 국공내전에서 승리하여 중국을 공산화했다. 그러나 공산주의 이상인 평등문제해결에는 실패했다. 현재 8억 명이 넘는 중국 농촌인구(도시화율 43%, 2008년) 대부분의 소득은 도시인구 소득의 3분의 1이 채 안 되는 것으로 추산된다. 도농간의 심한 격차에 대한 농민들의 불만은 집단시위로 나타나고 있다. 중국이 공산주의를 도입한 것은 분배문제의 이상적 해결이 가능할 것으로 믿었기 때문이다. 얼마 전 중국이 공산주의를 버리고 자본주의를 도입하게 된 것은 공산주의로서는 가난을 구제할 수 없고 소득격차 문제를 해결할 수 없다는 사실을 깨달았기 때문이다.

세계 제일의 자동차회사인 도요타의 오쿠다 히로시 전 회장은 도요타사(社)에 노조 문제가 없는 것은 주주, 노동자 및 경영자가 생산한 것을 잘 분배하기 때문이라고 말한다. 경기가 안 좋을 때는 분배를 자제하고, 경기가 좋을 때는 형평성 있게 분배하려고 노력하는데, 분배에는 상호 신뢰가 중요하다고 했다. 세계 일류기업들은 도요타처럼 분배문제를 잘 해결한다. 명문가정도 가족 간의 분배문제를 잘 해결하는 가정이다. 의좋기로 유명하던 형제들이 법정싸움까지 하는 것은 대부분 재산분배 때문이다. 형평문제는 이처럼 국가, 기업, 가정, 개인의 경우 모두 중요하다. 근본적인 경제문제이다.

> "너희 이웃의 집을 탐내지 못한다. 너희 이웃의 아내나 남종이나 여종이나 소나 나귀나 할 것 없이, 너희 이웃의 소유는 어떤 것도 탐내지 못한다."
>
> – 성서 십계명의 마지막 계명

## 6.1 평등과 형평

"경제문제에 관한 한 다수의 의견은 항상 틀리게 되어 있다."

— 존 갤브레이스

### 평등과 형평

'공정거래는 나에게 유리한 거래이다', '공정분배는 나에게 유리한 분배이다' 처럼 분배와 관련된 말에는 감정이 섞이는 경우가 많다. 형평은 장기적으로 아주 서서히 해결될 수 있는 문제이다. 소련은 70년간이나 노력했음에도 불구하고 실패했다. 분배는 결코 쉽게 해결될 수 있는 문제가 아니다. 형평문제의 해결이 어려운 것은 무엇보다 그 뜻을 잘 모르기 때문이기도 하다.

평등(equality)이란 모든 사람이 소득이나 재산을 똑같이 나누어 갖는 것을 말한다. 신입사원의 봉급과 20년 된 경력사원의 봉급이 동일하고 유치원생의 용돈과 대학생의 용돈이 동일한 것이다. 평등은 실현 불가능하고 적합하지도 않다. 평등은 단지 현실적 분배와의 차이가 얼마나 되는가를 판단하는 객관적 기준이 될 뿐이다. 반면 형평(equity)은 개인의 가치판단과 관련된 규범적 개념이다. 100m 경기를 할 때 누구나 동일한 선상에서 출발하는 것, 즉 기회의 균등은 보장해야 하지만 열심히 달려서 1등한 사람과 그렇지 못한 사람 간의 차이는 인정해야 한다는 것이다.

열심히 잘 하는 사람에게는 더 많은 보상을 해 주는 것이 옳다. 이와 같이 개인간의 능력, 노력, 열성, 모험심, 연령 등에 따라서 분배의 불균등을 인정하는 것이 형평이다.

### 형평의 두 가지 원칙

세계은행은 2006년도 『세계개발보고서』의 부제를 『형평과 발전』이라고 했다. 세계은행은 형평에 대하여 분명한 두 가지 원칙을 밝히고 있는데, 이는 다음과 같다.

"우리는 형평이 두 개의 기본원리에 의하여 정의되는 것으로 생각한다.

① 평등한 기회　　개인의 인생이, 여러 차원에서 어떻게 되는가는 자신의

### ▌캄보디아의 완전 평등사회 건설을 위한 실험▐

캄보디아의 크메르 루즈 정권의 지도자 폴 포트는 1975년 집권 후 이 세상에서 최초로 완전 평등한 사회주의 국가건설을 목표로 내 걸었다. 그는 목표를 달성하기 위해서 각종 악의 소굴인 도시부터 제거하여 도농간의 격차를 해소해야 된다고 생각했다. 그리하여 인구 2백 5십만 명의 프놈펜은 물론 모든 도시인들에게 일주일 안에 도시를 떠나라고 명령했다. 모든 도시는 즉시 텅 비었다. 학교도 모두 문을 닫았다. 그 결과 인구의 60%인 4백여만 명이 엄청난 고통을 받았다.

크메르 루즈 정권은 신(新) 평등사회 건설에 방해가 되는 과거 정권의 공무원, 군인, 지주, 교사, 승려, 상인, 기술자들을 모두 처형했다. 심지어 어린이를 포함한 이들 가족 전원을 처형하기도 했다. 한 사람이라도 남겨두면 세균처럼 사회를 다시 오염시킨다고 믿었기 때문이다. 44개월의 집권기간 내내 처형은 계속됐다. 직장에서의 지각, 정부비난, 혼전 동거 등의 이유로도 처형되었다. 처형은 사전에 동물 고문과 도살 등의 철저한 훈련을 받은 12-14세 청소년들에 의해 행해졌다. 이들은 심지어 부모를 죽이기도 했다. 캄보디아의 인구는 1975년 730만 명에서 베트남이 정복한 1978년 580만 명으로 감소했다. 인구의 자연증가를 감안하면 4분의 1인 2백여만 명이 목숨을 잃었다. 무지막지한 사회주의 실험을 한 캄보디아의 1인당 국민소득은 600달러에 불과하다. 관광산업이 신산업으로 떠오르고 있으나 국민들은 정치 불안과 부패문제에 시달리고 있다(리처드 파이프스 하버드대 교수의 책『공산주의－그 역사』).

배경이 아니라 노력과 재능을 반영하는 것이어야 한다. 탄생과 더불어 결정된 환경적 요인들(성, 인종, 출생지, 가문)이나 태어난 집단이 개인의 경제적 · 사회적 및 정치적 성공을 결정해서는 안 된다.

② **절대빈곤의 퇴치**　기회균등원칙이 잘 지켜지는 상태에서도 극단적 빈곤 또는 롤스(Rawls)식의 불평등이 발생하는 것은 피해야 한다. 그러기 위해서는 궁핍하게 된 구성원의 생활보호를 위하여 사회는 개입해야 하는 것이다."

우리는 형평과 관련해서는 다음 네 가지를 잘 알아야 한다.

① 형평은 기회의 평등이지 결과의 평등이 아니다. 누구나 원하면 단거리 달리기에 출전할 수도 있고 마라톤 경기에 나갈 수도 있다. 단, 어느 경기에 출전하든 같은 선상에서 출발할 수 있어야 한다. 경주에서 1등으로 들어온 사람과 꼴찌로 들어온 사람이 같은 상금을 받는 것은 결과의 평등으로 공산주의식 평등이다. 경쟁에서 이긴 1등에게는 1등으로서의 높은 상금을 주고 꼴찌에게는 다음에 또 출전할 수 있는 기회를 주는 것이 기회의 평등이다.

정부가 부자의 돈을 세금으로 걷어서 가난한 사람에게 나눠주는 것은 결과의 평등이다. 그러나 가난한 사람이 스스로 돈을 벌 수 있도록 교육을 시키고 경제적 자립을 할 수 있도록 도와주는 것은 기회의 평등이다.

② 형평은 일시적 또는 장기적으로 절대빈곤 상태에 처한 사람들(정신장애, 부양가족 없는 노인, 이재민, 고아, 사업실패 등으로 경제력을 상실한 사람)에게 최소한의 생활을 보장하여 궁핍한 상태를 벗어나도록 하기 위한 것이다. 경제력이 있고 소득수준도 최저수준을 넘으나 만족할 만한 수준이 아닌 사람들(예 : 대졸 신입사원들)에게 소득을 재분배하려는 것이 아니다. 이런 사람들은 교육, 훈련 등을 통하여 스스로 소득을 증가시킬 수 있도록 해야 한다. 유럽 여러 나라들이 경제적인 어려움을 겪는 것은 이런 사람들을 돕는 사회보장비의 과다한 지출 때문이다.

정부는 2006년부터 주 소득자의 사망, 가족의 질병, 화재, 재해 등으로 갑자기 생계가 곤란하게 된 저소득층에게 1~6개월간 최저 생계비의 100%를 긴급지원하는 내용의 긴급복지지원법을 만들어 시행한다. 이런 절대궁핍으로부터의 보호를 위한 것이 사회안전망(social safety net)이다. 최저생계비란 '국민이 건강하고 문화적인 생활을 유지하기 위하여 소요되는 최소한의 비용(국민기초생활보장법, 제6조)'이다. 자력으로 소득을 조금이라도 벌 수 있는 사람에게는 계속 소득을 보조해 주는 것보다 더 벌 수 있도록 교육의 기회를 주는 것이 중요하다.

③ 형평은 개인 간의 능력, 노력, 열성 등을 반영한 어느 정도의 소득불균등을 인정하는 것이다.

④ 자활 능력이 있는 사람들도 사회가 적극적으로 도와야 한다고 생각하는 것은 유럽식 사회복지제도이다. 가족제도가 튼튼한 한국은 가족 스스로 돌보는

가족복지제도를 잘 활용하는 것이 중요하다.

### ❂ 형평의 대상

형평이라고 할 때 형평의 대상은 무엇인가? 형평의 대상으로 소비, 소득, 교육의 기회, 의료보건서비스, 주택, 주거환경, 재산 등 국민복지에 영향을 미치는 것 모두를 생각할 수 있다. 싱가포르는 주택, 주거환경 및 재산면에서의 형평을 중시했다. 그러나 대부분의 나라들은 형평의 대상을 소비나 소득으로 간주한다. 남아시아 나라들(인도 및 인접국가인 스리랑카, 파키스탄, 방글라데시 등)은 평준화의 대상을 소득 대신 소비로 잡는 경우가 많다. 소비를 대상으로 하는 경우에는 두 가지 문제가 따른다.

① 소비항목을 얼마나 세분하는가
② 자가 주택이나 내구소비재의 소비를 어떻게 평가하는가

다른 많은 나라들은 소득을 대상으로 한다. 그런데 이 경우에는 다음 세 가지 점에 유의할 필요가 있다.

① 소득이 실제 수입금액인가, 자가 주택의 임료 등을 평가하여 계산한 전체 소득인가
② 과세 전의 소득인가, 과세 후의 소득인가
③ 남에게 이전한 소득과 이전받은 소득을 감안한 소득인가

정부가 물고기를 잡아서 모든 사람에게 나누어 주어야 한다는 것은 공산주의식 소득의 평등이다. 가장 좋은 방법은 물고기 잡는 법, 더 좋게는 양어장 운영방법을 배울 기회를 평등하게 갖도록 하는 것이다. 양어장 운영방법은 기업 운영방법인 것이다.

### ❂ 공산주의식 완전 평등

베트남의 어느 도시는 공산화 직후 모든 사람을 동일한 집에 살게 했다. 국가예산은 부족한데 모든 사람에게 동일한 집을 제공하려니 미니 주택밖에 지을 수 없었다. 사방에 보이는 것은 모두 미니 주택이었다. 아무리 열심히 일해도 미니 주택을 벗어날 수 없었다. 미니 주택에서 태어나 살다가 세상을 떠나는 삶을

국가로부터 보장받았지만 나라 경제는 발전하지 않았다.

중국의 요령대학 교수는 이런 말을 했다. 공산화 직후 국가는 모든 인민이 똑같은 밥을 먹을 권리가 있다고 생각해서 밥 공장을 짓고 원하는 곳에 가서 밥을 먹도록 했다. 그런데 밥을 잘 하는 곳은 사람들이 많이 몰리는 데 반해 밥을 못하는 곳은 사람들이 없었다. 밥 공장들은 사람이 몰리면 일거리가 많아지므로 일부러 '맛 없는 밥 짓기', '기분 나쁘게 밥 제공하기' 같은 시합을 했다. 그 결과 국가는 밥 공장을 폐쇄하고 각자 집에서 밥을 해 먹도록 조치했다.

중국은 문화혁명(1966~1977년)때 교육기회평등화의 일환으로 일류대 교수, 학생들을 농촌에 보내서 농사를 짓고 가축을 돌보게 했다. 이를 하방(下放)이라고 말한다. 노동자, 농민들은 일류대 교수와 학생들이 차지했던 자리를 가로챘다. 지식인과 엘리트들에 대한 증오심 때문에 지식인들의 양성이 중단되었다. 오늘날 중국의 지도층은 90년대 이후 미국에 가서 박사학위를 받고 돌아온 젊은 층과 구 공산당 간부를 지냈던 늙은 층이다. 허리부분에 해당되는 중간 지도층이 부족하다.

왜 모든 공산국가들은 평등사회 건설에 실패했는가? 그 이유는 다음과 같다.

### 독립 때의 모습 그대로인 나라, 미얀마

군사독재로 알려진 나라 중의 하나는 미얀마이다. 네 윈 장군이 군사독재로 쇄국형 경제운영을 해 보았지만 심한 경제 불안으로 실패했다. 국내외의 압력에 못 이겨 1990년 선거를 실시했는데, 결과는 군부 독재에 반대하는 아웅산 수지 여사의 압승으로 끝났다. 그러나 군부는 정권이양을 거부하고 아웅산 수지 여사를 가택 연금했으며 지지자들을 처벌했다.

미얀마는 문화연구가인 츠지하라 야스오가 쓴 책 『쉽게 아는 세계의 나라들』에 따르면 전 세계 헤로인의 70%를 공급한다. 세계적인 헤로인 공급지로 알려진 '황금의 삼각지'가 미얀마 북쪽에 위치하고 있다. 이웃나라와 밀무역도 많이 한다. 미국 CIA의 『세계연감』에 따르면 미얀마의 지하경제는 GDP의 2배까지 된다는 것이다. 농촌은 빈곤에 찌든 사람들로 꽉 차 있다. 그 곳에서 선교활동을 하는 J목사는 미얀마가 1948년 독립 때의 나라 모습을 지금까지 그대로 간직하고 있다고 했다.

첫째, 인간은 완전 평등해질 수 없는 존재이다. 완전평등은 불가능하다.

둘째, 완전 평등을 바라지 않는 사람도 많다. 성직자, 예술가, 연예인, 스포츠맨, 학자, 작가 등 취향이 다양한 사람들이 많다.

셋째, 완전 평등은 부작용이 너무나 많다.

중국 국영석유화공(SINOPEC)의 2004년 매출액은 삼성전자와 거의 같으나 종업원은 77만 명으로 꼭 11배나 많다. 한국이 공산국가라면 정부가 삼성전자에게 실업자(2004년 70만 명)를 고용하고 월급은 7만 명이 받던 것을 77만 명이 동일하게 나누어 가지라고 지시하여 실업문제를 당장 해결할 수 있다. 그럼 삼성전자의 종업원의 수는 SINOPEC처럼 77만여 명으로 늘어난다. 이것이 공산주의식 평등이고 완전고용정책이다. 이들은 일을 열심히 하건 하지 않건 봉급을, 곧 철밥통을 국가로부터 보장받는다. 일을 하지 않는 사람도 해고시키지 못한다. 중국의 덩샤오핑(鄧小平)이 하고자 한 일은 이런 철밥통을 깨는 것이었다.

### ❂ 평등주의와 하향 평준화

백성을 선동하는 사람은 평등을 부르짖고 약자를 도와야 된다고 외친다. 귀중한 국가의 자원을 약자중심으로 배분하면 자원이 낭비된다. 자원을 약자를 도우는 데도 사용해야 하나, 더 효율적으로 사용하는 사람에게 많이 배분해서 많이 늘어나게 해야 한다. 그래야 장기적으로 약자를 더 많이 도울 수 있다. 평등은 다음과 같은 특성이 있다.

① 능력의 업그레이드가 어렵다. 능력의 하향 평준화를 촉진한다.

② 귀중한 자원이 약자에게 과다하게 배분된다.

③ 분배담당자에게는 가장 쉬운 방법이다. 분배하는 데 있어 분석이 필요 없다.

④ 불평이 가장 적은 분배방법이 될 수 있다.

제한된 지역의 울퉁불퉁한 땅은 불도저로 갈아엎어 평평하게 만들 수 있다. 그러나 한국의 모든 산, 땅, 강을 평평하게 할 수는 없다. 다양한 사람들이 다양한 일을 열심히 해야 돌아갈 수 있는 복잡한 기계가 바로 한국경제이다. 이를 권력의 불도저로 밀어부치면 기계는 망가진다. 땅도 망가진다. 땅에도 산, 강, 주택지, 공장용지, 인삼재배에 적합한 땅이 따로 있다. 그 특성을 바탕으로 차별화하여 활용하는 것이 국제무역이론인 비교우위이론의 핵심이다.

인간은 연령, 취미, 성격, 교육수준 등 모든 면에서 차이가 있다. 근본적으로 평등해질 수도 없고 평등해져서도 안 되는 존재이다. 다양성이 주된 특징이므로 능력, 노력, 경험에 따른 차별화가 불가피하다. 공산주의는 차별화할 것을 평준화하느라 무리한 정책을 많이 폈다. 철저한 통제와 감시가 필요한 사회를 만들었다. 그 과정에서 오히려 평준화 대상 계층을 통제하고 감시하는 사회계급을 만들어냈다.

평등사회 건설이라는 공산주의 이상의 더 큰 문제는 모든 사람은 능력면에서도 평등하다는 가정이다. 그러므로 프로와 아마추어의 구분이 없어진다. 아마추어가 지배하는 사회가 공산주의이다. 아마추어들이 국가정책의 시행착오를 거듭하는 대가는 국민의 굶주림과 질병이다. 프로가 지배하는 자본주의 시장경제와 경쟁이 될 수 없다.

앙구스 매디슨은 2002년 OECD 보고서인 『세계경제－새 천년 전망』에서 서구 선진국은 1950～2001년 사이 연평균 2.8%씩 경제가 성장하여 1인당 소득을 4배 증가시켰는 데 비하여 공산권 국가와 후진국들은 같은 기간 연평균 2.2%씩 성장하여 소득을 3배 증가시켰다고 했다. 공산국가들은 국내 소득 평준화에 힘쓰다가 자본주의 서구 선진국에 비하여 상대적으로 점점 더 못사는 나라가 되었다.

### ❂ 세계화와 소득분배

세계화와 소득분배는 다음과 같은 차원에서 살펴볼 수 있다.

① 국내에서의 빈부격차　빈부격차가 큰 나라로 아프리카와 남미국가들을 들 수 있다. 이들 나라는 모두 경제성장률과 세계화 수준이 낮다. 일반적으로 경제성장률과 세계화 수준이 높은 나라일수록 빈곤층의 소득수준을 높일 수 있으므로 빈부격차를 줄일 수 있다. 경제성장률과 세계화 수준이 낮은 나라는 빈부격차가 심화된다.

② 국가간의 격차　개도국은 '성장하는 후진국'과 '정체하는 후진국' 두 종류로 나눌 수 있다. 전자는 중국처럼 경제성장과 세계화를 잘 하는 나라이고,

**표 6-1** 선·후진국 간의 소득격차

| | 1960(A) | 2000(B) | B/A |
|---|---|---|---|
| 20개 최선진국 | 11,417달러 | 32,339달러 | 2.8 |
| 20개 최빈국 | 212달러 | 268달러 | 1.3 |

후자는 경제성장과 세계화를 잘 못하는 나라이다. 선진국과 성장하는 후진국 간의 격차는 줄어들고 있지만, 정체하는 후진국과의 격차는 증가한다. 후진국 중에는 2000~2008년 사이에 이라크, 라이베리아, 짐바브웨처럼 나라경제가 매년 마이너스 성장을 한 경우도 적지 않다. 유엔경제사회이사회의 보고서 『불평등의 곤경』(*Inequality Predicament*)에 따르면 1960~2000년 기간 가장 잘사는 나라 20개국의 1인당 평균소득은 약 3배 증가했으나 가장 못사는 나라 20개국의 경우는 1.3배 증가에 그쳤다[표 6-1]. 이들 간의 격차는 그만큼 증가했다.

미국 속담에 부자의 돈을 뺏어서 가난한 사람들에게 골고루 나누어 주면 돈은 금방 옛 주인을 찾아서 돌아간다는 속담이 있다. 가령 미국이 남미의 어느 국가에 돈을 10억 달러를 원조해 주거나 빌려 주면 6개월이 채 못 되어서 그 반이 미국으로 돌아온다고 한다. 사람을 가장 잘 피해 다니는 것은 돈과 건강이다. 국가를 가장 잘 골라 다니는 것도 마찬가지이다. 드와이트 퍼킨스 하버드대 교수는 빈곤의 가장 중요한 원인은 가장 가난한 나라에서 태어났다는 사실이라고 말한다.

③ 전 세계의 빈부 격차 세계 전체를 하나의 경제단위로 볼 때 빈부격차가 줄어들고 있는가, 늘어나고 있는가? 많은 학자들은 세계화와 인구대국인 중국, BRICs 등의 빠른 경제성장이 세계차원의 빈부격차를 줄인다고 말한다. 경제성장의 대가인 자비어 살라이 마틴 콜럼비아대 교수는 경제성장은 중산층을 만들기 때문에 소득분배를 개선한다고 한다. 그러나 그 정도에 대해서는 학자들마다 견해를 달리한다. 문제는 아프리카이다. 인구는 세계의 13%이나 소득은 3%에 불과하다. 아프리카의 많은 나라에서는 에이즈, 질병, 정치불안 등으로 소득이 줄어들고 있다. 일반적으로 많은 유럽 선진국이나 싱가포르, 대만, 일본, 홍콩 등 동아시아 국가들의 경우에는 세계화가 소득분배를 개선하는 것으로 보인다.

④ 글로벌기업에 의한 격차 증가 한국에 진출한 외국의 GC우위기업들은 한국인 사장이나 전문경영인을 채용하고 임금을 세계 수준으로 높여 주는 경우가

많다. 한국기업들도 그렇게 하지 않으면 인재를 외국기업들에게 빼앗긴다. 이는 기업간, 나아가서는 사회 전체의 소득격차를 증가시킨다. 또한 전 세계시장을 대상으로 성공하여 큰돈을 버는 글로벌기업과 골목대장형 기업간의 격차도 커질 수밖에 없다.

### ◎ 양 극 화

우리사회에는 양극화란 말이 갑자기 유행하기 시작했다. 경제 · 인문사회연구회는 2005년 한국개발연구원, 한국노동연구원 등 7개 연구기관이 참여한 가운데 양극화 문제 해소방안에 관한 워크숍을 개최하고, 그 결과를 『산업 양극화문제 해소방안』이란 보고서로 출간한 바 있다. 우천식 박사(한국개발연구원)는 이 워크숍에서 발표한 "경제구조변화와 양극화"란 논문에서 수출산업과 내수산업 간에 존재하는 것과 같은 '양극화(polarization)는 중장기 산업구조 변화에 수반되는 불가피한 현상이라 볼 수 있다'고 했다. 지금은 지식사회이고 글로벌시대이므로 산업, 업종, 기업 및 지역간의 격차가 커질 수 있다.

그런데 양극화의 뜻을 분명히 하는 것이 중요하다. 한국이 공업화 초기 경험했던 것처럼 인구가 수도권에 집중하고 농촌에서는 줄어드는 것과 같은 현상을 양극화, 즉 polarization으로 정의한다면 이는 한국이 과거 경험한 바이다. 이렇게 해석한다면 양극화는 경제발전과정에서 불가피하고 또한 바람직한 면도 있을 수 있다. 공업화 초기 도농(都農)간의 격차 증가가 그 예이다. 대·중·소도시의 성장패턴도 그 예이다. 즉, 경제성장 초기에는 대도시 성장이 빠르게 되고 대도시와 지방 중소도시 간의 격차가 증가한다. 중진국 단계에서는 중(中)규모 도시, 그리고 선진국 단계에 가까워지면 소(小)도시의 성장이 빠르게 된다. 선진국이 되면 각종 규모의 도시성장이 안정된 수준을 유지한다.

그런데 문제는 많은 사람들이 양극화를 산업이 아니라 소득분배의 양극화로 받아들이는 것이다. 이는 불평등 심리의 확산과 정치적 동기에 기인하는 바가 크다. 부동산가격 상승에 따른 불로소득의 증가, 비정규직 확대, 고용불안, 신용카드 남발 정책, 불안한 증권시장 등이 양극화 심리를 키웠다. 그러나 한국의 소득분배를 양극화라고 하는 것은 현실과 맞지 않다. 그 이유는 한국의 소득분배 균등화 요인과 관련하여 설명할 수 있다.

라울 프레비시는 농업과 공업, 농촌과 도시, 농업국가(후진국)와 공업국가(선진국)가 경쟁하면 전자의 실패와 양자 간 격차 증가는 불을 보듯이 뻔하므로 남미제국은 미국 등 선진국과 경쟁을 해야 하는 수출주도형 공업화는 안 되고 국내시장 중심의 수입대체형 공업화를 해야 된다고 했다. 이렇게 하는 것이 남미가 선진국에의 종속을 피하는 길이라고도 했다. 남미제국은 그의 처방을 따랐다. 그러나 경제발전론 교과서들은 남미모델을 실패한 모델로 간주한다. 라울 프레비시는 남미경제를 망친 대표적 학자로 꼽힌다. 미국 공정거래위원을 역임한 바 있는 에프 엠 셔러 하버드대 경제학교수는 그릇된 이론으로 무장한 경제학자 한 사람은 국력 파괴에 있어서 적군(敵軍) 몇 사단의 힘보다 강하다는 사실을 지적한 바 있다.

남미식 종속주의 학자들이나 여론몰이형 정치가들은 부자와 빈자 간의 양극화를 부각시키고 이를 부자들의 잘못으로 돌려 인기를 얻으려고 한다. 정치가들은 빈부격차를 PR하고 '상품화'에 성공하고자 하는 사람들이다. 때문에 남미경제는 바람 잘 날이 없다.

어느 나라에서나 일정비율의 가난한 사람은 있게 마련이다. 국내문제로 볼 때는 빈곤은 상대적인 면이 크다. 홀리스 체너리 하버드대 경제학 교수는 어느 나라에서나 국민의 40%는 저소득층이고, 20%는 고소득층이라고 했다. 경제발전 과정에서 격차는 불가피하게 여러 차원에서 발생할 수 있다. 어떤 것은 경제발전 과정의 특정 단계에서 발생하여 소멸하는 것도 있다. 집중과 선택이라는 전략의 일환으로 양극화를 선택하는 경우도 있다. 그러나 경제성장이 안 될 때 발생하는 소득격차는 심각하다고 보는 것이 일반적이다.

## 6.2 소득분배의 측정

소득분배는 크게 기능적 분배와 계층별 분배로 나눌 수 있다.

### 소득의 기능적 분배

이는 각 생산요소가 생산활동에 어떠한 기능을 했는가를 기준으로 소득을 분배하는 것이다. 즉 생산에 대한 기여로 근로자는 임금, 자본가는 이자, 지주는 지대 그리고 기업경영인은 이윤이라는 형태의 소득을 분배받는다. 이 네 가지 소득은 근로(노동)소득과 재산소득(이자, 지대 및 이윤)으로 양분할 수도 있다. 이와 관련하여 중요한 것은 노동소득분배율이다. 한국의 노동소득분배율은 고도성장이 시작된 1962년 36%에서 2008년 60.6%로 증가했다. 1997년 경제위기 여파로 2002년에는 58.2%까지 떨어진 적이 있다[표 2-1]. 노조가 원하는 것은 이 비율을 높이는 것이다. 그런데 근로자, 자본가, 기업경영인 및 지주들이 다 같이 생산활동을 해서 공동으로 창출한 소득을 정확히 이 네 가지로 구분하는 것은 쉽지 않다. 또한 근로자라고 하더라도 한 사람 한 사람에게 정확히 얼마나 분배되어야 하는가를 정하기도 어렵다.

### ❂ 소득의 인적 분배 또는 계층별 분배

소득을 생산요소가 아니라 사람 중심으로 분배하는 것을 소득의 인적분배라고 한다. 이는 결국 저소득층, 중산층 및 고소득층에 소득이 얼마나 분배되는가를 파악하는 것이므로 소득의 계층별 분배라고도 한다. 소득분배는 인간의 가치판단과 밀접한 관계가 있다.

포퓰리즘이 망친 나라 아르헨티나에는 굶는 사람들이 대단히 많다. 그래서 굶지만 않으면 중산층이라고 하는 사람들이 많다. 인도에서 월급이 우리 돈으로 20만원이 안 되어도 자신을 중산층이라고 생각하는 사람들이 많다. 소득분배는 개인의 주관 및 감정과 깊은 관계가 있는 문제이다.

"내가 보기에 한국의 소득분배는 세계에서 제일 불균등하게 분배되어 있다." 이런 소리는 에티오피아, 중국, 러시아 등 수많은 나라에서도 들을 수 있다. 그런데 인간이란 나이, 교육수준, 취향, 이재능력 등 여러 면에서 다종다양하다. 다종다양한 사람이 원하는 대로 소득을 분배한다는 것은 실제로 불가능한 일이다. 소득분배는 많은 전문가들이 가장 신빙성 있다고 판단한 기준으로 따져야 한다. 그런 기준에는 다음의 네 가지가 있다.

**① 로렌츠(Lorenz)곡선** 소득분배는 상대적으로 따져야 되는 경우가 많다. 예를 들어, 에티오피아 사람들의 소득분배를 미국 기준으로 따져서는 안 된다. 자기나라의 저소득층의 소득은 자기나라의 고소득층 소득을 기준으로 따져야 한다. 소득분배의 균등도를 따지는 방법으로 많이 알려진 것은 로렌츠곡선이다. 이는 인구의 비율과 소득의 비율 간의 관계를 나타내는 곡선이다. 예를 하나 보기로 하자.

졸업생 100명에게 졸업 직후 각 1억 원씩 지급한 다음 즉시 소득분배를 측정하면 인구의 1%가 소득의 1%, 10%가 소득의 10%, 30%가 소득의 30% 70%가 소득의 70% 등으로 완전균등분배가 된다(총인구 100명, 총소득 100억 원). 이를 선으로 연결하면 완전균등분배를 나타내는 로렌츠곡선이 된다. 그러나 이 돈으로 재테크를 하게 한 다음 가령 20년 뒤에 모여서 소득분배 상태를 다시 계산해 보면 이와는 크게 다를 것이다. 가난한 사람 순으로 졸업생의 10%는 전체 소득의 10%를 차지하지 못한다. 20%도 소득의 20%를 차지하지 못한다. 이를 선으로 연결한 것이 로렌츠곡선이다. 이 선을 보면 인구비율과 소득분배비율의 차이를 알 수 있다. 로렌츠곡선은 대부분의 경제원론 책들에 잘 설명되어 있다.

② **지니계수**(Gini coefficient)　　로렌츠곡선은 인구의 몇 %가 소득의 몇 %를 차지하고 있는가를 1%부터 100%까지 나타낸다. 지니계수는 인구 전체의 분배상태가 어떠한가를 하나의 숫자로 나타내는 것이다. 지니계수의 값과 소득분배 간의 관계는 다음과 같다.

G＜0.40 ：고균등분배

0.50＜G＞0.40 ：저균등분배

G＞0.50 ：불균등분배

**표 6-2 한국의 소득분배**

| | 제 1 오분위 | 제 2 오분위 | 제 3 오분위 | 제 4 오분위 | 제 5 오분위 | 합 계 | 십분위 분배율 | 지니 계수 |
|---|---|---|---|---|---|---|---|---|
| 1965 | 5.7 | 13.6 | 15.5 | 23.3 | 41.9 | 100.0 | 45.1 | 0.34 |
| 1970 | 7.4 | 12.3 | 16.3 | 22.4 | 41.6 | 100.0 | 47.4 | 0.33 |
| 1980 | 5.1 | 11.0 | 15.9 | 22.6 | 45.4 | 100.0 | 35.4 | 0.39 |
| 1988 | 7.4 | 12.3 | 16.3 | 21.8 | 42.2 | 100.0 | 46.7 | 0.34 |
| 1996 | 7.7 | 13.5 | 17.8 | 23.0 | 38.0 | 100.0 | 55.8 | 0.30 |
| 1998 | 7.3 | 12.8 | 17.1 | 22.9 | 39.8 | 100.0 | 50.5 | 0.32 |
| 2000 | 6.2 | 12.0 | 16.6 | 22.6 | 42.6 | 100.0 | 42.7 | 0.32 |
| 2004 | 7.1 | 13.1 | 17.6 | 23.3 | 38.9 | 100.0 | 52.0 | 0.31 |
| 2009 | 7.4 | 12.8 | 17.4 | 23.1 | 39.2 | 100.0 | 51.5 | 0.32 |

주 : 2009년은 도시근로자 가구임.

자료 : 통계청, 『한국의 사회지표』, 각 년도 ; 『한국통계연보』 각 년도.

③ 십분위분배율지수(DDR : Decile Distribution Ratio) 지니계수는 전체 인구 또는 전체 계층의 소득분배의 균등도를 하나의 숫자로 나타낸다. 그런데 저소득층의 소득이 상대적으로 불균등하게 분배되어 있을 수도 있고, 중산층이나 고소득층의 소득이 그렇게 되어 있을 수도 있다. 따라서 지니계수는 소득분배 상태를 계층별로 나타내지 못한다. 소득분배의 파악에 있어서 중요한 것은 저소득층의 소득이 고소득층에 비하여 구체적으로 얼마나 분배되어 있는가를 아는 것인데 이를 가능하게 하는 것이 DDR이다.

DDR은 한국의 전 가구를 소득수준이 낮은 순서대로 한 줄로 세운 다음 10등분을 한다. 소득이 제일 낮은 가구 10%를 제일 10분위, 그 다음 낮은 10%의 가구를 제이 10분위 등이라고 한다. 이렇게 해서 소득수준이 낮은 가구 40%를 저소득층, 제일 높은 가구 20%를 고소득층, 그리고 그 사이 40%를 중산층이라고 한다. DDR은 하위 40%계층(저소득층)의 소득을 상위 20%계층(고소득층)의 소득으로 나눈 값이다. 이는 못사는 사람 40%가 잘사는 사람 20%에 비하여 얼마나 못사는가를 나타낸다. 못사는 사람 40%를 도울 수 있는 돈은 결국 잘사는 사람 20%의 소득에서 나오게 된다는 취지에서이다. 참고로 상위 20%의 소득을 하위 40%의 소득으로 나눈 것을 쿠즈네츠(노벨경제학상 수상자 사이먼 쿠즈네츠)비율이라고 한다. 이는 상위 20%가 하위 40%에 비하여 얼마나 잘 사는가를 나타낸다.

DDR＞0.45 : 고균등분배
0.35＜DDR＜0.45 : 저균등분배
0.35＞DDR : 불균등분배

그런데 1인당 국민소득이 500달러도 안 되는 에디오피아의 소득분배를 지니계수나 DDR로 측정해 보면 예상 외로 균등분배에 가까움을 알 수 있다. 그러나 이런 나라의 균등분배는 국민 대부분이 최저생계소득선상에 있다는 점에서 균등한 것이다. 이런 나라가 해야 할 일은 빈곤층의 빈곤선 탈출이다.

세계은행은 세계적인 빈곤선으로 하루 소득 1달러와 2달러기준을 사용한다. 하루소득이 2달러가 안 되는 인구의 비중이 제일 높은 나라는 탄자니아로서 96.6%, 그 다음은 부룬디로서 93.4%이다. 참고로 베트남은 48.4%, 인도네시아는 60.0%이다.

## 6.3 한국경제는 불균등분배를 바탕으로 성장했는가

한국경제의 소득분배가 잘못되었다고 주장하는 사람들은 어떤 근거에서 그런 주장을 하는가? 이영훈 서울대 경제사교수는 『중·고등학교 사회과 교과서에 그려진 한국경제의 모습』이라는 글에서 이런 말을 했다. 한국의 적잖은 정치인들이 유권자의 인기를 끄는 방법의 하나로 선택한 것은 국민들의 불평등의식에 불을 지르는 것이고, 이를 위한 단골 메뉴는 다음 네 가지라고 지적한다. 이영훈 교수는 한국의 중·고등학교 교과서들조차 이런 주장을 하는 것들이 적지 않다고 말한다.

① 한국경제는 지금까지 저임금에 기초해서 성장했다.
② 중소기업의 희생 위에서 대기업이 성장했다.
③ 농촌의 희생 위에서 나라경제가 발전했다.
④ 소득격차의 정도는 대단히 심했다.

이러한 주장들의 타당성에 대하여 차례로 살펴보기로 하자.

### 한국경제성장과 저임금

경제성장이 저렴한 노동력에 의해서 결정된다면 인구가 2.3억 명이나 되어 저렴한 노동력이 넘쳐나는 인도네시아 같은 나라는 왜 발전을 하지 못하는가? 기업의 GC(글로벌 경쟁력)는 노동을 포함하여 수많은 요인에 의해서 결정된다.

한국은 경제발전단계로 볼 때 저렴한 임금이 더 이상 경제성장의 주된 결정요인이 아니다. 한국경제가 '요소주도형 단계'에 있을 때는 양질의 저임금 노동력이 중요한 역할을 했다. 그러나 그 이후 대규모 투자와 투자효율이 중요한 '투자주도형 단계'를 거쳤다. 현재는 기술혁신이 중요한 '혁신주도형 단계'에 와 있다. 저렴한 노동력이 더 이상 산업성장의 주 결정요인이 되지 못한다.

산업에 따라서는, 예를 들어 생명공학산업이나 IT, BT 산업의 경우 성장을 좌우하는 것은 저렴한 노동력이 아니라 기술혁신이다. 한류열풍을 일으키는 한류산업도 저렴한 노동력 때문이 아니다. 경쟁력의 세계적 권위자인 마이클 포터는 기업경쟁력의 2대 요인은 다음 두 가지라고 했다.

① 기업의 운영 및 전략

② 기업 환경

다른 예로 음식점은 서울에만 수없이 많다. 그런데 그 중 크게 성공하는 집은 극소수이다. 어떤 음식점은 순두부, 또 어떤 집은 콩나물 국밥이나 쌈밥 등으로 큰 돈을 번다. 그런데 다른 집들은 왜 그렇게 하지 못하는가? 이런 것을 만들어 장사해서 성공할 수 있는 지식(knowledge)이 없어서 그렇다. 피터 드러커 교수가 기업성장의 결정적인 요소를 지식이라고 한 것은 바로 이 때문이다. 노동이나 자본이 풍부한 중동국가나 중국이 반도체산업에 있어서 한국을 따라오지 못하는 이유는 무엇인가? 지식이 없어서 그렇다. 저렴한 노동력이 아니라 지식이 가장 중요한 생산요소이기 때문이다.

### ❂ 중소기업과 대기업 간의 관계

이는 다음과 같이 몇 가지로 나누어 볼 수 있다.

① 보완관계  자동차회사 하나가 성장하면 2만여 개의 부품을 생산하는 무수한 중소 부품 회사들이 따라서 성장하는 것처럼 대·중·소기업이 보완관계에 있는 경우 대기업이 발전하면 중소기업도 발전한다. 삼성반도체공장에서 한 시간 거리 이내 지역에는 4백 개가 넘는 중소기업들이 있다고 한다.

② 경쟁관계  한국에서는 출판산업이나 제약산업의 경우 대기업과 중소기업들이 서로 치열한 경쟁을 한다. 경쟁력이 있는 회사는 대·중·소기업을 막론하고 성장하고 그렇지 못한 기업은 도태된다. 지금은 규모도 중요하지만 운영과 전략도 중요하다.

③ 대·중·소기업 수의 부족  한국의 제약회사들이나 출판회사들은 불과 몇 년 전까지만 하더라도 미국기준으로 보면 모두 중소기업들이었다. 기업차원에서 본 한국의 근본문제는 미·일처럼 대기업도, 중소기업도 그 수가 부족하다는 것이다. 대기업 때문에 중소기업의 수가 부족한 것이 아니라 대기업의 수도 적다. 앞으로 대·중·소·영세기업을 모두 많이 일으키는 것이 중요하다.

## ◎ 농업과 공업 간의 관계

한국경제는 농촌의 희생 위에서 성장한 것이 아니다. 현재 농업이 국민총소득에서 차지하는 비중은 3%가 안 된다. 일본의 농촌과 농업은 공업화에 필요한 자금과 인력을 제공했다. 그러나 한국의 경우는 도시 공업부문의 발전이 오히려 농촌 농업부문의 성장을 도왔다. 급속한 도시공업부문의 성장은 농산물에 대한 시장을 제공했고 농촌의 과잉노동력을 흡수할 수 있었다. 1962년 제1차 경제개발계획 시행 이후 농촌의 노동력은 계속 감소하였으나, 농업생산은 여러 배 증가했다.

뿐만 아니라 공업부문은 비료, 농약, 농기계 등 농업발전에 필요한 인풋(input)을 제공했다. 도시의 급성장은 도시 주위의 비닐하우스 농업 등 도시근교농업과 축산업 등의 발전을 빠르게 했다. 한국농업의 성장은 다른 나라의 경우와 비교할 때 결코 낮은 수준이 아니었다.

## ◎ 한국의 경제성장과 소득 격차

한국의 경제성장과정에서 소득 격차는 심화되었는가? 이런 주장은 통계를 보면 설득력이 약하다. 한국의 1인당 국민소득은 이미 앞서 밝힌 바와 같이 1960~2010년 기간 동안 10배 이상 증가했다. 이런 증가는 고소득층에 국한된 것이 아니다. 한국의 휴대전화 가입자가 4,700만 명을 넘는다. 승용차 보유가구의 비율도 2010년에 이미 66%를 넘었다. 한국에서 주택의 수는 가구의 수를 2002년부터 넘어 섰다. 자기 집을 갖고 있는 가구의 비율도 55.6%(2005년)나 된다. 대학 진학률도 세계 최고이다. 소득분배의 불균등이 심하여 소수의 부자와 다수의 가난한 사람이 있었다면 이런 일이 어떻게 가능했겠는가?

**표 6-3** 주관적 계층의식의 변화

| | 1980 | 1985 | 1991 | 1999 | 2006 | 2009 |
|---|---|---|---|---|---|---|
| 고소득층 | 2.6 | 4.4 | 1.6 | 1.1 | 1.5 | 2.7 |
| 중 산 층 | 41.0 | 53.0 | 61.3 | 54.9 | 53.4 | 54.9 |
| 저소득층 | 56.4 | 42.6 | 37.1 | 44.0 | 45.2 | 42.4 |
| 합 계 | 100.0 | 100.0 | 100.0 | 100.0 | 100.0 | 100.0 |

자료 : 통계청, 『한국의 사회지표』, 2009.

### ❂ 주관적 계층의식 조사

이영훈 교수는 소득분배전문가들의 연구와 이런 통계 자료를 보면 앞의 네 가지 주장은 모두 사실이 아니라고 말한다. "1997년 이전 30년간 한국의 소득분배를 나타내는 지표는 한국경제가 국제적으로 소득분배의 모범생이었음을 보여주고 있으며, 소득분배가 악화된 것은 1997년 경제위기 이후의 일"이라고 강조한다.

한국의 소득분배 상태를 한국인에게 직접 물어보면 어떻게 될까? 소득분배에 대한 국민의 생각을 묻는 것이 계층의식 조사인데 주관적 계층의식을 보면, 외환위기 이전에는 국민의 60% 이상이 스스로를 중산층이라고 생각했다(DDR방법에 따른 중산층은 국민의 40%). 그러나 경제위기 이후인 1999년에는 중산층의 수가 감소하고, 저소득층의 수가 많이 늘었다. 이를 토대로 보면, 이영훈 교수의 주장이 설득력 있어 보인다. 마이클 토다로와 스테픈 스미스는 『경제발전론』(제 9 판)에서 한국의 1인당 국민소득의 성장은 소득분배를 개선시켰지 악화시키지는 않았다고 지적한다.

## 6.4 한국 소득분배의 균등화 요인

한국의 소득분배는 지니계수로 볼 때 전 기간 0.40 이하로서 고균등분배였음을 알 수 있다. 다른 나라와 비교하더라도 결과는 마찬가지이다. 한국개발연구원 김용성 박사는 『빈곤실태분석을 위한 거시통합모형개발』이라는 보고서에서 한국의 지니계수 값은 1997년 외환위기 이전에는 안정적인 모습을 보이다가 직후에는 대량실업과 빈곤층인구의 증가로 많이 상승했다고 말한다. 빈곤층 인구비율도 외환위기 직전에는 10%에 미달했으나 외환위기를 겪으면서 증가하여 2004년에는 13.6%까지 증가했다고 한다. 이는 감소한 중산층이 빈곤층이 되었음을 의미하는 것이다.

한국의 소득분배는 DDR로 볼 때 1965년과 1970년은 고균등분배, 1980년 이후에는 저균등분배였음을 알 수 있다. 지니계수나 DDR로 볼 때 한국의 소득분배는 불균등분배가 아니었다([표 6-2] 및 [6-4]). 한국의 노동소득 분배율도 이미 앞

| 표 6-4 | 세계 주요국의 소득분배 | | | | | | | | |
|---|---|---|---|---|---|---|---|---|---|
| | 연도 | 제 1 오분위 | 제 2 오분위 | 제 3 오분위 | 제 4 오분위 | 제 5 오분위 | 합계 | 십분위 분배율 | 지니 계수 |
| 선진국 | | | | | | | | | |
| 미 국 | 2000 | 5.4 | 10.7 | 15.7 | 22.4 | 45.8 | 100.0 | 35.1 | 0.41 |
| 일 본 | 1993 | 10.6 | 14.2 | 17.6 | 22.0 | 35.7 | 100.0 | 69.5 | 0.25 |
| 독 일 | 2000 | 8.5 | 13.7 | 17.8 | 23.1 | 36.9 | 100.0 | 60.1 | 0.28 |
| 영 국 | 1999 | 6.1 | 11.4 | 16.0 | 22.5 | 44.0 | 100.0 | 40.0 | 0.36 |
| 프랑스 | 1995 | 7.2 | 12.6 | 17.2 | 22.8 | 40.2 | 100.0 | 49.3 | 0.33 |
| 대 만 | 2002 | 6.7 | 12.3 | 17.0 | 23.0 | 41.0 | 100.0 | 46.3 | - |
| 남미국가 | | | | | | | | | |
| 브라질 | 2007 | 3.0 | 6.9 | 11.8 | 19.6 | 58.7 | 100.0 | 16.9 | 0.55 |
| 멕시코 | 2008 | 3.8 | 8.1 | 12.4 | 19.2 | 56.4 | 100.0 | 21.1 | 0.52 |
| 콜럼비아 | 2006 | 2.3 | 6.0 | 11.0 | 19.1 | 61.6 | 100.0 | 13.5 | 0.59 |
| 공산권 | | | | | | | | | |
| 러시아 | 2007 | 5.6 | 9.6 | 13.9 | 20.7 | 50.2 | 100.0 | 30.3 | 0.44 |
| 폴란드 | 2005 | 7.3 | 11.7 | 16.2 | 22.4 | 42.4 | 100.0 | 44.8 | 0.35 |
| 베트남 | 2006 | 7.1 | 10.8 | 15.2 | 21.6 | 45.4 | 100.0 | 39.4 | 0.38 |
| 중 국 | 2005 | 5.7 | 9.8 | 14.7 | 22.0 | 47.8 | 100.0 | 32.4 | 0.42 |
| 후진국 | | | | | | | | | |
| 보츠와나 | 1994 | 3.1 | 5.8 | 9.6 | 16.4 | 65.0 | 100.0 | 13.7 | 0.61 |
| 남아연방 | 2000 | 3.1 | 5.6 | 9.9 | 18.8 | 62.7 | 100.0 | 13.9 | 0.58 |

주 : 소득분배는 십분위 분배율의 값이 클수록, 그리고 지니계수의 값은 작을수록 균등분배에 가깝다.
자료 : 세계은행, 『세계개발지표』, 2010; Republic of China, *Taiwan Statistical Data Book* 2004.

서 말한 바와 같이 1963년 이후 지금까지 계속 증가했다.

미국의 소득분배는 한국에 비하여 불균등 정도가 심하다. 미국에서는 부자와 가난한 사람 간의 격차가 우리의 상상을 초월할 정도로 크다. 미국 『USA투데이』지(誌)의 조사에 따르면 미국 225개 주요 기업의 2004년 CEO의 평균 연봉은 1,400만 달러인 것으로 나타났다. 『이코노미스트』지(2005. 3. 5)에 따르면 미국 일류기업 CEO의 봉급은 2002년에는 최하위직 봉급 평균치의 400배가 되었으나 2004년에는 160배로 줄어들었다. 피터 드러커 교수는 기업의 최하위직과 최고직의 보수 차이는 20배 이내가 되는 것이 바람직하다고 했다. 그럼 한국의 소득분배를 균등화한 요인은 무엇인가?

① **성공적인 토지개혁** 1950년 3월부터 시작된 토지개혁은 성공적인 토지개혁으로 꼽힌다. 해방 이후 일본인 지주들이 남겨 두고 간 농토와 일제 치하에서 부를 누린 소수 한국인 지주의 토지를 농토가 없는 농민에게 분배하는 데 대하여 지주들로부터의 저항이 별로 없었다. 삼성경제연구소의 성진근 교수 등이 펴낸『한국의 농업정책, 틀을 바꾸자』에 따르면 해방되던 해인 1945년의 총 경지 232만 정보 중 소작지는 147만 정보로서 63%나 되었다. 그리고 1950년부터 5년간 분배된 농지는 102만 정보라고 했다. 이영훈 교수 등이 쓴『한국의 유가증권 100년사』에 따르면 총 농가 206만호 중 자작농이 14%, 소작농이 49%, 자소작농이 16%, 소자작농이 18%, 그리고 비경작농가가 3% 등이었다. 1951년 말까지 분배된 토지는 58.5만 정보에 달했다.

당시 한국인의 소득 대부분은 농업소득이었고, 이의 주된 결정요인은 농토였다. 농토의 균등분배를 위한 토지개혁은 소득분배의 균등화요인이 되었다. 성진근 교수 등은 수많은 소작농가가 토지개혁으로 자작농가가 되었으므로 생산의욕이 높아져서 농업생산을 크게 증가시켰다고 말한다. 또한 정부는 토지개혁으로 재정수입을 증가시킬 수 있었는데, 이 돈으로 농업생산시설과 농지개량사업을 하여 농업생산을 크게 증가시킬 수 있었다고 말한다.

② **한국전쟁**(1950~1953년) 우리나라 제2차 경제개발 5개년계획(1967~1971년)의 자문위원이었던 김만제 교수와 어마 아델만 캘리포니아대 교수는 "제2차 5개년계획을 위한 계략경제모델"이라는 논문에서 한국전쟁이 끝난 해 생산자본 총량은 제로라고 했다. 전쟁으로 모든 것이 파괴된 것이다. 한국전쟁은 한국인 모두를 굶주리고 헐벗게 만들었다. 특히 북한 공산주의를 탈출하여 월남한 수백만 명으로 하여금 맨주먹으로 인생을 새 출발하게 만들었다. 한국전쟁은 국민 모두를 가난한 면에서 평등하게 만들었다.

③ **고도의 경제성장** 제1차 경제개발 5개년계획(1962~1966년)에 따르면 한국의 실업률은 1960년 24.2%나 되었다. 직업이 없는 사람들이 빈곤층을 두텁게 형성하고 있었다. 경제가 빠르게 성장하자 일자리가 많이 만들어졌고 이들이 직업을 갖게 되면서 빈곤층을 탈출할 수 있었다. 실업률은 2010년 4.1% 수준이다. 경제가 성장하지 않았다면 그간의 실업률이 얼마나 되었을지 짐작하기조차 어렵

다. 실업자는 모두 빈곤층 인구이다. 경제성장 때문에 빈곤층인구가 줄어든 것이다. 앤 크루거 존스 홉킨스대 교수는 아프리카 중앙은행 총재들 모임에서 한국의 1인당 국민소득이 1960~2000년 사이 10배나 증가했다고 했다. 아프리카 여러 나라들은 한국의 경제성장 노하우를 배워야 될 것이라고 했다. 중산층과 고소득층이 거의 없는 상태에서 국민소득의 상승을 초래한 고도성장은 소득분배를 균등화한 요인이 되었다. 고도의 경제성장은 여러 면에서 소득을 균등화시켰다.

첫째, 직업이 없어서 굶주리는 빈곤층에게 일자리를 제공하여 빈곤을 면하게 한다.

둘째, 경제성장은 국민의 소득을 증가시켜 음식, 의복, 휴대폰, 가전제품, 승용차 등의 소비면에서 평준화한다.

승용차(자가용)는 1980~2008년 사이 2.5만 대에서 1,248만 대로 증가했다. 이에 따라 1대당 인구 수는 214명에서 4.0명으로 감소했다. 이는 국민이 승용차 사용면에서 평준화가 크게 이루어졌음을 의미한다. TV, 휴대폰, 라디오 등의 전자제품 사용에서 격차를 느끼는 국민들은 별로 없다. 한국인의 옷, 식사 등의 소비형태는 거의 비슷하다. 서민이든 대통령이든 입는 옷이나 먹는 음식에서 차이가 거의 없다. 그러므로 한국의 경제성장이 소득분배를 악화시켰다는 주장은 설득력이 없다.

셋째, 경제성장은 누구에게나 중산층이나 고소득층으로 올라갈 수 있는 기회를 제공한다. 공업화가 본격 시작된 1960년대 초까지만 하더라도 한국에는 중산층이 별로 없었다. 고소득층은 더욱 말할 것도 없었다. 한국의 주택소유 상태를 보자. 통계청의 『한국의 사회지표』(2010)에 따르면 2002년부터 주택 수가 가구 수보다 많게 되었다. 주택을 소유한 가구의 비율은 전국 평균이 55.6%(2005년)이다. 핵가구화로 가구 수가 1985년 이후 50% 이상 증가하였다는 사실을 감안한다면 이 비율은 높은 수준이다. 주요 외국의 자가주택 가구의 비율은 다음과 같다. 한국의 자가주택 보유 비율은 독일과 프랑스를 앞선다(세계은행, 『세계개발지표』, 2010).

| | | | |
|---|---|---|---|
| 한 국 | 55.6%(2005년) | 미 국 | 74.0%(2005년) |
| 일 본 | 61.2%(2003년) | 프 랑 스 | 55.0%(1999년) |
| 독 일 | 43.0%(2001년) | | |

경제성장론의 대가인 로버트 배로 하버드대 교수와 자비어 살라이 마틴은 그들의 책 『경제성장론』에서 경제성장이 소득분배를 악화시키고 빈곤층 인구를 증가시킨다고 생각할 수 있지만, 과거 30년간 세계적으로 그런 일은 발생하지 않았다고 말한다. 그들은 1980~2000년 기간 세계의 경제성장이 소득불균등을 감소시켰다고 말한다. 그들은 1960~2000년간 세계에서 가장 빠른 경제성장을 한 나라는 대만(연평균성장률 6.4%), 싱가포르(연평균성장률 6.2%), 한국(연평균성장률 5.9%)의 순이라고 말한다. 과거 대만은 소득분배의 균등도가 높은 나라로 유명했지만 대만의 최근 DDR 값은 46.3(2002년)으로서 저균등분배를 나타내고 있다. 세계에서 두 번째 빠른 경제성장을 한 싱가포르는 국민소득이 아니라 주택이나 생활환경시설에서 전 국민을 균등하게 하는 주택 및 주거환경정책으로 유명하다. 코 아이티 등이 쓴 『21세기 싱가포르 경제』에 따르면 싱가포르 정부가 건설한 공공주택에 거주하는 국민의 비율은 86%나 된다. 이렇게 많은 국민이 정부가 건설한 비슷한 주택과 주거환경에서 거주한다는 것이다.

경제성장은 무엇보다 일자리를 많이 만들어 낸다. 일자리가 없는 사람에 대한 가장 좋은 분배정책은 좋은 일자리를 제공하는 것이다. 경제성장은 또한 정부의 수입을 증가시키는데, 정부는 이 돈으로 가난한 사람들을 도울 수 있다.

우리의 기업과 산업이 세계 수준으로 일어서지 못하면 소득분배는 두 가지 차원에서 악화된다.

첫째, 한국과 미국 등 선진국과의 소득격차가 증가한다.

둘째, 국내에서도 실업자들이 증가하므로 소득분배는 악화된다. 송호근 서울대 사회학 교수는 "유럽의 복지국가들이 당면하고 있는 분배, 성장 및 국가재정 간 3자 택일의 딜레마를 해소하려면 정책의 중심을 일자리와 성장으로 옮겨야 한다"고 지적했다.

**④ 높은 교육열** 한국인은 높은 교육열 때문에 가난한 사람들도 자녀들을 초등교육을 받게 했다. 경제개발이 본격 시작되고 노동집약적 산업이 발달할 때 초·중등교육을 받은 가난한 사람들이 취직하여 경제성장의 혜택을 근로소득 형태로 받을 수 있었다. 그리고 높은 교육열은 가난한 사람들도 자녀들을 대학교육을 받게 함으로써 중산층이나 고소득층으로 올라갈 수 있게 만들었다.

한국의 25세 이상 인구 중 고졸 이상 인구의 비중은 1975년까지 5분의 1이 채 안 되었으나 지금은 70% 가까이 된다. 이는 소득을 벌 수 있는 기회뿐만 아니라, 능력면에서의 평준화를 의미한다. 중졸자의 고교진학률 99.6%, 고등학교 취학률 92.5%, 그리고 고졸자의 대학진학률 81.9%도 마찬가지이다. 소득분배가 악화되었다면 국민의 거의 대부분이 고등학교 교육을 받는 것은 불가능했을 것이다.

⑤ **공산주의와의 경쟁과 평등지향적 정책** 공산주의를 채택한 북한은 평등지향적 사회이다. 한국에서도 정부가 평등지향적 정책을 많이 시행했다. 미국에서는 제일 큰 집은 대지가 무려 95에이커(11.6만 평, 콜토라도주 애스펜 소재)나 되나 한국 제일의 부자가 사는 집은 200평이 안 된다. 한국에서는 아무리 큰 부자라도 대지가 천 평을 넘지 않는다. 정부는 큰 주택에 대하여 세금을 중과(重課)한다. 이는 평등지향적 정책의 결과이다. 한국의 호화주택은 미국기준으로 보면 호화주택이 아니다. 저자가 미국에서 가족과 같이 거주한 주택은 서민 주택이었는데 대지가 300여 평(4분의 1에이커)이었다.

⑥ **인종적 및 문화적 동질성** 미국에는 지역에 따라서 흑·백간 인종차별 문제가 심각하다. 인도는 복수 민족, 복수 종교, 복수 언어, 복수 계급사회이다. 카스트제도 때문에 세습적인 계급간의 신분격차가 대단히 심하다. 경제, 사회 교육의 격차도 마찬가지이다. 평생 청소 일만 하는 하층계급도 있다. 복잡 다양한 사회이다. 카스트는 힌두교의 중심요소이므로 쉽게 없어지지 않는다고 한다. 인도는 인종도 다양하여 영어 이외에 공식적인 언어만 15개가 된다. 화폐 금액을 15개 언어로 모두 표시하는 경우도 있다. 중국에는 한족과 55개 소수민족간의 인종문제가 있다. 베트남에도 많은 인종이 있다. 말레이시아에는 원주민인 말레이계와 중국계 인종 간에 심각한 격차문제가 있다. 싱가포르가 말레이시아에서 떨어져 나와 독립한 배경에는 이런 인종문제가 깔려 있다. 영국은 귀족의 나라라고 한다. 옥스브리지라고 하여 옥스퍼드와 케임브리지대학 출신 수천 명의 엘리트들이 영국을 이끌어 간다고도 한다. 옥스브리지와 다른 대학 출신간의 격차가 크다는 것이다. 그러나 한국에는 이런 인종간의 격차 문제가 없을 뿐만 아니라 하층이 없다. 아무리 가난한 사람도 학교를 졸업한 후 기업인, 의사, 교수, 변호사, 정치인 등이 되어 상류사회로 올라갈 수 있다.

⑦ **한국인의 평등사상** 영국에는 시가 천억 원이 넘는 대저택이 있다. 이 저택에는 5개의 수영장, 헬리콥터 발착장, 개인영화관이 있다. 미국에서 제일 비싼 주택은 700억 원이 넘는다. 한국에는 이런 비싼 주택이 없다. 미국에서 가난한 사람은 한국의 가난한 사람과 큰 차이가 없으나 부자는 한국의 부자와 비교할 수

없을 정도의 차이가 있다. 예를 들어, 워런 버핏의 재산은 한때 620억 달러였다. 이는 얼마나 많은 돈인가? 시가 6억원 짜리 아파트 100채 있는 동네가 1,200여 개 있는 것에 비유할 수 있다. 빌 게이츠도 워런 버핏에 버금가는 부자이다. 골프선수 타이거 우즈는 한 해 1,500억 원 이상 벌 때도 있다. 결혼식에 무려 수십억 원을 썼다. 미국인들은 이러한 호화판 결혼식에 대하여 왈가왈부하지 않는다. 이런 정도의 소득불균등을 받아들인다.

미국에는 비버리힐스라는 백만장자들만 모여 사는 부촌이 있다. 송호근 서울대 사회학 교수는 『한국의 평등주의, 그 마음의 습관』에서 미국인들은 비버리힐스에 사는 사람들을 부러워하나 한국에는 평등주의 때문에 이런 부촌이 있을 수 없다고 했다. 국민들의 정서가 이를 허용하지 않는다는 것이다.

한국인의 평등사상은 대단히 강하다. 이런 이야기가 있다. 오래 전 시골 사람들이 서울구경을 와서 점심을 먹고 노래를 부르다가 바로 떠나야 하는데, 두 사람이 덜 불러서 마저 부르고 서울역에 갔더니 기차가 떠났더라는 것이다. 강한 평등사상을 가진 한국인이 자본주의를 하고, 상인기질과 불평등사상이 강한 중국인이 공산주의를 하는 것은 도저히 이해가 안 된다고 하는 사람도 많다.

한국의 소득분배에 대한 그릇된 이해는 성장도, 분배도 어렵게 만든다. 부의 불균등분배를 과대 선전하는 것은 큰 문제이다. 예를 들어, 한국가정의 평균가구원 수는 3명 정도이다. 일반적으로 가구원 3명 중 토지나 부동산의 소유자는 가장 한 사람이다. 학성이나 미성년자 중 상당수는 토지나 부동산의 소유대상이 아니다. 따라서 한국인 3명 중 2명은 토지부동산이 전혀 없는 셈이다. 같은 비율로 보면 9명 중 6명도 마찬가지이다. 토지나 부동산의 소유는 가구 수로 따져야 하는데, 우리는 10명 중 7명은 땅이 한 평도 없다는 등의 지적을 하면서 땅 소유의 불평등을 과장, 강조하는 정책담당자도 있다. 소득분배의 현실을 잘못 이해하면 불평이 증가하여 사회가 불안해지며 정부의 정책담당자들도 정책 처방을 잘못하게 될 수 있다.

한국인의 평등의식을 지나치게 강조하는 것도 좋지 않다. 다른 나라 사람들도 어느 정도의 평등의식은 다 갖고 있다. 러시아의 조크를 보자. 농부 고르바가 초프를 질투하는데 그 이유는 초프의 염소 때문이다. 요정이 나타나서 고르바에게 소원을 말하면 들어주겠다고 했다. 그는 초프의 염소를 죽게 해 달라고 했다는 것이다.

⑧ 가족제도　　한국의 부모들은 자녀들의 교육을 위해서라면 자신의 모든 것을 희생할 준비가 되어 있고 희생하는 것을 당연시 여긴다. 동생이나 형·누나의 교육을 위하여 자신을 희생하는 사람들도 많다. 이들은 결국 자신의 소득을 남에게 이전함으로써 평준화에 기여하는 사람들이다.

## 6.5 한국 소득분배의 불균등화 요인

소득분배의 불균등화 현상은 경제발전과정에서 불가피하게 나타나며 정도가 심화되는 경우도 있다. 남미에서는 선동정치인들이 부자들 때문에 양극화현상이 발생한다고 과장하여 가난한 사람들을 선동한다. 박승 한국은행 전 총재는 양극화는 우리 경제 성공의 결과라고 했다(한국경제, 2006. 3. 31). 한국의 소득분배를 불균등하게 만든 요인으로는 다음과 같은 것을 들 수 있다.

① 경제성장초기 농공(農工)간의 격차　　1960년대 초 수출주도형 공업화정책을 지향하게 되자 농·공간의 격차가 커졌다. 이런 격차는 1960년대까지 계속 증가하였다. 이에 따라 정부는 1969년부터 이중곡가제를 시행하여 그 격차를 줄이려고 했다. 이중곡가제는 쌀을 농민으로부터 비싸게 사서 소득을 보조하고 도시서민들에게는 싸게 팔아서 생계를 돕는 것이었다. 때문에 정부는 많은 재정적자를 보게 되었는데 이를 양특(양곡특별회계)적자라고 한다. 또한 농촌의 소득뿐만 아니라 생활환경 개선을 통해 도농간의 격차를 근본적으로 줄일 수 있는 대책의 하나로 새마을 운동(NVM : New Village Movement)을 1971년부터 시작하게 되었다.

② 산업간의 성장의 격차　　한국의 산업을 제 3 장에서 말한 바와 같이 제 1 차 산업(농림어업), 제 2 차 산업(광공업, 건설업 및 전기 · 가스 · 수도업) 및 제3차 산업(서비스업)으로 나눌 때, 1차 산업이 GDP에서 차지하는 비중은 이제 3% 이하이다. 경제성장을 좌우하는 것은 2차 및 3차 산업이다. 2차 산업 중에서 비중이 제일 큰 것은 제조업으로 GDP의 약 28%이다. 제조업은 수출호조로 크게 성장한 데 비하여 서비스업은 내수침체로 인하여 별로 성장하지 못했다. 산업성장면에서 양자의 격차가 커졌다.

2004년 한국의 수출은 크게 증가했으나 내수의 대부분을 차지하는 민간 소비는 오히려 약간 감소했다. 경제성장에 대한 기여율은 수출이 85%인 데 비하여 내수는 15%에 불과하다. 총수요의 구성요인인 수출과 내수의 양극화가 심화되고 있다. 한국이 고도의 경제성장을 시작하던 때에도 수출산업과 내수산업 간의 격차는 문제가 되었다. 수출산업은 정부로부터 금융 및 조세 등의 혜택을 받았으나 내수산업은 그렇지 못했다. 그러므로 비농업부문에서는 이 두 부문간의 격차가 증가했다.

③ 기업간의 격차　　한국의 수출상품은 반도체, 철강, 조선, 휴대폰, 자동차 등 대기업 제품이 많다. 이들을 수출하는 대기업과 내수주도형 중소기업 간의 성장면에서 차이가 커지고 있다. 대기업과 중소기업 간의 격차는 중화학공업계획(1973~1981년)을 추진하면서 본격적으로 커지기 시작했다. 이 계획의 추진으로 석유화학, 철강, 조선산업 등이 발전하게 되자 대기업의 성장과 발전이 빠르게 되었다. 이들 업종은 대부분 대기업 업종이기 때문이다.

그런데 1979년 제 2 차 유류파동이 발생하고, 박정희 대통령이 사망하고, 1980년 전 세계적인 농산물 흉작으로 세계적인 경기침체가 심화되자 중화학 투자는 거의 모두 실패로 끝났다는 비판이 일었다. 그러나 1986년부터 이른바 3저 현상(낮은 석유가격, 낮은 이자율, 낮은 달러 가격)으로 수출이 날개 돋친 듯이 되자 이번에는 반대로 한국의 모든 중화학공업은 대대적인 성공으로 판단되었다. 대규모 무역흑자도 4년 연속 발생하였다. 이때 대기업과 중소기업 간의 격차문제가 본격 거론되기 시작하면서 반(反)대기업 정서도 생겼다. 대기업의 수출과 성장이 빠르게 되자 기업그룹들은 사업을 많이 확장하기 시작했고 재벌의 문어발식 확장이란 비난도 많이 생겨났다.

④ 고소득층과 저소득층의 격차　　최근의 부동산, 특히 도시지가 상승으로 부동산이 있는 사람과 없는 사람 간의 소득격차가 증가했다.

글로벌 경쟁시대가 본격적으로 시작되자 소득분배를 불균등화하는 새로운 요인이 등장하였다. GC우위기업은 그야말로 승승장구하고 GC열위기업은 도태되어 실업자를 만들어 낸다. 실업자는 저소득층이 되므로 저소득층과 고소득층의 양극화 현상이 발생한다. 양극화 현상은 기업간 · 산업간 · 개인간 모두 발생할 수 있다.

## 6.6 수도권 인구집중과 지역간의 형평성

정부는 수도권의 과다한 집중 때문에 기업의 수도권 투자를 규제한다. 이는 기업에게는 글로벌 경쟁력을 저하시키고, 구직자에게는 취업을 어렵게 한다. 외국기업의 수도권 투자도 어렵게 만든다. 정부가 내세우는 이유는 지역격차가 크므로 국토의 균형발전 차원에서 불가피하다는 것이다. 지금부터 이 문제를 살펴보기로 하자.

### 1) 지역간에는 차이가 있는 것이 정상

김해평야와 설악산 지역, 바다로 둘러싸인 제주도와 바다가 없는 충청북도를 평등하게 발전시키는 방법은 무엇인가? 장소(place)나 지역(region)은 평등이 불가능할 뿐만 아니라 평등화시키는 것 자체가 바람직하지 않다. 평등의 대상이 되지 않는다. 그럼에도 불구하고 많은 정치인들은 수도권 집중을 방지하면 지역의 평준화를 이룰 수 있다고 한다. 지역은 어느 곳이나 다른 지역과 큰 차이가 날 수밖에 없다. 그 이유는 다음 세 가지이다.

① 자원부존도의 차이 자원부존도로 보면 해운대는 해수욕, 풍기는 인삼, 이천은 도자기 생산에 유리하다.

② 종주(宗主)도시나 거래관계가 있는 국내외 주요 도시간의 거리의 차이 우리나라의 모든 지역은 서울까지의 거리가 모두 다르다. 상해나 도쿄까지의 거리도 마찬가지이다.

③ 기반산업의 차이 해운대는 레저산업, 구미는 전자산업, 용평은 리조트산업이 기반산업이다.

특성이 다른 지역을 가장 잘 발전시키는 길은 균형발전이 아니라 특성에 맞게 발전시키는 것, 곧 차별화발전이다. 지역마다 특성에 맞는 제품을 생산하여 수출하는 것이 비교우위이론의 핵심이다. 경제발전의 정도는 집중이고 불균형성장이다. 미국은 뉴욕, 시카고, 로스앤젤레스, 샌프란시스코 등의 대도시를 중심으로 경제발전이 집중되고 있다. 하와이, 알라스카, 텍사스 주 등을 균형발전시켜야 된다는 소리는 없다. 중국은 북경 · 천진지역, 상해 · 소주지역 및 홍콩 · 광동지역에 발전을 집중시킨 다음 이를 서부내륙지방으로 확산시키는 전략을 채택하고 있다.

한국에서 문제가 되고 있는 수도권집중은 어느 나라 어느 시대에나 발생하는 현상이다. 대기업의 경제력 집중도 마찬가지이다. 대도시의 인구집중과 대기업의 경제력 집중을 '데이비스지수'라는 같은 방법으로 따진다. 공통점이 있기 때문이다. 이는 제일 큰 도시나 기업이 얼마나 큰가를 따질 때 제일 큰 것의 규모를 다음 큰 것 세 개의 규모의 합과 비교하여 집중 정도를 따지는 것이다. 저자는 에드윈 밀즈 프린스턴대 교수와 같이 한국의 데이비스지수를 계산한 바 있다. 결과는 한국의 높은 인구밀도를 놓고 볼 때 대도시의 집중은 그렇게 심하지 않는 것으로 나타났다(송병락 · 에드윈 밀즈, 『성장과 도시화 문제』, 하버드대 출판).

### 2) 수도권 집중

수도권 집중을 방지하기 위하여 법으로 기업투자를 막거나 지방으로 이전할 것을 강요하는 것은 글로벌 경쟁력을 저해하는 일이다. 바람직한 방법은 지방에 좋은 여건을 만들어서 기업들이 스스로 이전하도록 하는 것이다.

수도권의 중앙은 서울이고 서울의 중앙은 CBD(중심업무지역)이다. CBD는 서울, 수도권 및 전국을 대상으로 하는 기업체나 조직체의 본부 또는 사령부(HQ : headquarters)기능을 한다. CBD의 주 기능은 HQ기능이다. 영국의 저명한 도시문제 전문가인 피터 홀 교수는 "영국병은 영국경제의 심장부인 런던을 중심으로 한 수도권의 지나친 억제와 인구 분산정책이 그 원인이다"라고 말했다. 수

**표 6-5 수도권의 인구와 경제력 집중**

| | 지역총생산비율 | 인구비율 |
|---|---|---|
| 1. 수 도 권 | 47.9 | 48.1 |
| 서 울 | 23.8 | 20.7 |
| 인 천 | 4.7 | 5.4 |
| 경 기 | 19.4 | 22.0 |
| 2. 비수도권 | 52.1 | 51.9 |
| 3. 전 국 | 100.0 | 100.0 |

주 : 지역총생산은 2008년, 인구는 2005년 인구센서스 자료임.
자료 : 통계청, 『한국통계연감』, 2009.

도권에 집중하는 것은 그 조직체는 물론 관련 조직체에게도 유리하다. 수도권 집중을 억제하기 위한 방안을 이야기할 때는 다음 사실을 주념해야 한다.

• 수도권의 인구비율과 지역내총생산비율은 거의 같다([표 6-5]). 총인구의 48.1%가 수도권에 살고 있으며, 이들이 국내총생산의 47.9%를 생산한다. 두 비율은 놀라울 정도로 같다. 수도권 자체를 놓고 보면 서울의 집중이 경기도에 비하여 약간 높다. 서울 인구를 경기도에 약간 분산하는 것은 의미가 있으나 수도권 전체를 분산하는 것은 GDP비중으로 볼 때 설득력이 적다. 생산의 비율을 기준으로 보면 인구가 집중되어 있다고 할 수 없다.

• 한국은 물론, 일본, 프랑스, 영국, 태국 등도 수도권 집중 문제가 심각하다. 행정수도와 경제중심지가 통합되어 있기 때문이다. 이들 나라의 수도권은 하나의 거대하고 세계적인 다기능 클러스터이다. 프랑스는 수도권의 집중을 지방으로 분산시켜 국토의 균형발전을 위한 각종 노력을 다 했지만 성공하지 못했다. 지금은 프랑스의 누구도 파리에 있는 공공기관이나 기업을 강제로 지방에 분산시키자는 소리를 하지 않는다. 태국이 만약 수도권에 집중된 국력을 지방에 분산시키려고 한다면 경제력의 대단한 파괴가 될지 모른다. 티 씨 블래닝은 『현대유럽의 옥스포드 해설사』에서 어느 나라에서나 산업화란 특정지역 집중으로 나타나는 것이 일반적 현상이라고 했다. 프랑스의 지성이라고 하는 자크 아탈리는 그의 책 『21세기의 승자』에서 시장경제에서는 재정적 · 기술적 · 문화적 및 이념적 힘이 응집된 가장 유력한 과거나 미래의 중심지가 있게 마련이라고 했다.

• 수도권 집중에는 많은 장점이 있다. 세계수준의 각종 첨단 인프라시설을 전국에 골고루 건설할 수 없으므로 서울에 먼저 개발하여 집중적으로 활용함으로써 효율을 크게 높일 수 있다. 일본의 경제력 및 국력은 수도권과 도쿄에서 오사카까지 500km나 되는 도쿄－오사카 메갈로폴리스에 집중되어 있다.

• 앞으로 수도권집중의 적극적 억제보다 수도권의 발전을 점차 전국으로 확산하면 전국의 생활 여건이 수도권처럼 되고, 그렇게 되면 지역격차도 자연스럽게 해소될 수 있다. 앞으로 전국의 수도권화 현상은 원하건 원하지 않건 지속될 것이다. 수도권을 원형으로 확산할 수도 있고 경부축을 따라서 선형으로 확산할 수도 있다. 선형적 확산은 미국의 보스톤－뉴욕지역과 도쿄－오사카 지역에서도 찾아 볼 수 있다.

• 한국은 규모가 큰 나라 중 인구밀도가 방글라데시 다음으로 세계 제 2 위이다. 전 국토의 혼잡도는 다른 나라에 비교할 수 없을 정도로 심하다. 앞으로 소득증대에 따라서 인구의 이동거리는 계속 증가할 것이므로 인구 수가 아니라 인킬로(한 사람이 1킬로미터 이동하는 것)로 따지면 국토의 혼잡은 더욱 증가할 것이다. 국토사용의 혁신이 필요하다.

• 앞으로 수도권정책의 방향은 쾌적한 생활환경의 조성은 물론 글로벌 경쟁력의 향상이다. 서울은 한국의 수도일 뿐만 아니라 동북아 중심도시의 하나이다. 서울과 수도권은 앞서 말한 중국의 3대 연안지역, 일본의 수도권 지역과 경쟁할 수 있도록 육성해야 한다.

이치가와 히로오(市川宏雄) 일본 메이지대학 교수는 일본에서도 거품경제가

**표 6-6　시 · 도별 지역 내 총생산**

| 지역 | 인구 구성비(%) | 지역 내 총생산 | | 1인당총생산 수준(%) | 1인당민간소비 수준(%) |
|---|---|---|---|---|---|
| | | 금액(조 원) | 구성비(%) | | |
| 전국 | 100.0 | 1,031.5 | 100.0 | 100.0 | 100.0 |
| 서울 | 20.8 | 245.6 | 23.8 | 110.8 | 119.8 |
| 부산 | 7.4 | 56.4 | 5.5 | 77.0 | 101.0 |
| 대구 | 5.2 | 33.4 | 3.2 | 60.7 | 98.2 |
| 인천 | 5.4 | 48.0 | 4.7 | 87.3 | 97.3 |
| 광주 | 3.0 | 22.5 | 2.2 | 71.9 | 97.7 |
| 대전 | 3.1 | 23.6 | 2.3 | 77.6 | 98.1 |
| 울산 | 2.2 | 52.7 | 5.1 | 217.7 | 95.9 |
| 경기 | 22.0 | 199.8 | 19.4 | 91.7 | 96.6 |
| 강원 | 3.1 | 26.5 | 2.6 | 88.8 | 90.7 |
| 충북 | 3.1 | 30.1 | 2.9 | 99.6 | 86.9 |
| 충남 | 4.0 | 58.2 | 5.6 | 138.7 | 89.7 |
| 전북 | 3.8 | 29.5 | 2.9 | 80.1 | 89.8 |
| 전남 | 3.8 | 52.8 | 5.1 | 123.1 | 85.9 |
| 경북 | 5.5 | 68.5 | 6.6 | 129.1 | 92.2 |
| 경남 | 6.5 | 74.9 | 7.3 | 103.5 | 93.0 |
| 제주 | 1.1 | 9.0 | 0.9 | 80.1 | 92.1 |

주 : 지역총생산은 2008년, 인구는 2005년, 그 외는 2004년 기준임.
자료 : 통계청, 『한국통계연감』, 2009.

기승을 부리던 1990년 국회가 수도기능 이전에 관한 결의를 하고 추진하다가 얼마 전 그 실효성이 없는 것으로 판단되어 그 계획 자체를 폐기했다고 한다. 그는 일본의 수도이전과 수도권문제에 관한 전문가인데, 그 경위를 이렇게 설명한다.

• 수도이전으로 일본의 일극(一極)집중문제는 해결되지 않는다.

• 수도이전으로 수도이전 비용만큼의 GDP감소가 발생한다. 건설비는 회수가 불가능한 것으로 국가의 부채가 된다.

• 일극집중은 반드시 나쁘지만은 않다. 다양한 집적효과를 발생시키고 나라 전체에 대한 활력의 원천이 된다.

• 수도가 이전되는 한 곳만 조금 발전될 뿐 나라 전체로 본다면 새로운 불균형을 만들 뿐이다.

• 수도가 활력을 잃게 만들어 국가경쟁력을 약화시킬 소지가 크다. 만약 이전 후에도 수도가 활력을 잃지 않는다면 이전의 효과가 없음을 의미하는 것이다.

• 이전의 긍정적 측면만을 보고 밀어부쳐서는 안 된다.

그는 수도이전을 섣불리 실행하는 지도자는 나라를 망칠 수도 있다고 경고한다. 이는 최상철 서울대 환경학 교수의 책 『지금 왜 수도 이전인가』에 잘 설명되어 있다. 도시지역 문제의 전문가인 김경환 교수는 임상준 교수와 같이 쓴 『수도권규제에 대한 재인식』이라는 보고서에서 다음과 같은 사실을 강조했다.

• 수도권과 비수도권의 번영은 제로섬 게임이 아니다. 수도권을 규제해야 지방이 산다는 생각에서 벗어나야 한다. '선(先) 지방육성, 후(後) 수도권관리'라는 정치적 접근은 철폐해야 한다.

• 수도권도 지방도 다 같이 발전할 수 있는 길이 있다.

• 수도권 집중을 완화하려면 지방을 잘 발전시켜서 수도권의 인구나 기업들이 자발적으로 이전할 수 있도록 하는 것이 가장 바람직하다.

• 지식기반 제조업과 서비스산업의 경쟁력에 있어서는 수도권이 비수도권에 비하여 높다. 따라서 수도권규제는 나라경제의 성장잠재력을 저하시킨다.

• 수도권집중의 사회적 비용만 지나치게 강조하고 사회적 이득을 도외시하는 것은 옳지 않다.

• 우리보다 앞선 일본이 수도권 공장규제를 철폐하고 동경권의 재생을 촉진하는 정책을 단행한 이유를 잘 알 필요가 있다.

### 3) 지역균형

균형성장이라고 할 때 우리가 주의해야 할 것은, 평준화의 대상은 '사람'이지 땅 또는 '지역'이 아니라는 사실이다. 제주 사람, 천안 사람, 해운대 사람, 김제평야의 사람을 교육기회, 고용기회, 생활환경 시설면에서 평준화하는 것이지 이들 지역 자체를 평준화하는 것이 아니다. 이는 'people prosperity'냐 'place prosperity'냐에 관한 논쟁이다. 정답은 물론 전자이다. 되풀이하면 지역은 특성이 다르므로 평등하게 될 수 없고, 사람은 어디에 살던지 생활환경이나 삶의 질 면에서 평등한 대우를 받아야 한다. 저자는 이런 문제를 해결하는 가장 좋은 방법은 '전국의 서울화' 또는 수도권화라고 생각한다(제13장).

한국에서 1인당 주민 총생산수준이 제일 높은 지역은 울산으로 전국 평균의 약 2.2배이다. 이는 독일의 1인당 GDP를 넘는 수준이다([표 6-6]). 이 표에는 통계가 나와 있지 않으나 구미시나 창원시의 소득수준도 울산시와 비슷할 것으로 보인다. 지역격차는 생산보다 소비기준으로 볼 때 줄어드는 것으로 보인다. 1인당 소비수준이 제일 낮은 지역은 전남으로 나타났다. 소비기준으로 본 지역격차는 그리 크지 않다.

다른 나라에 비교하면 한국의 지역격차는 크지 않다. 예를 들면, 러시아는 국토가 광활하여 동서간의 시간 차이가 11시간이나 된다. 미국도 국토가 광활하여 차이가 많다. 북쪽에서는 눈이 와서 스키를 탈 때 남쪽에서는 해수욕을 할 정도이다. 지역간의 생산물의 차이도 크다. 레미 푸뤼돔 프랑스 파리대학 교수는 『한국의 지역정책』이란 보고서에서 한국은 지역격차가 별로 없는 나라라는 사실을 지적했다. 그는 제5차 5개년계획 자문위원으로 한국을 방문한 바 있다. 그는 한국의 지역격차는 유럽 여러 나라에 비하면 별 것 아니라는 사실을 여러 차례 강조하였다.

## 6.7 분배정책은 왜 하는가

정부 정책의 초점은 빈자(貧者)에 대한 교육기회나 병들었을 때 치료받는 기회의 확대, 남녀 성차별해소, 인종간의 격차해소, 공공서비스의 제공, 공정거래의 촉진 등 기회의 균등에 두어야 한다. 중국에서는 정부의 한 자녀 정책과 남아 선호 사상으로 남녀간의 격차가 크다. 말레이시아에서는 원주민인 부미 푸트라(땅의 자손)와 중국계 인종간의 격차 문제가 심각하다. 세계은행에 따르면 브라질에서는 출생 때의 부모의 교육수준, 인종, 출생지, 부모의 직업이 근로자 소득격차의 4분의 1을 좌우한다. 세계은행은 미국에서는 소득이 전국 평균의 반이 안 되는 사람들의 소득을, 특히 흑인들의 경우, 평균 수준으로 끌어 올리는 데에 5세

**홍부인과 놀부인 간의 분배**

중소기업 사장 S씨의 말이다. 어머니는 초등학교도 졸업하지 못한 상태에서 가난한 집, 병든 남편에게 시집와서 2남 1녀를 낳아 잘 키우고 집안도 부자로 만들었다. 동생은 박사학위 받고 대학교수가 되고, 자신은 사장이 되었으며, 누나는 고위 공직자인 남편과 잘 산다. 평생토록 열심히 일하여 온 집안을 일으켰을 뿐만 아니라, 70세가 넘은 고령인 데도 논밭에 나가서 열심히 일하고, 추수한 것은 주위사람들에게도 나누어 준다. 이 부인은 주위 사람들을 홍하게 만들려고 노력했으니 일명 '홍부인' 이라고 하자.

자기 어머니가 싫어하는 부인은 비교적 부유한 집안 출신으로 좋은 집안 남편과 결혼했는데, 일은 하지 않고 평생 먹고 노는 것을 좋아한다. 틈만 나면 친구들과 어울려서 놀고 여행도 수없이 한다. 자식들도 어머니를 닮아서 직장도 없이 떠돌다가 모두 헤어졌고 남편과도 사별했다. 집안을 기울어지게 만들었다. 지금은 남의 도움 없이 살아가기 어렵게 되었다. 주위사람들에게 도와주지 않는다고 불평하고 시비를 하므로 기피 인물이 되었다. 가는 곳마다 시비를 불러일으킨다. 노는 것이 전공인 이 부인을 '놀부인' 이라고 칭하자.

친척인 홍부인은 놀부인에게 소득을 분배해 줄 때마다 화가 치민다고 한다. 놀부인은 항상 소득분배가 잘못되었다고 불평한다. 이 두 사람 간의 적정분배는 어떻게 해야 하는가?

미국, 일본 같은 선진국에는 홍부인 같은 사람들이 많고, 남미 같은 후진국에는 놀부인이 많다. 남미에서는 놀부인 같은 정치인들이 국민을 선동하여 정권을 잡은 후 인기영합형 정치가들이 된다. 그리고 놀부인들을 요직에 기용하여 시행착오를 계속하므로 나라는 항상 불안할 수밖에 없다.

대가 지나야 된다는 사실을 밝히고 있다. 이런 요인을 해소하여 기회를 평등하게 만드는 데에 정책의 초점을 두어야 한다는 것이다.

분배정책에는 찬론과 반론이 있을 수 있다.

### ◎ 찬　론

균등분배를 주장하는 사람들은 다음과 같은 사실을 강조한다.

① 남을 생각하고 도움이 필요한 사람에게 베풀려고 하는 사람은 "나만, 나뿐"이라고 하는 사람보다 자신의 성장도 더 잘 한다.

② 가난한 학생에게 장학금을 주는 것처럼 빈자를 도와서 능력을 더 발휘하고 더 향상시키는 것은 개인적으로나 사회적으로도 바람직하다.

③ 빈자를 돕는 것은 공동체의 사회적 결속력과 공동체의식을 높인다. 유대인들은 서로 도움을 주고받기 때문에 거지가 없다.

④ 개인적 이유가 아니라 사회적 이유로 빈자가 된 경우에는 도움을 주는 것이 사회정의를 촉진하는 길이다.

⑤ 장기적으로 갈등의 해소, 신뢰회복, 투자와 성장의 촉진 등의 장점이 있다.

⑥ 경제적 형평은 정치적 및 사회적 균등에 선행조건이 된다.

### ◎ 반　론

소득의 균등분배를 주장하는 사람들이 내세우는 근거는 일반적으로 다음 두 가지이다. 하나는 균등분배에 필요한 돈은 누진세를 통하여 고소득자들이 부담하도록 하는 것이고, 다른 하나는 가난한 사람들에게 가급적 돈을 많이 주어야 된다는 것이다. 그러나 이런 주장에는 다음과 같은 잘못이 있을 수 있다.

① 균등분배가 사회 전체의 만족감을 극대화한다는 보장이 없다. 사람마다 다른 사람과의 소득격차에 대한 생각이 다를 수 있다. 일률적으로 소득을 균등하게 해야 된다는 생각은 지나치게 단순한 생각이다.

② 가난한 사람이 비생산적인 그룹일 때는 생산적인 그룹으로부터 비생산적인 그룹으로 국가의 귀중한 자원을 재분배하므로 결과적으로 사회가 나누어 가져야 할 소득이 적게 된다. 균등분배는 생산성이 낮은 사람들이나 일하지 않는 사람들을 우대하기 쉽다. 그리고 하향 평준화를 촉진한다.

③ 부자(富者)는 악하고 빈자(貧者)는 선하므로 가급적 부자의 돈을 많이 빼앗아서 빈자에게 주어야 된다는 로빈후드 식의 이상주의는, 시장경제체제의 기본인 사유재산제도의 훼손, 근로의욕 및 기업의욕의 저하, 경제적 능률의 감소를 초래한다. 형평은 단기적으로 효율을 저하시키고 개인이나 기업의 의욕을 꺾을 수 있다. 분배와 효율은 역의 관계가 있다. 이는 결과적으로 가난한 사람을 더 많이 육성하는 방안이 될 수도 있다.

④ 균등분배를 위하여 정부의 역할이 커질수록 국민이 부담하는 세금, 기업에 대한 규제 및 개인의 자유에 대한 침해가 증가한다.

⑤ 사회발전은 인간의 다양성을 바탕으로 하는 경쟁을 전제로 하는데, 균등화와 획일화는 개인과 사회의 활력을 죽이는 결과를 초래한다.

### 분배정책의 방향

이는 세계은행이 강조하듯이 다음 두 가지에 집중하는 것이 바람직하다.

① 정신박약아, 부양가족 없는 노인, 고아 등 생산능력이 없는 사람에게 기초생활을 할 수 있게 해 준다.

② 생산능력이 있으면서 가난하게 된 사람에게는 일자리를 찾아 생산활동을 할 수 있게 지원한다. 생산능력이 있는 빈곤층에게는 자신의 능력을 키워서 생산활동을 할 수 있게끔 지원하는 것이 소득재분배의 기본 원칙이다.

이러한 분배정책의 방향은 실제정책에서도 그 타당성이 입증된다. 미국은 생산능력은 있지만 가난한 사람들에게 넉넉한 소득지원을 해 주었다. 그런데 오히려 빈곤층이 증가했다. 이번에는 자식이 있으면서 남편이 없는 가난한 여성을 대상으로 중점 지원했더니 이혼한 후 국가지원을 받으려는 여성들이 늘어났고 가정파괴도 늘었다. 미혼모를 집중 지원했더니 미혼도가 증가했다. 그러나 몇 달 뒤 취업 등의 조건을 내걸고 지원했더니 실업이 줄고 빈곤층도 줄어들었다.

영국도 1970년대 돈을 많이 번 사람의 소득을 거둬 가난한 사람들에게 분배했더니 유능한 사람은 나라를 떠나고 게으르고 가난한 사람만 늘어났다고 한다.

미국에서는 한때 부자들이 타는 요트에 과다한 세금을 부과했더니 요트산업이 무너졌다. 부자들은 다른 나라에 가서 요트를 계속 즐길 수 있었으나 요트 산업에서 일하던 수많은 가난한 사람들은 일자리를 잃었다. 그 결과 피해자는 가난한 사람들이라는 판단 아래 요트에 대한 세금을 줄였다.

## 6.8 주요국의 평등정책

### 싱가포르

말레이시아에서 분리 독립한 싱가포르는 중국, 인도, 말레이시아에서 이민 온 사람들이 대부분 모여사는 가난한 어촌이었다. 이들은 돈을 벌어 고국으로 돌아가려고 생각했지 싱가포르에서 정착하게 될 것이라고 생각하지 않았다. 자녀들 교육도 본국의 교과서를 갖고 와서 공부시킬 정도였다. 싱가포르는 이들을 정착시키기 위해 다음과 같은 형평정책을 폈다.

- 하나는 세계 최고의 주택을 저렴한 가격에 구입하여 소유하고, 세계 최고의 주거환경에서 살도록 하는 것이다.
- 다른 하나는 CPF(중앙저축기금)라는 평생 저축제도를 통하여 은퇴 후에도 많은 연금을 받아 안정된 삶을 살 수 있게 하는 것이다.

싱가포르는 이러한 정책들을 통하여 각 나라에서 이민 온 사람들이 돈을 벌어서 고국으로 돌아가지 않고 자랑스러운 싱가포르 국민으로 생활하면서 평등하게 살 수 있도록 했다.

### 미　　국

미국은 전 세계 각지에서 이민 온 사람들이 만든 나라이다. 과거 미국으로 이민 온 사람들 중에는 돈도 없고 언어도 통하지 않는 사람들이 많았다. 폭스영화사를 만든 윌리엄 폭스는 미국으로 이민 와서 굴뚝청소부로 인생을 시작했다. 하임 살로몬은 폴란드에서 이민 와서 스파이 혐의로 감옥살이를 하다가 탈출하여 큰 부자가 되었다. 조지 워싱턴은 그의 돈이 아니었으면 독립전쟁에서 승리하지 못했을 것이라고 한다. 조지 워싱턴은 달러화에, 하임 살로몬은 우표에 얼굴이 나온 바 있다. 세계 최고의 부자였던 존 록펠러는 농산물 판매상으로 인생을 시작했다.

미국은 이처럼 사회 밑바닥에서 맨손으로 출발하여 대성한 사람들이 많다. 이를 아메리칸 드림(American Dream)이라고 말한다. 실제로 수많은 사람들이 이 꿈을 실현했다. 이런 기회는 누구에게나 열려 있다. 무한한 '기회의 땅' 미국에서 잘 살지 못하는 사람은 스스로 문제가 있는 사람으로 생각하는 경향이 있다. 그리고 성공한 사람은 한없는 부를 누릴 수 있다고 생각한다.

미국의 CEO들의 평균봉급과 노동자 봉급의 차이는 사라 앤더슨과 존 카바나의 『글로벌경제의 현장안내』에 따르면 1982~2003년 사이 42배에서 301배로 증가했다. 한국에서는 1980년대 초까지는 이 비율이 11배 정도였으나 지금은 많이 확대되었다. 미국인들은 부자는 나쁘고 가난한 사람은 착하다는 생각을 별로 하지 않는다. 소득수준이 높고 사회보장제도도 잘 되어 있기 때문에, 어느 분야에서나 열심히 일하면 평생 돈 걱정하지 않고 살 수 있게 되어 있다. 또한 미국에서는 어떤 분야에서나 성공하는 사람은 바로 돈 방석에 앉는다. 베스트셀러 책을 한 권만 쓰는 작가도 큰 부자가 될 수 있다. 미국의 소득분배의 불균등도는, 통계숫자로 볼 때는 한국보다 높다. 로버트 칼슨 등이 쓴 『오늘날의 미시경제문제』에 따르면 지니계수로 본 미국의 소득분배는 1970년대 이후 계속 악화되었다. 그 이유는 다음과 같다.

① 그 동안의 급속한 기술발전의 혜택은 기술개발 관련자들에게 돌아갔다. 저소득층은 오히려 불리해졌다.

② 세계화에 따른 경쟁의 심화는 저소득층에게 불리하게 작용했다.

③ 외국으로부터의 값싼 노동자의 이민과 유입은 저소득층의 임금상승을 억제했다.

④ 노조가입자 비율의 감소와 노조의 세력 약화는 저소득층 임금상승에 불리하게 작용했다.

⑤ 최저임금과 저소득층임금의 구매력은 감소해 왔다.

부(富)의 분배의 불균등도는 소득의 경우보다 더 심하다. 로버트 칼슨 등이 밝힌 자료에 따르면 미국의 고소득층 10%가 소유한 재산의 비율(2001년 기준)은 다음과 같다. 그리고 미국 총 주택의 37%, 총자산의 70%를 소유하고 있다.

회사채 : 96%
주　식 : 88%
주　택 : 37%
총자산 : 70%

평균소득 : 27만 달러(하위 90% 평균은 4.7만 달러)

평균자산(=자산－부채) : 277만 달러(하위 90%는 13.3만 달러)

### ❂ 독　　일

독일은 과도한 복지중시, 노동시장 경직성, 그리고 통독후유증 등으로 인하여 경제성장률이 2000~2008년간 1.2%대로 떨어졌다. 그 결과 경제불안이 커지고 형평도 어려워졌다. 호스트 시버트는 『독일경제－사회시장을 넘어서』에서 이를 시정하기 위해서는 다음과 같은 대책이 필요하다고 했다.

• 독일경제는 지금까지 형평에 치중하여 저성장(높은 실업률)의 늪에 빠져 고도성장의 자생력을 상실했다. 형평에서 성장지향으로 대대적인 전환이 필요하다.

• 집단적인 이해관계를 중시하고 개인적인 이해관계를 도외시하였다. 사회보장제도의 의무화, 국가의 분배기능 강화에 따른 사회예산의 증대, 대학교육에 대한 정부관여, 국가의 중요한 의사결정을 이해단체에 위임하는 것 등은 모두 독일의 강력한 집단의사결정의 예이다. 많은 것이 이렇게 집단적으로 결정되므로 개인이 자발적으로 결정할 여지가 줄어들었다. 개인의 자립과 자조, 창의적인 노력을 중시하는 문화의 조성이 필요하다.

• 집단적 의사결정을 중시하여 시장과 경쟁의 중요성을 도외시하였다. 시장경제 기능의 활성화가 필요하다.

• 고용과 해고, 자본의 배분, 기업의 지배구조, 인적자본 형성, 소득분배 등은 상당 부분 비시장 기능에 의하여 이루어진다. 가급적 시장과 경쟁에 의하여 해결되도록 해야 한다. 호스트 시버트는 독일 병을 고치는 길은 경제목표를 바로잡는 등 이 세 가지를 고치는 것이라고 했다. 그는 형평에 대한 이해를 바로잡는 것이 무엇보다 중요하며 그러기 위해서는 독일식 '사회시장경제모델'의 르네상스가 필요하다고 말했다.

### ❂ 남　　미

남미제국에는 소수의 부유층, 다수의 빈민층, 그리고 빈민들을 선동해서 먹고사는 선동계층이 있다. 선동계층 사람들이 정치가가 되면 부유층은 줄고 빈민층은 늘어난다. 소득분배는 계속 악화된다. 지구상에서 소득분배가 가장 나쁜 곳은 아프리카 후진국이고 그 다음은 남미제국이라고 한다. 브라질의 상파울루에는 부자들이 신변보호용으로 지하벙커를 많이 건설한다. 지하벙커는 두터운 콘크리트로 둘러싸여 있으며 발전기, 수도시설, 응급의약품 등을 갖추고 있다. 콜롬비아에도 이런 벙커가 있다. 그래서 남미 부자들을 '벙커족'이라고 한다.

## ❂중 국

중국이 자본주의 시스템을 채택했을 때 모든 국민은 사유재산이 없는 저소득층이었다. 중산층도 고소득층도 없었다. 부자는 한 명도 없었다. 마오쩌둥은 재산이 없는 노동자 · 농민의 나라를 만들려고 했다. 그러나 덩샤오핑(鄧小平)은 개혁과 개방을 앞세운 선부론(先富論)을 주창했고 장쩌민은 이를 계승했다. 중국은 거의 100% 저소득층만을 가지고 자본주의 길을 걷기 시작했다.

중국은 1949년 공산주의 국가가 된 후 줄곧 국민의 완전 평등을 지향했다. 전 국민이 똑같은 인민복을 입고, 똑같은 양의 식량배급을 받고, 똑같은 자전거를 타고, 똑같은 수준의 생활을 하게 하려고 노력했다. 중산층과 고소득층을 제거하고 전 국민을 재산이 하나도 없게 만드는 데 있어서는 평등하게 되었다. 그러나 공산당 간부와 일반 국민 간의 차이는 대단히 컸다. 노동자 · 농민의 나라에도 지배층이 있어야 하는데, 지배층과 피지배층의 격차도 크게 될 수밖에 없었다. 그 결과 기대하던 평준화는 이룩하지 못했다. 드디어 중국은 1979년 공산주의를 토대로 하는 개방경제정책을 채택했다.

중국 광동성의 선전(深圳)은 중국의 성장거점이다. 개방정책이 시작되기 이전에는 인구 8만 명의 어촌이었다. 그러나 현재 상주인구 600만(실제인구 천만 추산), 1인당 주민소득 7천 달러의 세계적인 도시가 되었다. 중국의 서북쪽 내륙지방은 1979년 이후 소득이 제자리걸음을 하고 있는 곳도 있다. 중국이 공업화에 총력을 다하자 다음과 같은 격차가 발생했다. 특히 도농간의 격차문제는 심각한 수준이다. 중국은 그 해결책의 하나로 한국의 새마을 운동을 본뜬 '신농촌(新農村) 운동'을 시작했다. 후진타오는 도·농간 등의 공동부유론을 주창하고 있다.

① 도농간의 격차가 커지는 것은 공업화와 더불어 정부의 곡물가격 통제, 도시 및 인프라 건설에 따른 농지의 수용, 의료시설의 부족 등에도 기인한다.

② 공업화가 빠른 연해지역과 내륙지역 간의 격차

③ 저소득층에 계속 머물러 있는 사람과 사유재산을 축적하여 중산층 또는 고소득층으로 올라가는 사람과의 격차

④ 생산성이 높은 수출산업과 낮은 내수산업 간의 격차

## 6.9 한국의 형평정책

### 1) 공정경쟁 기회면에서의 형평

공정경쟁 기회를 평준화하는 방법으로 다음을 예로 들 수 있다.

① 인간능력의 개발　불우한 환경에서 태어난 신생아도 발육에 필요한 영양을 공급받고, 취학연령이 되면 능력개발에 필요한 교육을 받을 기회를 가질 수 있어야 한다. 또한 질병, 자연재해, 거시경제적인 위기, 산업구조의 변화 등에 따른 위험으로부터 보호받을 수 있어야 한다.

② 공평한 법 집행　유전무죄 무전유죄란 말이 있는데, 가난한 사람이 법 집행에 있어서 불리함이 없어야 한다.

③ 인프라 서비스의 평등한 제공　의료시설, 방범시설, 소방시설, 전력 · 용수시설 등에 있어서 부자 동네와 가난한 동네 간의 차별이 없어야 한다.

④ 부동산 사용에서의 형평　싱가포르는 정부가 저렴한 공공주택을 건설하여 국민들이 잘 살 수 있도록 하고 있다. 서민 주택의 건설이나 세입자 보호 등은 가난한 사람들의 생활에 큰 영향을 미친다.

⑤ 시장의 형평성 제고　과거 중소기업들은 필요한 자금을 은행에서 빌릴 수 없어서 많은 어려움을 겪었다. 금융시장이 잘 발달되지 못했기 때문이다. 노동시장의 경우에도 운이 좋아서 좋은 직장에 다니는 사람들은 노조의 보호를 받아 봉급수준이 높고, 그렇지 못한 사람들은 취직조차 불가능한 경우가 많다. 기업들은 근로자들의 노임 수준이 너무 높고 해고도 어려워 투자를 하지 않거나 공장을 해외로 이전한다. 이에 따라 실직자들이 늘고 취업이 어렵게 된다. 시장경제가 잘 작동하지 못하는 경우에는 한국이 얼마 전에 경험한 것처럼 금융위기를 겪을 수 있다. 금융위기는 저소득층에 많은 타격을 준다.

⑥ 글로벌 차원에서의 형평　외환위기 때 선진국의 금융회사들은 한국에

투자한 원금과 이자를 한푼도 손해보지 않고 모두 회수해 갔다. 지금도 이들은 한국 등 많은 나라에서 금융시장을 통해 큰돈을 벌어들이고 있다. 또한 중국의 고도성장에 따른 세계 에너지 및 자원가격의 급등으로 한국은 에너지 수입에 많은 돈을 쓰고 있다. 이는 교역조건의 악화를 초래하여 우리국민의 실질소득을 감소시킨다. 글로벌 시장을 잘 활용하는 것은 그래서 중요하다. 최근의 한국경제의 성장은 글로벌 시장에 대한 수출 때문이었다.

### 2) 사회안전망

사회안전망에 대한 대책은 취약계층 지원, 보육 및 공공의료서비스 지원, 국민연금 등 4대 보험의 정착, 고령화에 대한 대책의 네 가지로 나눌 수 있다. 이를 살펴보기로 한다.

① **취약계층 지원** 근로능력이 없는 사람에 대해서는 기초생활비를 지급하고 근로능력이 있는 사람에게는 자활사업을 지원한다. 어느 인도인은 5인 가정의 가장으로 월수입이 우리 돈으로 13만 원 정도이다. 그러나 흑백 TV, 전화기 등이 있어서 자신을 중산층으로 생각한다. 미국에서는 4인 가구의 월수입이 184만 원 이하인 가정을 빈곤층 가정이라고 한다. 이와 같이 빈곤층 소득은 나라에 따라서 큰 차이가 있다. 미국에서는 1959년부터 인간의 생존에 영양학적으로 필요한 식품비를 계산한 후 이의 3배를 빈곤층 소득으로 결정한다. 빈곤층은 소득의 3분의 1을 식품에 지출하기 때문이다. 그래서 미국의 4인 가족기준 빈곤층 소득은 월 184만 원(연 $18,392, 2002년)이다. 한국의 빈곤층 소득(최저생계비)은 3인 가족기준 111만 원(2010년)이다.

경제위기(1997년)가 발생하자 대량의 실업자와 빈곤인구가 발생했다. 이에 따라 이혼, 가출, 노숙자, 노인 및 아동유기, 자살자, 결식아동 등이 대거 발생하여 빈곤층 인구의 생활보장은 중대한 사회문제가 되었다. 이에 따라 정부, 정치권 및 시민단체들이 합의하여 국민기초생활보장법을 제정(1999년)하였다. 1961년에 제정된 생활보호법은 빈곤의 책임은 개인이나 가족에게 있고 국가는 단지 시혜적 차원에서 가난한 사람을 돕는다는 것이 기본취지였다. 그러나 국민기초생활보장법은 국민은 최저생활을 보장받을 권리가 있고 국가는 보장할 의무가 있다는 식의 복지 철학을 담고 있다. 이에 따르면 근로능력이 없는 사람은 물론, 있는 빈곤층도 최저생활 보호대상이 된다. 단, 근로능력이 있는 사람에게는 자활할 수 있도록 지원서비스를 제공하는 생산적 복지를 구현한다는 것이다. 2008년 현재 기초생활보장수급자는 다음과 같다.

일반수급자 : 144.4만 명
시설수급자 : 8.6만 명
총수급자 : 153.0만 명(총인구 중 4.2%)

기초생활보장수급자의 조건은 다음과 같다. "부양의무자가 없거나, 있어도 부양능력이 없거나 부양받을 수 없는 자로서 소득 인정액이 최저생계비 이하인 자이다(제 5 조 1항). 제 1 항에 해당하지 않아도 생활이 어려운 자로서 일정기간이 법이 정하는 급여의 전부 또는 일부가 필요하다고 보건복지부장관이 정하는 자이다." 그런데 이 중 상당수의 가구가 부정 수급가구로 판명되었다.

**② 보육 및 공공의료서비스 지원** 정부는 보육업무의 일환으로는 육아지원 방안을 마련했는데, 주요 내용은 보육서비스의 확대이다. 그리고 고령화에 따른 노인성 질병과 환경오염 및 도시화에 따른 각종 질병이 증가할 전망이므로 공공의료서비스 비율을 대폭 증대시킬 것이다. 국립의료원을 국가중앙의료원으로 개편하고 산재병원이나 군병원의 공공성도 강화하였다. 예방중심의 질병관리, 신종 전염병에 대한 신속한 대응, 응급혈액 관리 등의 업무도 업그레이드하려고 한다.

**③ 국민연금 등 4대 보험의 정착** 사회안전망 개발에 있어서 중추적 역할을 하는 것은 국민연금 등 4대 보험이다.

• 국민연금 : 국민의 노후 소득보장을 위한 1차적인 역할을 하는 것은 국민연금이다. 2008년 현재 1,834만 명이 가입하고 있다. 그런데 「저부담 – 고급여」형 수급체계를 계속 유지하는 경우 장기적으로 연금재정에 문제가 발생할 수 있다. 국민연금발전위원회의 전망에 따르면 2036년에 적자가 발생하고, 2047년에 기금 고갈이 전망된다. 그 해결방안은 다음과 같다.

첫째, 저부담 – 고급여 체계를 「적정부담 – 적정급여」 체계로 전환함으로써 연금재정을 건전화한다.

둘째, 연금기금은 수익률이 시장 평균수익률을 상회할 정도로 잘 운영되고 있다. 앞으로 금융전문가들을 보다 잘 활용하여 수익률을 더 높일 필요가 있다.

셋째, 경제성장을 촉진하고 우량기업을 많이 육성함으로써 일자리를 많이 창출하여 연금수혜자의 수를 줄이고, 주식투자 등으로 연금기금운용을 더 잘 할 수 있게 한다.

• 고용보험 : 고용보험은 근로자를 고용하는 모든 사업 또는 사업장에 적용된다. 해당자는 65세 이상인 자, 공무원, 사립학교 교직원 연금법의 적용대상자, 기타 대통령이 정하는 자이다.

• 산재보험 : 산재보험법의 개정을 통하여 2005년부터 위험작업 자영업자, 5인 미만의 농림어업 종사자 및 2천만 원 미만의 면허건설공사 종사자에 대한 적용이 가능하게 되었다.

• 국민건강보험 : 적용대상자는 보험가입자인데, 가입자는 직장가입자(모든 사업장의 근로자와 사용자, 공무원 및 교직원)와 지역가입자(가입자 중 직장가입자와 그 피부양자를 제외한 자)로 구분된다.

**④ 고령화사회에 대한 대책** 한국은 65세 이상 인구의 비율로 볼 때 2000년 고령화사회(7%), 2018년 고령사회(14%), 2026년 초고령사회(20%)가 될 전망이다. 인구의 고령화는 경제활동인구의 감소, 노인부양 부담금의 증가, 사회보험 재정의 악화 및 저축과 투자의 감소를 초래하므로 경제의 활력을 떨어뜨린다. 정부는 노인 일자리 창출, 소득보장 및 노인건강의 3대 분야 대응책을 마련하고 있다.

### 3) 사회보장과 사회복지

먼저 우리나라 관련법에 따라 주요 개념의 정의를 보기로 하자.

**① 사회보장** "질병·장애·노령·실업·사망 등의 사회적 위험으로부터 모든 국민을 보호하고 빈곤을 해소하며 국민생활의 질을 향상시키기 위하여 제공되는 사회보험 · 공공부조 · 사회복지서비스 및 관련 복지제도를 말한다(사회보장기본법 제 3 조 1항)."

**② 사회보험** "국민에게 발생하는 사회적 위험을 보험방식으로 대처함으로써 국민건강과 소득을 보장하는 제도를 말한다(사회보장기본법 제 3 조 2항)."

**③ 공공부조** "국가 및 지방자치단체의 책임하에 생활유지능력이 없거나 생활이 어려운 국민의 최저생활을 보호하고 자립을 지원하는 제도를 말한다(사회보장기본법 제 3 조 3항)."

**표 6-7** 정부예산 대비 사회보장예산

| | 정부예산 | 사회보장예산 | | 사회보장비 비중 | |
|---|---|---|---|---|---|
| | | 예 산 | 공공부조 | 예산비중 | 공공부조 비중 |
| 1990 | 27.5 | 1.5 | 0.4 | 5.4 | 1.4 |
| 2000 | 88.7 | 8.1 | 2.4 | 9.1 | 2.7 |
| 2005 | 134.6 | 13.6 | 4.6 | 10.1 | 3.4 |
| 2009 | 196.9 | 20.5 | 7.1 | 10.4 | 3.6 |

주 : 단위는 조 원.
자료 : 통계청, 『한국의 사회지표』, 2005, 2009.

**표 6-8** 공적연금 가입자 및 건강보험 적용인구 비율

| | 취 업 자 | 공적연금 | | 건강보험 | |
|---|---|---|---|---|---|
| | | 가 입 자 | 적용인구 비율 | 적용인구 | 적용인구 비율 |
| 1990 | 17,983 | 5,649 | 31.4 | 39,990 | 93.3 |
| 1995 | 20,365 | 8,636 | 42.4 | 43,702 | 96.9 |
| 2000 | 21,116 | 17,330 | 82.1 | 45,936 | 97.7 |
| 2008 | 23,558 | 19,622 | 83.3 | 48,001 | 98.5 |

주 : 단위는 천 명.
자료 : 통계청, 『한국의 사회지표』, 2005, 2009.

④ 사회복지서비스 "국가 · 지방자치단체 및 민간부문의 도움을 필요로 하는 모든 국민에게 상담·재활·직업소개 및 지도·사회복지시설 이용 등을 제공하여 정상적인 사회활동이 가능하도록 지원하는 제도를 말한다(사회보장기본법 제3조 4항)."

박세일 서울대 국제대학원 교수는 한국의 복지정책에는 세 가지 문제점이 있다고 지적한다(조선일보, 2006. 3. 31).

• 복지사각지대가 많다. 국민의 상당수가 국민연금, 고용보험 등의 혜택을 받지 못한다.

• 중앙집권적이고 관주도적이기 때문에 현장수요의 반영이 어렵고 낭비가 많다.

• 복지, 고용 및 교육의 연계체계가 잘 안 되어 있다.

• 게리 베커 시카고대 교수는 한국은 전통적으로 가족복지가 중요한 나라이므로 서구식 사회복지제도를 그대로 따르지 말고 가족복지를 중심으로 한 사회복지제도를 발전시켜 나가야 될 것이라고 했다.

### 4) 생활환경면에서의 격차해소

싱가포르는 다목적 및 다차원적인 분배정책의 일환으로 오래 전부터 인구 3백만이 안 될 때 공무원의 수가 만 명이 넘는 주택개발원(HDB : Housing and Development Board)을 만들어서 국민들이 세계에서 가장 좋은 주택을 가장 저렴한 가격에 사서 살 수 있게 하는 정책을 추진해 왔다. 그 결과 현재 국민의 86%가 HDB주택에서 살고 있다(코 아이티 외, 『21세기 싱가포르경제』). HDB는 주택 2,500세대 당 초등학교 한 개, 3,500세대 당 중학교 한 개 식으로 주택과 필요한 학교, 시장, 공공기관 등의 시설을 연계하여 건설하므로 국민들은 생활시설의 사용면에서 상당 정도 평등한 생활을 유지한다. 소득면에서는 국민들이 상당 정도 평등하다고 하더라도 학군, 경찰서비스, 의료서비스 등에서 격차가 클 수 있다. 생활환경면에서의 평등이 중요하다.

그러나 국민을 위한다고 복지를 확대하다 보면 정부의 재정적자가 증가하고 국민들은 생계를 정부에 의존하게 되는 등 나라경제는 활력을 잃고 침체의 길을 가게 된다. 유럽 여러 나라의 경제위기의 원인은 바로 이런 복지의 확대에 있다.

> "20세기의 4대 성장부문은 정부, 보건, 교육 및 여가였는데, 여가는 아마 생산성이나 산출면에서 다른 세 개와 맞먹었을 것이다."
>
> — 피터 드러커

# 제 7 장 삶의 질

## 7.1 1인당 국민소득

앞의 장에서 말한 바와 같이 기업이나 산업이나 국가경제가 잘 성장하지 못하면 경제가 불안하게 되고 범죄가 증가하여 삶의 질이 떨어진다. 그러므로 삶의 질을 나타내는 가장 중요한 지표는 국민들의 평균소득, 즉 1인당 국민소득의 수준과 그 증가율이다.

삶의 질을 나타내는 지표에는 여러 가지가 있다. 대표적인 것은 지금부터 살펴보고자 하는 1인당 GNI, 인간개발지수, 사회지표 등이다. 삶의 질은 이미 앞서 말한 바와 같이 경제성장, 경제안정, 형평과도 긴밀한 관계가 있다. 나라경제가 잘 성장하고, 물가·고용·국제수지도 안정되어 있으며, 형평도 만족할 만한 수준을 유지하고 있는 나라에 사는 사람들은 삶의 질도 좋다. 경제위기 때 우리는 국민생활이 얼마나 불안해지는지를 경험한 바 있다. 경제안정은 필수적이다. 이런 문제는 이미 앞 장에서 설명되었으므로 여기서는 삶의 질과 직접적인 관계가 있는 위의 지표들을 중심으로 살펴보기로 한다.

세계은행은 매년 『세계개발보고서』를 통하여 세계 각국의 GNI(국민총소득)와 이를 인구 수로 나눈 1인당 GNI를 발표한다. 그리고 각국의 구매력을 감안한 국민총소득, 즉 구매력평가 국민총소득(PPP GNI) 개념도 사용한다. 경제복지지표로서 1인당 GDP(국내총생산)보다 1인당 GNI(국민총소득)를 중시한다. GNI는 GDP에서 우리의 생산요소가 외국에서 받는 요소소득(국외수취요소소득)에서 국내에 진출한 외국요소에게 지불하는 요소소득(국외지급요소소득)을 뺀 것이다. 양자의 차이는 국외순수취요소소득이다.

$$\text{국외순수취요소소득} = \text{국외수취요소소득} - \text{국외지급요소소득}$$

GNI 및 PPP GNI는 국가에 따라서 GDP와 상당한 차이가 있을 수 있다. 그러나 OECD 회원국들 간에는 큰 차이가 없다. 그러므로 OECD는 『성장을 향해』라는 보고서에서 웰빙(well-being)의 '가장 덜 불완전한 지표'는 1인당 GDP라고 했다. 일본 외무성은 얼마 전 일본인들에게 중남미 26개국 중 그 절반인 13개국에는 강도, 절도, 강간, 유괴, 살인 등의 범죄가 많으므로 여행이 위험하다는 사실을 통보했다. 이는 소득수준 곧 1인당 GDP가 낮은 나라의 삶의 질이 얼마나 나쁜가를 잘 나타내는 예이다. GDP와 GNI는 이미 부분적으로 제 5 장, 그리고 세계 주요국의 통계는 제 1 장에서 설명한 바 있다.

국민 전체의 복지가 얼마나 빨리 증가하는가는 GNI의 증가율을 보면 알 수 있다. 그런데 국민의 평균 복지수준을 알려면 이를 인구 수로 나눈 1인당 GNI를 보아야 한다. GNI가 빨리 증가하더라도 인구가 더 빨리 증가하면 1인당 GNI는 감소한다. 그리고 GNI가 감소하더라도 인구가 더 빨리 감소하면 1인당 GNI는 오히려 증가한다. 그러므로 국민 복지수준을 알려면 양자를 다 같이 보는 것이 중요하다. 대부분 1인당 GNI가 비슷한 국가의 경우 국민의 복지수준도 비슷하다. 그러나 1인당 GNI가 국민의 복지수준과 긴밀한 관계가 없는 경우도 있다. 예를 들면, 쿠웨이트는 석유가 주된 경제기반으로서 국민총생산의 거의 2분의 1, 수출의 95%, 정부수입의 80%를 차지한다(미국국가정보원, 『세계연감』, 2010). 보츠와나의 경우에도 경제활동이 다이아몬드 광업에 의하여 많은 영향을 받는다. 그러므로 이런 나라의 1인당 GNI는 삶의 질이나 국가경제 발전의 수준을 잘 나타내지 못한다. 삶의 질을 나타내는 지표로서 1인당 GDP나 GNI를 사용할 때는 다음과 같은 문제가 있음을 유념해야 한다.

**① GDP는 생산개념이다** 국내총생산(GDP)은 모두 소비되는 것이 아니다. 그런데 웰빙은 소비나 소득과 더 긴밀한 관계가 있다. 그러므로 GDP보다 GNI가 더 유용한 개념이 된다.

**② 모든 재화가 삶의 질을 향상시키는 것은 아니다** 삶의 질과 관련하여 재화를 다음과 같이 세 종류로 나눌 수 있다.

- 삶의 질을 직접적으로 향상시키는 것 : 음식, 의복, 주택 등
- 원상회복을 위한 것 : 각종 수리 서비스, 오염방지 관련 제품이나 서비스, 방범 시설 등

• 삶의 질을 덜어뜨리는 것 : 환경오염 물질, 이혼 소송관련 서비스업, 도박관련 재화와 서비스 등

이 세 종류의 재화나 서비스의 생산이 증가하면 GNI의 증가로 삶의 질이 향상된다고 하나 그렇지 않은 경우도 많다. 예컨대 자동차는 삶의 질을 향상시키지만 일정수준 이상이 되면 환경오염 등 사회 전체로 볼 때 삶의 질을 오히려 상당 정도 떨어뜨린다.

③ 시장에서 거래되지 않는 재화와 서비스 전업주부의 가사활동(식사, 세탁 등)은 온 식구의 삶의 질을 결정하는 가장 중요한 요인 중의 하나이다. 그러나 시장거래가 되지 않으므로 GDP에서 제외된다. 그런데 전업주부가 직장에 취업한 관계로 식사를 음식점에서 사 먹고 빨래는 세탁소를 통해서 하면 GDP는 증가한다. GDP에는 이와 같이 주로 시장거래가 되는 것만이 포함된다. 집수리의 경우에도 수리 센터를 통해서 하면 GDP가 증가하나 주인이 직접 하면 GDP에 포함되지 않는다. 노점상이나 포장마차를 통해서 거래되는 것도 마찬가지이다. 그런데 농민이 직접 재배해서 소비하는 농산물이나 자가주택 소유자가 부담하는 집세는 추정해서 국민소득통계에 포함되지만 누락되는 부분도 적지 않다. 개도국에서는 시장거래가 되지 않는 경제활동이 많으므로 소득통계로 본 국민복지나 삶의 질은 과소평가될 소지가 크다.

일반적으로 탈세를 수반하는 거래는 지하경제(underground economy)활동이라고 한다. 암시장(black market)거래 또는 지하경제활동에는 합법적인 것과 불법적인 것이 있다. 마약거래 같은 것은 당연히 불법적인 거래이다. 그런데 남미 최고의 마약거래국인 콜롬비아는 최근 마약거래를 GDP에 포함시키기로 했다. 콜롬비아에서의 마약거래는 GDP의 약 1%를 차지한다.

후진국에서는 시장거래가 안 되는 재화와 서비스의 생산이 많으므로 GDP는 그만큼 낮다. 후진국 중 지하경제가 제일 큰 나라는 미얀마이다. 미국 CIA의 『세계연감』에 따르면 지하경제에서 거래되는 국제무역은 공식통계의 2배나 된다. 미얀마의 동부지방의 태국 라오스 국경지역은 세계 헤로인의 70%를 공급하는 '황금의 삼각지'로 불린다(츠지하라 야스오, 『쉽게 아는 세계의 나라들』). 선진국 중 지하경제가 제일 큰 나라는 이탈리아이다. 이탈리아는 미국 최대의 범죄조직 마피아의 출신지이다.

④ 재화와 서비스의 질적 변화 과거 볼펜의 성능이 좋지 않았을 때는 쓰

다가 버리는 것이 많았지만 오늘날 볼펜의 품질은 월등히 좋아졌다. 컴퓨터는 값이 떨어지고, 성능은 향상되었다. 자동차의 경우에도 매연방지장치, 엔진, 다른 부품의 성능이 많이 좋아졌다. 아파트의 경우에도 과거에는 비가 새고 쥐가 들어오는 경우도 있었으나 지금은 건축자재나 내부 디자인 등이 많이 좋아졌다. 그런데 제품의 가격이 상승하는 경우 어느 정도가 품질향상 때문인지를 알기 어렵다. GNI는 이를 잘 반영하지 못한다.

⑤ **서비스의 계산 문제** 동사무소 직원의 서비스 생산액은 보수만큼 계산된다. 동사무소 직원은 아무리 일을 잘 해도 월급만큼 서비스를 생산한 것으로 GNI에 계산된다. 반대로 공무원들이 각종 규제로 기업의 발목을 잡아도 보수만큼 공공서비스를 생산한 것으로 간주된다. 정부가 경영을 잘 하여 공무원의 수를 줄이면 정부서비스 생산은 줄어든다. 현금자동지급기 출현으로 24시간 서비스가 가능하게 되었는데, 이럴 경우 서비스를 어떻게 계산하는가는 쉬운 일이 아니다.

⑥ **여가시간의 제외** GDP는 여가시간을 감안하지 않는다. 소득수준이 같은 나라의 경우에도 일하는 시간과 여가시간에 큰 차이가 날 수 있다. 1인당 GDP가 같은 경우 한 나라는 주 35시간, 다른 나라는 주 45시간을 일한다면 삶의 질에는 큰 차이가 날 수 있다.

⑦ **환경오염및 파괴** 웰빙(well-being)은 환경오염에 많은 영향을 받으나 GDP는 이를 잘 감안하지 못한다. GDP는 재생불가능한 자원의 사용과 파괴를 잘 반영하지 못한다.

⑧ **소득의 분배** 웰빙은 소득의 상대적인 분배에 많은 영향을 받으나 1인당 GDP는 이를 잘 나타내지 못한다.

⑨ **국제비교** 물고기의 경우 과거 중국 양자강 상류에서 잡히는 것은 200마리에 100달러가 안 되었고 일본 도쿄에서는 한 마리에 100달러가 넘는 것도 있었다. 세계 각국의 물고기 가격을 이렇게 계산하면 중국의 GDP는 과소평가된다.

⑩ **법질서 유지** 소득수준이 같은 데도 한 나라에는 법이 잘 지켜지지 않아서 국민들이 방범시설, 경비, 보험 등에 돈을 많이 쓴다면 삶의 질은 그렇지 않는 나라에 비하여 크게 떨어진다.

이와 같이 1인당 국민소득은 삶의 질을 측정하는 대표적인 지표이나 적지 않은 단점이 있다. 이를 보완하는 지표로서 가장 단순한 것이 인간개발지수이다.

## 7.2 인간개발지수

UN개발계획(UNDP)은 삶의 질을 보다 체계적으로 측정할 수 있는 지표를 개발하기 위해 1990년 작업에 착수하여 인간개발지수(HDI : Human Development Index)를 만들어 냈다. 근본취지는 경제발전이란 결국 인간개발이고 그 목표는 다음 세 가지이다. 그러므로 인간개발지수는 이 세 가지를 다 감안한다.

- 더 잘 사는 것(생활수준)
- 더 오래 사는 것(건강)
- 더 많이 아는 것(지식)

국민의 생활수준은 소득수준(구매력환산 1인당 GNI)에 의하여 결정되며, 건강상태는 국민의 평균수명을 보면 알 수 있다. 지식수준은 문자해독 성인의 비율(가중치 3분의 2)과 교육연수(가중치 3분의 1)로 측정할 수 있다. 이 세 가지, 즉 ① 1인당 GNI, ② 평균수명 및 ③ 교육수준을 통합하여 하나의 지수로 만든 것이 바로 HDI이다.

HDI의 값은 0(최저수준의 인간개발)에서 1(최고수준의 인간개발)까지이다. UNDP는 이 값이 0.900 이상되는 국가를 선진국(developed countries)으로, 그리고 그 이하의 국가를 개도국(developing countries)으로 분류한다. 그리고 개도국은 다시 다음 세 그룹으로 분류한다.

0.500 이하 : 저수준의 인간개발국가
0.500~0.799 : 중수준의 인간개발국가
0.800~0.899 : 고수준의 인간개발국가

경제학자들은 경제발전을 나타내는 지표로서 1인당 국민소득 대신 HDI를 사용해야 된다는 방향으로 의견을 모아가고 있다. 한국은 HDI값이 0.937로 선진국으로 분류된다. 한국은 세계 194개국 중 HDI값이 높은 순으로 26위이다(2009년 UNDP의 『인간개발보고서』).

석유의 생산과 수출로 많은 산유국들의 1인당 국민소득은 증가하나 인간의 건강이나 교육수준은 높아지지 않는다. 산유국들의 1인당 국민소득만 보면 경제

## ▌유대인의 돈교육 ▌

자본주의 이론을 만든 『국부론』의 저자 아담 스미스, 공산주의 이론을 만든 『자본론』의 저자 칼 마르크스, 경영학의 시조 피터 드러커 교수, 20세기 미국의 최고 경제학자라는 폴 사뮤엘슨 MIT대 교수, 미국경제를 10년 이상 상승국면에 있게 한 미국 연방준비은행 총재 앨런 그린스펀의 공통점은 무엇일까? 답은 모두 유대인이라는 것이다. 유대인 자녀교육 전문가인 현용수 명지대 객원교수는 클린턴 행정부 때 백악관 직원 약 800명 중 35%가 유대인이라고 했다(중앙일보, 2005. 4. 19). 세계 인종 중 금융교육을 가장 잘 시키는 인종 역시 유대인이다. 유대교의 계율 613개 가운데 100개 이상이 인간의 물질적 생활을 풍요롭게 하는 것과 관련된 것들이다. 이 중 몇 가지를 보면 다음과 같다.

> "세상에서 가난보다 더 슬픈 것은 없다. 신은 가난한 사람을 사랑하나 부자는 돕는다. 자녀에게 경제교육과 기술교육을 잘 시키지 않는 부모는 자식을 도적으로 키우는 것이나 마찬가지다."

유대교에는 청빈사상이나 가난을 미화하는 일이 없다. 오히려 죄악시한다. 유대인 전문가인 사토 다다유키는 『미국경제의 유대인 파워』(여용준 옮김)에서 "유대교에서는 인간의 영리추구는 신이 만들어낸 선한 것, 부를 추구하는 행동은 사람이 행복해지기 위해 없어서는 안 될 일이라고 생각한다"고 했다. 유대교는 기업지향의 문화와 잘 맞는다. 그 시조인 아브라함은 양, 소, 당나귀, 낙타는 물론 남녀 종도 가진 부자였다(성서 창세기 1장). 그의 자손들도 부자였다. 이 점에서 왕자로서 왕실의 모든 재물을 버리고 걸인이나 다름없이 되어 득도를 한 불교의 창시자 석가모니와 차이가 있다.

사람들은 성서가 "돈이 만 악의 근원이라고 한다"고만 알고 있다. 그러나 그렇지 않다. 돈을 사랑하는 것, 곧 돈밖에 모르는 것을 만 악의 근원이라고 한다. 실제로 "돈이 모든 것을 해결해 준다"고 하고 있다(공동 번역 성서 전도서). 저명한 경제학자인 로버트 하일브로너는 그의 유명한 책 『세속적인 철학의 가르침』에서 성서는 돈이 만 악의 근원이면서 동시에 모든 문제의 해결책임을, 곧 돈의 양면성을 강조한다고 했다.

**표 7-1** 세계 주요국의 HDI순위

| | | | | | |
|---|---|---|---|---|---|
| 1 | 노르웨이 | 0.971 | 22 | 독 일 | 0.947 |
| 2 | 호 주 | 0.970 | 26 | 한 국 | 0.937 |
| 9 | 스 위 스 | 0.960 | 75 | 브 라 질 | 0.813 |
| 10 | 일 본 | 0.960 | 92 | 중 국 | 0.772 |
| 13 | 미 국 | 0.956 | 171 | 에티오피아 | 0.414 |

주 : 2007년 기준.
자료 : UNDP, *Human Development Index*, 2009.

성장은 이루어지지만 삶의 질의 향상이나 인간개발이 이루어지지 않으므로 발전은 하지 못한다고 할 수 있다. HDI는 국가의 사회경제발전의 정도를 비교적 잘 나타내지만 다음과 같은 단점도 있다.

① 양적 측면을 중시한 나머지 질적인 측면을 도외시한다. 교육도 연수를 중시하고 교육의 질을 감안하지 못한다. 평균수명도 건강상태를 감안하지 못한다. 건강하지 못한 노후생활은 본인이나 가족 모두에게 큰 부담이 될 수 있다. 평균수명을 건강수명으로 조정할 필요가 있다. 이를 위하여 개발된 것이 QALY(Quality Adjusted Life-Year), 즉 삶의 질을 조정한 수명이다. 예를 들어, 55세인 사람이 기대수명이 79세이면 24년을 더 산다. 그런데 심한 병이 들어 고통스러운 나날을 보낸다면 건강하게 24년을 사는 것과 큰 차이가 있다. 본인이 심한 병을 앓으면서 2년 사는 것이 건강하게 1년 사는 것과 같다고 생각한다면 이 사람의 건강 수명은 79세가 아니라 67세라는 것이다. 건강하게 1년을 살 때 QALY는 1이 된다.

② HDI를 구성하는 세 가지 지표는 모두 상대적 중요성이 같은 것으로 가정하는데, 이에 대한 설명이 부족하다.

③ HDI는 나라 전체의 삶의 질을 하나의 숫자로 표시한 것이다. 지역별 · 성별 또는 계층별 HDI가 필요하다.

"한국인들은 미국인들이나 유럽인들이 200여 년간, 그리고 일본인들이 100여 년간에 걸쳐서 이룩한 경제성장을 불과 30년간에 압축해서 할 수 있었다. 아주 낮은 기반에서 말이다. 이것은 인류 역사상 선례가 없는 일이다."

— 피터 드러커

## 7.3 OECD 지표

OECD는 『성장을 향해』라는 보고서에서 웰빙의 척도를 다음 두 가지로 나눈다.

① **화폐적 척도**　국민소득(GDP, NNI, GNI, 구매력 평가 GNI 등), 가계자산 및 소득분배 등

② **비화폐적 척도**　여가시간, 사회적 요인(자급자족, 형평, 건강, 사회적 귀속감), 환경, 행복에 대한 태도 등

화폐적 지표인 1인당 GDP, 가계의 재산소득, 가구구성원 1인당 실제소비, 소득분배상태는 대부분 1인당 GDP와 긴밀한 관계가 있다. 그러므로 OECD는 1인당 GDP 개념을 중시한다.

**표 7-2**　한국과 주요 OECD국가의 생활의 질관련 지표

| | 한　국 | 미　국 | 일　본 | 독　일 | OECD |
|---|---|---|---|---|---|
| 1. 평균수명 | 79.4 | 78.1 | 82.6 | 80.0 | 79.1 |
| 남　자 | 76.1 | 75.4 | 79.2 | 77.4 | 76.3 |
| 여　자 | 82.7 | 80.7 | 86.0 | 82.7 | 81.9 |
| 2. 자살률(OECD국가 중 순위) | 1 | 18 | 3 | - | 12 |
| 3. 비만인구비율 | 30.5 | 67.3 | 25.1 | 49.6 | |
| 4. 삶에 만족하는 사람(%) | 61.9 | 76.3 | 69.7 | 73.2 | 72.3 |
| 5. 외국관광객 입국자 수(천 명) | 6,448 | 55,986 | 8,347 | 21,449 | |
| 6. 1인당 보건비지출 (07, PPP $) | 1,688 | 7,290 | 2,696 | 3,588 | 4,182 |
| 7. 소득분배(지니계수) | 0.31 | 0.38 | 0.32 | 0.30 | 0.31 |
| 8. 인구 10만 명당 감옥 수용인구(08) | 97 | 760 | 63 | 90 | 140 |
| 9. 인구 천 명당 자동차 수 | 338 | 814 | 595 | 623 | 621 |
| 10. 인구 100만 명당 교통사고 | 121 | 123 | 47 | 55 | 82 |

주 : 소득분배는 2000년대 중반 자료. 소득분배의 균등도 제1위는 덴마크, 2위 스웨덴, 3위 룩셈부르크, 한국 17위, 일본 20위, 미국 27위 멕시코 30위이다. 자살률 2위는 헝가리, 4위 핀란드, 5위는 프랑스임.

자료 : OECD, *Factbook*, 2010, Paris ; 세계은행, 『세계개발지표』, 2010.

**표 7-3** 한국과 주요 OECD국가의 환경 관계 지표

| | 한 국 | 미 국 | 일 본 | 독 일 | OECD |
|---|---|---|---|---|---|
| 1. $CO_2$배출량(03, 100만 톤) | 489 | 5,769 | 1,236 | 798 | 13,001 |
| 2. 1인당 용수 사용량(입방미터) | 610 | 1,690 | 650 | 430 | 860 |
| 3. 1인당 도시폐기물(07, kg) | 380 | 760 | 410 | 580 | 560 |
| 4. 국토 중 산지비중(%) | 63.5 | 33.1 | 68.2 | 31.7 | 34.4 |

자료 : OECD, *Factbook*, 2010, Paris; 일본 총무성 통계국, 『세계의 통계』, 2009.

OECD가 강조하는 여가시간이나 환경 등은 우리의 사회지표와 같다. OECD는 웰빙의 절대적 지표로서 1인당 GDP, 상대적 지표로서 세계가치관 조사에 나타난 행복스코어의 사용을 권장한다. OECD가 밝힌 행복의 결정 요인은 다음과 같다.

① 소득수준
② 직업의 유무
③ 가족구성원 간의 관계
④ 건강과 교육
⑤ 소득분배의 불균등도
⑥ 제도의 질

OECD는 삶의 질을 나타내는 지표로서 특히 다음 5가지를 중시한다(2006년 『OECD 통계연보』). 이 중 주요 지표는 [표 7-2]에 나타난 바와 같다.

① 건 강 평균수명, 유아사망률, 비만, 보건비 지출
② 레 저 관광, 오락과 문화
③ 사 회 사회적으로 소외된 청년층의 수, 소득분배의 불균등 정도
④ 범 죄 죄수의 수, 범죄 피해자의 수
⑤ 교 통 도로망의 상태, 도로교통사고

## 7.4 사회지표

삶의 질은 HDI가 중시하는 세 가지 이외에도 주거 상태, 상하수도 시설, 범죄율 등 수많은 요인에 의하여 결정된다. 예를 들어, 보츠와나는 다이아몬드 광업

**국가, 국기, 국화 및 정부**

정부가 할 일 중 하나는 우리 국가, 국기, 국화(國花)를 바로 알리는 일이다. 다행히 국가와 국기에 대해서는 국민들이 2002년 월드컵을 계기로 자부심을 느낄 정도가 되었다. 그러나 국화인 무궁화에 대해서는 아직도 많은 사람들이 부정적 생각을 갖고 있는 것 같다. 저자는 전략에 관한 책 『싸우고 지는 사람 싸우지 않고 이기는 사람』에서 다른 나라 사람들이 무궁화를 얼마나 좋아하는가를 설명한 바 있다.

세계의 나라 꽃 중 화분, 담장용, 가로수용으로 모두 키울 수 있는 것은 무궁화밖에 없어 보인다. 무궁화 전문가인 김기선 서울대 농업생명과학대 교수는 이런 말을 했다. 한국에는 원래 200종 이상의 무궁화가 있었는데, 일본인들이 일제 36년간 잘 생긴 무궁화는 다 제거하고 가장 못 생기고 진딧물이 많이 끼는 무궁화만 남겨두었다고 한다. 그는 유달영 교수, 심경구 교수 등 무궁화 전문가들이 오랫 동안 복원 작업을 한 결과 옛날에 있던 아름다운 무궁화를 거의 모두 복원했다고 했다. 특히 심경구 교수는 무궁화의 새로운 품종을 많이 만들어 냈다. 김 교수는 현재 국내에 400여 종의 무궁화가 있을 것이라고 했다. 박용성 전 국제상공회의소 회장은 300종 이상의 무궁화 꽃을 직접 사진으로 찍어서 보관하고 있다.

우리나라에는 무궁화, 즉 근화(槿花)가 많다. 그래서 옛날 우리나라를 근화향(槿花鄕), 근역(槿域), 근방(槿邦)이라고 했다. 참고로 옛날 우리나라의 다른 이름으로는 조선(朝鮮), 고려(高麗), 계림(鷄林), 단국(檀國), 진단(震檀), 해동(海東), 동해(東海), 동방(東邦), 대동(大東) 등을 들 수 있다.

으로 경제성장률이 매우 높으며 1인당 국민소득도 높다. 그러나 실업률이 18% 가까이 되고, 성인의 24%가 에이즈 감염자이며, 국민의 평균수명은 51세에 불과하다. 이런데도 소득수준의 상승과 더불어 이 나라 사람들의 삶의 질이 향상되었다고 할 수 있는가? 그렇지 않다. 그럼 삶의 질은 소득이나 HDI 이외의 어떤 기준에 의하여 측정해야 하는가? 이에 대한 답을 구하기 위한 것이 바로 사회지표(SI : social indicators)이다. 이는 삶의 질을 결정하는 중요한 요인을 많이 포함하고 있다. 통계청의 『한국의 사회지표』는 SI를 다음과 같이 정의하고 있다.

"사회지표란 변화하는 역사적 흐름 속에서 우리가 처해 있는 사회적 상태를 종합적이고 집약적으로 나타냄으로써 사회구성원들의 삶의 질을 전반적으로 파악할 수 있는 척도이다."

SI는 국민생활과 사회발전의 여러 모습을 우선 다음과 같이 13개 분야로 나눈다. 그리고 이들 각 분야별로 삶의 질을 결정하는 세부지표들을 선정했다. 세부지표들은 모두 479개이다(2009년). 이 많은 지표를 사용하여 삶의 질을 다양한 측면에서 측정한다.

① 인구 ② 가구와 가족 ③ 소득 · 소비 ④ 노동 ⑤ 교육
⑥ 보건 ⑦ 주거교통 ⑧ 정보통신 ⑨ 환경 ⑩ 복지
⑪ 문화여가 ⑫ 안전 ⑬ 정부와 사회참여

도미니크 바튼 맥킨지 아·태지역회장은 그의 글 『변환기의 아시아와 한국』에서 서울은 삶의 질이 아시아의 다른 도시에 비해 좋지 않다는 사실을 지적했다. 그는 이런 말을 했다. "아시아에서 살고 싶은 곳이 어디인가 하고 외국인들에게 묻는다면 서울은 명단에 끼지도 못할 것이다."

많은 사람들에게 삶의 질을 결정하는 가장 중요한 요인은 주택과 주거환경이다. 앞서 설명한 바와 같이 싱가포르는 국민들로 하여금 세계에서 가장 좋은 주택을 가장 저렴한 가격으로 사고 가장 좋은 주거환경에서 살도록 하고 있다. 싱가포르 국민들은 앞으로 나라경제가 잘 성장하지 못하더라도 세계에서 가장 좋은 주거환경에서 살도록 되어 있다. 옛날 영국을 떠나 미국에 건너온 청교도들은 주거환경시설을 건설할 때 먼저 교회와 학교 부지를 선정한 다음 주택을 건설했다고 한다. 한국도 싱가포르처럼 국민들이 최고의 주택을 가장 싼 값으로 살 수 있게 할 뿐만 아니라 최고의 학교, 행정시설, 종교시설, 편의시설 등을 고루 갖춘 주거환경시설에서 살 수 있게 한다면 한국인의 삶의 질은 크게 높아질 수도 있을 것이다.

한국은 1980년대 말 주택 부족이 심하고 값이 폭등하자 주택 2백만 호 건설계획을 서둘러 발표하여 단기간에 건설했다. 그 과정에서 바다모래가 사용되는 등 신도시의 많은 아파트가 부실하게 건설되었다는 지적이 많았다. 또한 아파트를 건설하고 남은 자투리땅에 학교를 건설하는 등 아파트보다 학교 건설이 더욱

**▌새마을 운동▐**

새마을 운동은 정부가 1970년 10월 전국의 34,665개 부락에 시멘트 300~350부대씩을 지급함과 더불어 시작되었다. 정부는 이 시멘트로써 건설할 수 있는 20개의 새마을 사업(우물시설, 공동 빨래터, 마을 진입로, 농가 지붕, 공동목욕탕, 작은 하천의 둑과 교량 등의 건설, 개선 또는 확장)을 예시했다. 1972년에는 1차 년도에 호응이 좋았던 마을 16,600개를 선정하여 시멘트 500부대와 철근 1톤씩을 지원하는 등 지원을 확대했다.

1972~1976년에는 비닐하우스 채소재배, 양봉, 양송이, 과일, 담배, 연안양식, 비육우 등 '새마을 소득 증대사업'을 추진했고, 1977년부터는 이를 다시 '새마을 소득종합개발사업'으로 확대 실시했다. 사업지역도 마을에서 읍·면 단위로, 사업내용도 생산 중심에서 생산·가공·판매로 확대했다. 새마을 운동은 환경개선, 소득증대, 정신개발의 세 차원으로 구성된다. 정신개발은 자립, 자조 및 협동정신을 개발하는 것이다. 새마을 사업은 정부주도형 농촌개발 정책이라고 할 수 있다.

새마을 운동은 다음과 같은 점에서 농촌개발에 공헌했다. 첫째, 농촌 주거환경의 질을 개선하고, 둘째 농촌 소득을 증가시키며, 셋째 농가소득 구조를 쌀, 보리 위주에서 기타작물의 비중을 늘이는 방향으로 변화시켰고, 넷째 농외소득의 비중을 높였다. 다섯째 정신개발 운동은 도시부문으로 확대되어 이른바 새마을 정신운동으로 확대되었다(김정렴, 『한국경제정책 30년사』).

부실하게 될 우려가 있다.

한국은 환경오염도 상당히 심한 편이다. 중앙일보가 미국의 환경보호청(EPA)의 조사방식에 따라서 한국의 61개 도시의 미세먼지오염도를 조사한(2005. 6. 27) 바에 따르면, 서울의 오염도는 도쿄보다 높은 수준이고, 한국인구의 상당수가 유럽연합(EU) 환경기준 초과지역에 살고 있다. 미국 환경기준 초과지역에 사는 인구도 상당히 많은 것으로 나타났다. 서울시 환경기준과 한국 환경기준은 각각 60과 70마이크로그램이다. 국민의 상당수가 서울시기준을 초과하는 지역에 살고 있는 것이다. EU환경기준은 공기 1입방미터 당 40마이크로그램으로서 한국

**표 7-4** 한국의 사회지표(1965~2005년)

| | 1965 | 1970 | 1990 | 2000 | 2009 |
|---|---|---|---|---|---|
| 1. 소 득 | | | | | |
| GNI(10억 달러) | 3.0 | 7.8 | 281.7 | 600,159 | 1,068,654 |
| 1인당 GNI(달러) | 105 | 248 | 6,801 | 11,292 | 17,175 |
| 2. 식 품 | | | | | |
| 식품비/가계소비(%, 도시) | 62.3 | 56.4 | 32.0 | 15,0 | 13.8 |
| 1인 1일 칼로리섭취량(Kcal) | 2,189 | 2,370 | 2,876 | 3,010 | 2,840 |
| 1인 1일 단백질 소비(g) | 57.1 | 65.1 | 88.6 | 97.1 | 97.4 |
| 1인 1일 쌀 소비량(g) | 359 | 404 | 319 | 257 | 203 |
| 3. 주 거 | | | | | |
| 1인당 평균주거면적($m^2$) | - | 6.3 | 13.8 | 20.2 | 22.9[a] |
| 주택 수(천) | 3,912 | 4,360 | 7,357 | 11,472 | 14,169 |
| 가구 수(천) | 5,057 | 5,857 | 10,167 | 11,928 | 12,891 |
| 주택/가구비율 | 81.3 | 77.8 | 72.4 | 96.2 | 109.9 |
| 아파트비율(%) | - | 0.7 | 14.8 | 36.8 | 42.3[a] |
| 자가주택비율(%) | - | - | 49.9 | 54.2 | 55.6[a] |
| 4. 교 육 | | | | | |
| 평균교육연수 | 5.0 | 5.7 | 9.5 | 10.6 | 11.2[a] |
| 총학생 수(천 명) | 6,694 | 7,986 | 10,825 | 10,171 | 10.521 |
| 학생/인구비율(%) | 22.1 | 25.4 | 24.5 | 22.9 | 21.6 |
| 고졸자 대학진학률(%) | - | 26.9 | 33.2 | 68.0 | 81.9 |
| 교육비/소비지출(%, 도시) | | | 8.2 | 11.0 | 13.5 |
| 5. 건 강 | | | | | |
| 평균수명(년) | 55 | 58 | 70 | 76 | 80 |
| 의사 1인당 인구 | 2,609 | 1,773 | 952 | 648 | 511 |
| 공적연금가입자(천) | | 19 | 5,812 | 21,116 | 23,558 |
| 비율(%) | - | 0.1 | 31.3 | 82.1 | 83.3 |
| 6. 문화 및 여가 | | | | | |
| 도서발행 종류(천) | - | - | 27.4 | 25.6 | 36.6 |
| 백 명당 전화가입자 수 | 0.8 | 2.0 | 33.7 | 51.1 | 48.6 |
| 백 명당 이동전화 가입자 수 | | | | 67.9 | 93.8 |
| 자동차 대수(천) | 39.1 | 126.5 | 3,395 | 12,059 | 16,794 |
| 승용차 대수(천) | | 67 | 2,728 | 8,084 | 12,484 |

| | 1965 | 1970 | 1990 | 2000 | 2009 |
|---|---|---|---|---|---|
| 백명당 승용차 수 | 0.06 | 0.19 | 9.8 | 17 | 25 |
| 주당 비근로 시간 | - | 116.4 | 116.1 | 117.6 | 122.0 |
| 외국인 입국자(천) | | | 2,959 | 5,321 | 6,891 |
| 내국인 출국자(천) | | | 1,561 | 5,508 | 11,996 |
| 7. 안 전 | | | | | |
| 10만 명당 범죄 건수 | 1,371 | 953 | 2,841 | 3,974 | 4,504 |
| 교통사고 건수(천) | 14.9 | 37.2 | 255.3 | 290 | 216 |
| 사고사망자 수 | 2,276 | 3,548 | 12,325 | 10,236 | 5,870 |
| 8. 사회환경 | | | | | |
| 도시인구비율(%) | 34.3 | 43.1 | 74.1 | 87.7 | 89.3 |
| 경제활동 참가율 | | | | | |
| 평균(%) | 55.6 | 57.6 | 60.6 | 61.2 | 60.8 |
| 여자(%) | 36.5 | 38.5 | 47.1 | 48.8 | 49.2 |
| 총 이혼건수(천) | | | 49.2 | 119.5 | 116.5 |
| 기초생활보장수급자(천) | 3,851 | 2,423 | 1,826 | 1,420 | 1,530 |
| 노조 조직률(%) | 22.2 | 19.8 | 18.4 | 12.0 | 10.5 |
| 실 업 률 | 7.4 | 4.5 | 2.3 | 4.4 | 3.6 |
| 공무원 수(천) | 333 | 417 | 854 | 872 | 975 |
| 9. 물적 환경 | | | | | |
| 의료기관 수(천) | 9.7 | 10.3 | 23.4 | 41.7 | 54.2 |
| 상수도 보급 | | | | | |
| 인당 1일 용수 사용($l$) | 106 | 158 | 376 | 380 | 337 |
| 보급률(%) | 21.4 | 32.4 | 80.1 | 87.1 | 92.7 |
| 도로 포장률(%) | 5.7 | 9.6 | 71.5 | 75.8 | 78.5 |
| 인당 1일 폐수 발생량($\ell$) | | | 283 | 328 | 346 |

주 : 2005년 총가구 수는 15,988천, 1인 가구 수는 3,171천, 2인 이상 가구 수는 12,817천이 됨. a=2005.
자료 : 통계청, 『한국의 사회지표』 및 『한국통계연감』, 각 년도 ; 국토해양부, 『국토해양통계연보』, 2009.

기준은 물론 미국기준 50마이크로그램보다 더 까다롭다.

글로벌시대 한 나라의 삶의 질은 주변국의 삶의 질의 영향을 많이 받게 된다. 예를 들어, 중국은 세계 석탄의 40%를 소비하는데 그 과정에서 수은미세먼지 중독 물질이 많이 발생된다. 앞으로 세계 3대 수은미세먼지 오염지역은 서유럽,

미국 동부 및 한반도가 될 가능성이 크다. 또한 중국 양자강유역에 큰 홍수가 나면 많은 강물이 서해 바다로 유입되어 서해의 염도(鹽度)가 낮아져서 해양생태계의 변화가 초래된다. 이는 한반도의 기후에도 많은 영향을 미친다. 중국의 황사 피해도 더 많이 받을 것으로 보인다.

**표 7-5** 사회지표의 국제비교

| | 한 국 | 중 국 | 일 본 | 미 국 | 독 일 | 러시아 |
|---|---|---|---|---|---|---|
| 1. 소득 및 인간개발지수 | | | | | | |
| 1인당 GNI(08, 달러) | 21,530 | 2,940 | 38,210 | 47,580 | 42,440 | 7,620 |
| GDP 중 농업비율(08, %) | 3 | 11 | 1 | 1 | 1 | 5 |
| 인간개발지수(07, 세계 순위) | 26 | 92 | 10 | 13 | 22 | 71 |
| 2. 건 강 | | | | | | |
| 평균수명(08) | 80 | 73 | 83 | 78 | 80 | 68 |
| 65세 이상 인구비율(08, %) | 10 | 8 | 21 | 13 | 20 | 13 |
| 만 명당 의사 수(2000~07) | 16 | 14 | 21 | 26 | 34 | 43 |
| 인구증가율(1990~2008, %) | 0.7 | 0.9 | 0.2 | 1.1 | 0.2 | -0.2 |
| GDP 중 보건비 비율(07) | 6.3 | 4.3 | 8.0 | 15.7 | 10.4 | 5.4 |
| 3. 교 육 | | | | | | |
| 고등교육 취학률(08, %) | 96 | 22 | 58 | 82 | - | 75 |
| GDP 중 교육비 비율(05, %) | 7.2 | - | 4.9 | 7.1 | 5.1 | 3.8 |
| 4. 여가 및 문화 | | | | | | |
| 백 명당 인터넷 이용자 수(08) | 79 | 22 | 69 | 71 | 76 | 21 |
| 백 명당 이동전화 사용자비율(08) | 94 | 48 | 86 | 89 | 64 | 141 |
| 천 명당 자동차 수(07) | 338 | 32 | 595 | 814 | 623 | 245 |
| 한 해 총근로시간(08) | 2,256 | - | 1,772 | 1,792 | 1,430 | - |
| 백 명당 PC 수(06) | 58 | 6 | - | 81 | 66 | 13 |
| 백 명당 전화가입자 수(08) | 44 | 28 | 40 | 51 | 63 | 31 |
| 5. 안 전 | | | | | | |
| 10만 명당 수감인원(07) | 89 | 118 | 62 | 738 | 95 | - |
| GDP 중 국방비 비율(08, %) | 2.6 | 2.0 | 0.9 | 4.2 | 1.3 | 3.5 |
| 6. 사회적 및 물적 환경 | | | | | | |
| 경제활동 참가율(08, %, 남자) | 72 | 78 | 69 | 70 | 64 | 69 |
| 실업률(08, %) | 3.2 | 4.2 | 4.0 | 5.8 | 7.5 | 6.2 |

| | 한 국 | 중 국 | 일 본 | 미 국 | 독 일 | 러시아 |
|---|---|---|---|---|---|---|
| 자영업자 비율(08, %) | 30.4 | - | 12.3 | 8.2 | 8.9 | |
| 도로 포장률(2000-07, %) | 77.6 | 70.7 | 79.3 | 65.3 | 100.0 | 80.9 |
| 도시화율(2010, %) | 82 | 45 | 67 | 82 | 74 | 73 |
| 7. 정보통신기술 | | | | | | |
| 백만 명당 R&D 연구자 수(07) | 4,627 | 1,071 | 5,573 | 4,663 | 3,453 | 3,305 |
| GDP 중 R&D지출비율(07, %) | 3.5 | 1.5 | 3.5 | 2.7 | 2.6 | 1.1 |
| 특허출원건수(07, 천) | 127.1 | 194.6 | 330.1 | 231.6 | 49.2 | 27.7 |
| 1인당 에너지사용(07, 톤) | 4.6 | 1.9 | 4.0 | 7.8 | 4.0 | 4.7 |

자료 : 통계청, 『한국통계연감』, 각 년도; 세계은행, 『세계개발지표』, 2010; 일본 야노츠네다(矢野恒太) 기념회, 『세계국세도회』, 2010 ; OECD, *OECD Factbook*, 2010.

지구차원의 이상기후의 영향도 많이 받게 된다. 예를 들면, 현재 동해바닷물의 온도는 점점 올라가고 있다. 더운 지방에 사는 물고기가 잡히는 빈도가 늘어나고 있고, 잡히는 지역도 점차 북상하고 있다. 때문에 동해안 지역은 이상기온으로 폭우와 폭설의 피해를 입는 정도가 심해지고 있다. 글로벌시대는 글로벌차원에서 발생하는 이상기온, 산성비 등의 영향을 많이 받는 시대이다.

사회지표는 [표 7-4]와 [표 7-5]에서와 같이 생활의 질을 결정하는 수많은 요인들을 검토하여 그 수준을 평가할 수 있다는 장점이 있다. 그러나 이 모든 지표를 GNI처럼 하나의 지표로 통합할 수는 없다. 그러므로 사회 전체의 삶의 질을 판단할 수가 없다. 또한 사회지표는 통계적으로 측정 가능한 지표들만이 삶의 질을 결정한다고 가정한다. 그러나 인간의 행복은 눈에 보이지 않는 것이나 눈에 보이더라도 측정할 수 없는 수많은 요인에 따라서 결정되는데, SI는 이를 잘 감안하지 못한다.

포드함대학의 포드함연구소는 사회 전체의 건강상태가 중요하다고 보고 이를 측정할 수 있는 사회건강지수(Index of Social Health)를 개발했다. 이 지수는 약물남용, 유아사망률, 건강보험가입정도, 빈곤의 정도 등 16개의 지표를 사용한다. 『2003년 사회건강지수』라는 보고서에 따르면 미국의 사회적 건강은 1980년대에는 나라경제가 많이 성장했음에도 불구하고 제자리걸음을 했으며, 1993~1999년 기간은 사회적 건강이 증가했으나 1999년에는 20년 전의 수준에 훨씬 미달했다.

**▌진정한 행복의 조건▐**

행복의 대가 에드 디너는 그의 아들과 같이 쓴 『행복; 심리적 부(富)의 신비를 벗김』에서 행복공식을 다음과 같이 표시했다. 그는 행복박사로 불리는 행복의 세계적인 대가이다.

행복=우리가 소유한 것(소유)÷우리가 원하는 것(욕망)

이 식에 따르면 행복은 소유와 욕망에 따라서 결정된다. 분자와 분모의 값이 같으면 행복의 값은 1이 되는데, 이는 행복을 의미한다. 그러나 분모의 값이 더 크면 불행을 의미한다. 예를 들어 월급을 800만 원(욕망)은 받아야 된다고 하는 사람이 실제로 400만 원만 받게 된다면 행복의 값은 400÷800=0.5가 되어 불행을 의미한다. 그러나 월급을 200만 원만 받아도 된다고 생각하는 사람이 400만 원을 받게 되면 행복의 값은 400÷200=2가 되어 대단히 행복하게 됨을 의미한다. 요는 행복에는 마음도 물질 못지 않게 중요함을 의미한다.

마틴 셀리그만 미국 펜실베이니아대 심리학 교수는 그의 책 『진정한 행복』에서 행복에는 다음과 같은 환경적 요인도 중요하다고 했다.

① 부유한 민주국가에서 살라. 가난에 찌든 독재국가는 피하라. ② 부정적인 감정과 사건을 피하라. ③ 풍부한 사회적 유대관계를 가져라. ④ 종교를 가져라. ⑤ 돈은 안락한 생활을 할 수 있을 정도로만 벌라.

행복은 위에서와 같이 마음, 환경적 요인뿐만 아니라 다른 많은 요인에 따라서도 결정된다. 저자는 행복의 조건은 다음 7가지라고 생각한다(송병락, 『세계경제전쟁, 한국인의 길을 찾아라』 참조).

첫째, 긍정적인 사람이 된다(기본조건).
둘째, 가장 잘 할 수 있는 일을 한다(직업조건).
셋째, 보람 있는 일을 한다(윤리적 조건).
넷째, 즐기면서 열정적으로 한다(생산성 조건).
다섯째, 남과 더불어 하고 남도 잘 되게 한다(인간관계 조건).

여섯째, 번 돈은 나의 행복을 위하여 열심히 일하게 만든다(이재조건).
일곱째, 세상을 더 살기 좋은 곳으로 만들기 위하여 노력한다(사회적 조건).

"한국인들은 불과 30년 만에 세계적인 경제 대국이 되었다. 실제로 이미 한국은 세계시장에 미치는 영향에 있어서 독일, 프랑스나 이탈리아와 비슷하게 되었다. 몇몇 산업에 있어서는 더욱 중요하게 되었다."

— 피터 드러커

제 Ⅱ 부

# 코리아 모델

"박정희 대통령은 18년여의 집권기간 중 '수출 주도의 공업화' 정책과 더불어 '농민이 잘 사는 정책'을 경제정책의 2대지주로 삼았다."

- 김정렴, 『한국경제정책 30년사』, 1990.

# 제 8 장 한국의 기업모델

지금까지 우리는 제2~7장에 걸쳐서 한국의 근본경제문제(목표), 즉 경제성장, 경제안정, 형평 및 삶의 질의 향상문제를 살펴보았다. 그런데 어느 나라이건 기업이 많고 그 글로벌 경쟁력이 강해야 이를 잘 해결할 수 있다. 그러므로 이 장에서는 이런 문제 해결에 관건이 되는 한국의 기업모델을 살펴보기로 한다. 다시 한 번 기업의 중요성을 간단히 보기로 하자.

중남미 26개국 중 절반인 13개국에서는 절도, 강도, 유괴, 마약거래, 살인 등의 범죄가 증가하고 있다. 마약조직, 인신매매조직, 미성년갱단 등은 물론 소액을 요구하는 단기 생계형 유괴(급행유괴라고도 함)도 증가하고 있다. 일본 외무성은 이들 나라를 여행위험지역으로 정한 바 있다(야노쓰네타키렝카이, 『세계국세도회』, 제20판, 2009/10). 이들 나라는 어떤 나라들인가? 기업이 적고 일자리가 없어서 경제문제를 잘 해결하지 못하는 나라들이다.

한국도 일할 사람은 많은데, 기업과 일자리가 적어서 자살률이 OECD국가 중 제일 높은 나라가 되었다. 그런데 자살률이 한국보다 더 높은 나라는 리투아니아, 러시아, 헝가리, 슬로베니아, 우크라이나 등 과거 동구권 국가들이다. 이들의 공통점은 무엇인가? 마찬가지로 모두 기업이 적고 일자리 부족이 심하여 근본경제문제가 해결되기는커녕 오히려 악화되고 있다는 사실이다.

반대로 잘 사는 나라들은 어떠한가? 세계 1, 2위 경제대국인 미국은 비즈니스사회, 일본은 회사사회라고 할 정도로 기업이 많아서 일자리가 많은 나라이다. 이는 이미 앞서 말한 바와 같다. 세계 10대 기업을 보면, 미국이 2개, 일본이 2개, 중국이 2개를 갖고 있다. 경제대국들은 대기업도 많은 나라이다.

그런데 LG화학이 공장을 미국 미시간주 홀랜드 시에 건설할 때 오바마 대통령이 참석하고, 삼성이 영국에 공장을 건설할 때 영국여왕이 참석한 것은 선진국에서는 국민들뿐만 아니라 국가원수들도 기업의 중요성을 잘 알고 있다.

WEF(세계경제포럼)의 『글로벌 경쟁력 보고서』(2009/2010)에 따르면 글로벌 경쟁력 세계 제일의 나라는 스위스인데, 스위스는 인구가 760만여 명에 불과하나 『포춘』지(2010. 7. 26) 선정 〈글로벌 500대 기업〉 중 스위스의 기업은 15개(한국은 10개)나 포함되어 있다. 때문에 스위스는 선진국 중 근본경제문제를 가장 잘 해결하는 나라 중 하나가 되었다. IMD나 WEF(세계경제포럼)는 세계에서 손꼽는 기업경쟁력연구 관련 Think tank인데, 모두 스위스에 있다. IMD의 연구 책임자인 스테판 가렐리 교수는 스위스경제학의 핵심은 기업경쟁력연구라고 할 정도로 스위스는 기업과 그 경쟁력을 중시하고 있다.

한국 최대의 기업은 삼성전자로서 매출액이 1,089억 달러나 된다. 앞으로 삼성전자 같은 기업을 20여 개만 일으키면 한국의 국민소득은 약 2배가 증가할 것으로 보인다. 이런 기업들을 많이 일으키는 것이 바로 근본경제문제를 가장 잘 해결하는 길이기도 하다. 한국은 이제 1인당 소득 2만 달러, 경제규모 1조 달러 이상의 경제가 되었다. 한국 기업들은 이제 일류 선진국 기업들과 치열한 경쟁을 해야 한다. 선진국 기업들 모방만으로 경쟁하는 데는 한계가 있다. 그들을 앞설 수 있는 기업모델을 만들어야 한다. 그러기 위해서는 선진국들의 기업모델을 잘 알아야 한다. 이 장에서는 이를 보기로 한다.

한국이 1997년 경제위기에 직면했을 때 적잖은 정책 담당자들은 그 원인이 재벌 중심의 잘못된 한국기업모델에 있다고 판단했다. 이런 판단이 그대로 정책으로 채택되어 정부는 기업그룹을 해산하는 정책을 폈다. 그 결과 30대 그룹 중 16개가 해체의 길을 걸었다. 그리고 기업들에게 미국기업모델의 채택을 강요했다. 때문에 한국기업들은 미국의 GM회사 식으로 사외이사 제도를 도입하고 단기이윤과 주주배당을 중시하는 이른바 주주주권(stockholder sovereignty)형 기업경영을 하게 되었다. 그 결과 삼성전자 우선주의 80% 이상이 외국인소유가 되는 등 한국 우량기업 주식의 상당부분이 외국인 소유로 넘어갔다. 뿐만 아니라 우리가 롤 모델로 삼았던 GM은 부도가 났다. 경제위기를 계기로 우리 기업모델은 무조건 잘못된 것으로 버리고 외국기업모델을 모방한 대가는 엄청났다. 이런 실수를 되풀이하지 않기 위해서라도 한국기업모델을 잘 알고 개발해 나가야 한다. 그러기 위해서는 우선 세계 대표적인 기업모델에는 어떤 것들이 있는가를 잘 알 필요가 있다.

기업과 나라경제를 어떤 모델로 발전시킬 것인가는 지극히 중요한 문제이다. 이는 유럽연합(EU) 정상회의의 중요한 의제가 되기도 했다. 그런데 많은 사람들은 기업과 국가경제의 대표적인 모델로 미·일·독의 세 가지 모델을 꼽는다. 피터 드러커 교수도 마찬가지이다. 그는 『다음 사회의 경영』에서 이 세 나라는 모두 비슷한 시기인 1870년경에 자체 기업모델을 개발했다고 말한다. 이를 'A, J, G 모델'이라고 하는데, 이들 영자는 국가의 영어이름 첫 글자를 나타낸다. 하지만 저자는 여기에 중국(C)모델을 추가하는 것이 옳다고 생각한다.

미국(A)모델 : 앵글로색슨 모델
일본(J)모델 : 동아시아 모델
독일(G)모델 : 라인모델, 라인란트 모델, 사회시장경제 모델
중국(C)모델 : 중국식 사회주의 시장경제 모델

**① 모델국가의 변천** 한국은 어떤 나라의 기업모델을 쫓아가야 하는가? 이 문제에 앞서 경제모델의 변천부터 살펴보자. 전 세계적으로 많은 학자들은 각국이 본받을 모델로 1960년대는 스웨덴모델, 1970년대는 독일모델, 1980년대는 일본모델, 그리고 1990년대는 미국모델을 꼽았다. 한국전문가들도 예외가 아니었다. 그런데 한국이 앞으로 열심히 미국모델을 모방하다 보면 세상이 바뀌어 다시 다른 나라 모델을 모방해야 될지 모른다. 예를 들면, 미국의 유명한 경영전문가인 톰 피터슨은 GM의 경쟁력 상실로 인해 미국은 자동차산업을 잃을 위기에 있다고 했다. 따라서 한국의 자동차회사가 미국의 자동차회사를 모방하다가는 가까운 장래에 낭패를 볼 수도 있다. 발전모델에도 유행이 있다. 그러나 유행이 바뀔 때마다 국가발전모델을 변경한다는 것은 쉬운 일이 아니다. 때문에 한국에 맞는 기업 또는 경제성장모델을 설정해야 한다.

1960년대 스웨덴모델
1970년대 독일모델
1980년대 일본모델
1990년대 미국모델

**② 한국의 전략모델 개발** 한국은 한국만의 전략모델을 개발할 수 있다. 한국기업들이 미국, 일본, 독일기업 모델을 모방만 하다가는 결코 앞설 수 없다. 한국기업들 중에는 이미 미·일·독의 기업들을 앞선 것이 적지 않다. 다른 나라의 발전모델의 장점을 배울 수는 있을지언정 그대로 모방하는 것은 바람직하지 않

다. 또한 문화의 차이로 백 퍼센트 모방이 가능하지도 않다. 이미 기업 이외에서 앞서 달리는 것도 적지 않다. 한류열풍도 한 예이다. 일본, 중국, 베트남, 대만에 부는 한류열풍은 모방으로 된 것이 아니다. 우리문화를 기반으로 독창적으로 만들었기 때문에 가능한 것이다.

③ 불완전한 모델　피터 드러커 교수가 강조하는 바와 같이 "미·일·독 기업은 그 어느 것이나 장점도 있지만 단점도 적지 않다. 그러므로 어느 것을 모방할 것이 아니라 이들의 장점을 융합하여 앞서는 기업모델을 만드는 것이다." 이것이 융합전략의 핵심이기도 하다. 미국기업은 경제적 측면, 일본모델은 인간적 측면, 독일모델은 사회적 측면을 강조한다. 기업은 이 세 차원의 균형이 필요하다.

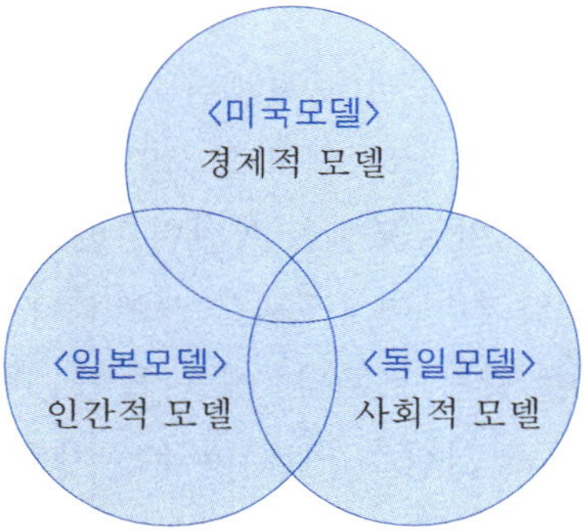


만약 한국이 미국의 경제모델에 맞춰 나라를 운영한다면 미국처럼 엄청난 규모의 무역적자가 발생할 수도 있다. 한국은 이 어마어마한 무역적자를 견뎌낼 수 있을까? 케네스 로고프 하버드대 경제학 교수는 현재 세계경제의 가장 큰 문제는 미국의 경상적자라고 말한다. 미국은 경상적자가 크더라도 달러를 발행할 수 있는 특권이 있기 때문에 큰 문제가 되지 않는다. 그러나 한국은 그럴 권한이 없다. 싱가포르를 짧은 기간에 후진국에서 선진국으로 만든 리콴유 전 싱가포르 총리는 그의 명저 『제삼 세계에서 제일 세계로—싱가포르 스토리(1965-2000)』에서 이런 말을 했다.

> "한국인의 기업 관습은 일본을 따르고 있다. 공식적인 규칙이나 법보다 비공식적인 관계에 기초를 두고 있다. … 나는 재벌 회장들에게 한국은 갈림길에 있으며, 더 이상 일본모델을 바탕으로 한 낡은 패러다임을 계속할 수 없을 것이라고 말했다."

**④ 한국은 혁신주도형 단계** 마이클 포터 하버드 경영대 교수는 세계경제포럼(WEF)의 『글로벌 경쟁력보고서』에서 한국은 모방 단계를 지나, 서기 2000년 혁신주도형 단계에 진입했다고 지적한다. 이 단계에서 중요한 것은 도방이 아니라 자체 모델의 개발과 혁신이다.

**⑤ 하나의 정답이 없는 시대** 지금은 기업의 조직이나 경영방법에 하나의 정답이 없는 시대이다. 얼마 전 하버드 경영대학은 중국 상해에서 기업 지배구조에 관한 국제 세미나를 개최한 바 있다. 그때 학자들이 내린 결론은 이러했다. 즉, 기업지배구조에는 미국형 시장지배모델, 일본형 기업그룹이나 가족지배모델, 그리고 독일형 은행지배모델의 세 가지가 있는데, 이 중 어느 것이 좋은가에 대해서는 정답이 있을 수 없다는 것이었다.

앞으로 한국의 기업모델은 미국기업처럼 경제적 측면, 일본기업의 인간관계, 독일기업의 사회관계, 중국기업처럼 국가와의 관계 모두를 균형 있게 감안할 수 있어야 한다. 스위스의 비밀은행들은 모두 중국기업처럼 국가와의 관계를 중시한다. 어느 은행에도 가령 세계 어느 나라의 검은돈이 들어 왔다는 식의 양심선언을 하는 사람이 없다. 국가이익에 반하기 때문이다. 한국기업도 국가의 이미지, 브랜드 가치를 항상 생각하며 기업활동을 하는 것은 대단히 중요하다. 이 모든 것이 중요하기 때문이다. 따라서 기업의 코리아 모델은 미·일·독·중기업, 그 어느 것도 그대로 모방할 것이 아니라 그 장점들을 융합하여 이들을 모두 앞설 수 있는 길을 찾는 것이다. 이것이 코리아 모델의 핵심이다. 포스코, 삼성전자 등을 비롯하여 많은 한국기업들이 이미 그렇게 하고 있다. 이를 위해서는 무엇보다 우리가 미국, 일본, 독일 및 중국기업을 잘 알아야 한다. 지금부터 미·일·독·중의 모델을 살펴보자.

## 8.1 미국모델

문명에 관한 권위자인 사뮤엘 헌팅턴 하버드대 교수는 『우리가 누구인가』라는 책에서 미국인은 “영어, 청교도 윤리, 개인주의, 종교적 헌신, 준법정신” 등을 기본 가치관으로 하는 독특한 문화가 있다고 했다.

## ◎ 미국인의 가치관

미국모델을 모르고서는 세계적인 기업이나 관련 산업을 이해하기 어렵다.

### ▌민주주의의 장단점▐

① 민주주의의 장점

• 정부의 권한을 제한함으로써 정부로부터 개인의 자유를 보호한다.

• 정부정책에 국민의 이해를 반영함으로써 개인 및 사회의 복지를 증진시킨다.

• 정치참여를 통하여 사회의 운영방향을 알 수 있게 되므로 국민의 개인적인 교육과 발전이 가능하게 된다.

• 모든 사람이 정치에 참여할 수 있게 되므로 소속된 공동체나 사회의 결속력을 강화할 수 있게 된다.

• 국민이 바라는 정치를 할 수 있게 하므로 정치적 안정을 꾀할 수 있다.

② 민주주의의 단점

• 지식, 경륜 및 지혜가 많이 쌓인 아버지나 이제 막 성인은 되었지만 아직 사회진출도 못한 막내딸이나 선거 때 모두 한 표로서 평등한 것은 문제가 있다. 지혜와 지식 및 경륜이 부족한 사람이 대표로 선출되어 더 훌륭한 사람이나 사회를 다스릴 위험이 있다.

• 이른바 "51%의 폭정"의 문제가 있다. 겨우 51%로 당선된 사람이 유권자 전체를 대표한다고 믿으면서 49%의 반대자들의 견해를 무시하고 51%가 좋아하는 정치를 할 위험이 있다.

• 인기영합형 정치가가 대중을 선동하여 당선된 후 억압정치나 독재정치를 할 위험이 있다.

• 당선된 사람은 지지자 집단이나 이른바 코드가 맞는 사람들은 봐주고 반대자들에게는 각종 규제를 가할 수 있다.

• 어느 사회에서나 프로는 소수이고 아마추어는 다수이다. 그러므로 민주주의 국가, 특히 민도가 낮은 후진국에서는 형편 없는 아마추어들이 선거에 당선되어 시행착오를 되풀이하며 사회를 시끄럽게 할 소지가 많다 (앤드루 헤이우드의 『정치학의 핵심개념』 참조).

미국모델을 이해하려면 무엇보다 미국인들의 기본 가치관을 이해할 필요가 있다. 그럼 미국인들의 기본 가치관은 무엇인가? 하버드대학이 외국인들에게 미국문화를 가르치는 데 사용하는 에드워드 커니 등이 쓴 『미국방식—미국문화의 소개』에 따르면 미국인들의 기본 가치관은 다음과 같이 크게 세 가지로 나눌 수 있다.

① **개인의 자유와 자립** 개인의 자유는 미국인들이 가장 중시하는 가치관이다. 가장 선호하고 미국사회에 가장 널리 보급된 가치관이다. 자유란 에드워드 커니의 책에 따르면 다음과 같다. "개인은 누구나 정부, 귀족계급, 교회, 기타 어떤 권위 기관으로부터도 간섭을 받지 않고 자신의 운명을 스스로 통제하는 능력과 바람이다." 이는 이미 1776년 『독립선언서』에서 정해진 기본 가치관으로서 오늘날까지 이어져오고 있다. 그런데 자유의 대가는 자립이다. 미국인들은 스스로 자신의 문제를 해결하고, 자신에 대하여 책임지며, 운명을 개척해 나간다. 미국인들은 자녀들에게 어릴 때부터 자립심을 길러 주려고 노력한다. 자녀들도 가급적 빠른 시일, 보통은 18~21세 사이에 부모로부터 독립해야 한다고 믿는다. 자기 스스로 자신의 인생을 만들고 먹고 살 방법을 찾아야 한다는 것을 깨닫는다.

② **기회의 균등과 경쟁** 미국인들은 누구나 출발 선상에서의 평등을 강조한다. 경쟁에 참가할 수 있는 기회가 같아야 한다고 믿는다. 결과의 평등이 아니다. 그런데 기회균등의 대가는 경쟁이다. 성공적으로 경쟁하는 방법을 배우는 것이 미국에서 성장하는 과정이라고 할 수 있다. 경쟁은 미국인들을 활력 있게 움직이게 하는 힘이다.

③ **물질적 부(富)와 근면** 전 세계 사람들이 미국으로 이민을 오려고 하는 이유는 더 잘살기 위해서, 즉 물질적 성공을 위해서이다. '넝마에서 부자로'는 '아메리칸 드림'을 나타내는 슬로건이다. 물질적 부가 개인의 사회적 지위를 나타내는 데 있어서 가장 널리 받아들여지고 있는 척도이다. 미국의 청교도 정신은 물질적 성공을 신성시한다. 이를 위해서는 성실과 근면이 필수적이다.

### ❂ 미국인의 신조와 문화의 특성

사뮤엘 헌팅턴 하버드대 교수는 『문명의 충돌과 세계 질서의 재건』이라는 책에서 냉전이 끝남과 더불어 문명이 이데올로기를 대체한다고 주장한 바 있다. 최근의 저서 『우리는 누구인가—미국 정체성에 대한 도전』에서 "미국인의 신조"

(The American Creed)는 다음 여섯 가지로 구성된다고 말한다.

① 자유 ② 평등 ③ 민주주의 ④ 시민권(civil rights)
⑤ 비차별 ⑥ 법치(rule of law)

그는 또한 미국문화의 특징으로 다음 다섯 가지를 제시했다.

① 영어 ② 청교도 가치관 ③ 개인주의 ④ 종교에 대한 헌신 ⑤ 법의 존중

이런 가치관을 바탕으로 하기 때문에 미국은 개인주의(individualism) 성향이 강하고 평등을 중요시한다. 남녀노소 모두가 평등하고 대·중·소·영세기업도 규모에 상관없이 평등하다. 한국과 같은 대기업과 중소기업 간의 격차 문제가 없다. 일본 같은 모기업이나 자회사 같은 것도 거의 없다. GM자동차회사의 경우 GM과 부품회사 간의 관계는 [그림 8-1]과 같이 수평적이다.

[그림 8-1] GM과 부품회사 간의 관계

## GM과 도요타

미국 자동차의 대표기업 GM과 일본 자동차의 대표기업 도요타의 차이점을 살펴보자. 찰스 윌슨 전 미국무장관 겸 GM사장은 "GM에 좋은 것은 미국에 좋고 미국에 좋은 것은 GM에 좋다"고 할 정도로 GM은 미국에서 차지하는 비중이 큰 회사이다. 도요타는 세계 최고의 자동차회사, 세계 최고의 제조회사가 되었다. 일본의 NHK방송국과 다이와총연(大和總硏)은 공동으로 펴낸 『영어로 말하는 일본경제』(제 2 판)에서 GM과 도요타의 차이를 다음과 같이 설명한다. GM은 부품의 50%를 자체 생산하나 도요타는 부품의 20%만 자체 생산하고 나머지는 자회사들로 하여금 생산하게 한다. 그러므로 GM은 도요타에 비해 종업원 수가 많을 수

[GM과 도요타 자동차의 비교]

| | GM | 도요타 |
|---|---|---|
| 생산대수 | 395만 대 | 317만 대 |
| 종업원수 | 74만 명 | 6.9만 명 |
| 특 징 | 개인주의 중시<br>노동조합을 통한 근로조건 개선<br>사회보장 중시<br>변호사에 의한 분쟁해결 | 공동체주의 중시<br>종신고용에 의한 고용보장<br>회사브장 중시<br>인간관계에 의한 분쟁해결 |

밖에 없다. 왜 GM은 부품을 50%나 자체 생산하는 것일까?

GM과 부품회사는 완전 별개회사이다. 부품회사들이 언제 부도가 날지, 노조 파업으로 생산이 중단될지, 또는 외국 기업에 M&A(인수 및 합병)당할지 알 수가 없다. 이런 일이 발생하면 GM의 자동차 생산이 중단되므로 주요 부품을 자체 생산할 수밖에 없다. 그러나 도요타의 경우에는 모(母)회사인 도요타와 자회사들이 하나의 가족처럼, 또는 하나의 생산 공장처럼 행동한다. 공동체의 구성원으로서 행동하는 것이다. 그래서 일본은 모회사 대신 어버이 회사라는 뜻의 친(親)회사라는 용어를 사용한다.

외국회사들이 GM의 경영권에 참여하려면 GM의 주식을 사야 한다. 반면 도요타의 경영권에 참여하려면 도요타의 주식을 사거나 도요타의 주식을 많이 갖고 있는 자회사의 주식을 사도 된다. 도요타와 자회사들은 순환출자, 즉 서로의 주식을 갖고 있기 때문이다. 외국의 기업 사냥꾼들이 드요타의 경영권을 인수하기 위하여 도요타의 주식을 사려면 엄청난 규모의 투자를 해야 한다. 그러나 도요타의 지분을 상당 정도 보유하고 있는 도요타 자회사를 인수하면 도요타그룹 전체의 경영권에 상당한 영향을 미칠 수 있다.

미국모델은 돈, 즉 이윤을 중시하는 경제적 조직이다. 부(富)와 고용창출을 강조한다. 주주 개인의 재산권을 강조하는 주주주권(stockholder sovereignty) 모델이다. 피터 드러커 교수에 따르면, 이는 호경기 때 잘 작동하는 모델이다. 도요타 경영진의 한 사람은 GM이 어렵게 되는 이유로 두 가지를 들었다. 하나는 GM이 부품을 외주(아웃소싱)를 주어 생산비를 크게 낮출 수 있음에도 불구하고 노조의 반대로 이를 하지 못하는 것이고, 다른 하나는 과다한 연금부담이다. GM은 한때 대규모의 연금결손분을 충당하기 위하여 채권을 발행하지 않으면 안 되었다. 세계 3대 신용평가회사 중의 하나인 스탠다드 앤 푸어스(S&P)는 GM 회사채의 투자등급을 정크본드 수준인 '투자부적격' 으로 낮춘 바 있다.

## 8.2 일본모델

일본은 세계 제 2 의 경제대국이며 아시아 제일의 경제대국이다. 경제규모에 있어서 유럽의 모든 나라를 앞선다. 또한 케이레츠나 종합상사와 같은 자체의 기업모델로 선진국이 된 나라이다. 아시아의 대기업은 얼마 전까지 대부분 일본기업이 차지했다.

한국은 일본과 1965년 국교정상화 이후 지금까지 40년 넘게 무역을 해 왔지만 한 해도 대일무역흑자를 낸 적이 없다. 최근 대일무역적자는 오히려 큰 폭으로 증가하였다. 우리의 주력 수출상품의 부품을 일본에 크게 의존하고 있기 때문이다. 다른 나라와의 수출에서 번 돈을 일본에 갖다 주는 셈이다. 한국이 일본의 조립공장이라는 말까지 나오고 있다.

한·일간 축구경기나 여자 골프시합에서는 한국이 승리하는 경우가 많으나 기업간 국제무역이라는 한·일간의 경제게임에서는 한 해도 승리하지 못했다. 주요 이유 중의 하나는 일본의 기업모델을 잘 모르기 때문이다. 일본의 기업은 여러 가지 특징이 있다. 일본의 수많은 기업들은 수직 케이레츠와 수평 케이레츠라는 거대한 공동체를 구성하고, 그 구성원으로 존재한다. 근본적으로 공동체주의적 기업이다.

피터 드러커 교수에 따르면 이러한 일본의 기업은 공업화 시대에 놀라울 정도의 성장을 한 장점이 있다. 그러나 인간적인 면을 중시하는 관계로 경기침체가 심화되어도 인력감축을 하기 어려워 경기회복을 어렵게 하는 단점이 있다. 한국의 공업화 과정은 여러 면에서 일본과 비슷하다. 일본의 기업과 경제모델을 잘 알아야 할 필요성이 어느 나라 못지않게 크다. 한국은 대륙국가와 섬나라의 중간 형태인 반도 국가이다. 대륙국가인 중국은 물론 섬나라인 일본을 다 같이 잘 이해할 필요가 있다.

## ❂ 도요타와 도요타(수직) 케이레츠

일본 대표기업은 도요타(豊田)자동차회사이다. 도요타의 주식 시가총액은 미국의 3대 자동차회사인 GM, 포드 및 크라이슬러의 주식시가 총액을 합친 것보다 많은 적도 있었다. 도요타의 자금력은 도쿄증시의 모든 주식(NTT 제외)을 다 사고 남을 정도이다. 미국의 『포춘』지(2010. 7. 26)에 따르면 도요타는 매출액 기준 세계 제 5 위의 기업이며 세계 최고의 자동차 회사이다. 도요타는 해외공장도, 생산량도 늘렸다. 제조업체 중 세계 최고가 되었다.

도요타 생산시스템, 즉 TPS(Toyota Production System)가 세상에 알려지기 시작한 것은 MIT의 제임스 우맥 등 3명의 교수가 도요타를 연구하여 쓴 책 『세상을 바꾼 기계』를 통해서이다. 이 책은 도요타의 저스트·인·타임(JIT : just-in-time)제도의 이론과 실제를 설명했다. JIT는 부품생산 업체들이 완벽한 부품을 공장의 제조라인에 바로 배달함으로써 부품의 납품, 검사, 창고 저장 및 출하 등과 관련된 낭비를 제거한다는 것이다. 제프리 라이커 미국 미시간다 경영학 교수는 20년 이상 도요타자동차를 연구한 이 분야 최고의 권위자로, 그의 책 『도요타 방식』에서 도요타의 린 생산시스템은 제조업과 서비스업의 글로벌 혁명을 일으켰으며, 제조의 새로운 패러다임으로 자리 잡았다고 했다.

도요타는 도요타 기이치로(豊田喜一郎)가 1937년에 창업한 회사이다. 그의 장남 도요타 쇼이치로(豊田章一郎)가 1982년에 회장에 취임했으며, 쇼이치로의 장남 도요타 아키오(豊田章男)가 2009년 회장에 취임했다. 도요타 창립 이후 지금까지 11대의 CEO 중 전문경영인은 5명이다.

도요타는 미하라 아츠오(三原淳雄)의 『최신 업계지도를 알 수 있는 책』에 따르면 581개의 '자(子)회사'와 51개의 '관련(關連)회사'를 거느린 하나의 거대한 기업그룹을 형성하고 있다. 이런 많은 계열회사(=자회사+관련회사)를 거느린 도요타 같은 회사를 일본에서는 친(親)회사(한국의 모회사)라고 한다. 친회사와 자회사 · 관련회사 간의 관계는 수직적이므로 이런 그룹을 수직그룹, 즉 수직 케이레츠(系列)라고 한다. 켄이치 미야시타와 데이비드 러셀은 『케이레츠-감추어진 일본 복합기업의 내부』라는 책에서 도요타는 얼마 전 12개의 1차 자회사, 250여개의 2차 자회사, 그리고 수많은 3차 자회사로 구성된 거대한 피라미드형 기업그룹이라고 했다([그림 8-2] 참조). 이들 1, 2 및 3차 자회사의 수와 그 관계는 그 이

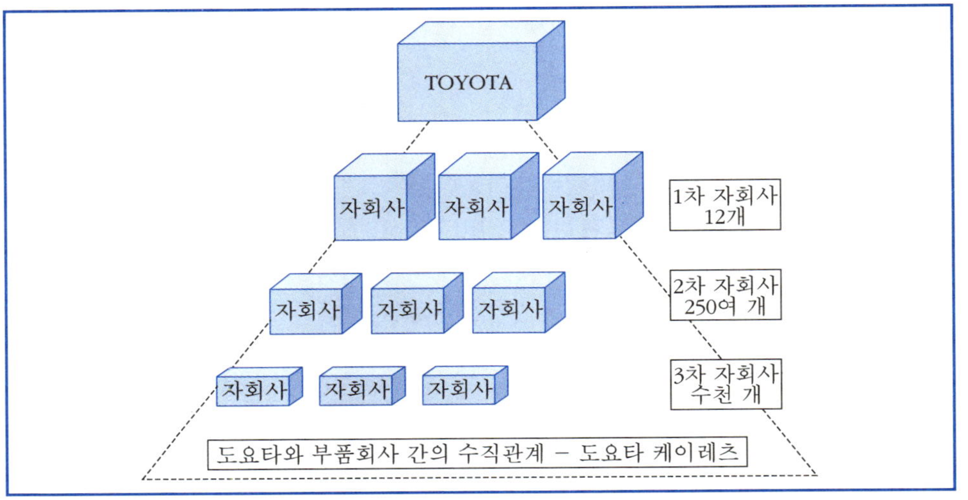


[그림 8-2] 도요타 수직 케이레츠

후 물론 적잖은 변화를 겪었다.

도요타그룹 소속 기업은 공동체주의적 기업이다. 이들은 서로간에 계약서를 쓰지 않는다. 인정과 의리 관계로 뭉친 조직이다. 모든 것을 계약관계로 따지는 서양인들은 이런 관계를 도저히 이해할 수 없다고 말한다. 일본기업은 미국기업처럼 개인주의적이고 독자적인 기업이 아니다.

미국이나 유럽의 기업들이 도요타의 자회사를 높은 가격을 주고 인수하려고 했지만 살 수 없었다. 뿐만 아니라 도요타 케이레츠에 들어와서 자회사의 역할을 하려고 해도 도요타의 허락을 받지 못했다. 도요타 그룹 소속기업들의 결속력은 굉장히 강하다.

커리어 디벨롭먼트사의 『기업그룹과 업계지도』에 따르면, 자회사란 친(親)회사가 의결권 주식을 40% 이상 소유하여, 임원의 선임이나 경영방침 등 의사결정을 지배할 수 있는 회사이다. 자회사의 재무제표는 친회사의 재무제표와 연결하여 작성되므로 자회사를 '연결자회사'라고도 한다. 관련회사란 친회사가 가진 의결권 주식의 비율이 15~50%인 회사이다. 친회사는 관련회사의 경영의사결정을 자회사처럼 지배할 수는 없다. 다만 관련회사의 이익을 지분비율에 따라서 배분받아서 연결 재무제표에 반영한다. 이러한 관련회사를 '지분법적용 관련회사'라고 한다. 일본의 큰 회사들은 대부분 많은 자회사를 거느리고 있다. 이 책에 따르면 소니, 도시바 등이 거느린 자회사와 관련회사의 수는 다음과 같다.

소니　　　: 1,068개의 자회사와 98개의 관련회사
도시바　　: 329개의 자회사와 35개의 관련회사
혼다자동차 : 300개의 자회사와 137개의 관련회사
미츠이물산 : 516개의 자회사와 341개의 관련회사

이들 친회사와 자회사들은 각기 거대한 수직 기업그룹, 곧 수직 케이레츠를 형성하고 있다. 일본 통계협회의 『통계로 본 일본』에 따르면 일본 제조업체의 45.4%가 자회사나 관련회사를 거느리고 있다.

### ❂ 도요타는 미츠이 수평 케이레츠의 회원사

도요타와 같이 수많은 자회사와 관련회사를 거느린 수직 케이레츠의 모회사들은 다시 기업그룹을 형성하고 있다. 그런데 이들 모회사간의 관계는 수평적이므로 이런 기업그룹을 수평 케이레츠라고 한다. 미츠이 수평 케이레츠는 도요타 수직 케이레츠, 도시바 수직 케이레츠 등의 모회사 25개(사장회 二木會회원사)로 구성된 기업그룹이다(오오소노토모카즈, 『기업집단과 업계지도』). 이 중 세계적인

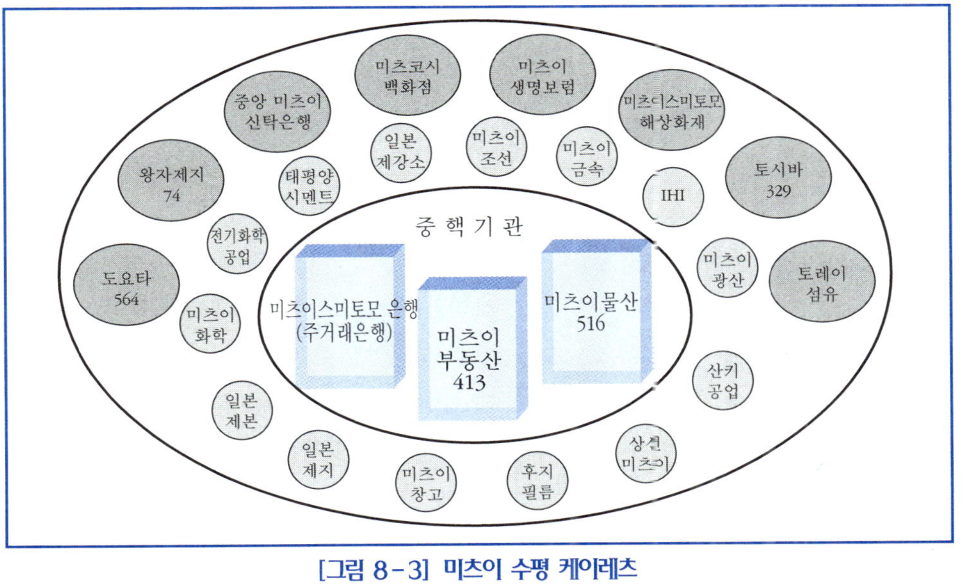


[그림 8-3] 미츠이 수평 케이레츠

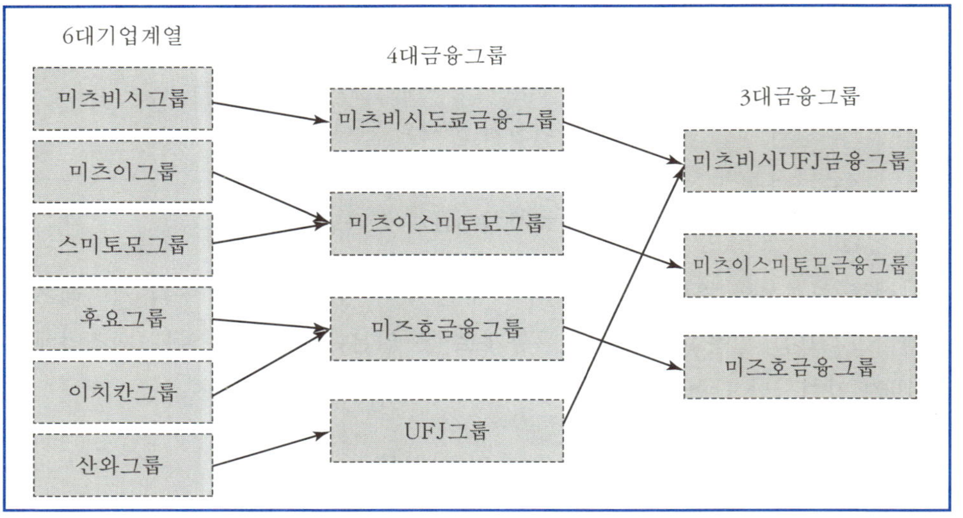


**[그림 8-4] 수평 케이레츠의 금융그룹으로의 개편**

대기업은 얼마 전 무려 11개나 되었다. 현재 한국의 전체 기업 중 세계적인 대기업이 10개인 점을 감안하면 미츠이그룹의 규모가 얼마나 큰지 짐작할 수 있다.

일본은 왜 수평 케이레츠를 만들었을까? 이를 알기 위해서는 일본 산업사를 이해할 필요가 있다. 일본이 메이지유신(1868) 이후 선진국 추월을 기치로 내걸고 공업화를 적극 추진할 때 일본기업들은 대부분 소기업이었다. 일본은 지리, 문화, 언어, 시장 등 많은 면에서 서구 선진국과 너무 멀리 떨어져 있었다. 그러므로 기업이 개별적으로 유럽선진국에서 기계를 사와서 제품을 만든 다음 이를 다시 선진국 시장에 판매한다는 것은 실질적으로 거의 불가능했다. 같은 그룹소속 제조업체는 제품의 생산만 하고, 원료조달과 제품의 판매는 같은 그룹소속 종합상사(일본은 총합상사, 總合商社, 소고쇼샤)가 담당하기로 했다. 종합상사를 일본 주식회사의 '구매부 겸 판매부'라고도 한다. 그룹소속 제조업체는 금융지원도 절대적으로 필요했다. 이런 목적으로 설립한 은행이 주거래은행(main bank)이다. 그러므로 일본의 수평기업그룹은 모두 종합상사와 주거래은행이 있다. 일본경제계획에 깊이 간여한 바 있는 시노하라 미요헤이(篠原 三代平) 교수는 일본기업을 이해하려면 '제조업+종합상사+주거래은행'을 통합해서 이해해야 한다고 말한다. 종합상사와 주거래은행은 일본 수평 케이레츠의 중핵기관이다.

일본에는 이런 수평 케이레츠가 6개나 있었다. 지금은 세계경제환경 변화와 일본기업그룹 내부사정으로 4개의 금융그룹으로 개편되었다. 그런데 이 중 미츠비시그룹과 UFJ그룹은 2005년 합병하여 미츠비시UFJ금융그룹(MUFJ)으로 출범했다. 자산규모는 씨티그룹을 앞선다. 이로써 4대금융그룹은 다시 3대금융그룹으로 되었다.

### ✪ 종합상사(일본에서는 總合商社, 소고쇼샤)

마이클 요시노 하버드 경영대 교수는 종합상사라는 기업조직은 일본과 한국만이 할 수 있는 조직이라고 말한다(대담 1996. 10. 18). 그의 『보이지 않는 연결고리－일본의 종합상사와 무역의 조직』은 종합상사에 관한 최고의 저서로 꼽힌다. 대만도 종합상사제도를 도입하였으나 종합상사가 대만 무역에서 차지하는 비중은 미미하다. 캐나다와 멕시코도 한때 이를 시도해 보았으나 성공하지 못했다.

일본종합상사의 규모는 상상을 초월한다. 일본에는 전문상사와 종합상사를 포함하여 한때 모두 7,300여 개의 상사(상사회사)가 있었다(니시노 타케히노(西野武彦)의 『업계의 구조』). 미츠비시상사의 매출액은 삼성그룹 전체의 매출액보다 많다(일본 동양경제신보사, 『업계지도』, 2010년). 일본 커티어 디벨롭먼트사가 펴낸 2004년판 『기업 그룹과 업계지도』에 따르면 미츠비시상사가 거느린 자회사의 수는 무려 780개나 된다. 이 중 55개사가 정보산업, 135개사가 에너지산업, 195개사가 금속산업, 152개사가 신(新)기능 사업에 종사한다. 1990년대 초에는 세계 4대 회사가 모두 일본 종합상사일 정도로 규모가 컸다.

종합상사들은 1991년 거품경제가 터진 후 경기침체와 세계경제구조 변화로 많은 어려움을 겪었다. '상사무용론', '상사 겨울의 시대'란 말도 있었다. 최근에는 글로벌 네트워크를 활용한 해외유전이나 자원개발 투자, 해외벤처기업 투자, 금융지원이나 사업 컨설팅 등으로 사업을 다각화하고 있다. 원유가격 상승과 원자재가격 상승 등으로 5대 종합상사(미츠비시, 미츠이, 이도추, 스미토모, 마루베니)의 이윤은 크게 증가했다. 종합상사는 제 2 의 전성기를 맞이하고 있다는 것이다.

종합상사는 '라면에서 미사일', '씨앗에서 인공위성', '미네랄 워터(생수)에서 위성통신'까지 취급하지 않는 업종이 없을 정도이다. 종합상사의 특징을 살펴보자.

① 모든 업종을 포함한다.

② 자회사 중에는 완전경쟁, 독점, 독점적 경쟁, 과점 등 거의 모든 형태의

기업이 있다.

③ 전 세계의 모든 지역을 사업영역에 포함시키고 있다.

종합상사의 힘은 종합적 상품 취급력, 종합적 기능 발휘력, 종합적 국제 활동력에 있다. 그래서 종합상사의 사업철학을 총화적 총합주의(總花的 總合主義)라고도 한다. 일본의 8대 종합상사의 수천 개에 달하는 자회사들은 전 세계 주요 도시와 지역에 진출해 있다. 이들은 전 세계를 하나의 무역망 또는 정보망으로 연결한다. 일본종합상사들이 형성한 글로벌 네트워크보다 더 견고한 것은 거의 없다. 세계 경제정보 수집에 있어서 이들이 세계 제일이다. 심지어 미국의 CIA나 FBI를 앞선다고도 한다. 일본의 종합상사는 일본기업의 세계진출, 선진국과의 경쟁, 그리고 세계경영을 위하여 만든 것이다. 이를 일본의 '무역성' 또는 일본주식회사의 국제부문이라고 한다.

일본무역회는 창립 50주년 기념 특별연구사업으로 19명의 전문가들이 참가한 종합상사의 미래상이란 특별 연구를 했다. 그 결과를 『상사의 미래상』이라는 책으로 출간한 나카타니 이와오(中谷 巖) 교수는 종합상사의 기능을 다음 5가지로 요약했다.

① 정보산업으로서의 기능
② 글로벌 비즈니스 창출자로서의 기능
③ 실리콘밸리형 비즈니스 기능
④ 오거나이저 기능
⑤ 무역기능

일본의 상사와 뉴프론티어비즈니스 특별연구회가 펴낸 『상사의 신실상(新實像)』은 종합상사의 기능과 자원을 다음 8가지로 제시한다.

• 8대 기능 : 상거래기능, 정보기능, 오거나이저기능, 금융기능, 마케팅기능(시장개척), 사업경영기능, 물류기능 및 리스크관리기능
• 8대 자원 : 인재, 금융, 규모, 정보, 기업그룹, 기술, 신용 및 조직

이런 자원과 기능을 바탕으로 하는 일본종합상사의 사업영역은 다음과 같다.

자원의 안정공급, 기술 · 노하우 도입, 신산업창조, 신기술개발, 벤처 · 중소기업 지원, 기술 · 자재의 수출, 관련산업 활성화, 유통합리화 및 지구환경개선 등이다. 오거나이저기능이란 가령 어떤 후진국이 철강공장을 건설하려고 할 때, 이에 필요한 입지선정, 생산규모, 공장설계, 건설, 생산시설 설치, 원료조달, 제품의 판매 등 철강공장 건설에서 생산된 제품의 판매에 이르기까지 전 과정을 종합상사가 맡아서 조직해 주는 것을 말한다. 마이클 요시노 교수는 종합상사는 이윤 극대화 기업이 아니므로 미국기업은 이해할 수 없는 조직이며 어느 나라에서도 그 유래를 찾아 볼 수 없다고 말한다. 일본 미츠비시 종합상사의 요헤이 미무라 사장은 이런 말을 한 바 있다. "우리는 공기와 같다. 보이지는 않지만 생활에 꼭 필요한 물자를 제공하면서 어디에나 다 가 있다." 미국의 경우에는 월마트, 코카콜라, 맥도날드 햄버거 등 초대형기업들, 일본의 경우에는 종합상사, 중국의 경우에는 전 세계 모든 도시에 진출해 있는 중국음식점을 중심으로 한 화교들이 글로벌 네트워크를 형성하고 있다. 한국의 경우에도 글로벌 시대에 이에 비견되는 글로벌 네트워크의 개발이 필요하다.

## ❂ 일본기업은 공동체주의적 기업

일본의 기업조직을 이해하기 위해서는 일본인의 가치관 또는 아시아의 가치관을 알아야 한다. 마가렛 대처 전 영국수상은 『나라 다스리는 방법』에서 아시아의 가치관에 대해서 다음과 같이 말했다.

"강한 가족관계, 의무감, 저축성향 및 신중한 행동"

중국전문가인 드와이트 퍼킨스 하버드대 교수는 『법, 가족관계, 그리고 동아시아적 기업』이라는 글에서 한·중·일의 공통된 기본가치는 '가족 내에서는 물론 가족과 정부 간의 분명한 상하관계가 존재하는 것' 이라고 말한다. 『일본은 제일』이란 유명한 책을 쓴 바 있는 에즈라 보겔 하버드대 동아시아 전문가와 조지 롯지 하버드 경영대 교수는 『이데올로기와 국가의 경쟁력 −9개국의 분석』에서 앞으로 국가 경쟁력을 결정하는 요인은 이데올로기이며, 이데올로기 중 가장 중요한 것은 개인주의(미국, 영국, 멕시코 등)와 공동체주의(한국, 일본, 대만 등)라고 말한다.

일본의 케이레츠나 종합상사 그리고 한국의 기업그룹 등의 기업조직은 공동체주의를 떠나서는 이해할 수 없다. 공동체주의는 아시아적 가치(Asian value)의 핵심 중 하나이다. 사뮤엘 헌팅턴 교수는 『문명의 충돌과 세계질서의 재건』에서 '동아시아의 성공은 개인주의보다 공동체주의를 강조하는 아시아 문화의 결과'라고 말한다. 싱가포르의 리콴유 전 수상은 '동아시아인들—일본인, 한국인, 대만인, 홍콩인 및 싱가포르인—의 공동체주의적인 가치관과 관행은 서양을 따라잡는 데 분명한 자산이 되었음을 증명했다'고 말한다. 마하티르 전 말레이시아 수상도 같은 의미의 말을 했다. "개인의 이해관계보다 공동체의 이해관계를 우선시하는 것과 같은 동아시아인들의 가치관은 급속한 발전에 필요한 총체적인 집단 노력을 지원했다." "기강, 충성심 및 근면으로 구성되는 일본인과 한국인의 근로윤리는 두 나라의 경제 및 사회발전의 기본 동력으로 작용했다. 이런 근로윤리는 개인보다 공동체나 국가가 더 중요하다는 철학에서 생긴 것이다." 헌팅턴 교수는 검소, 가족, 노동 및 기강을 중시하는 유교가 동아시아인들의 가치관을 공통되게 만들었다고 말한다. 에즈라 보겔 교수는 미국과 일본의 근본적인 차이를 나타내는 이데올로기는 개인주의와 공동체주의라고 말한다.

### ❂ 일본 수직 케이레츠 형태의 변화

일본 경제산업성의 보고서인 『신(新)산업창조전략』에 따르면 과거 모기업과 자회사들은 제품, 반제품, 소재를 생산하는 같은 케이레츠 소속 기업들 간에만 거래했으나 최근부터 다른 기업의 모회사나 자회사들과도 거래를 한다. 그 관계는 [그림 8-5]와 같다.

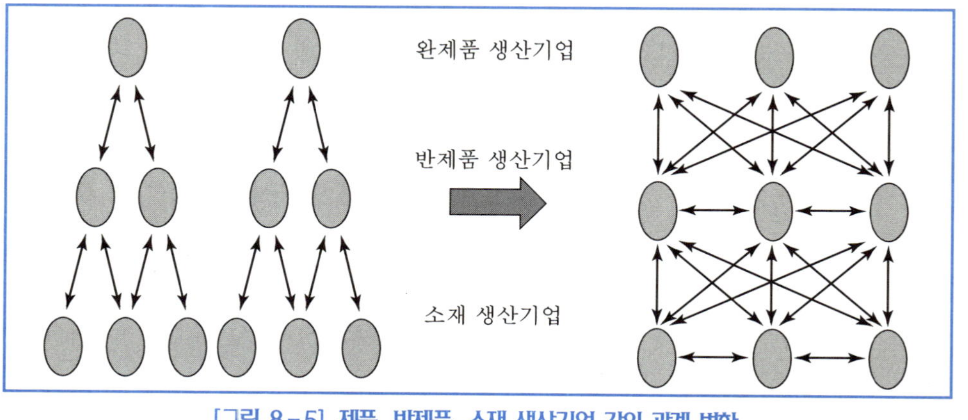


**[그림 8-5] 제품, 반제품, 소재 생산기업 간의 관계 변화**

## 8.3 독일모델

제 2 차 세계대전으로 초토화되었던 독일은 수출로 다시 일어나 현재 세계 제 2 위의 수출국가(중국과 미국이 1, 3위임)가 되었다(2009년 기준, WTO, 『세계무역보고서』, 2010). GDP에서 수출이 차지하는 비중은 미·일보다 높다.

독일의 시장경제는 시장경제에 조합주의적 노사관계를 중심으로 사회적 보호와 형평을 가미한 사회시장경제(social market economy)이다. 독일은 이 모델로 '라인강의 경제기적'을 창조했다. 그러나 1970년대까지만 하더라도 '유럽의 모범국가'였던 독일이 지금은 경제성장률 유럽 최하위권, 실업률 최상위권으로 '유럽의 환자'로 불린다. 경제전문가들은 '독일의 사라지는 기적(Germany's fading miracle)'의 원인을 분석하기 시작했다. 막강했던 독일기업들은 국가의 분배우선 정책의 결과 치솟는 임금, 떨어지는 생산성, 법에 의한 고용보장, 과도한 노사평등주의 등으로 기력을 잃었다. 시대에 맞지 않는 과다한 복지정책, 심각한 통일의 후유증으로 '독일병'을 앓고 있다. 이 증상은 경기침체, 높은 실업률, 저성장 등으로 나타난다. 독일의 경제규모는 일본의 70% 정도이다. 독일은 일본과 달리 사회적 형평을 지나치게 중시하는 쪽으로 정책 방향을 잡고 있다.

### ◎ 독일이라는 나라

독일은 유럽 제일의 경제대국으로, 국경을 접하고 있는 9개의 나라들과 더불어 독일경제권을 형성하고 있다. 미·일·중 다음 세계 4위의 경제대국이며 수출에 있어서는 세계 제 2 위이다. 서유럽국가 중 인구가 가장 많은 유럽의 중심 국가이다. EU경제의 3분의 1을 차지한다. 아담 졸리의 『유럽비즈니스 핸드북』(제 10 판)에 따르면 독일은 동유럽의 관문이며, 스칸디나비아 반도나 지중해 연안 국가들과 전통적으로 긴밀한 관계를 가져왔다. 독일어를 사용하는 인구는 독일인과 인접국 1억여 명으로 유럽 최대이다. 지정학적으로 서유럽의 심장부에 위치하고 있으며, 동구경제권의 관문이다. 프랑크푸르트 시는 유럽 중앙은행이 위치하는 곳으로 세계 금융과 유럽 금융정책이 만나는 곳이다. 독일은 EU의 중핵국가 역할을 하고 있다.

독일인은 근면하고 합리적이며 실용주의적이다. 일본의 비교문학 연구가 츠지하라 야스오는 그의 책 『빨리 아는 세계의 나라들』에서 일본은 법률, 교육, 군사, 의학, 헌법 등 여러 면에서 독일의 영향을 받았으며, 독일인은 중후하고 관념적이며 결벽성이 강하고 규칙을 중시한다고 말한다. 따라서 철학, 시가(詩歌), 음악 등 관념적이고 사색적 분야에 칸트, 헤겔, 마르크스 등 기라성 같은 인재들을 배출했다.

독일에는 '마이스타(어느 수준 이상의 현장기술자)'라고 하는 유명한 견습기능인 제도가 있다. 독일인들은 상품의 외양보다 실용성, 내구성을 중시한다. 과학을 중시하나 기술을 더욱 중시한다. 반면 영국인들은 과학을 중시하나 기술은 낮게 보는 경향이 있다. 또한 독일인들은 상학이나 경영학을 경시하는 풍조가 있다. 그래서 미국식 경영학석사(MBA)제도를 최근에서야 도입했다. 독일이 경쟁력이 강한 산업은 자동차, 기계, 화학, 철강, 통신기기, 식료품 등이다. 워너 마이어－라르센은 그의 책 『독일 주식회사－새로운 독일 거대조직과 세계 비즈니스에 대한 도전』에서 미국이 혁신적인 소프트웨어 비즈니스에 강하다면 독일은 하드웨어 비즈니스에 강하다고 말한다. 미국이 변호사를 생산한다면 독일은 제품을 생산한다는 말도 있다.

## ◎ 독일의 사회시장경제 모델

독일모델은 사회적 요인을 강조한다. 독일 경제부흥에 선봉장 역할을 한 루드비히 에르하르트 수상은 독일모델을 사회시장모델(social market model)이라고 명명했다. 독일 경제학자 호스트 시버트는 『독일경제』라는 책에서 사회시장경제의 핵심은 다음 두 가지라고 말한다.

• 개인의 자유 : 개인은 소유, 기업과 직업 선택, 거주이전의 자유 등 시장경제 발전에 필요한 각종 자유를 누릴 수 있다.

• 형　　평 : 이는 두 가지로 나누어 볼 수 있다. 하나는 재산의 사용(집주인이 집을 세 놓는 경우)이 다른 사람(세입자)에게 피해를 줄 때는 그 사용을 제한할 수 있다는 것이고, 다른 하나는 지역간 생활조건의 차이를 줄이고 개인의 물질적 보호(실업보험, 건강보험, 노령보험 등의 사회보험제도)를 의무화하는 것이다. 형평은 개인의 사회적 보호를 위한 것이다.

그렇다면 독일은 왜 유럽의 환자가 되었는가? 두 가지 설이 있다.

① 하나는 강력한 노동조합으로 인한 노동시장의 경직성, 관대한 사회복지, 정부의 지나친 규제 등으로 기업과 경제가 경쟁력을 상실했기 때문이다. 독일 경제학자 헤르베르트 기르쉬(Herbert Giersch)는 이런 현상을 유럽경화증이라고 했다. 즉 독일병이라는 것이다.

② 다른 하나는 통일의 후유증이다.

사회 전체적인 차원에서 개인의 보호는 필수적이다. 독일식 사회시장경제(social market economy)의 핵심은 자원배분 매커니즘으로서의 시장이 사회적으로 받아들일 수 있는 결과를 만들어 낼 수 있도록 고쳐야 한다는 것이다. 보호를 받아야 할 개인은 약자인 노동자라는 사상이 독일 사회에 팽배했고, 이의 강력한 실천을 주창한 정치인들은 노동자의 지지를 바탕으로 사민당을 결성했다. 이 당의 지지 세력은 물론 노동자이다.

하지만 호스트 시버트는 사회시장경제모델에는 두 가지 심각한 문제가 있다고 말한다.

- 정부의 각종 정책이 시장을 활성화하지 않고 시장을 무시하는 방향으로 나아가기 때문에 국가경제가 성장을 멈추고 많은 실업자가 발생한다.
- 재정이 파탄난 정부는 사회보장제도나 시장의 실패를 교정하기 위한 정책을 더 이상 추진할 수 없다.

### 독일기업과 지배구조

독일기업은 독특하게 가족경영기업이 많다. 나카무라 후미노리는 『아메리카 · 유럽경제의 상식』(제 2 판)에서 독일의 150대 기업의 약 70%가 가족경영기업이며, 그 중 30개사는 일가족 경영기업이라고 말한다. 독일기업들은 미국기업과 달리 소유와 경영이 뚜렷하게 분리되어 있지 않다. 그러므로 독일에는 주식회사(AG)의 수가 적고 대부분은 유한책임회사(Gmbh)이다. 일본에는 주식회사가 260여만 개가 있으나 독일에는 3천여 개에 불과하다. 따라서 독일에는 주식시장이 잘 발달되어 있지 않다.

호스트 시버트는 그의 책 『독일경제』에서 독일의 기업지배구조는 다음과 같은 특징이 있다고 말한다.

• 경영위원회와 감사위원회가 분리되어 있다.

• 은행이 기업운영에 결정적 영향력을 행사한다. 그 이유는 필요한 자금을 주식시장에 의존하는 미국기업과는 달리 독일기업은 자금조달을 은행에 크게 의존하고 있기 때문이다.

• 독일기업에는 노사의 공동의사결정규칙이 있다. 노(勞)는 감사위원회에서 종업원 2천 명 이상의 기업인 경우에는 의사결정권의 2분의 1, 종업원 500명 이상의 기업인 경우에는 3분의 1을 행사한다. 노동의 제공자와 자본의 제공자는 협조적으로 기업을 운영해 나가야 된다는 것이다.

• 독일기업은 중요한 경영의사결정시 노동자위원회의 공식적인 합의가 필요하다.

이안 콜리어는 『독일에서 살고 일하기』에서 독일의 노동법은 노동자에게 지나치게 유리하며 또한 세계에서 가장 강력하다고 말한다. 바클리 로서와 마리나 로서는 『전환하는 세계경제 속에서의 비교경제학』에서 독일은 노동자의 경영참여 또는 노사의 공동결정(mitbestimmung)이라는 독특한 노사관계제도를 갖고 있는데, 이것이 유럽경화증의 원인이라고 말한다. 이 제도는 두 부분으로 구성되어 있다. 하나는 1952년부터 시행된 것으로 종업원 5인 이상 기업은 노동위원회를 반드시 구성해야 한다는 것이다. 이 위원회는 사용자에게 근로시간, 채용과 해고, 생산기술 등과 관련하여 자문을 한다. 그러나 가격이나 생산량의 결정 등에는 간여하지 않는다. 경영자는 회사운영 전반에 걸쳐서 노동자의 승인을 받아야 하며, 독일의 노동법은 노동자의 고용안전, 복지와 부가급부(봉급 외의 유급휴가, 보험 등), 근로조건, 단체교섭 등을 고정화시키고 있다.

다른 하나는 종업원 500명 이상의 기업들이 1976년부터 강제로 시행해야 하는 것으로 경영이사회(Board of Management)와 감사회(Supervisory Board)라는 복수 이사회제도이다. 감사회의 위원은, 3분의 2는 주주들이 선임하고, 3분의 1은 노조 대표측 위원과 노조원들이 직접 새로 선출한 위원들이 반반씩 차지한다. 기업의 규모에 따라서 차이는 있으나 회사는 전임 유급노조원을 두어야 한다. 회사가 하는 어떤 일이건 종업원에게 많은 영향을 미치므로, 경영층은 노조와 합의하여 결정하도록 하고 있다.

독일 통일 후 독일 노조는 점점 공격적이고 투쟁적이 되었다. 심지어 신기술이나 신생산장비의 도입에 반대하기도 했다. 그 결과 독일의 임금은 세계 최고, 근로시간은 세계 최저 수준이다. 독일의 경제성장률이 1%대로 떨어지고 한때 실업률이 10% 가까이 되자 독일은 법인세율을 낮추는 등 친기업적 조치를 취하기 시작했다.

### ❂ 독일의 기업과 은행

주식시장이 잘 발달된 미국은 기업에 필요한 자금을 주로 주식시장에서 조달한다. 반면 독일기업은 은행의 지배력이 강하다. 독일은 오래 전부터 은행이 튼튼하게 되려면 강한 산업에 기반을 두어야 된다고 생각했다. 그래서 은행이 할 일은 먼저 산업을 지원하여 튼튼하게 성장할 수 있도록 하는 것이라고 믿었다. 독일에서는 기업과 은행들이 서로의 주식을 갖고 있을 뿐만 아니라 서로 임원을 파견해 감시한다. 독일의 3대 민간은행은 자금을 대출해 간 기업 이사회에 수많은 임원을 파견한다. 이처럼 독일의 주요 기업들은 대부분 은행 중심으로 뭉쳐져 있다. 레스터 서로 MIT 교수는 독일에서는 주요 기업들이 '하우스 뱅크(House Bank)' 중심으로 기업그룹을 형성하고 있다고 말한다. 독일의 하우스 뱅크는 일본의 주거래은행(Main Bank)보다 강한 감시기능을 한다.

노동조건이 악화된 독일기업들은 공장 문을 닫거나 해외로 공장을 이전하지 않을 수 없었다. 일자리를 잃게 될까 초조해진 독일 노동자들은 얼마 전 기업이 일자리를 보장하는 대신 임금을 동결하는 데 합의했다. 프랑스도 사정은 대동소이하다. 프랑스의 노조들도 근무시간을 더 늘리기로 합의했다. 당시 사회당 정부는 근로시간을 줄이면 고용이 늘 것으로 기대했다. 그러나 기업들이 투자를 줄이고 공장을 해외로 이전함에 따라 고용이 오히려 감소했다.

독일모델의 요체는 무엇보다 안전을 최우선시하고 또한 이에 집착하므로 기업가의 의욕을 꺾어 놓는다. 피터 드러커 교수는 이 모델이 경제적 성공과 사회적 안정을 동시에 추구하는 장점이 있으나 높은 실업률과 위험할 정도의 노동시장 경직성을 수반하는 단점이 있다고 지적했다. 독일모델의 또 다른 큰 위험은 출산율 감소와 인구의 고령화로 말미암아 연금수령자 한 사람에 대한 취업자의 비율이 크게 줄어드는 것이다. EU의 시장 및 조세분과 위원장은 이를 '연금시한폭탄'이라고까지 한 바 있다.

마가렛 대처 전 영국 수상은 『나라 다스리기 방법』에서 독일식 라인자본주의(Rhine capitalism)는 다음과 같은 특징이 있다고 지적한다.

- 경쟁의 제한(카르텔의 용인 등)
- 경제활동에 대한 정부의 상당한 정도의 규제
- 높은 수준의 정부지출
- 국민의 많은 조세 부담
- 사회 안전망(safety net)의 보호에 따른 많은 사회 보장비 부담

## 8.4 중국모델

중국(C)모델은 공산당 모델이다. 중국은 3권분립이 없다. 전국인민대표대회가 최고의 국가권력기관이다. 행정기관인 국무원도, 사법기관인 전인대도 그 하부기관이다.

중국회사법(2005년 개정)에 따르면 중국의 기업에는 다음과 같은 종류가 있다(일본 JETRO, 『중국비즈니스 필휴』, 2009)

① 국유기업 : 전 인민이 소유한다.

② 향진(鄕鎭)기업 : 지방의 농촌조직 등의 투자기업이다.

③ 사영(私營)투자기업 : 개인이 소유하는 기업이다.

④ 외상(外商)투자기업 : 합병회사, 합작회사, 독자기업 등 외국자본이 포함된 기업이다.

중국전문가인 리처드 맥그리거는 『공산당 – 중국의 공산주의 통치자들의 비밀세계』(2010)에서 중국에는 7,300명 이상의 당원을 거느린 공산당이 있다. 공산당의 역할을 모르면 중국의 정치, 행정 및 기업경영을 모른다고 했다. 그는 공산당이 모든 대도시는 물론 심지어 지방의 작은 마을에 이르기까지 막강한 영향력을 행사하며, 언론, 종교 및 군에 대해서도 마찬가지라고 했다. 그리고 정부소유기업이나 공기업의 경우 임원선출에도 공산당이 직접적으로 간여한다고 했다.

중국에 진출한 한국의 어느 대기업 사장은 이런 말을 했다. 중국의 대기업과 거래하는 것은 공산당과 거래하는 것이나 마찬가지이며 공산당이 중국에 진출한

한국기업의 퇴출을 결정하면 바로 떠날 준비를 해야 된다고 했다. 중국의 기업은 공산당이 결정하는 국익에 맞게 운영되어야 한다. 이는 중국기업과 합작을 하는 외국기업에게도 적용된다는 것이다. 이와 같이 중국의 공기업은 공산당 지배형 기업이고, 중국의 국익우선으로 경영된다. 공산당에는 유능한 엘리트들이 대단히 많다. 세계 어느 조직 못지않게 강한 조직이다. 중국경제를 낙관하는 이유 중의 하나가 바로 이 점이다. 독일경제는 사회적 평등을 중시하고 〈사회시장경제모델〉이나 중국경제는 전국인민대표대회가 지배하는 그리고 국유기업은 전 인민이 소유하는 〈사회주의 시장경제모델〉이다.

## 8.5 미국식 경영, 일본식 경영 및 한국의 기업모델

한국의 경영은 해방 이전에는 일본식 경영, 이후에는 미국식 경영의 영향을 많이 받았다. 세계에서 동서양을 대표하는 세계 경제대국인 이 두 나라의 경영방식을 가장 잘 알고, 그 영향을 가장 많이 받고, 또한 가장 잘 활용한 나라는 한국일 것이다. 한국이 세계에서 가장 빠른 경제성장을 할 수 있었던 것은 미·일의 경영방식의 강점을 잘 활용한데도 크게 기인했을 것으로 보인다.

조금 다른 이야기이나 얼마 전 한국대표 야구팀이 일본과 미국의 대표팀을 각각 이길 수 있었던 이유는 무엇인가? 어느 야구 전문가는 미국식 '파워 야구'와 일본식 '섬세함의 야구'를 잘 알고 활용할 수 있었기 때문이라고 했다. 삼성전자가 일본과 미국의 전자회사들을 앞질러 GC 세계최고 수준의 회사가 된 이유는 무엇인가? 최우석 삼성경제연구소장은 이건희 회장이 일본식 경영과 미국식 경영의 강점을 잘 알고 활용할 수 있었기 때문이라고 했다. 이병철 회장은 일본식 경영을 많이 활용했으나 이건희 회장은 미·일의 경영의 강점을 융합하여 만들었다. 이건희식 신(新)경영모델을 만들었다. 이 점에 있어서는 구본무 LG 회장, 손길승 전 SK 회장, 정준양 포스코 회장, 정몽준 현대중공업 회장 등도 다찬가지이다. 한국에는 이런 기업경영인들이 많다. 이들이 한국기업을 GC세계최고 수준의 회사로 만들 수 있었던 것은 자체의 경영모델을 개발할 수 있었기 때문이다. LG전자는 인도시장에서 전자제품 시장점유율 1위를 고수하고 있다. 구본무 회장, 구자홍 회장, 김쌍수 부회

### 삼성그룹을 창설한 이병철 회장

그가 설립한 삼성전자는 2005년 현재 일본의 대표기업인 소니를 매출액, 브랜드 가치면에서 모두 앞서는 회사가 되었다. 도요타와 더불어 이익 100억 달러가 넘는 세계 2대 제조회사의 하나가 되었다. 『비즈니스위크』지(誌)는 2002년 삼성전자를 세계 최고의 IT회사로 선정한 바 있다.

그는『인재제일, 사업보국, 합리추구』등의 경영철학으로 한국식 경영 이론과 틀을 만들었다. 한국인도 기업경영에 있어서 서양인들을 앞설 수 있음을 보여 주었다. 사업을 정주영 회장이 중공업부터 시작했다면 그는 경공업부터 시작하여 점차 중공업, IT산업 등으로 경제성장 단계에 맞게 산업구조를 전환했다. 삼성인력연수원은 세계에서 손꼽는 인재양성소이다. 삼성그룹 전체가 거대한 인재양성소라고도 한다. 삼성그룹이 한국경제에서 차지하는 비중은 매출액 기준으로 한국은행 투입산출표의 부가가치율을 적용하면 약 8~10%로 보인다.

장 등이 개발한 LG경영모델이 인도에서도 잘 통용되고 있다. SK는 자체의 경영모델로 SUPEX(Super Excellence)와 SKMS(SK경영시스템, SK Management System)을 개발한 후, 이를 활용하여 SK텔레콤 등을 세계수준의 회사로 만들고 있다.

한국은 1960년대 이후 세계에서 미국식 군(軍)경영에 가장 많은 영향을 받은 나라 중의 하나이다. 미국군은 최신식 경영원리를 바탕으로 하고 있어서 군경영에서는 세계제일이다. 한국의 젊은이들은 군 생활을 하면서 터득한 최신식 경영이론을 제대 후 직장생활에 활용할 수 있었다. 예를 들어 군 건설공병대, 수송부대, 통신부대 등에서 근무하던 사람들은 제대 후 기업에서 근무하면서 바로 그 기술을 활용할 수 있었다. 세계최고 수준의 철강회사인 포스코를 창설하여 오랫동안 경영한 박태준 회장은 예비역 장군이다. 60년대 초까지 대기업 등 정부 이외의 대규모 조직이 없는 한국에서 만 명 이상의 인원을 관리할 수 있는 조직은 군 조직밖에 없었다. 한국군에서 대규모 조직경험을 쌓은 사람들이 60년대 초 경제개발이 본격 시작되자 각종 조직에서 군경영방법을 활용할 수 있었다. 목표가 주어진 상태에서 가장 빨리 달성하는 경영방법의 하나는 군대식 경영이다. 한국이 가장 빠른 경제성장을 할 수 있었던 것은 군대식 경영에 기인하는 바가 크다.

**| 한국기업 임원의 특징 |**

한국상장회사협의회는 2007년 주식시장에 상장된 675개사의 임원 12,392명의 주요 인적사항 분석을 토대로 한국임원의 특징을 다음과 같이 밝혔다. 평균 연령은 53세(50대가 52%, 60대가 12%, 40대가 31% 등)이고, 출신대학은 서울대가 20%, 고려대 9%, 연세대 8% 등이다. 전공은 이공계열 40%, 상경계열 37%, 인문계열 13% 등이다. 전체 임원의 32%가 석사 이상의 학력 소지자이다. 가장 많은 임원의 거주지는 강남이고, 취미는 골프이며, 종교는 기독교이다(2007년도 『주권상장법인 임원현황』 참조).

지금은 기업의 조직이나 경영방법에는 하나의 정답이 없는 시대이다. 어느 나라 어느 기업이건 자체의 조직이나 경영방법을 개발하여 글로벌 경쟁력을 향상시켜야 한다. 기업모델에는 미국모델, 일본모델 및 독일모델 세 가지가 있다.

미국인들은 주주가 회사의 주인이라고 생각한다. 주주주권(stockholder sovereignty)을 중시한다. 이런 철학을 최고라고 생각한다. 그런데 주주는 주식거래로 수없이 바뀔 수 있다. 돈 많은 외국회사들도 한국회사의 주식을 사면 사는 순간 주인이 된다. 그러나 일본인들은 회사의 실질적인 주인은 주주뿐만 아니라 이해 관계를 갖고 기업활동에 실제 참여하는 경영인과 근로자라고 했다. 회사를 회사원들을 위한 하나의 공동체로 생각한다. 구성원들간의 인간관계를 중시했다. 이런 철학을 바탕으로 하는 기업이 일본모델이다.

독일인들은 회사의 경영에는 근로자들도 노조의 대표를 뽑아서 이사회의 구성원이 되어 기업경영에 참여하고, 그 지역의 유관인사들도 경영에 같이 참여하는 것이 최고의 기업경영방식이라고 생각한다. 이런 철학을 바탕으로 하는 기업을 독일식 기업모델이라고 한다. 독일경제를 사회시장경제모델(social market model)이라고 한다.

**삼성전자, GE 및 도요타 연구**

삼성전자의 사례는 창업자인 이병철 회장의 『호암자전』, 윤종용 전 삼성전자 부회장의 『초일류로 가는 길』, 김성홍 · 우인호 저 『이건희 개혁 10년』, 이채윤의 『삼성과 도요타』 등을 참고로 했다. 그리고 윤 부회장과 최우석 삼성경제연구소 부회장으로부터 많은 자문도 받았다. GE의 사례는 GE코리아의 강석진 전 사장과 국내 대기업의 사외이사를 같이 하면서 자문을 받을 기회가 있었다. 스튜어트 크레이너의 책 『비즈니스-잭 웰치 웨이』와 잭 웰치 회장이 쓴 『끝없는 도전과 용기』 및 『위대한 승리』도 참고했다. 스튜어트 크레이너는 미국의 유명기업인 연구의 권위자이다. 도요타의 사례는 제프리 라이커 미시간대 경영학 교수의 『도요타 웨이』를 참고로 했다. 그는 20년 이상 도요타 연구를 한 도요타의 세계적 권위자이다. 그리고 도요타 본사 및 생산 공장을 방문하고, 조 후지오(張富士夫) 회장 면담 등으로 자문도 받았다.

미국기업은 경제적 모델
일본기업은 인간적 모델
독일기업은 사회적 모델

이 어느 모델이나 특정 측면을 지나치게 중시한다. 한국의 기업은 어느 것도 그대로 모방해서는 안 된다. 기업은 경제적 측면, 인간적 측면 및 사회적 측면을 골고루 강조하지 않으면 안 된다.

지금부터 한·일·미의 대표격 회사인 삼성전자, 도요타, 그리고 GE의 예를 통하여 이 세 나라의 경영을 비교하기로 한다. 이 세 회사는 모두 The GE Way, The Toyota Way, The Samsung Way 등 자체의 비전, 전략, 시스템 및 문화를 잘 개발한 기업들이다.

### 1) 도요타

조 후지오 회장은 도요타 웨이(The Toyota Way), 즉 도요타식 경영의 핵심은 경영자부터 작업자에 이르기까지 전 종업원을 인재로 키워 내는 문화와 끊임없는 카이젠(개선, 改善)정신이라고 말한다. 제프리 라이커 교수는 ① 끊임없는 개선과 ② 인간존중과 인재양성이 The Toyota Way의 양대 기둥이라고 말한다. 조 후지오 회장은 도요타 생산방식의 핵심 중의 하나는 작업 중 결함이 발생할 때 작업자가 조립대에 설치된 스톱 끈을 잡아당겨 작업을 멈추고 문제를 해결한 뒤 다시 시작하는 것이라고 한다. 결함이 있는 차를 출고하지 않는 것이 다른 회사 생산방법과의 주된 차이이고, 도요타가 오늘날 고장 없는 차의 명성을 얻게 된 계기가 되었다는 것이다. 도요타의 이런 경쟁력은 도요타식 종신고용제도에도 크게 기인한다.

많은 일본 기업의 경쟁력은 사람을 귀하게 여기는 이런 문화에 크게 기인한다. 일본 최대의 경제단체인 케이단렌(經團連)의 제 1 대 회장은 도요타자동차의 명예회장 오쿠다 히로시(奧田碩)였다. 2006년 제 2 대 회장으로 취임한 미타라이 후지오(御手洗富士夫) 캐논 회장도 일본의 종신고용 전통을 바탕으로 하는 독창적 경영방식으로 캐논을 세계적인 기업으로 만들었다. 그는 종신고용제는 사회안전망 역할을 할 뿐만 아니라 글로벌 경쟁력 향상에도 도움이 된다고 말한다.

제프리 라이커 교수는 도요타의 성공요인을 모두 14개의 원리로 설명한다. 그리고 이를 다시 ① 장기 철학, ② 올바른 프로세스, ③ 인재와 파트너의 개발, ④ 끊임없이 문제의 뿌리를 찾아서 해결하는 것의 네 가지의 성공요인으로 정리

**미국 경영인들은 어떤 사람들인가**

미국 경영인들과 유럽 경영인들이 동남아시아 호텔의 로비 같은 곳에 모여서 이야기를 하는 것을 보면 이들을 쉽게 구분할 수 있다. 미국 경영인들은 일반적으로 개인주의적이고, 실용적이며, 비공식적이며, 솔직하게 이야기하는 편이다. 그리고 개방적이며, 융통성이 있고, 물질적이며, 강인하고, 공격적이고, 기업가적이며, 혁신적이고, 참을성이 적으며, 열심히 일하고, 일 처리 의욕이 강하다.

그러나 단점은 단기 지향적이고, 단순하고, 원만하지 못하며, 외교적이고, 편협하며, 사람가치를 돈으로 따지려고 한다(로버트 크레이트너의 책 『경영』, 제 9 판).

했다. [표 8-1]은 이 네 가지 성공요인에 따라서 GE, 도요타 및 삼성전자를 비교한 것이다.

### 2) GE

GE는 1878년 토마스 에디슨이 설립한 회사이다. GE 경영방식에 대한 이해는 최고수준의 미국기업경영의 이해에 긴요하다. 1898년 미국 다우존스 산업지수에

**표 8-1 한·미·일 최고 기업의 성공요인 비교**

| | 미국 GE | 일본 도요타 | 한국 삼성전자 |
|---|---|---|---|
| 철 학 | 단기철학 : 이윤증가 → 주가상승 → 주주이익 극대화 | 장기철학 :<br>가치창조로 근로자 · 고객 · 사회에 장기적 공헌.<br>단기 이윤과 주가 상승이 목표가 아님 | 초일류를 넘어 존경받는 기업으로 일류국가 건설에 기여.<br>국민 · 정부 · 기업의 삼위일체론 |
| 프로세스 | Six Sigma : 비즈니스는 세계 일류 식당처럼 운영.<br>관료 조직은 드라큘라 | 도요타 생산시스템 :<br>- Lean Production<br>- A Lean, Learning Enterprise<br>- 원피스 플로우 | 문화혁신 → 프로세스 혁신 → 구조혁신(GE와 정반대).<br>- 전체구매의 30%는 아웃소싱. 공정의 일부가 외부에 나가 있다.<br>- 10만여 협력업체에 친·인척이 없다. |
| 인재와 파트너의 개발 | "75%는 사람, 25%는 다른 것"<br>- 세계 제일의 사람공장<br>- A Learning Enterprise<br>- 경계 없는 문화<br>- 종업원이 새로운 것을 시도하는 회사 | - 차뿐만 아니라 사람을 만든다. 전 직원이 인재<br>- 끊임없는 카이젠(개선)과 배우는 분위기<br>- 납품업자 및 파트너와의 공생과 공존 | - 삼성은 글로벌 인재 육성의 장<br>- CEO는 전천후 인간, 경영자는 종합예술가<br>- 인재 육성(I자보다 T자형 인재, 천재 · 슈퍼급인재, 여성인력) |
| 문제뿌리를 찾아서 해결 | GE의 제2의 본성 : 더 좋은 방법을 찾음. 신지식 공유<br>- 모퉁이의 구멍가게 같은 분위기로 해결 | - 모든 종업원이 해결사<br>- 의사결정은 서서히, 실행은 신속히<br>- 끊임없는 개선과 학습 | - 삼성헌법(인간애, 도덕성, 예의범절, 에티켓)<br>- 제품에 문화를 담는다.<br>- 문화와 경영은 한 묶음.<br>- 고감도 서비스, 구매의 예술화 |

최초로 포함된 12개 우량기업 중 현존하는 기업은 GE뿐이다. 30만여 명의 직원이 100여 개국에서 활동한다. 7년 연속 세계에서 가장 존경받는 기업으로 선정된 바 있다.

GE는 셀 수 없이 많은 다양한 업종을 경영한다. 잭 웰치 회장은 그의 저서 『위대한 승리』에서 232개의 사업을 매각하고 338개의 사업을 매입한 바 있다고 했다. 이를 150개의 사업단위로 관리했으며 다시 다음과 같은 11대 사업단위, 6개 분야, 3종의 비즈니스로 분류한다.

- 코어 비즈니스 : ① 파워 시스템 ② 가전 및 사무용 제품 ③ 광열제품 ④ 산업용 제품 ⑤ 수송관련 제품
- 기술 비즈니스 : ⑥ 항공기 엔진 ⑦ 소재 ⑧ 의료 시스템
- 서비스 비즈니스 : ⑨ 금융서비스 ⑩ 정보 서비스 ⑪ 방송(NBC)

**표 8-2 한·미·일 최고 기업의 비전과 전략**

| | 미국 GE | 일본 Toyota | 한국 삼성전자 |
|---|---|---|---|
| 최고가 된 경위 | 세계에서 가장 존경받는 기업(『포춘』지) | 세계 최고의 자동차회사(『포춘』지) | 세계 최고의 IT회사(『포춘』지) |
| 업 종 | 5개 분야로 통합\ | 자동차 | 5대 전자제품 |
| 매출규모(09) | 1,567억 달러 | 2,041억 달러 | 1,089억 달러 |
| 설 립 자 | 토마스 에디슨 | 키이치로 도요타 | 이병철 |
| 설립연도 | 1878년 | 1926년 | 1969년 |
| 세계 최고를 만든 CEO | 잭 웰치 | 카이치로 도요타 | 이건희<br>윤종용 |
| 비 전 | 에코메지네이션 (Ecomagination)<br>헬시메지네이션 (Healthymagination) | 사람과 기술의 힘으로 내일의 디개척 영역을 연다 (Open the Frontiers of Tomorrow through the energy of people and technology) | 미래사회에 대한 영감, 새로운 미래창조 (Inspire the World, Create the Future) |
| 전 략 | No.1 or No.2 in every makret.<br>Fix, Sell or Close | 세계 최고의 자동차 회사 | 창조경영, 파트너십경영, 인재경영 |

주 : GE와 도요타의 전략은 2005년도 기준임.

### 위대한 기업의 네 가지 조건

제프리 이멜트 GE회장은 위대한 기업의 조건은 다음 네 가지라고 제시한다(GE 코리아 설립 30주년 기념 강연, 2006. 5. 26, 신라호텔).

- 이노베이션 : 이노베이션은 GE가 하는 모든 일의 지주가 된다.
- 경쟁정신(Spirit to Compete) : GE는 125년간이나 경쟁에서 살아 남았다. GE에게 가장 중요한 날은 언제나 '내일'이다. 항상 경쟁하여 살아 남아야 된다는 정신이 중요하다.
- 성장정신(Spirit for Growth) : GE는 자체의 성장은 물론 고객의 성장도 중시한다. GE가 바라는 것은 오직 하나이다. 그것은 바로 'Customer Growth'이다. GE성장의 반 이상은 해외 시장에서 나온다.
- 위대한 사람과 팀 : 위더한 사람을 유치하고, 양성하고, 확보하고, 힘껏 일하도록 만든다. 이에 맞는 문화를 만든다.

---

GE는 11개 업종을 다음 5개 분야로 통합했다.

① GE 캐피탈
② GE 에너지
③ GE 테크놀로지 인프라
④ NBC 유니버셜
⑤ GE 홈 앤 비즈니스 솔루션

잭 웰치 회장은『#1 or #2. Fix, Sell or Close』라는 경영방침으로 유명하다. 어떤 업종에서나 1등이나 2등을 하지 못하는 것은 고치거나 팔거나 폐쇄하라는 것이다. 이를 잭 웰치 회장의『No. 1 또는 No. 2 전략』이라고도 한다.

한국에서는 산업자본의 금융자본 지배를 막아야 된다는 사람들이 적지 않으나 GE는 양 자본을 통합하여 시너지가 잘 발생하도록 하고 있다. GE는 제조회사일 뿐만 아니라 금융회사이며 서비스회사이기도 하다. 미국의 공정거래위원을 역임한 바 있는 에프 엠 셔러 하버드대 교수는 미국기업 중 한국의 '재벌'과 제일 가까운 것은 바로 GE라고 말한다.

미국에서 기업연수원으로서 가장 유명한 것은 GE의 크로톤빌(Crotonville)연수원이다. 이는 식스 시그마(six sigma) 등 많은 혁신적인 경영이론의 산실이다. GE의 문제 해결처, 미국의 기업 사관학교, 주식회사 미국의 하버드대학 등으로 불린다.

### 3) 삼성전자

한국의 삼성전자가 미·일의 많은 전자회사를 앞설 수 있게 된 것은 미·일식 경영의 강점을 잘 융합하여 이를 능가할 수 있는 삼성경영모델을 개발했기 때문이다.

• 미국식 경영은 잭 웰치 회장이 경영방침을 정하여 지시를 하는 바와 같이 강한 탑 다운(top-down) 방식이다.

• 일본식은 우선 하위 직원들의 의견을 모은 다음 차상위 계층에 전달되어 다시 의견을 모은다. 이런 과정이 되풀이되어 최상층에 도달된 경영의사결정은 바로 시행된다. 이런 의사결정을 네마와시(根回し)라고 한다. 이런 일본 방식은 바텀 업(bottom-up) 방식이다. 이런 관점에서 보면 일본기업의 경우에는 CEO가 없다고 하는 말도 있다.

• 삼성의 경영은 미국식 탑 다운과 일본식 바텀 업을 융합한 것에 알파를 가미한 것이다. 이병철 회장은 일본식 경영을 중시했으나 이건희 회장은 여기에 미국식 경영의 강점을 접목했다. 삼성전자는 GE와 도요타의 경영방법의 합이 아니라 곱한 것이고, 여기에 삼성 고유 방법을 융합한 것이다. 즉, The Samsug Way는 GE Way와 Toyota Way와 Alpha(삼성의 경영방식과 한국문화)를 융합하여 새로운 경영모델을 만들어낸 것이다.

• 삼성의 알파란 중간층의 역할을 강화한 것이다. 중간층은 탑 다운이나 바텀 업식 의사결정을 중간에서 체계적으로 검토하는 단계를 거친다. 군 조직에 비유한다면 장군은 탑이고 병사는 바텀이며, 장교들은 중간층이다. 삼성은 중간층인 장교들의 역할을 중시한다. 삼성에서는 과장이나 부장들의 역할이 강하다. 삼성전자는 같은 동아시아 기업인 도요타의 종신고용제에 따른 조직에 대한 충성심이나 장기적인 인간관계 등을 중시하나 도요타 정도로 중시하지는 않으며, 대신 미국 GE사의 개인 능력에 따른 보상체계를 채택하기는 하나 GE처럼 중시하지는 않는다. 삼성전자의 무노조(無勞組)문화는 도요타, 능력에 따른 임금체계는 GE에 가깝다. 삼성의 성공은 '미국식 과감한 분권화'와 '동양식 강력한 중앙통제'의 융합 때문이라고 한다.

일본의 캐논사도 미국과 일본의 경영방식을 혼합했다. 그러나 삼성과는 다르다. 예를 들면, 일본의 전통적인 『종신고용+연공서열』 제도에 미국식 실력주의(성과주의)를 혼합했다. 60세까지 정년은 보장하되 연공서열은 버렸다. 실력이 없는 사람은 강등도 된다. 대신 실력주의를 도입하여 『종신고용+실력주의=실력종신주의』를 채택했다.

• 과거 삼성은 일본기업이나 미국기업에 없는 자체조직을 가지고 있었다. 전략기획실과 관련기업 CEO로 구성된 구조조정위원회가 그것이다. 삼성전자의 경우 CEO+그룹차원의 구조조정본부+구조조정위원회라는 〈경영과 전략의 트리오〉가 있었다. 삼성전자는 이를 통하여 삼성그룹의 도움을 받고 또한 줄 수 있었다. 도요타나 GE가 하지 못하는 인사나 경영정책 등과 관련된 효율적이고 신속한 의사결정도 할 수 있었다.

• 개별기업의 구조조정은 개별기업차원에서 하기 힘들다. 그러나 삼성의 경우에는 그룹차원의 구조조정본부가 개별기업의 구조조정을 한다. 삼성전자의 경우에도 마찬가지이다. 그리하여 그룹차원의 경쟁력이 개별기업의 경쟁력의 합계를 능가하게 만든다(최우석 삼성경제연구소 대표 대담, 2006. 7. 10).

손욱 전 삼성 인력개발원 원장은 『잃어버린 혁신역량 회복』이라는 글에서 삼성의 경영패러다임 변화를 다음과 같이 설명한다. "삼성은 패러다임 변화에 맞는 운영과 전략으로 놀라운 업적을 수립했다. 예를 들어 매출액은 1993년 신경영 선언 이후 지금까지 크게 증가했고, 반면 부채비율은 크게 감소했다."

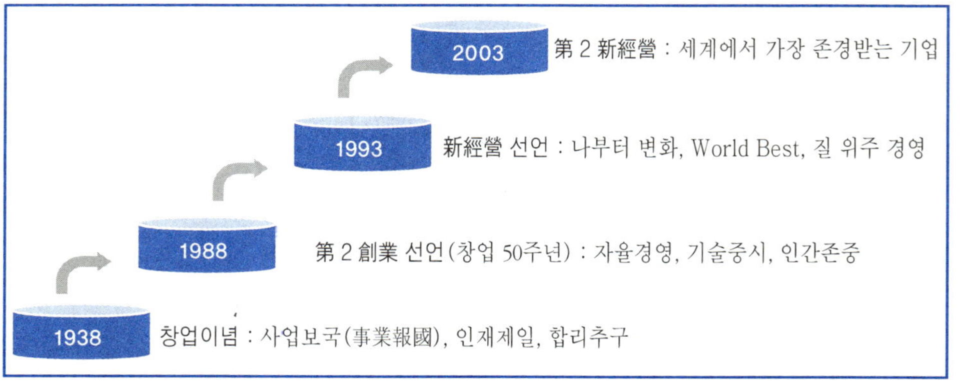


자료 : 손욱, 『잃어버린 혁신 역량 회복』.

**[그림 8-6] 삼성 경영패러다임의 변화**

삼성의 철저한 능력위주의 인재등용, 성과에 따른 차등대우, 상시구조조정, 그리고 핵심인재 육성 등으로 나타나는 조직 문화는 세계 일류기업들의 벤치마킹 대상이 되고 있다. 송재용 서울대 경영전략담당 교수는 삼성조직의 특징 중의 하나는 『소유경영자+전문경영인+전략기획실』이라고 말한다. 여기에 11인 구조조정위원회를 추가할 수도 있을 것이다. 삼성전자가 소니를 2005년 기준 매출액, 이윤, 주식시가총액 등에서 앞설 수 있었던 것은,

이건희 회장의 전략+윤종용 부회장의 OE+전략기획실의 관제탑 기능

이라는 〈전략과 OE와 조직혁신의 삼각구도〉 때문이라고 할 수 있다. 이는 다른 외

**표 8-3 한·미·일 최고 기업으로 본 경영의 비교**

| | 미국 GE | 일본 도요타 | 한국 삼성전자 |
|---|---|---|---|
| 회사의 성격 | 개인주의적이고 독자적인 기업 | 도요타 케이레츠의 구성원, 공동체주의적 기업 | 삼성그룹의 주력회사, 공동체주의적 기업 |
| 종업원과 회사 간의 관계 | 계약 관계 | 도요타 가족으로서의 관계 | 공동체 의식이 강함 |
| 노동조합 | 강한 산업별 노조 | 노조 없음 | 노조 없음 |
| 사외이사제 | 철저히 실시 | 없음 | 경제위기 이후 도입 |
| 평생직장개념 | 없음 | 50년대부터 시행 | 약화됨 |
| 충성심과 개인능력 | 충성심보다 개인능력 중시 | 충성심, 개인능력 중시 | 개인능력과 충성심 중시 |
| 연령과 근무경력 중시 | 근무능력 중시 | 연령과 근무능력 중시 | 근무능력과 로열티중시 |
| OJT | 특정 기능 중심 | 다양한 기능 중시 | 특정기능+팀워크 중시 |
| 채용기준 | 특정 기술과 능력 중시 | 공동체구성원으로서의 능력도 중시 | 특정기능+인간성 중시 |
| 종업원간의 관계 | 계약적 · 공식적 및 비인간적 관계 | 비계약적 · 비공식적인 인간관계 중시 | 비계약적 · 비공식적인 인간관계 중시 |
| 소유자, 경영자 및 근로자 | 소유자는 주주, 분명한 구분이 있음 | 소유자는 창업자 가족과 계열회사<br>경영자와 근로자는 구분이 크지 않음 | 외국인 소유비중의 증가, 소유자+경영자+전략기획실의 관제탑 기능 |

국회사에는 없는 조직이다. OE는 운영의 유효성(operational effectiveness)을 의미한다. 이학수 전 부회장은 '삼각편대론'(이 회장의 리더십+계열사의 자율경영+전략기획실의 관제탑 기능)으로 삼성 전체의 성장을 설명한다(조선일보, 2006. 9. 14).

전 세계적으로 삼성전자 배우기 열풍이 불고 있다고 해도 과언이 아니다. 삼성을 배우기 위한 세계 기업인들의 발길이 삼성전자 수원공장으로 향하고 있다. 아프리카의 탄자니아, 케냐 등의 고위공무원들도 삼성전자를 방문하고, 또한 삼

### ❙ 미국의 스톡옵션제도 ❙

미국회사의 9할은 스톡옵션제도를 실시하고 있다. 가령 한국인 한(韓) 씨가 미국회사에 CEO(최고경영자)로 취직했는데, 기본급, 보너스 외에 스톡옵션을 받았다고 가정해 보자. 한 씨는 그 회사 주식 10만 주를 1주당 10달러에 사고 3년 뒤 파는 권리를 행사할 수 있다. 그런데 그가 회사경영을 잘하여 3년 뒤 주식 값이 1주당 60달러로 상승했다고 하자. 한 씨가 주식을 팔면 (60달러－10달러)×10만 주, 즉 5백만 달러의 돈을 벌어 세계적인 부자가 된다.

미국 기업이 스톡옵션제도를 채택하는 이유는 기업의 오너가 아닌 사람도 기업경영에 헌신하여 좋은 실적을 내면 큰 부자가 될 수 있도록 하기 위한 것이다. 한 씨가 5백만 달러를 연봉으로 받으면 많은 세금을 납부해야 하나 스톡옵션으로 받으면 세제상의 많은 혜택을 받을 수 있다. 미국의 스톡옵션제도는 CEO뿐만 아니라 일반 종업원에게도 확대 실시되고 있다. 그런데 이는 많은 장점도 있으나 다음과 같은 단점도 있다.

• 회사임원들은 주가를 상승시켜야 돈을 벌게 되므로 이익으로 설비투자는 하지 않고 자사주를 매입하여 주식가격을 높이려고 한다.

• 회사임원들은 회사의 주식가격을 높이려고 이익이 적게 나는 부서는 과감하게 축소하거나 폐쇄하므로 실직자를 양산하기 쉽다. 한편으로는 스톡옵션으로 부자되는 사람들이 많이 나오고 다른 한편으로는 이들 때문에 실직자들이 많이 나와서 빈부 격차가 커진다.

성 신경영 전문가를 초청하여 배우기도 한다. 정부부처 중에는 삼성의 혁신모델을 벤치마킹하거나 사업부제에 해당하는 팀제를 도입하는 경우도 있다.

한국의 삼성이나 포스코 같은 기업은 미 · 일 · 독 · 중의 기업을 모방한 것이 아니라 그들의 강점을 균형되게 잘 융합하여 이미 앞서는 길을 찾은 기업들이다. 이런 기업들이 한국의 기업모델을 만들어 나가는 기업들이다.

> "중국도 일본도 한국의 조속한 통일에 대하여 열성적이지 않다. 특히, 통일한국이 북한의 핵과 미사일 기술을 물려 받는다면, … 북한의 붕괴는 서울로 볼 때는 여러 면에서 필경 악몽일 것이다. 급속한 한국의 통일은 독일이 10여 년 전 통일 후에 겪었던 엄청난 문제보다 더 심각할 것이다."
>
> — 헨리 키신저

# 제 9 장 한국인의 전략: MCC(융합) 전략과 전략의 4단계

## 9.1 전략이 가장 중요한 나라

세계 인종 중 전략이 가장 중요한 인종은 어느 인종일까? 아마도 한국인이 아닐까 한다. 때문에 이 책은 전략을 별도의 장(章)으로 다루고자 한다. 그럼 한국인에게 전략은 왜 중요한가? 몇 가지 이유를 생각해 보자.

• 세계 4대 강국 속에서 생존해야 하는 인종은 한국인뿐이다. 강대국들 틈바구니에서 생존하면서 전략을 잘 짜는 나라는 스위스나 싱가포르 같이 번영할 수 있으나 잘 못 짜는 나라는 아프가니스탄처럼 될 수 있다. 지난 세기 청·일 전쟁, 러·일 전쟁은 모두 한반도를 차지하기 위한 강대국들의 전쟁이었다. 전 세계가 자본주의 진영과 공산 진영으로 나누어 냉전을 할 때도 그 아시아의 중심은 바로 한반도였다. 한국은 국가전략이 없을 때 일본 식민지가 되고 6·25전쟁을 치루는 등 국란을 겪었다.

• 한국은 국토가 분단된 채, 지금도 휴전 상태에 있다. 국토가 자본주의와 공산주의로 분단되어 지금까지 대치하는 나라는 한국밖에 없다. 냉전 때 한국은 그야말로 "싸우면서 일하고, 일하면서 싸우는"식의 경제발전을 했다.

• 지금은 글로벌시대이고, 무한경쟁시대이며 세계경제전쟁시대이다. 그러므로 전략이 중요한 시대이다.

• 미국의 국가정보위원회의 『글로벌트렌드 2015』에 따르면 앞으로의 세계는 경제전쟁, 정보전쟁, 사이버전쟁, 자원전쟁, 미디어전쟁, 심리전쟁, 우주전쟁, 심지어 물전쟁 등 각종 전쟁잠재력이 증가하는 시대가 될 것이라고 했다.

• 경제학적으로 볼 때도 한국의 경제발전 과정에서는 전략이 중요한 역할을 했다. 아담 스미스는 『국부론』에서 경제성장은 수많은 중소기업들간의 치열한 경쟁의 결과로 얻어지는 것이라고 했다. 그러나 조셉 슘페터는 경제발전은 소수의

대기업들이 혁신적인 전략으로 치열한 경쟁을 하는 가운데 이루어지는 것이라고 했다. 실제로 글로벌시대의 기업들간의 경쟁을 보면 휴대폰, 자동차, 컴퓨터, TV 할 것 없이 소수의 대기업들이 혁신적인 제품과 전략으로 치열한 경쟁을 하고 있음을 알 수 있다. 무수한 중소기업들이 같은 제품을 되풀이 생산하면서 치열한 경쟁을 하는 것이 아니다. 한국은 경제발전 초기단계부터 슘페터식 경제발전을 해 왔다. 대기업과 기업그룹, 그리고 그들의 전략을 중시했다.

• 비교우위는 자원의 중요성을 강조하나 경쟁우위(경쟁력)는 두뇌를 중시한다. 경쟁우위는 궁극적으로 전략에 따라서 결정된다. 예를 들어, 한국은 과거 일본에 어류를 수출하고 전자제품을 수입했으나, 지금은 오히려 일본이 한국에 어류를 수출하기도 한다. 지금은 많은 국산전자제품이 일제를 앞서고 있다. 비교우위론에 따르면 한국은 계속 일본에 어류 등 1차산품을 수출하고 일본으로부터 전자제품을 수입했어야 한다. 국산품이 일제를 앞서게 된 것은 한국기업 전략이 아니면 설명이 어렵다.

• 베트남은 미국과 전쟁할 때 군인의 체격, 무기, 전투기, 군함 등 눈에 보이는 것에는 모두 비교우위가 없었다. 그럼에도 불구하고 어떻게 이길 수 있었던가? 눈에 보이지 않는 것으로 이겼다. 그럼 눈에 보이지 않은 것은 무엇인가? 전략이라고 할 수 있다. 눈에 보이는 것이 결정하는 것이 비교우위라면 보이지 않는 것이 결정하는 것은 경쟁우위라고 할 수 있다. 그런데 경쟁우위를 결정하는 것이 곧 전략이다.

• 한국인은 곧 설명되는 바와 같이 문제해결능력, 솜씨, 두뇌, 적응력 등 많은 면에서 세계적으로 우수한 인종이다. 전략을 잘 알면 대단한 능력을 발휘할 수 있다. 한국사회를 전투사회에서 전략사회로 바꿀 수도 있다.

## 9.2 전략이란 무엇인가

미국 인디언들은 그 넓은 땅을 다 빼앗기고 오래 전부터 쇠락의 길을 걸었다. 그 이유는 무엇인가? 여러 가지가 있겠으나 그 중 하나는 잘못된 전략이라고 할 수 있다.

과거 영국과 프랑스가 미국을 차지하기 위한 전쟁을 하여 프랑스가 졌는데,

인디언들은 프랑스 편을 들어서 열심히 싸웠다. 영국의 승리 후 많은 보복을 당했음은 물론이다. 때문에 인디언들의 세력은 당시 크게 약화되었다. 인디언 지도자들은 영국 편을 들지 못한 것을 두고두고 후회했다. 그러다가 독립전쟁 때는 미국과 영국이 싸워서 영국이 패했는데, 이번에는 영국 편을 들어서 열심히 싸웠다. 독립전쟁이 끝난 다음 미국인들로부터 모진 보복을 당했음은 물론이다. 인디언들이 길을 잘못 간 대가는 엄청난 것이었다(하워드 진,『국민을 위한 미국역사』).

다른 예로, 가령 김연아 선수가 장미란 선수와 같은 역도선수의 길을 갔거나, 반대로 장미란 선수가 김연아 선수와 같은 피겨스케이팅 선수의 길을 갔더라면 꼴찌를 했을 수도 있다. 신지애 선수는 여자골프로 세계랭킹 1위에 올라간 적이 있는데, 만약 피겨스케이팅이나 역도선수의 길을 선택했다면 실패했을지도 모른다. 그러나 길을 잘 선택했다. 뿐만 아니라 신지애 선수는 자신에 맞게 골프치는 방법, 곧 신지애만의 방법을 개발한 것이다.

그럼 전략이란 무엇인가? 저자가 경영학의 시조 피터 드러커 교수에게 이를 물어 보았더니, 그는 다음과 같이 말했다. 그리고 이것이 전략에 관한 가장 좋은 정의라고도 하였다. 영어 그대로 적어 놓으니 독자들은 나름대로 해석해 보기 바란다.

> Start out the way you want to end up. That's the strategy.
> Then decide how you get there. That's the tactic.

"어떤 길을 가야하는 가는 전략이고 어떻게 가야하는 가는 전술이다."

전략에는 10개의 학파가 있어서 학파에 따라서 설명이 다를 수 있다. 따라서 많은 사람들이 전략에 대해서 혼동하고 있다. 전략의 뜻을 바로 아는 것은 무엇보다 중요하다. 미국의 유명한 전략교과서『전략이란 무엇인가(송재용 교수 역)』의 저자 코르네리스 드 클루이버도 전략이란 "가는 길을 잘 알고 독창적으로 가는 방법을 찾는 것이 그 핵심"이라고 했다.

인디언들의 가장 큰 잘못은 무엇보다 전략을 잘못 정한 것이다. 반대로 김연아, 장미란, 신지애 선수의 가장 큰 장점은 전략을 옳게 정한 것이라고 할 수 있다. 신지애 선수는 자신만의 전술을 찾았으므로 전략도, 전술도 모두 옳게 정했다. 김연아, 장미란 선수 역시 전술을 옳게 정했기 때문에 세계랭킹 1위가 될 수 있었다. 다른 예로 정준양 포스코 회장은 포스코를 세계 주요 32개 철강회사 중 랭킹 1위로 만들었고, 이채욱 인천공항공사 사장은 인천공항을 공항서비스 세계 랭킹 1위로 만들었다. 이들은 모두 전략과 전술을 옳게 한 분들이다.

한국은 제 1 차 경제개발 5개년계획과 더불어 한국경제가 나아가야 할 길, 곧 전략을 〈고도성장의 길〉로 잡았다. 그리고 그 방법, 곧 전술로 공산품의 증산과 수출, 기업과 기업그룹의 육성, 산업단지의 건설 등을 선택했다.

전략을 다른 관점에서 좀더 살펴보기로 하자. 베트남은 경제력이 200배 이상이나 되는 미국과의 전쟁에서 이겼다. 어떻게 이길 수 있었던가? 미국이 비행기 중심의 수직전쟁을 했다면 베트남은 땅굴과 게릴라전 등 수평전쟁을 했다. 베트남은 미국과 다른 방법으로 싸웠던 것이다. 베트남의 세계적 전략가인 보 뉴엔 지압(武元甲) 장군은 국력이 30배 이상 되는 프랑스군과의 유명한 디엔비엔푸 전투에서 승리하여 길고 긴 프랑스 식민통치를 끝낸 바 있다. 이런 일을 모두 가능하게 만든 것은 무엇인가? 바로 '전략' 이다.

마이클 포터 교수는 하버드 『비즈니스 리뷰』에 게재했던 '전략이란 무엇인가?' 라는 제목의 글에서 '전략이란 경쟁자와 다른 것을 하는 것, 같은 것을 할 때는 다르게 하는 것' 이라고 말한다. 보 뉴엔 지압(武元甲) 장군은 '전략이란 절대로 적이 원하는 방법, 시간 및 장소에서 싸우지 않는 것' 이라고 강조한다. 전략이

**블루오션 전략가 김위찬 교수**

어떤 음식점 주인이 경영실패로 문 닫기 직전, 시내를 다니다가 손님이 들끓을 정도로 잘 되는 비빔밥집을 발견했다. 바로 저것이 정답이라고 생각한 끝에 자신도 그 바로 옆에 똑같은 비빔밥 집을 새로 열었다. 그리고 옆집 종업원을 돈을 더 주고 스카우트 하고, 옆집으로 가는 손님을 자기 집에 오게 하는 등 옆집과 시비를 일으킬 일을 많이 했다. 그러다가 두 사람이 달 밝은 어느 날 밤 멱살잡고 치고 박고 격렬하게 싸우다가 코피가 터져서 피 바다가 되었다. 피는 레드이고 바다는 오션이다. 이런 것을 바로 레드오션 전략이라고 한다. 이와 반대되는 것이 블루오션 전략이다.

김 교수는 18년간의 동료인 르네 마보안 교수와 같이 『블루오션 전략』이라는 책을 써서 세계수준의 전략가가 되었다.

란 '남은 할 수 없고 나만이 할 수 있는 것' 이다.

경제평론가 오마에 겐이치는 한국기업의 전략과 관련하여 다음과 같이 말했다. "거듭 강조하지만 자신만이 잘 할 수 있는 차별화된 기술과 제품개발에 주력해야 한다. 삼성은 제조기술이 뛰어난 일본기업의 강점과 의사결정이 빠른 미국의 경영시스템을 효과적으로 활용해 세계적인 기업이 되었다"(한국경제신문, 2006. 3. 4).

## ◎ 미국인의 전략훈련

송재용 서울대 경영학 교수는 한국에는 전략전문가가 너무나 적다고 했다. 그는 자신이 전략담당 교수로 있던 콜롬비아대학 경영대학원이나 박사학위를 받았던 펜실베니아대 경영대학원은 물론 미국의 주요 경영대학원에는 모두 전략담당 교수가 40여 명씩이나 있다고 했다. 하버드 경영대학원은 아예 전략 스쿨이라고 할 정도로 전략담당 교수가 많다. 그런데 한국에는 전국에 경영전략담당 교수가 얼마 전까지 10명이 채 안 된다고 했다. 미국이 전략의 나라라고 한다면 한국은 전투의 나라라고 하는 것도 일리가 있어 보인다. 한국에는 세계 수준의 전략가 수가 절대적으로 부족하다.

미국 하버드대학 드와이트 퍼킨스 경제학교수는, 미국은 국가경영차원에서 미식축구, 야구, 농구를 3대 스포츠로 장려하고 있다고 말한다. 미식축구는 전략이 무궁무진한 스포츠이다. 미국의 육·해·공군사관학교에서도 미식축구의 전략을 연구할 정도이다. 1991년 미국이 이라크를 공격했을 때도 미식축구에서 활용되는 배후공격 방법을 채택했다. 미국인들은 이런 스포츠를 통하여 평소에 전략훈련을 많이 한다. 제임스 버클리는 그의 책 『미식축구』에서 미식축구전략은 매년 새 코치들이 새 전략을 개발함으로써 계속 발전한다고 한다. 전 세계에서 전 국민이 전략훈련을 가장 많이, 그리고 체계적으로 하는 나라는 미국이다.

정몽준 축구협회회장은 미국은 군사문화사회라고 말한다. 미국은 영국과 싸워 이겨서 독립을 쟁취했다. 미국의 초대대통령 조지 워싱턴은 영국과의 전쟁에서 미국을 승리로 이끈 유명한 장군이다. 미국은 제2차 세계대전 때도 싸워서 승리했다. 미국은 전쟁영웅을 존경한다. 미국은 미국인의 기본 가치관인 자유와 평화를 싸워서 지키는 것을 자랑스럽게 생각한다. 이런 관점에서 보면 미국문화의 배경에는 군사문화가 깔려 있다.

그런데 경쟁자가 있을 때는 경쟁에서 이겨야 하므로, 경쟁자는 못 가고 나만 갈 수 있는 길을 가서 승자가 되는 것이 전략이다. 그럼 그런 길에는 어떤 것이 있는가? 한국인에 잘 맞는 전략으로는 무엇보다 융합(MCC)전략을 들 수 있다.

## 9.3 한국인의 MCC(융합) 전략

칭기즈칸과 몽고는 한때 러시아를 240~250년간 다스렸다. 중국은 원나라를 세워서, 그리고 인도는 무갈제국을 통하여 통치했다. 무갈은 페르시아 말로 몽고라는 뜻이다. 유럽과 중동 여러 나라도 통치했다. 그럼 당시 몽고의 인구는 얼마였을까? 약 70~100만이었다고 한다. 이런 인구로 수백 배나 되는 나라를 어떻게 정복했을까? 이는 칭기즈칸의 융합전략에 크게 기인한다. 즉, 몽고인의 기동성에 중국의 화약기술, 유럽의 쇠 만드는 주조기술, 중동의 화염방사기술, 몽고족의 심리전 기술 등을 융합했다는 것이다(잭 웨더포드,『칭기즈칸과 현대세계의 건설』). 그리고 몽고군대에는 보병이 없다. 기마병 중심의 전략도 물론 중요한 역할을 했다.

지금은 융합의 시대라고도 한다. 휴대폰은 전화기, 시계, 계산기, 디카, MP3 등 다양한 기능이 융합된 것이다. 학생들의 전공도 복수 전공이 되고 학문도 융합되어 간다. 세상은 다양한 능력이 융합되는 융합능력의 시대로 되어가고 있다.

그런데 한국의 문화는 융합문화이다. 어느 나라의 문화이건 음식에서 잘 드러나는데, 한국인의 문화는 비빔밥에서 찾아볼 수 있다. 100세 이상 되는 사람들을 연구하는 장수문화연구회의 박상철 서울의대 교수 등은 한국인의 대표음식으로 비빔밥을 선정했다. 전주에 있는 어느 전통 비빔밥집에서는 비빔밥에 반찬 8가지가 같이 나온다. 사람들은 비빔밥 그릇 안에 있는 음식물을 비비고(mix), 비빈 음식을 반찬과 더불어(combine) 먹으면서 새 맛을 창출한다(create). 이를 저자는 한국인의 MCC(Mix, Combine & Create) 문화, 곧 융합문화로 부른다. 얼마 전『창조계층의 부상』이라는 책을 쓴 리처드 플로리다 교수와 이를 상의한 적이 있는데, 그는 이 표현은 아주 좋은 것이라고 했다.

MCC : Mix, Combine & Create 문화

미국인의 음식문화는 접시문화, 그리고 한국인의 문화는 '한상문화'라고 할 수 있다. 음식점에 가면 미국인은 손님들에게 순서대로 한 접시씩 갖다 준다. 중국인은 큰 접시를 순서대로 갖고 와서 나누어 먹게 한다. 그러나 한국인은 한상에 모든 음식을 차려 놓고 마음대로 먹게 한다. 어느 외국인은 한국인들이 여러 가지 음식을 입안에 넣고 씹는 것을 보면 한국인은 그릇에서 한 번 비비고 입안에서 다시 한 번 비벼서 먹는다고 했다. 어느 유럽 음식전문가는 한국인들이 돌솥비빔밥을 먹는 것을 보고 깜짝 놀랐다고 한다. 그러면서 식탁에서 요리하는 사람은 한국인뿐이라고 했다.

얼마 전 한국 야구팀이 북경 올림픽에서 9전 전승을 한 것도 이런 MCC전략에 기인한 바 컸다고 할 수 있다. 미국 야구는 힘의 야구, 일본 야구는 섬세함의 야구 등으로 표현된다. 그런데 한국야구 선수들은 미국, 일본 등 다른 나라 야구의 강점을 넣고 비비고 거기에 한국야구의 강점을 더해서 이겼다고 할 수 있다. 곧 MCC전략으로 9전 9승을 했다고 할 수 있다.

한상문화를 다른 각도에서 보면, 한국인들은 큰 상에 일본식, 중국식, 미국식 등 여러 나라의 음식을 차려놓고 골라서 먹거나 비벼서 먹듯이, 큰 상에 미국모델, 일본모델, 중국모델, 유럽모델 등 각 나라의 기업모델을 차려 놓고 그 강점들을 융합하여 앞설 수 있는 길을 찾아낸다. 융합전략의 핵심은 바로 이런 것이다. 일본은 일본음식, 중국인은 중국음식, 미국인은 각기 고유의 음식을 먹으나 한국인은 아침에 서양식 토스트, 점식에 중식, 저녁에 일식 또는 한식 등을 우리 음식처럼 바꾸어 가면서 자연스럽게 먹는다. 미·일·중 음식을 우리 음식처럼 먹는 인종은 아마 한국인뿐일 것이다. 한국인의 융합문화는 다음과 같은 특성이 있다.

- 종합성 : 한상차림이나 비빔밥은 여러 가지 음식을 종합하는 것이다.
- 융통성 : 비비는 방식, 상차림, 상에 있는 음식을 먹는 방식이 사람마다 다르다.
- 창의성 : 비팀밥(돌솥)은 각종 음식을 비벼서 새 맛을 창출하는 것이다. 비빈 음식을 반찬과 더불어 입에 넣거나 상에 차려진 각종 음식을 입에 섞어 넣고 다시 비벼서 새 맛을 만들어 낸다.

융합(MCC)전략이란 앞서 말한 바와 같이 중국, 일본, 미국, 독일의 기업 등 경쟁자들을 모방할 것이 아니라 그들의 강점을 융합하여 앞설 수 있는 길을 찾는 것이다. 이 점이 한국인의 독특한 강점이라고 할 수 있다. 세계에서 중국과 일본 두 나라를 모두 잘 알 수 있는 인종은 한국인이다. 한국은 또한 세계 4대 강국 속에서 이들을 잘 알 수 있는 위치에 있다. 한국인은 MCC전략을 잘 할 수도 있지만 MCC전략을 잘 해야 할 필요도 있다. 세계 정상에 오르는 한국의 개인이나 기업들은 모두 이런 융합전략을 잘 할 것으로 보인다. 한국인은 융합의 DNA가 있는 것으로 보인다. 그럼 어떤 면에서 그러한가?

### 한국인의 융합문화

한국 문화는 다음과 같이 여러 면에서 융합문화라고 할 수 있다.

① **지리적 융합** 　한국은 반도국가이다. 반도문화는 대륙문화와 해양문화가 융합된 것이다.

② **기후면의 융합** 　한국은 나라 전체로 볼 때 4계절이 가장 뚜렷한 나라 중의 하나이다. 봄·여름·가을·겨울의 기후, 의복, 음식이 동아시아에서 가장 많이 융합된 나라이다. 박승철 고려대 의대교수는 한국에서 사는 것은 기후가 다른 네 나라에서 사는 것과 같다고 말한다. 4계절이 아니라 초겨울, 한겨울과 같이 8계절이라고 하는 사람도 있다.

③ **종교면의 융합** 　한국은 동아시아 국가 중 기독교 인구비율이 가장 높은 나라이다. 서양의 기독교 문화와 동아시아의 유교문화가 가장 많이 융합된 나라이다. 이는 유럽의 지성인이라고 하는 자크 아타리 전 유럽은행 총재도 지적한 바 있다. 유교에 기독교가 합쳐진 것을 신유교라고도 한다.

④ **선·후·중진국 요인의 융합** 　한국은 가장 짧은 기간에 후진국 및 중진국 단계를 거쳐 선진국이 되었다. 후진농업국의 생활, 중진공업국의 생활, 그리고 선진국 서비스 사회의 생활을 모두 다 경험한 사람이 한국처럼 많은 나라는 세계에 거의 없다. 한국은 선·중·후진국의 요인들이 가장 많이 융합되어 있는 나라이다.

⑤ **동·서양문화의 융합** 　한국은 서양을 대표하는 미국과 동양을 대표하는 중국 및 일본 문화가 가장 많이 융합된 나라이다.

⑥ **이데올로기면의 융합** 　이지순 서울대 경제학 교수에 따르면, 한국은 북한의 공산주의와 대치하고 있는 상태에서 자본주의와 공산주의 요인이 많이 융

합되어 있는 나라이다.

⑦ **과거와 현대식 사고방식의 융합** 미국의 디스커버리채널이 펴낸 『동아시아 통찰력안내』(개정판, 1999)라는 책은 한국인들이 비록 양복과 양장을 하고 있지만, 그 이면에는 옛날식 사고방식과 현대적 감각이 복잡하게 혼합되어 있다고 말한다. 한국의 문화에는 고구려, 신라, 조선 등의 옛날 문화가 현대문화와 융합되어 있다.

## 9.4 한국인의 강점과 약점

### 한국인의 강점

GC우위기업 창출과 관련된 한국인의 장점을 살펴보자.

• OECD가 세계 여러 나라 학생들의 문제해결 능력을 비교한 결과에 따르면 한국 학생들이 세계 1위이다. 문제해결 능력은 한국인의 다양한 강점이 융합되어 나타난 종합능력이라고 할 수 있다(OECD, 『미래세계의 문제해결』).

• 리처드 헤른슈타인 하버드대 심리학 교수의 조사에 따르면 한국인의 평균 지능지수는 백인을 앞서는 것으로 나타났다(『종 모양의 곡선』). 오스트리아 비엔나대학 의과대학 교수들의 연구에 따르면 세계에서 지능지수가 가장 높은 나라는 홍콩이고 그 다음은 한국이다.

• 한국인은 조선, 반도체, 자동차, TV, 에어콘, 세탁기, 휴대폰 등 인간이 중시하는 제품을 만드는 데 탁월한 능력이 있다. 한국인의 솜씨는 세계 어느 인종, 어느 선진국 못지않은 것으로 보인다.

• 앤 크루거 존스 홉킨스대 교수는 한국은 1960~2000년 사이 1인당 국민소득을 10배나 증가시켰다고 했다. 그리고 이처럼 빨리 국민소득을 증가시킨 나라는 세계 어디에도 없었다고 말한다.

• 한국에는 이미 세계 최고 수준에 올라간 기업들이 적지 않다. 한국인은 글로벌시대, 지식기반시대, 그리고 자본주의 시장경제시대에 GC우위기업을 창출할 수 있는 능력을 갖추고 있다. 이런 기업들은 독창성 있는 제품을 만들어낸다. 한국인은 이런 독창성이 있다.

• 국민들 중 한 세대 안에 제 1, 2 및 3 차 산업혁명과 선·후·중진국 생활을 모두 경험해 본 사람들이 제일 많은 나라는 한국이다. 한국인의 귀중한 경험은 훌륭한 리더십 및 전략과 결합하여 제 2 의 경제기적으로 연결될 수도 있다.

• 한국인은 굶주림의 뜻을 아는 사람들이다. 헝그리정신과 성취욕이 대단히 강하다. '하면 된다(can-do)' 는 정신이 강하다. 세계 어느 나라도 이런 인재를 가진 나라는 없다. 이는 한국만의 귀중한 자산이다. 각종 기업경영에 귀중한 자산이 될 수 있다.

• 한국인의 종합성, 융통성 및 창의성은 자본주의 시장경제체제, 컨버전스시대, 그리고 세계화시대와 잘 어울린다. 특히 시장경제체제하에서 놀라운 능력을 발휘할 수 있다. 공산주의와는 상극으로 보인다.

• 한국인의 역동성과 '빨리빨리 정신' 은 IT강국을 만들었고, 스피드가 주 결정요인의 하나인 글로벌 경쟁력시대에 적합하다.

• 지식기반시대는 교육열이 높은 한국인의 시대라고 할 수 있다.

## ❂ 한국인의 약점

여기서 한국인의 약점은 GC창출과 관련된 것이다. 한국인의 약점을 [그림 11-1]과 [그림 11-2]에 나타난 GC결정요인 중 기본조건과 핵심결정요인을 중심으로 요약해 보면 다음과 같다.

### ① 기본조건 관련

• 한국은 반기업 정서가 세계 일등이다. 자본주의를 부정하고 사회주의를 신봉하는 사람들이 많은 것이 큰 약점이다. 이는 시장경제와 관련하여 가장 중요한 약점으로 보인다.

• 과학기술교육의 회피, 실용주의보다 이데올로기 중시, 국민기강의 해이, 청소년 건강의 약화 등은 인적자본 형성을 잘못되게 할 우려가 있다.

• 너무 많은 사람들이 정치지망생이 되어 사회를 불안하게 만들 소지가 크다. 글로벌 경쟁력이 없는 사람들이 정치가가 되어 사회를 불안하게 만들고, 국가의 GC를 해칠 우려가 있다.

### ② 핵심결정요인 관련

• 공급조건 중 기업가나 지식근로자의 중요성이 커지는 시대이나, 아직도 육

체 노동자가 생산을 결정한다고 믿는 사람들이 많다. 이런 사고방식은 강성 노조를 양산하거나 육체 노동자의 임금을 과도하게 높여서 기업의 GC를 떨어뜨린다.

• 한국 소비자들의 수요가 업그레이드되어 우리 기업과 산업의 GC를 높일 수 있어야 한다.

• 한국인들은 경영마인드가 약하다. 지도자들도 국민의 경쟁력을 높이기 위한 국가경영보다 국민을 다스리려고 한다.

• 한국인을 먹여 살릴 기업의 수도 적고 규모도 작다.

• 국민들이 정부의 역할을 잘 몰라서 관치정부가 되는 것을 부추기고 있다.

## 9.5 전략의 4단계

우리는 한국인의 강점과 약점도 살펴보았다. 그런데 자신경영의 첫째는 자신의 강점을 잘 살리는 것이고, 전략의 첫째도 자신의 강점을 잘 활용하는 것이다. 한국인은 한국인의 강점과 전략을 잘 연결시킨다면 대단한 능력을 발휘할 수 있을 것이다.

우리는 앞에서 한국인의 융합전략의 뜻도 살펴보았다. 그런데 전략의 뜻만 잘 알아서는 안 된다. 무엇보다 세상의 변화를 잘 알고 이에 대응하는 전략을 잘 세워야 한다. 세상의 변화는 크게는 지구차원의 변화, 작게는 산업의 변화, 더욱 작게는 나의 관심사 등으로 나눌 수 있다. 이런 것들이 어떻게 변화하는가를 잘 파악해야 한다. 이를 우리는 '패러다임 변화의 파악'이라고 한다.

이를 파악했으면 다음 단계는 이에 대응하는 전략을 세워야 한다. 기업의 경우 전략을 수립했으면 이를 시행할 수 있는 조직을 짜서 조직이 잘 굴러갈 수 있도록 해야 한다. 즉 시스템을 잘 만들어야 한다. 그래야 전략의 성공적인 실현이 가능하게 된다. 축구팀의 경우 선수들로 하여금 알아서 성의껏 뛰라고 해서는 팀의 능력이 최대로 발휘될 수 없다. 투톱, 3-3-4 등 조직을 잘 짜서 팀 전체의 능력이 최대가 되도록 해야 하는 것이다.

그런데 조직을 짠다고 해서 잘 굴러간다는 보장이 없다. 조직이 잘 굴러갈 수 있도록 하는 문화를 만들어야 한다. 축구 선수의 경우 능력에 따라 연봉, 보너스를 적절하게 지급해야 선수들이 능력을 최대로 발휘해서 죽자 살자 뛰게 된다.

이런 문화를 만드는 것이 마지막 단계이다. 그러므로 성공적인 전략의 수립과 시행은 다음과 같은 4개의 단계를 모두 잘 해야 한다. 이는 GC(Global competitiveness, 글로벌 경쟁력)창출을 위한 것이다. 전략의 4단계는 저자가 경쟁전략의 권위자인 마이클 포터 하버드 경영대 교수와 상의하여 개발한 것이다.

제 1 단계　패러다임 변화의 파악
제 2 단계　이에 대응하는 전략의 수립
제 3 단계　전략의 실현을 위한 시스템의 개발
제 4 단계　시스템을 최고로 만들 수 있는 독창적 문화의 창출

이와 같은 전략의 수립과 시행의 4단계는 기업, 국가, 개인의 경우에 모두 해당된다. 우선 한국의 대표기업인 삼성전자 등의 예를 통하여 4단계 GC전략을 살펴보기로 하자.

### 1) 삼성전자

#### ① 삼성전자의 패러다임 변화의 파악

경제위기 직후 기업사정이 어려웠던 삼성전자는 외국의 세계적인 전자회사들을 방문하여 경영전략에 대한 자문을 구했다. 당시 삼성전자는 소니에도 많이 뒤떨어져 있는 상태였다. 외국 전문가들은 거의 모두 삼성전자에게 반도체, LCD, 컴퓨터, 가전제품, 통신장비 등을 문어발식으로 생산하지 말고 반도체 한 품목에만 전문화할 것을 제안했다. 그러나 삼성전자는 전자산업의 패러다임 변화가 오는 것을, 곧 다양한 제품의 기능이 융합되는 컨버전스의 시대가 온다는 사실을 파악하고 반도체 한 품목에 전문화하는 것은 안 된다고 판단했다. 그래서 삼성전자는 반도체뿐만 아니라 가전제품, LCD, 컴퓨터, 통신장비 등으로 사업을 다각화했다. 그 결과 여러 제품의 기능을 융합한 휴대폰을 빨리 생산할 수 있었고, 오늘날의 성공 가도를 달릴 수 있었다. 만약 그때 외국 전문가들이 말한 대로 반도체에만 전문화했다면 지금의 삼성은 없었을지도 모른다. 참고로 그때 전문화할 것을 조언했던 세계적인 전자회사들은 그 이후 모두 경영에 어려움을 겪었다고 한다.

#### ② 대응전략의 수립

삼성전자는 이처럼 4단계 GC전략의 제 1 단계인 패러다임 변화를 잘 읽었다. 그 다음은 이에 대응하는 전략을 세우는 것인데, 삼성전자는 5대 제품(반도체,

LCD, 정보통신, 디지털 미디어, 생활가전)의 복합생산전략을 채택했다. 현재 세계적인 전자회사 중 제품구조가 삼성전자보다 더 잘 짜여진 전자회사는 거의 없다고 한다.

③ 전략의 실현을 위한 시스템의 개발

삼성전자는 복합생산전략을 실현할 수 있는 시스템을 개발하였다. 업무분장이나 평가제도 등도 잘 되어 있다. 부장, 과장, 평사원 들은 모두 맡은 바 일을 철저히 한다. 때문에 상사가 없어도 생산공장은 하나의 시스템처럼 잘 돌아간다. 도요타, GE 같은 세계적인 기업들도 모두 시스템이 잘 되어 있다. 경쟁력이 시스템에 있는 것이다. 반대로 글로벌 경쟁력이 없는 회사들은 상사가 일일이 업무지시를 하거나 사장이 직원의 일을 하는 등 업무분담이나 개개인의 역할이 명확하지 않다. 전반적인 인사체계도 공정하지 못하고 낙하산 인사나 인맥에 의해서 운영되어 회사 내 불간이 많다.

④ 시스템을 최고로 만드는 독창적 문화의 개발

문화는 두 가지의 뜻이 있다. 하나는 문제의 해결 방식이고 다른 하나는 사람을 끄는 힘, 곧 소프트 파워이다. 먼저 문제해결 방식을 보자. 삼성전자에는 삼성식 문제해결 방식이 있다. 예를 들면, 삼성전자에는 3가지 하지 말아야 할 일이 있다. 부정, 거짓말, 변명의 3불(三不)이 바로 그것이다. 옛날에는 돌다리도 두들겨 보고 건너라고 했으나, 지금은 스피드 시대이므로 나무다리라도 있으면 일단 건너고 보라고 한다. 삼성전자에는 인재제일, 사업보국, 무한추구 등의 삼성의 문화도 있다.

도요타도 자체 문화가 있다. 도요타에서는 "열심히 되풀이하는 일은 일이 아니고, 어제보다 더 잘 하는 일만이 일"이라는 말이 있다. GE에서는 출장비를 한 푼이라도 속이는 사람은 바로 해고를 당한다.

삼성전자, 도요타, 애플 같은 기업에서 근무하는 사람들은 직장과 회사를 좋아한다. 사람을 끄는 소프트 파워가 있기 때문이다. 전 세계 수많은 나라 사람들이 미국에 가기 위하여 안달을 하는 것은 미국 문화에는 사람들을 끄는 힘, 곧 소프트 파워가 있기 때문이다. 사실 어느 분야에서건 정상에 올라간 기업, 개인, 국가의 문화에는 소프트 파워가 있기 마련이다.

이처럼 문화의 뒷받침이 없이는 결코 GC를 창출할 수 없고, 설령 GC를 창출한다고 하더라도 오래가지 못한다.

### 2) 애　플

아이폰으로 세계의 휴대전화 문화를 바꾼 애플의 스티브 잡스는 미국에서 21세기 최고의 기업경영인으로 꼽힌다. 록펠러나 포드에 버금가는 기업가라고도 한다. 앞으로 한국기업들은 이런 기업가와 경쟁을 해야 하므로 현재 세계최고인 그의 전략을 보기로 하자. 그도 이러한 4단계 GC전략을 통하여 GC를 창출하였음은 물론이다. 그런데 여기서는 4단계 GC전략의 개념을 설명하기 위한 것이므로 간략하게만 소개한다.

그의 성공은 4단계 중 첫 단계인 패러다임 변화를 옳게 파악한 데서 시작된다. 그럼 어떻게 파악했는가? 앞으로 제품의 기능은 융합이 되고 소비자들은 감동적인 제품을 원하는 것으로 파악했다. 그럼 제 2 단계인 대응전략은 어떻게 수립했는가? 애플만이 갈 수 있는 길을 가서 승자가 되었다. 애플은 1984년 매킨토시 컴퓨터, 2001년 아이팟, 2007년 아이폰, 2010년 아이패드를 만들었다. 아이패드는 계산기, 텔레콤 및 미디어의 3산업을 융합한 것이고, 아이폰은 음악, 영화, 컴퓨터 및 휴대폰의 4산업을 융합한 것이다. 그의 전략은 융합전략이라고 할 수 있다.

제 3 단계인 시스템은 어떠한가? 애플은 제품별 및 기능별 시스템과 임원팀 등을 운영한다. 그리고 100명은 직급에 상관없이 언제나 만날 수 있게 되어 있다. 제 4 단계는 문화인데, 애플은 혁신지향의 문화, 최고지향의 문화, 일에 몰입하는 문화, 회사 사랑에 빠지는 문화 등 독창적인 문화를 만들어 가고 있다.

### 3) 기　타

어떤 분야에서나 GC를 창출한 기업은 물론 개인도 이 4단계 GC전략을 통하여 설명할 수 있다. 칭기즈칸의 경우에도 정복 대상 국가나 적군과 관련된 패러다임 변화의 파악을 위하여 끊임없이 노력했다. 그리고 몽고족만의 기마병 전략이나 융합전략을 개발했다. 그리고 10호, 100호, 1,000호, 10,000호제 등의 조직을 하고 1,000호제를 중심조직으로 했다. 국가경영은 시스템경영을 했다. 칭기즈칸은 독창적인 문화도 개발했다. 전쟁 노획물의 분배방식, 한 달에 3회 이상의 음주를 금하는 등의 문화를 만들었다. 칭기즈칸은 우리의 4단계 GC전략을 모두 잘 했음을 알 수 있다.

이순신 장군의 경우에도 23전 전승의 원인을 우리의 4단계 GC전략을 통해서 살펴볼 수 있다. 다른 각도에서 보면 이순신 장군이건 칭기즈칸이건 애플 회사이건 우리나라 어느 회사이건, 그리고 스위스 같은 나라이건 평가를 할 때는 이 4단계 전략을 통하여 해야 한다. 얼마 전 어느 분이 이순신 장군 전기가 좋다고 하면서 추천하기에 읽어 보았더니 이순신 장군의 효도, 부하 사랑, 성품 등 문화에 관한 것뿐이었다. 그의 전략, 조직력, 패러다임 파악능력 등 중요한 것은 빠져 있었다. 기업은 물론 어느 개인도 이 4단계 전략을 통하여 평가하는 것이 옳다.

## 9.6 패러다임 변화에는 어떤 것이 있는가

지금까지 우리는 전략의 개념, 한국인의 MCC전략, 그리고 전략의 수립과 시행에는 4단계가 있음을 알았다. 4단계 중 제 2 단계인 전략은 이미 살펴보았고, 제 3 단계인 시스템은 제11장에서 검토된다. 그러므로 이 장에서는 지금부터 제 1 단계인 패러다임 변화와 제 4 단계인 문화를 자세히 살펴보기로 한다.

먼저 패러다임 변화를 모른 과거 한국의 지도자들 때문에 국민들이 얼마나 많은 고난을 당했는가부터 보기로 하자.

한국의 무역의존도는 90%를 넘어섰다. 100%가 넘는 해도 있었다. 또한 4대강국 속에서 생존해야 하므로 경제뿐만 아니라 정치, 사회적으로도 해외의존도가 대단히 높다. 고도성장으로 인해 국내환경도 급속하게 변화했다. 그러므로 패러다임 변화를 잘 파악해야 할 필요성이 세계 어느 나라 못지 않게 크다. 패러다임 변화의 파악은 대단히 중요한 과제이고 범위도 넓다. 그러나 여기서는 주로 경제전략 수립과 관련되는 것을 살펴보기로 하자.

### ◎ 패러다임 변화를 몰랐던 과거 한국의 지도자들

패러다임(Paradigm)이란 무엇인가? 과거에는 기업의 조직이나 경영에는 하나의 정답이 있다고 여겼다. 그래서 올바른 조직구조를 찾기 위해 노력했고, 그것이 모든 문제의 기본 가정이었다. 그러나 지금은 하나의 올바른 조직구조가 없다는 것이 기본 가정이다. 손자병법은 2600년 전 병무상세(兵無常勢), 수무상형(水無常形)이라고 했다. 물에는 변하지 않는 일정한 형태가 없듯이 군사작전에도 변하지 않는 하나의 일정한 형세는 없다는 것이다. 피터 드러커 교수는 그의 책 『21

세기 경영도전』에서 경영학과 같은 사회과학에서는 '현실에 대한 기본 가정' 또는 '널리 보급되어 있는 일반이론'이 곧 '패러다임'이라고 말한다. 그런데 경영조직 구조의 패러다임은 계속 변하고 있다.

패러다임을 정확히 파악한다는 것은 여간 어려운 일이 아니다. 삼성 이건희 회장은 5년, 10년 뒤를 생각하면 등에서 식은땀이 난다고 했다. 우리 역사를 돌이켜 보면 지도자들이 패러다임의 변화를 알지 못해 나라를 기울어지게 하고 국민을 참혹한 전란에 휩쓸리게 한 적이 한두 번이 아니다.

• 조선의 학자들은 주자학(성리학, 일본에서는 퇴계학)의 영향으로 관념적인 것에 치우쳐 일상생활과는 동떨어진 글공부만 했다. 당시 똑똑한 사람이란 동서양을 막론하고 글을 잘 쓰고 말을 잘 하는 사람이었다. 그러나 이후 서양에서의 똑똑한 사람이란 생산이나 기술발전을 잘 하는 사람으로 바뀌었다. 조선의 학자들은 서양의 이런 패러다임 변화를 전혀 알지 못했다. 임진왜란 직전 일본이 침략 준비를 하고 있는 데도 조선은 모르고 있었다. 결국 백성들은 참혹한 전란에 휩싸이고 말았다.

• 조선 말기 지도자들은 서양에서 산업혁명이 일어나고 아담 스미스의 『국부론』을 계기로 자본주의라는 시장경제체제가 시작되었음을 알지 못했다. 산업과 경제시스템이 바뀌었는 데도 이를 몰랐다. 일본이 1868년 메이지유신 이후 서양의 주식회사와 시장경제라는 혁신적인 제도를 도입하여 국력을 빠르게 키우고 있다는 사실 역시 몰랐다. 지도자들의 무지의 대가는 온 국민으로 하여금 나라를 빼앗기고 36년이라는 긴 세월 일본의 식민통치를 받으면서 피눈물 나는 고통을 받은 것이다.

• 1949년 3월 더글라스 맥아더 장군은 미국의 방어선상에서 한국이 제외된다는 발표를 했다. 트루먼 대통령은 미군을 한반도에서 철수시키고 한국군에게 무기를 주지 않았다. 헨리 키신저는 그의 책 『외교』에서 당시 이승만 대통령이 계속 북진통일을 주장했기 때문에 북진통일을 우려하 한국군에게 무기를 주지 않았다고 말한다. 1950년 1월에는 딘 에치슨 미국 국두장관이 이 사실을 더욱 분명히 했다. 그러나 한국의 지도자들은 이런 미국의 조치를 모르고 있다가 곧바로 6·25전쟁을 맞이했다.

• 공산주의를 수십 년간 시행해 본 러시아, 중국, 동구 여러 나라들은 시장

경제로 정책을 바꾸고 있다. 시장경제의 물결이 중국, 일본, 미국, 칠레, EU 등 전 방향에서 우리에게 폭풍처럼 밀어닥치고 있다. 그런데 지금 한국에서는 공산주의에서 희망을 찾아야 된다고 하는 사람들이 적지 않다.

한국은 지난 세기 왜 일본에게 합방 당했는가, 해방 후에는 왜 남북분단이 되었는가, 왜 6·25전쟁을 맞아 전쟁의 참화를 겪게 되었던가? 조지 메이슨과 드와이트 퍼킨스 하버드대 경제학 교수는 『한국의 경제사회적 근대화』에서 한국이 이런 비극을 되풀이한 것은 한국의 지도자들이 세계 정치외교 환경이 어떻게 변화하는지를 몰랐기 때문이라고 말한다. 즉 패러다임의 변화를 몰랐던 것이다.

오늘날은 패러다임 급변의 시대이다. 그런데 기업의 패러다임 변화에 영향을 주는 환경변화는 6가지이다. 이를 PESTEL로 표시한다. P는 정치(political), E는 경제(economic), S는 사회(social), T는 기술(technological), E는 환경(environmental) 그리고 L은 법적(legal) 패러다임 변화를 말한다. 우리는 이 중 앞의 5가지를 경제 환경의 변화부터 살펴보기로 한다.

### 1) 경제 환경의 변화

#### ◎ 제3차 산업혁명

경제 환경의 중요한 변화는 제3차 산업혁명을 통해 이해할 수 있다. 제3차 산업혁명은 컴퓨터의 발명과 더불어 1940년대에 시작되었다(피터 드러커 교수). 피터 드러커 교수는 IT(정보통신)기술의 발전이 가져온 거대한 변화에 대하여 다음과 같이 설명한다(『21세기경영』 참조).

① IT기술은 수송통신의 발달과 더불어 국가경제를 글로벌경제 및 지식기반경제로 만든다. 새로운 조직(글로벌 기업, 각종 전략적 제휴 등), 새로운 지역(유럽연합, 북미자유무역지역, NAFTA 등)을 출현시킨다. 다양한 경영활동을 아웃소싱할 수 있으므로 CEO 혼자서도 기업경영을 가능케 한다. 더불어 기업조직을 크게 변화시킨다.

② 하이테크, 미들테크, 로테크, 노테크 등 각종 기술이 중요해지며 규모에 관계없이 대기업, 중기업, 소기업 등 다양한 조직이 활성화된다.

③ 돈과 정보 등이 국경을 초월하여 급속하게 이동하므로 정부의 통제가 어렵다.

표 9-1 경영패러다임의 변화

| 옛날에는 | 앞으로는 |
|---|---|
| 1. 덩치는 크고 봐야 한다. | 민첩해야 한다. 경치에 짓눌릴 수도 있다. |
| 2. 1등, 2등 제품만 하라. | 적소를 찾아라. 새로운 것을 창조하라. |
| 3. 주주가 지배자이다. | 소비자가 왕이다. |
| 4. 내부를 간결하게 하라. | 외부와 미래에 집중하라. 내부가 아니다. |
| 5. 인재를 등급화하고, A급만 쓰라. | 열정 있는 인재를 쓰라. |
| 6. 카리스마 있는 CEO를 고용하라. | 용기 있는 CEO를 고용하라. |
| 7. 나의 실력을 찬양하라. | 나의 정신을 찬양하라. |

『포춘』지는 옛날 경영을 GE의 잭 웰치식 방식이라고 하면서 7가지로 요약했다. 그리고 각각의 변화 방향을 제시했다. 잭 웰치는 이에 반대한다는 사실도 밝혔다(『포춘』지, 2006. 8. 7).

④ 대학이 지식사회의 중심 기관이 되며, 정부, 정치 교육 등에 있어서 혁신을 초래한다. 한국에서는 인터넷, 문자 메시지 및 휴대폰이 선거에도 큰 영향을 미친다.

⑤ 팩스, 이동전화, 텔레컨퍼런스가 점차 옛날의 교통수단을 대체함에 따라 도심지는 더 이상 직장의 센터가 아니라 정보의 센터로 바뀐다. 도심부를 비롯하여 도시기능이 크게 변화한다.

⑥ 비전임직 근로자와 재택근무자가 많아진다.

⑦ 경제이론의 커다란 변화가 발생한다. 글로벌시대의 국가경제는 열린 경제로서 정부가 옛날처럼 재정금융정책으로 관리할 수 없다. 기술발전이 급속하므로 균형이 더 이상 경제의 규범이 되지 못한다. 앞으로 기술혁신을 하지 못하는 기업은 생존하기 어렵다. 경제 변화의 추진 세력은 창조적 파괴(creative destruction)를 담당하는 혁신자이고 기업가이다. 역동적 불균형만이 경제의 유일한 안정상태라는 슘페터의 가설이 타당해진다.

한국은 1962년 제 1 차 경제개발 5개년계획을 수립한 이후 불과 40여 년만에 1, 2 차 산업혁명을 비롯해 3차 산업혁명까지 진행시켰다. 서구 선진국들이 200년에 걸쳐서 해 낸 일을 한국은 반 세기 만에 해 낸 것이다. 피터 드러커 교수의 『다음 세기의 경영』과 레스터 서로 교수의 『부(富)의 건설』은 한국의 빠른 경제성장에 대해서 설명하고 있다. 한국은 제 1 및 2 차 산업혁명을 거의 동시에 시작했다고 해도 과언이 아니다.

### ❂ 제 1 차 산업혁명

1750년에 시작하여 19세기 중반까지 계속된 산업혁명의 핵심 산업은 섬유, 철강 및 에너지산업 세 가지이다. 제 1 차 산업혁명으로 인하여 공장이 주된 생산조직과 부(富)의 창출기관으로 등장했다. 공장노동자가 새로운 사회계급으로 등장했는데, 산업화 초기 낮은 임금, 열악한 근로조건 및 작업환경 때문에 자본가와 노동자계급 간에 격차가 커졌다. 칼 마르크스와 프레드릭 엥겔스는 1848년 공산당선언을 하기에 이른다. 주식회사, 일간신문, 기술대학, 세계 최초의 투자은행, 다국적 기업 등은 제 1 차 산업혁명 기간에 탄생했다.

**표 9-2** 구 경제와 신 경제

| 구　분 | 구 경제 | 신 경제 |
|---|---|---|
| 국　경 | 경쟁과 국가경제의 영역을 결정 | 국경의 중요성은 감소, 세계가 하나의 경제 |
| 인　구 | 자국민 중심으로 동질적 | 외국인의 증가로 이질화 |
| 중요한 자본 | 물적자본 | 인적자본 |
| 기　술 | 상하관계 강화, 정보접근을 어렵게 함. | 정보 생산 · 사용방법 변화 및 접근의 용이 |
| 중요한 근로자 | 생산직 근로자 | 지식근로자 |
| 소 비 자 | 기업이 공급하는 것 소비 | 기업의 생산에 영향을 미침 |
| 물적 생산요소 | 희소성의 법칙 | 희소성의 법칙과 풍요의 법칙(지식 · 정보) |
| 중요한 자산 | 유형자산(보이는 것) | 무형자산(보이지 않는 것) |
| 경쟁력의 원천 | 생산요소나 투자효율 | 혁신 |
| 물리적 입지 | 중요함. | 가상공간 창출 가능, 도심의 중요성 감소 |
| 기업의 사회적 책임 | 소극적 관계 | 적극적 관계 |
| 기업조직과 경영 | 중앙집권적 | 하나의 정답이 없음. |
| 경제행위의 연결성 | 약함. | 강도 높은 연결성, 관계가 중요함. |
| 조직의 성장방법 | 유기체적 성장 | M&A, 전략적 제휴의 중요성 증가 |

참고 : 케빈 켈리, 『신경제와 신규칙』(1998) ; 코넬리스 클루이버 · 존 피엇, 『전략-톱으로부터의 견해』(제 2 판, 2006) ; 스테픈 로빈스 · 데비드 디센조, 『경영의 근본』(제 4 판, 2004).

### ❂ 제 2 차 산업혁명

이는 1860년에 시작되어 1930년대까지 계속된 산업혁명이다. 주된 신산업은 전기 · 전자, 자동차, 전화, 화학, 의약품, 비행기 등이다. 로버트 하일부르너와 제임스 갤브라이즈는 『경제문제』(제 9 판)에서 제 2 차 산업혁명을 다시 세분화하여 철도, 증기선, 농기계 및 화학산업을 제 2 차 산업혁명산업이라고 하고 나머지를 제 3 차 산업혁명산업이라고 했다. 그러나 이 책에서는 피터 드러커 교수와 같이 이 모두를 제 2 차 산업혁명산업으로 분류하기로 한다.

제 2 차 산업혁명으로 인하여 상업은행, 경영대학, 현대식 주식회사, 현대공무원 등의 제도가 생겼다. 미국에서는 프레드릭 테일러의 과학적 경영관리론, 독일에서는 비스마르크의 복지국가 개념, 그리고 영국에서는 기독교사회주의가 발생했다. 미국의 대기업규제제도도 제 2 차 산업혁명으로 인하여 발생한 것이다.

현재의 경제를 신 경제라고도 하는데, 이는 구 경제와 많은 차이가 있다([표 9-2]).

## 2) 사회 환경

### ❂ 한국 인구변화의 기본추세

사회 환경 변화 중 가장 중요한 것의 하나는 인구의 변화이다. 먼저 한국의 인구변화 추세에 대해서 살펴보자.

• 14세 이하 인구 비중은 계속 감소하고 65세 이상 노년인구의 비중은 계속 증가하고 있다. 한국은 고령화 사회에 진입해 있다. 출생률은 세계에서 가장 낮은 나라 중의 하나이다. 인구의 고령화는 노인 보건, 의료 및 복지시설에 대한 수요를 증가시킨다. 한 아이 선호부부의 증가와 부모의 소득증가는 유아 및 어린이 용품의 고급화로 나타난다.

• 외국인의 비중이 증가하고 있다. 국제결혼에 따른 외국인 신부나 외국인 근로자는 한국에서 '야간상주인구'가 된다. 한국을 방문하는 외국인은 '주간활동인구'인데, 이 모두 증가하고 있다. 특히 주간활동 외국인의 수가 급증하고 있다.

• 인구 수보다 가구 수가 더 빨리 증가하여 주택에 대한 수요가 증가하고 있다. 특히 4인 이상 가구의 비중은 감소하고 1인 또는 2인 가구의 수가 급증하고

있다. 전체가구 중 1인 가구의 비율은 20%, 2인 가구의 비율은 22%로 증가했는데, 이는 소형주택수요의 급증으로 나타난다.

• 국민 1인당 이동거리(인·킬로미터)는 계속 증가하고 있다. 이는 소득증가와 더불어 국토의 혼잡으로 나타난다.

전 세계적인 인구변화의 추세는 다음과 같다.

• 전 세계 인구는 2008년 67억 명에서 2015년에는 72억 명이 될 전망이다(세계은행, 『세계개발지표』). 인구증가율은 후진국이 선진국보다 약 2배 빠르다. 선진국의 인구는 급속도로 고령화되고 있다. 인구고령화가 제일 심한 나라는 세계 최장수국 일본이다. 일본은 노인인구 대상의 실버산업을 성장산업으로 발전시키고 있다. 일본은 21세기를 실버세기라고 한다.

• 중국은 산아제한정책으로 대도시 거주자를 비롯해 한 가정에 한 명의 아이를 갖도록 하고 있다. 한 아이에 대한 자식사랑이 지나쳐 부모의 모든 재산과 애정을 쏟아 붓는다. '작은 황제' 처럼 자라는 아이가 증가한다는 것이다.

• 미국인은 출생 시기에 따라서 다음과 같이 구분된다.

1946～1964년 사이에 출생한 베이비붐 세대
1965～1976년 사이에 태어난 X세대
1977～1994년 사이에 태어난 Y세대 또는 인터넷 세대

미국은 수많은 인종이 모이는 나라이고 각종 인종이 섞여서 새로운 미국인이 태어난다. 그러나 지금은 인종들끼리의 혼합이 옛날과는 달리 그리 많지 않다. 인종별마다 특색이 있으며 소비행위에 차이가 있다.

### ❂ 인구의 고령화와 출산율의 감소

한국의 인구규모는 세계 제26위이다. 북한 인구를 합하면 세계 17위가 된다. 영국, 프랑스 및 이탈리아의 2015년 예상인구 수는 놀라울 정도로 비슷하다(세계은행, 『세계개발지표』, 2010). 통일 한국의 인구 수는 이들 나라보다 더 많다.

• 영국의 인구　: 6,380만 명
• 프랑스의 인구 : 6,390만 명

• 이탈리아의 인구 : 6,080만 명

영국 『이코노미스트』 지(誌)의 『숫자로 보는 세계』이 따르면 세계에서 국민의 평균연령이 가장 높은 나라는 일본으로 42.9세(2005년)이다. 그 다음은 이탈리아 42.3세, 독일 42.1세이다. 유럽 선진국의 국민 평균연령은 39~41세 사이이다. 한국인의 평균연령은 2000년 31.8세에서 2010년 37.9세로 높아졌다. 서구 선진국에 비하면 한국에는 왕성하게 경제활동을 할 수 있는 연령대의 인구가 약간 많다. 참고로 국민의 평균연령이 가장 낮은 나라는 우간다로 15.1세이며 그 다음은 예멘으로 15.4세이다. 아프리카 대부분의 나라의 국민 평균연령이 17세 이하이다.

## ❂ 고 령 화

최근 한국인구의 가장 큰 변화는 출산율의 저하와 고령화이다. 출산율은 2009년 현재 1.15로 OECD 국가 중 최하위이다. UN은 65세 이상의 인구 비중이 7%를 넘는 나라를 고령화사회(Aging Society), 14%를 넘는 나라를 고령사회(Aged Society), 그리고 20%를 넘는 나라를 초고령사회(Super-aged Society)라고 한다.

• 고령화사회 : 65세 이상 인구 비율 7% 이상
• 고 령 사 회 : 65세 이상 인구 비율 14% 이상
• 초고령사회 : 65세 이상 인구 비율 20% 이상

한국은 2008년에 이 비율이 10%가 되어 이미 고령화사회가 되었다. 통계청의 『장래인구 특별추계결과』에 따르면 한국은 2018년에 고령사회, 그리고 2026년에 초고령사회가 될 전망이다. 『비즈니스위크』지(2005. 1. 31)는 한국은 인구의 고령화로 말미암아 더 이상 역동적인 호랑이(dynamic tiger)가 아니라고 했다.

한국의 유년구성비(14세 이하 인구 비율)는 2008년 17%로서 선진국 평균치 18%보다 낮다. 국민의 평균수명은 세계은행의 2010년도 『세계개발보고서』에 따르면 2008년 현재 한국 80세, 중국 73세, 독일 80세, 미국 78세, 그리고 선진국 평균치는 80세이다. 한국의 평균수명은 이미 선진국 평균치와 같다. 참고로 후진국의 평균수명은 59세, 중진국 평균수명은 69세이다. 통계청은 한국의 전체인구는 2020년 4,995만 명을 정점으로 감소할 것으로 전망했다. 그런데 이러한 출산율이

**표 9-3** 한국의 인구변화 추세

| | 1970 | 1980 | 1990 | 2000 | 2005 | 2010 | 2020 |
|---|---|---|---|---|---|---|---|
| 1. 총인구 | | | | | | | |
| 만 명 | 32,241 | 38,124 | 42,869 | 46,136 | 47,279 | 48,874 | 49,956 |
| 연평균 증가율(%) | 1.4 | 1.5 | 1.4 | 0.7 | 0.4 | 0.29 | 0.01 |
| 가구 수(만) | 585.7 | 796.9 | 1,135.5 | 1,431.2 | 1,590.0 | 1,715.2 | |
| 평균가구원 수 | 5.2 | 4.5 | 3.7 | 3.1 | 2.9 | 2.8 | |
| 2. 인구밀도(명/$km^2$) | 328 | 385 | 432 | 473 | 485 | 494 | 501 |
| 3. 평균연령(세) | 23.6 | 25.9 | 29.5 | 33.1 | 35.5 | 37.9 | 42.7 |
| 4. 인구구성(%) | | | | | | | |
| 유소년(0~14세) | 42.5 | 34.0 | 25.6 | 21.1 | 19.1 | 16.3 | 12.6 |
| 청장년(15~64세) | 54.4 | 62.2 | 69.3 | 71.7 | 71.6 | 72.8 | 71.7 |
| 노년(65세 이상) | 3.1 | 3.8 | 5.1 | 7.2 | 9.3 | 10.9 | 15.7 |
| 5. 출산 및 사망 | | | | | | | |
| 합계출산율(%) | 4.53 | 2.83 | 1.59 | 1.47 | 1.19 | 1.15 | 1.24 |
| 출생아 수(천) | 1,007 | 865 | 659 | 637 | 476 | 568 | 380 |
| 사망률(%) | 8.0 | 7.3 | 5.8 | 5.3 | 5.3 | 5.8 | 7.5 |
| 사망자 수(천) | 238 | 238 | 250 | 247 | 255 | 287 | 373 |
| 6. 평균수명(세) | 62.3 | 66.2 | 71.3 | 76.0 | 78.6 | 80.1[a] | 81.0 |
| 남 자 | 59.0 | 62.3 | 67.3 | 72.3 | 75.1 | 76.5[a] | - |
| 여 자 | 66.1 | 70.5 | 75.5 | 79.6 | 81.9 | 83.3[a] | - |
| 7. 노령화지수(%) | 7.2 | 11.2 | 20.0 | 35.3 | 48.6 | 66.8 | 124.2 |
| 8. 노년부양비(%) | 5.7 | 6.1 | 7.4 | 10.1 | 12.6 | 14.9 | 21.8 |
| 9. 혼인건수(천 건) | 295 | 403 | 399 | 334 | 314 | 310 | - |
| 10. 이혼건수(천 건) | 11 | 23 | 46 | 120 | 128 | 127 | - |

주 : a-2008년. 노령화지수는 노령층(65세 이상) 인구를 연소층(0~14세) 인구로 나눈 값임. 노년부양비는 노령층(65세 이상) 인구를 생산가능연령(15~64세) 인구로 나눈 값임. 1) 2005년 출생아 수는 2004년 자료. 2) 1970년, 1980년, 사망자 수 및 평균수명은 1971년, 1981년 자료임. 3) 사망률은 인구 천 명당 사망자 수. 인구증가율은 전년대비 증가율임.

자료 : 통계청, 『한국통계연감』, 2009; 『한국의 사회지표』, 2009; 『장래인구 특별추계결과』, 2005; 『2005 인구주택 총조사 보고서』, 2006.

**표 9-4** 한국과 주요국의 인구 특성 비교

| | 한 국 | 선진국 평균 | 일 본 | 미 국 | 독 일 | 중 국 |
|---|---|---|---|---|---|---|
| 1. 총인구(08년, 백만 명) | 48.6 | 1,107.4 | 125.3 | 304.1 | 82.1 | 1,324.7 |
| 인구증가율(2008~2015) | 0.2 | 0.5 | -0.3 | 0.9 | -0.3 | 0.6 |
| 2. 연령별 인구구성 | 100.0 | 100.0 | 100.0 | 100.0 | 100.0 | 100.0 |
| 0~14세 | 17 | 18 | 13 | 20 | 14 | 21 |
| 15~64세 | 72 | 67 | 65 | 67 | 66 | 72 |
| 65세 이상 | 10 | 15 | 21 | 13 | 20 | 8 |
| 3. 경제활동참가율(%) | | | | | | |
| 남 자 | 72 | 68 | 69 | 70 | 64 | 78 |
| 여 자 | 53 | 53 | 49 | 59 | 53 | 68 |
| 노동력인구 중 여성(%) | 41.9 | 43.3 | 41.5 | 46.1 | 45.4 | 41.9 |
| 4. 산업별 취업구조(%) | | | | | | |
| 농 업 : 남자 | 7 | 4 | 4 | 2 | 3 | - |
| 여자 | 8 | 2 | 4 | 1 | 2 | - |
| 공 업 : 남자 | 33 | 34 | 35 | 30 | 41 | - |
| 여자 | 16 | 12 | 17 | 9 | 16 | - |
| 서비스 : 남자 | 60 | 62 | 59 | 68 | 56 | - |
| 여자 | 76 | 85 | 77 | 90 | 83 | - |

주 : 2008년 기준, 취업구조는 2004~2008년 평균치임. 남자는 전체남자, 여자는 전체여자에 대한 비율임.

자료 : 세계은행, 『세계개발보고서』, 2010 및 『세계개발지표』, 2010.

계속되면 한국의 인구가 감소하는 시점은 2020년보다 앞당겨질 수도 있다.

- 2016년 생산인구의 감소 시작
- 2020년 총인구의 감소

고령인구의 증가는 경제활동 인구의 감소와 국민연금 생활자의 증가를 의미한다. 이는 장기적으로 심각한 국민연금제도의 문제를 일으킬 수 있다. 그리고 연금기금의 고갈로 은퇴연령이 65세에서 75세로 높아질 수도 있고, 노령인구의 취업이 커다란 사회문제가 된다. 뿐만 아니라 어린이 대상의 시장, 청년층이나 장년층 대상 시장의 상대적 중요성도 큰 변화를 겪게 된다. 고령화의 문제는 다음과 같다.

- 경제활동인구의 감소
- 저축과 부(富)의 감소
- 노인인구의 취업 문제
- 사회연금 등 복지비 부담의 증가
- 사회활력의 저하

## ◎ 출산율의 감소

한국의 합계출산율, 즉 한 여자가 가임기간(15~49세) 동안 낳는 평균 출생아 수는 1970년 4.53명에서 2000년 1.47명, 2009년 1.15명으로 감소했다. 세계 주요국 중 가장 낮은 수준이다. 세계 최고령국가인 일본의 합계출산율 1.29명에도 미달하는 수준이다. 한국의 합계출산율은 대체출산율, 즉 인구를 장기적으로 현재 수준에 머무르게 할 수 있는 출산율인 2.1명에 크게 미달한다. 대체출산율은 인구의 재생산율이라고도 한다. 한국은 대만 등과 더불어 최저출산국군(群)에 해당한다. 이런 추세라면 2020년 신생아 수는 38만 명으로 감소할 전망이다. 출산율 1.3 이하를 '초저출산율' 이라고 하는데 한국은 이미 '초저출산국' 이 되었다. 이는 평균 초혼연령이 2008년 남자 31.4세, 여자 28.3세로 높아진 데도 그 원인이 있다.

출산율의 감소는 노동력 인구의 감소를 의미한다. 이후 한국은 외국인 노동력 수입이 큰 사회문제가 될 수 있다. 이런 인구감소 추세 때문에 한국은 1996년 인구 억제정책을 폐지했다. 일본은 1989년 출산율이 1.57 이하로 떨어지자 엔젤플랜이라는 출산장려 정책을 펴기 시작했다.

## ◎ 다양성의 증가

인구변화의 중요한 특징 중 하나는 다양성의 증가이다.

- 외국인 비중의 증가 : 축구나 농구경기장의 외국인 선수, 생산 공장의 외국인 근로자, 국내거주 외국인, 외국 관광객 등 외국인의 비중이 커진다.
- 여성취업자의 비중이 커진다.
- 1인가정, 맞벌이부부 가정, 결손가정 출신의 비중이 증가한다.

- 근로자의 평균연령이 증가한다.
- 장애인들의 취업요구가 증가한다.
- 취미, 능력, 기술, 직종 등의 면에서 근로자들의 다양성이 증가한다.

### ❂ 인구변화의 경제적 영향

한국에서는 이른바 386세대와 포스트 386세대, 그리고 미국에서는 X세대와 Y세대가 중요하다. 1965~1976년 사이 태어난 X세대는 반 정도가 결손가정 출신 세대들이다. Y세대는 1978년 이후에 출생한 이른바 신세대이다. 송호근 서울대 사회학 교수에 따르면 386세대는 2004년 기준 30대 중반에서 후반의 세대로서 가정을 중시하고 애국심 등 공동체 의식이 강하나, 포스트 386세대는 20대에서 30대 초반까지의 세대로서 개인주의 성향이 강하다고 말한다. 이러한 인구변화는 기업 및 사회경영에 다음과 같은 영향을 미친다.

- 노동력인구는 2010년부터, 생산가능 인구는 2016년부터 감소할 전망이다. 외국인 노동자 활용의 중요성이 커진다.
- 인구의 고령화는 경제성장에 마이너스 효과를 미친다.
- 근로자의 사회보장비 부담과 정부의 사회보장비 지출이 증가한다.
- 가정파괴가 늘어난다. 결손가정 출신 어린이들이 증가한다.
- 사회의 역동성에 마이너스 효과를 미친다.

### ❂ 지식사회

피터 드러커 교수는 지식사회의 도래와 지식노동(knowledge work)과 지식근로자(knowledge workers)의 중요성을 강조했다. '지식근로자'란 전문 지식교육을 받은 의사, 교사, 변호사, 회계사, 작가, 연구원, 세무사, 디자이너 등으로 지식사회에서는 이들의 역할이 중요하다. 지식근로자 중 육체노동을 같이 해야 하는 제조기술자, 컴퓨터기술자, 소프트웨어 디자이너, MRI기술자, CT촬영기술자, 혈액검사자 등을 '지식기술자(knowledge technologists)'라고 하는데, 앞으로 이들이 지식사회의 지배세력으로 등장할 전망이다. 지식근로자의 다음과 같은 특성은 지식사회를 농경사회나 산업사회와 근본적으로 다르게 만든다.

① 지식노동은 유니섹스이다. 남녀 모두 할 수 있다.

② 지식사회에서 승자는 신(新)지식을 창조하는 사람이다.

신지식을 창조한 빌 게이츠와 같은 사람은 잘 하면 단기간에 그 분야 정상의 자리에 올라갈 수도 있다. 반면 그렇지 못한 사람이나 조직은 사양의 길을 걸을 수도 있다. 지식사회는 승자와 패자 간의 격차가 크고 고도로 유동적인 사회가 된다.

③ 과거에는 기술의 변화가 거의 없었으므로 누구나 학교에서 한번 배운 것을 평생 활용할 수 있었다. 그러나 지식이 급변하는 지식사회에서는 계속 새로운 것을 배워야 한다. 평생학습이나 재교육이 중요하고, 이를 위한 기구가 중요해진다.

④ 축구선수가 아무리 유능해도 팀이 없으면 능력을 발휘할 수 없듯이 지식근로자도 조직이 없으면 능력을 발휘할 수 없다. 지식근로자는 함께 일하는 다른 지식근로자들과 함께 조직에서 경쟁하고 능력을 발휘한다. 지식을 생산수단으로 소유한 지식근로자는 신(新)자본가라고 할 수 있다.

⑤ 지식에는 상하관계가 없다. 그러므로 지식근로자들의 상호관계는 상하관계보다 선후배관계처럼 된다.

⑥ 지식근로자는 자신경영(managing oneself)을 잘 해야 하는 사람이다. 자신경영은 지식기반시대의 수신(修身), 곧 신(新)수신이다. 조직의 운영과 국가경영도 지식근로자들의 자신경영이 잘 되어 있어야 가능하다.

### 3) 정치 환경

정치 환경을 좌우하는 것은 정부와 정치인이다. 정부는 작은 정부를 지향하고 IT기술을 통하여 국민에게 서비스와 정보를 신속 · 정확하게 제공하는 행정의 전산화가 필요하다. 정치인들은 과거 선거에서 중요한 영향을 미쳤던 혈연, 지연, 인맥, 학연 등이 사이버 공간에서는 그 영향력이 줄어들므로 새로운 방법의 모색이 필요하다. 사이버 유세, 사이버 투표, 사이버 정치의 중요성이 커지고 있다.

기업과 정치의 관계에는 어떤 변화가 있을까?

첫째, 기업은 정치나 정부의 영향을 많이 받을 것이다. 정치권이나 정부를 대상으로 기업과 산업정책이 옳은 방향으로 가도록 적극적이고 체계적인 로비를 할 필요성이 커진다.

둘째, NGO 등 시민단체의 영향을 많이 받는다.

셋째, 세계시장을 지배하는 많은 미국기업과 미국식 경영의 영향을 받는다. 미국식 소송과 법적 문제 해결의 필요성이 증가한다. 이는 기업들의 소송비의 증가와 변호사의 고용증대로 이어진다.

넷째, 기업 경영인 개개인의 법적 책임이 증가한다. 소액주주 집단소송제, 사외 이사제, 국내외 기업간 인수합병, 경영권 방어 등은 기업경영인 개개인의 법적 책임을 증가시킨다.

### 4) 기술 환경

이는 제10장에서 설명한다.

### 5) 자연 환경의 변화

세계는 에너지자원의 확보를 위한 전쟁중이다. 중국과 인도는 성장지향적인 자본주의 시장경제체제를 채택함에 따라서 석유자원의 수요를 급증시키고 있다. 중국은 에너지자원의 확보를 위하여 전 세계를 무대로 에너지회사 M&A에 국력을 쏟아붓고 있다. 그러나 전 세계의 에너지자원 보유량은 한계가 있으므로 전 세계적으로 새로운 에너지개발이 필요하다. 미국은 Vision 21 Project, 일본은 New Sunshine Program을 추진하여 연료전지, 태양광, 수소에너지, 석탄액화기술, 바이오 에너지 기술 등을 개발하고 있다. 한국은 에너지 해외의존도가 극히 높으므로 에너지 파동이나 가격의 급등은 산업의 GC향상에 커다란 위협요인이 될 수 있다. 에너지 자원의 안정적 공급이나 대체에너지 확보 등 에너지의 중요성이 커진다.

자연환경 파괴는 여러 면에서 이미 위험수준을 넘었다. 이는 다음과 같이 몇 가지로 나누어 볼 수 있다.

- 첫째, 온실가스, 산성비, 이상기온 등 지구차원의 환경오염이나 파괴는 증가할 수밖에 없으므로 이에 대한 대책이 시급하다.
- 둘째, 이웃 나라간 또는 지역차원의 환경문제도 중요하다. 예를 들어 중국은 세계 석탄의 40%를 사용하는데 석탄사용은 수은 중독과 미세먼지를 발생시킨다. 앞으로 세계 3대 수은 중독과 미세먼지 오염지역은 서유럽, 한반도 및 미국동북부 지역이 될 것이라고 한다. 중국의 사막화에 따른 황사현상은 이미 중국은

물론 한국에도 심각한 피해를 준다.

• 셋째, 에너지수요의 증가에 따라 에너지 가격이 상승하고 있으며 대체에너지(풍력, 태양열, 수소에너지 등)의 개발이 필요하다.

• 넷째, 자연자원의 부족이 심화된다. 자연자원은 ① 공기, 물과 같은 무한자원, ② 산림, 식량과 같은 재생가능자원, ③ 석유나 광물과 같은 재생 불가능자원으로 구분할 수 있다. 그런데 무한자원의 오염과 부족현상이 심화되고 있다. 앞으로 이에 대한 가격상승이 불가피하다.

• 다섯째, 오염방지 또는 환경파괴 방지기술의 개발이 필요하다.

앞으로 기업들은 환경오염 방지를 위해 많은 비용을 지불해야 한다. 자동차회사는 배기가스 통제, 철강회사는 용수오염 방지, 비누회사는 환경친화적 세제개발에 적극 나서야 한다. 녹색제품이나 환경친화적 제품개발의 필요성은 계속 증가할 수밖에 없다.

## 9.7 한국인의 문화 : 8가지 기준

"주일 대사로 근무할 당시, 나는 일본인들이 부(否, No)를 표시할 때, 상대방에 따라서 다르게 표현한다는 것을 알았다. 외국대사나 장관일 때는 '선처', 국장이나 공사에게는 '전향적 검토', 참사관이나 과장에게는 '검토' 또는 '고려'라는 표현을 쓴다. 이는 모두 가망이 없다는 뜻이다. 가망성이 있을 때는 '그렇게 다루겠다'는 표현을 쓴다."

—김정렴, 『한국경제정책 30년사』

저자는 지금까지 바둑, 골프, 학문, 기업, 이재, 예술, 정치, 종교 등 각 분야의 대가나 달인들을 국내외에서 많이 만나 보았다. 한 가지 공통점은 이런 분들은 분야에 상관없이 그 자리에 올라갈 수 있고, 또한 그 자리를 유지할 수 있는 독창적인 문화를 갖고 있다는 점이다. 이런 분들은 모두 인생을 살아가면서 당면하는 각종 문제에 대한 해결방법을 나름대로 터득한 사람이며, 또한 사람을 끄는 힘, 곧 소프트 파워도 있는 사람들이다. 그래서 문화를 문제해결 방식과 소프트 파워의 두 가지로 나누어 보아야 한다는 것이다. 세계 일류는 개인, 가정, 기업,

병원, 학교 할 것 없이 독창적인 문화가 있다. 일류를 뒷받침할 수 있는 문화가 없으면 일류의 자리에 올라가기도 어려울 뿐만 아니라 그 자리를 유지하지도 못한다. 한국이 앞으로 일류선진국이 되려면 그에 맞는 문화를 만들어 가야 한다.

포스코, 도요타, GE처럼 세계 일류기업들은 모두 물질적 성장에 맞는 스스로 개발한 정신문화가 있다. 일류 국가의 경우에도 일류의 정신문화가 있다. 세계 최고의 자동차회사인 도요타를 20년 이상 연구한 제임스 라이커 미시간대학 교수는 *Toyota Way*라는 책에서 도요타의 경쟁력은 도요타 문화(린 생산과 배움의 기업)에서 나온다고 말한다. 한국도 앞으로 자유민주주의를 바탕으로 시장경제를 잘 발전시켜 선진국이 되려면 그에 합당한 문화를 개발해야 한다.

국가의 문화에 관한 연구로서 가장 많이 인용되는 연구는 기어트 호프스티드의 연구이다. 그는 지금까지의 연구를 자신의 맏아들 기어트 잔 호프스티드와 같이 쓴 책, 『문화와 조직－마음의 소프트웨어』에 체계적으로 정리해 놓았다. 그는 국가 전체의 문화를 판단하는 기준으로 다음의 5가지를 제시했다. 다섯 번째 기준은 얼마 전에 추가한 것이다. 이는 그가 세계 40가국에 근무하는 IBM직원 11만 6천 명을 대상으로 한 조사 등 많은 나라 사람들을 조사해 발표한 연구결과를 바탕으로 하고 있다. 그러나 한국의 문화를 설명하는 데는 이들이 제시한 5개

**법이 먼저인가, 친구가 먼저인가**

한국인은 법을 중시하는가, 친구를 중시하는가? 세계적인 문화전문가인 폰스 트롬페나아스는 교통사고의 예를 통하여 한국인의 문화적 특성을 밝힌 바 있다. 예를 들어 당신의 친구가 운전하는 차를 타고 가는데, 제한속도 시속 30킬로미터 지역을 60킬로미터로 운전하다가 보행자를 치었다. 이 목격자는 당신밖에 없다. 만약 당신이 친구가 속도위반을 하지 않았다고 증언한다면 친구가 무죄가 된다고 할 때, 당신은 어떻게 증언하겠는가? 미국인들은 아무리 친한 친구라고 하더라도 95%는 속도위반을 했다고 증언한다는 것이다. 반면 한국인은 74%가 속도위반을 하지 않았다고 증언한다는 것이다. 폰스 트롬페나아스는 조사한 38개국 사람 중 친구에게 유리하게 증언해 주는 사람의 비율이 제일 높은 나라는 한국이고 제일 낮은 나라는 미국이라고 했다(그의 책, 『문화의 파고를 넘어서』 참조).

의 기준에 '군사문화' 등 몇 가지를 더 추가해야 될 것으로 보인다.

**① 신분의 차이** 미국은 선배와 후배, 사장과 사원, 상사와 부하, 연장자와 연소자 간 신분의 차이가 거의 없다. 그러나 한국은 그 차이가 굉장히 크다. 한국에서 한번 장관을 지낸 사람은 평생 장관으로 불려지기를 바란다. 한국인들은 상사를 항상 사장님, 국장님, 과장님 등으로 부르면서 지위를 중시한다.

중국인들은 사람들간의 '콴시', 즉 관계(關係)를 특히 중시한다. 이는 단순한 인간관계가 아니라 '의무가 따르는 관계'이다. 중국인들은 서로를 위하는 것을 의무처럼 느끼는 관계가 형성될 때 거래를 계속한다. 세계 74개국 중 신분의 차이를 가장 많이 느끼는 나라는 말레이시아, 슬로바키아 및 남미 여러 나라들이고, 낮은 나라는 미국, 캐나다, 네덜란드 등이다. 한국은 높은 순으로 41위이다.

### 경주 최부잣집의 가훈

한국에는 기록 문화가 없다고 하는 사람들은 서울대 규장각의 『조선왕조실록』을 보고 생각을 바꾼다. 여러 대에 걸쳐서 부(富)를 누리는 가문이 없다고 하는 사람들은 경주 최(崔)부잣집 이야기를 듣고 깜짝 놀란다. 전진문 교수는 『경주 최부잣집 300년 부(富)의 비밀』에서 이 가문은 최국선(1631~1982년)이 만석꾼이 된 후 최준(1884~1970년)에 이르기까지 10대, 300여 년간 만석꾼의 부를 누렸다고 했다. 전 교수는 외국에서 가장 오랫동안 부를 누린 가문이 이탈리아 메디치가문으로 200여 년에 불과하니 장기간 부를 누린 면에서 최씨 가문이 세계 제일이라고 말한다. 그가 밝힌 최(崔)부잣집의 가훈은 다음과 같다.

① 과거(科擧)시험을 보되 진사 이상은 하지 마라.
② 재산은 만 석 이상 지니지 말라.
③ 과객을 후하게 대접하라.
④ 흉년에는 땅을 사지 말라.
⑤ 며느리들은 시집온 후 3년 동안 무명옷을 입어라.
⑥ 사방 백리 안에 굶어 죽는 사람이 없게 하라.

② **개인주의인가 공동체주의인가** 『일본은 제일』 *Japan as No. 1*의 저자이며 동아시아 전문가인 에즈라 보겔 하버드대 사회학 교수와 조지 롯지 하버드 경영대교수는, 『국가경쟁력과 이데올로기』라는 책에서 앞으로 국가경쟁력을 결정하는 가장 중요한 이데올로기는 개인주의(individualism)와 공동체주의(communitarianism)라고 말한다. 그리고 개인주의의 대표적인 나라는 미국, 영국, 멕시코이고 공동체주의의 대표적인 나라는 한국, 일본, 대만이라고 지적한다. 저자는 보겔 교수와는 『한국기업의 정신』, 그리고 롯지 교수와는 『경제발전과 한국경제학』이라는 글을 같이 쓴 바 있다.

사람들이 공동체주의 문화에서는 '우리'를 중시하고 개인주의 문화에서는 '나'를 중시한다. 공동체주의 문화에서는 자원(resources)을 친척이나 친지들과 나누어야 된다고 생각하나 개인주의 문화에서는 '개인적 소유'를 중시한다. 공동체주의 문화에서는 항상 조화를 유지하고 의견 충돌은 피해야 된다고 생각하나, 개인주의 문화에서는 자신의 견해를 솔직하게 밝히는 사람이 정직하다고 생각한다. 세계에서 가장 개인주의적인 나라는 미국, 호주, 영국, 캐나다의 순이고 가장 공동체주의적인 나라는 과테말라, 에콰도르 등의 남미 여러 나라들이다. 한국은 가장 공동체주의적인 나라 순으로 74개국 중 대만에 이어 12번째이다(기어트 참조).

개인주의 문화에서는 자기주장과 시비가 많다. 그래서 소송도 많고 변호사가 많게 된다. 개인주의 문화의 대표적인 국가인 미국에는 '100만 대군의 변호사'가 있다. 그리고 인구보다 많은 총이 있다. 개인주의 문화인 미국 GM사에는 상시 고용된 변호사가 많고, 공동체주의 문화인 일본 도요타회사에는 상시 고용된 변호사가 소수이다. GM의 노사간의 관계는 대치관계이나 도요타의 노사관계는 공동체 관계이다.

③ **생활의 양을 중시하는가, 질을 중시하는가** 생활의 양적 측면을 중시하는 사회는 돈, 경쟁, 강자를 중시하고, 질적인 면을 중시하는 사회는 복지, 환경, 평등을 중시한다. 양적 측면을 중시하는 사회는 남성적 사회, 질적 측면을 중시하는 사회는 여성적 사회라고도 한다. 한국은 생활의 양을 중시하는 문화의 순으로 세계 74개국 중 59위이다. 생활의 질을 중시하는 순으로 16번째이다. 생활의 양을 중시하는 국가의 순은 슬로바키아, 일본, 헝가리, 오스트리아 등의 순이다. 생활의 질을 중시하는 나라는 스웨덴, 노르웨이, 네덜란드, 덴마크의 순이다.

④ 불확실성의 강력한 회피와 약한 회피　사람에 따라서는 미래에 닥칠 불확실성을 강하게 회피하려고도 하고, 오히려 즐기려고도 한다. 강하게 회피하려고 하는 문화에서는 사람들이 덜 행복하고, 건강이나 돈에 대해서 걱정을 더 많이 한다. 한국은 불확실성을 강하게 회피하는 문화의 순으로 세계 74개국 중 23위이다. 일본은 11위, 중국은 68위이다. 1위는 그리스, 2위는 포르투갈, 3위는 과테말라, 74위는 싱가포르, 72위는 덴마크 등이다. 한국은 미래에 불확실한 일이 닥칠 것이 예상되면 그냥 있지 않고 시민 단체를 조직하든지 데모를 하든지 하여 이를 회피하려고 한다.

⑤ 장기 지향적인가, 단기 지향적인가　장기 지향적인 문화에서는 사람들이 보존, 검소, 부동산에 대한 투자, 교육, 인간관계(경조사 관련 축의금이나 부의금 등)에 대한 투자 등을 중시한다. 반대로 단기 지향적인 문화에서는 단기이윤, 자유, 권리, 적은 투자, 여가시간을 중시한다. 74개국 중 가장 장기 지향적인 문화의 나라는 중국이고, 그 다음은 홍콩, 대만, 일본, 베트남, 한국의 순이다. 한국은 세계 6위이다. 중국은 '만만디'의 나라라고 한다. 가장 단기적인 문화의 나라는 파키스탄, 체코, 나이지리아의 순이다. 미국은 단기적인 나라의 순으로 9위, 영국은 8위, 뉴질랜드는 11위이다. 일본 도요타의 경우 경영자는 장기적인 경쟁력을 중시하고 근로자는 장기고용을 중시한다. 반면 미국의 GM자동차의 경우 근로자들은 단기임금 상승을 위한 임금투쟁을 중시하고, 사용자들은 단기이윤을 중시한다. 이는 결국 두 나라의 문화와 관계가 깊다.

⑥ 군사문화인가, 문민문화인가　정준양 포스코 회장은 2010년 포스코를 세계 주요 32개 철강회사 중 세계 랭킹 1위의 회사로 만들었다. 그런데 포스코는 장군으로 제대한 박태준 회장이 1968년부터 약 20년간 CEO로 재직하면서 세계적인 철강회사로서의 토대를 구축한 회사이다. 과거 3년 연속 철강생산성 세계 제일의 회사의 자리를 차지한 바도 있다. 윤석만 전 포스코 사장은 포스코의 성공요인은 다음 네 가지라고 말한다. 박정희 대통령의 탁월한 리더십, 박태준 회장의 헌신적 노력, 군(軍)생활을 통하여 터득한 종업원들의 군대식 기강과 경영노하우, 그리고 경영인들의 뛰어난 경영능력이다. 포스코의 성공에는 군사문화가 중요한 역할을 했다는 것이다.

미국은 군사문화의 색채가 짙다. 일본은 사무라이 문화로서 군사문화의 색채가 농후하다. 일본은 칼의 문화, 한국은 붓의 문화라고도 한다. 인구당 세계적인 대기업의 수가 가장 많은 스위스도 국민 개병제(皆兵制)를 하는 등 군사문화가 배경으로 깔린 나라이다.

한국은 남북이 대치하는 상태에서 군의 중요성을 아무리 강조해도 지나침이 없을 정도이다. 그러나 한 동안 군사문화를 지나치게 비하하고 문민문화를 강조한 바 있다. 조선 때의 선비 중심의 뿌리 깊은 문민사상을 연상케 한다. 한국이 1962년 제 1 차 경제개발 5개년계획을 시작한 후 세계에서 가장 빠른 경제성장을 할 수 있었던 것은 군대식 기강과 경영노하우 및 리더십에 기인한 바 크다. 당시 한국에서 수십만 명의 조직을 운영해 본 경험이 있는 한국인은 장군들밖에 없었다. 당시 한국군의 운영은 미국식이었고, 미국군의 운영은 최첨단 경영노하우를 토대로 발전한 것이었다. 많은 한국인들은 군 생활을 통하여 승용차, 트럭, 불도저, 기중기, 통신장비 등을 접하게 되었고, 이런 경험은 제대 후 민간기업에서 바로 활용할 수 있었다. 한국의 건설업체들이 세계수준으로 성장하는 데는 군의 영향이 컸다. 군사전략은 경영전략에 많은 도움이 된다.

⑦ 자연에 대한 태도 문화는 자연에 대한 인간의 태도를 기준으로 구분할 수 있다. 미국과 캐나다의 국경이나 미국의 주(洲)와 주 사이의 경계선은 자로 대고 그은 것처럼 직선인 경우가 많다. 그러나 한국의 도와 도의 경계선은 산이나 지형을 고려하였으므로 심한 곡선으로 이루어진 경우가 많다. 한국이 자연과의 조화를 중시한다면 미국은 자연의 극복을 중시한다. 한국은 옛날 집이나 마을의 위치를 정할 때 배산임수(背山臨水)라 하여 앞으로는 강이나 내가 흐르고 뒤에는 산이 있는 남향이나 동남향에 정했다. 한국은 묘지를 정할 때도 풍수지리를 중시하는 등 자연과의 조화를 중시한다. 미국의 뉴욕, 시카고, 보스톤, LA, 중국의 북경이나 상해, 일본의 도쿄나 나고야, 영국의 런던, 프랑스 파리, 독일의 베를린이나 프랑크푸르트 등은 모두 평지에 건설된 도시이다. 배산임수를 따지려고 하더라도 산이 없다. 북경에는 강도 없다. 한국에는 산이 많고 계곡이나 강 또는 개천이 많아서 인간과 자연과의 관계를 중시하지 않을 수 없다.

⑧ 시간에 대한 태도 독일인들은 약속시간을 정확히 지킨다. 독일 기업인들은 약속시간에 2~3분 지각하는 것을 모욕으로 받아들인다. 계획을 좋아하기 때문에 약속은 몇 주 전에 하는 것이 좋다. 러시아인들과 약속하면 외국인은 제때 도착하나 러시아인들은 늦거나 아예 나타나지 않을 수도 있다. 사과가 없는

경우도 많다. 미국인들은 사람을 평가할 때 일반적으로 과거를 많이 문제 삼지 않는다. 어느 나라에서 이민 온 사람인가도 별로 따지지 않는다. 앞으로 얼마나 맡은 일을 잘 하는가를 따진다. 한국의 여자 골프선수들이 미국에 가서 골프할 수 있는 것도 미국인의 이런 문화 때문이다. 그러나 한국인들은 과거를 중시하는 전통이 있다. 그 사람이 과거 양반이었나, 또는 어느 학교, 어느 지역, 어느 가문 출신인가 등을 중시한다.

## 9.8 시장경제와 한국인의 정신문화

"일하기를 싫어하는 사람은 먹지도 말라."

—성 서

자본주의 시장경제에서는 물질적 성장뿐만 아니라 정신문화의 성장도 중요하다. 사실 개인, 가정, 기업, 국가 할 것 없이 정신문화가 뒷받침되지 않으면 오래 가지 못한다.

세계적인 경제학자 모리시마 미치오 런던대 교수는 그의 책『왜 일본은 성공했는가』에서 일본의 성공요인은 정신적 요인 때문이라고 말한다. 그는 일본의 유교가 인(仁)과 의(義)를 중시하는 한·중 유교와는 달리 충(忠), 효(孝) 및 근검절약을 중시하는 등 일본식 가치관을 형성했다고 말한다. 일본식 유교 가치관은 서양의 청교도 윤리(Protestant Ethics)에 비견되는 것으로 금욕주의적 인간, 종신고용, 연공서열, 종합상사 및 일본식 기업그룹 제도의 기반이 되었다는 것이다.

한국은 고도성장과정에서 정신적 요인이 경제성장의 중요한 역할을 했다. 그 중요성은 앞으로 더욱 증가할 것으로 보인다. 그러나 한국은 정신문화의 성장이 물질적 성장을 따라가지 못하는 한계를 보이고 있다. 카드 빚 때문에 급증하는 신용불량자나 돈 때문에 발생하는 각종 범죄는 그 일면을 말해 준다. 정부정책 담당자들 중에도 나라 돈을 많이 쓰고 부족하면 세금을 더 거둬들이면 된다고 생각하는 사람들이 적지 않다.

국가경제가 물적 및 정신적으로 가장 잘 성장한 나라 중의 하나는 미국이다. 미국은 전 세계에서 이민 온 사람들의 나라로서 오합지졸이 될 수 있었는 데도 불구하고 세계 최대의 경제대국이 되었다. 미국은 앞으로도 계속 최고의 자리를 누릴 것으로 예견된다. 이것은 미국경제를 뒷받침하고 있는 미국인들의 건전한 정신문화 때문이다.

세계 여러 나라의 자본주의 정신을 연구하는 것은 흥미 있는 일이겠으나 여기서는 경제대국 미국을 중점적으로 살펴보자. 미국의 자본주의 정신은 청교도 윤리로 그 특징은 다음과 같다.

**① 끊임없는 자기 향상** 신교는 악한 인간이 신의 용서를 받는 길은 끊임없는 자기향상으로 더 성공적이 되는 것이라고 믿는다. 그러므로 미국에는 부자가 되는 길, 성공하는 사람들의 습관, 행복의 방법 등 자기향상에 관한 책이 수없이 많다. 세계에서 이런 책이 제일 많은 나라는 바로 미국이다. 대표적인 책으로는 노먼 필 목사의 『적극적 사고방식』, 릭 워렌 목사의 『목적이 이끄는 삶』 등을 꼽는다.

한국의 유교문화는 교육을 중시한다. 유교경전인 『논어(論語)』는 첫 줄부터 교육을 강조한다. 한국의 부모님들 중에는 자녀교육에 목숨을 거는 경우가 적지 않다. 과외교육을 가장 강도 높게 하는 나라도 한국이다. 그러나 한국인 전체의 자기향상은 미국인들처럼 종교적이지는 않다.

우리나라 대학교에는 최고경영자과정이 많다. 사회지도층 인사들을 교육시키는 이런 최고경영자 과정이 인구비중으로 볼 때 세계에서 가장 많은 나라는 아마 한국일 듯하다. 우리나라에는 이른 새벽에 시작하는 각종 조찬회가 수백 개가 된다. 대개 강사를 초빙해서 강의를 듣는 모임이다. 후진국의 공통된 특성은 국민들이나 지도자들이 더 배우려고 노력하지 않는 것이다.

한국인은 수신(修身)을 강조한다. 그러나 옛날 수신을 아주 잘 한 사람들 중 찢어지게 가난한 사람들이 많았다. 미국인의 수신은 물질적인 성공을 강조하나 옛날 한국인의 수신은 물질적 성공과 거리가 먼 것이었다. 한국에는 가난을 미화하는 전통이 있다. 이는 부를 죄악시하는 정서로 이어지고, 기업정책이나 부동산 등 재산관련 정책을 오도하는 경우가 많다.

'끊임없는 자기향상' 은 도요타 정신의 하나인 카이젠(改善), 즉 끊임없는 개선과는 물론, 경영학의 학습조직(learning organization)이론과도 맞는다.

**② 물적 성공의 중시** 개신교는 성직자만이 아니라 남에게 도움되는 일을 하는 모든 사람은 성직에 종사한다고 믿는다. 그러므로 돈을 더 많이 번 사람일

수록 남에게 도움되는 일을 더 많이 한 사람이라고 생각한다. 유럽 신교 중에는 인간이 신의 축복을 받았는가의 여부는 얼마나 물질적으로 성공하는가에 따라서 판명된다고 말하는 경우도 있다. 미국의 신교는 이보다 한발 앞선다. 윌리엄 로렌스 추기경은 1900년 신성함과 부(富)는 분리불가능하다고 하면서 "물질적 번영은 인간을 더 멋지고, 더 즐겁고 덜 이기적이고 더 신에 가깝게 만든다"고 말한다. 러셀 콘웰 목사는 다음과 같은 취지의 연설을 했다. "여러분은 부자가 될 의무가 있습니다. 큰 부자가 되는 것이 기독교인의 신성한 의무입니다." 한국은 누구나 부자가 되고 싶어하지만 부자에 대한 반감이 강하다. 심지어 세계 일등하는 기업과 기업가에 대해서도 반감을 가진 사람들이 많다.

**③ 근면과 자기훈련** 미국식 신교는 열심히 일해서 돈을 벌고, 정직하게 번 돈은 절약하여 저축하고 투자해야 된다고 믿는다. 또한 직업에 귀천이 없다고 여겨 상인, 농부, 노동자 등 모든 사람의 일을 신성하다고 믿는다. 누구나 자신의 일이 어떤 것이건 신이 정해 준 직업, 곧 천직(天職)으로 생각하고, 신의 부름을 받아서 하는 것처럼, 곧 소명(召命)의식을 갖고 최선을 다해야 된다고 믿는다. 근면

**목수 부인**

언론인 U씨가 밝힌 어느 친목 모임 이야기이다. 최일선 소대에서 힘들게 군 생활을 같이 하던 분대원 10여 명은 제대 후 평생 형제처럼 지낼 것을 약속했다. 이들은 그 약속에 따라서 제대 후 지금까지 20년 넘게 매년 만나고 있다. 한 해 한 번은 꼭 1박 2일로 부부동반으로 만난다. 부인들마다 학벌이 다양한데 그 중 대졸자는 단 두 명밖에 없다. 대개 부인들은 명품 핸드백이나 옷 등을 갖고 와서 자랑하는데, 그 중 학벌이 초졸밖에 안 되는 목수 부인은 자랑은커녕 항상 동료들이 먹을 밑반찬을 해 온다. 목수부인은 부인들끼리 자칫 서먹서먹할 수 있는 분위기를 재미있게 만들어 모임에서 인기가 높다. 나이는 부인들 중 중간 순이지만 부인들의 리더 역할을 하고 있어서, 모두들 목수 부인을 언니라고 부르며 따른다. 목수 부인에게 명품 핸드백이나 옷은 없지만 평생 열심히 일해서 별장도 마련하는 등 동료들 중 제일 잘 산다고 한다.

과 자기훈련의 두 가지를 청교도 윤리(Protestant ethic)라고 하는 사람도 있다. 이런 직업관 때문에 미국인들은 부자들이라도 자녀들이 햄버거 가게나 주유소 등에서 시간제로 일하면서 돈 버는 것을 당연하게 생각한다. 유대인들도 정직하게 돈을 벌어야 한다고 믿으며 일하지 않고 돈 버는 것을 죄악시한다. 일본의 쇼쿠닌세이신(職人 또는 匠人정신)도 근면과 자기훈련을 강조한다. 자기훈련이란 정직하게 돈을 벌고, 번 돈을 소비보다 저축하고 투자하여 더 유용하게 사용하는 것을 의미한다.

한국의 새마을 운동 정신(근면, 자조 및 협동)도 근면을 강조했다. 한국인 중에는 빚을 얻어 소비하는 사람들이 많아져서 가계부채가 심각한 문제가 되고 있다. 국민의 1인당 소득수준은 선진국보다 낮은데, 주 5일제 근무를 하는 등 노는 날은 선진국 수준이다. 세계경제포럼(WEF) 조사에 따르면 외국 기업경영인들은 한국근로자들의 근로윤리를 크게 문제시한다.

④ **인도주의** 인도주의가 없다면 자본주의는 삭막한 전쟁터 같을 것이다. 기독교는 남을 돕는 것이 자신의 성장은 물론 신의 구원을 받는 길이라고 말한다. 이병철 삼성그룹 창설자는 최고의 도덕은 봉사라고 했다. 한때 미국의 최고 부자였던 록펠러는 시카고대학 설립에 필요한 돈을 기부했다. 유대인들은 인간은 누구나 돈, 마음, 시간 및 노력의 10%는 남을 위하여 베푸는 데 사용해야 된다고 말한다.

한국인 중에도 그렇게 생각하고 실천하는 사람들이 많다. 그런데 근로자들 중에는 자신의 소유의 일부를 남을 위하여 사용하기는커녕 일한 것보다 더 받아내려고 투쟁하는 사람도 있다. 이런 사람들이 노조를 결성하면 전투적인 노조가 되기 쉽다. 외국기업들이 겁내는 것은 바로 이런 노조이다.

⑤ **다시 태어나는 기독교인** 자본주의 시장경제는 태생적으로 기독교를 바탕으로 한다. 따라서 기독교 정신인 변화, 개선, 혁신을 중시한다. 신교는 악한 사람이 회개하여 새 사람이 되는 것, 즉 회개하고 새로운 기독교인이 되는 것을 강조한다. 영적으로 새로운 사람이 되는 것이 자기향상의 극치이다. 정신적으로 건전한 사람이 되어야 자본주의가 잘 발달할 수 있다. 이상의 설명은 하버드대에서 외국인들에게 미국과 미국인을 가르치는 데 사용된 에드워드 커니 등의 책 『미국의 길』을 참고로 했다.

## ❂ 한국인의 반기업 정서와 반자본주의 정신

한국인의 반기업 정서와 반자본주의 정신은 많은 요인—무지, 공산주의의 선전, 부자들의 자본주의 정신의 결핍, 전통 종교 등—에 기인한다. 그 중 가장 많은 영향을 준 것은 유교가 아닌가 한다. 조선은 5백년간 유교를 국교로 정했다. 한영우 교수는 『다시 찾는 우리역사』에서 "조선왕조는 유교국가로서 불교나 도교 혹은 무속을 이단으로 배척했다"고 말한다. 한국인에게 뿌리 깊게 남아 있는 유교사상은 많은 장점을 가지고 있으나, 기업이나 시장경제와 관련하여 볼 때 단점도 적지 않아 보인다. 여기서는 한국이 반기업 정서가 강하게 된 이유의 일단을 유교에서 찾아보기로 한다.

**① 법이나 시스템보다 인간관계 중시** 동아시아 전문가인 드와이트 퍼킨스 하버드대 경제학 교수는 『법, 가족관계 및 동아시아식 비즈니스』라는 글에서 가족관계 등 인간관계를 중시하는 동아시아의 유교문화는 다음과 같은 두 가지 이유로 동아시아 경제발전의 발목을 잡을 것이라고 말한다.

- 유교식 인간관계를 바탕으로 한 금융제도는 경제위기를 불러올 수 있다.
- 글로벌 경제시스템은 인간관계를 바탕으로 한 인치(人治)가 아니라 법치(法治, rule of law)를 필요로 한다. 인간관계를 바탕으로 한 경제시스템은 설 자리를 잃을 위험이 크다.

동아시아의 혈연, 학연 및 지연을 중시하는 문화는 경쟁능률 혁신을 바탕으로 한 자본주의가 아니라 연줄자본주의(crony capitalism)가 되어 비능률과 부패를 초래하기 쉽다.

**② 기업경영 개념의 결핍** 유교의 수신제가치국평천하(修身齊家治國平天下)에는 조직을 경영한다는 개념이 없다. 그래서 유교사상이 강한 가정, 기업, 국가는 조직을 다스림의 대상으로 생각하지 경영의 대상으로 생각하지 않는다. '남과 더불어 그리고 남을 기분 좋게 일할 수 있게 만들어야 된다'는 경영개념이 결핍되어 있다. 또한 유교는 '공직천하지대본' 사상으로 국민에게 봉사해야 하는 공무원이 국민을 다스리게 만들기 쉽다.

**③ 직업관의 문제** 동아시아 문명전문가인 디오도르 드배리 콜롬비아대 교수는 그의 책 『유교의 트러블』에서 유교 전통에 젖은 사람들은 사농공상(士農工

商)의 직업관 때문에 공무원, 학자 및 교사의 역할을 지나치게 중시하는 편중된 직업관을 가진다고 말한다.

④ 인문교육 치중　　유교사상의 대가 투 웨이밍 하버드대 교수는 그의 저서 『오늘날의 유교윤리』(1984)에서 "옛날 학자들은 자신을 충실히 하기 위하여 학문을 했다(古之學者爲己)"고 말한다. 디오도르 드배리 교수는 유교가 제품의 생산이나 혁신이 아니라 자신의 이해와 발전에 배움의 목적을 두고 있는 것이 문제라고 말한다. 그는 이런 인본주의적 전통은 동아시아로 하여금 18세기 이후 증가일로에 있는 서양의 경제력과 군사력에 대항할 수 없게 만들었다고 지적한다. 송자 전 연세대 총장은 중·고등학생들을 위한 교과서가 현실 문제를 도외시하고 너무 개념적이라고 말한다. 한국에서 영어영문학을 전공한 학생 수가 본토 영국의 학생 수보다 많을 정도이고 한국이 세계에서 독어, 불어를 전공하는 학생이 제일 많은 나라 중 하나가 된 것은 인문 중시 풍토와 무관하지 않다.

⑤ 가난의 미화　　'찬밥 먹고 물 마시고 팔을 베고 누었어도 그 속에 낙이 있다(飯疏食飮水 曲肱而枕之 樂亦在其中矣)'는 말이나 '군자는 도를 걱정하지 가난을 걱정하지 않는다(君子憂道不憂貧)'는 유교사상은 부(富), 부자(富者), 자본(資本)에 대한 반감으로 나타날 수 있다. 한국인 중에는 '가난한 사람은 선하고 부자는 악하다'는 생각을 가진 사람이 적지 않다.

⑥ 평준화의 강조　　송복 연세대 사회학 교수는 논어의 '적음을 걱정하지 말고 균등하지 못함을 걱정하라(不患寡而患不均)'거나 모두가 고르면 가난함이 없다(蓋均無貧)'는 말은 유교에서 표방하는 평준화를 잘 드러낸다고 지적한다.

⑦ 경쟁의 기피　　논어는 '군자는 경쟁을 하지 않는다(君子無所爭) 고 말한다.

이런 여러 가지 요인이 국민들의 반기업 정서를 키우는 데 적잖은 공헌을 한 것으로 보인다. 그러나 동아시아 문제 전문가인 에즈라 보겔 하버드대 교수는 유교의 다음 세 가지 특징 때문에 그렇게 말할 수 없다고 했다.

- 유교는 그 종류가 많다.
- 유교는 적응력이 뛰어나므로 환경변화에 잘 적응한다.
- 유교는 융통성이 있으므로 유교 신봉자는 유교원리를 100% 신봉하지 않는다. 때에 따라서 융통성을 발휘한다(대담, 2005. 5. 8).

싱가포르는 국민 대다수가 유교의 영향을 많이 받은 화교로 구성되어 있음에도 불구하고 잘 정착된 시스템과 정책으로 반기업 정서나 반시장경제 정서 문제를 극복하고 있다. 싱가포르는 유교의 이러한 약점을 잘 극복한 대표적인 사례이다.

지금까지 이 장에서 우리는 전략의 의미, 한국인의 MCC전략, 그리고 전략의 수립과 시행의 4단계를 알 수 있었다. 이는 4단계 중 주로 제 2 단계에 해당되는 것이다. 제 3 단계인 시스템은 제11장에서 별개의 장(章)으로 논의되므로, 이 장에서는 4단계 중 제 1 단계인 패러다임 변화와 제 4 단계인 한국인의 문화를 살펴보았다.

"큰 나라를 다스리는 것은 작은 생선 굽듯이 해야 한다(治大國 若烹小鮮)."

– 노 자

"200년 후에도 굴러갈 삼성 시스템을 만드는 것이 저의 꿈입니다."

– 이학수

# 제10장 한국인의 경쟁단계: 혁신과 독창

지금은 글로벌시대, 지식사회, 서비스사회, 무한경쟁시대, 드림 소사이어티, 창의적 계층이 중요한 시대 등으로 불린다. 이들은 모두 정도의 차이는 있으나 경쟁에 있어서 혁신과 독창의 중요성을 나타내는 것으로 볼 수 있다. 우선 혁신의 중요성을 나타내는 예를 하나 보기로 하자.

## 10.1 독창으로 가는 4단계

『포춘』지가 아시아 최고경영인으로 선정한 바 있는 윤종용 삼성전자 전 부회장은 삼성전자가 일본의 소니를 따라잡은 경위를 이렇게 설명했다(조선일보, 2010.2.20). 아날로그 TV에 들어가는 부품은 3,000여 개나 되므로 조립라인에서 일일이 조립해야 한다. 따라서 불량품이 발생하기 쉽다. 그러므로 부지런하고 경험 많은 일본 근로자들이 만든 TV의 경쟁력이 강한 것은 당연했다. 그러나 디지털 TV가 나오게 되자 모든 회로가 기판에 들어가는 시스템 온 칩(system-on-chip) 형태의 생산이 되었다. 조립공정이 간단하고 불량률도 낮아졌다. 아날로그 시대에는 경험, 근면성, 기술의 축적 등이 경쟁력을 결정했다. 그러나 디지털 시대에는 혁신적 제품과 혁신적 생산방식이 경쟁력을 결정하게 된다. 갈수록 혁신의 중요성이 커지게 된다.

그런데 TV는 흑백에서 컬러로, 컬러에서 HD로, 그리고 다시 3D로 계속 진화한다. 머지 않아 모든 TV는 LED(발광 다이오드) TV가 될 것이라고 한다. 자동차도 휘발유 자동차에서 하이브리드 카, 하이브리드 카에서 연료전지 차, 그리고 다시 전기자동차, 수소 자동차 등으로 끊임없이 진화할 것이라고 한다. 그런데도 현재의 제품 생산기술이나 경험만 많이 축적하면 된다고 생각하는 사람은 언제 경쟁에서 패하고 퇴출당할지 모른다. 위대한 경제학자 조셉 슘페터가 강조한 바와 같이 혁신적인 제품, 혁신적인 생산방식 등 혁신이 대세를 결정하는 시대가 되었다. 개인이나 기업은 물론 어떤 조직체도 앞으로 살아남기 위해서는 끊임없이 혁신하는 길뿐이다. 이 책이 혁신과 독창을 별도의 장(章)으로 취급하여 그 중요성을 강조하는 것은 이 때문이다.

그런데 혁신에는 어떤 종류가 있는가? 조셉 슘페터는 『경제발전론』에서 다음 5가지가 있다고 했다. 이는 혁신을 하고자 하는 사람들이 기본적으로 알아야 하는 것들이다. 수많은 사람들이 인용하는 바이기도 하다.

① **제품의 혁신** 마법천자문, 아이폰, 3D TV, 전기 자동차 같은 새로운 제품
② **생산방법의 혁신** 공장 자동화, 포스코의 파이넥스 공법, JIT(Just-In-Time), 시스템 온 칩 등
③ **시장의 혁신** 동남아시아, 일본, 중앙아시아 등에 일으킨 한류열풍 등
④ **원료나 반제품과 관련된 혁신** 통일벼 등 종자개량, 새로운 유전확보 등
⑤ **생산조직의 혁신** 수평적 조직·수직적 조직, 팀제, 그룹제, 아웃 소싱 등

개인의 경우에도 경쟁에서는 혁신과 독창의 중요성이 절대적이다. 이를 잠시 보기로 하자. 경쟁에는 다음과 같은 4단계가 있다.

① 모방단계
② 캐치업(catch-up)단계
③ 혁신단계
④ 독창단계

이를 그림 그리는 어린이에 비유해 보자. 어머니가 유명화가의 그림을 보여주고 똑같이 그려보라고 할 때가 그 어린이로 볼 때는 모방단계이다. 그 어린이가 자라서 미대를 졸업한 후, 가령 어머니께 "저 이제 설악산 그림을 그리면 한국 일류화가처럼 똑같이 그릴 수 있습니다"라고 하는 수준이 되면 캐치업단계에 도달했다고 할 수 있다. "더 또는 새롭게 그릴 수 있습니다"라고 말할 수준이 되면 혁신단계에 도달했다고 할 수 있다. 그리고 마지막 단계에 도달할 수 있을지 모르나 어머니께 "저 이제 그림을 그리면 피카소처럼 그릴 수 있습니다"라고 말할 수 있으면 독창단계에 도달했다고 할 수 있다.

후진국의 발전단계의 경우에도 주로 선진국제품의 짝퉁을 만드나 제대로 만

들지 못하는 단계는 모방단계이다. 짝퉁을 진짜처럼 만들 수 있는 단계는 캐치업 단계이다. 선진국제품보다 더 잘 또는 새롭게 만들 수 있는 단계는 혁신단계이다. 선진국에 없는 제품을 만들 수 있는 단계는 독창단계이다. 많은 학자들은 혁신단계와 독창단계를 통합하여 혁신단계라고 한다. 그러나 저자처럼 혁신과 독창을 분리하여 4단계로 하는 것이 설명하기에 더 좋다고 생각한다.

한국은 지금까지 휴대폰, TV, 자동차, 에어컨 등 선진국들이 발명한 제품을 주로 똑같이(OEM) 만들거나 더 잘, 또는 새롭게 만들어서 수출했다. 즉, 캐치업이나 혁신으로 경쟁을 했다. 이런 경쟁도 대단히 중요하다. 그러나 더욱 중요한 것은 아이폰처럼 독창적인 제품을 만들어 수출하는 것이다. 독창적인 제품을 만들면 경쟁자가 없게 되는 것이다. 중국, 일본, 동남아시아, 중동 지방에 한류열풍을 일으킨 드라마도 좋은 예라고 할 수 있다.

위의 4단계를 마이클 포터 교수는 요소주도형 단계, 투자주도형 단계 및 혁신주도형 단계의 셋으로 구분했다. 요소주도형 단계는 모방단계, 투자주도형 단계는 캐치업단계, 그리고 혁신주도형 단계는 위의 혁신과 독창단계를 합친 것이다. 그는 한국이 이미 2000년을 넘어서면서 혁신단계에 진입했음을 강조했다. 그가 분류한 3단계는 많은 경제발전론자들도 인용하는 것이다.

## 10.2 혁신과 독창으로 경쟁한다

마이클 포터는 명저 『국가의 경쟁우위』에서 국가경제의 발전단계를 국가의 경쟁우위(competitive advantage)를 기준으로 다음과 같이 3단계로 나누었다. 마이클 포터에 따르면, 국가의 경제발전은 요소주도형 단계로부터 시작하여 투자주도형 단계를 거쳐 혁신주도형 단계로 발전한다. 혁신주도형 단계에 도달한 나라는 어느 나라이든 선진국이라고 할 수 있다. 그런데 여기에서 혁신은 독창을 포함하는 것이다.

요소주도형 단계(Factor-driven Stage)
투자주도형 단계(Investment-driven Stage)
혁신주도형 단계(Innovation-driven Stage)

**표 10-1** 경쟁력의 발전 단계

| | 요소주도형 단계 | 투자주도형 단계 | 혁신주도형 단계 |
|---|---|---|---|
| 1. 경쟁력의 원천 | • 기초적 생산요소(저렴한 노동력, 가공되지 않은 자연자원 등)<br>• 가격 | • 비교적 표준화된 제품 생산을 위한 대규모 자금조달 및 투자능력과 효율성 | • 세계 최신 기술, 최고의 방법으로 생산한 혁신제품<br>• 제품, 기술 및 생산방법의 창출 능력 |
| 2. 생산의 특성 | • 생산제품의 종류가 제한적(1차산품, 선진국이 디자인한 단순한 제품, 노동집약적 제품 등) | • 규모의 경제가 중요한 제품<br>• 보다 정교한 제품의 생산이 가능<br>• OEM생산 | • 자체브랜드상품<br>• TNC식 생산<br>• 세계수준의 서비스(엔지니어링, 마케팅 등) 생산 능력 |
| 3. 기 술 | • 자체기술 없음.<br>• 기술흡수는 수입품, 모방, 공급협약, 외국인 투자를 통하여 이루어짐. | • 선진국의 기존 세계 최고 기술 사용가능<br>• 기술은 기술협약, 합작투자, OEM 생산 등으로 습득<br>• 기술개선능력 있음. | • 세계 일류 제조, 디자인, 조직 등의 기술 보유<br>• 각종 전략적 제휴 능력이 있음. |
| 4. 경쟁방법 | • 가격으로 경쟁<br>• 해외 소비자와 직접적인 접촉은 거의 없음. | • 표준화된 제품으로 경쟁<br>• OEM고객을 대상으로 함. | • 차별화 전략과 기술로 경쟁<br>• 자체의 마케팅과 서비스 네트워크 보유<br>• 브랜드로 경쟁 |
| 5. 세계경제와의 관계 | • 세계경기변동, 1차산품 가격변동, 환율변동 등에 많은 영향을 받음. | • 금융 위기와 특정 산업의 수요 변동에 취약함. | • 자체의 세계전략 및 마케팅으로 외부충격 극복 능력이 있음. |

참고 : Michael E. Porter(1998과 2005년).

마이클 포터와 제프리 삭스는 2000년 현재 한국이 이 세 단계 중 마지막 단계인 혁신주도형 단계에 도달했음을 밝혔다. 그들은 인구 백만 명당 미국에 실용특허를 15개 이상 출원한 24개 국가가 이 단계에 도달했다고 주장했는데, 한국은 특허 수가 많기로 세계 제12위이다.

① 한국의 요소주도형 단계　1961년 한국의 1인당 소득이 100달러 미만이었을 때 한국의 수출상품은 중석, 오징어, 흑연, 합판 등이었다. 당시 한국은 자연자원이나 노동력을 바탕으로 국제시장에서 다른 나라와 경쟁을 했다. 이렇게 경쟁하는 단계를 요소주도형 단계라고 한다. 자연에서 채취한 원료(석유, 광물, 생선, 목재 등)나 단순 노동력을 사용한 제품을 만들어 수출하는 많은 후진국들은 모두 경쟁력이 가장 낮은 단계인 요소주도형 단계에 있다. 이 단계의 여러 가지 특징은 [표 10-1]에 나타난 바와 같다.

② 한국의 투자주도형 단계　1990년 한국의 수출상품은 의류, 신발, 철강판, 자동차, 인조섬유 등이었다. 비교적 표준화된 제품으로서 어느 선진국이나 생산 가능한 제품들이다. 이 당시 한국은 투자주도형 단계로 대규모 투자를 통한 규모의 경제의 이점을 살릴 수 있는 제품들을 생산했다. 이 단계는 제품을 자체 개발할 능력은 없지만 다른 나라에서 개발한 최신기술을 도입하여 활용할 수 있는 능력은 있으며 해외 투자자금을 손쉽게 모을 수 있다. 투자주도형 단계에 있는 나라의 기업들은 비교적 표준화된 제품을 대규모 투자를 통하여 효율적으로 생산하여 수출한다.

③ 한국의 혁신주도형 단계　컴퓨터, 휴대폰, 소프트웨어, 의약품, 정보통신기기, 생명공학제품, 가사 · 사무 · 공장 자동화 관련 제품, 서적, TV드라마나 영화 등은 지식을 기반으로 한다. 즉 지식이 주된 생산요소가 되는 제품이나 서비스이다. 이러한 제품과 서비스의 특징은 자연자원에 대한 의존도는 매우 낮으나 최초 개발비가 높으며 단위당 생산비는 아주 낮다는 것이다.

한국의 최근 수출상품은 첨단 휴대폰, LCD, PDP, TV 등 한국기업이 개발하여 수출하는 혁신주도형 단계 제품들이 많다. 한국은 2000년경에 혁신주도형 단계로 진입한 것으로 보인다. 이 단계의 기업은 세계 최신의 기술개발을 바탕으로 한 제품개발 능력이 있고, 자체 브랜드 개발 능력도 있다. 세계시장을 대상으로 한 자체 마케팅 능력도 있다.

마이클 포터는 이 3단계의 주된 경쟁력으로, 요소주도형 단계에서는 요소의 가격(또는 비용), 투자주도형 단계에서는 투자효율, 그리고 혁신주도형 단계에서는 혁신에 의한 독특한 가치라고 말한다.

요소주도형 경제 ⇨ 투자주도형 경제 ⇨ 혁신주도형 경제
(요소 비용) (효율) (독특한 가치)

어느 나라이건 경제성장 초기에는 요소주도형 단계에 있고 경제가 발전함에 따라서 투자주도형 단계를 거쳐 혁신주도형 단계로 옮겨 가게 된다. 세계경제포럼은 2004년 기준 전 세계에는 25개국이 혁신주도형 단계에 있다고 발표했다. 그 중 한국은 기술혁신지표로 볼 때 세계 제12위였다.

이 3단계는 1인당 소득수준과는 어떤 관계가 있는가? 마이클 포터(2005)는 구매력환산 1인당 국민소득기준으로 다음과 같이 구분한다.

- 요소주도형 단계 : 4,000달러 이하
- 투자주도형 단계 : 4,000~17,000달러
- 혁신주도형 단계 : 17,000달러 이상

마이클 포터가 말하는 요소주도형 단계는 세계은행의 『세계개발보고서』가 규정하는 저소득(low income) 국가, 투자주도형 단계는 중소득(middle income) 국가, 그리고 혁신주도형 단계는 고소득(high income) 국가와 대체적으로 일치한다. 그러나 소득기준은 다르다. 예를 들면, 세계은행은 구매력환산기준 1인당 소득이 2,260달러 이하의 나라를 저소득국이라고 하는 데 비하여 마이클 포터는 4,000달러 이하의 나라를 저소득국이라고 한다.

그럼 기업들은 경쟁력을 향상시키기 위하여 어떻게 해야 하는가? 같은 업종의 기업이라도 어떤 경쟁단계에 있느냐에 따라 그 방법이 다르다. 마이클 포터는 각 단계별 기업의 경쟁력 향상방법을 다음과 같이 제시한다.

저소득국 기업 : 요소비용 이상의 경쟁력 창출
전문경영인 활용
생산 공정의 고급화
중소득국 기업 : 해외기술 사용의 촉진
R&D 지출의 증가
적극적인 인재개발
국제마케팅 개발
해외시장 개척

고소득국 기업 : 혁신능력의 확대
해외 브랜드 마케팅
해외고객 확보
혁신을 촉진하는 인센티브 개발

### ❂ 혁신적인 기업가

지금은 혁신으로 경쟁하는 시대이다. 앞으로는 전쟁도 혁신적인 무기로 하게 될 것이다. 예를 들면, 미래 로봇 기술이 발전하게 되어 군용 로봇견(犬)이 궂은 일을 도맡아 할 것이라고 한다. 섹스로봇도 출현할 것이라고 한다. 다가오는 미래의 변화에 잘 대처하기 위해 혁신을 잘 이해할 필요가 있다.

로버트 크라이트너는 그의 책 『경영학의 기초』에서 새로운 아이디어가 성공적인 제품으로 연결되는 것은 20~25개 중 하나에 불과하며, 신제품 중 히트하는 것은 10~15개 중 하나에 불과하다고 했다. 다른 예로, 한국의 어느 가수는 2천 곡이 넘는 노래를 불렀으나 히트한 것은 손에 꼽을 정도라고 말한다. 어느 출판사는 책을 수백 권 출판했으나 히트한 것은 소수에 불과하다. 어느 작가는 책을 20권 이상 썼는데, 모두 초판으로 끝났고 두 번 찍은 책이 단 세 권이라고 한다.

새로운 아이디어를 체계적으로 개발하고 실제적으로 응용하는 것을 혁신프로세스(innovation process)라고 한다. 그런데 실제로 기술이 태어나는 것은 이를 통해서이다. 혁신프로세스는 다음 3단계로 구성된다. 혁신의 성공 여부는 이 3단계를 얼마나 잘 결합하느냐에 달려 있다.

① **1단계 : 아이디어의 개념화** 새로운 아이디어가 떠오를 때 이를 개념화하는 것이다.

② **2단계 : 제품의 창출** 새로운 아이디어를 응용하여 원하는 제품을 만드는 것이다. 이미 앞서 말한 바와 같이 이런 기술을 제품기술이라고 한다.

③ **3단계 : 생산 프로세스의 개발** 제품의 생산량, 품질 및 가격면에서 수익성이 보장되는 생산 프로세스의 개발이 필요하다. 이런 기술을 프로세스기술 또는 생산기술이라고 한다.

삼성그룹을 창설한 이병철 회장, 현대그룹을 창설한 정주영 회장 같이 자신

**표 10-2** 재원별 연구 개발비

| | 1990 | 1995 | 2000 | 2007 |
|---|---|---|---|---|
| 1. 연구개발비 총액(조 원) | 3.3 | 9.4 | 13.8 | 31.3 |
| ① 재원별 | | | | |
| 민간부문 | 2.7 | 7.1 | 10.0 | 23.0 |
| 정부·공공부문 | 0.6 | 2.3 | 3.8 | 8.2 |
| 외국부문 | - | - | 0.01 | 0.1 |
| ② 연구단계별 | | | | |
| 기초연구 | 0.5 | 1.2 | 1.7 | 4.9 |
| 응용연구 | 0.8 | 2.4 | 3.4 | 6.2 |
| 개발연구 | 2.0 | 5.9 | 8.7 | 20.2 |
| 2. GDP에 대한 비율(%) | 1.87 | 2.37 | 2.39 | 3.5 |

자료 : 통계청, 『한국통계연감』, 2009.

이나 그룹의 명운을 걸고 혁신을 하는 기업가를 엔터프레뉴어(enterpreneur)라고 한다. 자신이나 삼성그룹의 운명을 걸고 반도체사업의 성공을 위하여 올인한 이건희 삼성전자 회장도 마찬가지이다. 그러나 부모로부터 물려받은 사업을 되풀이하는 사람은 엔터프레뉴어가 아니다. 현재 하는 일을 더 잘하고(better), 더 많이(more) 하려고 하는 사람도 엔터프레뉴어가 아니다. 더 새로운 것(new), 다른 것(different)을 하려는 사람이 엔터프레뉴어이다. 누구나 Better and More에서 New and Different로 바꾸면 혁신자 또는 엔터프레뉴어가 되는 것이다. 엔터프레뉴어를 업(業)을 시작하여 일으키는 사람이라고 하여 기업가(起業家)로 부르는 사람도 있다.

그런데 종업원 중 창조적인 사람을 회사 내의 엔터프레뉴어로 육성할 수 있다. 이런 사람을 인트라프레뉴어(Intrapreneur)라고 한다. 인트라프레뉴어는 회사 내에서 직장을 보장받으면서 회사 자금으로 혁신적인 제품을 개발하도록 하는 것이다. 엔터프레뉴어가 성공하기 위해서는 혁신과 위험부담에 대한 보상을 잘 하고, 실패에 대하여 관용을 베풀며, 팀워크를 장려하며, 회사 분위기를 유연하고 변화 수용적으로 만드는 등의 조건이 필요하다.

## 10.3 과학과 기술

과거에는 적자(適者)생존을 중요시했으나 오늘날은 혁자(革者, innovator), 즉 혁신자생존을 강조한다. 혁신의 중요성이 그만큼 커졌기 때문이다. 혁신은 이미 앞서 말한 바와 같이 신(新)제품, 신원료, 신기업 조직, 신생산 방법, 신경영 방법 등 다양한 형태로 이루어질 수 있다. 또한 노동과 자본 등 자원을 더 효율적으로 사용하도록 하여 생산성을 증가시키고 경제성장을 촉진함은 물론이다. 그런데 혁신을 촉진시키는 중요한 요인은 R&D이다.

혁신이나 기술진보는 자본재와도 긴밀한 관계가 있다. 고성능 휴대폰이나 컴퓨터는 최신 기술을 담아내는데, 이런 기술을 내재기술(embodied technology)이라고 한다. 자본(재)은 대부분 최신 기술을 내재하고 있다. 따라서 투자가 많이 되면 기술발전도 빨라진다.

우리는 지금까지 선진국에서 개발한 기술을 많이 사용해 왔다. 직접 개발한 원천기술은 적었다. 앞으로 나노기술, 생명공학 기술, IT 기술 등 원천기술을 많이 개발해야 한다. 한류와 관련된 소프트기술도 원천기술이 될 수 있다.

그런데 과학과 기술은 어떤 차이가 있는가? 과학(science)이란 자연과 대화를 가능하게 하는 언어, 미래로 가는 열쇠라고도 한다. 과학이 자연의 이해에 관한 것이라면 기술(technology)은 자연의 통제에 관한 것이다. 과학이란 다른 사람과 공유하는 지식이고, 기술이란 개인적으로 소유하는 지식이다. 과학은 추상적인 지식의 탐구와 관련된 것이고, 기술은 조직화된 지식을 각종 생산물의 생산과 이를 지원하는 활동을 위하여 응용하는 것이다. 기술은 각종 도구와 아이디어를 포함한다. 그러나 과학과 기술의 경계는 점차 사라지고 있다.

기술은 '재화와 서비스의 생산을 위한 수단과 방법에 관한 지식의 합(合)'을 말한다(이코노미스트지, 『경제학사전』). 재화와 서비스의 생산뿐만 아니라 개량에 응용된 지식도 물론 기술이다. 넓은 의미로는 과학적 지식을 '생산물, 프로세스 및 서비스'에 체계적으로 응용하는 것이라고 할 수 있다. 그러므로 기술은 생산물, 서비스 또는 생산절차에 포함되어 있다. 곧 내재(內在)된다. 기술은 크게 다음 두 가지로 나눌 수 있다.

- 제품기술(product technology)

• 생산공정기술(process technology)

전자는 제품, 후자는 생산방법과 관련된 것이다. 포스코는 원료를 가공해서 제품이 나올 때까지의 거리가 세계 철강공장 중 제일 짧다. 철강의 원료와 제품의 무게가 무겁기 때문에 거리가 짧을수록 생산비가 절약된다. 이와 관련된 기술의 공정기술이다. 도요타는 필요한 부품을 하나하나 꼭 필요한 시점에 필요한 양을 조립 라인에 바로 배달하도록 하는 저스트 인 타임(JIT : Just-in-time)방식으로 유명하다. 이 혁신적인 경영기법은 부품의 검사와 저장을 불필요하게 만들었다. 그런데 이보다 더 혁신적인 생산공정기술은 모듈방식이다. 이 방식은 자동차의 여러 가지 관련 부품을 몇 개의 덩어리로 만들어서 덩어리채로 조립하는 것이다. 현대자동차는 부품을 크게 6개의 모듈로 만들어서 조립하기 때문에 도요타보다 공정과정이 빠를 수 있게 된다. 이런 기술은 제품기술 못지않게 중요하다.

앞으로 기술발전이 빠르게 될 분야는 다음 다섯 가지라고 한다.

첫째는, IT, BT, NT, ET 등의 기술발전인데, 이는 소재와 부품의 혁신을 초래한다.

둘째는, 마이크로(고집적 초정밀)공장, 청정공장 등 생산현장의 혁신 등이다.

셋째는, 세포치료, 장기복제, 유전자치료 등 의료건강기술의 혁신이다.

넷째는, 지능형로봇의 개발과 실용화이다.

다섯째는, 친환경기술의 발전이다.

지식(knowledge)은 피터 드러커 교수가 그의 책 『자본주의 이후의 사회』에서 밝힌 바와 같이 다음 세 가지로 나눌 수 있다.

**황창규 법칙**

황창규 삼성전자 반도체 총괄사장은 반도체의 성능은 매년 2배씩 증가한다는 이른바 '황창규 법칙'으로 유명하다. 이 법칙은 2002년에 발표된 후 세계적으로 많은 관심을 끈 바 있다. 18개월마다 2배로 증가한다는 '무어의 법칙'을 대체했다. 그는 2005년 미국전자산업협회(EIA)가 주는 최고 권위의 상인 '기술리더상'을 받은 바 있다. 그는 충무공 이순신처럼 필사즉생 필생즉사(必死卽生 必生卽死)의 정신으로 모험을 감수하는 것이 경영전략의 핵심이라고 한다. 무선통신기술과 반도체 나노기술의 융합이 미래의 핵심기술 중 하나라고 말한다.

① 생산물이나 생산 프로세스의 끊임없는 개선을 위한 것. 일본은 이를 카이젠(改善)이라고 한다. 일본은 카이젠에 강점이 있다.

② 새로운 또는 상이한 생산물이나 생산 프로세스의 끊임없는 개발을 위한 것

③ 진정한 혁신에 관한 것.

혁신(innovation)이란 새로운 생산물이나 서비스를 만드는 것이다. 새로운 생산방법도 물론 혁신이다. 전자는 제품혁신(product innovation)이고, 후자는 생산방법 또는 생산공정의 혁신(process innovation)이다.

마케팅의 대가 필립 코틀러는 『마케팅 통찰력의 모든 것』에서 개발한 지 3년이 안 된 제품의 매출액이 전체 매출액에서 차지하는 비율을 혁신지수(innovation index)라고 했다. 그리고 혁신지수가 보통 기업은 20% 이상, 패션 · 의상업체는 100%가 되어야 함을 강조한다. 그는 글로벌 지식기반사회에서는 기업이 혁신을 하든지 사라지든지 양자택일해야 된다고 했다.

한국은 이미 제 9 장에서 밝힌 바와 같이 경쟁력의 발전단계로 볼 때 요소주도형 단계와 투자주도형 단계를 지나 2000년경 혁신주도형(Innovation-driven stage)단계에 진입했다. 삼성전자의 경쟁력은 혁신과 스피드라고 하는 사실도 이미 앞에서 설명했다. 앞으로 한국경제성장의 주된 엔진은 혁신이다. 한국의 경쟁력은 특히 기술혁신을 얼마나 잘 하느냐에 달려 있다. 산업연구원 장석인 · 정은미 박사는 『혁신역량지수로 본 한국의 혁신 현주소』에서 미국의 혁신역량지수를 100으로 할 때 한국은 61.4로서 세계 6위라고 말한다. 2위는 일본(73.8), 3위는 대만(68.4), 4위 독일(66.3), 5위 캐나다(62.5), 7위 중국(61.3)이다. 이들이 중시하는 혁신역량 구성 요인은 다음 네 가지이다.

- 혁신여건(시장규모, 경쟁환경, 정부혁신정책, 인력공급 등)
- 혁신자원(R&D투입, 인적자본, 정보인프라, 특허건수 등)
- 혁신연계(국내연계, 대외연계, 국제금융센터 등)
- 혁신전략(기업가정신, 창업활동 등)

혁신은 경제뿐만 아니라 정치에도 결정적인 영향을 미친다. 예를 들면 중국은 국가에 의한 언론통제를 한다. 그러나 인터넷의 등장은 수많은 중국인들이 자유롭게 홍콩신문을 보게 만들었다. 중국정부가 이들을 계속 통제한다는 것은 어려운

일이다. 미국의 어느 외교관은 지난번 한국의 대통령 선거에서 휴대폰, 인터넷, 문자 메시지 등 사이버 선거가 결정적 영향을 미쳤다고 말한다. 그러면서 세계 유명 정치인들은 IT강국인 한국에서 선거의 교훈을 찾아야 된다고 지적했다.

기술혁신은 앞으로 우리의 일상생활에도 심각한 영향을 미칠 전망이다. 기술 전문가인 조엘 스넬은 '전망 : 로봇과의 섹스'(리차드 로드스 편, 『기술의 비전』)라는 글에서 앞으로 인간 모양의 고성능 섹스 로봇(섹스봇)이 나오면 결혼과 가정이 파괴될 가능성이 높다고 말한다. 급속한 기술의 발전은 특히 어린이들의 도덕성을 허물어뜨릴 가능성이 크다. 그러므로 어린이들은 가급적 빠른 시기에 종교를 가져야 될 것이라고 한다. 마케팅 전문가인 필립 코틀러 교수는 앞으로 대세를 결정할 두 가지는 글로벌화와 기술혁신이라고 말한다.

### 3M과 혁신

혁신의 대표적인 기업은 3M이다. 3M의 혁신경영은 다음과 같은 특징이 있다.

- 혁신에 대한 분명한 목표 : 연 매출액의 25~30%는 신제품(개발한 지 5년 미만)이 차지해야 한다.
- R&D를 위한 헌신적 노력 : 매출액 대비 R&D지출 비율은 미국기업 평균치의 2배나 된다.
- 고객이 원하는 혁신 : 3M의 품질의 정의는 고객이 원하는 것이다.
- 사내기업가 제도 : 사원들은 좋은 아이디어가 있으면 마치 자기사업처럼 경영할 수 있다. 직원들은 시간의 15%를 회사 일과 관계없이 자신이 좋아하는 일에 사용할 수 있다.
- 실패의 관용 : 실패한 사원에게 그 책임을 묻지 않는다. 사원들은 한 가지 일에 실패해도 다른 일을 하면 된다는 사실을 잘 알고 있다.
- 권장한다. 방해하지 않는다. 부서는 아주 작고 독립성이 강하다. 좋은 아이디어가 있는 사람은 종자돈으로 상당한 수준의 돈을 받는다.

토마스 베이트만과 스콧 스텔, 『경영—새로운 경쟁적 조망』 참조.

## 10.4 주요 미래기술

### ❂ 유망기술 21

정부는 얼마 전 2015년 이후 한국을 세계 10위의 선진국으로 만들 유망기술 21개를 선정했다. 이 기술의 개발로 2015년 1인당 GDP 3만 5천 달러를 달성하고 삶의 질을 OECD 30개국 중 26위에서 20위권으로 만든다는 목표를 설정했다. 유망기술 21은 다음과 같다.

| | | |
|---|---|---|
| 핵융합 | 유비쿼터스 기반구축 | 초고성능 컴퓨팅 |
| 고부가 생물자원 | 재생의과학 | 나노고기능성소재 |
| 인공위성 | 해양영토관리이용 | 인지과학 로봇 |
| 청정신재생에너지 | 지식과 정보보완 | 감성형 문화콘텐츠 |
| 실감형디지털 컨버전스 | 생체방어 | 맞춤의약 · 신약 |
| 지구관측시스템 | 재해재난 예측관리 | 생태계 보전복원 |
| 차세대 원자력 시스템 | 기후변화예측대응 | 초고효율물류관리 |

일본은 일본 21세기 비전에 관한 전문위원회가 2030년까지 달성할「일본 21세기 비전」을 발표했다. 이 비전은 과학기술과 관련해서 지적 기반을 확립하고 이노베이션을 확대해서 '과학기술창조입국'의 실현을 목표로 내걸었다.

일본 문부성 산하 국가전략기술위원회는 앞으로 10년간 추진할 다음과 같은 10대 근간기술을 결정했다.

① 전자파인 테라헤르츠파를 이용한 계측분석 기술
② 세계 최고 수준의 초정밀 전자 현미경
③ 초고성능 수퍼 컴퓨터(1초에 100조 이상의 연산 능력)
④ 차세대 방사광원
⑤ 심해 로봇 등 해저자원 탐사 시스템
⑥ 고도의 위성 기술
⑦ 지구규모의 통합관측 및 감시 시스템
⑧ 고속증식로 사이클 기술
⑨ 우주 수송시스템

**표 10-3** 과학과 기술지표의 국제비교

| | 한 국 | 미 국 | 일 본 | 독 일 | OECD | 중 국 |
|---|---|---|---|---|---|---|
| 1. 인구 백만 명당 R&D연구원수 (08년) | 4,627 | 4,663 | 5,573 | 3,453 | 3,948 | 1,071 |
| 2. R&D지출의 GDP비율 (08년, 한·일은 07년) | 3.21 | 2.77 | 3.44 | 2.53 | 2.28 | 1.44 |
| 3. 로열티 및 라이센스요금 (08년, 10억$) | | | | | | |
| 수 입 | 2.4 | 91.6 | 25.7 | 8.8 | | 0.6 |
| 지 불 | 5.5 | 26.6 | 18.3 | 12.0 | | 10.3 |
| 4. 특허신청건수(07년, 천 건) | | | | | | |
| 거 주 자 | 127.1 | 231.6 | 330.1 | 49.2 | 796.6 | 194.6 |
| 비거주자 | 43.5 | 224.7 | 60.9 | 13.2 | 427.5 | 95.3 |
| 5. 상표등록신청(08년, 천 건) | 137.5 | 294.1 | 119.4 | 80.9 | - | 669.1 |
| 6. 백 명당 PC대수(08년) | 57.6 | 80.6 | - | 65.5 | 56.1 | 5.7 |
| 7. 백 명당 인터넷 이용자 수 (08년) | 75.8 | 75.9 | 75.2 | 75.5 | 69.1 | 22.5 |
| 8. 초고속 인터넷가입률(08년, %) | 32.1 | 25.4 | 23.7 | 27.5 | - | 6.2 |
| 9. 인터넷 사용 가구비율(08년, %) | 94.3 | 61.7 | 63.9 | 74.9 | - | - |
| 10. 제조업 중 IT비중(07년, %) | 21.1 | 7.7 | 12.8 | 5.6 | 7.2 | - |

주 : 2008년 기준. 특허신청은 유럽 · 일본 · 미국 특허청 신청건수임.
자료 : OECD, *Factbook*, 2010; 세계은행, *World Development Indicators*, 2010; 통계청, 『국제통계연감』.

⑩ 핵융합 실험로 건설

일본 경제산업성은 7대 신산업을 육성함으로써 'Made in Japan'을 부활시킨다는 방침을 발표했다. 이는 경제산업성 보고서인 『신산업창조전략』에 요약되어 있다. 7대 신산업은 첨단산업으로서 ① 연료전지, ② 정보가전, ③ 로봇, ④ 콘텐츠의 4개산업, 그리고 시장수요 대응산업은 ⑤ 건강 · 복지 기기 및 서비스, ⑥ 환경 · 에너지 기기 및 서비스, ⑦ 비즈니스 지원서비스산업이다. 이를 '전략7분야산업'이라고 한다. 이와 더불어 다음 4개 산업, 즉 ⑧ 지역기반의 첨단산업, ⑨ 제조업의 신사업 전개, ⑩ 지역서비스산업의 혁신, ⑪ 식품산업의 고부가화 등을 '지역재생산업군(群)'으로 육성한다는 것이다.

**표 10-4 연구기관**

| | 전 체 | 기 업 체 | 대 학 (국·공립) | 대 학 (사 립) | 공공기관 (국·공립) | 비영리법인 |
|---|---|---|---|---|---|---|
| 1990 | 2,106 | 1,718 | 54 | 166 | 72 | 96 |
| 1995 | 2,587 | 2,152 | 53 | 204 | 64 | 114 |
| 2000 | 4,635 | 4,194 | 56 | 212 | 70 | 103 |
| 2004 | 7,254 | 6,802 | 55 | 238 | 76 | 83 |
| 2007 | 11,200 | 10,690 | 61 | 261 | 66 | 112 |

자료 : 통계청, 『한국통계연감』, 2009.

**표 10-5 R&D 종사자 수**

| | 총수(1+2) | 1. 연구원 | 연구원 | 연구원 | 연구원 | 연구원 | 2. 지원인력 |
|---|---|---|---|---|---|---|---|
| | | | 기업체 | 대 학 | 공공기관 | (그 중 박사) | |
| 1990 | 125.5 | 70.5 | 38.7 | 21.3 | 10.4 | 17.7 | 55.0 |
| 1995 | 201.7 | 128.3 | 68.6 | 44.7 | 15.0 | 35.1 | 73.4 |
| 2000 | 237.2 | 160.0 | 94.3 | 51.7 | 13.9 | 46.1 | 77.2 |
| 2004 | 312.3 | 210.0 | 134.3 | 60.0 | 15.7 | 56.6 | 102.3 |
| 2007 | 421.5 | 289.1 | 185.6 | 83.1 | 20.3 | 73.5 | 132.4 |

주 : 단위는 천 명.
자료 : 통계청, 『한국통계연감』, 2009.

중국은 과교흥국(科教興國)의 기치 아래 9대 중점 추진기술(정보통신, 생물 · 의학, 신소재, 신에너지, 선진제조, 항공우주, 농업, 교통 및 환경)을 산업화하기 위한 방침을 세웠다(한국개발연구원의 보고서, 『2005~2009년 국가재정운용계획－R&D분야』).

한국과 주요국의 기술개발 투자를 보면 한국은 R&D지출이 GDP에서 차지하는 비중이 미국이나 독일보다는 약간 높고 일본보다는 낮다. 그러나 일본의 GDP가 한국의 4~5배, 미국의 GDP는 한국의 14배가 넘기 때문에 절대금액면에서는 대단히 적은 편이다.

한국의 민간연구소의 수는 만 개를 넘어섰다. 과학기술처가 1981년 기업연구소 설립신고 및 인증제도를 도입할 때 40여 개에 불과했으나 2007년에는 만 개 이상으로 증가했다. 이들 연구소는 국가 연구개발투자의 4분의 3, 그리고 연구인력 29여만 명의 3분의 2를 점하고 있다. 앞으로 한국 경제성장의 관건은 기술혁신일 것이다.

### ◎ 인 터 넷

윤종용 전 삼성전자 부회장은 그의 책 『초일류로 가는 길』에서 인류역사는 도구발명의 역사라고 강조한다. 도구는 생산요소의 관점에서는 자본을 의미한다. 그런데 최근의 발명 중 가장 영향력 있는 도구는 무엇인가? 마케팅의 대가 필립 코틀러는 그의 책 『마케팅 원리』에서 컴퓨터, 정보, 통신 및 수송 등의 연결기술(connecting technologies)이라고 말한다. 이 기술이 연결된 세상, 연결된 새 천년(connected millennium), 연결된 시대(connected age)를 만든다는 것이다. 연결된 시대에 가장 중요하면서도 극적인 변화를 초래한 기술은 인터넷이다. 인터넷은 전 세계를 즉시 연결시킬 뿐만 하루 24시간 의사소통을 가능하게 만든다. 때문에 기업은 국경을 초월하여 경영활동을 할 수 있다. 인터넷은 통신의 혁명이며 신경제를 탄생시킨 기술이다. 필립 코틀러 교수는 인터넷을 이렇게 설명한다.

> "인터넷은 중앙 관리나 소유가 없는 방대하고 급증하는 컴퓨터 네트워크의 글로벌웹이다. 전 세계의 모든 종류의 사용자를 서로간에는 물론 놀라울 정도로 방대한 '정보창고'에 연결한다. 인터넷은 믿을 수 없는 속도로 정보를 한 장소에서 다른 장소로 발송할 수 있는 하나의 거대한 정보고속도로(information highway)를 만든다. … 인트라넷(intranet)은 회사 내의 사람들 서로간이나 회사 네트워크에 연결하는 네트워크이고, 엑스트라넷(extranet)은 회사와 부품 회사나 유통업자들을 연결하는 네트워크이다."

앞으로 기업과 경제환경을 획기적으로 변화시킬 인터넷은 다음과 같은 특성이 있다.

① 기업은 시간적 제약 없이 경제활동을 할 수 있게 된다. 24시간 누구나 원하는 시간에 정보를 찾고 필요한 상품을 주문할 수 있다.

② 공간적 제약에서도 벗어날 수 있게 된다. 인터넷이 없었을 때는 기업의 입지의 영향을 많이 받았으나, 오늘날은 국경을 초월하여 거래할 수 있다.

③ 인터넷은 비디오, 오디오, 소프트웨어, 통신으로 구성되는 시스템으로 전 세계를 대상으로 의사전달을 할 수 있다.

④ 인터넷은 전자상거래를 가능하게 하여 거래의 혁신을 초래한다.

## ❂ 전자상거래

한국의 기업간(B2B) 전자상거래 규모는 통계청 자료에 의하면 2006~2009년 사이 366조원에서 591조원으로 급증했다. 기업과 소비자 간 거래(B2C)보다 빠르게 증가했다. 전체 상거래 중 전자상거래의 비중도 마찬가지이다. 세계 최대 전자상거래 업체인 이베이(eBay)의 맥 휘트먼 회장은, 한국은 광대역 인터넷 접속에서 대표적인 국가이며 외국회사들은 한국의 경험에서 많은 것을 배워야 될 것이라고 말한다. 전자상거래는 다음과 같은 특성이 있다.

① 거래비용을 감소시킨다. 기업은 B2C, 즉 기업(business)과 소비자(consumer) 간의 직접 거래가 가능하기 때문에 중간 도매상과 관련된 거래비용을 줄일 수 있다. 고객 서비스의 자동화는 세금도 절약하게 만든다.

### ▌제4차 정보혁명▐

지금 우리가 겪고 있는 정보혁명은 제4차 정보혁명(IR : information revolution)이다. 제1차 정보혁명은 약 6000년 전 문자의 발명으로 시작되었고, 제2차 정보혁명은 책의 발명으로 시작되었다. 최초의 책은 기원전 1300년경 중국에서 출판되었다. 제3차 정보혁명은 금속활자의 발명에 따른 인쇄술의 발전으로 시작되었다. 금속활자는 한국에서 1233년에 발명되었고, 이를 사용한 최초의 책은 『직지심경』이다. 이보다 100여 년 늦게 독일 구텐 베르크가 만든 금속활자는 성서(聖書)의 대량 인쇄와 보급으로 이어졌다. 한국은 제3차 정보혁명의 씨앗을 뿌린 셈이다. 제4차 정보혁명은 1950년부터 시작된 것인데, 이는 피터 드러커에 따르면 컴퓨터가 아니라 출판물에 의한 것이다.

미국에서 출판된 책은 제4차 정보혁명 시작 이후 20배 이상 증가했고, 전문 잡지의 종류는 무려 3천여 개로 증가했다. 100만 부 이상 팔리는 베스트셀러 책들도 수없이 많다. 이들은 모두 정보를 위한 것이다. 이들이 제4차 정보혁명을 주도하고 있다(피터 드러커의 『21세기 경영도전』).

② 생산자와 소비자는 직접적인 접촉이 가능하므로 신속한 거래를 할 수 있다.

③ 생산자는 바코드(bar-code)를 통하여 소비자가 원하는 제품을 신속하게 파악하고 생산할 수 있다.

④ 생산자는 주문된 제품이 소비자에게 전달되는 전 과정을 파악할 수 있다. 소비자에 대한 서비스를 더 잘 할 수 있다.

⑤ 소비자는 인터넷을 통하여 더 많은 제품을 비교하면서 더 좋고 더 마음에 드는 제품을 구매할 수 있다.

⑥ 인터넷은 기업간의 거래, 즉 B2B(Business to Business)에 있어서도 마찬가지의 장점을 누릴 수 있다.

## 10.5 녹색성장과 녹색기술

정부는 2020년까지 세계일류 선진경제가 되는 비전을 제시하고, 이를 실현하기 위하여 다음과 같은 목표를 제시했다(기획재정부, 『국가재정운영계획, 2008~2012』).

- 세계 5대 과학기술력 확보(스위스 글로벌경쟁력 연구기관인 IMD기준).
- 국제특허 세계 제 3 위의 국가(OECD기준).
- 세계 4대 그린카 국가

표 10-6 2012년까지의 R&D 관련 주요지표

| | 2008 | 2012 |
|---|---|---|
| R&D의 경제성장 기여도(%) | 30.4 | 40.0 |
| 과학/기술 경쟁력 순위(IMD) | 5/14 | 5/5 |
| 혁신형 중소기업 수 | 32,000 | 74,000 |
| 기초 및 원천기술 투자비중 (전체 R&D 투자대비, %) | 25.6 | 50 |
| SCI 논문 수(세계 순위) | 12 | 10 |
| 국제특허 출원건수 | 7,059 | 10,000 |
| 기술무역 수지(수출/도입) | 0.39 | 0.70 |

자료 : 기획재정부, 『국가재정운용계획, 2008~2012』, 2008.

• 국제적 책임을 다하는 저탄소국가
• 국가브랜드지표는 세계 32위에서 10위로

그리고 저탄소 녹색성장을 위하여 앞으로 경제성장 방식을 요소투입 위주에서 기술혁신과 생태효율 중심으로 전환한다. 성장 동력으로 녹색산업과 녹색기술을 집중적으로 개발한다. 그리고 IT, BT, NT 등 첨단기술을 개발할 뿐만 아니라 융합함으로써 경제사회전반을 고에너지 효율 및 저탄소형으로 전환한다. 그리고 R&D의 경제성장에 대한 기여도를 2012년까지 40%로 높인다([표 10-6]).

R&D분야의 주요정책은 다음과 같다.

정부는 최근 R&D투자를 계속 확대하여 2008년 정부 R&D 투자금액 10조원 시대를 맞이했다. 이는 투자금액 순위로 세계에서 8번째가 된다(기획재정부, 『국가재정운용계획』). 그리고 세계 최초로 Wibro 상용화 국가가 되고, 다목적 위성 2호 발사도 가능하게 되었다. 국가의 과학 · 기술 경쟁력도 꾸준히 상승하고 있다. 정부가 『국가재정운용계획』에서 밝힌 세부적인 R&D투자방향은 다음과 같다.

• 성장잠재력 확충을 위한 R&D투자를 확대하여 2012년에는 GDP 대비 5%가 되도록 한다. 이를 위하여 R&D투자세액공제를 확대하고 R&D손금산입제도를 도입한다.

• 핵심기술 선점을 위한 기초 · 원천기술 투자의 비중을 확대한다. R&D예산 중 이를 위한 투자의 비중을 2012년에는 50%가 되도록 한다.

• 앞으로 국민을 먹여 살릴 신 성장동력 산업과 기술을 개발한다. 이를 위하여 기술혁신형 중소기업을 집중 육성하고, 문화기술관련 투자도 확대한다. 자동차, 조선 등의 산업은 고부가가치 산업과 친환경 산업으로 육성한다.

• 저탄소 녹색성장을 뒷받침하기 위하여 녹색기술을 개발한다. LED(발광다이오드) 등 그린에너지 산업관련 기술을 개발하고 보급한다.

• R&D관련 인재를 육성하고 세계적으로 유명한 과학기술자의 국내유치를 확대한다.

앞으로 집중 육성할 산업 · 기술 분야는 다음과 같다.

• 기초 · 환경 · 나노 · 에너지관련 기술
• 생명 · 우주 · 건설관련 기술

• 기계 및 제조관련 기술 : green car, wise ship 등
• 정보 및 전자관련 기술
• 인력양성, 장비구축관련 혁신 및 기술
• 문화컨텐츠, 디자인 등 지식기반 기술

## ◎ 혁신의 업그레이드

• 혁신을 위해서는 앞으로 산학(産學)뿐만 아니라 산관학연(産官學硏)의 네트워크가 필요하다. 이는 외국의 산·관·학과의 연대를 포함한다. 외국기업, 외국학교 및 외국연구소의 국내 유치를 위하여 적극 노력할 필요가 있다.

• 한국의 대학 중 몇 개는 세계일류 종합연구대학(Comprehensive Research University)으로 만들 필요가 있다. CRU는 한국사회가 필요로 하는 각계각층의 세계 수준의 혁신적인 인재를 양성하는 곳이다.

• 한국사회를 혁신이 이끄는(Innovation-driven) 사회로 만드는 것이 중요하다.

• 혁신을 통한 결과는 개인뿐만 아니라 조직, 사회 전체를 이롭게 한다.

• 글로벌기업들의 R&D센터를 한국에 유치해야 한다. 삼성경제연구소 복득규 박사의 『한국진출 글로벌 R&D센터의 특성과 상호작용 분석』에 따르면 주요 글로벌기업들은 평균 6.3개소의 해외연구소를 운영하고 있는데, 한국에 진출한 글로벌기업들의 R&D센터는 2005년 858개라고 말한다(중국은 750개). 앞으로 이들을 국내에 더 많이 유치하고 국내 기업, 학교 및 정부연구소와의 협력을 증진시키는 것이 중요하다.

> "21세기 미국의 성공을 결정할 가장 중요한 단 하나의 요인은 혁신이다."
>
> — 미국 경쟁력위원회

> "과거 25년간 우리가 조직을 최대한 활용하려고 했던 것은 효율과 품질 때문이었다. 그러나 앞으로 25년간은 혁신을 위하여 사회 전체를 최대한 활용해야 할 것이다."
>
> — 미국 경쟁력위원회

# 제11장 코리아 모델: 기업과 산업의 육성과 GC의 향상

## 11.1 왜 코리아 모델(K-모델)인가

우리는 왜 코리아 모델을 잘 알아야 하는가? 다음과 같은 몇 가지를 생각해 볼 수 있다. 여기서는 코리아 모델을 편의상 K-모델로 부르기로 한다. 손자병법에 지피지기라는 말이 있다. 한국 모델을 잘 알고 다른 나라 모델도 잘 알아야 한다. 지금은 글로벌 무한경쟁시대인데, 한국 모델을 모르면 다른 나라 모델도 알 수 없다. 결과는 경쟁에서 패하는 것이다.

첫째, 한강의 기적을 만들어 낸 코리아 모델을 앞으로의 지속적인 성장을 위해서도 잘 알 필요가 있다. 한국은 수출을 1964~2008년 사이 1억 달러에서 4,000억 달러 이상으로 증가시켰다. 유사 이래 이런 경제기적을 이룩한 국민은 지금까지 한국인밖에 없다. 1인당 국민소득도 크게 증가시켰다. OECD의 가입조건은 소득수준, 시장경제 및 민주주의의 3가지인데, 이를 모두 충족하여 한국은 1996년 선진국 클럽이라는 OECD의 회원국이 되었다. 우리는 〈한강의 기적〉을 이룩한 한국인의 저력과 이러한 저력을 발휘할 수 있게 만든 크리아 모델을 잘 알 필요가 있다.

둘째, 한국 · 한국인의 많은 특성과 강점을 잘 살릴 수 있는 K-모델을 잘 만들기 위해서도 이를 잘 알 필요가 있다. 한국은 자원부존도, 지정학적 위치, 경제체제, 역사적 전통, 문화, 이데올로기, 높은 교육열 등 여러 면에서 특성이 있다. 한국이 다른 어느 선진국 모델이라도 그대로 모방하는 것은 바람직하지도 않고 가능하지도 않다. 경쟁국들의 강점을 융합하여 앞서갈 수 있는 길을 찾아야 한다. 이를 가능하게 하는 K-모델이 필요하다.

한국은 1997년 IMF 경제위기 이후 한국 기업모델을 버리고 미국 기업모델을 모방하는 정책을 폈다. 정부는 기업그룹 해체 정책을 폈다. 기업들에게 사외이사

제 도입, 단기이윤 중시, 주주주권형 기업경영을 요구했다. 즉, 미국 GM과 같은 기업의 경영을 모방하라는 것이었다. 그런데 한국기업들이 GM식 경영을 열심히 모방하고 있는데 GM은 얼마 전 부도가 났다. 일본식 기업모델을 모방하려고 보니 어려움에 처한 일본 기업이 적지 않다. 그러므로 기업경영에도 우리나라에 맞는 K-모델을 만들어야 하는 단계에 와 있다.

셋째, 한국경제를 바로 알기 위해서도 코리아 모델을 잘 알 필요가 있다. 어떤 사람들은 한국경제가 잘못 되어 빈익빈 부익부 현상이 심화되는 것으로 생각하고 있다. 사회주의 성향을 가진 사람도 적지 않다. 좌파들은 어디서나 사회를 불안하게 만든다. 왜 한국에는 사람들을 굶어 죽게 만드는 사회주의를 동경하는 좌파들이 많은가? 그 이유는 K-모델을 모르기 때문이다. 이런 사람들이 한국경제를 잘 알 수 있게 하기 위해서도 K-모델이 필요하다.

지난 십여 년간 K-모델을 잘 모르는 좌파들이 경제정책에 많은 영향을 주었다. 그 결과 기업 성장이 정체되고 일자리가 줄어들고 실업자가 급증했다.

넷째, 개도국에 대한 한국 경제발전의 노하우를 전수하기 위해서는 우리부터 K-모델을 잘 알아야 한다. 세계 200개 이상의 후진국들이 한국의 경제발전의 노하우를 배우려 하고 있다. K-모델에 따라서 경제발전을 할 수 있게 가르쳐 주려면 우리가 이를 잘 알아야 한다.

그런데 코리아 모델을 이해하려면 무엇보다 한국이 1960년대 초 한국식 경제발전을 시작하게 된 배경을 잘 이해할 필요가 있다.

## 11.2 K-모델이 시작된 배경

K-모델은 1962년 제 1 차 경제개발 5개년계획(1962~1966년)과 더불어 시작되었다. 당시 경제상황은 어떠했던가? 4대 근본경제문제, 즉 경제성장, 경제안정, 소득분배, 삶의 질의 향상문제 모두가 잘 해결되지 않아 경제 사회가 몹시 불안한 상태였다. 1960년의 4·19 혁명, 그 다음해 5·16 군사혁명이 발생한 후라서 더욱 그러했다. 북한 공산주의의 남침 위험도 컸다. 국민들은 준전시상황에서 경제활동을 하지 않으면 안 되었다.

당시 한국의 경제발전 초기조건은 현재 한국을 배우려고 하는 어느 후진국보다 더 나빴다. 현재 한국을 배우려는 어느 후진국도 한국보다 더 좋은 초기조건 상태에서 경제발전을 시작할 수 있는 것으로 보인다.

첫째, 당시 한국에서 경제성장은 안 되고 빈곤의 악순환은 되풀이되었다. 1962년 1인당 국민소득이 $87로 필리핀의 3분의 1에 불과했다. 한국은 대부분의 아프리카 국가들보다 더 가난했다. 그 해 국내총생산의 97.6%를 소비할 정도였다(한국은행, 『국민계정』). 국내에서 생산되는 것을 다 소비해도 생존이 어려웠다. 국민들은 소득수준이 낮으니 저축을 할 수 없고, 투자자금이 거의 없어 투자가 안 되므로 소득을 증가시킬 수 없었다. 이런 빈곤의 악순환이 되풀이될 수밖에 없었다. 이를 탈출하려면 나라경제가 많이 성장해야 하는데 1962년 경제성장률은 2.2%에 불과했다.

둘째, 국민을 먹여 살릴 산업이 없었다. 6·25전쟁 때 수많은 사람들이 북한 공산주의를 탈출하여 월남했기 때문에 남한에는 인구에 비해 토지가 너무 부족했다. 당시 주된 산업은 농업이었는데, 농경지가 적어서 국민을 먹여 살릴 수 없었다. 매년 봄 보리수확 때까지 살아남지 못하고, 이른 바 〈보리 고개〉를 넘지 못하고 굶어 죽는 사람들이 많았다. 농업도 수리 관개시설이 안 되어 생산은 날씨에 좌우되었고, 흉년이 들면 굶어죽는 사람들이 증가했다. 1962년 농업의 증가율은 마이너스 6%였다.

제조업체의 수도 1960년 1만 5천여 개로 대부분 중소기업들이었다. 세계적인 대기업은 물론 없었고, 당시 가장 큰 공장은 건빵공장이었다. 2008년에 제조업이 32만 개나 되고 세계적인 대기업도 다수라는 사실과 비교하면 당시 제조업이 얼마나 허약했는지 짐작이 간다. 제조업은 국민 부양능력이 거의 없고, 일자리도 별로 만들어 내지 못했다.

셋째, 국민들은 국산 식량으로써는 생존이 불가능했다. 부족분을 미국의 식량원조에 의존했다. 뿐만 아니라 북한 공산주의와 대치하고 있는 상태에서 수십만의 대군을 유지하는 데 필요한 식량, 무기도 상당정도 미국원조에 의존하지 않을 수 없었다.

넷째, 경제불안이 심각한 상태였다. 1962년 실업률은 24%나 되었다(제 1 차 5개년계획서). 한국은 기후조건상 겨울철 농사는 불가능했다. 대부분의 농민은 겨울에는 실업상태에 놓였다. 겨울은 전 국민소비의 계절이었다. 농업생산은 기후조건에 따라서 결정되었으므로 생산이 잘 안 되는 농산물 가격은 급등하는 등 변동이 심했다. 각종 농산물과 공산품 부족이 심해 밀수도 많았다. 고용, 물가, 국제수지 모두 불안한 상태였다.

다섯째, 소득분배는 대단히 나빴다. 무엇보다 국민총소득은 전체국민이 먹고 살기에 불충분했다. 많은 사람들에게는 소득이 아예 돌아가지 못했다. 특히 농촌이 심했다. 많은 사람들이 농촌을 버리고 도시, 특히 서울로 몰려들었다. 서울에는 서울역 앞, 청계천 등 많은 곳에 판자촌이 들어섰다.

여섯째, 자본주의 시장경제체제가 불안했다. 남북대치 상태에서 남한은 소득수준은 물론 석탄, 전기, 철강 생산량 등 거의 모든 경제지표면에서 북한에 크게 뒤떨어져 있었다. 이런 상태는 남한이 북한을 추월하기 시작한 1969년까지 계속되었다.

당시 지식인들 중 남한도 북한처럼 공산주의를 해야 된다는 사람들이 적지 않았다. 북한은 간첩, 친북세력, 일본의 친북단체인 조총련 등을 통하여 남한에 반자본주의 이데올로기를 전파함으로써 남한체제 전복을 위한 노력을 끊임없이 했다. 남한의 공산화가 크게 우려되었다.

일곱째, 달러 부족이 극심하여 국가는 부도직전에 있었다. 국민들이 가난하여 세금 낼 돈이 없으니 정부도 가난했다. 정부에서 100달러 이상 돈쓸 일이 발생하면 장관의 승인이 필요했다(송인상 당시 재무장관). 외국유학이나 출장 가는 사람들은 $70 이상 갖고 나갈 수 없었다. 『한국형 경제건설』의 저자 오원철은 한국경제는 외화부족으로 1963년 파산국면에 들어갔다고 했다. 정부는 달러절약과 벌이에 올인할 정도였다.

이러한 상황에서 한국식 경제발전이 시작되었다. 지금부터 K-모델을 보기로 하자.

## 11.3 K-모델의 전략목표와 5개의 기둥

한국의 경제발전 경험을 가령 에티오피아, 필리핀, 파라과이 같은 개도국 전문가나 지도자들에게 어떻게 설명하면 잘 이해시킬 수 있을까? 그리고 그들이 잘 이해하여 K-모델대로 따라서 한다면 과연 한국처럼 경제발전을 할 수 있을까?

K-모델은 코끼리, 경제전문가들은 장님에 비유된다 장님마다 코끼리 전체는 설명하지 못하고 어느 한 부분, 또는 몇 부분만을 설명한다. K-모델을 수출이나 교육, 정부의 역할이나 수출주도형 공업화만으로 설명하는 사람도 있다.

한때 동아시아 모델을 가장 잘 설명한 사람으로 폴 쿠즈네츠를 꼽은 적이 있다. 그는 노벨경제학상 수상자인 사이먼 쿠즈네츠 교수의 아들인데, 〈동아시아 경제발전모델 : 일본, 대만 및 한국〉이란 글에서 동아시다 모델의 특성으로 다음 5가지를 강조했다.

> ① 높은 투자율, ② 작은 공공부문, ③ 수출지향성 ④ 경쟁적인 노동시장, ⑤ 정부의 간여

이 논문은 한때 동아시아 모델을 연구하는 사람들에게 많이 인용된 바 있다. 그러나 개도국들에게 이 5가지만 잘하면 경제발전을 할 수 있다고 말하면 믿을 수 있을까? 그렇지 않을 것이다. 이병철 삼성그룹 설립자는 호텔 하나를 일류로 만들기 위해서는 1,600여 가지를 잘 해야 된다고 했다(이병철, 『호암자전』). 나라 경제를 일으키는 데에도 수많은 조건이 잘 맞아야 한다. 그럼 구체적으로 어떤 조건이 잘 맞아야 하는가?

저자의 경험으로는 후진국 정책담당자들에게 [그림 11-1]에 나타난 〈코리아 모델하우스〉를 잘 설명해 주는 것이 가장 좋을 것으로 생각된다. 실제로 저자는 지금까지 수많은 외국인들을 대상으로 한국경제 발전과정을 강의할 때 그렇게

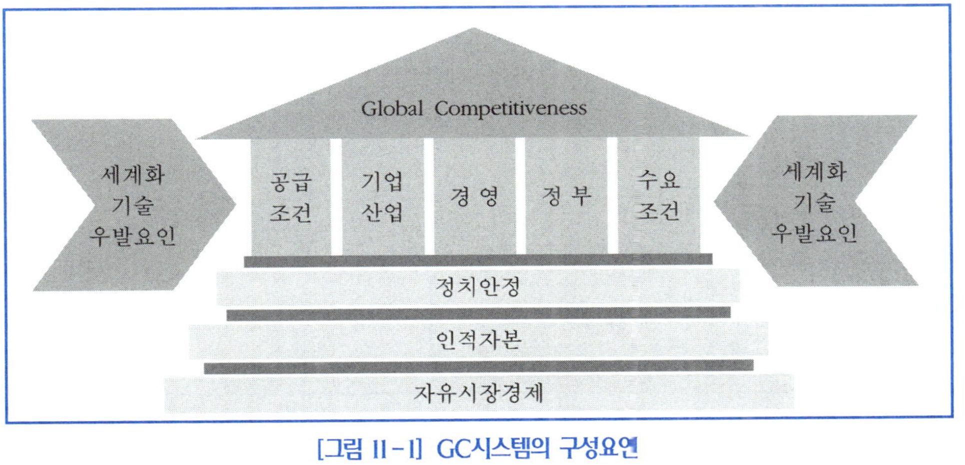


[그림 11-1] GC시스템의 구성요인

해 왔다. 아파트를 건설할 때도 모델하우스를 보여주면 입주자들이 쉽게 이해한다. 그럼 [그림 11-1]의 모델하우스가 나타내는 것은 무엇인가?

그 목표는 한국 기업과 산업의 GC창출이다. 그럼 목표달성을 위한 조건은 무엇인가? 모델하우스를 보면 알 수 있듯이 모두 11가지이다. 이를 다음과 같이 5개의 핵심조건(기둥), 3개의 기초조건, 그리고 3개의 환경적 조건으로 구분할 수 있다.

① 3대 기초조건 자유시장 경제, 인적자본, 정치안정

② 5대 핵심 결정요인 공급조건, 수요조건, 경영, 기업과 산업, 정부

③ 3대 환경적 요인 세계화, 기술, 기업·산업·국가의 운(運) 또는 우발적 요인

이들 조건이 모두 충족되면 기업과 산업의 GC창출이 가능하게 된다는 것이다. 이들간의 관계는 [그림 11-2]와 같다. 이 모델은 저자가 경영학의 시조 피터 드러커 교수, 게리 베커 교수, 더글라스 노드 교수, 허버트 사이먼 교수의 자문을 받아서 개발했다. 드러커 교수 이외의 3분은 모두 노벨경제학상 수상자들이다. 환경적 요인에 기술을 포함시키는 것이 좋겠다는 마케팅의 권위자, 필립 코틀러 교수의 평을 반영해 환경적 요인은 세 개가 되었다. 지금부터 모델하우스의 목표와 5개의 기둥을 살펴보기로 한다.

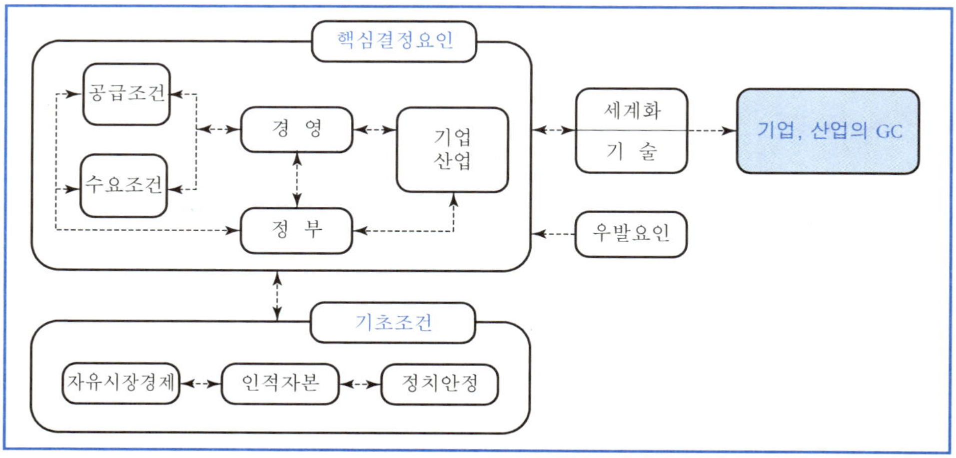


[그림 11-2] 기업과 산업의 GC시스템

참고로 GC연구의 세계적 권위기관은 스위스의 WEF(세계경제포럼)인데, WEF는 GC모델을 개발하고, 이를 통하여 매년 세계 주요국의 GC를 측정하여 발표한다. 그런데 『2010 GC보고서』에서는 GC의 결정요인을 모두 12개로 발표하고 이를 모두 동등하게 12개의 기둥이라고 했다. 우리처럼 기초조건, 핵심조건, 환경적 요인 등으로 구분하지 않았다. 매년 발표하던 마이클 포터 교수의 모델은 제외됐다. WEF모델은 아직 유동적인 것으로 보인다. 우리는 GC 세계 최고수준의 우리 기업이 나오고 있는 이때 GC모델을 우리 스스로 개발해야 될 것으로 보인다. 이런 관점에서 개발한 것이 [그림 11-1]에 나타난 GC모델이다.

첫째, K-모델의 핵심은 기업과 산업을 많이 일으키는 것이었다. 베트남 같은 개도국에게 무엇을 권해야 하는가? 무엇이 가장 중요한 문제인가?

한국은 인구 4천 9백만에 기업이 326만 개(법인만 32만 개, 2008년)가 되나 인구가 8천 6백만인 베트남에는 기업의 수가 5.3만 개에 불과하다. 세계적인 대기업의 수(『포춘』지 500대 기업)를 보면 인구가 760만인 스위스에는 15개가 있으나 베트남에는 한 개도 없다. 세계 제일의 경제대국인 미국의 가장 큰 강점은 국민을 먹여 살리는 대·중·소기업이 많다는 사실이다. 마이크로소프트, 애플, 인텔, 맥도날드 햄버거, 스타벅스, 보잉사 등 수없이 많다. 베트남의 급선무는 기업을 많이 일으키는 것이다. 한국이 경제발전과 더불어 가장 중점을 두고 추진한 것 역시 기업, 특히 대기업과 기업그룹을 일으킨 것이었다(제 4 장 참조).

미얀마 같은 후진국의 다른 중요한 특징의 하나는 국민을 먹여 살릴 산업이 없다는 사실이다. 후진국의 특징은 산업이 없기 때문에 가난하고, 가난하기 때문에 산업이 없는 것이다. 소수의 산업이 있어도 잘 발달되지 못하여 국민 부양능력이 없다. 한국이 경제발전을 시작할 때도 마찬가지였다. 반면 선진국이란 잘 발달된 산업이 많은 나라이다. 특히 미국은 거의 모든 산업에 경쟁력이 있는 나라이다. 글로벌 경쟁력 세계 제 1 의 나라인 스위스에는 비밀은행으로 유명한 금융업을 비롯하여 관광산업, 정밀기계, 화학공업 등도 잘 발전되어 있다. 싱가포르는 항공 및 해운산업, 전자산업, 화학공업, 의료산업 등을 발전시키려고 했다.

1962년 한국 수출의 75%가 철광석, 한천, 돼지털, 무연탄 등 1차 산품이었다(오원철, 『한국형 경제건설』). 정부는 수출을 촉진하기 위하여 2,000여 개의 중소기업을 수출기업으로 육성했다. 섬유공업, 석유화학공업, 철강공업을 일으켜서 수출산업으로 만들려고 했다. 포항제철을 건설하고, 울산석유화학단지도 건설했다. 그 이후 수많은 산업단지를 계속 개발했다(제3장).

경부고속도로 건설 과정에서 건설 회사들이 많이 육성되었다. K-모델이 다른 나라의 공업화와 다른 점의 하나는 한국의 풍부한 석회석 매장량을 바탕으로 건설업이 잘 발달하여 공업화에 큰 기여를 했다는 점이다. 한국은 건설산업이 강하기로 유명하다. 건설 회사들이 후일 중동에 진출하여 달러를 많이 벌어서 중화학공업발전에 필요한 외화조달에 크게 기여했다. 사실 경제발전은 각종 시설의 건설과정이므로 저자는 K-모델을 배우려는 외국인들에게 건설산업의 중요성을 강조한다. 또한 정부는 내수산업을 수출산업으로 만들려고 노력했다.

그러므로 후진국들이 K-모델에 따라서 경제발전을 하려면 다음 4가지를 잘 할 필요가 있다.

① 기업을 많이 일으킨다.

② 한국은 해외시장을 대상으로 빨리 성장해야 했으므로 대기업과 기업그룹을 많이 육성했다. 기업그룹은 기업 대형화의 한 방법이다. 한국이 수출주도형 공업화를 하려면 우리 기업의 세계시장 진출이 불가피했는데, 세계시장 진출을 위해서는 기업의 대형화가 필요했다. 그리고 한국의 공업화 패턴은 일본과 유사했는데, 일본은 세계적인 대기업이 대단히 많았다. 그러므로 세계시장에서 일본기업과 경쟁하려면 한국도 기업의 그룹화가 불가피했다.

③ 기존 산업은 물론 반도체 같은 새로운 산업도 육성했다.

④ 정부정책의 최우선 순위는 기업과 산업발전의 지원이었다. 산업단지의 건설, 산업도시의 건설, 다목적댐의 건설 등 각종 사회간접자본시설의 건설도 마찬가지였다.

외국의 많은 경제학자들 중에는 한국의 산업정책이 기업이나 산업발전에 도움이 되기는커녕 오히려 해로웠다고 주장하는 사람들도 있다. 이런 사람들은 1960년대 초 한국과 같은 후진국의 초기조건을 잘 모르기 때문이다. 미국과 같이 이미 세계적인 기업들이 수없이 잘 발달되어 있는 경우에는 그런 주장이 타당하다고 할 수 있으나 한국과 같이 가히 무에서 기업과 산업을 일으켜야 하는 개도국의 경우에는 정부의 산업 및 기업육성정책이 대단히 중요하다.

한국은 산업을 육성할 때 기업과 산업의 클러스터 접근법을 중시했다. 예를 들어, 자동차는 부품이 2천여 개나 된다. 자동차회사가 성공하려면 수많은 부품회사도 같이 성장해야 한다. 자동차를 수출하려면 배가 있어야 하고 항구도 있어야 한다. 고장날 때 필요한 수리 센터도 있어야 하고 사고처리에 필요한 교통경찰이나 보험회사도 있어야 한다. 자동차 기술자를 양성할 교육기관은 물론 고속도로도 있어야 하며 도로 표지판도 있어야 한다. 이 모든 것이 있어야 자동차는 GC를 향상시킬 수 있다. 이것을 자동차 '기업과 산업의 클러스터'라고 한다.

한국은 두 가지 차원에서 기업과 산업의 클러스터를 추진해 왔다. 하나는 기업그룹을 통한 클러스터이고 다른 하나는 울산석유화학단지, 창원기계공업단지 등 산업단지를 통한 클러스터의 형성이다. 한국은 수출주도형 공업화 전략으로 국가의 자원과 역량을 수출산업의 육성과 수출촉진에 쏟아 부었다. 그 과정에서 금융산업 등 많은 서비스산업의 GC향상은 도외시되었다. 특히 금융산업은 정부통제하에 놓여 GC향상이 어려웠다. 개도국들이 한국의 경험에서 잘 배워야 할 점은 바로 이것이다. 기업과 산업에 대해서는 제 3, 4 및 8장에서 이미 설명하였다.

둘째, K-모델의 전략목표는 기업과 산업의 글로벌 경쟁력 창출이다. 그럼 글로벌 경쟁력(GC: Global Competitiveness)이란 무엇인가? 골프선수의 예를 들면 신지애, 박세리, 지은희 같은 선수는 국제대회에서 시합을 하면 항상 일등만 하는 것은 아니다. 그러나 언제든지 일등할 수 있는 위치에는 와 있다. 이런 선수의 경우 GC가 있다고 한다. 한국은 수출주도형 성장을 했으므로 정부가 기업들에게 제품을 만들어서 외국시장에 수출하여 외화를 벌어오게 했다. 컬러 TV의 경우 생산회사들은 먼저 외국시장에 상당기간 수출을 한 후 국내시장 판매를 허락받았다.

정부는 한국기업들로 하여금 경제발전 초기부터 국제시장에서 외국기업들과 경쟁하게 함으로써 GC향상을 강요했다. 때문에 한국기업과 산업의 성장은 강요된 성장(forced growth)이라고 한다. 특히 수출기업들은 GC향상을 위하여 올인하지 않으면 안 되었다. 이 점이 K-모델의 주된 특징의 하나이며 강점이기도 하다. 때문에 K-모델하우스의 목표는 기업과 산업의 GC창출로 표시되어 있다. K-모델의 가장 중요한 특징은 정부가 기업과 공동으로 산업을 적극적으로 육성하고 또한 그 GC를 향상시키려고 한 것이다.

셋째, 기업과 산업의 GC창출은 기업과 정부의 공동작품이다. GC우위기업과 산업을 창출하기 위해서는 기업경영인들이 무엇보다 공급조건(기업가 역량, 노동,

토지, 자본, 기술 등)과 수요조건을 잘 활용할 뿐만 아니라 창출할 수도 있어야 한다. 이 두 조건을 잘 결합하여 생산할 산업제품, 기업의 조직, 규모 등을 정하는 것은 경영의 몫이다. 그러나 한국정부는 경제발전 초기단계에서 기업의 이런 경영의사결정에 참여했다. 정부는 기업의 경영층과 협조하여 수출목표를 설정하고 이의 달성을 위하여 노력했다. 그런데 양자는 대등한 관계가 아니다. 정부가 먼저 결정하고 이를 통지하면 경영층은 이를 따르는 식의 수직관계 형태로 참여했다. 에드워드 메이슨 전 하버드대 교수는 한국경제를 자동차에 비한다면 운전석에는, 특히 경제발전 초기단계에는 기업경영인이 아니라 정부가 앉아 있었다고 했다. 이는 정부주도형 경제운영과 관련하여 곧 논의된다.

넷째, 한국의 기업과 산업은 국내수요가 아니라 해외수요를 대상으로 했다. 지금까지 우리는 5개의 기둥 중 기업 · 산업기둥, 경영과 정부라는 기둥을 보았다. 지금부터 나머지 두 개, 즉 수요조건과 공급조건의 기둥을 보기로 한다.

1962년 한국의 1인당 국민소득은 이미 앞서 말한 바와 같이 87 달러, 전체 경제규모는 23억 달러에 불과했다. 내수규모가 과소하여 우리 기업들의 내수를 바탕으로 한 성장은 불가능에 가까웠다. 현재 많은 외국기업들이 북한진출을 꺼리는 것도 내수시장이 거의 없기 때문이다. 한국기업들은 처음부터 해외시장 대상의 수출주도형 성장의 길을 갔다. 미국, 일본기업의 경우에는 내수시장이 방대하기 때문에 다수의 대기업들이 내수시장을 바탕으로 성장하여 경쟁력을 확보하면 세계 시장에 진출하여 어느 나라 기업과도 경쟁할 수 있었다. 그러나 한국기업들은 처음부터 바로 해외시장에서 외국 대기업들과 치열한 경쟁을 해야만 했다.

미국에는 전 세계 거의 모든 인종이 다 살고 있다. 국내에서 치열한 경쟁을 거친 기업의 제품은 세계 어느 나라에 진출하더라도 그 나라 국민의 수요에 맞게 되는 것이 보통이다. 맥도날드 햄버거, 스타벅스 커피, 던킨 도넛 등 그 예는 수없이 많다. 그러나 한국의 경우에는 시장의 규모나 수요의 다양성이 미국에 비하여 크게 떨어진다. 조선, 반도체, 자동차, TV, 휴대폰, 석유화학 등 주요 수출산업은 아직도 해외시장을 대상으로 성장하고 있다.

다섯째는 한국의 공급조건인데, 한국은 자연자원 빈국이다. 한국은 식량, 석유, 공업화에 필요한 각종 광물자원을 수입해야 했다. 공업화 초기에는 원자재나 기계장비도 많이 수입해야 했다. 상당기간 수입이 수출보다 더 빨리 증가하여 국제수지 적자의 증가가 큰 문제였다. 외채는 1985년까지 계속 증가했다. 달러의 중요성은 점점 커졌다.

필요한 외화 조달의 길은 수출밖에 없었다. 그런데 농수산물 수출에는 한계가 있으므로 공업을 일으켜 공산품수출을 통한 외화조달이 불가피했다. 한국의 공급조건이 경제성장패턴에 많은 영향을 주었다. 공급조건과 발전패턴간의 관계는 나라마다 다르다. K-모델을 배우려는 개도국 전문가들은 이 점에 유의해야 할 것이다.

공급조건에는 노동, 자본, 토지, 기술, 기업가 역량 등이 포함된다. 미국은 세계에서 각종 공급조건이 가장 잘 갖추어진 나라이나 한국은 대단히 취약한 나라이다. 어떤 사람들은 공급조건을 노동과 자본으로 양분하고, 노동의 절대적인 중요성을 주장한다. 한국의 노조활동이 OECD 국가 중 가장 격렬한 이유 중의 하나는 이런 오해에서 기인한 것으로 보인다.

미래학자 존 나이스비츠는 앞으로 세상은 기업가가 주도하는 세상이 될 것이라고 말하면서, 공급조건 중 기업가적 역량을 가장 중요시한다. 한국은 아직 반기업 정서가 강해 기업가의 역량을 부정하는 경우가 많다. 반면 피터 드러커 교수는 앞으로 가장 중요한 공급조건은 지식이 될 것이라고 말한다. 예를 들면 중국에 진출한 한국전자회사는 얼마 전 휴대폰 가격 100 중 인건비는 0.4인데, 퀄컴사에 로열티로 지급하는 것은 5.75나 된다고 한다. 이는 지식에 대한 대가이다.

우리는 지금까지 모델하우스의 목표와 기둥 5개를 살펴보았다. 5개 기둥과 비슷한 모델로서는 마이클 포터 교수의 다이아몬드 모델([그림 4-2])을 들 수 있다. 그런데 이 모델은 미국의 기업환경을 배경으로 한 것이므로 정부를 제외했다. 그러나 기업과 산업의 육성을 거의 백지 상태에서 출발해야 되는 개도국의 경우에는 정부의 역할이 대단히 중요하다. K-모델은 정부를 5대 기둥(핵심결정요인)의 하나로 간주한다. 중국의 경우에도 공산당을 비롯한 정부의 역할이 대단히 중요하므로 정부를 포함시켜야 할 것이다.

"과거 나는 수출이 국력의 총화의 표시라고 했으나 지금은 수출이 종합적인 예술이라는 생각이 든다."
– 박정희

## 11.4 코리아 모델과 정부주도형 경제발전

한국정부는 경제성장 초기 경제계획과 수출주도형 성장전략의 수립, 경제개발에 필요한 해외 자금조달, 인프라시설의 건설, 기업의 육성, 산업의 육성, 이에 필요한 국민경제교육 등 기업과 산업의 GC향상에 결정적인 역할을 했다.

• 한국정부는 경제발전 초기, 달러 조달에 올인했다. 그런데 당시 한국에는 외화부족이 심각했다. 식량수입, 석유수입, 철, 동, 금, 은, 주석 등의 광물자원 수입, 무기수입, 공업화를 위한 기계장비의 수입 등에 필요한 외화의 규모는 공업화와 더불어 계속 증가했다. 외화조달은 국가의 생존과 직결되는 문제였다.

그러므로 기업들에게 손해를 보더라도 수출을 하여 달러를 벌어오게 했다. 기업들은 제품의 국제경쟁력이 별로 없었기 때문에 상당기간 많은 손해를 보고 수출했다. 수출로 손해를 보면서 달러를 벌어오면 정부는 저리융자나 수출보조금 등으로 손해를 보상해 주었다. 이런 현상은 상당기간 계속되었고 그 과정에서 정부는 필요한 외화를 어느 정도 조달할 수 있었다. 그런데 국가와 기업차원에서 외화의 중요성이나 조달에는 이러한 차이가 있다. 많은 사람들이 K-모델과 관련하여 잘 이해하지 못하는 것이 바로 이 점이다. K-모델에 관심이 많은 외국인들도 마찬가지이다. 달러 조달 때문에도 한국정부는 경제운영에 적극 간여했다.

• 대한민국 주식회사 또는 총사령부식 경제운영. 정부는 1964년부터 수출제일주의 전략을 채택하고 1966년부터 매월 대통령이 주재하는 수출확대회의를 개최했다. 이 회의에는 총리, 부총리, 경제부처장관, 주요 회사대표, 수출관련 기관대표, 주요 국책연구소대표가 참석하고 상공장관이 매월의 품목별·지역별 수출실적과 수출전망 등을 발표했다. 그리고 기업대표들로 하여금 수출관련 애로사항을 발표하게 하여 즉석에서 대통령이 주요 장관들에게 시정할 것을 지시했다. 저자도 국책연구소를 대신하여 몇 차례 참석한 바 있다. 수출확대회의는 그 후 약 300여 차례 개최되었다. 대통령은 만사를 제쳐놓고 이 회의에 참석했다(오원철, 『한국형 경제건설』(제 2 권)). 당시 정부는 주요 기업이나 기업그룹별로 수출목표를 할당하기도 했다.

정부는 경제기획원을 설립하여 수출주도형 공업화와 경제발전을 총괄하도록 했다. 대통령비서실장은 대통령의 경제참모장의 역할을 했다. 김정렴 대통령비서실장이 임명되었을 때 박 대통령은 '경제는 임자가 맡으시오' 라는 말을 했다는 것이다(오원철, 『한국형 경제건설』(제 3 권)). 경제기획원은 경제계획을 총괄하는 부서로서 장관은 부총리급이었다. 대통령비서실장과 경제부총리를 포함한 전 경제부처는 수출주도형 공업화를 추진하기 위한 하나의 거대한 조직체였다.

당시 수출관련 인사들의 서열을 보면 대통령이 한국주식회사의 회장 또는 총사령부의 사령관이었다. 그 밑에 업무의 성격상 청와대 경제수석, 경제부총리, 차관과 국장 순으로 서열이 정해지고, 기업그룹이나 기업의 대표는 그 밑에 위치한 것으로 보였다.

정부는 한국경제를 하나의 회사, 곧 한국주식회사(Korea Inc.)처럼 운영했다. 오원철 씨는 한국을 하나의 군사령부, 박정희 대통령을 총사령관, 특히 수출총사령관이라고 했다(오원철, 『한국형 경제건설』(제 2 권)).

• 당시 대부분의 국민들은 물론 심지어 지성인이나 지도자들도 자본주의와 사회주의를 잘 몰랐다. 자본주의 시장경제가 한국사회에 잘 정착할 수 있도록 하는 것은 정부의 몫인데, 정부는 이를 위하여 많은 노력을 했다. 경제기획원에 경제교육 담당부서를 설치하여 국민들에게 시장경제에 관한 교육을 실시했다. 저자도 경제교육에 참여한 바 있다. 정부는 대학들로 하여금 자본주의를 잘 모르는 상태에서 이에 대한 비판이나 심지어 공산주의나 사회주의와 비교하는 강의도 하지 못하게 했다. 사회주의 관련 서적의 국내 반입도 금지했다. 그리고 이런 책들을 불온서적으로 분류하여 학생들이나 일반인들로 하여금 읽지 못하게 했다. 경제학자들이 불온서적 분류작업에 참여하기도 했다.

• 정부는 경제발전에 필요한 소양감댐, 팔당댐 등의 다목적 댐을 건설하고, 4대강 유역개발, 항만과 공항 등의 인프라시설을 건설했다. 각종 인프라시설은 물론 수출주도형 공업화에 맞게 건설되었다.

• 수출주도형 공업화를 위한 무역협회, 코트라 등의 기구설립, 한국과학기술연구원, 한국개발연구원, 표준협회 등의 기구도 설립했다.

• 농업과 농촌의 발전을 위하여 정부가 주도하여 새마을운동을 추진했다.

• 1962년경 대한민국의 야산은 대부분 민둥산이었다. 정부가 산림녹화를 추진하였는데, 한국은 산림녹화에 성공한 나라가 되었다.

• 정부는 비생산적인 정치활동을 금하고 포퓰리즘에 흐르기 쉬운 정치활동을 하지 못하게 했다. 때문에 한국의 정부는 권위주의적 정부라는 평을 받았다.

• 정부는 국민교육을 적극 추진했다. 한일합섬과 같은 수출기업에게는 학교를 설립토록 하여 종업원들이 고등학교교육을 받게 했다. 새마을운동본부 연수원을 설립하여 사회지도층에 대한 정신교육을 실시했다.

한국의 공업화는 여러 면에서 가히 무에서 출발했다고 해도 과언이 아니다. 박정희 대통령시절 정부의 역할은 경제발전에 결정적이었다. 그러나 이는 정부가 계속 과거와 같은 역할을 지속해도 된다는 말은 결코 아니다. GC를 이미 잘 창출하여 세계시장에서 잘 경쟁하고 있는 기업들이 많은 상태에서는 정부가 자유시장경제원리에 따라서 경제를 운영하는 것이 절대적이다.

K-모델하우스는 [그림 11-1]에서와 같이 3개의 기초조건, 5개의 기둥 및 3개의 환경변수로 구성되어 있는데, 지금까지 5개의 기둥을 보았다. 지금부터 기초조건과 환경적 요인을 보기로 한다.

## 11.5 K-모델하우스와 3가지 기초조건

한국의 성공적인 경제성장 요인으로 어떤 분은 한국이 시장경제체제를 채택한 사실을 강조하고, 또 어떤 분은 높은 교육열을 강조하며, 또 다른 분은 정치적 안정을 강조한다. 그런데 시장경제체제, 높은 교육열 및 정치적 안정, 이 세 가지는 K-모델이 별개가 아니라 모두 기초조건으로 간주하는 것이다. 한국을 배우려고 하는 개도국들은 경제발전을 하려면 무엇보다 이 3가지 기초조건을 모두 충족할 수 있어야 한다. 어느 한 가지라도 부족하면 경제발전은 어렵게 된다. 아프리카 여러 나라의 1인당 국민소득은 과거 30년간 평균 10% 이상 감소했다. 그 이유는 기초조건이 충족되지 않았기 때문이다. 특히 아프리카 후진국들이 발전하지 못한 이유는 다음과 같다.

첫째는 정치적 불안이다. 아직도 야만적 내전으로 수많은 사람들이 목숨을 잃고 있다. 이런 상황에서는 기업의 투자가 이루어질 수 없다.

둘째, 불안한 시장경제는 사유재산을 보호하지 못한다. 정부의 부패로 인하여 국민들은 재산의 축적을 꺼린다. 시장경제가 뿌리 내릴 수 없다.

셋째, 국민들의 교육수준이 낮을 뿐만 아니라 정치불안으로 교육이 제대로 이루어지지 않는다. 인적자본이 축적되지 않는다.

한국은 선진국에 비해 아직도 기초조건을 더 튼튼하게 다져야 하는 단계이다. 아직 이데올로기의 문제가 심하고, 정치안정이나 인적자본(교육, 훈련, 기강 등) 형성과 같은 기초조건도 자리를 잘 잡지 못하고 있다. 이들 조건은 나라경제라는 건물의 주춧돌이다.

## 11.6 K-모델하우스와 3가지 환경적 요인

기업과 산업의 GC창출에 영향을 미치는 중요한 환경적 요인은 세계화, 기술 및 우발적 요인의 세 가지이다. 세계화는 모든 기업이 받아들여야 할 거대한 물결이다. 인터넷과 같은 기술변화도 전 세계적인 대세이다. 중국 변수, 인도 변수, 북한 변수, 중동사태 등은 우리 기업들이 어떻게 할 수 없는 우발적 요인들이다. 앞으로는 이런 요인들의 중요성이 더욱 커질 것이다. 이를 잘 관리하는 것이 기업과 산업의 GC향상에 관건이 된다.

### ❂ 세 계 화

이는 이미 제 1 장에서 살펴본 바 있다. 한국의 수출주도형 또는 해외지향형 성장에는 세계화가 결정적 역할을 했다. 앞으로도 마찬가지일 것이다. 한국은 냉전 때 수출주도형 공업화를 추진하면서 우방국인 미국과 일본의 시장을 잘 활용할 수 있었다. 미국은 한때 대만을 잘 발전시켜서 후진국이 자본주의 경제체제로도 잘 성장할 수 있다는 사실을 전 세계 후진국들에게 알리는 개발의 모델국가로 육성하려고 하다가 대만 대신 한국을 선택했다고 한다. 한국은 세계은행, IMF 등의 국제기관과의 관계도 비교적 잘 했다. 무역의존도가 높은 한국은 세계화를 잘 하는 것이 대단히 중요하다.

### ❂ 기 술

한국은 주요 수출품목인 자동차, TV, 냉장고, 에어컨, 휴대폰 등과 관련된 기술을 자체 개발한 것이 아니라 대부분 외국에서 수입했다. 인터넷이나 컴퓨터

관련 기술도 외국에서 도입된 것이다. 개도국들은 선진국의 기술을 잘 활용하는 것이 중요하다. 한국은 〈해외기술〉을 잘 활용했다.

### ❂ 우발적 요인

한국은 해외의존도가 높고, 세계 4대 강국의 영향력 속에서 생존해야 하므로 석유파동, 중국의 개방정책, 일본의 경기침체, 미국의 금융위기 등 각종 해외 〈우발적 요인〉들의 영향을 많이 받는다. 미국에서 발생한 금융위기, 이라크전쟁에 따른 유가 변동, 세계적인 자원파동 등은 우리 기업과 산업의 성장에 많은 영향을 미친 우발적 요인이다. 중국이 개방정책을 채택한 후 한국 최대의 수출시장이 된 것도 마찬가지이다.

그런데 제 1 차 세계유류파동 때 전 세계의 많은 자금이 중동 산유국으로 들어갔는데, 한국은 많은 건설업체들을 중동 여러 나라에 진출시켜 건설공사를 하게 함으로써 오일달러를 벌어올 수 있었다. 한국은 우발적 요인을 오히려 경제성장에 잘 활용할 수 있었다. 지금은 세계화 시대이므로 어느 후진국도 이런 요인들의 영향을 많이 받게 되어 있다.

이 세 가지를 K-모델은 [그림 11-1]에서와 같이 〈환경적 요인〉으로 간주한다. 경제구조가 취약한 후진국들은 이런 요인에 잘 대처하는 것이 중요하다. 다행히 한국은 이를 비교적 잘 할 수 있었다.

## 11.7 코리아 GC시스템이란

[그림 11-1]은 K-모델을 나타내기도 하지만, 한국기업과 산업의 GC를 실제로 창출하고 향상시키기 위한 것이므로 하나의 시스템이라고 할 수 있다. 우리는 이를 코리아 GC시스템이라 부르기로 한다. 자세한 내용은 이미 코리아 모델과 관련하여 설명했으므로 여기서는 시스템의 개념을 설명하기로 한다.

일본은 혼(魂)에 강하나 미국은 시스템에 강하다고 한다. 미국이 달에 사람이나 우주에 인공위성을 보낼 수 있는 것은 미국시스템의 저력 때문이다. 시스템이 잘 갖춰진 기업은 사장이나 상사가 부재중이어도 회사가 잘 돌아간다. 그러나 시스템 개념이 없는 기업은 CEO가 회사 경영을 하나하나 직접 챙기려고 하거나 직원들이 제대로 일을 하지 않는다. 세계 일류기업이나 국가의 경우 경쟁력은 시스템에서 나온다. 시스템의 개념을 좀더 자세히 살펴보기로 하자.

자동차는 2,000여 개의 부품으로 구성되어 있다. 이 수많은 부품이 그냥 바닥에 널려져 있다면 자동차가 아니다. 그러나 하나하나 제 위치에 잘 조립하면 도로를 달릴 수 있는 자동차가 탄생한다. 에너지를 공급하면 마치 생명이 부여된 것과 같이 작동한다. 각 부품들이 각자의 위치에 잘 조립되어 있으면 고장나지 않고 달릴 수 있다. 시스템이란 이처럼 부분을 질서 있게 조립한 것으로 자생력이 붙게 된 것을 말한다.

시스템은 내부에 소단위의 시스템을 갖추고 있을 수 있다. 자동차가 하나의 큰 시스템이라면 그 안에는 엔진, 냉·난방 장치 등 작은 시스템들이 있다. 나라 전체도 크게 보면 입법부, 사법부, 행정부 등의 부분으로 구성된 하나의 거대한 시스템이다. 그리고 이들 부분은 서로 견제를 통해 운영된다. 예를 들면, 사법부는 입법부를, 입법부는 행정부를, 행정부는 사법부를 상호 견제하는 가운데, 나라는 하나의 시스템으로 움직인다. 국가는 하나의 시스템으로 돌아가야 한다.

### ❂ 한국경제는 하나의 거대한 기계

한국경제는 하나의 거대한 기계이고 시스템이다. 시계라는 시스템의 목적이 시간을 알리는 것이라면 [그림 11-1]에 나타난 한국경제 시스템은 GC의 창출을 위한 것이다. 그래서 이를 GC시스템이라고 한다. 이 시스템도 시계 못지않게 많은 부품이 있어야 하고 또한 잘 구성되어야 한다. 시스템은 두 가지로 나눌 수 있다. 시계란 조직체는 경쟁자도 없고 외부환경의 영향을 받지 않으나 기업이란 조직체는 글로벌 경쟁을 해야 하고, 외부환경(정부정책, 소비자의 구매 태도, NGO 활동 등)의 영향을 많이 받는다. 전자는 폐쇄시스템이고, 후자는 개방시스템이다.

① **폐쇄시스템** 시계처럼 외부환경의 영향을 받지 않는 시스템

② **개방시스템** 기업처럼 외부환경의 영향을 받는 것. 기업은 소비자, 경쟁자, 정부 정책, 세계화 등 외부요인의 영향을 많이 받는다.

기업을 하나의 시스템으로 볼 때는 다음 두 가지 사실에 유의해야 한다.

- 기업은 많은 하부시스템(공장, 부서 등)의 집합체이고,

• 기업은 한국경제라는 더 큰 시스템의 하부시스템이다. 이는 기업 이외의 많은 조직체의 경우에도 해당된다.

### ◎ 시스템의 구성요인

시스템은 어느 것이나 다음과 같은 4개의 요인으로 구성된다.

① 인풋(input) 이는 재화와 서비스의 생산이나 이윤 및 경쟁력 등의 창출을 위하여 투입되는 모든 것(사람, 기계, 정보, 돈, 물자 등)이며 [그림 11-1]의 GC시스템에서는 공급조건, 기초조건 등이 인풋이다.

② 아웃풋(output) 기업이나 조직체로부터 나오는 모든 것(재화, 서비스, 경쟁력, 이윤 등)이며 GC시스템에서는 글로벌 경쟁력이 있는 재화나 서비스이다.

③ 전환과정 이는 인풋을 아웃풋으로 만드는 기업 및 조직체의 운영이나 전략 등이다. [그림 11-2]의 GC시스템에서는 경영, 정부의 행정 등이다.

④ 피드백 인풋으로부터 만들어지는 아웃풋에 대하여 환경이 어떤 영향을 미치는가에 대한 정보에 따라서 아웃풋을 조정하는 것이다. 기업제품에 대한 사람들의 반응에 관한 정보에 따라서 제품의 모양이나 디자인 등을 바꾸게 되는 것이 그 예이다. 전체를 구성하는 부분간에도 피드백이 있을 수 있다. [그림 11-2]의 GC시스템에서는 피드백 과정이 화살표로 표시되어 있다.

# 제12장 한국경제와 시장경제 창달의 조건

## 12.1 공국(공산국가)에서 자국(자본주의 국가)으로

북한의 어느 지도자는 남북한간의 경제격차가 이렇게 크게 된 것은 해방 후 자본주의와 공산주의가 무엇인지 모르는 상태에서 남한은 자본주의 줄을 서고 북한은 공산주의 줄을 섰기 때문이라고 했다. 인종, 문화, 역사적 전통이 같은 데도 불구하고 남북한 차이가 이렇게 많이 나는 것은 바르 이 때문이다.

유태인들은 어떤 남자이건 돈과 술과 여자에 대한 태도를 보면 사람 됨됨이를 알 수 있다고 한다. 경제학자들은 어떤 사람이건 자본주의와 공산주의에 대해 이야기하는 것을 보고 그 사람의 경제학 실력을 짐작할 수 있다.

위대한 정치가 윈스턴 처칠은 자신을 경제문제에 관한 한 숲속을 헤매는 아이에 비유했다고 한다. 사실 인류역사를 놓고 보면 수많은 나라에 수많은 훌륭한 지도자들이 있었지만 자본주의, 공산주의 같은 문제에 부딪치면 숲속을 헤매는 어린아이와 같이 된다. 국민을 공산주의의 길로 인도하여 피눈물나는 고생을 하게 만든 지도자들이 무수히 많았다.

우리가 배우는 경제학은 자본주의 경제학이다. 경제를 축구에 비하면 한국경제는 자본주의 축구이다. 국민들이 그 룰(rule)을 잘 알아야 경제축구라는 게임을 잘 할 수 있는 것이다. 전 국민이 이 게임의 룰을 잘 알아야 한다. 자본주의는 시장경제라고도 한다. 세계 어느 나라 지도자들이건 간에 가장 중요한 것은 바로 우리가 이 장에서 살펴보고자 하는 자본주의에 대한 올바른 지식이다. 그러므로 우리는 이를 이 책에서 별개의 장(章)으로 설명하려고 하는 것이다.

앞 장에서 말한 코리아 GC시스템은 시장경제원리가 잘 작동해야 제 기능을 발휘한다. 그런데 시장경제원리를 잘 이해하기 위해서는 정반대가 되는 공산주의도 잘 알아야 한다. 먼저 공국의 경제적 변천과정을 살펴보자.

베트남은 경제대국인 미국과의 전쟁에서 승리할 정도로 전쟁을 잘했다. 그러나 베트남의 1인당 국민소득은 9백 달러 정도이다. 한국의 20분의 1이 안 된다. 1976년 전쟁에서 승리한 북베트남은 나라를 통일한 후 남베트남을 북베트남처럼 공산화하려고 했다. 그 과정에서 수많은 사람들이 보트피플이 되어 목숨을 걸고 나라를 탈출했다. 미국으로 탈출한 사람만 70만 명이 넘는다.

그러나 공산주의 깃발을 세운 베트남은 얼마 안가 1986년 도이모이(Doi Moi, 개혁과 개방)정책으로 자국의 길을 가기로 했다. 그 과정에서 국민들은 혼동에 빠졌고 고통도 많이 받았다. 최근 베트남은 도이모이 정신을 다시 다듬어 2020년까지 현대적 산업국가로 탈바꿈하는 것을 새로운 국가비전으로 정한 바 있다. 이처럼 베트남이 공산주의와 자본주의를 오락가락 한 이유는 그들이 자공(자본주의와 공산주의)을 잘 이해하지 못했기 때문이다.

중국의 덩샤오핑(鄧小平)은 '흑묘 백묘론(검은고양이든 흰고양이든 쥐만 잘 잡으면 된다)'으로 실리위주의 개방정책을 폈다. 한정(韓正) 중국 상해시장은 2005년 상해포럼에서 자본주의를 받아들인 상해시의 1인당 시민소득은 약 15년만에 7백 달러에서 7천 달러로 증가했다고 말한다. 상해시는 1949년 공산화된 후 1991년 자본주의 시작 때까지 전혀 변화가 없었다고 한다. 새로 지은 건물이 한 개도 없어서 제2차 세계대전 이전의 상해영화를 그대로 찍을 수 있을 정도였다고 한다. 그러나 자본주의를 시작하고부터 그야말로 천지개벽할 정도의 변화를 겪었다. 중국 북경대학 어느 경제학 교수는 기업과 산업활동을 무력화시키는 길은 공산주의를 도입하는 것이라고 말한다.

중국은 홍콩과 맞닿아 있는 광동성(省)부터 개방정책을 시작했다. 당시 많은 사람들은 인구 7백만 명의 자본주의 홍콩이 인구 8천만 명의 사회주의 광동성에 흡수될 것이라는 우려를 했다. 그러나 결과는 정반대로 광동성이 오히려 홍콩의 시장경제권에 흡수되었다. 중국이 광동성에 이어 다른 지역을 개방하려고 하였을 때도, 사람들은 개방된 광동지방이 미개방된 중국에 흡수될 것이라고 했다. 그러나 그 결과 역시 반대로 나타났다. 홍콩이라는 물고기는 자신보다 열 배 이상 큰 광동성을, 광동성이라는 물고기는 다시 자신보다 열배 이상 큰 중국을 잡아먹은 것이다. 공산주의 체제와 자본주의 체제를 개방된 상태에서 경쟁시키면 전자는 후자에 영락없이 잡아먹힌다.

체코는 지난 세기 초 경비행기를 만들 수 있을 정도의 선진국이었다. 수도 프라하는 파리와 견줄 만한 유럽 2대 문화도시였다. 그러나 소련의 위협 때문에

할 수 없이 공산주의 올가미를 덮어쓰게 되자 후진국으로 전락했다. 6·25전쟁 때 한국을 도울 힘이 있었던 에티오피아는 공산주의를 한 결과 1인당 국민소득이 2008년 280달러로 줄어들었다. 세계은행 『세계개발보고서』(2010)에 따르면, 에티오피아는 세계에서 경제통계가 작성가능한 나라 중 세 번째로 가난한 나라이다.

공국 소련의 후계자인 러시아는 국토규모에 있어서는 한국의 170배나 되나 경제규모는 한국의 1.3배 정도이다. 2003년 당시, 인구가 11억이 넘는 인도는 공산주의에 가까운 사회주의를 한 결과 경제규모가 한국보다 작았다. 인종과 문화가 같은데도 중국의 1인당 국민총소득(GNI)이 홍콩의 10분의 1에 불과하며, 북한의 1인당 GNI는 통계청의 『북한의 주요통계지표』에 따르면 한국의 19분의 1이 채 안 된다. 그 이유는 무엇인가? 사회주의를 했기 때문이다.

일본 경제 평론가인 하세카와 케이타로는 인간을 굶고 병들게 만드는 공산

**표 12-1** 남북한의 경제비교

| | 남 한 | 북 한 | 배 수 |
|---|---|---|---|
| 인구(천 명) | 48,607 | 23,298 | 2.1 |
| 면적(평방킬로) | 99,828 | 123,138 | 0.8 |
| 농가인구(천 명) | 3,187 | 8,573 | 0.4 |
| 농가인구비율(%) | 6.6 | 36.8 | - |
| 농경지비율(%) | 19.8 | 15.5 | 1.3 |
| GNI 중 농업비율(%) | 2.3 | 21.6 | - |
| GNI(억 달러) | 9,347 | 248 | 38 |
| 1인당 GNI(달러) | 19,231 | 1,065 | 18.1 |
| 수출(억 달러) | 4,220 | 11 | 384 |
| 수입(억 달러) | 4,353 | 27 | 161 |
| 정부예산(억 달러) | 1,034 | 25.1 | 41.2 |
| 쌀 생산량(천 톤) | 4,843 | 1,858 | 2.6 |
| 철광석(만 톤) | 366 | 5,316 | 0.7 |
| 자동차생산(천 대) | 3,827 | 5 | 765 |
| 자동차보유(만 대) | 1,679 | 26 | 65 |
| 발전량(억KWh) | 4,224 | 255 | 16.6 |
| 평균수명(2010년) | 79.6 | 67.9 | 1.2 |

주 : 2008년 기준.
자료 : 통계청, 『북한의 주요통계지표』, 2009. 12.

주의를 도입한 나라치고 명(命)이 짧아지지 않은 경우가 없다고 말한다. 실제로 공국의 종주국이었던 러시아인의 평균수명은 세계은행 『세계개발지표』(2010년판)에 따르면 2008년 기준 68세로 자본주의 종주국인 미국의 평균수명 78세보다 무려 10세나 적다. 공산주의를 했던 후진국 에티오피아의 평균수명은 55세로서 한국의 평균수명 80세보다 무려 25세나 적다. 박승철 고려대 의대교수는 많은 국민을 굶어 죽게 만드는 공산주의를 공사(共死)주의라고 말한다. 마가렛 대처 전 영국 수상은 『나라 다스리는 방법』에서 공산주의 시절 러시아 남성들의 평균수명이 이집트나 인도네시아보다 낮은 이유는 술 때문이라고 한다. 생활이 너무나 어려워 알코올이 유일한 도피처가 되기 때문이라는 것이다.

어느 중국인 교수는 공산주의는 국민의 웃음을 사라지게 만든다고 말한다. 비밀경찰과 감시자가 많은 상태에서 국가가 국민들로 하여금 서로를 감시하게 만들어 놓으니 웃음이 나올 수 없다는 것이다. 서울에 온 어느 동구권 외교관은 공산주의를 도입하면 선진국은 중진국, 중진국은 후진국, 후진국은 더욱 가난한 나라로 전락한다고 말한다.

## 12.2 공산주의의 네 가지 오류

공산주의에는 다음과 같은 네 가지 오류가 있다.

- 잘못된 재산관(財産觀)
- 잘못된 인간관(人間觀)
- 평등사회 건설이라는 잘못된 이상(理想)
- 잘못된 경제관(經濟觀)

공산주의 이론의 권위자인 리처드 파이프스 하버드대 교수는 『공산주의 역사』에서 공산주의의 네 가지 오류 중 특히 잘못된 재산관과 인간관이 공산주의로 하여금 스스로의 묘혈을 파도록 만들었다고 말한다.

**① 잘못된 재산관** 공산주의를 바로 알려면 무엇보다 재산관을 이해해야 한다. 재산은 다음 세 가지로 크게 나눌 수 있다.

• 정당한 재산 : 열심히 일하여 번 돈을 아껴 쓰고 도은 재산

• 사랑의 재산 : 다른 사람으로부터 순수한 사랑의 등기로 받은 재산

• 비리형 재산 : 자, 저울, 되, 광고 등으로 속이거나, 폭력, 권력 등으로 남에게서 강제로 빼앗은 재산

공산주의는 노동자들이 아무리 열심히 일해도 철저히 착취당하기 때문에 최저생계비 수준 이상의 임금을 받지 못한다. 아무리 아껴 쓰더라도 저축이 불가능하다. 따라서 '정당한 재산'을 모으는 일은 있을 수 없다. 또한 공산주의는 철저하게 착취하는 존재이므로 남에게 사랑을 베푸는 일이 없다. 노동자는 베풀려고 해도 여력이 없다. 그러므로 '사랑의 재산'도 있을 수 없다. 따라서 공산주의의 재산은 모두 '비리형 재산'이다.

그러나 비리형 재산은 소유할 수 없다. 이를 허용할 수도 없다. 공산주의가 사유재산을 금지하는 중요한 이유는 이 점에도 있다. 공산주의는 모든 재산을 국가가 소유하여 전 국민이 재'산(産)'을 '공(共)'동 소유하게 한다. '공산(共産)'은 무엇보다 만인을 소유면에서 평등하게 만든다. 이를 주장하는 주의가 공산주의이다. 반대로 자본주의의 재산관은 세 가지 재산을 모두 인정한다. 그러나 가급적 비리형 재산은 줄이고 정당한 재산과 사랑의 재산을 늘리려고 한다.

공산주의는 '사유재산'을 원시사회가 선진 공산사회로 넘어가는 중간단계에서 임시적으로 생기는 역사적 현상이므로 철폐할 수 있다고 생각한다. 그러나 사유재산이란 인류의 장구한 역사를 보면 어느 사회발전 단계에서 발생하는 일시적 현상이 아니다. 공업화사회 이전에도 농토, 농기구, 소나 말 등은 개인, 가정 또는

**공국에도 부자가 있는가**

한 사람도 없다. 땅, 집, 공장 등 모든 재산이 국가소유이기 때문이다. 개인은 재산이 없으니 아무리 출세를 많이 한 사람도 사유재산이 없다.

공산주의에 따르면 사유재산이 많은 사람일수록 비리를 많이 저지른 사람이다. 이들은 공산국가 출범 때, 재산을 국가에 다 빼앗기고 인민재판 등으로 처형당한다. 어느 동구권 학자는 공산주의 때 국민들이 서로를 자조적으로 "거지"라고 말했다고 한다. 항상 국가가 주는 것을 받아먹고 살아야 하기 때문이다.

문중(門中)의 중요한 사유재산이었다. 어느 시대, 어느 나라를 막론하고 인간 생활에 가장 기본적 · 절대적 · 영속적인 것이었다. 임시적인 현상이 될 수 없다.

게리 베커 시카고대 교수는 오늘날 경제에서 자본 중 인적자본(교육, 훈련, 기강 등)이 60~80%나 되는데, 물적자본은 국가가 소유한다고 하더라도 인적자본의 국가소유는 불가능하므로 자본의 국가소유를 주장하는 공산주의는 문제라고 말한다(대담, 1996. 10. 30).

### 공산주의를 제일 먼저 한 선진국은

많은 사람들은 공산주의를 제일 먼저 한 선진국이 미국이라는 사실에 모두 놀란다. 토마스 딜로렌조의 『어떻게 자본주의가 미국을 살렸는가?』라는 책의 설명을 보면 이렇다.

영국에서 필그림들이 메이플라워호라는 배를 타고 미국 매사추세츠주에 도착한 해는 1620년이었다. 도착 후의 생활은 공동체생활이었다. 토지와 재산도 공산국가의 집단농장처럼 공동소유했다. 그 결과 어떤 일이 벌어졌을까? 논밭에 일하러 나오라고 하면 부인들은 자신이나 아이들이 아프다는 핑계를 대면서 나오지 않았다. 내가 종도 아니면서 왜 남의 총각들의 빨래나 밥을 해야 되느냐고 하면서 불평을 했다. 총각들은 그들대로 왜 내가 남의 아녀자들을 먹여 살리기 위하여 피땀 흘려 일해야 되느냐고 불평했다. 지성인들과 지도층 인사들은 무식한 사람들과 평등한 대우를 받는다고 불평했다. 그 결과 농사는 잘 안 되고 식량이 부족해져 사람들이 굶고 병들어 죽었다.

미국처럼 풍성한 땅에서 사람들이 굶어 죽는 것은 토지나 수확한 식량의 공동소유제도 때문이라고 판단한 그들은 3년째 되던 1623년부터 공산주의식 공동체생활을 버렸다. 농토를 개인에게 나누어 주고 수확한 농산물의 개인소유를 허용했다. 사유재산을 보장하자 아파서 일하지 못하겠다던 부인들은 아이를 업고 자기 땅에서 열심히 일했다. 불평하던 총각들도 열심히 일하여 먹고 남은 것을 팔아서 돈을 벌려고 했다. 그 결과 수확하는 농산물이 풍성해져 굶어 죽는 사람이 없게 되었다. 그 때부터 그들은 본격적으로 풍성한 추수감사절(Thanksgiving Day)을 기념하게 되었다.

② **인성(人性)에 대한 그릇된 철학** 한국기업인 L씨가 어느 공국호텔에 체류했을 때 있었던 일이다. 방에 수건이 없어서 벽을 보고 혼잣말로 불평을 했는데 비밀리에 도청하고 있던 종업원이 바로 수건을 갖고 왔다고 한다. 독일 통일 직후 서독인들은 공산 동독에 비밀경찰, 정보요원 등 국민을 감시 · 통제하는 요원들이 대단히 많이 있다는 사실을 알고서 놀라워했다. 공산국가는 왜 국민을 철저하게 감시 · 통제하는가? 심지어 학자들의 해외학술회의에도 감시요원들을 따라 보내는가? 공산주의가 국민을 철저히 통제하는 이유는 다음 세 가지 이유 때문이다.

• 인간은 근본적으로 사악한 존재이므로 재산을 국가가 빼앗아서 공산화하더라도 계속 남에게서 빼앗고 국가 지시사항을 회피하려고 노력하므로 철저한 통제 대상이다.

• 국가가 모든 재화와 서비스를 생산하고 분배해야 하므로 국민들을 국가의 방침에 따라서 행동하도록 통제해야 한다.

• 인간은 '교육과 통제'를 통해서 소유욕을 버리고 국가와 사회만을 위하여 살아가는 '사회적 인간'으로 만들 수 있다고 생각한다 이를 위해서 공산국가는 전 국민에 대한 감시와 통제를 철저히 한다.

**에티오피아의 공산화**

에티오피아는 6·25전쟁 때 한국을 도울 정도로 많이 발전된 나라였다. 그러나 맹기추 하일레 마리암 대통령은 1974년 에티오피아가 사회주의 국가임을 선언했다. 다음 해 토지의 개인소유를 철폐하고 농민을 모택동식 집단농장에 수용했다. 은행과 보험회사도 국유화했다. 1976년 소련과 동독으로부터 지원받은 만여 명의 비밀요원의 도움을 받아 붉은 테러를 감행하였다. 가장 먼저 처형한 사람은 공산화에 앞장섰던 수천 명의 마르크스주의 신봉 학생들이었다. 그러나 1984~1985년 사이 집단농장의 극심한 비능률과 흉년으로 인하여 백만 명 이상의 국민들이 목숨을 잃었다. 1991년 소련이 해체되자 그는 권좌에서 쫓겨나 짐바브웨로 도망갔다. 17년간의 사회주의 실험의 막이 내렸다. 세계은행 통계에 따르면 2005년 현재 이 나라의 1인당 국민소득은 세계최하 수준인 160달러이다.

③ 평등사회 건설이라는 잘못된 이상 만약 정부가 모든 사람의 소득을 100% 과세한 후 모든 사람에게 똑같이 분배한다면 어떤 결과가 발생할까? 목숨을 걸고 먼 바다에 나가서 파도와 싸우면서 고기를 잡거나, 아프리카에 가서 풍토병과 싸우면서 한국 상품을 파는 사람이 사라질 것이다. 노력의 대가가 전혀 없기 때문이다. 그 결과 국민총생산은 급감한다. 이런 것이 공산국가에서 발생하는 현상이다. 열심히 일하는 사람이나 남을 훼방 놓는 사람이나 국가로부터 평등한 생활을 보장받는다. 이를 권한이라고 생각하게 만드는 나라는 기울어질 수밖에 없다.

공산국가도 조직으로 움직이는 이상 각종 조직의 서열이 존재할 수밖에 없다. 통제하는 계층과 당하는 계층의 격차가 크고, 당 간부와 당원간의 격차도 크

**공국과 자국 사람들**

공국(공산국가)에서는 사람들이 못 먹어서 살을 찌우려고 하고, 자국(자본주의 국가)에서는 비만으로 인해 살을 빼려고 한다. 공국에 있는 산은 민둥산이 되기 쉽고 자국에서는 푸른 산이 된다. 공국 산에는 굶주린 사람들이 잡아먹어서 산짐승이 없으나 자국 산에는 너무 많아 농작물 피해 때문에 농민들이 골치를 앓는다. 공국에서는 권력자에게 잘 보인 노동자 · 농민 등 아마추어가 각종 조직체나 나라를 다스리나, 자국에서는 치열한 경쟁을 통하여 능력을 인정받은 프로들이 다스린다. 중산층이나 고소득층이 공국에는 없으나 자국에는 많다. 부자는 공국에 한 사람도 없다.

공국 사람들은 국가의 뜻에 따라 살아가야 하나 자국 사람들은 개인의 뜻에 따라 산다. 공국 사람들은 돈도 없을 뿐더러 물건도 부족하여 살 수 없으나 자국 사람들은 돈보다 물건이 더 많아서 다 살 수가 없다. 공국 사람들은 평생 열심히 일해도 재산을 모을 수 없지만, 자국 사람들은 개인이 하기에 따라서 얼마든지 재산을 모을 수 있다.

공국의 종주국 소련에서는 왜 국민들이 탈출하려고 안달을 하고, 자국의 종주국 미국에는 왜 세계 여러 나라 사람들이 이민 오려고 안달을 하는가? 이를 설명할 수 있는 사람은 자본주의와 공산주의의 차이를 아는 사람이다.

다. 이런 이유로 공국의 불평등정도는 자국보다 심했다. 아이러니하게도 완전평등이라는 공산주의의 이상은 그 반대의 결과를 낳았다.

공산주의자들 중에는 남의 돈을 평등하게 나누어 갖자고 하는 사람들이 많다. 경제목표는 성장, 안정, 형평 및 삶의 질의 네 가지이다. 평등 그 자체만으로는 경제목표가 될 수 없다. 평등만을 추구한 나라들은 모두 빈곤과 불평등 병을 앓고 있다. 공산국가들은 물론 남미국가들도 이를 보인 바 있다. 남미 여러 나라 선거에서 좌파가 당선되는 이유는 전 정권이 빈곤과 불평등을 해결하지 못했기 때문이다. 평등을 최우선정책으로 내세워 당선된 지도자는 빈곤과 평등을 악화시킨다. 그러므로 남미문제는 해결이 어렵다. 평등만을 주장하는 사람 중에는 '분배병'에 걸린 사람들이 많다. 그 수가 과다하면 나라는 '굶주림 병'에 걸린다. 이 병에 대한 처방은 자유시장경제뿐이다.

④ 잘못된 경제관　공산주의가 실패할 수밖에 없었던 이유 중 하나는 잘못된 경제관이다.

- 재화와 서비스의 생산과 분배는 모두 정부가 담당한다.
- 국민의 일자리는 모두 정부가 만든다.
- 경제정책의 최우선은 무기생산을 통한 국력, 특히 국방력의 강화이다.
- 인적자본을 도외시한다.

인간은 스스로 노력하여 먹고 살아야 한다. 이것이 시장경제의 핵심이다. 반대로 정부가 국민을 먹여 살려야 한다는 것은 공산주의이다. 정부는 생활능력을

**공산주의와 사회주의의 차이**

공산주의와 사회주의는 어떻게 다른가?

① 공산주의는 일시에 모든 사람의 재산을 100% 국유화해야 한다고 주장하나, 사회주의는 이를 서서히 할 뿐만 아니라 어느 정도의 사유재산을 인정한다.

② 공산주의는 모든 제품을 100% 정부가 생산하고 배급하나, 사회주의는 어느 정도 개인의 생산과 거래를 허용한다.

③ 공산주의는 만인의 완전평등을 주장하나 사회주의는 어느 정도의 차별화, 즉 열심히 일하는 사람과 하지 않는 사람 간의 차이를 인정한다.

상실한 사람은 몰라도 스스로 벌어먹을 수 있는 사람들을 먹여 살려서도 안 되고 그럴 능력도 없다. 공산주의는 멀쩡한 사람들을 정부에 의존하게 만든다.

자본에는 물적자본과 인적자본이 있다. 인간의 교육, 건강, 기강 등은 인적자본으로 생산성을 높인다. 공산주의는 기계, 공장 등 물적자본에 치중하고 인적자본을 도외시한다. 즉, 자본의 뜻을 잘못 이해하고 있다.

## 12.3 자유시장경제 창달의 7가지 조건

자유시장경제에는 여러 가지 유형이 있으나 확실한 공통점이 있다. 예를 들어 자동차 회사들은 정부의 지시나 통제가 없는 데도 불구하고 무엇 때문에 국민들이 원하는 차를 원하는 양만큼, 그리고 가급적 더 싼 값에 만들려고 그야말로 최선을 다 하는가? 츠석 명절 등에는 정부의 지시나 감시가 없는 데도 불구하고 주요 고속도로 휴게소에 수리 팀을 보내서 고장난 차를 신속하게 수리해 주려고 스스로 노력하는 이유는 무엇인가? 왜 우리나라 전자회사들 또한 휴대폰이나 각종 가전제품을 국민이 바라는 대로 만들고, 뿐만 아니라 고장날 때는 신속하게 수리해 주려고 그야말로 사력을 다하는가? 우리나라의 출판사 또한 어째서 국민들이 원하는 책을 조금이라도 더 잘 만들려고 안간힘을 다 쓰는가? 기업들로 하여금 이렇게 노력하도록 만드는 것은 보이지 않는 손의 원리 때문이다.

다른 관점에서, 어떻게 하면 우리나라의 모든 기업으로 하여금 국민이 원하는 제품을 원하는 양만큼 만들 뿐만 아니라 더 좋은 제품을 만들기 위하여 죽자살자 노력하게 만들 수 있는가? 그렇게만 할 수 있으면 국민들이 원하는 각종 재화나 서비스의 생산이 끊임없이 늘어날 수밖에 없게 된다. 이것이 다름 아닌 경제의 성장이고 국부(國富)의 증대이다. 인류 역사를 놓고 볼 때 수많은 사람이 이에 대한 대답을 구하려고 끊임없는 노력을 했다. 그 중 가장 최초로 과학적인 해답을 제시한 사람이 바로 아담 스미스이며, 그 원리를 밝힌 책이 『국부론』(國富論, *The Wealth of Nations*)이다. 경제학은 바로 이 책에서 시작된다. 경제학을 발명한 사람이 바로 아담 스미스다. 자본주의 시장경제의 출발점도 바로 이 책이다. 그런데 『국부론』은 모르는 사람은 없지만 읽어 본 사람도 없는 책이라고 한다.

『국부론』은 국부창출이 근본적으로 민간부문의 몫이지 정부의 몫이 아니라고 한다. 근본적으로 다음 두 가지 문제를 해결하고자 했다.

① 어떻게 하면 경제전체의 부, 곧 국부(國富)를 계속 늘릴 수 있도록 하는가.

② 어떻게 하면 경제 내부의 질서를 잘 유지할 수 있는가.

전자는 매크로 문제, 후자는 마이크로 문제이다. 경제내부의 질서유지는 두 가지 측면이 있다.

• 하나는 어떻게 하면 소비자들이나 생산자들이 서로에게 해를 끼치지 못하도록 하는가이고,

• 다른 하나는 어떻게 하면 생산자들로 하여금 소비자들이 원하는 상품을 원하는 양만큼 최소의 비용으로 생산하도록 만드는가이다.

그럼 이를 해결할 수 있는 방법은 무엇인가? 지금부터 말하는 7가지를 잘 하는 것이다. 축구선수는 혼자서는 아무리 유능해도 팀이 없으면 실력을 발휘할 수 없다. 팀이 있어도 축구장이 없으면 게임을 할 수 없다. 좋은 축구장이 있어야 하고, 경기규칙, 심판 등도 좋아야 한다. 팀은 기업에 비유된다. 선수와 팀이 실력을 발휘할 수 있도록 하는 모든 것을 자본주의(시장경제)라고 한다. 축구장은 하드웨어, 경기규칙 등은 소프트웨어인데, 자본주의에도 하드웨어와 소프트웨어가 있다. 축구팀이 잘 하면 승리와 상금이 돌아오나 국가간의 경제게임에서 승리하면 국민들은 풍요로운 삶을 누리고 국가는 국력을 신장시킨다. 경제게임이라는 것은 바로 시장경제게임이다.

축구에도 엄격한 경기규칙이 있다. 아무리 급하더라도 공에 손을 대면 안 된다. 축구장 바깥에 나가서 공을 차서도 안 된다. 자본주의라는 경제게임에도 엄격한 규칙이 있다. 축구와 비교하면, 축구는 정해진 시간에만 하나 경제게임은 24시간 계속된다. 쉬는 시간이 없다. 축구는 축구공, 골대, 운동복 등 몇 개의 제품만을 사용하나 경제게임은 모든 제품을 다 사용한다. 축구는 선수들만 참여하나 경제게임은 전 국민이 참여한다. 축구는 승패의 결과가 선수나 임원들에게 국한되나 경제게임의 승패는 전 국민에게 영향을 미친다. 축구에서는 선수들이 규칙을 심하게 위반하면 퇴장당하나 경제게임에서는 선수를 퇴장시킬 길이 없다. 그러므로 선수들 모두, 즉 온 국민이 수준이 높고 규칙을 잘 지켜야 되는 것이 경제게임이다.

축구에서 선수들이 열심히 뛰도록 하는 길은 경기규칙을 잘 만들고 철저히 잘 지키도록 하는 것이다. 그럼 자본주의라는 경제게임에서 선수인 국민들이 활력 있게 뛰도록 만드는 길은 무엇인가? 그리고 경제를 활력 있게 만드는 길은 무엇인가? 규칙을 철저히 지키면서 경제게임을 하도록 만드는 것이다.

한국에서 자본주의가 시작된 것은 1948년 헌법이 제정되고부터이다. 국민들이 이 규칙을 모두 잘 지키는 나라는 선진국, 지키지 않는 나라는 후진국, 반대로 하는 나라는 공국이다. 자본주의 자유시장경제는 인간에게 가장 자연스러운 것을 하도록 하는 것이다. 따라서 너무나 쉽고, 자연스러워서 많은 사람들은 이를 경제체제로 받아들이려고 하지 않는다. 지금부터 7가지 규칙을 자세히 살펴보자.

**① 사유재산 또는 재산권(property rights)의 보장** 미국 인디언들은 땅이란 자연이 준 선물이므르 공동으로 소유해야지 개인이 분할소유하면 안 된다고 생각했다. 즉 사유재산의 개념이 없었다(하워드 진의 『국민의 미국역사』). '인디언식 공산(토지자산 공유)주의' 는 미국인들의 사유재산주의와 상극으로 충돌이 불가피했다.

이런 이야기도 있다. 옛날 빼어난 도공이 명품 도자기를 만들면 친구나 친척들이 이를 깨뜨려 주었다고 한다. 탐관오리가 그 소문을 듣고 많은 양을 공짜로 주문하는 경우에는 도공살림이 거덜 날 수도 있기 때문이다.

1950년의 한국의 1인당 국민소득은 앙구스 마디손이 OECD개발센타 보고서인 『세계경제－천년간의 전망』에서 밝힌 바와 같이 태국, 필리핀, 인도네시아, 말레이시아, 심지어 스리랑카보다 낮았다. 그러나 1948년에 제정된 헌법이 사유재산을 보장하는 등 시장경제체제가 뿌리를 내리도록 만들자 1인당 국민소득이 이들 나라보다 비교할 수 없을 정도로 빠르게 증가했다.

어린이들은 선물을 받을 때는 좋아서 어쩔 줄을 모르고 장난감 등 소유를 빼앗길 때는 싸움도 불사한다. 어른들도 마찬가지이다. 노래 자랑 대회에서 입상한 뒤 상금받고 좋아서 어쩔 줄 모르는 사람들을 가끔 본다. 뇌물, 부정부패는 인간의 기본 소유욕망 때문이다. 아프리카 여러 나라의 끊임없는 내전도 마찬가지이다. 예를 들어, 시에라리온의 내전은 다이아몬드광석을 차지하는 싸움이다.

인간이 가장 좋아하고 또한 바람직한 소유는 정당한 일을 최선을 다하여 한 다음 노력의 대가로 돌아오는 것을 차지하는 것이다. 이런 소유를 마음껏 늘려갈 수 있도록 하자는 것이 자본주의 시장경제(자유기업경제)의 핵심이다. 자유기업경제를 잘 발전시키기 위해서는 재산권을 철저히 보호해야 한다. 소유자경영을 장려하고 한국기업은 가급적 한국인이 소유할 수 있게 하는 것이다.

재산권이란 무엇인가? 재산권이란 다음을 의미한다.

- 재산의 소유, 관리 및 통제권
- 재산에서 발생한 소득에 대한 권리
- 재산의 매매 및 처분(이전, 임대, 상속 등)권
- 재산을 사용하여 생산활동을 하거나 신규기업 창설권리

### ❂ 재산권의 보장

자본주의가 재산권(지적재산권 포함)의 철저한 보호를 주장하는 이유는 무엇인가?

• 재산의 소유 동기는 인간의 본성이다. 소유는 동물의 본성이기도 하다. 한라산에 서식하는 노루 숫컷 우두머리가 매일 아침 가장 먼저 하는 일은 영역 표시이다. "한 산에 두 호랑이가 있을 수 없다(一山不容二虎)"는 것이다. 동물들은 소유가 침해당할 때 목숨을 걸고 싸운다. 물개나 물개 조련사 모두 열심히 일하도록 만드는 길은 먹이 등 인센티브를 제때 잘 주는 것이다. 항산(恒産)은 항심(恒心)의 전제조건이다. 인간은 항산이 늘어 날 때 안정감과 자신감을 갖게 된다. 재산을 국가에 다 빼앗긴 공산국가 사람들은 항상 불안 속에서 살아가지 않을 수 없다. 어떤 사회제도도 인간의 본성과 맞지 않는 것은 오래 가지 못한다.

• 지역간 수급 불균형의 시정, 제품의 개선, 신제품 개발 등을 잘 할 수 있게 만든다.

• 사람들을 열심히 일하게 만든다. 열심히 일해서 모은 재산을 모두 빼앗긴다면 열심히 일할 사람은 아무도 없다. 또한 남에게서 재산을 쉽게 빼앗을 수 있게 된다면 열심히 일하는 것보다 남의 재산 빼앗으려고 할 것이다. 열심히 일해서 모은 재산이 나의 소유가 되고, 남의 재산을 빼앗을 수 없는 것이 확실하게 될 때 인간은 열심히 일하려고 한다.

• 재산을 가장 잘 관리할 수 있게 만든다. 어떤 재산이건 가장 잘 관리할 수 있는 사람은 가장 잘 알고 이해관계도 가장 큰 사람인데, 그런 사람은 바로 소유자이다. 공산국가에서도 자산을 가장 잘 관리하는 길은 책임자를 잘 정하는 것이다. 이보다 더 좋은 방법은 시장경제에서처럼 소유자를 확실하게 정하는 것이다.

### 시장이란

국내 미술품 경매 최고가는 2010년 현재 박수근 화백의 그림 '빨래터'로서 45.2억원(2007년 가격)이었다. 우리가 거래는 시장에서 이루어진다고 할 때, 시장이란 무엇인가? 남대문 시장(1897년에 개장) 같은 것만 시장이라고 할 수 있는가? 그렇지 않다. 사는 사람과 파는 사람이 어떤 상품이나 서비스를 거래할 수 있도록 하는 것은 무엇이든지 시장의 역할을 한다. 백화점 매장, 커피 자판기, 과일가게, 인터넷, 음식점, 휴대전화기, 컴퓨터, 홈쇼핑TV, 증권거래소 등은 모두 그러하다. 서울옥션이 실시하는 경매도 시장의 기능을 한다. 어디서나 어느 때나 어떤 형태로나 교환이 이루어지면 시장은 존재한다. 반면에 '한국의 성인 영어시장이 연 5천여 억원'이라고 할 때의 시장은 거래규모를 말한다.

---

토지나 부동산처럼 귀중한 자산일수록 국가관리가 아니라 소유자를 분명히 정해야 한다.

• 재산의 장래가치를 높인다. 재산의 소유자는 가치를 높이기 위하여 부단히 노력한다. 그러므로 재산의 가치를 가장 잘 높이는 길은 바로 소유자를 정하는 것이다.

• 재산을 생산수단인 자본으로 전환케 하는 가장 좋은 방법이다. 중국은 공산주의 때 재산의 100%를 국가가 소유했다. 지금은 국가기업의 상당수를 민간기업으로 전환했다. 앞으로도 시장경제를 활성화하기 위하여 이를 계속 추진할 것이다.

**② 시장(market)에 의한 생산과 분배** 가령 금년에 휴대폰을 누가 몇 개나 생산하고 소비는 또한 누가 해야 하는가? 한국이 공산국가라면 이를 정부가 마음대로 결정한다. 그러나 정부가 간여 않고 내버려 두더라도 만들고 싶은 사람이 나타나서 만들어서 팔고, 사고 싶은 사람도 나타나서 알아서 산다. 어느 누구도 억울하게 싼 값에 만들거나 비싸게 샀다고 데모하지 않는다. 시장거래를 통하여 제품의 수급이 자연적으로 이루어지게 만드는 것이 곧 시장에 의한 생산과 분배이다. 때문에 자본주의를 시장경제라고 한다. 시장은 유기체이다. 잘못되었을 때는 이를 바로잡을 줄 아는 지혜가 있다. 이 점이 정부주도의 통제경제와 큰 차이가 있다.

사는 사람은 어떤 제품을 살 때 자신의 사정(소득, 기호, 관련제품의 가격 등—수요의 결정요인)을 감안하고, 파는 사람도 자신의 사정(원자재 가격, 생산 기술, 관련제품의 가격 등—공급의 결정요인)을 감안하여 산다. 어떤 제품이건 간에 그 가

**소련의 공산화**

공산주의 신봉자였다가 전향하여 경제제도 연구로 노벨경제학상 수상자가 된 더글라스 노드 교수는 『경제성장의 과정』이라는 책에서 소련의 공산주의 정책에 대해서 다음과 같이 설명한다.

> "공산혁명에 성공한 소련 지도자들은 무엇보다 자본주의의 뿌리를 철저히 뽑아야 된다고 생각했다. 그래서 시장을 없앴다. 화폐도 없앴다. 토지를 비롯한 거의 모든 것을 국유화했다. 상품, 가격, 이윤, 임금도 존재할 수 없게 만들었다. 노동자들도 원하는 곳에 취직하여 임금을 받지 못하게 정부가 강제로 일자리를 할당했다. 임금은 돈이 아니라 현물로 받게 했다. 생산 목표는 금액이 아니라 수량으로 정해 주었다. 이런 것을 하는 과정에서 혁명 지도층은 막강한 통제력을 행사할 수 있게 되었다."

격과 거래량은 정부가 아니라 이해 당사자(수요자와 공급자)들이 자신의 사정을 모두 감안하여 다 같이 좋아하는 방향으로 결정한다. 이것이 '수급(수요와 공급)의 법칙'이고, 시장에 의한 생산과 분배의 핵심원리이다. 사는 사람이나 파는 사람 모두 득을 볼 수 있게 만들자는 것이 시장에 의한 교환이다.

되풀이하면 식당을 하는 사람도 음식을 남(소비자)이 바라는 대로(바라는 음식을, 바라는 양만큼, 바라는 가격으로) 만들어 팔 수 있는 사람만이 돈을 벌 수 있게 만드는 것이 시장경제이다. 시장은 "너희는 남에게서 바라는 대로 남에게 해주어야 된다"는 말을 실천하는 사람만이 돈을 벌 수 있게 만든다. 어떤 종교나 이 점을 강조한다. 성서는 이를 황금률이라고 한다. 남에게 이로운 일을 하는 가운데 자신의 욕망을 충족시키도록 하는 방법이 바로 시장이다. 이보다 더 좋은 방법은 없다.

시장에 의한 생산과 분배가 잘 이루어지기 위해서는 생산자나 소비자 모두 자유롭게 거래활동에 참여할 수 있어야 한다. 이를 진입(entry)의 자유라 한다. 또한 그만 두고 싶을 때는 언제든지 그만 둘 수 있어야 하는데 이를 퇴출(exit)의 자유라 한다. 진입과 퇴출이 자유로워야 자유시장(free market)이라고 할 수 있다.

③ 경제적 자유  경제적 자유란 프레이저 연구소에 따르면 다음과 같다. "폭력, 사기, 절도가 아닌 정당한 방법으로 갖게 된 재산을 타인의 물리적 침해로부터 보호받을 뿐만 아니라 타인의 자유를 침해하지 않는 한 자신의 재산을 사용하고 교환하며 증여할 수 있는 자유이다." 프레이저 연구소가 말하는 경제적 자유의 주된 내용은 다음과 같다(『세계의 경제적 자유보고서』, 2009).

- 개인의 선택의 자유
- 시장을 통한 자발적 거래
- 시장진입과 경쟁의 자유
- 타인의 침해로부터 개인과 개인의 재산의 보호

세계에서 제일 못사는 후진국이나 굶어 죽는 사람들이 많은 공산국가의 특징은 한결같이 경제적 자유가 없다는 사실이다. 공산국가에서는 국가가 개인의 직업을 정해 준다. 각종 제품의 생산과 분배도 국가가 마음대로 한다. 마음에 드는 사업을 할 수가 없다. 누구나 자신이 원하는 직업이나 사업을 선택할 수 있는 자유가 있는 나라는 자본주의 국가이다.

공무원이나 정치인이 기업경영인을 공갈 · 협박할 수 있는 나라는 자유시장경제가 아니다. 공무원들의 자의적 규제로부터도 자유로워야 한다. 정치가 경제의 위가 아니라 경제가 정치의 위에 서야 되는 것이 자본주의이다. 정치가들의 정권 연장을 위한 '정치목표' 보다 국민들을 더 잘 살게 만드는 국민들의 '경제목표' 달성이 우선시되어야 한다는 것이다.

경제적 자유와 경제성장과의 관계를 연구하는 세계적인 기관인 프레이저 연구소(Fraser Institute)는 세계 여러 나라의 경제적 자유도를 측정하여 『세계의 경제적 자유』라는 보고서를 통하여 매년 발표하고 있다. 한국은 1975년 38위, 1995년 40위, 2000년 45위, 2007년에는 141개국 중 7.45점으로 32위를 차지했다. 2007년 기준 세계 1위는 홍콩, 2위는 싱가포르이며 미국은 6위, 일본은 28위, 중국은 82위였다. 한편 경제적 자유도가 낮은 나라는 140위 미얀마, 141위 짐바브웨였다. 프레이저 연구소가 경제적 자유도를 측정하는 기준은 다음 5가지이다.

- 정부의 규모 : 지출, 조세, 공기업
- 재산권의 안전성과 법적 구조

• 건전한 자금에 대한 접근성
• 대외 교역의 자유
• 신용 · 노동 · 기업규제

이 연구소는 경제적 자유가 경제에 미치는 영향을 다음과 같이 밝히고 있다.

• 경제적 자유가 더 많은 나라가 소득수준도 높고 경제성장률도 더 높다.
• 경제적 자유가 더 많은 나라가 환경보호면에서 앞선다.
• 경제적 자유가 많은 나라의 사람들이 더 오래 산다.
• 경제적 자유가 많은 나라가 인권면에서 앞선다.

**④ 합리적인 사리(self-interest)추구** 인간의 경제행위는 합리적인 사리추구 때문에 발생한다. 음식점이 손님이 좋아하는 음식을 더 맛있고 싸게 만들려고 죽자 살자 노력하는 것은 사실 자신에게 돌아오는 이윤(사리추구) 때문이다. 고금을 막론하고 이윤(사리)추구 동기는 인간의 본성 중의 하나이다. 이를 최초로, 유일하게 긍정적으로 보기 시작한 것은 자본주의이다. 더 많이 노력하는 사람이 더 많은 보상을 받아야 한다는 것이다. 사회주의는 인간은 공익을 추구해야 된다고 생각하므로 사리추구를 인정하는 자본주의를 비난한다. 이들이 모르는 것은 이윤추구 동기는 경제생활의 기본이고, 욕망을 가장 잘 충족시키는 방법은 시장이며, 시장을 작동하게 하는 것은 사리추구 동기라는 사실이다.

사리추구는 인간의 본성에 부합한다. 동물의 경우에도 마찬가지이다. 물개도 재주를 부리도록 하려면 그에 상응하는 인센티브(incentives)를 잘 제공해야 한다. 물개는 관광객, 사육사, 국가사회를 위한 희생정신으로 재주를 부리지 않는다. 조련사 또한 인센티브가 좋아야 열심히 한다. 물개, 조련사 모두 사익을 추구한다. 이건희 삼성그룹 회장은 이런 말을 여러 차례 했다. "인센티브란 인간이 만든 위대한 발명 중 하나며 자본주의가 공산주의와 대결해서 승리한 요인이다." 공산주의의 가장 큰 잘못 중의 하나는 앞서 말한 바와 같이 인간은 적당히 교육시키고 통제하면 공익(public interest)을 위해서 일하는 존재가 된다고 생각하는 것이다.

아담 스미스의 『국부론』의 큰 장점의 하나는 인간의 본성이 사리추구라는 사실을 인정하고 이를 토대로 국부 증진의 방법을 밝혔다는 것이다. 인간은 사리를 열심히 추구하더라도 경쟁을 통해서 하면 결과적으로 공익에 크게 기여하게 된다는 것이 아담 스미스의 그 유명한 '보이지 않는 손(The Invisible Hand)'의 원리이다. 아담 스미스는 이를 『국부론』에서 다음과 같이 설명한다.

> "인간은 누구나 자본을 그 생산물의 가치가 최대가 되게 사용하려고 노력한다. 일반적으로 공익을 증진할 의도도 없고, 얼마나 해야 하는가도 잘 모른다. 자신의 안전이나 이익만을 생각한다. 그런데 마치 보이지 않는 손의 인도를 받아서 하는 것처럼 공익을 증진하게 된다. 스스로의 이익을 추구하는 것이 사회의 이익을 의도적으로 추구하는 경우보다 더 효율적으로 증진하게 되는 경우가 빈번하다."

보이지 않는 손의 원리는 사리추구를 바탕으로 한다. 예를 들면 우리나라 전자나 자동차회사들이 사익을 열심히 추구하더라도, 국내외의 다른 회사들과 치열한 경쟁을 하게 되면, 결과적으로 세계적인 제품을 만들게 된다. 이것은 국민들에게 큰 도움을 주고, 수출을 통해 귀중한 외화를 벌어들여 공익을 크게 증진시킨다. 즉, 사익을 열심히 추구한 결과가 저절로 공익증진으로 나타나는 것이다.

그런데 많은 사람들은 아담 스미스가 이기심만으로 시장경제가 작동된다고 주장했기 때문에 자본주의 시장경제는 근본적으로 잘못 되었다고 하나 그렇지 않다. 그는 경제학자이기 전에 도덕 철학자였다. 『도덕적 정서의 이론』이라는 책에서 인간의 성품을 완벽하게 하는 것은 이타심이라고 하면서 이타심의 중요성을 강조했다. 우리가 사익추구를 강조한다고 하여 희생정신이나 봉사정신의 중요성을 무시하자는 것은 결코 아니다. 송자 전 연세대 총장은 "자본주의는 윤리적 뒷받침이 있으면 제일 좋은 제도가 되나 그렇지 못하면 천하에 못된 제도가 될 수 있다"고 했다. "있는 자는 멋이 있어야 된다"고도 했다. 일하지 않고 남이 일해서 벌어 놓은 것을 탐내는 것은 자본주의가 말하는 사익추구가 아니다.

자본주의는 이타심도 강조한다. 공산주의자들은 사리추구를 강조하는 자본주의 국가는 피도 눈물도 없는 사회가 된다고 하였다. 그러나 그렇지 않다. 세계에서 가장 많은 돈을 사회를 위해서 기부하는 나라는 바로 미국이다. 미국인들은 매년 2천억 달러 규모의 기부를 한다. 좋은 사람들이 하는 자본주의는 좋게 되고 나쁜 사람들이 하는 자본주의는 나쁘게 될 수밖에 없다.

사회주의자들의 자본주의에 대한 주된 비판은 다음 두 가지이다.

- 모든 사람이 출발선상에서 균등하지 않다.
- 경쟁의 결과가 균등하지 않다.

그런데 인간은 모두 큰 차이가 있다. 연령이 같은 사람도 다 다르다. 만약 이런 차이가 불공정하다면, 인생 그 자체가 불공정한 것이다. 이들을 모두 평등화하는 것이 사회정의라면 '사회정의'란 말은 다른 정의를 해칠 수 있으므로 사용하면 안 된다(마가렛 대처 전 영국 수상). 대처 수상은 그레샴의 법칙이 악화가 양화를 몰아내는 것처럼, 사회정의 같은 나쁜 아이디어가 다른 좋은 아이디어를 몰아낸다고 했다.

⑤ **다양성과 경쟁** 한국의 실업 스포츠 팀 선수들은 치열한 경쟁에서 승리하기 위하여 그야말로 최선을 다한다. 국내 최우수선수가 되면 세계적인 선수 팀에 합류할 수 있고, 돈과 명예도 차지할 수 있다. 학자들도 세계적인 과학자가 되면 엄청난 명예를 얻을 수 있다. 성악가나 예술가도 마찬가지이다. 시장경제는 다양성과 경쟁을 중시한다.

건강한 숲에는 다종다양한 나무와 풀이 자라듯이 시장경제가 건강하게 성장하기 위해서는 다종다양한 경쟁자가 있어야 한다. 건강한 시장경제의 생명은 다양성에 있다. 경쟁자가 다종다양할수록 경쟁이 치열하게 되고, 경쟁이 치열할수록 인간은 능력을 최대한 발휘하고 또한 더 키우기 위하여 최선을 다한다. 시장경제의 발전을 가로 막는 것은 경쟁자를 인위적으로 평준화하거나 획일화하는 것이다. 한국기업을 모두 지주회사나 중소기업 또는 그룹으로 동일하게 만들거나 모든 기업그룹을 해산해야 된다는 주장은 시장경제의 경쟁원리와 닿지 않는다.

### ❂ 경쟁의 중요성

경쟁을 치열하게 하는 길은 경쟁자에게 돌아가는 몫의 차이를 인정하는 것이다. 시장경제는 경쟁을 잘 하는 사람이 더 많은 혜택을 누릴 수 있도록 하고, 또한 무엇이든지 가장 잘 할 수 있는 사람이나 기업이 할 수 있도록 하기 위한 것이다. 경쟁은 경쟁자간의 차이를 전제로 하고, 치열할수록 참여한 사람에게 돌아가는 혜택의 차이도 크게 만든다. 만인의 평등을 목표로 하는 공산주의는 경쟁을 허용하지 않는다. 많은 사람들이 혼동하는 것은 바르 경쟁의 중요성이다. 경쟁은 어떤 역할을 하는가?

첫째, 치열한 경쟁은 생산자나 소비자로 하여금 서로를 해치지 못하게 만든다. 오히려 서로에게 도움이 되도록 최선을 다하게 만든다. 예를 들어, 우리 가전제품 회사들간의 치열한 경쟁은 소비자에게 마음대로 값을 올려 받지 못하게 한다. 소비자들간의 경쟁은 소비자들도 마음대로 값을 깎아서 살 수 없게 만든다. 생산자인 음식점들은 치열한 경쟁 때문에 소비자인 손님들에게 최선의 서비스를 다하게끔 만든다.

둘째, 치열한 경쟁은 자율규제(self-regulation) 장치를 만들어서 기업들로 하여금 자원을 효율적으로 사용하게 만든다. 치열한 경쟁을 하는 우리 가전제품이나 자동차 회사들은 소비자들이 바라는 제품을, 바라는 양만큼, 그리고 더 싼값에 만들려고 죽자 살자 노력하게 만든다. 즉, 자원을 가장 효율적으로 사용하게 만든다. 누가 이렇게 만드는가? 시장경제에는 '자동감시장치' 같은 것이 있다. 이를 시장의 규율(market discipline)이라고도 한다. 공산주의 통제경제에서는 사람들이 열심히 일하지 않으면 국가로부터 처벌을 받기 때문에 열심히 일하려고 한다. 그러나 시장경제에서는 경쟁자들이 서로가 서로를 감시하는 자동감시장치 같은 것이 그렇게 만든다.

경쟁은 개인이나 기업으로 하여금 게으름을 피우지 못하게 함은 물론 능력을 최대 발휘하고 또한 업그레이드를 위하여 최선을 다하도록 만든다. 예를 들어, 고3 수험생들이 추첨으로 일류대학에 입학하게 되면 공부를 하지 않아도 된다. 그러나 성적순으로 입학하게 하면 서로 실력을 높이려고 최선을 다한다. 그 결과 입학하거나 하지 못한 학생 모두의 성적이 크게 높아진다. 경쟁은 수험생들 모두로 하여금 실력을 최대로 높이게 만든다.

셋째, 혁신을 촉진한다. 치열한 경쟁은 경쟁자들로 하여금 끊임없는 기술향상과 혁신적 제품을 만들기 위해 최선을 다하게 만든다. 전 세계 휴대폰 회사들이 하루가 다르게 혁신적 제품을 만들어내는 것은 치열한 경쟁 때문이다.

넷째, 개인이나 기업이 사익(self-interest)을 열심히 추구하더라도 반드시 경쟁을 통하여 추구하도록 하면 마치 보이지 않는 손의 인도를 받아서 하는 것처럼 결과적으로 공익(public interest)을 증진시킨다. 이것이 앞서 말한 아담 스미스의 보이지 않는 손(invisible hand)의 원리이다.

＜사리추구+경쟁＞ ⇨ 공익추구

다섯째, 무능한 생산자를 골라내서 퇴출시키는 자동정화기능이 있다. 공산국가에서는 음식점들이 음식을 잘못 만들어도 권력자의 명령만 잘 따르면 된다. 그러나 시장경제에서는 맛 없는 음식을 만드는 음식점은 스스로 문을 닫아야 한다. 어떤 제품이건 만들 줄 모르는 사람은 경쟁에서 밀려나 자동적으로 퇴출된다.

**⑥ 법치(rule of law)주의와 작은 정부** 공산국가의 정부는 국민을 통제하고 먹여 살려야 된다고 믿는 정부이다. 그러나 정부가 국민을 성공적으로 먹여 살린 예는 없다. 자본주의 정부는 개인이나 기업으로부터 받는 세금으로 운영된다. 정부공무원은 기업과 국민에 봉사하는 공복(公僕)이다. 미국인들은 가장 좋은 정부는 가장 작은 정부라는 토마스 제퍼슨의 정부관을 믿는다. 시장경제와 관련하여 정부의 가장 중요한 역할은 법치(法治), 즉 법에 의한 경제운영이다. 힘이 약한 사람은 세금을 많이 내고 권력자는 부정을 해도 처벌을 받지 않는 식으로 경제가 운영되어서는 안 된다. 법에 의하지 않고 정책담당자나 권력자가 어느 개인이나 기업도 자의적인 처벌이나 봐주기를 할 수 없고, 만약 법 이외의 이유로 불이익을 당할 때는 법의 보호를 받을 수 있게 하는 정부가 법치(法治)정부이다. 전 세계 2백여 개 후진국이 발전하지 못하는 가장 중요한 이유 중의 하나는 법치를 무시하는 나쁜 정부 때문이다.

**⑦ 친(親)기업적, 친(親)자본적 문화 풍토** 이는 국민들이 기업가를 좋아하고, 기업하기를 원하며, 재산, 또는 부(富)에 대하여 긍정적으로 생각하고 부자를 좋아하고 부자되기를 원하는가를 말한다. 그런 나라는 시장경제라는 경제게임에서 승리하여 부자나라에 들어가는 입장권을 받을 수 있다. 그렇지 못한 나라의 국민들은 항상 가난과 싸우면서 살아가게 된다.

미국은 비즈니스 사회이고, 일본은 회사사회이다. 미국의 젊은이들은 보통 공무원보다 기업경영인이 되는 것을 선호한다. 일본도 대동소이하다. 그러나 한국의 젊은이들은 기업경영인보다 공무원을 선호하는 경우가 많다. 남미인들은 기업경영인보다 축구선수를 선호하고, 중동 여러 나라에서는 성직자가 기업가 위에 군림한다. 후진국일수록 정치인이나 정부관리가 기업경영인 위에 군림한다. 이런 나라에서는 자유기업경제를 꽃피우기 힘들다. 한국은 현재 반 기업정서가 세계 일등이다. 그 이유는 무엇인가? 다음 몇 가지를 생각해 볼 수 있다.

• 사농공상(士農工商)식 가치관의 오랜 전통이 있다. 옛날 사회엘리트들은 과거시험에 합격하여 출세하고 권력을 휘두르는 것을 최고의 이상으로 삼았다.

지금도 행정고시나 사법시험에 합격하는 것을 기업경영인이 되는 것보다 출세를 더 잘 하는 것이라고 믿는 젊은이들이 많다.

• 공산주의와 세계에서 가장 첨예하게 그리고 가장 오랜 세월 대치하는 상황에서 공산주의자들로부터 반기업적인 선전을 많이 받아 반기업 정서를 갖게 되었다.

• 국민들은 지나치게 강한 평등의식을 갖고 있다. 공산주의는 결과의 평등을 위한 것이라면, 자본주의는 기회의 평등을 위한 것이다. 자본주의는 평등한 선상에서 출발하여 더 빨리 뛴 사람에게 더 많은 혜택이 돌아갈 수 있게 만들기 위한 것이다. 그러므로 경쟁의 결과로 나타난 차이를 강조한다. 그런데 한국인은 결과의 평등을 지나치게 강조하는 경향이 있다. 그래서 중국이 공산국가가 되고 한국이 자본주의 국가가 된 것은 이해할 수 없는 일이라고 하는 사람도 적지 않다.

그런데 아담 스미스가 국부증진을 위하여 『국부론』에서 밝힌 위의 자본주의 시장경제를 잘 하기 위한 조건 7가지 중 재산권 이외의 6개는 시장시스템의 구성요인이라고 할 수 있다. 그래서 이 7가지를 ① 재산권의 보장과 ② 시장시스템에 의한 생산과 분배의 두 가지로 요약할 수 있다. 그러므로 자본주의 시장경제를 잘 하는 길은 이 두 가지를 잘 하는 것이라고 하는 사람도 많다.

## 12.4 정부의 경제적 기능

인구 120명의 어촌(1819년) 싱가포르를 인구 460만 명이 넘는, 세계일류 선진국으로 만든 리콴유는 그의 책 『제 3 세계에서 제 1 세계로 : 1965~2000년간의 싱가포르 이야기』에서 수상이 되어 국가건설의 책임자가 되었을 때 잘 하려고 한 것은 다음 네 가지라고 했다. 첫째는 외교, 둘째는 국방, 셋째는 치안, 그리고 넷째는 가장 어려운 것으로 경제, 곧 국민을 잘 먹여 살리는 일이다. 넷째가 바로 정부의 경제적 역할인 것이다. 그런데 이를 달리 표현하면 정부의 주된 기능은 국민을 잘 살게 하는 것이다. 이를 경제학자들은 국민의 복지를 극대화하는 것이라고 한다. 그러기 위해서는 국방, 치안 및 외교를 잘 하는 것이 정부의 기능이다. 이는 모든 나라에 공통되는 정부의 기본기능이다.

기업은 이윤, 소비자는 효용, 정부는 국민복지(national welfare)를 극대화하려고 노력한다. 국민복지의 주 결정요인은 국부(國富)이므로 아담 스미스가 『국부론』에서 밝힌 것처럼 국부의 창출이 곧 국민복지를 증대시키는 길인 것이다. 마케팅의 대가 필립 코틀러는 그의 책 『국가의 마케팅』에서 정부의 역할은 국부창출을 위하여 적극 노력하는 것이라고 했다. 그런데 글로벌 경쟁시대에는 GC우위 기업이나 산업이 없는 상태에서 국부창출이 어려우므로 정부가 우리 기업, 조직체, 정부 및 국민의 글로벌 경쟁력(GC)을 향상시키는 것이 바로 그 길이라는 것이다. 국부창출을 잘 해야 국가 경제목표를 잘 달성할 수 있다. 자유시장 경제체제에서 정부의 경제적 역할은 크게 다음 두 가지로 나눌 수 있다. 첫째는, 시장경제시스템이 잘 작동할 수 있도록 하는 것이고 둘째는, 경제목표를 달성하는 것이다. 이 중 경제목표의 달성은 제 2~7 장에서 논의하였으므로 여기서는 시장경제시스템의 작동과 관련된 정부의 역할을 살펴보자.

시장경제시스템의 원활한 작동을 위한 정부의 기능은 다음 세 가지이다.

① 국가차원의 소프트웨어 제공
② 국가차원의 하드웨어 제공
③ 시장(경제시스템) 실패의 시정

시장경제시스템이 잘 작동하면 시장경제라는 나무는 좋은 열매(경제성장, 안정, 형평 및 삶의 질)를 연다. 시장경제라는 꽃은 공short이 아니라 시장경제 풍토에서만 자라게 되어 있다. 얼마나 잘 자라는가는 시장경제를 얼마나 잘 하는가에 달렸다. 시장경제를 잘 하는 것은 다음 세 가지를 잘 하는 것이다.

**① 국가 차원의 소프트웨어**(제도적 인프라) **제공** 축구에서는 선수가 아무리 급해도 손으로 공을 만지면 안 된다. '시장경제게임'에서도 남의 재산에 손을 대면 결코 안 된다는 등의 분명한 규칙이 있다. 정부는 이런 게임규칙(rule of game)을 잘 정하고, 생산자, 소비자 모두 이를 잘 지키도록 만들어야 한다. 시장경제에서는 국민 모두가 선수가 된다.

시장경제는 우리가 가진 인적 및 물적자원을 우리 자신을 위하여 최대한 잘 사용하려고 노력할 때 잘 되는 것이다. 앞서 말한 시장경제 창달의 7가지 조건 모두를 잘 충족해야 한다. 이를 잘 하는 것이 나라 차원의 소프트웨어 제공이다.

② **국가 차원의 하드웨어(물적 인프라) 제공** 정부는 경부고속도로, KTX, 인천공항, 팔당댐, 구미 전자단지, 울산 석유화학단지, 창원신도시 등을 건설했다. 창원은 호주의 캔버라시를 벤치마킹한 것으로 세계수준의 도시이다. 생산자나 소비자나 시장경제활동을 잘 하려면 이런 도로, 전기, 정보통신, 수도, 철도, 항만, 공항 등의 하드웨어(물적 인프라)가 필요하다. 이를 제공하는 것은 정부의 몫이다.

중국정부가 개방정책을 채택한 이후 고속도로, 항만, 공항 등 인프라를 대대적으로 건설한 것은 경제성장에 하드웨어가 기본이 되기 때문이다. 중국의 새 고속도로 중에는 대형 항공기가 뜨고 내릴 정도로 큰 것도 있다. 중국정부는 필요하다면 빈민가를 불도저로 밀어부치고 인프라시설을 건설한다. 그런데 인도정부는 중국정부처럼 밀어부치고 인프라를 건설할 의도도 능력도 부족하다. 때문에 인도에는 아수라장 같은 도로나 공항 활주로가 많다. 인도는 이 점에서 중국에 뒤떨어진다.

하드웨어는 좁은 의미의 SOC이고, 이에 소프트웨어를 포함한 것은 넓은 의미의 SOC이다.

정부는 또한 생산자나 소비자들이 경제활동을 잘 할 수 있게 행정구역을 정한다. 한국에는 특별시, 광역시, 시, 군, 구 등 다양한 행정구역이 있다. 이를 행정주체의 관점에서 보면 지방자치단체가 된다. 한국의 지방자치법은 이들을 다음과 같이 구분한다.

• 광역자치단체(시·도) : 특별시 1개, 광역시 6개, 도(道) 9개가 있다.
• 기초자치단체(시·군·구) : 시 75개, 군 86개, 구 99개, 그리고 읍 211개, 면 1,205개, 동 2,071개가 있다(통계청, 『한국통계연감』, 2009).

지방자치법에 따르면 이들 지방자치단체들의 지위와 상호관계는 다음과 같다.

> "특별시, 광역시, 도(道), 특별자치도는 정부의 직할(直轄)로 두고, 시(市)는 도(道)의 관할구역 안에 두며, 군은 광역시나 도의 관할구역 안에 두며, 자치구는 특별시와 광역시의 관할구역 안에 둔다. 그리고 특별시 또는 광역시가 아닌 인구 50만 이상의 시(市)에는 자치구가 아닌 구(區)를 둘 수 있고, 군(郡)에는 읍(邑)·면(面)을 두며, 시와 구(區)에는 동(洞)을, 읍·면에는 리(里)

를 둔다(지방자치법 제3조)."

세계적인 경영컨설팅 기업인 맥킨지사의 아·태지역 회장인 로버트 바튼은 『아시아 경제·무역환경, 어떻게 전개되나』라는 글에서 중국의 상해 시(市)는 낙농회사, 자동차 회사도 갖고 있는데, 마치 기업집단과 같이 운영된다고 했다. 상해시장은 상해시를 기업과 같이 운영하며 맥킨지 회사의 경영자문을 많이 받으므로 중요한 고객 중의 하나라고 했다. 그리고 상해시 부시장은 전 직원을 모아 놓고 "여러분이 앞으로 할 일은 시장(market)이 잘 작동하도록 하는 것"이라는 사실을 몇 차례나 강조한 바 있다.

③ **시장실패의 교정**　시장의 실패(market failure)를 교정하는 것은 정부의 몫이다.

## 12.5 정부의 수입과 조세

중앙정부의 일반회계 세입은 [표 12-2]에 표시되어 있다. 세입의 95%는 국세(내국세, 관세, 교통세 및 교육세)수입이다. 세외수입은 경상이전수입, 재화 및 용역판매수입(수수료, 입장료, 가산금, 벌과금 등), 재산수입 등을 포함하는데 정부수입의 4.8%이다.

한국정부는 국민들로부터 세금을 과다하게 징수하고 있는가? 이것을 따지는

**표 12-2 일반회계세입**

| | 세입(조 원) | 구성비(%) |
|---|---|---|
| 1. 국　세 | 163.5 | 95.2 |
| 내국세 | 136.9 | 79.7 |
| 관　세 | 9.3 | 5.4 |
| 교통세 | 11.7 | 6.8 |
| 교육세 | 4.5 | 2.6 |
| 2. 세외수입 | 8.3 | 4.8 |
| 합　계 | 171.8 | 100.0 |

자료 : 기획재정부, 『2010 나라살림』, 2010.

**표 12-3** 조세부담률 추이의 국제비교

| | 1985 | 1990 | 1995 | 2000 | 2008 |
|---|---|---|---|---|---|
| 한 국 | 16.1 | 17.9 | 18.1 | 19.6 | 21.1 |
| 미 국 | 19.1 | 20.5 | 20.9 | 23.0 | 21.3 |
| 독 일 | 22.9 | 21.8 | 22.7 | 22.7 | 21.9 |
| 일 본 | 19.1 | 21.4 | 17.9 | 17.5 | 17.7 |
| OECD 전체 | 25.0 | 26.0 | 25.8 | 27.1 | 26.8 |

자료 : 통계청, 『국제통계연감』, 2009.

것이 국민 조세부담률이다. 조세연구원의 박형수 박사는 『조세부담률의 국제비교 및 적정수준 분석』이라는 글에서 한국의 조세(국세+지방세)부담률과 국민부담률(조세부담률+사회보장부담률)에 대하여 다음과 같이 말했다.

> "다른 나라에 없는 우리나라의 각종 법정부담금을 감안해 볼 때 향후 조세부담률이 더 높아져야 하는지에 대해서는 신중한 검토가 있어야 한다. … 우리나라의 수정된 GDP 기준 조세부담률 및 국민부담률은 대체로 적정수준을 다소 하회하는 것으로 나타났으나, 우리나라의 낮은 사회보장비지출 수준을 감안하면 오히려 적정수준을 초과하고 있는 것으로 분석되었다."

조세가 국가경제나 국민생활에 미치는 영향은 대단히 크다. 세금을 과다하게 부과하면 거짓말하는 사람들이 많아지고 거짓말과 탈세하는 데 많은 시간과 돈을 쓴다. 또한 경제활동이 지하로 들어가므로 지하경제(black economy)가 비대해진다. 지하로 들어간 경제활동을 지상으로 끌어올리는 길은 감세이다. 정부가 보복차원에서 높은 세율로 과세했다가 국민의 보복으로 정권이 바뀐 경우도 많다. 예를 들어, 영국정부가 미국을 식민지로 거느릴 때 차(茶)에 대한 세금을 과도하게 부과했다가 미국인의 강한 저항을 받았다. 보스톤 시민들은 인디언 복장을 하고 차를 가득 싣고 항구에 들어온 영국 배에 들어가서 차 상자를 열어 차를 모두 바다에 버렸다. 물고기들에게 차를 실컷 마시도록 했다는 의미에서 이를 '보스톤 티 파티'(1774년)라고 한다. 이를 계기로 미국인들은 차 대신 커피 마시기 운동을 하고, 독립을 위한 본격적인 저항운동을 시작했다. 2년 뒤인 1776년 영국은 미국이라는 식민지를 잃고 미국은 독립국가가 되었다. 미국혁명의 도화선은

**표 12-4** 국민부담률 추이의 국제비교

| | 1980 | 1985 | 1990 | 1995 | 2000 | 2007 |
|---|---|---|---|---|---|---|
| 한 국 | 17.7 | 16.9 | 19.1 | 20.5 | 23.5 | 26.5 |
| 미 국 | 27.0 | 26.1 | 26.7 | 27.6 | 29.7 | 28.3 |
| 독 일 | 34.6 | 34.3 | 32.9 | 38.2 | 37.8 | 36.2 |
| 일 본 | 25.1 | 27.1 | 30.0 | 27.6 | 27.5 | 28.3 |
| OECD 유럽 | 34.5 | 36.1 | 37.3 | 38.6 | 39.6 | 35.8 |

자료 : 박형수, "조세부담률의 국제비교 및 적정수준 분석"; 조세연구원, 『재정포럼』(2004년 6월호), OECD, *Revenue Statistics*, 2009.

과다한 세금이었다.

다른 예로, 미국 남북전쟁 전 북부는 공업지역, 남부는 농업지역이었다. 북부는 공산품 보호를 위하여 수입공산품에 대하여 높은 관세를 부과했다. 이로 인해 북부의 공산품가격은 대단히 비싸게 되었다. 북부는 남부에 대하여 비싼 북부 공산품을 구매하도록 강요했다. 남부는 공산품의 직수입을 추진하니 북부는 남부 농산물에 대하여 과도한 제동을 걸었다. 남부의 여러 개 주(洲)가 연방을 탈퇴하고 독립을 선포하자 남북전쟁이 시작되었다. 남북전쟁의 도화선은 노예제도이지만 세금도 일조했다.

### 1) 조세제도의 판단 기준

조세제도를 판단하는 기준은 효율성, 공평성, 유연성, 행정의 편의성 및 투명성의 5가지이다. 국경이 중요했던 과거에는 이런 기준을 국가경제를 하나의 독립단위로 간주하여 적용했다. 그러나 한국의 무역의존도가 90%를 넘는다는 사실에서도 알 수 있듯이 글로벌 경쟁력시대에는 글로벌 경쟁력 관점에서 이를 적용해야 한다.

① 효 율 성　　효율성은 생산성, 그리고 생산성은 경쟁력을 결정한다. 세금은 기업의 글로벌 경쟁력(GC)을 향상시키기 보다는 저하시키는 것이 일반적이다. 그러므로 조세정책의 기본방향은 GC의 저하를 최소화하는 것이다. 특히 기업의 투자의욕을 꺾지 않도록 하는 것이 중요하다. 세금은 정부의 서비스 생산을 위하여 불가피하나 그 부작용 또한 대단히 중요하다. 조세는 정부가 제공하는 각

종 서비스에 대한 대가이다. 정부는 국민에게 제공하는 서비스의 양과 질에 맞게 세금을 부과해야 한다. 이는 지난한 일이다. 조세정책을 함에 있어서는 조세의 다음 특성을 잘 알 필요가 있다.

- 조세는 생산자(기업)에게 손해를 준다.
- 조세는 소비자에게 손해를 준다.
- 조세는 사회 전체에 대해서도 사중(死重)손실(deadweight loss) 형태의 손실을 준다.

이상은 조세의 일차적 손실이다. 그런데 조세는 생산자, 소비자 및 사회 전체에 대한 막대한 이차적 손실을 초래할 수도 있다. 조세는 많은 나라에서 '성장 장애물' 역할을 한다.

예를 들어 정부가 제주도 골프장, 호텔 등은 아직 사치라고 판단하여 세금을 많이 부과하면 사람들은 골프 치고 관광하러 외국에 간다. 골프 이외의 비용도 외국에 가서 쓴다. 제주도에는 관광객이 줄어들어 음식점, 택시, 관광안내업 등 골프나 호텔 이외 업종의 경기도 침체된다. 고용도 줄어든다. 미국에서는 80년대 경기가 나쁠 때 정치가들이 요트는 부자들이 타는 것이므로 많은 세금을 부과했다. 그 결과 미국부자들은 외국에 가서 요트와 관광을 즐겼다. 국내의 요트산업이 침체하게 되자 손해 보는 사람들은 가난한 종업원들이었다. 그래서 결국 요트에 대한 세금을 예전처럼 낮추게 되었다. 세금은 여러 면으로 자원사용의 효율성을 해칠 수 있다. 세금은 나라경제에 대한 피해를 최소화하는 것이 중요하다.

한국정부는 과거 한때 주요 기업들에게 수출목표를 정해 준 다음 목표를 잘 달성하는 기업에게는 감세(減稅)나 면세혜택을 주고 달성하지 못하는 기업에게는 세무사찰로 탈세기업을 찾아 처벌했다. 세무사찰을 받고 쓰러진 기업도 적지 않았다. 조세는 기업을 살릴 수도, 죽일 수도 있다. 과다한 세금은 기업활동을 위축시키므로 정도가 심할 때는 정부의 세금수입이 오히려 줄어들 수도 있다.

② **공평성** 다음 두 가지 원칙을 잘 따르는 과세가 공평한 과세이다.

- 편익원칙(benefit principle) : 예를 들어, 정부가 국민의 세금으로 고속도로를 건설할 때 그 세금은 누가 부담해야 하는가? 고속도로 이용자로 하여금 이용할 때마다 통행료를 내게 하면 많이 이용하는 사람은 많이 부담하고 적게 이용하는 사람은 적게 부담한다. 이용하지 않는 사람은 통행료를 내지 않으니 세금을

내지 않는 편이다. 이것이 편익의 원칙이다.

정부는 도둑을 막아주고 외적의 침략을 막아주고 법의 보호를 받게 해 주는 등 국민에게 다양한 서비스를 제공한다. 이런 서비스에 대한 대가가 곧 세금이다. 그러므로 정부서비스의 혜택을 많이 받은 사람은 세금을 많이 부담해야 된다는 것이 편익원칙이다.

• 능력(ability-to-pay)원칙 : 이는 세금을 낼 능력이 많은 사람은 많이, 적은 사람은 적게 내도록 하는 것이다. 정부가 고속도로를 세금으로 건설할 때 이용하지 않는 사람도 돈이 많으면 세금을 많이 내도록 해야 한다는 것이 능력원칙이다.

공평성은 수평적 공평성(소득이 비슷한 사람은 세금도 비슷해야 함)과 수직적 공평성(소득이 많은 사람은 세금도 많고, 적은 사람은 세금도 적음)의 두 가지가 있다.

**③ 유 연 성** 홍콩, 싱가포르 등이 외국기업의 유치를 위하여 법인세율을 인하할 때 한국이 얼마나 빨리 이에 대응할 수 있는가, 그리고 심한 경기침체나 경기과열 때도 세율을 얼마나 탄력적으로 운영하는가가 중요하다.

**④ 행정의 단순성** 정부는 징세, 탈세자의 적발 세무사찰, 국세청 운영 등에 많은 비용을 지출한다. 납세자들(개인 및 기업) 또한 세금의 신고, 납부, 절세 등에 많은 돈과 시간을 쓴다. 잘못 부과된 세금에 대해서는 소송이 따를 수도 있다. 이렇게 하는 데는 막대한 인력과 예산이 소요된다. 이런 것을 최소화할 수 있는 과세행정이 필요하다.

**⑤ 투 명 성** 우리가 낸 세금은 어디에 어떻게 사용되는가, 과세의 기준은 무엇인가, 세무사찰 이유 등에 대해서는 투명성이 보장되어야 한다.

### 2) 준 조 세

전국경제인연합회는 『기업의 법정준조세 부담사례와 개선책』이라는 보고서에서 기업이 부담하는 각종 준조세의 전체 개수는 줄지 않고 오히려 늘어나고 있으며, 산정기준이 불투명하고 중복부담이 되는 등의 문제가 많다고 했다. 구체적인 사례로 기업들이 공장 부지를 조성할 때 대체농지조성비, 대체초지조성비, 대체산업자원조성비, 문화재지표조사 및 발굴비, 지역개발 공채 등 모두 5개 항목의 준조세를 부담해야 된다는 것이다. 중소기업협동중앙회가 2003년 403개의 중소 제조업체를 대상으로 조사한 "중소기업 준조세 부담 실태조사"에 따르면 대상업체 1개사가 부담하는 준조세는 조세의 125%, 당기순이익의 46%에 달한다고 했

**준 조 세**

1. 기부금, 성금, 각종 협회(임의단체)비 등
2. 법정준조세 ① 행정요금(행정수수료, 입장료 등)
   ② 행정제재금(과징금, 과태료 등)
   ③ 사회보험료(국민연금, 고용보험, 의료보험, 산재보험 등)
   ④ 특별부담금 : 조세성부담금(해외여행자 납부금 등)
   수익자부담금(집단 에너지공급시설 부담금 등)
   원인자부담금(하수도원인자부담금 등)
   유도성부담금(장애인고용부담금 등)

자료 : 신종익, 『준조세의 실태와 정비방안』, 한국경제연구원, 시장경제 Issue Paper 04, 2006.

다. 응답회사의 대부분이 준조세가 많은 부담이 된다고 했다. 최근 기업들이 부담하는 준조세는 증가추세이다. 기업활동을 하면서 환경, 물류, 고용, 안전관계 등 각종 부담금의 종류가 한때 무려 102가지나 되었다. 환경부, 외교통상부, 국토해양부, 지식경제부, 기획재정부 등 여러 부처가 준조세를 부과한다.

이런 준조세제도 개선 방안으로서는 다음과 같은 것을 들 수 있다. 첫째는 작고 효율적 정부를 만들어서 준조세의 필요성을 줄인다. 둘째, 준조세로 운영되는 정부기관의 민영화나 효율성을 제고한다. 셋째, 준조세를 통합관리하여 양성화하고 중복을 피한다.

### 3) 조세정책의 방향

우리나라의 조세정책 기본방향을 살펴보자.

첫째, 글로벌 경쟁시대 조세정책의 기본방향은 우리 기업, 산업 및 국가경제의 글로벌 경쟁력(GC) 향상에 두어야 한다. 그러므로 민간부문의 R&D의 촉진, 세계수준의 고급인력 유치 및 확보, 외국기업의 FDI유치 등이 가능하도록 해야 한다. 우리 경제의 성장잠재력 확장을 통한 일자리 창출은 빈곤층 및 노령인구의 실업문제 해결에도 좋은 방법이 된다. 곽태원 교수 등 조세전문가들의 우리나라 조세정책방향에 대한 공동연구보고서인 『저성장시대의 조세정책방향』은 성장잠재력 확장을 강조하고 있다. 기업들이 GC를 상실하게 되면 납부하는 세금은 급감할 수 있다. 많은 나라들은 기업에 대한 세금을 줄이는 쪽으로 노력하고 있다. 한국에서는 특히 기업에 대한 각종 준조세의 감축이 중요하다. 거의 매년 세법개정을 하고 있는데, 이는 조세에 관한 확고한 방향이나 철학이 정립되어 있지 못하다는 사실을 말한다. 정부는 조세 부담률을 2012년까지 20%대로 인하하려고 한다.

둘째, 현재 세계적인 추세는 개인소득세나 법인세의 인하이다. 이를 두고 국가간의 '조세전쟁'이라고도 한다. 한국도 이에 대응할 필요가 있다. 세계 주요국의 최고세율을 보자. 한국은 홍콩이나 싱가포르에 비하면 개인소득세나 법인세 모두 대단히 높은 수준이다. 세계에서 소득세 최고세율이 가장 높은 나라는 덴마크이다. 조세전쟁시대에 법인세율을 낮추는 것이 중요하다. 글로벌시대 국경을 넘나드는 자본이나 초국가기업에 대한 과세는 이들을 도피하게 만든다. 미국, 영국 등의 선진국들은 외국기업을 유치하기 위하여 많은 조세혜택을 주고 있다. 정부는 법인세율을 크게 인하할 계획이다.

셋째, 중앙 및 지방정부의 재정지출 및 조세행정의 효율을 향상하여 감세나 조세증가 억제방안을 찾아야 한다.

넷째, 세금만으로 가격통제나 투기를 막을 수 있다고 생각하는 것은 잘못이다. 예를 들어, 아파트의 가격은 시장의 수요와 공급에 의하여 결정된다. 그 결정요인에는 여러 가지(소득, 학군, 조망, 가격상승 가능성, 주위환경, 도심과의 거리 등)

**표 12-5 주요국의 최고 세율**

| | 개인소득세 | | 법 인 세 |
|---|---|---|---|
| | 최고소득($, 이상) | 세율(%) | 세율(%) |
| 한 국 | 69,379 | 35 | 24 |
| 미 국 | 372,950 | 35 | 40 |
| 독 일 | 334,448 | 45 | 29 |
| 일 본 | 182,062 | 50 | 41 |
| 중 국 | 175,716 | 45 | 25 |
| 홍 콩 | - | 15 | 17 |
| 싱가포르 | 217,317 | 20 | 18 |
| 덴마크 | 62,286 | 62 | 25 |
| 스웨덴 | 66,419 | 57 | 26 |

주 : 개인소득이 미국에서는 $372,950, 한국에서는 $69,379가 되면 최고세율이 적용된다.
자료 : 세계은행, 『세계개발지표』, 2010.

가 있고, 하나하나 모두 중요하다. 세금은 그 중의 하나이다. 조세는 인플레나 투기의 장기 억제대책이 되지 못한다.

다섯째, 세금은 벌금이 아니다. 부자들에게 벌금으로 부과되는 각종 세금은 일반적으로 부자보다 빈자를 더 해친다. 벌금형태로 부과된 세금의 부작용은 예상보다 더 클 수 있다.

여섯째, 적정수준 이상의 세금은 정부가 국민의 재산을 빼앗는 것과 같다. 홍콩의 예를 보자. 영국정부가 홍콩을 식민지로 통치할 때 홍콩 총독정부에게 지시한 것은 최소한의 행정만 하라는 것이었다. 그렇게 해서 과세도 최소화하라고 했다. 시장경제는 개인의 사유재산을 제도적으로 보장해야 잘 되는 경제이다. 정부는 민간부문이 할 수도 있는 일을 하면서 필요한 돈을 세금으로 징수하며 국민의 재산을 뺏을 생각을 해서는 안 된다는 것이었다.

일곱째, OECD의 『2005년 한국경제보고서』는 한국의 조세체계, 특히 지방세 구조가 복잡하므로 단순화가 필요하다고 했다. 정부는 『국가재정운용계획, 2009~2012』에서 밝힌 바와 같이 불합리한 조세체계를 앞서 말한 조세원칙에 부합하도록 개선하려고 한다.

여덟째, 국경이 사라지는 세계화시대에 세금을 분배개선 목적으로만 시행할 경우 능률이 크게 떨어지므로 국가경제의 과다한 희생을 초래할 소지가 크다.

아홉째, 상속세의 기본취지는 정부의 세수증대, 부(富)의 세대간 불균등분배의 시정 등이다. 높은 상속세는 단기적으로 기본취지를 어느 정도 달성할 수 있으나 장기적으로 경제 전체에 크게 유해할 수 있다.

• 기업에 대한 영향 : 기업을 자식에게 상속하는 것이 가능해지면 가업을 열심히 키워서 상속하려고 할 것이다. 그러나 높은 상속세로 이것이 불가능해지면 기업을 키울 의욕을 상실하게 된다. 상속세율이 과도하게 높으면 기업은 첫째, 매년 투자보다 배당을 많이 하여 현금으로 챙겨 놓는 게 유리하다. 둘째, 호주나 캐나다 등 상속세가 폐지된 나라에 투자이민을 가거나 재산을 이전하려고 한다. 셋째, 비상장주식의 경우 세금을 돈 대신 주식으로 납부하면 정부는 이를 공매절차를 밟는다. 몇 차례의 유찰을 거쳐 다시 헐값에 살 수 있다. 기업은 이윤을 축소하거나 적자로 만들어서 주가를 크게 떨어뜨릴 수 있다. 결국 높은 상속세는 투자위축, 고용감소 및 성장잠재력의 약화를 초래한다. 한국의 상속세 최고세율은 높은 수준이다.

• 개인에 대한 영향 : 일정 금액 이상의 상속에 대한 세율이 과다해지면 소비의 증가, 저축의 감소, 투자자원의 감소 등으로 잠재성장률이 떨어진다.

• 소득이 같은 두 사람 중 A는 세금을 납부하고 남은 돈을 다 소비하여 상속재산이 없어서 상속세를 부담하지 않고, B는 세금을 납부하고 남은 돈을 열심히 절약하여 재산을 많이 모아 자녀에게 상속할 때 많은 상속세를 부담한다고 하자. B가 부담하는 상속세는 이중과세가 된다. 열심히 돈을 저축했기 때문에 많은 상속세를 부담하게 되는 것이다. 상속세는 B와 같은 사람을 불리하게 만든다. 그리고 정부가 받은 B의 돈은 A나 그 자손을 돕는 데 사용될 수도 있다. 그러므로 상속세를 폐지하는 나라가 늘고 있다. 뉴질랜드, 스웨덴, 이탈리아, 캐나다, 호주 등은 상속세를 이미 폐지했다. 미국은 2011년부터 유산세는 폐지시키고 증여세만 존속시킬 것이라고 한다.

한국인들은 가정과 가족을 중시한다. 누구나 열심히 일하여 많이 벌고, 번 돈을 절약하고 더 늘려서 자식에게 잘 상속할 수 있도록 하는 것이 중요하다. 가장 중요한 것은 기업가적 역량이 많은 사람으로 하여금 기업을 마음껏 키울 수 있게 하고, 자식도 유능한 기업가로 잘 키워서, 그 기업을 물려받아 글로벌 경쟁우위 기업으로 더 키워 나갈 수 있도록 하는 것이고 이는 국민과 국가경제를 위하는 길이다. 그러기 위해서는 상속세율을 낮춰야 한다. 이것이 현재 세계적인 추세이다. 높은 상속세율은 장기적으로 부자를 감소시키고 저소득층을 증가시킨다.

열째, 현재 자본소득에 대한 과세는 과다하고 노동소득에 대한 과세는 과소한 편이다. 이의 조정이 필요하다(전영준 · 조성진 교수의 『일반균형모형을 이용한 조세개편의 효과분석』).

## 12.6 작고 효율적인 정부

정부기구는 서비스의 제공자란 관점에서 보면 독점기구이다. 독점체제는 원천적으로 비효율을 내포하고 있다. 객관적인 국정평가체제를 잘 만들어서 독점의 폐해를 막는 것이 중요하다. 정부는 작을수록 좋다는 것이 미국의 정부관이다.

공기업을 민영화하고, 중앙정부의 기능을 지방정부나 민관단체로 이관하고, 중복되는 정부기능을 통합하고, 공무원의 생산성과 정부행정의 효율성을 높이는 등 작고 효율적인 정부를 만들어야 한다. 즉 정부의 '뱃살'을 빼야 한다. 시장의 실패와 정부의 실패에 대해서는 학자에 따라서 견해를 달리하는 경우가 적지 않다. 이 책은 노벨상 수상자인 조셉 스티글리츠 교수의 견해를 따랐다.

### ❂ 작은 정부

정부의 기능은 재화와 서비스의 생산면에서도 파악할 수 있다. 재화와 서비스는 다음과 같이 구분할 수 있다.

① 민간기업만이 생산할 수 있는 것(사유재)
② 정부만이 생산할 수 있는 것(공공재)
③ 정부도 생산할 수 있고 민간기업도 생산할 수 있는 것(준공공재)

생산활동면에서 보면 ②의 공공재(국방, 치안, 외교관련 서비스)만 생산하는 정부가 가장 작은 정부이다. 생산면에서 본 작은 정부의 장점은 두 가지이다.

첫째, 국민은 더 좋은 재화나 서비스의 혜택을 누릴 수 있다. 정부도 민간기업도 생산할 수 있는 재화나 서비스는 민간기업이 더 잘 생산할 수 있기 때문이다.

둘째, 공무원의 수를 줄일 수 있다. 공무원 수의 감소는 정부규제, 조세 및 준조세의 감소로 이어진다.

### ❂ 한국정부가 강한 정부가 된 이유

한국정부가 강력한 정부가 된 데에는 다음과 같은 요인들이 많은 영향을 미쳤을 것으로 보인다.

• 역사적으로 세계에서 가장 강력한 정부 중의 하나인 중국 황제정부의 영향을 가장 많이 받을 수 있는 위치에 있는 나라는 한국이었다. 과거 한국의 왕은 국민에게 사약을 내리는 막강한 권력을 행사하는 왕이었다.

• 일제 36년간 일본의 강력한 식민통치정부의 역사가 있다.

• 정부는 강력한 정부주도형 경제발전정책을 펴는 과정에서 기업에 앞장서고, 기업을 이끌려고 했다.

• 우리 역사 5천년을 놓고 볼 때 현대기업이 생긴 것은 불과 몇 십년 전의 일이다. 현대기업이 생기기 이전 우리의 역사는 정부의 역사라고 해도 과언이 아

니다. 미국에서는 정부보다 기업이 먼저 생겼다.

• 사농공상(士農工商)식의 선비 우대 사고방식으로, 공무원들뿐만 아니라 국민의 상당수도 공무원들이 기업인들보다 우위에 서야 된다고 생각했다.

• 전통적인 유교문화는 이른바 "글공부"를 많이 한 사람들이 과거시험에 합격하고 정부 공무원이 되어 나라를 다스리는 '큰 일'을 해야 된다고 생각했다. 그리고 정부가 국민을 이끌고, 지도하고, 교육하고, 먹여 살리는 등 정부가 앞장서야 된다고 생각했다.

### ❂ 한국정부는 얼마나 큰가

중앙일보는 행정학 교수들을 자문단으로 구성하여 한국정부의 크기에 대한 조사를 한 후 그 결과를 『대한민국정부 대해부』라는 제목의 탐사기획보도(2006. 4. 5)로 한 바 있다. 그 내용은 다음과 같다.

• 정부규모는 공무원 수가 아니라 정부가 사용한 돈(재정지출)이 GDP에 비하여 얼마나 되는가를 기준(GDP에 대한 재정지출의 비율)으로 따지는 것이 합리적이다. 공무원의 수가 적어도 강력한 규제를 할 수 있기 때문이다.

• 재정통계의 국제기준은 IMF의 정부재정통계(GFS : Government Finance Statistics)이다. 이에 따르면 재정지출은 중앙정부, 지방정부 및 그 산하기관의 지출을 합산한 것을 말한다. 중앙일보가 누락된 산하기관을 포함하여 다시 계산한 재정지출의 GDP에 대한 비율은 38%로서 정부가 발표한 28.1%(2004년)를 크게 상회한다. 이 비율은 미국(36%)이나 일본(37%)의 수준을 상회한다. 그러므로 한국정부는 작은 정부가 아니다. 한국보다 이 비율이 높은 나라는 스웨덴, 핀란드 같은 유럽 복지국가들이다.

### ❂ 미국정부가 작은 정부가 된 이유

토마스 맥크로 교수는 미국정부가 작은 정부가 된 이유를 알려면 미국인들의 정부관을 알아야 되는데, 미국인들의 정부관은 다음 세 명의 학자들의 사상에 영향을 받았다고 했다.

• 토마스 제퍼슨의 '가장 좋은 정부는 가장 작은 정부', 또는 '가장 적게 다스리는 정부가 가장 좋은 정부'라는 사상

• 아담 스미스의 보이지 않는 손의 원리 : 이는 정부 규제라는 굴레를 벗어나게 되면 보이지 않는 손이 자동적으로 공익을 증진하게 된다는 것이다.

• 데이비드 리카도의 비교우위이론 : 각 나라가 천부의 자원이 다르므로 비교우위에 따라서 자유무역을 하게 되면 서로에게 도움이 되고 세계 전체의 부(富)도 증가하므로 정부가 국제 무역에 따로 간여할 필요가 없다는 것이다.

> "무한한 것은 두 가지밖에 없다. 하나는 우주이고 다른 하나는 인간의 어리석음이다. 그러나 나는 첫째에 대해서는 확실하지 않다." "
>
> —앨버트 아인슈타인

> "제일 훌륭한 왕은 백성들이 그 존재를 느끼지 않을 정도로 다스리고, 그 다음은 덕으로 다스려 백성들을 감동시키며, 셋째는 강권으로 다스려 백성들을 겁에 질리게 하는 것이고, 넷째는 권모술수로 백성들을 속이고 희롱하는 것이다."
>
> - 노자(老子)

# 제 III 부

# 생육하고 번성하는 경제

"제일 훌륭한 왕은 백성들이 그 존재를 느끼지 않을 정도로 다스리고, 그 다음은 덕으로 다스려 백성들을 감동시키며, 셋째는 강권으로 다스려 백성들을 겁에 질리게 하는 것이고, 넷째는 권모술수로 백성들을 속이고 희롱하는 것이다."

- 노자

# 제 13 장 독창적 모델을 찾아서

1인당 국민소득이 $2,500(구매력평가기준)가 되면 대부분의 가정이 전기와 선풍기를 사용하고 $5,000가 되면 TV시청과 더운 물 사용이 가능하게 된다. 그리고 $8,000가 되면 세탁기, 컴퓨터, 냉장고 등 다양한 가전제품과 가구를 사용하게 되고, $24,500가 되면 다양한 소비를 즐길 수 있는 단계가 된다(월드워치연구소의 에릭 앗사도리안, 『소비문화의 흥망성쇠』).

세계은행의 『세계개발보고서』(2009)에 따르면 한국은 2007년에 소비를 즐기는 단계에 진입했다. 앞으로 미국이나 스위스 수준인 $50,000나 세계 최고수준인 룩셈부르크의 $65,000 수준으로 성장하기 위해서는 독창적 모델이 필요하다.

경제발전으로 가는 길은 시골길, 지방도, 국도, 턴파이크(유료 고속도로)에 비유할 수 있다. 세계 254개 국가 또는 독립지역은 소달구지를 타고 시골길을 가는 나라(미얀마, 과거의 캄보디아 등 최빈국), 자전거를 타고 가는 나라(개방 전 중국), 오토바이를 타고 지방도나 국도를 가는 나라(개방 직후의 베트남), 자동차를 타고 턴파이크를 달리는 나라(1950년대의 일본, 개방 이후의 중국, 제 2 차 세계대전 후의 독일, 독립 후의 싱가포르) 등 각기 다른 방식의 길을 가고 있다.

일본은 메이지유신(明治維新, 1868) 후 정부 주도하에 선진국 추월이라는 턴파이크를 만들어 100년 넘게 달린 결과 1970년대 초 목격지에 도달했다. 하지만 또 다른 턴파이크를 찾지 못해 1991년 거품경제 붕괴 이후 10년 넘게 심한 경기침체를 겪었다. 중국은 덩샤오핑이 만든 턴파이크를 현재 과속의 우려가 나올 정도의 빠른 속도로 달리고 있다. 중국의 턴파이크는 사회주의적 시장경제 턴파이크이다. 이는 소득의 상당한 증가를 가능하게 하나 소득격차나 농민데모의 증가 등 많은 문제를 일으킨다. 조만간 새로운 턴파이크가 필요하다. 싱가포르는 리콴유 수상이 만든 턴파이크를 계속 달려 선진국이 되었다. 독일은 제 2 차 세계대전 후 루드빅 에르하르트 수상이 만든 턴파이크를 달려 유럽 최대의 경제대국이 되었다. 그러나 복지지출을 과다하게 하는 등 사회시장 쪽으로 방향을 잘못 틀어 현재 경제성장률이 많이 떨어졌다. 호스트 시버트는 『독일경제—사회시장을 넘어서』에서 독일은 그 방향을 바로 잡아야 된다고 지적한다.

한국은 어떤 길을 내달리고 있는가? 지금까지 한국은 박정희 대통령이 만든 턴파이크를 달려왔다. 그는 턴파이크를 만들고 진입로도 만들어서 시골길을 다니던 한국인들이 이를 타고 놀라운 속도로 달릴 수 있도록 만들었다. 그 결과 한국은 단기간에 빈곤 탈피, 북한 및 러시아경제 추월, 선진경제권 진입, 수출 4천억 달러의 무역대국, OECD가입 등 한강의 기적을 창조했다.

박정희 대통령이 만든 턴파이크는 시장경제 턴파이크였으나 '권위주의적 시장경제 턴파이크'이다. 에드워드 메이슨 하버드대 교수는 『한국의 경제사회근대화』에서 독재가 아니라 권위주의적(authoritarian)이란 표현을 썼다. 권위주의는 모든 권력이 집중되므로 국가지도자가 막강한 권력을 행사할 수 있다. 국가지도자가 유능하고 청렴하다면 나라의 경제발전은 고속으로 달릴 수 있지만 무능하고

**일본이 피하려고 하는 미래상**

일본의 '2030비전'은 회피할 미래상도 아울러 제시했다. 회피할 미래상으로 다음 네 가지를 들고 있는데, 우리에게 시사하는 바가 크다.

**① 경제가 정체나 축소의 길을 간다** 일본은 2005년을 기점으로 인구가 감소된다. 이에 따른 노동력인구의 감소와 고령화는 생산활동의 위축, 가계저축과 투자의 감소로 이어질 수 있다.

**② 세계화에 뒤떨어지는 조치** 세계정세 변화에 능동적으로 대응하지 못하면 뒤쫓아 가는 국가가 될 수밖에 없다.

**③ 정부가 민간의 다리를 잡는 행위** 획일적 평등주의 정책은 복잡다양화하는 국민욕구를 충족시킬 수 없다. 시대에 맞지 않는 제도나 규제는 교육, 의료, 복지는 물론 첨단산업의 성장을 저해한다.

**④ 희망 잃은 사람의 증가로 인한 사회불안** 경제가 정체되면 취업 못하는 사람, 월급 줄어드는 사람, 재도약이 불가능한 사람, 의욕 상실자, 고립된 사람들이 늘어난다. 희망이 있는 사람과 잃은 사람 간의 격차, 즉 '희망격차'가 커지는 사회가 된다.

부패하다면 나라는 곧 망할 수 있다. 역대 지도자들은 알게 모르게 박정희 대통령이 만든 턴파이크를 타고 막강한 권력을 휘둘렀다. 얼마 전부터 새로운 턴파이크를 만들 생각은 하지 않고 그 단점 부각에 힘쓰거나 나라의 방향을 사회주의쪽으로 바꾸려는 지도자도 있었다. 한국에는 지금 새로운 턴파이크가 필요하다.

한국에 필요한 새로운 턴파이크는 무엇일까? 박정희 대통령 때 만든 턴파이크(옛것)가 후진국에서 선진국으로의 진입을 목표로 했다면 새로운 턴파이크(새것)는 일류 선진국이 되는 것이 목표이다. 옛것이 빈곤 탈출을 위한 것이라면 새것은 풍요로운 삶을 위한 것이다. 옛것이 정부가 앞장서는 것이라면 새것은 자유시장(기업)이 앞장서는 것이다. 옛것이 기업을 협박할 수도 있는 것이라면 새것은 기업과 정부의 시너지를 극대화할 수 있는 것이다. 새 턴파이크는 형평이나 안정만을 위한 것이 아니라 지속성장을 하면서 경제목표를 달성하기 위한 것이다. 미국 등 일류 선진국들은 이러한 턴파이크를 통해 발전해 나가고 있다.

권위주의적 시장경제 턴파이크 ⇨ 자유민주주의적 시장경제 턴파이크

이 책에서 우리가 중시하는 GC(global competitiveness)시스템의 기본조건(자유시장경제, 정치안정 및 인적자본)은 바로 새로운 턴파이크의 기본조건이다. 경제적으로 시장경제, 정치적으로 자유민주주의, 그리고 지식기반시대 국민들의 배움을 중시하는 턴파이크가 되어야 한다. 새로운 턴파이크는 옛것보다 성능이 월등하게 좋다. 그 위를 달리는 자동차도 성능이 월등해야 한다. 경제 턴파이크를 달리는 자동차는 기업이다. 우리는 무엇보다 대표기업을 많이 만들어야 한다. 대표은행과 금융기관도 만들어야 한다. 이 장에서 우리가 말하는 12가지를 잘 해야 한다. 그 첫째는 일류선진국을 잘 아는 것이다.

## 13.1 일류 선진국이란 독창적 모델이 있는 나라

정부는 서문에서도 언급한 바와 같이 한국을 2020년까지 〈세계 일류 선진국〉으로 만드는 비전을 제시한 바 있다. 한국은 반도체, PC, 휴대폰, TV, 자동차, 조선 등에 있어서는 이미 여러 일류 선진국들을 앞서고 있다. 손자병법이 지피지기(知彼知己)는 백전불태(百戰不殆)라고 했다. 적을 알고 나를 알면 백 번 싸워도

위태롭지 않다는 것이다. 한국이 앞으로 일류 선진국이 되려면 무엇보다 일류 선진국들이 어떤 나라인가를 잘 알아야 한다.

그런데 일류 선진국은 무엇보다 모두 독창적 모델이 있는 나라들이다. 독창적 모델이 없이는 개인, 기업, 국가 할 것 없이 일류가 될 수 없다. 미국이 세계를 선도할 수 있는 것은 세계 최고수준의 종합연구대학, 그리고 창의성을 중시하는 미국식 교육 등 독창적 모델이 있기 때문이다.

일류 선진국은 다양한 기준으로 따져볼 수 있으나 여기서는 1인당 국민소득, 글로벌 경쟁력(GC), 경제규모 및 수출규모를 기준으로 살펴보자. 1인당 GNI기준(그 나라 물가와 환율기준)으로 본 일류 선진국은 노르웨이, 룩셈부르크, 스위스 등의 순이나 1인당 구매력평가 GNI기준으로 본 순위는 물가수준의 차이 때문에 다음과 같이 된다.

1위 룩셈부르크, 2위 노르웨이, 3위 싱가포르, 4위 미국, 5위 스위스

구매력평가 GNI란 시장바구니에 들어가는 각종 재화(OECD는 2,500개)의 각국의 가격을 통일하여 국민소득을 계산한 것이다. 그런데 1인당 GNI가 가장 높은 나라는 1위 리히텐슈타인, 2위 카타르이지만, 세계은행은 『세계개발보고서』에서 이들을 제외하고 있다. 그 이유는 카타르는 석유·천연가스 의존형 경제(수출의 85%)이고, 리히텐슈타인은 인구 4만 명 이하로 스위스 프랑을 사용하는 등 자국 화폐조차 없는 나라이기 때문이다. 소득수준은 높으나 일류 선진국으로 보기 어렵다. 이를 제외하면 소득수준은 [표 13-1]과 같다.

글로벌 경쟁력 세계 제일의 나라는 스위스(WEF, 『GC보고서』, 2010)이고, 경제규모 및 교역규모 세계 1위의 국가는 미국이다. 아시아 제일의 선진국은 싱가포르인데, 1인당 구매력평가 GNI가 $47,940로 일본($35,220)보다 크게 높다. 그러므로 여기서는 4개의 일류 선진국, 즉 룩셈부르크, 스위스, 미국, 싱가포르를 살펴보자.

룩셈부르크는 과거 주된 산업이었던 철강산업이 사양화되자 외국의 많은 금융기관들을 유치했다. 그 결과 금융산업이 GDP의 28%나 차지할 정도였다. 외국에서 출퇴근을 하거나 외국 국적의 근로자 비율이 60%나 된다. 세계 제일의 철강회사인 아르셀로미탈도 CEO는 인도인이나 국적은 룩셈부르크이다(미국 중앙정보국, 『세계연감』, 2010). 인구 49만 명에 불과한 룩셈부르크가 1인당 GNI에서 독일,

**표 13-1** **일류 선진국의 순위**

| 순위 | 1인당 GNI | | 글로벌 경쟁력 | 경제규모(선진국) | 수출규모(09년) |
|---|---|---|---|---|---|
| 1 | 노르웨이 | $87,070 | 스위스 | 미국 | 중국 |
| 2 | 룩셈부르크 | $84,890 | 미국 | 일본 | 독일 |
| 3 | 스위스 | $65,330 | 싱가포르 | 독일 | 미국 |
| 4 | 덴마크 | $59,130 | 스웨덴 | 영국 | 일본 |
| 5 | 스웨덴 | $50,940 | 덴마크 | 프랑스 | 네덜란드 |
| 6 | 네덜란드 | $50,150 | 핀란드 | 이탈리아 | 프랑스 |
| 7 | 아일랜드 | $49,590 | 독일 | 스페인 | 이탈리아 |
| 8 | 핀란드 | $48,120 | 일본 | 캐나다 | 벨기에 |
| 9 | 미국 | $47,580 | 캐나다 | 한국 | 한국 |
| 10 | 영국 | $45,390 | 네덜란드 | 호주 | 영국 |

주 : 1인당 GNI와 경제규모는 세계은행, 『세계개발보고서』, 2010; 글로벌 경쟁력은 WEF, 『글로벌 경쟁력보고서』, 2009~2010; 수출은 WTO, *World Trade Report*, 2010.

프랑스, 벨기에 같은 이웃 선진국들을 크게 앞설 뿐만 아니라 세계 최고수준이 될 수 있었던 것은 이웃 나라를 모방하지 않고 독창적 모델로 성장해 왔기 때문이다.

스위스는 과거 자원이 없어서 해외에 용병을 수출하여 먹고 살 정도로 가난했다. 지금도 로마 교황청 경비는 스위스 인들이 맡고 있다. 영국 시인 바이런 경은 한때 스위스를 저주받은 '돼지 같은 나라'라고 말하기도 했다. 그런데 스위스는 350여 개의 은행을 통하여 세계 수많은 나라 사람들의 돈을 끌어들이고 있다. 특히 스위스는 WTO(국제무역기구), 국제적십자위원회 등 많은 국제기구를 유치했다. 관광산업을 일으켜서 많은 외국인들도 유치하고 있다. 뿐만 아니라 인구 760만 명인 스위스에는 세계적인 대기업(『포춘』지 500대 기업)이 15개나 있다. 인구 5천만 명인 한국의 대기업 수 10개와 크게 대조된다.

스위스는 북쪽으로 독일, 서쪽으로 프랑스, 남쪽으로 이탈리아, 그리고 동쪽으로 오스트리아에 둘러싸여 있다. 바다도 해군도 없는 나라이다. 지도자들이 잘못하면 스위스는 태어나지 말았어야 할 나라라고 생각했을지 모른다. 한국의 과거 지도자 중에서도 한국은 태어나지 말았어야 할 나라라고 생각한 사람들이 있었다. 그러나 스위스는 독창적 모델로 성장하여 1인당 국민소득에서 이웃 나라를 모두 크게 앞서고 있다.

스위스는 독창적인 국방정책도 있다. 인접하고 있는 독일, 이탈리아, 프랑스의 어느 나라가 침입하건 간에 자국이 점령당하는 것은 시간문제이다. 그래서 최소한 2~6개월간은 스위스와 치열한 전쟁으로 막대한 희생을 치룬 다음 점령할 수 있게 한다는 것이 스위스의 국방정책 중 하나이다. 국민개병제를 실시하여 모든 국민은 병역의 의무가 있다. 스위스가 만약 독일, 프랑스 또는 이탈리아 중 어느 나라를 모방했더라면 1인당 국민소득면에서 크게 뒤떨어졌을 뿐만 아니라 국방 문제도 심각해졌을지 모른다. 그러나 경제, 국방, 산업면에서 독창적인 모델을 개발했기 때문에 글로벌 경쟁력 세계 제일의 선진국이 될 수 있었다.

미국은 세계 제일의 경제대국, 군사대국, 기술대국, 교육대국, 농산물 수출대국, 자본주의 시장경제 종주국 등 많은 특성이 있다. 여러 면에서 독창적 모델로 성장한 나라이다. 이는 이미 제 1 장에서 논의한 바와 같다.

싱가포르는 아시아 최고의 선진국이다. 국토면적이 한때 서울(605km²)과 비슷했으나 계속 바다를 메워서 693km²로 넓혔다. 국토면적 증가율에서 세계 제일이라고 한다. 인구는 466만여 명에 불과하여 운동선수보다 운동종목이 더 많은 나라라는 우스갯소리도 있다.

싱가포르는 끌어들이기식 성장으로 성공한 나라이다. 무엇보다 말라카해협, 동서무역로의 중앙에 위치한 지리적 이점 때문에 싱가포르 항만은 수많은 나라의 선박을 끌어들인다. 싱가포르 공항도 마찬가지이다. 그리고 인구가 적기 때문에 외국의 사장, 기술자, 근로자, 의사들도 유치하고 있다. 2010년 초 싱가포르에서 일하는 한국인 박사가 70여 명이나 된다고 한다. 싱가포르는 국토가 좁기 때문에 농토가 없다. 식량을 전량 수입하고 있다. 마실 물도 수입하고 동물원의 새도 수입한다. 건설회사도 수입하여 주요 건물들을 짓고 있다. 싱가포르는 독창적 모델을 잘 개발한 나라이다.

한국의 옛 왕조 중에도 일류국가가 있었던 것으로 보인다. 특히 고구려(BC 37~AD 668)가 그렇다. 700년이라는 장구한 세월 동안 중국에서는 약 15개의 왕조가 바뀌었음에도 불구하고 고구려는 대국의 지위를 굳건히 유지했다. 벽화의 권위자이며 우리 돈 5천원과 5만원권을 디자인한 이종상 서울대 교수는 고구려의 문화는 스케일이 크고, 다이나믹하며 컬러풀하다고 했다. 손길승 전 SK그룹 회장 겸 전경련 회장은 광개토대왕 때의 고구려가 한국의 롤 모델이 될 수 있음을 강조했다.

## 13.2 지피지기 백전불태, 한국인을 바로 안다

한국과 한국인은 문화, 지정학적 위치, 역사, 발전단계 등 여러 면에서 특성이 있다. 자신경영의 첫째는 자신의 강점을 살리는 것이고, 전략의 첫째도 자신의 강점을 잘 활용하는 것이다. 그러기 위해서는 한국·한국인의 특성을 잘 알아야 한다. 한국·한국인의 다양한 특성 중 많은 것을 강점으로 잘 살릴 수 있을 것이다. 그럼 그런 특성에는 어떤 것들이 있는가? 이미 제9장 등에서 살펴본 바 있지만 다음 4가지 기준으로 다시 한번 요약해 보자.

#### 1) 지정학적 위치

한국은 세계에서 4대 강국 속에서 생존해야 하는 유일한 나라이다. 중국과 일본, 이 두 나라에 가장 가깝고, 가장 잘 알 수 있는 나라도 한국이다. 지난 세기 아시아의 중요한 사건의 중심에는 항상 한국이 있었다(헨리 키신저 미 국무장관). 한국은 생존전략이 매우 중요한 나라이므로 전략을 잘 알아야 살아갈 수 있다. 때문에 이 책은 전략을 별도의 장으로 다룬다.

한국의 정치는 국내문제는 물론 4대 강국의 영향력을 잘 감안하는 정치가 되어야 한다. 이런 정치가 코리아 모델(제11장)의 기초조건이 되어야 하는 것이다.

한국은 4대 강국 속에서 생존하기 위해서는 국력을 계속 키워야 한다. 지속적인 경제성장과 글로벌 경쟁력(GC)이 가장 중요한 나라 중의 하나이다. 유럽 대륙 3대 강국인 독일, 프랑스, 이탈리아 속에서 생존해야 하는 스위스가 중시하는 것도 기업과 국가경제의 지속적 성장이다. IMD 연구책임자인 스테판 가렐리 교수는 스위스 경제학은 그 핵심이 기업의 글로벌 경쟁력 향상으로 아주 단순하다고 했다. 한국은 앞으로 4대 강국 그 어느 것도 모방할 것이 아니라 강점을 융합하여 1인당 소득면에서 모두를 앞설 수 있는 독창적 모델을 찾아야 한다. 이를 위하여 우리는 기업과 산업의 글로벌 경쟁력 향상을 위한 코리아 모델을 개발했다(제11장).

#### 2) 경제체제

자본주의와 공산주의가 아직도 대치하고 있는 나라는 한국뿐이다. 국토가 분단되고, 휴전상태에 있는 나라도 마찬가지이다. 우리는 자본주의도 잘 알아야 하지만 공산주의도 잘 알아야 한다. 경제체제문제가 세계에서 가장 중요한 나라가 바로 한국이다. 그래서 우리는 이를 별도의 장으로 설명했다(제12장 참조).

한국인은 1964~2008년 사이 수출을 1억 달러에서 4,000억 달러 이상으로 증가시켰다. 이런 경제 기적을 창출한 국민은 한국인뿐이다. 서양이 동아시아를 앞서게 된 것은 1750년부터이고, 그 이유는 기업차원에서 인간의 힘을 뭉칠 수 있게 하는 주식회사라는 제도와 국가차원에서 힘을 뭉치게 할 수 있는 자본주의 시장경제라는 제도 때문이다(로버트 포겔 시카고대 노벨경제학상 수상자). 그런데 한국인은 이 두 가지와 모두 잘 맞는 것으로 보인다(제12장).

자본주의를 보면 미국은 자유시장자본주의(FMC: free market capitalism)이고 중국은 공산당이 지배하는 국가자본주의(SC: state capitalism)이다. 중국과 미국은 한국의 제 1, 2의 교역대상국이다. 한국은 이 두 가지를 모두 잘 감안해야 한다. 앞으로 미국과 중국은 G2로서 치열한 경쟁을 하게 될 것이다. 그런 과정에서 중국의 SC는 미국의 FMC의 강점을 융합하고, 미국의 FMC는 중국의 SC의 강점을 융합하는 방향으로 변화할 것으로 보인다. 한국은 과거 SC에 가까웠으나 앞으로 양자의 강점을 잘 융합할 수 있는 자본주의 시장경제를 잘 발전시켜야 할 것이다. 이 점에서도 독창적 모델이 필요하다.

### 3) 문　화

한국문화의 가장 큰 특징은 세계 제일이라고 할 정도로 높은 교육열이다. OECD국가 중 사교육비 지출 비중이 제일 높은 나라이다(OECD 『통계연보 2010』). 세계 학생들의 수학, 과학 등 경시대회에서 한국학생들이 수석을 차지하는 경우가 많다. OECD는 학생들의 문제해결능력에 있어서 세계 제일은 한국이라고 한다.

리처드 헤른슈타인 하버드대 심리학 교수는 『종 모양의 곡선』에서 한국인의 평균 지능지수(IQ)는 백인보다 최소한 2점, 많게는 10점이 높을 것이라고 했다.

학생뿐만 아니라 기업경영인의 교육열도 세계 최고수준이다. 피터 드러커 교수는 기업가역량 발휘에 있어서 세계 제일은 한국이라고 했다. 얼마 전 한국능률협회가 주최한 제주 하계세미나에 초청을 받아 오전 8시에 발표를 하게 된 어느 일본인 기업가는 이렇게 이른 아침부터 세미나에 참석하게 된 것은 난생 처음이라고 했다. 일본에는 이른 아침 세미나가 없다고 한다. 세계에서 기업경영인

조찬 세미나가 가장 많은 나라가 한국이라고 한다. 한국능률협회는 한 학기에 걸쳐서 기업경영인을 위한 동양고전 강의, 세계전쟁 강의, 서양철학 강의 과정 등을 운영하고 있는데, 항상 성황을 이루고 있다. 저자는 이런 기업경영인 교육위원회에 자문위원으로 참여한 바 있다.

사실 삼성전자나 포스코 같은 일류기업의 사원들은 입사 후 최고경영자의 지위에 이르기까지 끊임없는 교육과 훈련을 받는다. 기업의 성장은 배움의 과정이다. 그러므로 교육열이 높은 나라의 기업과 경제가 잘 성장하게 되는 것이다.

한국인은 일본인과 더불어 세계에서 공동체주의 사상이 가장 강한 나라이다(에즈라 보겔 & 조지 롯지, 『이데올로기와 국가경쟁력』). 또한 한국인은 개인주의 사상도 매우 강하다. 그러므로 서양의 개인주의를 바탕으로 한 기업경영과 동시에 동아시아의 공동체주의를 바탕으로 한 기업경영을 할 수 있다. 이 두 가지를 융합하면 동서양을 앞설 수 있는 독창적 기업모델을 만들 수 있다. 사실 삼성전자, 포스코 등 많은 우리 기업들이 이미 그렇게 하고 있다.

한국은 세계 제일의 유교 국가이고 동아시아 제일의 기독교 국가이다. 한국은 세계 제일의 신유교(=유교+기독교) 국가이다.

한국인은 손재주가 매우 좋다. 세계 기능올림픽에서 16승을 한 것도 손재주에 기인하는 바 크다. 밥상에 숟가락과 젓가락을 가지런히 놓는 국민은 한국인뿐이라고 한다. 한국인의 솜씨는 젓가락 사용과도 긴밀한 관계가 있다고 한다. 이는 반도체 등 전자제품의 생산, 조선, 세계 최고층 빌딩의 건설, 외과 수술 등을 세계 최고수준으로 할 수 있게 만든다.

한국인은 융합문화(MCC: Mix, Combine & Create)의 DNA가 있다. 한국은 반도국가로서 대륙문화와 해양문화를 융합하고, 동양의 유교문화와 서양의 기독교문화를 융합하는 등 융합에 장기가 있다(제 9 장).

한국인의 음식문화는 한상(床) 문화이다. 미국인은 식당에서 음식을 순서에 따라서 접시에 담아 먹는다. 중국인은 큰 접시에 음식을 갖고 와서 나누어 먹는다. 한국인은 모든 음식을 한상에 차려 놓고 마음대로 골라서 먹는다. 한국인은 일본식, 중국식, 미국식 등 여러 나라의 모델을 차려 놓고 고르고, 고른 것을 섞어서 융합하여 더 좋은 모델을 만들어내는 문화가 있다.

한국인의 융합문화는 융통성, 적응력 등을 뛰어나게 만든다. 전 세계적으로 볼 때 고구려(BC 37~ADC 668) 700년, 신라 1,000년, 고려 500년, 조선 500년 등

왕조가 이렇게 긴 세월 동안 지속된 경우는 드물다. 장구한 세월, 강대국 속에서 국토와 국민을 잘 보존한 국민은 그리 많지 않다.

세계에서 몽고족에 30년 이상 저항하고도 나라가 없어지지 않은 경우는 한국인뿐이다(드와이트 퍼킨스 하버드대 교수).

한국문화는 창의성을 중시하는 문화이다. 세계에서 제작자와 제작연도가 분명한 문자를 사용하는 국민은 한국인이다. 한글은 휴대폰 자판에 올라가는 순간 인터넷으로 바로 연결이 가능하다. 세계 최초의 금속활자, 거북선, 고려청자, 세계 최초의 임진강 현수교, 서양에 200년이나 앞서는 장보고의 청해진(국제해운망) 등은 한국인의 독창성을 나타내는 좋은 예이다.

한국문화는 전통을 중시하는 문화이다. 한국은 중국 다음으로 세계에서 두 번째 오래된 독립국가(아널드 토인비)로서 역사와 전통의 나라이다. 역사적으로 수많은 중요한 사건과 인물을 대상으로 하는 각종 연속극이 세계에서 가장 많은 나라 중의 하나이다.

### 4) 자연자원

한국은 자연자원 빈국이다. 인구는 많고 국토는 협소하여 식량의 대부분을 수입해야 한다. 에너지도 그러하다. 산업화에 필요한 금, 은, 동 등 광물자원도 수입해야 한다. 수입에 필요한 달러를 벌어들이기 위해서는 자원이 빈약한 독일이나 일본처럼 공산품 수출을 많이 해야 한다. 따라서 한국경제는 해외의존도가 대단히 높다. 빈약한 자연자원은 코리아 모델(제11장)의 공급조건을 불리하게 만든다. 이를 극복하는 길은 세계화를 잘하는 것이다.

한국처럼 인구가 많은 나라로, 인구밀도가 한국보다 높은 나라는 방글라데시뿐이다. 방글라데시는 국토가 대부분 평지이나 한국은 대부분 산지(山地)이다. 평지만을 기준으로 하면 인구밀도가 제일 높은 나라는 한국이다. 한국은 가로세로 1,000m되는 땅에 500명이 살아야 할 정도로 인구밀도가 높다. 한국은 땅값, 국토활용, 교통혼잡, 환경오염, 녹색성장 등의 중요성이 가장 큰 나라 중의 하나이다. 이는 전 국토의 도시화와 관련하여 곧 논의된다.

이외에도 한국·한국인은 많은 특성이 있다. 이를 잘 알아야 독창적 모델의 개발이 가능할 것이다.

## 13.3 끌어들이기식 성장을 잘한다

우리는 앞에서 본 일류 선진국들이 모두 끌어들이기식 성장을 잘하고 있음을 알았다. 그런데 아주 못사는 후진국들은 〈끌어들이기식 성장〉을 금기시한다. 공산국가들이나 미얀마 같은 후진국들이 대표적이다. 남미의 많은 나라들도 과거 그랬다. 미국과 선진국들의 기업과 자본을 배척했다. 때문에 동아시아의 수출주도형 성장과는 달리 수입대체형 성장정책을 채택했다. 공산국가들은 국내에 들어오는 외국인을 거의 범죄자로 취급한다. 한국에서도 과거 '미국인 물러가라'를 주장한 사람들이 적지 않았다. 외국인과의 합작투자도 억제했다. 한국이 지금까지 성장한 것은 수출상품을 많이 만들어서 외국 시장에 내보내는 밀어내기식 성장이라고 할 수 있다.

한국의 1인당 GNI는 2008년 2만 달러가 되었는데 앞으로 선진국의 평균수준인 4만 달러, 노르웨이 수준인 8만 달러로 높이기 위해서는 〈밀어내기식 성장〉만으로는 한계가 있다. 〈끌어들이기식 성장〉도 아울러 잘하는 것이 불가피하다. 어느 그룹총수는 이런 말을 했다.

> "지금까지의 수출주도형 성장은 〈밀어내기식 성장〉인데, 이런 성장에는 한계가 있다. 무엇보다 더 밀어낼 나라도 별로 없다. 뿐만 아니라 한국의 무역의존도는 90%를 넘었으므로, 이미 외국경기의 영향을 과도하게 받게 되어 있다. 그러므로 외국의 기업, 전문 인력, 돈, 문화를 국내로 끌어들이는 식의 성장이 불가피할 것이다."

과거 한국은 세계 주요국가 중 차이나타운을 인정하지 않을 정도로 폐쇄적이었다. 앞으로는 국내에 차이나타운, 일본타운, 미국타운, 러시아타운도 잘 만들어서 이들 나라의 사람, 기업 및 돈이 국내에 들어 올 수 있게 해야 한다. 그렇게 해야 이런 강대국들의 사람, 문화, 기업운영 방식 등을 우리가 국내에서 잘 배울 수 있게 된다. 그들을 앞서는 독창적 모델의 개발에 도움이 된다.

앞으로는 끌어들이기식 성장과 밀어내기식 성장을 조화롭게 추진하는 것이 필요하다. 그러기 위해서는 전 국토를 혁신하고 국토의 글로벌 경쟁력을 획기적으로 향상시켜야 한다. 전국을 하나의 창조도시로 만들어 가야 할 것이다.

## 13.4 전 국토를 하나의 아름다운 창조도시로!

### ⚙ 아름다운 창조도시

포스코는 본사 4층에 포레카(POREKA)라는 창조공간을 만들어 놓았다. 모든 사원이 근무시간에 상관없이 언제든지 이곳에 와서 창조적인 구상을 할 수 있다. 각종 첨단 게임 시설도 갖추어 놓아 전체 분위기가 창조적이다. 이처럼 한국의 전 국토를 창조공간으로 만들고 모두 연결하여 하나의 창조도시로 만들었으면 한다. 그리하여 전 세계 사람들이 창조적인 아이디어를 위하여 한 번쯤은 한국을 방문하지 않을 수 없게 하는 것이다.

한국은 나라 전체로 볼 때 세계에서 가장 아름다운 나라라고 한다. 전 세계에서 방문하지 않은 나라가 거의 없다는 강석진 전 GE코리아 사장에 따르면, 국토 어디에서나 자동차로 한두 시간만 달리면 작은 도시, 큰 도시, 농촌, 산, 강, 논밭, 바다 등을 모두 볼 수 있는 나라는 한국뿐이라고 했다. 나라 전체로 보면 한국이 가장 아름답다고도 했다. 노신영 전 총리도 같은 생각이라고 했다. 손길승 전 SK그룹 회장 겸 전경련 회장은 한국의 산하, 해변, 섬은 세계 어느 곳에 비하더라도 아름답다고 말한다. 그는 한국의 역사와 관련이 깊은 한·중·일은 물론 러시아의 수많은 지역을 여행했다.

한국은 전 국토를 아름다운 창조도시로 개발할 수 있을 것으로 보인다. 그런데 중국이 앞으로 고도성장을 지속하면 해외 관광객 수가 1억 명 정도 될 것이라고 한다. 중국뿐만 아니라 다른 나라의 관광객도 잘만 하면 얼마든지 유치할 수 있다. 그 길은 창조도시를 만드는 것인데, 창조도시는 창조경제와 같이 가야 한다.

① **세계적 생태환경 시설** 한국의 비무장지대는 강, 산, 늪지대 등 각종 생태환경이 세계에서 가장 잘 보존된 지역 중의 하나이다. 각종 생태환경연구에 필요한 시설을 구비하여 전 세계 전문가들이 찾는 최고의 연구대상 지역으로 만든다.

② **세계적 평화시설** 판문점이나 비무장지대는 평화관련 국제기구의 유치나 연구시설의 건설에 최적지가 될 수 있다.

③ **세계 대상의 군사교육 및 훈련시설** 한국은 군사강국이다. 한국의 사관

학교들은 이미 세계 최고수준이다. 아프리카나 중남미, 아시아 후진국들에게 사관학교 교육을 통하여 군사지도자들을 양성하고, 개도국 군사교육의 주도국 역할을 할 수 있다.

④ 세계적인 자본주의·공산주의 교육시설　한국은 세계에서 유일하게 자본주의와 공산주의가 대치하고 있는 나라이다. 제3세계 국가들에게 자본주의·공산주의 관련 연수를 제공할 수 있다. 이는 개도국에 대한 한국의 발전경험의 전수와도 관련된 일이다. 개도국들이 경제발전을 하지 못하는 주요 이유 중의 하나는 자본주의 시장경제나 사회주의를 잘 모르기 때문이다. 한국은 남북한이 60년 가까이 자본주의와 공산주의 경제 실험을 한, 이 분야 경험이 세계에서 가장 풍부한 나라이다.

⑤ 문화시설　한국을 동아시아 문화시설의 중심으로 만든다. 북경, 서울 및 도쿄를 연결하면 서울은 그 중앙에 위치하고 있다. 세계 사람들이 한국에 오면 중국과 일본을 모두 잘 알 수 있게 하는 문화시설을 만들 수 있다. 동아시아를 알고 싶은 사람은 한국을 가면 된다고 할 정도로 중국과 일본을 알 수 있게 만든다.

• 한국은 태권도의 종주국이다. 기강훈련을 하기에 효과적인 태권도는 외국 학생들에게도 대단한 인기이다. 태권도를 심신수련과 연계하여 전 세계 태권도의 메카로 개발하여 태권도를 배우는 사람들이 방문하게 한다.

• 바둑의 최강국이다. 바둑을 배우기 위해 한국으로 유학 온 대만의 남녀기사가 귀국 후 결혼한 적이 있을 정도로 한국 바둑은 유명하다. 양궁 역시 최강국이다. 한국을 바둑과 양궁의 메카로 만드는 시설을 개발한다.

• 한국의 드라마는 한류 열풍을 일으켰다. 때문에 일본, 중국 등 많은 나라 사람들이 드라마 촬영 장소를 방문한다. 한류를 더 크게 일으킬 수 있는 시설과 콘텐츠를 개발한다. 한류체험과 동아시아 역사체험을 위한 시설을 개발하고, 한·중·일 지역, 더 나아가 세계 최고의 위락시설을 건설하여 전 세계인들이 방문해야 할 나라로 만든다.

⑥ IT 교육시설　한국은 IT강국이다. IT에 관한 모든 것을 알 수 있는 시설을 구축한다.

⑦ 한방·양방 의료시설　한방의학의 발달이 중국에서는 공산화 때 지연되었으나 한국에서는 계속되었다. 한방과 양방의학을 겸한 대대적인 의료시설을

개발하여 의료관련 관광객을 유치할 수 있다.

이 모든 시설은 잘하면 엄청난 고용을 창출할 수 있다. 실업문제를 해결할 수 있음은 물론이다. 잘하면 한국이 재도약하는 기회로 만들 수 있다. 한국 주위의 4대 강국은 그 어느 나라도 한국처럼 전국을 하나의 창조도시로 만들지 못한다. 전략이란 경쟁자들은 못하고 우리만 할 수 있는 것을 하여 경쟁자들을 앞서는 것이다. 과거에는 싱가포르 같은 국가만이 전 국토를 하나의 도시로 만들 수 있었다. 그러나 앞으로는 기술발전에 따라서 한국도 전 국토를 하나의 도시로 만드는 것이 가능해진다.

싱가포르는 전 국민들로 하여금 세계에서 가장 좋은 주택, 가장 좋은 주거환경, 가장 아름다운 국토환경에서 살 수 있도록 하는 것을 비전으로 제시한 바 있다. 이 때문에 건물 모양도 모두 다르게 하고 있다. 전 세계 유명 지도자들은 모두 싱가포르를 방문하려고 했다.

따라서 앞으로 경제성장이 아무리 잘 안 되더라도 국민은 가장 좋은 환경에서 살 수 있게 되어 있다. 이 얼마나 좋은 국가의 비전인가.

그런데 한국정부는 『제 4 차 국토종합계획 수정계획(2006~2020년)』에서, [지도 13-1]에 나타난 바와 같이 앞으로 고속도로를 남북으로 9개, 동서로 7개를 건설하여 격자형 국토간선도로망을 개발할 계획을 밝혔다. 이는 전 국토를 고속도로 측면에서 하나의 도시로 만드는 것이나 마찬가지이다.

### ❂ 전 국토를 하나의 도시로

한국은 국토공간의 활용이 세계에서 가장 중요한 나라 중의 하나이다. 좁은 국토를 가장 효율적으로 사용하는 길은 국토 전체를 잘 활용하는 것인데, 그 길은 하나의 도시로 만드는 것이다. 인구밀도가 4대 강국에 비교할 수 없을 정도로 높은 한국은 서울과 전국의 국토 공간 활용에 국가 장래가 결정된다고 해도 과언이 아니다. 국민생활의 질과 녹색성장의 장래도 마찬가지이다. 한국에는 세계수준의 건설회사와 국토계획 전문가들이 많다. 그들이 해법을 찾을 수 있도록 해야 할 것이다. 전 국토를 하나의 도시로 만들어야 할 또 다른 이유를 살펴보자.

① 창의성의 시대이다. 국토를 하나의 창조도시로 만드는 것이 필요하다. 존

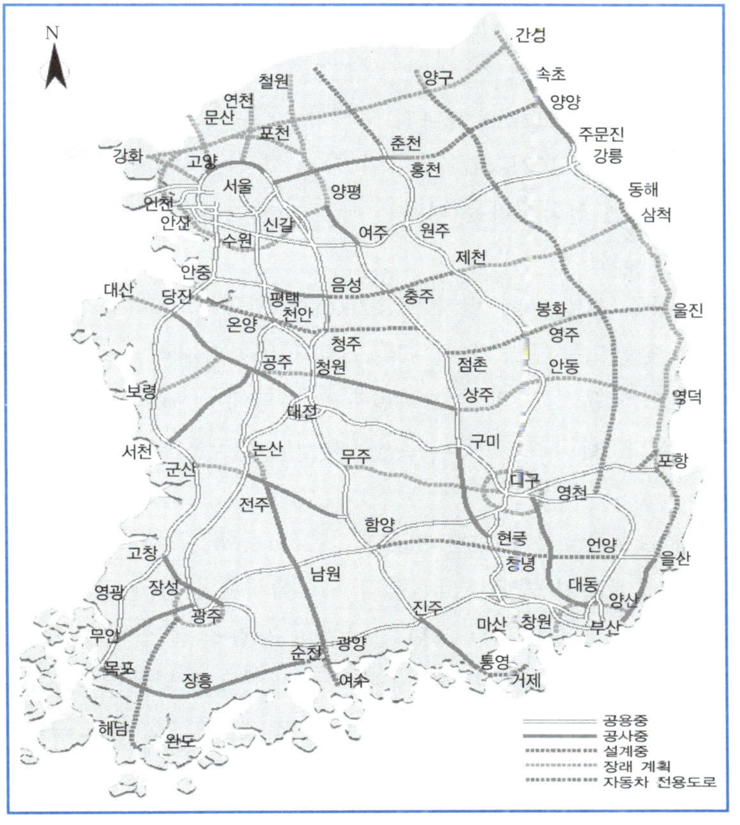


자료 : 대한민국정부, 『제4차 국토종합계획 수정계획(2006~2020년)』 2006.

[지도 13-1] 국토간선도로망 계획

카오 하버드 경영대 교수는 지금은 창의성의 시대이므로 미국 전체를 하나의 거대한 실리콘밸리 같은 창조적인 도시로 만들어야 된다고 했다. 한국도 그렇게 할 필요가 있다.

피터 드러커 교수는 지식사회에서는 도시의 도심과 주변지역 간의 차이가 점차 사라질 것이라고 했다. 니콜라스 네그로폰테 MIT미디어 랩 연구소장도 디지털 시대에는 중심과 주변의 차이가 없어진다고 했다. 서울과 지방 간의 차이는 점차 감소된다는 것이다. 휴대폰이나 인터넷 사용면에서 보면 이미 서울이나 지방의 차이는 없다.

국토, 도시문제 대가인 존 퀴글리 캘리포니아대 교수는, 한국은 전 국토가 결국 하나의 도시로 되어갈 것이라고 했다. 영국의 이 분야 세계적인 전문가인 피터 홀 교수도 한국은 전 국토가 하나의 거대한 도시로 되는 것은 불가피할 것이라고 했다.

② 한국의 국토규모로는 하나의 도시가 될 수 있다. 러시아의 어느 지도자는 국토면적이 러시아의 162분의 1밖에 안 되는 한국이 수출을 4,000억 달러(2008년)나 하는 것을 보면 한국이라는 나라는 국토 전체가 하나의 거대한 수출산업단지나 마찬가지라고 했다.

중국의 중경(重慶)시는 면적 82,300km$^2$에 인구 3,300여만 명이다. 중국의 어느 전문가는 한반도는 규모가 하나의 도시나 마찬가지라고 했다. 서울에서 충청도로 행정수도를 옮기는 것은 그야말로 앞마당에서 뒷마당으로 옮기는 것이나 다름없다고 했다. 한국의 원로 국토전문가들도 한국은 하나의 도시가 될 수 있다고 말했다.

어느 목사는 국토가 방대한 미국에서는 이웃에 갈 때 최소한 3~4시간 운전을 해야 하는데 국토가 좁은 한국, 특히 도시에서는 문만 열면 모든 것이 다 있을 정도라고 했다. 한국은 이러한 고밀도 국가의 강점을 잘 살릴 수 있다.

③ KTX기술의 발전은 전국을 하나의 생활권으로 만들어 가고 있다. 한국은 세계 4대 고속전철기술 보유국이다. 현재 건설중인 호남 고속철도에는 시속 400km의 KTX가 운행된다. 경부간에 시속 400km 고속전철이 운영되면 서울역에서 서울 외곽지역에 가는 것보다 부산역에 가는 것이 빠를 수 있다. 사실 KTX로 보면 이미 서울과 부산은 일일 생활권이 되어 있고 앞으로 서울과 광주도 일일 생활권이 되는 등 전국이 하나의 도시, 하나의 생활권으로 되어 간다. 정부는 앞으로 교통카드 하나로 전국의 대중교통수단을 이용할 수 있게 한다고 한다.

④ 선형도시를 개발한다. 서울-천안은 이미 선형도시로 연결되어 있다. 한국에서 경쟁력이 최고인 수도권의 성장을 원형도시에 집착하여 계속 억제만 할 것이 아니라 천안을 넘어 전국으로 확대시켜야 한다. 앞으로는 선형도시를 잘 개발해야 한다. 그러나 우리는 항상 수도권 등 도시는 항상 원형이 되어야 한다는 생각에 집착해 왔다.

이런 이야기가 있다. 일본 어린이와 한국 어린이에게 가운데 원형을 그린 빈 종이를 주고 그림을 그리라고 하면 일본 어린이들은 항상 동그라미 안에서만 경기를 하는 스모게임에 익숙해서인지, 동그라미 안에만 그림을 그린다는 것이다. 한국인들도 도시 이야기를 하면 도시는 항상 동그랗게 되어야 한다고 생각하는

**▌선형도시▐**

일본도 도쿄-오사카 간 550km지역을 하나의 선형도시로 만든다. 일본의 도쿄-오사카 간 550km나 되는 지역의 크고 작은 도시들이 신간선 고속철도 때문에 도시로 모두 연결되었고, 미국 동북부의 수백 킬로미터나 되는 보스턴 - 뉴욕 - 볼티모어 - 워싱턴 지역도 편리한 교통시설 때문에 모두 도시로 연결되어 있다. 앞으로 서울-대전-대구-부산 간도 KTX 때문에 그렇게 되는 것이 불가피할 것이다. 이런 거대도시를 메갈로폴리스라고 한다. 이는 선형(線形)도시로 원형(圓形)도시 기준의 수도권과는 개념이 다르다. 일본은 2020년까지 시속 550km의 마그레브 고속전철을 개발하여 도쿄 - 오사카 간(직선거리 500km 이하)을 하나의 미래형 새로운 선형도시로 개발하는 계획을 추진중이다. 한국은 앞으로 일본과 세계 시장에서 KTX수출을 위한 경쟁을 해야 하므로 이런 고속철도를 개발하지 않으면 안 된다. 사실 한국은 앞으로 시속 700km의 KTX 개발도 검토하고 있다. 이런 고속철도가 개발되면 서울 - 부산 간은 한 시간 이내의 거리로 줄어든다.

것 같다.

지금은 원형도시, 선형도시 모두 잘 개발해야 하는 시대이다. 특히 KTX와 KTX경제권 개발을 통하여 〈수도권 성장 억제〉에서 〈KTX경제권과 전 국토 성장 촉진〉으로, 〈수도권 중심의 원형성장〉에서 〈KTX경제권 중심의 선형성장〉으로 하는 국토활용 전략의 일대 전환이 필요하다. 이는 녹색성장과 1인당 소득 2만 달러 이후의 경제성장 촉진의 길이기도 하다. 미국과의 FTA시대를 맞이하여 한국의 국토사용도 최소한 미국 수준으로 시장경제원리에 따라서 효율적으로 이루어질 수 있게 해야 한다.

⑤ 수도권 관련 각종 문제해결을 위하여 하나의 도시가 필요하다. 수도권의 공간부족 때문에 발생하는 문제는 수도권의 인구 및 산업의 집중억제, 서울의 극심한 용지부족, 서울 강남지역의 높은 지가, 신행정수도 건설, 지역격차(수도권-비수도권의 격차, 영-호남의 지역격차, 서울-지방간의 삶의 질의 차이) 등 이루 헤아릴 수 없이 많다. 이런 문제를 일괄적으로 해결하는 길은 전국을 하나의 도시로 만드는 것이다.

**표 13-2 인구밀도가 한국보다 높은 독립국가**

| 국 가 | 인구밀도(명/km²) | 국 가 | 인구밀도(명/km²) |
|---|---|---|---|
| 모나코 | 16,358 | 몰다이브스 | 1,017 |
| 싱가포르 | 6,943 | 모리셔스 | 625 |
| 몰 타 | 1,287 | 바바도스 | 593 |
| 방글라데시 | 1,229 | 산 마리노 | 517 |
| 바레인 | 1,092 | 한 국 | 502 |

자료 : 세계은행, 『세계개발지표』, 2010.

잡초제거에 관한 일화를 보자. 어느 농민이 잡초가 우거진 밭을 자식들에게 보여 주면서 잡초 제거 방법을 물었다. 한 아들은 자식들이 많으니까 일일이 잡초를 뽑자고 했다. 다른 아들은 낫으로 베자고 했고, 또 다른 아들은 기다렸다가 겨울이 오면 불을 지르자고 했다. 이 말을 다 들은 아버지는 내년에 다시 보자고 했다. 다음 해 자식들에게 옥수수가 무성하게 자라서 잡초가 자라지 못하는 밭을 보여 주었다. 동시에 옥수수도 키우고 잡초도 해결하는 방법을 보여 주었던 것이다. 그러면서 잡초제거 방법을 다시 물었다고 한다.

다른 예로 과거의 청계천은 폐수, 악취, 쓰레기 투기 등 각종 오염문제가 발생했다. 과거의 청계천을 그대로 둔 상태에서 오염대책을 수립하면 수립할수록 대책도 많아지고 오염도 증가하고 오염자 처벌도 많아진다. 이런 식으로는 문제만 심각해진다. 결코 해결이 안 된다. 근본적인 대책은 과거의 청계천을 아예 없애는 것이다. 그리고 현재의 청계천과 같이 만드는 것이다. 그 결과 청계천 오염도 오염대책도 모두 필요 없게 된 것이다.

같은 이치로 수도권문제를 근본적으로 해결하는 길은 수도권을 없애는 것이다. 영호남 격차를 없애는 근본적인 방법도 영호남을 없애는 것이다. 그 길은 전국을 하나의 도시(신 수도권)로 만드는 것이다.

⑥ 국토의 효율적 활용을 위하여 하나의 도시가 필요하다. 한국의 국토면적은 10만 140km²이다(『국토해양통계연보』, 2009). 인구는 외국인을 포함하고 통계적 오차를 감안하면 약 5천만 명이 된다. 따라서 인구밀도는 km²당 약 500명으로 세계 독립국가 중 인구밀도가 높은 순으로 제 6 위이다.

인구밀도 km²당 500명이라는 사실은 가로세로가 1,000m에 불과한 좁은 땅에

500명이나 되는 사람들이 살아가야 함을 의미한다. 실제로 운동장에 이만한 크기의 땅을 만들어 놓고 학생 500명에게 들어가라고 하면 혼잡이 얼마나 심할지 짐작이 갈 것이다. 국민의 건강한 생활이 어려울 정도로 국토 공간부족 문제는 심각하다. 뿐만 아니라 갈수록 심해지고 있다.

한국과 아시아 최고의 선진국인 싱가포르(구매력평가 1인당 GNI는 $47,940)를 비교해 보자. 싱가포르의 인구밀도는 km²당 6,943명인데, 싱가포르가 산과 농지가 없는 나라이므로, 한국도 산과 농지를 제외하면 인구밀도는 3,200명으로 증가한다. 특히 서울의 경우 산과 강을 제외하면 인구밀도는 싱가포르의 4배 이상이 된다.

어느 일본회사의 서울 지사장은 서울의 집값이 너무 비싸 생활이 어렵다고 했다. 부산지방 모 대학교수는 그곳 아파트 여러 채를 팔아야 같은 크기의 서울 강남 아파트 한 채 살까말까 하다면서 턱없이 높은 서울 집값에 한숨을 내뱉었다. 높은 집값 때문에 결혼과 출산을 늦추거나, 출산할 아이 수를 줄인다거나, 가격경쟁력 저하로 회사경영이 어렵다는 사람들도 적지 않다.

서울의 부동산 값은 왜 이렇게 높아졌을까? 주된 이유 중 하나는 면적(605km²)이 국내외 주요도시에 비하여 턱없이 좁기 때문이다. 예를 들어 북경의 면적은 16,808km², 상해 8,240km², 도쿄 2,102km², 런던 1,580km² 등이다. 인구대비 면적을 보면, 서울에 비하여 북경은 인구가 1.5배이나 면적은 27배, 상해는 인구가 1.8배이나 면적은 13배나 된다(『중국통계연감』). 서울은 울산에 비하여 인구는 10배이나 면적은 60%에 불과하다.

서울은 1963년 이후 면적이 거의 그대로이다. 하지만 인구는 3배, 가구는 6배, 소득은 10배 이상 증가했다. 주간활동인구(국내외 관광객 등)나 외국 기업경영인의 수적 증가도 감안하면 서울은 세계수준의 과밀도시이다. 토지 공급량은 일정한 상태에서 수요만 급증하니 부동산 값이 오르지 않을 수가 없다. 특히 강남지역은 더욱 더 그렇다.

서울의 토지 사용 상태를 보면 용지가 얼마나 부족한가를 알 수 있다. 총면적 중 산이 25%, 강·하천이 10%, 도로가 13%나 차지한다. 이를 제외한 도시가용면적은 약 315km²인데, 이를 기준으로 한 인구밀도는 싱가포르나 홍콩의 4배 이상이다. 부동산 값이 높아질 수밖에 없다. 존 케인 하버드대 교수는 과거 수도권 신도시를 연구하면서 그 원인은 용지나 그린벨트 정책의 잘못 때문이라고 했다.

앞으로 수도권과 국토정책의 일대 혁신이 없는 한, 서울 부동산 값은 경제성장에 따라 계속 상승할 수밖에 없다. 혁신의 길은 전국을 하나의 도시로 만드는 것이다.

미국의 국가정보위원회는 『글로벌트렌드 2025』에서 다가오는 시대는 경제전쟁, 자원전쟁, 환경위기의 시대라고 했다. 세계는 울타리가 터진 하나의 정글에 비유된다. 앞으로 각종 전쟁과 녹색성장에 대비하기 위해서뿐 아니라 우리 기업, 산업 및 국가경제의 경쟁력을 높이기 위해서도 전 국토를 하나의 도시로 만드는 것이 중요하다.

⑦ KTX를 국부(國富)증대의 기회로 연결시킨다. 영국은 1804년 증기기관차의 도입과 철도의 건설, 미국은 1869년 대륙횡단 철도의 건설, 그리고 일본은 1964년 신간선고속철도의 건설로 비약적인 발전을 하고 국력도 치솟았다. 아담 스미스는 『국부론』에서 국부는 생산성에 따라서 결정되고, 생산성은 분업, 분업은 시장의 크기, 시장의 크기는 수송(철도 등)에 따라서 결정된다고 했다. 철도의 건설이 미국, 영국, 일본의 국부를 비약적으로 증대시켰다. 하지만 한국은 세계 4대 KTX기술 보유국이지만 KTX건설을 국부증진으로 연결시키지 못했다. 앞으로 KTX건설을 국부의 획기적인 증대는 물론 전국을 하나의 창조도시로 만드는 계기가 되었으면 한다.

## 13.5 국가대표 기업의 육성

우리는 제 1 장에서 종업원 19만 명인 삼성전자가 인구 8천 백만 명의 에티오피아 경제규모보다 크다는 사실을 알았다. 삼성전자와 같은 회사가 앞으로 20개만 더 생기면 한국의 1인당 국민소득은 현재 2만 달러에서 4만 달러가 되어 선진국 평균소득 수준을 넘어선다. 40개만 더 생긴다면 6만 달러가 되어 미국과 일본을 넘어서는 일류 선진국 수준이 된다.

정준양 포스코 회장은 포스코를 2010년 세계 주요 32개 철강회사 중 경쟁력 세계 제일의 철강회사로 만들었다. 포스코가 세계 최고수준의 철강제품을 생산하니 이를 사용하는 한국의 조선 회사, 자동차 회사, 냉장고 등을 만드는 전자 회사들도 세계 최고의 제품을 만들 수 있게 되는 것이다. 한국이 앞으로 할 일은 삼성전자, 포스코와 같은 국가대표 기업을 많이 육성하는 것이다. 이런 대기업들이 잘 성장하면 수많은 중소협력회사들도 따라서 잘 성장하게 되는 것이다. 미국에는 GE, 씨티그룹, 코카콜라, 마이크로소프트, 인텔, 월트 디즈니, 월마트, 힐튼호텔, 모건 스탠리 등 국가 대표기업들이 이루 말할 수 없이 많다. 수(數)도 많을 뿐만 아니라 규모도 상상을 초월할 정도이다. 경제전쟁시대, 전쟁을 직접 하는 것은 이런 국가 대표기업들이다. 국민생활을 풍요롭게 하는 것도 마찬가지이다.

• 대표기업이 많으면 국민들은 마음에 드는 일자리를 고를 수 있다.

• 안정된 직장 생활을 할 수 있다.

• 많은 임금을 받을 수 있고, 안정된 노후생활도 가능하다.

• 일에 많은 자긍심을 느낄 수 있다.

• 일류회사에서 일하고 받은 돈으로 그 회사 주식을 사서 이중으로 돈을 벌 수 있다. 재산증식이 쉬워진다. 미국에서는 가계금융자산의 3분의 1이 주식이나 한국에서는 6% 정도이다. 미국 부자들의 재산 중 30%가 증권이다. 한국에서는 국가 대표기업이 너무 적어서 주식 투자처가 마땅하지 않다. 대신 부동산에 돈이 많이 몰려 높은 부동산가격이 문제가 된다.

• 협력 및 관련회사들도 세계수준으로 높일 수 있다. 그 종업원들도 많은 혜택을 누릴 수 있다.

• 정부는 많은 세금을 받아서 가난한 사람들을 도와줄 수 있다.

### ❂ 세계적인 에너지 및 자원 회사의 육성

한국은 국제 유가 상승으로 경기침체를 우려하고 있으나, 세계 6대 석유 회사들(6대 석유 메이저 : 로열 더치 쉘, 엑슨 모빌, 브리티시 페트롤리엄(BP), 중국석유화공, 셰브론, 코노코필립스)은 석유값이 오를 때 호황을 구가한다. 이들은 해외 유전개발에 많은 돈을 쓴다. 한국의 해외 유전 투자총액의 10배가 넘는 돈을 쓴 회사도 있다.

지금 세계는 자원전쟁중이다. 전 세계적으로 에너지 개발, 에너지 기업의 M&A, 에너지 기업의 주식 매입 등 에너지관련 투자러시가 일어나고 있다. 중국은 얼마 전부터 아프리카, 남미, 중동지역을 다니면서 석유 · 자원회사를 M&A하고 있다. 마치 해외자원을 몽땅 차지하겠다고 나서는 것 같다. 후진타오(胡錦濤)

주석은 자원외교를 위해 지구를 몇 바퀴나 돌았다.

한국의 석유회사는 세계 석유 메이저들에 비하면 규모가 작다. 한국은 화학, 철강 등 에너지 다소비형 산업이 많으므로 절약에는 한계가 있다. 해외 석유·자원개발에 적극 나서야 한다. 국가대표 에너지기업을 많이 육성해야 한다.

## 13.6 국가대표 은행과 금융기관의 육성

인구 760만 명의 스위스에는 은행이 350여 개나 있다(호이트 바버, 『스위스 은행의 비밀』). 그러나 인구 5천만 명의 한국에는 은행이 18개밖에 없다. 세계 1,000대 은행에 속하는 대형 은행의 수를 보면 스위스에는 31개가 있으나 한국에는 9개밖에 없다([표 13-3]). 이 9대 은행의 자산총액(약 1.1조 달러)은 스위스 UBS은행의 자산(1.3조 달러)보다 적다(『뱅커』지, 2010. 7). 우리나라 은행의 수는 1997~2009년 사이 경제규모는 많이 커졌음에도 불구하고 오히려 33개에서 18개로 줄어들었다([표 13-4]).

세계경제포럼(WEF)은 한국경제가 당면한 3대 문제 중의 하나가 금융, 특히 은행이 불건전한 것이라고 했다. 나머지 두 개는 노동시장의 경직성과 시장경제 제도의 미발달(과다한 정부 규제, 정책의 불투명성, 정치 불신 등)이라고 했다.

한국 최대의 은행은 자산기준으로 우리은행지주로 2,440억 달러이다. 자산규모 세계 4대 은행 중 하나인 영국의 HSBC는 전 세계 70개가 넘는 나라에 9천 개가 넘는 지점을 갖고 있다. 한국에는 이런 은행이 없다. 일본의 미쓰비시UFJ 금융그룹의 자산은 2조 달러가 넘는다. 한국의 국민총소득이 8,370억 달러이니 그 규모가 얼마나 큰지 짐작이 간다. 세계 최대 은행 BNP파리바는 자산이 거의 3조 달러나 된다. 앞으로 이들이 규모를 줄이지 않는 한 우리 금융기관들이 덩치를 키우는 것은 불가피하다.

한국은 실물경제 규모에 비하면 은행 수가 너무나 적고 규모도 작다. 일류 선진국이 되기 위해서는 국가를 대표하는 은행을 많이 만들어야 한다. 금융이 약하면 수출로 벌어들인 돈을 외국 금융기관에 많이 빼앗길 수밖에 없다.

얼마 전 미국 금융위기 발생 직후 어느 기업가가 저자에게 한국의 외환보유고가 2천억 달러가 넘는데, 왜 자꾸 금융위기가 온다고 하는지 이해가 안 된다고

**표 13-3** 국내은행의 세계 순위

| 은행명 | 기본자본 | | 총자산 | |
|---|---|---|---|---|
| | 금 액 | 순 위 | 금 액 | 순 위 |
| 국 민 | 143.3 | 69 | 2,197.0 | 83 |
| 우리지주 | 142.8 | 72 | 2,440.1 | 79 |
| 신한지주 | 120.7 | 87 | 2,184.1 | 84 |
| 농 협 | 97.0 | 105 | 1,565.2 | 109 |
| 하나지주 | 79.8 | 120 | 1,287.4 | 120 |
| 기 업 | 78.1 | 122 | 1,323.3 | 119 |
| 대 구 | 18.0 | 341 | 238.7 | 372 |
| 부 산 | 16.1 | 372 | 261.0 | 352 |
| 전 북 | 2.7 | 986 | 54.5 | 801 |
| 합 계 | 698.5 | | 11,551.3 | |

주 : 순위는 세계 1,000대 은행 중의 순위임. 단위는 억 달러, 2009년 말 기준.
자료 : *The Banker*지, 2010.7; 한국은행, 『세계 1,000대 은행과 우리나라 은행』, 2010. 7. 6.

**표 13-4** 한국의 주요 금융기관

| 금융기관 | 1997년 말 | 퇴 출 | 합 병 | 신 설 | 2009년 말 |
|---|---|---|---|---|---|
| 금융지주회사 | - | 1 | - | 9 | 8 |
| 은 행 | 33 | 5 | 10 | - | 18 |
| 종합금융회사 | 30 | 22 | 7 | 1 | 2 |
| 증 권 회 사 | 36 | 8 | 8 | 30 | 50 |
| 자산운용회사 | 31 | 6 | 8 | 52 | 69 |
| 생명보험회사 | 31 | 9 | 5 | 4 | 21 |
| 손해보험회사 | 14 | 2 | 2 | 6 | 16 |
| 상호저축은행 | 231 | 115 | 29 | 19 | 106 |
| 신용협동조합 | 1,666 | 559 | 140 | 14 | 982 |
| 합 계 | 2,072 | 726 | 209 | 135 | 1,272 |

자료 : 한국은행, 『연차보고서 2009』, 2010.

했다. 그래서 이렇게 답했다. 스위스는 인구 760만 명의 나라에 민간은행인 UBS가 자산을 1.3조 달러나 갖고 있는 데 비해, 인구 5천만 명의 나라인 한국은 나라 전체가 2천억 달러를 갖고 있는 꼴이니 너무 적어서 그런 것이 아니냐고 했다.

**❚ 주요국의 은행의 수와 규모 ❚**

세계 〈1,000대 은행〉의 국가별 소유 : 미국 168개, 일본 100개, 독일 66개, 중국 84개, 스페인 40개, 러시아 24개, 스위스 31개, 인도 31개, 대만 29개, 이탈리아 25개 ,영국 12개, 나이지리아 9개, 한국 9개, 홍콩 7개 등

2009년 기준, 외국소유 은행 제외, *The Banker*지, 2010. 7.

그는 이해가 된다고 했다. 한국이 글로벌 경쟁력이 강한 이런 대형 은행을 몇 개 갖게 된다면 외환위기를 크게 걱정 안 해도 될 것이다.

금융과 실물은 나라경제라는 마차의 두 개의 수레바퀴에 비유된다. 한국경제라는 마차의 실물 바퀴는 세계수준으로 커졌으나 금융바퀴는 크지 못하여 마차가 기우뚱한 상태이다. 넘어진 것이 1997년 금융위기 때였다. 한국경제를 피라미드에 비유한다면 금융은 경제 피라미드를 떠받치는 기둥이다. 스위스의 경우는 많은 은행들이 경제피라미드를 잘 떠받치고 있으므로 안전하다. 넘어지는 일이 없다. 그러나 한국경제 피라미드는 국내 은행이 약하여 외국 은행들도 떠받치고 있다. 2009년 초 일본 은행들이 국내 사정 때문에 빠져 나간다고 하니 금융위기 발생을 걱정하는 목소리가 높아졌다.

지금은 경제전쟁시대이다. 경제전쟁은 주로 금융기관들이 한다. 한국인들이 100억 달러의 상품을 생산하여 수출하려면 수많은 사람들이 엄청난 고생을 한다. 그러나 한국 증권시장에서는 100억 달러의 돈을 단 몇 시간 만에 외국 금융전문

**표 13-5 세계 5대 은행**

| 순 위 | 총자산 기준 | | 기본자본 기준 | |
|---|---|---|---|---|
| | 은 행 명 | 금 액 | 은 행 명 | 금 액 |
| 1 | BNP 파리바 | 29,650 | 뱅크 오브 아메리카 | 1,604 |
| 2 | 로열 뱅크 오브 스코틀랜드 | 27,496 | JP 모건 체이스 | 1,330 |
| 3 | 크레디 아그리콜 | 24,406 | 시티그룹 | 1,270 |
| 4 | HSBC 홀딩스 | 23,645 | 로열 뱅크 오브 스코틀랜드 | 1,239 |
| 5 | 바클레이 뱅크 | 22,349 | HSBC 홀딩스 | 1,222 |

주 : *The Banker*지, 2010. 7, 단위는 억 달러, 2009년 말 기준.
자료 : 한국은행, 『세계 1,000대 은행과 우리나라 은행』, 2010. 7. 6.

가들에게 빼앗길 수 있다. 어느 대기업 경제연구소 소장은 1997년 외환위기 발생 후 3년도 채 안 되어 외국 금융전문가들에게 100조원 이상 빼앗겼을 것이라고 했다.

외환위기 때 돈 많은 금융전문가들은 한국의 주식을 마음대로 살 수 있게 해 달라고 요구했다. 금융위기를 당한 한국은 이 요구를 거절할 수 없었다. 그 결과 외국인들은 미국 금융위기 발생 직전까지 한국의 주식을 42%나 보유하게 되었다. 한국의 대기업들이 경영권 방어를 위하여 금고 속에 보관한 주식을 빼면 유통주식, 특히 우량주식의 거의 대부분을 차지한 것이나 다찬가지였다. 미국 금융위기 때 돈이 필요한 외국인들이 주식을 대거 처분하니 주가는 폭락했다. 처분한 돈을 자국에 송금하기 위하여 달러로 바꾸니 달러 값이 폭등했다. 그 결과 달러로 환산한 1인당 국민소득은 2만 달러를 넘어섰다가 그 이하로 떨어졌다. 어떤 직장 여성은 과거 5년간 열심히 일하여 번 돈으로 주식을 샀는데, 주가폭락으로 주가가 3분의 1로 떨어졌다고 했다. 외국인들이 한국주식 보유비율을 42%에서 30%까지 낮출 때 이런 일이 발생했다. 아직도 외국인들이 우리 주식을 30%나 보유하고 있다. 외국인들이 우리 주식을 팔면 주가가 떨어지고 사면 오르게 되어 있다. 삼성전자 우선주의 80%를 외국인이 갖고 있다. 때문에 삼성전자는 외국기업이라고 하는 사람도 많다. 우리의 주가 결정권을 외국인들에게 넘긴 이유는 무엇인가? 외환위기 직전 우리의 금융, 특히 은행의 경쟁력이 너무나 약했기 때문이다. 최종현 당시 SK그룹 회장은 외환위기 직전 한국 4대은행의 총 매출액이 4대 기업그룹 하나의 매출액보다 적다고 했다. 그래서 국내 은행 이용이 어렵다고 했다.

이시욱 한국개발연구원 연구위원은 『한국경제의 새로운 패러다임과 정책과제 모색』에서 금융산업 경쟁력이 약해진 주된 이유는 관치금융이라고 했다. 그리고 금융산업 종사자 중 금융전문가의 비율이 홍콩 44%, 싱가포르 51%인 데 비하여 한국은 9%에 불과할 정도로 금융전문가가 적은 것도 큰 문제라고 했다.

과거, 특히 외환위기 이전에는 금융관료들이 정부를 떠나 금융기관장으로 많이 갔다. 지금도 민영화를 해야 할 은행을 정권실세들과 금융관료들이 민영화를 미루며 은행장, 은행지주회사 회장 자리 등을 나누어 먹으려고 한다. 한국에서 세계적인 은행을 경영할 수 있는 기업은 대기업밖에 없어 보인다. 그러나 대기업은 법적으로 금융지주사 지분을 9% 이상 소유할 수 없다. 그러므로 관치금융의 풍토가 지속될 우려가 크다. 문제는 한국의 은행들을 ① 정권실세와 금융관료, ② 외국 금융전문가와 투기세력, ③ 한국의 대기업이나 기업그룹, 그리고 ④ 경쟁력이 약한 금융인들 중 어느 집단에게 맡기는가이다.

이시욱 연구위원은 한국 금융산업의 경쟁력을 향상시키기 위해서는 정부의 금융규제 완화, 비명시적 지시와 감독관행의 철폐, 금융전문인력의 양성 등의 필요성을 강조했다. 무엇보다 시장의 규율이 엄격하게 작동할 수 있는 금융시스템의 구축이 필요하다는 것이다.

금융산업은 성장산업이고 정보산업이며, 실물경제의 흐름을 좌우하는 산업이다. 또한 자원의 효율성을 높이는 산업이며, 국가의 금융정책에 영향을 미치는 산업이며, 인체의 혈액에 비유되는 돈과 관련된 산업이다. 경제전쟁시대 전략산업이기도 하다. 금융산업의 중요성은 아무리 강조해도 지나침이 없다.

## 13.7 세계수준의 종합연구대학과 인재의 육성

### 세계수준의 종합연구대학

종합연구대학(CRU : Comprehensive Research University)은 태릉선수촌과 같은 역할을 한다. 태릉선수촌이 세계올림픽에 나갈 세계 최고수준의 선수를 양성하는 곳이라면 종합연구대학은 한국사회가 필요로 하는 각계각층의 세계 최고수준의 인재(전략가 포함)를 양성하는 곳이다.

한때 세계에서 가장 존경받는 기업경영인이었던 잭 웰치 GE 전 회장은 일등이나 이등을 할 수 없는 제품은 정리했다. 이런 제품은 그것을 만드는 인재 역시 세계 일등이나 이등이어야 가능하다. 글로벌 경쟁은 각국의 이러한 걸출한 인재들간의 경쟁이다. 이런 인재를 양성하는 곳이 CRU이다. 앞으로는 이건희 회장의 말처럼 한 사람이 5~10만 명을 먹여 살리는 시대이다. 이런 인재를 양성하는 것도 바로 세계 수준의 CRU이다. 글로벌 경쟁은 어느 나라가 이병철, 정주영, 피터 드러커, 스티브 잡스, 빌 게이츠 같은 인재를 더 많이 육성하는가에 승패가 달려 있다.

미국은 세계 수준의 CRU에서 세계일류 인재를 양성하고, 세계적인 기업들이 이런 인재를 활용하여 세계 최고의 제품을 만들어낸다. 세계 일류기업과 일류대학의 시너지 효과가 가장 높은 나라는 미국이다. 한국은 기업과 대학의 시너지 효과가 그리 높지 않을 뿐만 아니라 기업들이 필요로 하는 인재를 양성하는 세계 일류대학이 극소수이다. 글로벌 경쟁시대는 세계 일류기업들이나 조직체간의 경쟁이다. 세계 일류 CRU가 없는 상태에서 세계 일류기업을 만들어 갈 수 있는가가 앞으로 한국의 큰 문제이다.

먼저 대학이 왜 CRU가 되어야 하는지 살펴보자. 첫째, 어느 분야의 전문가나 지도자이건 문(학), (역)사, 철(학) 등 기초 학문을 잘 배워야 한다. 이러한 다양한 분야의 지식을 배우기 위해서는 종합대학이 필요하다. 둘째, 컨버전스 시대에 학문간의 융합이 불가피하다. 기존에는 별개 학문이었던 공학과 디자인학, 경제학과 심리학 등을 두루 섭렵해야 한다. 이제 대학에서의 '연구'라는 말은 실험을 하고 연구보고서를 쓰는 것뿐만 아니라 모든 것에 새로움을 추구하고 혁신을 해야 됨을 의미한다. 그러므로 '종합' '연구' 대학이 중요하다. 종합연구대학이란 각종 학문분야를 모두 새롭게 연구하고 새로운 것을 가르치는 대학을 의미한다.

도널드 케네디 스탠퍼드대 총장(대담 1999. 9. 30)과 나일 루덴슈타인 하버드대 총장(대담 1999. 10. 4)은 한국 일류대학의 올바른 비전은 세계수준의 종합연구대학(World Class Comprehensive Research University)이 되어야 한다고 강조한다. 미국 위스콘신대학(메디슨 캠퍼스)의 존 워드 총장은 2020년경 전 세계적으로 40여개의 세계 일류 CRU가 존재할 것인데, 이 중 한국이 3개만 차지해도 다행이라고 말한다(대담 2000. 4). 피터 드러커 교수는 지식사회의 중심기관은 대학이며 모든 조직의 경영은 대학 경영과 같이 될 것이라고 말한다.

CRU는 지식사회의 중심기관 중의 중심이다. 한국이 세계 일류 CRU를 만들면 한국이 필요로 하는 다종다양한 세계 일류인재의 양성은 물론 세계 일류의 국가비전이나 국가전략을 개발할 수 있다. 이웃나라로부터 세계 일류인재를 교육시키는 수출산업의 역할도 할 수 있다. 세계수준의 CRU가 없는 지식사회는 중핵이 빠진 지식사회이다. 세계 수준의 CRU 없이 세계 일류 선진국이 될 수 없다.

리콴유 싱가포르 전 총리는 한국에 대해서 다음과 같은 말을 했다. "지금은 중국이 한국에 취직하기 위해 애쓰지만 20년 후에는 그 반대가 될 것이다." 한국의 과제는 CRU를 만들어서 5~10만 명을 먹여 살릴 수 있는 세계적인 인재를 많이 양성하는 것이다.

## ❂ 인재의 양성

사카이야 다이치(堺屋太一)는 일본경제기획청 장관을 역임한 바 있는 경제평론가이며 소설가이다. 그의 책 『일본을 이끌어 온 12인물』에서 일본을 이끌어 온 사람은 제 1 호 주식회사를 포함하여 500여 개의 기업을 일으키고 '일본적 자본주의'를 창시한 시부사와 에이치(渋澤榮一), 마쓰시타(松下)전기회사를 일으키고 일본식 경영을 창조한 마쓰시타 고노스케(松下幸之助) 등 12인이라고 했다. 해롤드 이반스는 그의 책 『그들이 미국을 만들었다』에서 미국을 만든 사람은 전기를 발명한 토마스 에디슨, CNN을 만든 테드 터너, 포드 자동차를 만든 헨리 포드, 청바지를 만든 레비 스트라우스, 디즈니랜드를 만든 월트 디즈니 등 52인이라고 했다. 이들은 대부분 혁신적인 제품이나 기업을 일으킨 사람들이다.

일본이 1991년 거품경제 붕괴 후 10년이 훨씬 넘는 장기 경기침체를 겪을 때,

**▌앨런 그린스펀▐**

미국인들은 경제정책 담당자로서 가장 자랑스러운 인물로 한때 앨런 그린스펀(Alan Greenspan)을 꼽았다. 그는 61세 때 미국 중앙은행인 연방준비은행(FRB : Federal Reserve Board)의 총재가 되어 80세가 된 2006년까지 미국의 경제정책(특히, 금융정책)을 주도했다. 미국기업인의 40%가 미국 대통령보다 그의 권한이 더 강하다고 말한다.

1980년대 일본경제는 미국을 앞질러 승승장구했다. 그러나 1990년대에 들어와서 일본경제는 장기불황국면으로 들어섰고, 미국경제는 장기 상승국면으로 돌아섰다. 미국경제가 유사 이래 가장 장기간 경기상승국면을 누리게 된 것은 그린스펀 때문이다. 이는 데이비드 시실리아와 제프리 크루익샹크가 그들의 책 『그린스펀효과』에서 한 말이다.

그린스펀은 뉴욕 줄리아드 음대 졸업 후 금융회사를 설립하여 성공적으로 운영한 바 있다. 51세에 경제학 박사학위를 받은 만학도이다. 60대와 70대를 모두 미국경제를 세계 최강, 그리고 최장기간 상승토록 하는 데 보냈다. 그러나 그의 저금리 정책이 서브프라임 모기지 사태의 원인을 제공했다는 비난도 받고 있다.

미국은 1991년부터 10년이 넘게 경기가 상승했다. 그 당시 미국경제가 고도성장을 할 수 있었던 것은 그린스펀 같은 인재 때문이라고 말한다.

지난 세기 이후 미국의 기업을 세계 일류로 만드는 데 가장 많은 공헌을 한 사람은 피터 드러커이다. GE의 잭 웰치 전 회장은 GE를 가장 존경받는 기업으로 만드는 데 드러커 교수의 영향이 결정적이었다고 말한다. 드러커를 지난 20세기 모든 학문 분야를 통틀어 가장 훌륭한 학자라고 손꼽는 사람도 많다. 토마스 네프와 제임스 시트론이 쓴 책 『탑으로부터의 교훈—미국에서 가장 성공적인 비즈니스 리더들』은 가장 성공한 50대 기업가들의 약식 자서전이다. 그들은 드러커 교수를 51번째 기업가로 이 책에 포함시켰다. 50대 기업인들 중 상당수가 드러커

### ▌피터 드러커▐

피터 드러커 교수는 수많은 미국기업을 세계적인 기업으로 만드는 데 결정적인 역할을 했다. 칼 마르크스가 공산주의 이론을 만들어서 가장 많은 사람을 못살고 불행하게 만들었다면, 드러커 교수는 경영학을 만들어서 가장 많은 사람을 잘 살게 만들었다. 드러커 교수는 '자신경영론' 으로도 유명하다.

세계에서 가장 존경받는 기업, GE(제너럴 일렉트릭)의 잭 웰치 회장은 "경영학의 진정한 성인이 있다면 피터 드러커(Peter Drucker)"라고 말한다. 그는 "No. 1 or No. 2. Fix, Sell or Close"를 GE 전략으로 정한 것은 회장 취임 직후 드러커 교수의 자문 때문이라고 했다. 『좋은 기업을 넘어 위대한 기업으로』(*Good to Great*)와 『성공하는 기업들의 8가지 습관』(*Built to Last*) 등의 베스트셀러 저자인 짐 콜린스는 "오래 가는 아이디어를 만드는 사람"이 되라는 드러커 교수의 권유에 따라서 인생 항로를 재설정했다고 한다. 세계적인 베스트셀러인 『목적이 이끄는 삶』(*The Purpose-Driven Life*)의 저자인 릭 워렌 목사는 드러커 교수에게 정기적으로 찾아가서 배웠다고 한다. 일을 옳게 하는 것은 효율(efficiency)이고, 옳은 일을 하는 것은 유효(effectiveness)라는 드러커 교수의 말에 큰 감동을 받았다고 한다. 리더십의 권위자인 워렌 베니스는 드러커 교수가 경영학을 발견했다고 말한다.

드러커 교수가 유행시킨 용어는 지식근로자(knowledge worker), 목표에 의한 경영(MBO : management by objectives), 포스트 모던(postmodern),

불연속(discontinuity), 유효와 효율(effectiveness and efficiency), 사유화(privatization) 등이다. 그는 세계적인 대기업뿐만 아니라 박물관, 학교, 병원, 소기업, 정부, 야구단, 자선단체 등 거의 모든 조직체에 경영자문을 하면서 경영수준을 높이는 데 큰 기여를 했다.

저자는 드러커 교수를 몇 차례 만나 한국의 기업, 산업 및 나라경제의 경쟁력에 관한 많은 자문을 받았다. 코리아 모델과 GC시스템에 대해서도 마찬가지이다. 94세의 고령인 드러커 교수와의 두 번째 만남은 전략과 기업집단에 관한 자문을 받기 위한 것이었다. 3시간 동안의 그의 설명은 고령의 나이에도 불구하고 힘이 있었고 감동적이었다. 드러커 교수는 92세, 93세에도 책을 출간했다. 그는 자신의 전성기는 60세 이후 만 30년간이라고 말했다. 92세인 그의 부인은 대단한 부자인 데도 불구하고 손수 운전을 하고 소기업을 운영하고 있었다. 드러커는 네 명의 자녀도 훌륭히 키운 가정적으로도 대성한 사람이다.

교수의 영향을 많이 받았다고 한다.

한국은 앞으로 한강의 경제기적 창조에 많은 공헌을 한 구인회, 박태준, 이병철, 정주영, 조중훈, 최종현 같은 인재를 많이 배출해야 한다. 세계 최고의 대학이란 앨런 그린스펀이나 피터 드러커 교수 같은 세계 최고 수준의 인재를 양성하는 곳이다. 한국이 만약 한국 대학 중에서 삼성전자나 현대중공업에 버금가는 대학을 한 개라도 만든다면 일류 선진국이 되는 데 필요한 인재나 전략가를 많이 공급할 수 있을 것이다.

## 13.8 국가대표 지역의 육성

나라마다 국가를 대표하는 지역이 있다. 파리, 런던, 도쿄, 로마 등이 그 예이다. 이들 도시는 국가의 경제, 정치 및 행정중심지가 혼합된 경우이다. 미국의 뉴욕은 경제 중심지, 워싱턴은 정치와 행정의 중심지로 유명하다. 미국에는 이외에도 시카고, 샌프란시스코, 로스앤젤레스, 보스톤, 라스베가스 등 국가를 대표하는 지역이 많다. 중국의 경우에는 북경 · 천진지역, 상해지역, 홍콩 · 광동성지역 등이 국가 대표지역이다. 그럼 한국의 경우에는 어떠한가?

① 한국의 대표지역으로 가장 중요한 곳은 '수도권지역(서울+경기도)'이다. 『포춘』지에 따르면 세계 500대 기업 중 본사를 둔 기업이 많은 곳으로 제 1 위는 도쿄(52개사)이며, 그 다음은 파리(27개사), 런던(23개사) 뉴욕(24개사) 북경(15개사) 순이다. 서울은 9위(9개사)이다.

② 수도권의 대응지역은 울산－부산－창원－여수를 연결하는 '동남해안지역'이다(최상철, 서울대 환경학 교수). 이 두 지역은 산, 강, 바다, 평지 등이 골고루 있어서 자연환경면에서 중국이나 일본의 수도권지역은 물론, 전 세계 어느 나라의 국가대표지역보다 더 경쟁력 있고, 아름다운 지역으로 개발이 가능하다.

③ 정부가 추진중인 5+2 광역경제권은 물론 제주도를 포함한 16개 광역시도 모두 대표지역이 될 수 있다. 정부는 제주도를 2006년 7월부터 특별자치도로 출범시키면서, 중앙정부의 권한을 제주도에 대거 위임했다. 제주도는 앞으로 외국인 공무원 임명, 투자기업에 대한 지방세 장기 면제, 무비자입국확대, 국·공유지 장기 임대가 가능하다. 앞으로 제주도는 홍콩과 싱가포르의 혼합 형태의 자유도시로 한국경제에 최소한 10% 이상 공헌을 하겠다는 목표를 두고 있다.

16개 광역시도 중 1인당 주민총생산 최고의 지역은 울산시로서 전국 평균의 2배가 넘는다. 독일의 1인당 국민총생산 수준을 넘는다. 이 중 경제성장이 빠른 지역은 충남이고, 일자리 증가가 빠른 지역은 경기도이다. 그러나 1인당 소비를

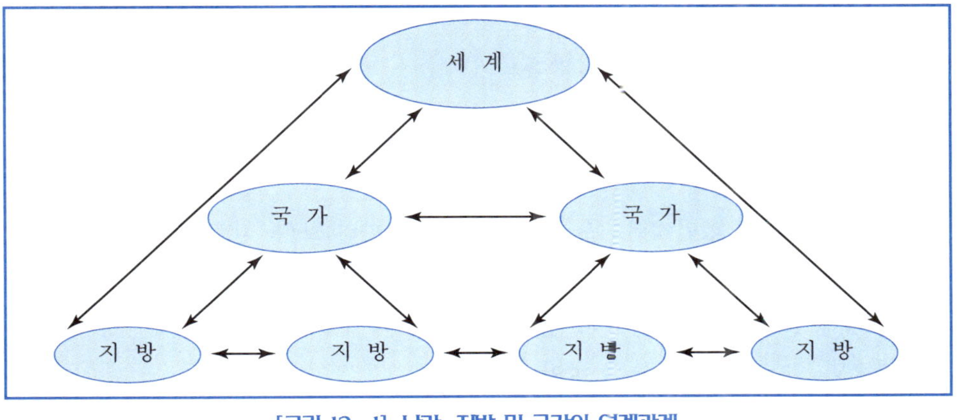


[그림 13－1] 나라, 지방 및 국가의 연계관계

기준으로 보면 지역격차는 줄어든다.

휴대폰 제일의 수출국인 핀란드는 인구가 525여만 명으로 호남지역 인구나 충청도지역 전체 인구와 비슷하다. 인구로 보면 이들 지역 하나는 핀란드와 경쟁할 수 있다. 네덜란드의 인구는 1,672만 명으로 경기 · 인천지역 인구보다 적다. 일부에서는 한국이 네덜란드의 경제모델을 모방해야 한다고도 하는데, 경기 · 인천지역이 이를 모방하는 것은 일리가 있을지 모르나 한국 전체가 그렇게 하는 것은 설득력이 약하다. 호남지역 인구도 싱가포르나 뉴질랜드 인구보다 훨씬 많다. 우리나라 주요 지역과 주요 외국의 인구(단위 백만 명)를 비교해 보면 다음과 같다. 경기도의 인구 1,034만 명은 다음 7개 나라의 인구규모와 비슷하다. 외국의 인구는 미국 중앙정보국 『세계연감』(2010)의 자료로서 2009년 기준이다. 우리나라의 인구는 2005년 인구센서스 자료이다(통계청, 『한국통계연감』, 2009).

| | |
|---|---|
| 서울 9.8 및 경기 10.3 : | 그리스 10.7, 체코 10.2, 벨기에 10.4, 포르투갈 10.7, 헝가리 9.9, 스웨덴 9.1, 오스트리아 8.2 |
| 전남 · 전북 · 광주 5.4 : | 대구 · 경북 6.5, 덴마크 5.5, 핀란드 5.3 |
| 부산 · 경남 7.1 : | 홍콩 7.1, 이스라엘 7.2, 스위스 7.6 |
| 충남 · 충북 · 대전 5.1 : | 싱가포르 4.7, 노르웨이 4.7 |
| 제주 0.53 : | 룩셈부르크 0.49 |

아시아의 네 마리 용이라고 하는 홍콩(1,092평방킬로미터)과 싱가포르(693평방킬로미터)의 국토 면적을 더하면 1,785평방킬로미터이다. 이는 제주도 면적 1,848평방킬로미터보다 작다.

| | |
|---|---|
| 제주도 면적 : | 1,848평방킬로미터 |
| 싱가포르 면적 : | 693평방킬로미터 |
| 홍콩 면적 : | 1,092평방킬로미터 |

싱가포르의 국토면적은 부산시(766평방킬로미터)보다 작고, 홍콩의 면적은 울산시(1,057평방킬로미터)보다 조금 더 크다. 중국의 전체 수출규모 중 30%를 차지하는 광동성은 2006년 홍콩과 싱가포르를 따라잡았고, 2010년 이전에 대만을 따라잡으면, 그 다음 목표는 한국이라고 한다.

산업은 하나의 클러스터를 단위로 하여 발전해야 한다. 그런데 클러스터는 지역과 더불어 발전해야 한다. 앞으로 한국의 모든 기업과 산업의 전략목표는 글로벌 경쟁력(GC)이어야 한다. 한국의 16개 광역(廣域)시도(市道)도 전략목표를 GC로 해야 한다.

현재의 행정구역을 그대로 또는 몇 개를 통합하여 하나로 만든 다음, 스위스나 미국 수준의 자치권을 주어 규제를 대폭 완화하고, 인프라를 현대화하여, 인구규모가 비슷한 선진국과 각각 경쟁할 수 있도록 하면 어떨까 한다. 이는 알베르토 알레시나 하버드대 교수 등이 『국가의 규모』라는 책에서 주장하는 것과 맥을 같이 한다. 그는 국가의 규모는 군사적인 관점에서 중요하나 경제적으로 볼 때는 지구촌이 하나의 시장으로 통합되어 가므로 그 중요성이 감소한다고 말한다. 과거에는 국가의 규모가 곧 시장의 규모였으나 지구촌이 하나의 시장이 되어 가는 시대에는 더 이상 그렇지 않다. 인구 소국 스위스가 네슬레라는 세계 최대의 식품회사를 갖게 된 것은 해외시장을 잘 활용하였기 때문이다.

전국에 서울보다 더 좋은 대표지역을 많이 만들면 지방도시가 서울보다 좋게 된다. 또한 서울과 수도권을 잘 발전시켜 이를 전국적으로 확산하면 전 국토가 모두 서울이나 수도권처럼 된다. 결국은 전국이 서울, 서울이 전국처럼 될 수 있다.

## 13.9 세계수준의 전략 싱크탱크가 필요하다

세계 일류 선진국들은 세계 일류 싱크탱크(Think tank)를 가진 나라이다. 사실 세계 일류 싱크탱크 없이 세계 일류 선진국이 되는 것은 불가능하다. 먼저 스위스를 보자.

국가의 글로벌 경쟁력(GC) 세계 제일인 스위스에는 글로벌 경쟁력 연구 그 자체에 있어서 글로벌 경쟁력을 갖춘 연구소가 2개나 있다. IMD(국제경영개발원)와 WEF(세계경제포럼)가 그것인데, 이 분야 연구에 있어서 세계 랭킹 1, 2위의 연구소라고 해도 과언이 아니다. 특히 WEF는 다보스포럼으로 유명한데, 매년 초 전 세계 지도자, 전문가, 석학들이 대거 스위스 다보스로 초청되어 회의를 갖는다. 이들로 하여금 모두 자기 돈을 가지고 스위스에 와서 고견을 발표하게 한다.

스위스인들은 돈을 받고 듣기만 하면 된다. 참석자들에게서 비싼 참가비를 받으므로 수지 타산도 맞는다. 이런 면에서 스위스인들은 참으로 지혜로워 보인다.

미국은 세계적인 연구소가 많기로 유명하다. 리차드 쿠퍼 하버드대 교수는 미국인들이 가장 유명하다고 생각하는 연구소는 부르킹스연구소와 피터슨연구소라고 했다. 부르킹스연구소는 3대 목표를 위하여 설립된 연구소이다. 즉, 미국국민의 경제사회 복지 증진과 안전보장, 미국 민주주의의 촉진, 그리고 개방적이고 안전하며 협조적인 국제시스템의 개발이 그것이다. 피터슨연구소는 전신이 국제경제연구소인데, 주로 국제경제문제에 관한 연구를 한다. 자유무역의 창달, 이를 위한 WTO(국제무역기구)나 NAFTA(북미자유무역협정) 같은 국제 무역관련 기구의 설립이나 발전과 관련된 연구이다. 이외에도 미국에는 비즈니스 라운드테이블(한국의 전경련), 미국기업연구소 등 수많은 연구소가 있다.

중국에는 유명한 사회과학원, 정부의 간부훈련을 위한 간부학원, 그리고 공산당이 있다. 회원 7,000만 명이 넘는 공산당은 대단히 유능한 엘리트 집단이며, 지도부는 훌륭한 싱크탱크의 기능을 한다.

서울은 1인당 국제회의를 가장 많이 하는 도시라고 한다. 수많은 기관들이 경쟁적으로 국제회의를 개최할 때도 많다. 때문에 한국 전문가도 아닌 사람들이 한국문제 관련 회의에 초청받아 참석하는 경우도 있다.

한국은 국가의 비전설정, 전략개발, 코리아 모델의 개발 등을 위한 세계적인 싱크탱크가 있어야 한다. 정권이 바뀔 때마다 국가의 비전이나 전략이 바뀌어 국민들이 혼동스러워 하고 기업들도 많은 손해를 보는 것은 이런 싱크탱크가 없기 때문이다. 이런 싱크탱크가 있었더라면 한국이 1997년 외환위기도 피할 수 있었을 것이다. 한국의 기업이나 개인은 외환위기를 계기로 엄청난 손해를 보았다. 한국의 국가대표 기업들의 주식 가격을 외국인들이 좌지우지하는 일도 없었을 것이다.

한국의 싱크탱크는 전략연구에도 글로벌 경쟁력이 있어야 한다. 세계에서 한국처럼 생존전략이 중요한 나라는 드물다. 한국인, 한국기업 및 국가의 전략을 개발할 수 있는 세계 수준의 싱크탱크(Think tank)가 필요하다. 다음과 같은 면에서도 전략이 대단히 중요하다.

• 지금은 세계경제전쟁 시대이다. 전쟁과 경쟁은 전략으로 한다.

• 한국은 세계 4대 강국 속에서 생존해야 하는 세계에서 유일한 나라이다. 전략면에서 4대 강국에 앞서야 한다.

• 자연자원이 빈약하기 때문에도 경쟁전략이 중요하다. 삼성전자가 일본의 소니를 앞서고, 포스코가 일본의 신일본제철을 앞선 것은 비교우위원리로서는 설명이 어렵다. 경쟁우위전략이 아니면 설명이 불가능하다.

• 한국인의 저력, 열정, 문화 등을 감안할 때 전략을 잘 알면 뛰어난 능력을 발휘할 수 있다.

## 13.10 자본주의 · 공산주의의 기본차이를 다시 본다

한국인은 세계에서 유일하게 북한 공산주의와 대치하고 있으므로 자본주의(시장경제)를 가장 잘 알아야 하는 국민이다. 그런데 자본주의(시장경제)를 잘 알려면 그 반대되는 공산주의도 잘 알아야 한다. 우리는 이를 이미 제12장에서 살펴보았다. 여기서는 기본이 되는 것만 질문형태로 간단히 살펴보기로 한다.

• 어느 공국(공산국가) 사람은 몇 십년 만에 헤어진 딸을 만났는데도 선물을 하나도 준비하지 못했다. 그 이유는 무엇인가? 가난한 공국이 배급을 잘 못하니 받아서 먹고 살기도 바쁘다. 모아 놓은 돈이 없으니 선물을 살 수가 없다. 또한 공국에서는 개인은 어떠한 형태의 재산도 소유할 수 없으니 선물을 살 돈도 없다.

• 공국사람들은 받는 것만 알지 주는 것은 모른다고 하는 말이 맞는가? 그렇다. 공국 사람들은 필요한 물자를 항상 국가로부터 배급받아서 생활한다. 그런데 배급이 항상 부족하니 남에게 줄 것이 없다. 항상 더 받을 것을 생각하지 않으면 안 된다.

• 가난한 공국에는 인근 야산이나 개천에 살다 움직이는 동물이 한 마리도 없다고 하는데 맞는가? 그렇다. 굶어 죽는 사람이 많은 공국에서는 사람들이 야산이나 개천에 있는 동물들을 다 잡아 먹을 수밖에 없다.

• 가난한 공국에는 산에 나무가 없다고 하는데 맞는가? 그렇다. 우선 소나무 껍질 같은 것은 식용이 가능하므로 벗겨서 먹는다. 그리고 땔감이 항상 부족하므로 산의 나무를 베어버리기 때문이다.

• 가난한 공국 수도의 나무들은 그 나이가 20여 년밖에 안 된다고 하는데 맞는가? 그렇다. 그 이전에는 베어서 땔감으로 사용하거나 식용이 가능한 나무는 식용으로 사용했다. 그러나 1900년대 초 시장경제를 본격 시작하고서부터 나무를 심기 시작했으므로 나무 나이는 20여 년 정도 된다.

• 공국은 웃음이 없는 나라라고 하는데 맞는가? 그렇다. 항상 국민을 감시하는 비밀경찰이나 요원들이 수없이 많다. 언제 누구로부터 어떤 감시를 당할지 모르니 함부로 웃을 수가 없다.

• 가난한 공국사람들은 그날 받아서 그날 먹는다고 하는데 맞는가? 그렇다. 자본주의에서는 가난한 사람들은 그날 벌어서 그날 먹는다고 한다. 가난한 공국 사람들은 모두가 그날 배급받아서 그날 살기도 어렵다. 그날 받아서 그날 사는 공국은 잘 사는 나라이다.

• 공국에는 부자가 한 명도 없다는데 사실인가? 사실이다. 부자를 없애는 것이 공산주의이다. 부자는 한 명의 예외도 없이 가난한 사람을 착취한다고 생각하기 때문에 공국 시작 초 인민재판을 통하여 제거한다.

• 공국에는 삼성, LG 같은 민간 기업이 한 개도 없다고 하는데 맞는가? 그렇다. 공산주의는 기업가들은 예외 없이 노동자를 가혹하게 착취하는 존재라고 믿으므로 철저히 제거한다.

• 공국에서 사람들이 골프선수나 여행가의 직업을 마음대로 선택할 수 있는가? 없다. 개인의 직업은 원칙적으로 국가가 정해 준다. 그리고 국내에서 다른 도시에 여행을 하려면 국가로부터 비자 같은 것을 받아야 한다.

• 공국은 왜 무기를 그렇게 많이 생산하는가? 자본주의는 착취하는 기업가나 자본가를 허락하는 나라이므로 이들이 공국을 착취하려고 침입하는 것은 시간문제라고 생각한다. 그러므로 공국이 가장 먼저 해야 할 일은 무기를 많이 만들어서 이에 대비하는 것이다.

• 공산주의는 네거티브시스템이라고 하는데 맞는가? 그렇다. 월드컵을 예로 들면 자국(자본주의 국가)에서는 우승하는 사람에게 상금을 많이 주어 선수들이 열심히 뛰게 만든다. 그러나 공국에서는 우승하지 못하면 처벌을 해서 열심히 뛰게 한다. 자본주의는 잘 하는 사람을 골라서 상금을 주나, 공산주의는 잘 못하는 사람을 골라서 벌을 준다. 이외에도 공산주의는 [표 13-6]에 나타난 바와 같이 여러 면에서 네거티브시스템이다.

**표 13-6** 자본주의와 공산주의의 차이

| | 자본주의 | 공산주의 |
|---|---|---|
| 재산의 소유 | 개인은 재산을 가져야 한다. | 개인이 재산을 가지면 안 된다. |
| 시　　장 | 시장거래를 원활하게 해야 한다. | 시장거래를 하게 하면 안 된다. |
| 재화의 생산 | 국민이 필요로 하는 재화는 가급적 기업이 생산토록 해야 한다. | 기업이 생산토록 하면 안 되고 가급적 국가가 생산해야 한다. |
| 직업의 선택 | 개인은 운동선수나 가수 등의 직업을 마음대로 선택할 수 있게 한다. | 직업선택의 자유를 주면 안 된다. |
| 인센티브 | 월드컵에서 우승하면 상금을 많이 주어 열심히 운동하게 만든다. | 월드컵에서 실패하면 엄한 처벌을 한다. |
| 다 양 성 | 인간은 연령, 성별, 취미, 성격 등 모두 다르다. 다양성을 인정한다. | 똑같은 음식, 옷, 사상교육으로 일사불란하게 움직이게 한다. |
| 경　　쟁 | 경쟁을 하게 해야 더 잘하려고 사력을 다한다. | 경쟁이 아니라 주어진 목표의 달성과 명령에 잘 따라야 한다. |
| 법과 처벌 | 처벌은 법에 따라서 이루어져야 한다. | 지도자 재량에 따라서 한다. |
| 정부의 역할 | 경제활동은 가급적 생산자와 소비자에게 맡긴다. | 가급적 정부가 맡아서 한다. |

• 공산주의에 심취한 좌파들은 감사를 모르고, 남의 잘못된 점을 들추어 내고, 편가르기를 하여 싸우는 사람들이라고 하는데 맞는가? 공국에서는 국가로부터 배급받는 것이 항상 부족하여 남에게 선물로 주거나 받는 것이 불가능하다. 감사하다는 말을 해 볼 여지가 없다. 공국은 감시사회이니 남의 비리를 잘 캐고 적발하는 사람이 출세한다. 그리고 공산주의는 노동자·농민이 자본가들과 편갈라서 끝까지 싸우라고 가르친다.

• 자본주의 시장경제 원리는 누가 만들었는가? 1776년에 『국부론』을 쓴 아담 스미스가 만들었다. 아담 스미스는 이 책을 심심풀이르 즐기기 위해서 썼다고 한다. 이 책은 너무나 유명하여 모르는 사람이 없지만 읽어본 사람도 없는 책이라는 말이 있다.

### 자연의 이치, 시장의 이치

인체의 건강을 생각하는 사람은 자연의 이치를 중시하고, 나라경제의 건강을 생각하는 사람은 '시장의 이치'를 중시한다. 시장의 이치란 어떤 재화나 서비

### ▌마르크스는 어떤 사람이었는가▐

토드 부크홀츠의 『죽은 경제학자의 살아있는 이야기』처럼 읽는 사람마다 잘 썼다고 입을 모아 칭찬하는 책은 별로 없다. 로렌스 섬머스 하버드대 총장은 금년에 경제학 책 한 권을 읽으려면 이 책을 읽으라고 했을 정도이다. 부크홀츠는 공산주의 이론을 만든 칼 마르크스를 가장 잘 설명한 사람의 하나라고도 한다. 그는 공산주의를 알려면 마르크스를 바로 알아야 된다고 했다. 그의 설명을 간추려 본다.

마르크스는 평생 신랄한 비판과 인신 공격적인 욕설에 재능이 있었다. 유태인이었지만 유태교에 대해서도 독설을 퍼부었다. 술을 마시면 폭음을 했고, 항상 빚에 쪼들렸다. 독일 본대학을 다닐 때는 술을 너무 많이 마셔서 음주로 감옥살이도 했다. 아버지가 술을 덜 마시게 베를린대학에 전학시키고, 학비도 풍족하게 보냈지만 항상 빚에 쪼들렸다. 빚 독촉에 못 이겨 대학생활 5년 동안 최소 10번 이사를 하며 피해 다녀야 했다. 어머니가 세상을 떠났을 때 장례식에 참석하지도 않고 눈물도 흘리지 않았다. 항상 용돈 주는 데 너무 인색하다고 생각했기 때문이다.

그는 유럽 여러 나라에서도 추방당했다. 런던시내 최 빈민가의 누추한 아파트에서 살았다. 그를 조사하던 경찰 스파이는 가족들의 비참한 생활을 너무나 생생하게 이렇게 적었다. "마르크스의 방에 들어가면 석탄 연기와 담배 연기 때문에 들어서는 순간 마치 동굴 속에 들어 온 것처럼 헤매야 한다. 모든 게 더럽고 먼지로 가득하다. 앉는다는 것은 진정 위험한 일이다. 의자가 서 있는데 다리가 셋 뿐이다. 거기서 아이들이 논다. 다른 의자는 다행히 온전한데, 거기에서 음식을 장만한다."

마르크스는 극히 무질서하고 냉소적인 사람이었으며 집시 같은 생활을 했다. 목욕, 몸단장, 내의 갈아입는 것 등은 거의 하지 않았다. 하루 종일 빈둥거릴 때가 많았다. 그러나 일할 때는 밤낮 없이 열심히 했다. 그는 런던에서 비참한 생활을 하는 동안 아이 셋을 폐렴, 기관지염, 폐병으로 잃었다. 가장 소름 끼치는 일은 장의사들이 외상으로도 아이들의 장례를 치루어 주지 않았다는 것이었다. 그래서 아내 제니는 아기 관 값으로 2파운드를 길거리에서 동냥했어야 했다.

그는 자신의 비참한 생활이 자본가들 때문이라고 했다. 그들로 하여금 가족의 불행이나 자신의 악성종양 같은 병에 대한 대가를 반드시 치르게 만들겠다고 마음 속으로 다짐하면서 공산주의의 원전인 『자본론』을 썼다.

스이건 사는 사람도 파는 사람도, 즉 거래당사자들이 모두 득을 보도록 하는 것이다. 이것이 시장경제의 핵심 원리이다. 그런데 이에 크게 어긋나는 것이 한국의 노동시장이다. 외국인 및 외국기관들이 한국에서 사업을 할 때 가장 문제 삼는 것이다. 세계경제포럼(WEF)은 세계 133개국의 13,000여 명의 기업경영인들에게 한국에서 사업할 때 가장 어려운 점이 무엇인지 서베이를 했다. 대부분 노동시장 경직성을 가장 큰 문제의 하나로 꼽았다. WEF의 『글로벌 경쟁력 보고서』(2010)은 한국경제의 당면문제 3가지를 지적했는데, 그 첫째가 노동시장 경직성이다. 둘째는 금융, 특히 은행의 불건전성이고 셋째는 시장경제체제 문제(정부규제, 정치불신, 정책의 불투명)라고 했다.

• 강력한 노조는 노동의 공급독점이다. 노동의 수요자인 기업에게 독점의 피해를 준다. 이런 독점은 금지되어야 한다.

• 종업원 기준 세계 최대의 회사인 월마트에는 노조가 없다. 삼성전자에도, 도요타에도 미국에서와 같은 노조가 없다. 세계 일류회사에는 노조가 없거나 유명무실하다. 무노조가 세계 일류기업들이 지향할 바라고 하는 사람도 많다.

• 노조가 있어야 한다면 기업별 노조가 바람직하다. 기업은 제품의 특성, 제품 사이클, 생산성, 시장, 기업환경 등의 면으로 볼 때 도두 다르다. 그러므로 임금인상률에도 차이가 날 수밖에 없다. 기업의 노와 사는 기업의 특성과 강점을 바탕으로 GC향상을 주목적으로 해야 한다.

• 산업별 노조가 임금인상을 산업의 평균생산성이나 임금인상률을 기준으로 할 때는 생산성 평균 이하의 기업은 큰 타격을 받을 수 있다.

• 노·사·정에서 '정'은 떨어져 나가야 한다. 노사관계는 기업차원에서 기업의 GC향상을 목표로 해야 한다. 그래야 노조원들이 임금을 많이 받을 수 있다.

## ❂ 더 작지만 더 효율적인 정부

이는 일본정부가 『일본 21세기 비전』에서 강조하는 말이다. 스위스의 세계적 국가경쟁력연구소인 IMD는 『세계경쟁력보고서』에서 조사대상국 61개 중 정부가 기업에 유해한 국가는 29개국이라고 발표했다. 대표적인 예로 한국, 일본, 인도를 꼽았다. 구르카란 다스는 『인도모델』이라는 글에서 인도기업의 주된 장애물은 정부라고 말한다. 인도정부는 사회주의라는 미명하에 40년간 기업발전을 억제해 왔다고 한다. 인도 공무원들은 스스로를 철밥통이 아니라 철틀(steel frame)로 부른다는 것이다.

한국정부는 현재 작은 정부가 아니다. 공무원의 수를 줄이고 기업규제를 완화해 기업활동을 활성화해야 한다. 싱가포르는 공무원의 봉급을 민간기업 수준으로 높여서 평생 공무원 생활을 한 사람도 기업에서 일한 사람처럼 부자가 될 수 있도록 하고 있다. 이지순 서울대 경제학 교수나 권순우 삼성경제연구소 수석연구원은 1997년경 정부가 환율정책만 잘 했어도 외환위기를 막을 수 있었을 것이라고 말한다. 정부는 국부창출을 위한, 글로벌 경쟁력 향상을 위한, 또는 경제위기 방지를 위한 국가정책이나 전략을 수립해야 한다. 민간기업이 생산할 수 있는 재화의 생산이나 일자리 만드는 일에 관여해서는 안 된다. 민간기업들이 하는 일을 정부가 빼앗아서 하는 나라는 공국이나 후진국이다.

한국의 시장경제는 앞으로 더 이상 정부 주도가 되어서는 안 된다. 하버드대 아시아연구센터는 2005년 서울에서 '정부주도형 발전을 넘어서' 라는 주제의 국제 세미나를 개최한 바 있다. 경제발전론의 대가이며 동아시아 전문가인 드와이트 퍼킨스 소장은 한국은 더 이상 정부주도형 발전(state-led development)을 해서는 안 된다고 지적했다. 이는 일본의 작은 정부 비전과도 일치한다.

새로운 턴파이크를 위해 정부는 세계 일류 수준으로 행정서비스의 질을 높이고 수출할 수도 있어야 한다. 그런데 서울시는 행정서비스의 전자화로 전자정부를 만든 다음 도시개발 노하우를 수출상품화하기에 이르렀다. 베트남의 하노이시(市)는 서울시에 전자정부 구축을 포함하여 도시개발계획 전체를 수립해 달라는 요청을 했다. 그 규모는 산업단지, 주거단지 및 국제관광단지 등을 포함하여 수백 억 달러나 된다. 또한 서울시는 교통관리시스템을 중국 베이징시(市), 터키의 이스탄불시(市), 러시아의 모스크바시(市)에도 수출하기로 했다.

정부의 GC를 높이는 데는 '깨끗한 정부(clean government)'가 필수이다. 세계에서 공무원의 청렴도가 가장 높은 나라는 싱가포르이다. 싱가포르의 공무원들은 민간기업 수준으로 봉급을 받는다. 공무원의 부패를 막기 위해서이다. 대신 기업, 개인들로부터 뇌물을 받으면 가혹한 처벌을 받는다. 최종현 전 SK그룹 회장은 전경련 회장 시절, 한국에서 공무원의 수는 반으로 줄이고 봉급은 두 배로 늘려야 기업과 공무원 모두 잘 살 수 있다고 말했다. 청렴한 공무원이 부자가 될 수 있는 나라가 싱가포르 같은 선진국이다.

사회복지와 노동시장을 기준으로 세계의 여러 나라를 다음과 같이 구분할 수 있다.

미국모델 : 저(低)복지 + 노동시장 유연성
독일모델 : 고(高)복지 + 노동시장 경직성
북구모델 : 고(高)복지 + 노동시장 유연성
일본모델 : 저(低)복지 + 노동시장 경직성
한국모델 : 고(高)복지 + 노동시장 경직성

한국은 고도 성장기에는 저(低)복지와 노동시장 유연성이 주된 특징이었다. 그러나 최근부터 고(高)복지를 추구하는 가운데 노동시장을 경직적으로 만들었다. 이 두 가지는 모두 자유시장경제의 기본원리와 배치된다. 그러므로 장기적으로 국민복지를 감소시키게 된다.

먼저 고(高)복지는 세계은행이 말한 형평의 두 가지 원칙과도 어긋난다.

첫째, 고복지는 기회균등보다 결과의 평등을 중시한다.
둘째, 고복지는 생활능력이 있는 사람들을 국가가 도와주는 것이다.

이러한 고복지는 명분이 적고 지속가능하기도 어렵다. 인구 대국에게는 잘 맞지 않는다. 복지사기가 대단히 많게 된다. 북유럽처럼 소국에서는 서로가 서로를 잘 알 수 있기 때문에 복지를 속이기가 어렵다. 소국들은 서로 어느 정도 평등하게 해 주어야 서로 싸움도 적게 한다.

노동시장의 경직성을 보기로 하자. 정부가 법으로 정규직 노동자를 과보호하면 기업은 정규직 고용을 줄이고 비정규직 고용을 늘리게 된다. 정부가 비정규직까지 법으로 과보호하면 기업은 비정규직 고용도 줄이게 된다. 결과적으로 일자리가 줄어든다. 따라서 노동자에 대한 과보호는 취업자에 대한 단기적 보호가 될 수 있을지 모르나 장기적 보호는 되지 못한다. 그리고 노동자 전체로 볼 때는 보호라고 하기 어렵다. 더욱 중요한 것은 노동자의 과보호는 인건비를 상승시키므로 물가, 특히 서비스가격을 상승시키게 된다. 이는 기업과 국가의 글로벌 경쟁력을 약화시키게 되므로 경제 전체적으로 볼 때는 손해이다. 나의 임금만 대폭 인상되면 나는 큰 돈을 번다. 그러나 전국의 모든 노동자들의 임금이 대폭 인상되면 만물의 가격이 다 상승하므로 국민 모두가 손해를 본다. 노동자 전체를 장기적으로 보호하는 길은 노동시장을 유연하게 함으로써 기업과 노동자를 다 같이 장기적으로 보호하는 것이다.

고복지는 근로자들이 더 많은 혜택을 받기 위하여 집단 압력을 가하게 만든다. 이는 기업가의 투자의욕을 떨어뜨리고 성장잠재력을 약화시킨다. 건강한 경제는 건강한 근로의욕과 기업가들의 왕성한 R&D 투자활동을 필요로 한다. 이를 위해서는 저(低)복지와 노동시장의 유연성이 선결 요건이다. 이것이 장기적인 고복지의 길이다. 그리고 한국은 전통적으로 가족제도가 튼튼하기 때문에 가족복지를 잘 개발할 필요가 있다.

## 13.11 서울경제학파가 필요하다

한국은 지금까지 세계시장에서 선진국이 만든 룰(rule)을 따랐으나 지금은 G20의 의장국이 되어 룰을 만드는 지위에 올랐다. 경제를 축구에 비한다면 경제축구의 룰과 원칙도 지금까지는 선진국, 주로 미국이 개발한 것을 수입해서 그대로 모방했다. 그러다가 1997년 경제위기를 겪었다. 지금은 한국이 경제축구의 룰과 원칙을 개선할 수 있는 위치에 와 있다. 스위스를 비롯하여 일류 선진국들은 경제축구의 룰과 원칙 연구를 많이 한다. 스위스는 특히 GC연구를 많이 하여 GC 세계 1위 국가가 되었다.

인구 8백 2십만 명의 오스트리아는 오스트리아경제학파가 있다. 그 중 특히 프레드릭 폰 하이에크의 자유시장경제 사상은 전 세계적으로 많은 영향을 미쳤다. 인구 8백만 명도 안 되는 스위스는 세계 2대 글로벌 경쟁력 연구기관인 IMD(국제경영개발원)와 WEF(세계경제포럼)를 중심으로 경쟁력 연구에 있어서 세계를 선도하고 있으며, 글로벌 경쟁력(GC) 중심의 신경제학파를 형성해 가고 있다. 세계 2대 경쟁력 연구소가 스위스에 있는 것은 결코 우연이 아니다. IMD는 『GC보고서』에서 GC란 기업의 경쟁력을 높이고 국민을 더 풍요롭게 하기 위한 경제이론이란 사실을 강조하고 있다. IMD의 연구책임자인 스테판 가렐리 교수는 스위스경제학의 핵심은 기업의 GC향상으로 아주 단순하다고 했다.

경제발전론자인 마이클 토다로 교수는 영·미식 경제학은 선진자본주의 경제학으로 순전히 물질주의적 · 개인주의적 · 자기중심주의적인 경제의사 결정을 중시한다고 했다. 한국은 경제위기 이후 이런 경제학을 과다하게 수용하여 기업그룹의 해산, 소비자 부채 증가, 외국금융 투기자본의 한국증시에 대한 과도한 영향력 행사 등 많은 문제를 초래한 바 있다.

외환위기 직전까지 한국에는 Seoul School of Economics가 없고, 한국경제론도 경제성장단계에 맞게 발전하지 못했다. 그 결과 1997년 경제위기를 맞이했고, 우리 기업과 국민은 엄청난 대가를 지불했다. 어떤 결과가 발생했던가?

많은 사람들은 잘못된 한국기업모델이 외환위기의 주범이라고 생각했다. 외환위기를 계기로 우리 기업모델의 폐기와 외국모델의 100% 모방을 주창했다. 그 결과 정부는 미국식 기업조직과 지배구조를 많이 도입했다. 기업그룹을 인정하지 않고, 주주주권제를 도입하고, 상호출자와 순환출자를 규제하고, 분기별 이윤을 중시하고, 부채비율을 요구하는 등의 조치를 취했다. 이런 모든 조치의 배경에는 우리의 기업조직과 운영, 특히 기업그룹이 외환위기의 주범이라는 생각이 깔려 있다. 때문에 외환위기 이후 한국기업의 목표, 성격, 운영방식에 큰 변화가 발생했다.

• 외환위기 이전에는 한국기업인의 투자의욕이 왕성했다. 부채비율이 수백%가 넘는 데도 과감한 투자를 계속했다. 투자의욕 과잉이 문제가 될 정도였다. 그러나 지금은 돈이 많아도 투자를 잘 하려고 하지 않는 기업들이 많다.

• 기업들의 적극적인 투자로 경제성장률은 외환위기 이전 7.0% 이상도 되었으나 그 이후에는 5%도 어렵게 되었다. 실업률도 외환위기 직전 2.0%로 세계 최하 수준이었으나, 지금은 실업이 큰 사회문제가 되고 있다.

• 외환위기 이전의 기업들은 장기성장이나 글로벌 경쟁력 향상을 위한 경영 중심이었으나 외환위기 이후에는 단기이윤(분기이윤)을 중시하는 경영을 하게 되

었다. 한국기업이 버는 돈은 주주를 위한 배당에 사용해야 하고 배당의 40% 이상은 외국인들이 차지하도록 되어 있다.

• 외환위기 이전의 직장인들은 회사를 평생직장으로 생각했다. 대기업그룹 사원들의 경우 정리해고의 불안을 거의 느끼지 않았다. 그러나 지금은 직장생활에 불안을 느끼는 사람들이 많아졌다.

• 경제위기 이전에는 공무원, 공기업 사원, 교사 등의 직업보다 대기업그룹의 사원이 되기를 원하는 사람들이 많았으나 그 이후에는 그 반대의 경우가 많아졌다.

• 기업그룹(BG)은 외환위기 이전에는 한국경제의 성장엔진이라고 했으나 이후에는 외환위기의 주범으로 몰려 해체 대상이라고 하는 사람들이 많아졌다.

• BG 소속기업들은 외환위기 이전에는 경영권 방어에 문제가 없었으나 이후에는 상호출자규제로 경영권 방어에 문제가 많이 생겼다. 상호출자규제 때문에 국내 기업그룹 소속 기업들은 서로의 주식을 많이 보유하지 못하지만 외국인들은 자유롭게 사서 많은 우량기업들 주식의 50% 이상을 소유하고 있다. 외국인이 국내 우량기업의 최대주주가 된 것이다. 국내 최대의 외국인 회사는 삼성전자라고 하는 사람도 있다. 국내기업들은 경영권방어를 많이 걱정해야 한다.

• 외환위기 이전에는 한국증시를 좌우하는 세력이 한국인이었으나 이후에는 외국금융 투자자로 바뀌었다. 이들이 한국증시를 좌지우지할 수 있게 되었다. 글로벌시대 외국인들이 한국기업의 주식을 소유한다는 점은 바람직한 면이 있다. 그러나 과도한 소유로 우리 증시를 좌우할 정도가 되어서는 안 된다.

• 회사의 임원들은 막대한 돈을 공장건설 등에 투자하지 못하고 외국기업에 의한 M&A 방지나 스톡옵션 때문에 자사주를 매입하여 주식가격을 높이려고 한다. 외환위기 이전에는 이런 돈이 있으면 공장건설에 투자를 했다. 2006년 상반기 기업들이 증시에서 자사주를 매입한 금액은 조달한 자금의 2배가 넘었다. 증시는 자금조달이 아니라 기업자금을 먹는 하마처럼 되었다.

이런 모든 변화는 세계화 때문이기도 하나 근본적인 원인은 정책에 있다. 한국경제론이 나라경제 발전의 단계에 맞게 발전하지 못했기 때문이다. 서울경제학파가 잘 형성되었다면 외환위기의 비극을 막을 수 있었을 것이다. 우리는 우리 기업모델을 버리고 외국기업을 모방하다가 많은 것을 잃었다. 모방은 전략이 아니다. 『삼국지』(三國志)에는 조조를 멸망시킨 연환계가 있다. 경제전쟁시대에는 우리에게 연환계 같은 계책을 요구하는 외국 세객(說客)들도 많다는 사실을 알아야 한다. 우리 기업조직과 기업경영인에게는 많은 장점이 있다. 이런 장점을 잘 살릴 수 있는 서울경제학파가 필요하다.

한국은 동아시아를 가장 잘 알아야 하는 나라이다. 한·중·일 3국은 같은 동아시아 국가지만 모두 독특한 문화 및 전통이 있다. 얼마 전까지 중국은 동아시아 공산국가, 일본은 동아시아 자본주의국가, 한국은 동아시아 신생공업국을 대표하는 나라였다. 한국은 지리적으로 중·일 사이에 있고, 반도국가로서 중·일의 문화적 특성을 많이 공유하는 나라이다. 아놀드 토인비는 앞으로 동아시아가 지리적 및 문화적 축(Axis)을 만들어 세계를 통일해야 될 것이라고 말한다.

서양인들 중에는 중·일 어느 하나를 연구하는 사람은 많으나 두 나라를 같이 연구하는 사람은 드물고, 한·중·일 세 나라를 모두 연구하는 사람은 거의 없다. 이 세 나라를 가장 잘 알 수 있는 위치에 있는 나라는 바로 한국이다. 앞으로 어느 분야의 전문가든 이 세 나라를 모르고 세계적인 전문가가 될 수는 없다. 드와이트 퍼킨스 하버드대 교수는 한국이 세계 최고가 될 수 있는 분야는 바로 동아시아 연구라고 했다. 우리는 우리를 더 잘 이해하기 위해서는 물론 서양을 앞서는 모델을 만들기 위해서도 한·중·일을 잘 알아야 한다.

동아시아 경제모델이나 경제학을 가장 잘 알아야 하는 나라도 한국이다. 우리는 서양모델을 모방만 하는 단계는 이미 지났고, 문화적 차이 때문에 100% 모방이 되지도 않는다. 모방으로 앞서지도 못한다. 우리가 학문적으로도 잘 공헌할 수 있는 분야는 한·중·일과 동아시아 경제학이다. 그리고 이 새로운 분야를 발전시켜 나갈 서울경제학파(Seoul School of Economics)가 필요한 시점에 와 있다.

• 서울경제학파는 기업, 산업 및 나라경제의 글로벌 경쟁력(GC)을 중시하고 그 이론을 발전시킨다.
• 이노베이션과 전략(strategy)을 중시한다.
• 한·중·일 경제연구와 경제모델의 개발을 선도한다.
• 세계 4대 강국(미·일·중·러) 경제연구를 선도한다.
• NICs경제모델을 체계화한다.
• 글로벌시대는 우리 기업들이 소수의 세계적인 외국의 대기업들과 혁신적

제품 및 전략으로 세계시장에서 치열하게 경쟁하는 시대이다. 이는 바로 조셉 슘페터 경제학의 핵심내용이다. 슘페터식 경제학을 발전시킨다.

• 동양(중국, 일본)과 서양(미국, 독일 등)의 경제 비교연구를 선도한다.

• 코리아 모델을 정립하여 한국의 경제발전 노하우를 개도국에게 전수한다.

• 후진국이나 체제전환 국가를 위하여 자유민주주의를 바탕으로 한 올바른 시장경제 교육의 방향을 제시한다. 경제교육을 받은 사람들이 "기업을 손을 보아야 된다"고 하는 일이 없도록 해야 한다.

## 13.12 한국표준을 세계표준, 한국 돈을 세계 돈으로

반도체, 조선, 에어컨 등은 한국 1등이 세계 1등이다. 한국이 세계 최고이기 때문이다. 이 분야에서는 한국이 표준을 만들 수 있고 한국표준이 세계표준이 될 수 있다.

중국은 한국의 새마을 운동을 배우려고 했다. 수많은 공무원을 한국에 보내서 새마을 운동을 배우게 했다. 새마을 운동은 농촌개발의 KS(한국표준)나 마찬가지이다. 다른 많은 후진국에서도 새마을 운동을 배우려고 한다. 새마을 운동이라는 KS가 농촌개발에 세계표준(IS)처럼 되는 것이다. 한국은 산림녹화의 성공모델로 꼽힌다. 후진국 중 산림녹화에 성공한 나라는 한국밖에 없다. 국토의 사막화나 황사 등으로 골치를 앓고 있는 중국은 산림녹화도 한국에서 배우려고 한다. 세계 많은 나라의 사람들이 산림녹화를 배우기 위해 한국을 찾아온다.

세계은행 부총재를 역임한 바 있는 앤 크루거 존스 홉킨스대 교수는 아프리카 중앙은행 총재들 모임에서, 아프리카 여러 나라들은 반 세기 만에 1인당 국민소득을 10배나 증가시킨 한국의 발전모델을 배워야 한다고 말했다. 발전모델의 KS가 세계표준이 될 수 있음을 알 수 있다. 중국은 한국의 발전모델을 따르고 있는 것 같다. 한국의 경제전략은 저자의 영문저서 *The Rise of the Korean Economy*(옥스포드대 출판, 제 3 판)에서 밝혔듯이 성장지향적 · 공업지향적 및 해외지향적이라는 세 가지 특징이 있다. 그런데 중국은 성장률이 10%에 가까울 정도로 성장지향적이며, 세계의 공장이라고 할 정도로 공업지향적이고, 무역의존도가 66%나 될 정도로 해외지향적이다. 한국의 발전전략과 같다. 또한 중국은 한국처럼 기업그룹화도 많이 하고 있다. 전 세계의 수많은 나라들이 한국의 발전모델을 배우려 한다. 현재 동아시아나 동남아에 부는 한류(韓流)열풍도 한국표준이 세계표준이 될 수 있음을 나타내는 것이다.

세계 최초로 CDMA(부호분할다중접속방식)기술을 상용화(1996년)한 나라는 바로 한국이다. SK텔레콤(손길승 회장과 서정욱 사장)이 상용화한 후 한국 휴대폰 회사들이 기술을 축적하여 2005년 한국기업의 세계 휴대폰시장 점유율은 20%를 넘어섰다. 한국표준이 세계표준으로 통한 것이다. 한국이 만약 TDMA(시분할다중접속방식)를 채택했다면, 이동통신 산업은 뿌리조차 내리지 못했을 것이라고 한다. 또한 한국의 조선회사들이 만든 KS도 세계표준이 되고 있다.

우리는 수출대금 대부분을 달러로 결제한다. 달러에 과도하게 의존하는 무역은 달러가치 변동에 요동칠 수밖에 없다. 환리스크도 그만큼 커진다. 그렇다면 우리의 원화는 얼마만큼의 영향력을 행사하고 있을까? 선진국 중 9위의 경제대국에 맞지 않게 원화의 국제적인 위상이 너무 낮다. 원화로 수출대금을 결제하려고 해도 외국인들이 이를 기피한다. 현재 한국 돈을 취급하는 곳은 주로 동남아시아, 일본, 캐나다 등 한국관광객들이 많이 가는 일부 관광지나 상점 등이다. 중국 베이징 지역의 소수 공상은행 점포, 홍콩의 대형 면세점들이 한국 돈을 받아줄 정도이다.

무력전쟁은 무기로 하나 경제전쟁은 돈으로 하는 것이다. 그런데 국제사회에서 한국 돈이 돈으로 인정받지 못하고 있다. 한국은 금융이 약하기 때문에 원화가치의 안정이 잘 안 되고 있다. 돈은 최고의 수출상품이기도 하다. 한국 돈을 최고의 수출상품으로 만들어야 한다. 돈은 천원짜리나 5만원짜리나 생산비의 차이가 별로 없다. 10만원짜리나 그 이상의 돈도 만들어서 수출할 수 있게 해야 한다.

그런데 선진국 중 1달러에 1,150원 식으로 환율이 1,000단위가 넘는 나라는 한국밖에 없다. 1달러에 천원 이상의 원화를 지불한다는 것은 원화의 가치가 달러의 1,000분의 1도 안 된다는 사실을 외국인들에게 널리 알리는 일이다. 돈은 가장 대표적인 국가브랜드이다. 국가의 품격을 나타내는 데 돈보다 더 중요한 것은 없다.

일류 선진국이 되려면 우리 돈을 세계 최고 수준으로 만들어야 한다. 세계경제가 불안하게 될 때 심지어 소말리아 해적들도 미국 달러가 아니라 한국 원화를 찾게 만든다면 한국은 일류 선진국이 되는 것이다.

앞으로 한국 돈을 세계의 돈으로 만들려면 무엇보다 GC우위기업들을 많이 만들어야 한다. 회사나 경제규모도 더 키워야 한다. 그렇게 되려면 우리 GC시스템의 근본조건인 시장경제의 정착, 정치안정 및 교육의 방향이 제대로 잡혀야 한다. 그리고 수요조건과 공급조건의 결합으로 GC를 창출하는 한국의 경영이 업그레이드되어야 한다. 이 모든 것에 영향을 미칠 수 있는 정부의 GC가 일류 선진국 수준으로 높아져야 한다. 그리고 이 모든 것의 세계화와 혁신을 잘 하고, 글로벌 경제환경 변화에 대응도 잘 해야 한다. 이를 위하여 개발한 것이 코리아 모델이고 우리의 GC시스템이다. 이렇게 하는 것이 한국의 브랜드 가치, 품격, 국가신용등급 및 국가경쟁력을 높이고, 한국 돈을 세계의 돈으로 만들며, 국민의 풍요로운 삶으로 가는 길이다. 이 장에서 말한 12가지 모두를 잘 해야 하는 것이다.

> "선한 사람의 유산은 자손 대대로 이어지지만 죄인의 재산은 의인에게 주려고 쌓은 것이다."
>
> —성서

# 주요 경제연표

1945. 일·중 전쟁 및 태평양전쟁 종료. 1910-1945년간의 일본 식민통치로부터 해방(8월 15일). 국제연합(UN) 설립. 맥아더 사령부 3·8선을 경계로 미·소의 남북 분할 점령 발표(9월). 서울에 미군정청(美軍政廳) 설립(9월). 남한에서 미군정의 시작. 이승만 귀국(10월).

1948. 대한민국정부 수립(8월). 북쪽에 조선인민민주주의공화국 수립(9월). 한국 최초의 헌법 제정. 자본주의(시장경제) 시작. UN총회 한국을 유일한 합법정부로 승인(12월).

1949. 중화인민공화국 수립(10월).

1950. 농지개혁법 공포(3월) 및 농지개혁 실시. 한국은행 발족(6월). 한국은행권 최초 발행(7월). 한국전쟁 발발(6월 25일). 부산으로 환도(8월).

1953. 휴전협정 체결(7월 27일)로 3년간의 한국동란(1950-1953년) 종결. 최초로 국민소득 통계 작성 시작. 제 1 차 화폐개혁(100원을 1환으로 함, 2월). 한미상호방위조약 조인(10월).

1955. 제 1 차 인구센서스 실시. 한미잉여농산물 원조협정조인(PL480호, 5월). 중고등학교 분리 결정(1월).

1956. 대한증권거래소 개소 및 거래시작(3월). 상장회사 수 15개. 북한사회주의 경제 · 사상 교육 위한 천리마 운동 시작(12월).

1958. 중국 인민공사 개시(4월).

1959. 싱가포르 영연방내 독립(6월).

1960. 4·19혁명. 부정부패의 핵심인사인 이기붕씨 집에 냉장고와, 냉장고 안에 수박이 있다는 사실에 데모 학생들 격분. 이승만 대통령 하야(4월). 수많은 파출소가 불타고 경찰들 피신. 학생들이 서울역 앞 등에서 교통정리 담당.

1961. 한·미 경제협정 조인(2월). 박정희 장군 군사혁명(5월 16일). 경제기획원 설립(7월). 초기수입 대체 거의 완료. 설탕, 옷감 등을 국내에서 생산할 수 있게 됨.

1962. 제 1 차 경제개발 5개년계획(1962-1966년)의 시작. 제 2 차 통화개혁(6월). 대통령이

주재하는 수출확대회의(12월부터) 시작. 새 상법 공표(1월). 공용연호 서기로 변경(11일). 증권거래법 제정. 한국증권거래소 설립. 상장회사 수 16개, 거래원 수 55명. 5개년 계획서는 실업률을 24%라고 밝힘. 많은 지성인들과 재야세력은 한국이 심지어 문화재를 해외에 판다고 하더라도 수출을 매년 1억 달러 이상 하는 것은 불가능하다고 하면서 정부의 수출주도형 공업화에 맹렬히 반대함. 농업국가가 공업화 정책을 펴는 것도 잘못이라고 하면서 반대함.

1963. 한국경제 도약(take-off)단계 진입. 1인당 국민소득 유사 이래 처음으로 100달러가 됨. 박정희 대통령 취임(12월).

1964. 수출 1억 달러가 됨. 수출의 날 제정(12월). 제18회 도쿄 올림픽 개최. 박 대통령 서독방문(12월). 광부와 간호원의 월급을 담보로 서독에서 최초로 8천만 달러 해외 차관.

1965. 한·일 국교 정상화를 위한 한·일협정 조인(6월). 미국의 북베트남 폭격 개시(2월), 베트남 전쟁(1965-1974년) 시작. 베트남에 파병(비둘기 부대) 시작(2월). 제 2 한강교 개통(1월). 싱가포르가 말레이시아로부터 분리 독립(8월).

1966. 한미행정협정 조인(7월). 한국과학기술연구소(KIST) 설립, 국세청 설립. 중국 프롤레타리아트 문화대혁명에 관한 결정 발표로 문화대혁명 시작. 북경에 홍위병 출현(8월).

1967. GATT가입. 동남아국가연합(ASEAN) 출범(8월). 석유수출국기구(OPEC) 출범.

1968. 경부고속도로 착공(12월). 미경제원조처(USOM)를 미국국제개발처(USAID)로 개칭. 많은 지성인과 재야세력들 경부고속도로 건설계획에 맹렬히 반대함.

1969. 도농간의 소득격차가 급증하여 이중 곡가제 실시. 즉, 정부가 쌀을 농민으로부터 비싸게 사서 도시 서민에게는 싸게 팔아 농민과 도시서민을 함께 도움. 그 차이는 정부의 양곡 적자가 됨. 남한이 1인당 국민소득면에서 북한을 추월하게 됨.

1970. 서울 · 부산고속도로 개통(7월). 새마을 운동 시작(10월).

1971. 경제 싱크 탱크로 한국개발연구원(KDI) 설립. 중국의 UN가입과 대만정부의 추방.

1972. 8·3 긴급조치(기업사채 동결) 시행(8월). 유신헌법 제정(12월).

1973. 국민총생산에서 차지하는 공업의 비중이 농업의 비중보다 크게 됨. 한국이 신생공업국(NIC : Newly Industrializing Country)으로 분류됨. 중화학공업추진계획(1972-1981년) 공표. 1981년까지 「1인당 소득 1,000달러 및 수출 100억 달러」 달성을 목표로 함. 포항제철 완공. OPEC원유가 인상 발표로 제 1 차 유류 파동 시작(10월). 미군 베트남에서 철수(1월).

1974. 서울 지하철 개통. 북한 김정일을 김일성 후계자로 추대.

1975. 미국 경제원조계획의 중지. 중동 건설 수출 붐 시작. 사이공 함락(4월), 베트남 전쟁 종료.

1976. 공정거래법 시행(3월). 중국 마오쩌둥 사망(9월). 베트남 사회주의 공화국 수립(7월).

1977. 「수출 목표 100억 달러」 달성. 중국 덩샤오핑(鄧小平) 복귀(7월). 문화 대혁명 종결 선언.

1078. 중동 건설 수출 붐 피크.

1979. 제 2 의 유류 파동 시작(1월). 박정희 대통령 정보부장인 김재규에게 피살(10월 26일). 미국 · 중국 국교정상화(1월). 미국은 대만과 단교. 마가렛 대처 여사가 영국 수상이 되어 영국병 퇴치를 시작함. 중·베트남 전쟁(2-3월)

1980. 컬러TV 방영 시작. 전 세계적 흉작. 한국경제 제 1 차 5개년계획 이후 최초로 마이너스 성장. 사북광산 폭동. 전두환 대통령 집권(1980-1988년). 광주 민주화 운동(5월). 로널드 레이건 미국 대통령 취임. 공정거래위원회 발족(5월).

1982. 야간 통행금지 해제(1월). 영국과 아르헨티나 포크랜드 전쟁.

1983. 북한의 랑군 테러(미얀마 방문중인 한국고위관료 17명 사망). 소련의 KAL 007기 폭파.

1984. 중국 탁구단 첫 방한(3월).

1985. 3저(물가 · 이자율 · 달러가치의 동시 하락) 현상으로 수출 붐 시작. 중국인민공사 해체.

1986. 한국 역사상 무역수지가 최초로 흑자가 되어 89년까지 4년간 계속됨. 3대 경제성장 목표(고도성장, 안정, 국제수지) 달성. 소련 페레스트로이카와 글라스노스트(개혁과 개방) 정책 발표. 소련 체르노빌 원자력발전소 사고. 베트남 도이모이(쇄신운동) 정책 채택.

1987. 노태우 대통령 6·29 민주화 선언(직선제 개헌, 김대중 사면 등 발표). 노동운동 전국 확산. 북한공작원 KAL기 폭파.

1988. 서울올림픽 개최(9월). 서울을 방문한 동구권 정보기관원들이 서울올림픽 시설이 세계 최고라는 등 서울의 놀라운 발전상을 본국에 보그함. 서울올림픽이 동구권의 공산주의 포기에 공헌. 노태우 대통령 취임(1988-1993년).

1989. 주택 200만 호 건설계획 발표. 중국 제 2 천안문 사건.

1990. 독일 통일(10월). 한국 소련과 국교수립. 남한과 북한 국제연합 가입(9월).

1991. 남·북 분단 후 첫 직교역(4월). 소비에트 연방 해체, 소련소멸(12월). 냉전 종식. CIS창설. 미국이 유일한 초강대국이 됨. 미국이 이라크에 대한 걸프전쟁 선도(1~3월). 일본 거품경제 터짐.

1992. 한·중 국교정상화. 북미자유무역협정(NAFTA) 조인. 중국 개혁개방정책의 촉진을 위한 정부운영 확인. 마스트리히트 조약체결. 한·베트남 외교 관계수립.

1993. 김영삼 대통령 취임. 신경제 100일 계획발표. 신경제 5개년계획(1993-1997년) 발표. 금융실명제실시(8월). NAFTA(북미자유무역협정) 체결. APEC(아시아태평양협력회의) 개최(11월).

1994. NAFTA(북미자유무역협정) 발효. 북한 김일성 사망(7월). 김영삼 대통령 세계화선

언(11월). 경제기획원을 재정경제부로 개편. 우루과이 협상 종결.

1995. 세계무역기구(WTO) 출범(1월). 1인당 GNP 10,000달러 및 수출 1,000억 달러 수준 달성. 북한 '고난의 행군' 중 대규모 아사자 발생.

1996. CDMA 상용서비스 세계 최초 시작. OECD 가입. 중소기업청 신설. 코스닥(KOSDAQ) 증권시장개설. 노동조합 및 노사관계조정법 제정(복수 노조 및 노조의 정치활동 허용 등). 제22회 서미트(리용)에서 경제세계화 선언(6월).

1997. 금융위기 발생. 한국정부 IMF에 긴급구제금융 지원요청(12월). 570억 달러 지원안에 합의. 홍콩이 중국으로 반환됨(7월). 중국은 1국 2제도 실시. 태국 금융위기 발생(8월), 인도네시아 금융위기 발생(10월). 정부 IMF와 추가 합의(외국인 주식투자 한도 폐지, 채권시장 완전 개방, 이자제한법 폐지, 무역보조금 폐지 등). 금융감독위원회 설치. 덩샤오핑(鄧小平) 사망(2월).

1998. 기획예산위원회 설립. 금융감독위원회 설립. 노사정위원회 출범. 유럽연합(EU)과 유럽중앙은행(ECB) 창설. 김대중 대통령 취임(2월). 대통령 당선자와 그룹 총수간 재벌개혁 5대원칙 합의. 러시아 금융위기 대책 발표. 과잉중복투자 업종에 대한 기업간 사업구조조정(빅 딜). 중국 전국 인민대표대회에서 고도성장방침 발표. 교원노조법 국회통과 전교조 합법화(12월). 현대 금강산 관광선 첫 출발(11월).

1999. 유럽에 유로화 탄생(1월). 금융감독원 설립. 신 한·일 어업협정 발효. 무디스, 한국의 국가신용등급을 투자 적격으로 상향 조정(Baa1⇒Baa3). 중국은 전국인민대표대회에서 헌법개정(덩샤오핑이론의 지도사상화 등)을 가결(3월). ASEAN10성립(4월).

2000. 전자상거래 활성화 종합대책 발표. 평양에서 남북 정상 회담(6월). 세계은행 한국에 대한 구조조정차관 종결 발표(2월).

2001. 인천국제공항 개항(3월). 재정경제부 IMF차관 최종잔액 상환(8월). 9·11 테러(미국 뉴욕 세계무역센터와 펜타곤 동시 다발 테러).

2002. 한·미 용산 미군기지 이전 합의(1월). 한일 월드컵 개막(5월), 한국 4위. 유로화 공식 유통(1월). 북한 시장경제 도입한 경제관리 개선조치 단행(7월).

2003 노무현 대통령 취임(2월). 동유럽 10개국 EU 신규가입 조약에 서명. 인천 경제자유구역 지정. 서울시 뉴타운 및 균형발전촉진지구지정 및 개발계획 발표. 외국인 주식 소유 비중 40%를 넘어섬.

2004. 한국의 수출 2,500억 달러를 넘어 섬. 과학기술처 장관을 부총리로 격상. 과학기술이 국가경제 성장을 선도하게 함. 한국 · 칠레간 FTA(자유무역협정) 체결. 한국 · 싱가포르 간 FTA체결. 개성공단 최초 입주기업 가동.

2005. 북한 핵무기 보유 선언(2월).

2006. 미국과 FTA(자유무역협정) 협상 개시(2월). 인도와 포괄적 경제동반자협정(CEPA) 협상 시작(3월). 중국의 신(新)농촌운동 시작과 더불어 지도부 한국의 새마을 운

동 학습 시작(2월). 수출 3천억 달러가 됨(12월).

2007. 한미자유무역협정 최종타결(4월). EU와 자유무역협상개시 선언(5월). 행정중심복합도시(세종시) 기공식 거행(7월). 여수시 2012 여수세계박람회 유치 성공(11월).

2008. 이명박 대통령 정부 출범 18부 4처를 15부 2처로 조정(2월). 한국 최초의 우주인(이소연) 탄생(4월). 미국산 쇠고기 수입반대 집회가 전국에서 개최됨(6월). 한국야구팀 베이징 올림픽에서 9전 9승으로 금메달 획득(8월). 국토해양부 국토면적이 공유수면매립으로 10만 32km²가 되었다고 발표(9월). 미국 금융시장의 연쇄 부도사태와 더불어 미국발 금융위기 발생(리만 브라더스 파산, 메릴린치 매각 등)(9월). 한국은행 미국과 통화스와프 협정 체결(10월). 미국 워싱턴에서 G20 정상회의 출범(11월). 미국 비자면제 여행의 시작(11월). 정부, 4대강 정비사업 기공식 개최(12월).

2009. OECD 개발원조위원회(DAC) 가입(11월).

2010. 유럽발 금융위기 발생(5월). G20 정상회의 서울에서 개최(한국이 의장국)(11월).

주요 경제연표 자료 : 통계청, 『광복 이후 50년간의 경제일지』, 1995; 한국은행, 『한국의 금융경제연표 1945-2000』, 2000; 한국정신문화연구원, 『한국사연표－연표로 읽는 5000년 우리역사』, 동방미디어, 2004; 이영훈 외, 『한국의 유가증권 100년사』, 증권예탁결제원, 2005; 矢部洋三 외, 『현대 일본 경제사 연표』(신정판), 일본경제 평론사, 2002; 일본 兵島서점편집부, 『뉴스테이지 세계사 詳覽』, 병도서점, 2002; 다할편집실 편, 『한국사 연표』, 증보판, 2008.

# 참고문헌


강광하, 『경제개발 5개년계획－목표 및 평가』, 서울대학교 출판부, 2000.

강만수, 『현장에서 본 한국경제 30년』, 삼성경제연구소, 2005.

강인수 외, 『한국경제의 이해』, 교보문고, 개정판, 2008.

건설교통부, 『건설교통 통계연보』, 2005.

건설교통부 · 국가균형발전위원회, 『수도권발전 종합대책』, 2005.

건설교통부 · 국토계획연구단, 『제 4 차 국토종합계획 수정계획(2005～2020)』(안), 2005.

경제 · 인문사회연구회, 『산업 양극화 문제 해소 방안』, 경제 · 인문사회연구회 연구기관 공동 Workshop 결과보고서 ⑦, 2005. 8.

경향신문 특별취재팀, 『우리도 몰랐던 한국의 힘』, 한스미디어 2006.

고영선, 『한국경제의 성장과 정부의 역할』, KDI, 2008.

공병호, 『10년 후의 한국』, 해냄, 2005, 2009

공정거래위원회, 『독점규제 및 공정거래에 관한 법률』(2005. 3. 31 개정), 2005

__________, 『공정거래 백서』, 2005, 2009.

__________, "자산 5조원 이상 53개 상호출자제한 기업집단 지정," 2010. 4

곽태원, 『토지는 공유되어야 하는가?』 한국경제연구원, 2005.

곽태원 외, 『저성장시대의 조세정책 방향에 대한 연구』, 한국경제연구원, 2005.

교육과학기술부, 『국가연구개발 우수성과 100선』, 2009.

국가정보원, 『2020 미래세계예측』, 2005.

국민경제자문회의, 『동반성장을 위한 새로운 비전과 전략』, 2006.

국토개발연구원 편, 『국토 50년-21세기를 향한 회고와 전망』, 서울프레스, 1996.

국토해양부, 『국토해양통계연보』(제1～2권), 2009.

굿소사이어티 편, 『대한민국 60년, 성찰과 전망』, 지식산업사, 2008.

기타오카 도시아키 · 일본디베이트연구협회(장서명 옮김), 『세계 최강기업 삼성이 두렵다』, 책보출판사, 2005.

기획예산처, 『2005나라살림』, 2005.

기획예산처 · 한국개발연구원, 『국가재정운용계획(2005～9)』, 공개토론자료, 2005.

기획재정부, 『경제백서』, 2008, 2009.

__________, 예산실 편 『2010 한국의 재정』, 2010.

__________, 『2008-2012 국가재정운영계획』, 2008.

__________, 『2010 나라살림』, 2010.

김경원 · 권순우 외, 『외환위기 5년, 한국경제 어떻게 변했나?』, 삼성경제연구소, 2003.
김경환 · 임상준, 『수도권규제에 대한 재인식—규제논리의 비판적 고찰과 정책대안의 모색』, 한국경제연구원, 2005.
김두겸 외, 『대한민국 기업사』, 중앙북스, 2008.
김병하, 『재벌의 형성과 기업가 활동』, 한국능률협회, 1991.
김성식 외, 『한국경제의 새 틀을 찾아서』, 새로운 사람들, 2009.
김성철 편, 『한국의 국가전략 2020』, 세종연구소, 2005.
김성홍 · 우인호, 『이건희 개혁 10년』, 김영사, 2003.
김용범 · 이기창, 『한국 최고의 가게』, 흐름출판, 2005.
김용성, 『빈곤실태 분석을 위한 거시통합모형개발』, 한국개발연구원 정책연구시리즈 2005~8, 2005.
김인준, 『대한민국, 경제학에게 길을 묻다』, 중앙북스, 2009.
김인준 · 이영섭, 『국제경제론』, 제 5 판, 2003.
김정렴, 『한국경제정책 30년사』, 중앙일보사, 1990.
_________, 『최빈국에서 선진국 문턱까지-한국경제정책 30년사』, 랜덤하우스, 2006.
김정호 편, 『블라디보스토크의 해운대행 버스』, 교보문고, 2007.
김종석, 『양극화 부른 정권이 누굴 탓하나』, 조선일보, 2005.
_________, "시장경제에 대한 올바른 이해와 공감대가 필요하다," 한국선진화포럼 발표문, 2010. 3. 25.
김주훈 외, 『글로벌 금융위기 이후 한국경제의 발전방향』, KDI, 2010.
김준성, 『한국경제 무엇이 문제인가』, 문이당, 2006.
김중수, 『참여정부 경제비전』, 2004. 2.
김형국, "대수도론, 명분 · 실리 갖춘 정론이다," 선진화국민회의 일일서신, 2006.
김형아(신명주 옮김), 『유신과 중화학공업 : 박정희의 양날의 선택』, 일조각, 2005.

나이, 조셉 외, 『2020 대한민국, 다음 십년을 상상하라!』, 랜덤하우스, 2010.
나카소네 야스히로, 『21세기 일본의 국가전략』, 박철희 · 오영환 옮김, 시공사, 2001.
남덕우, 『경제개발의 길목에서』, 삼성경제연구소, 2009.
남덕우 외, 『전문가 10인의 한국경제를 보는 눈』, 삼성경제연구소, 2002.
_________, 『IMF사태의 원인과 교훈』, 삼성경제연구소, 1997.
_________, 『한국경제 생존프로젝트—경제특구』, 삼성경제연구소, 2003.
노나카 이쿠지로우(野中旭次郎) 외, 『전략의 본질』, 일본경제신문사, 2005.
노동부, 『노동 통계연감』, 2006, 2009.
농림수산식품부, 『농림수산식품통계연보』, 2005, 2009

__________, 『통계로 보는 세계 속의 한국농업』, 2006.

대한민국정부, 『역동과 기회의 한국-참여정부의 경제 · 사회비전과 과제』, 2004.
__________, 제 4 차 국토종합계획 수정계획(2006-2020), 2005.
__________, 제 1 차 경제개발 5개년 계획(1962-1966), 1962.
대한상공회의소, 『한국의 상공업 백년』, 1985.
따찌야나 미하일로브나찌모쉬나(이재영 옮김), 『러시아 경제사』, 한길사, 2006.

류군예(劉群藝) · 고미경, 『중국의 기업발전, 1978-2008』, 신산업전략연구원, 2009.

매일경제 대한강국프로젝트팀, 『Mission 10만 달러』, 2008.
맥킨지 금융팀, 『맥킨지금융보고서』, 1999.
모리시마 미치오(장달중 외 번역), 『왜 일본은 몰락하는가』, 일조각, 1999.
문화관광부, 『창의 한국』, 2004.
미츠하시 타다히로(三橋規宏) 외, 『세미나 日本經濟入門』, 제22판, 일본경제신문사, 2006.
미하라 아츠오(三原淳雄), 『최신 업계지도를 잘 알 수 있는 책』, 도쿄 高橋서점, 2006.

박동운, 『경제정책의 방향을 돌려라』, 자유기업원, 2006.
__________, 『성경과 함께 떠나는 시장경제 여행』, KKI미디어, 2009.
박정인, 『자동차산업의 중요성』, 2005. 7.
박정희, 『국가와 혁명과 나』, 1963.
박재희, 『손자병법으로 돌파한다』(제1~2권), 문예당, 2003.
박지향 · 김철 · 김일영 · 이영훈, 『해방전후사의 재인식』, 책세상, 2006.
박진희 · 한순구, 『인생을 바꾸는 게임의 법칙』, 경문사, 2005.
박형수, "조세부담률의 국제비교 및 적정수준 분석," 『재정포럼』, 2004년 6월호, 조세연구원, 2004.
백영훈, 『대한민국에 고함』, 씨앗을 뿌리는 사람, 2005.
베인&컴퍼니, 『지식수출강국-21세기 한국신산업정책』, 매일경제신문사, 2001.
보건복지부, 『보건복지통계연보』, 2004, 2005.
보스톤 컨설팅그룹(BCG), 『Mission $20,000-소득 2만달러 시대를 열기 위한 특급 처방』, 매일경제신문사, 2003.
복거일 외, 『21세기 한국 : 자유, 진보 그리고 번영의 길』, 나남출판, 2005.
복득규 외, 『클러스터-한국산업과 지역의 생존전략』, 삼성경제연구소, 2003.

사공일, 『세계는 기다리지 않는다』, 매일경제신문사, 2001.

사카이야 다이치(堺屋太一)(양억관 옮김), 『일본을 이끌어 온 12인물』, 자유포럼, 1997.
산업연구원, 『한국산업발전 비전 2020』, 2006.
산업자원부, 『세계속의 한국경제 위상』, 2005.
산업자원부 · 한국산업단지공단, 『전국산업단지현황 통계』, 2004.
산업자원부 · 전국경제인연합회 · AT커니, 『2015산업발전 비전과 전략』, 2006.
송인상, 『부흥과 성장』, 회고록, 21세기북스, 1994.
삼성경제연구소, 『경제재도약을 위한 10대 긴급제언』, 프로젝트리더 윤순봉, 2004.
________, 『한국경제 20년 재조명(장재철)』, 2006. 8.
________, 『소득양극화의 현황과 원인(민승규 외)』, 2006. 8.
________, 『매력 있는 한국 : 2015년 10대 선진국 진입전략』, 2005. 6.
________, CEO Information, 각 호.
________, 『한국경영 20년 회고(강원 · 한창수)』, 삼성경제연구소, 2005.
________, 『일본의 소득양극화 현황과 시사점(양준호)』, 2006. 1.
삼성경제연구소 등, 『한국경제성장과 기업가 정신』, 호암 이병철 선생 탄신 100주년 기념 국제학술 심포지엄, 2010. 2. 10.
________, "한국의 정부규모진단 : 재정지출과 규제," 2007.
삼성비서실, 『삼성 50년사』, 1988.
서울특별시, 『서울통계연보』, 2009.
성진근 외, 『한국의 농업정책, 틀을 바꾸자』, 삼성경제연구소, 2004.
송병락, 『싸우고 지는 사람 싸우지 않고 이기는 사람』(개정판), 청림출판사, 2006.
________, 『기업을 위한 변명』, 김영사, 2003.
________, 『한국경제론』(제 4 판), 박영사, 2006.
________, 『세계경제전쟁 한국인의 길을 찾아라』, 청림, 2009.
송병락 · 레스터 서로, 『통일을 한국경제 성장의 엔진으로 활용하는 방법』, MIT 슬로안 경영대 Working Paper 1997.
송병락 · 에드윈 밀즈, 『성장과 도시화 문제』, 하버드대 출판, 1979.
송병락 · 조지 롯지, 『한국의 발전과 서양경제학』, 하버드 경영대 Working Paper 96-035, 1996.
송태정, "한국의 잠재성장률 추정과 변화추이 분석", 2006.
송호근, 『한국, 어떤 미래를 선택할 것인가』, 21세기북스, 2005.
________, 『한국의 평등주의 그 마음의 습관』, 삼성경제연구소, 2006.
신산업전략연구원, 『대한민국기업사』, 제 2 권, 주영사, 2010.
신용하, 『일제강점기 한국민족사』, 서울대학교 출판부, 2001.
신일본제철주식회사, 『일본(日本)-그 모습과 마음』(제 7 판), 2004.

신장섭, 『재벌문제의 편견들』, 중앙일보, 2005. 9. 10.
________, 『한국경제, 패러다임을 바꿔라』, 청림출판, 2008.

아이비엠(IBM), 『한국보고서』, 한국경제신문, 2007.
안병직 · 이대근 편, 『근대조선의 경제구조』, 비봉출판사, 1989.
안충영 · 이창재, 『동북아 경제협력 : 통합의 첫걸음』, 박영사, 2003.
SK경영연구소 편, 『최종현, 그가 꿈꾼 일등국가로 가는 길』, 최회장 10주기 추모 경제 학술세미나, 2008.
LG경제연구원, 『2010 대한민국 트렌드』, 한국경제신문사, 2005.
________, "한국경제 희망찾기," 창립19주년 기념세미나 발표 논문집, 2005.
________, 『성공을 꿈꾸는 한국인이 사는 법』, 청림, 2006.
오원철, 『한국형 경제건설』(제1~7권), 한국형 경제정책연구소, 1996~1999.
________, 『박정희는 어떻게 경제강국 만들었나』, 동서문화사, 2006.
와타나베 토시오(渡邊利夫) 편, 『아시아 경제독본』(제3판), 일본 동양경제사, 2003.
왕윤종, 『글로벌기업의 발전과 기업가 정신』, SK경영연구소, 2005.
우천식, 『경제구조변화와 양극화』, 경제 · 인문사회연구회 보고서, 2005. 6.
유경준 · 김대일, 『소득분배 국제비교와 빈곤연구』, 한국개발연구원 연구보고서 (2003-2005), 2003.
유경준 편, 『한국경제 구조변화와 고용 창출』, 한국개발연구원, 2004.
윤건영 외, 『표류하는 한국경제, 활로는 없는가』, 나남출판, 2004.
윤석범 엮음, 『한국경제론 강의』, 세경사, 2001.
윤종용, 『초일류로 가는 생각』, 삼성전자 간부교육용, 2008.
이건희, 『이건희 에세이－생각 좀 하며 세상을 보자』, 동아일보사, 1997.
이규성, 『한국의 외환위기-발생·극복·그 이후』, 박영사, 2006.
이 근, 『한국인을 위한 경제학』, 박영사, 2001.
________, 『해방 이후 한국기업의 진화』(제1~2권), 서울대학교 출판부, 2007.
이근 외, 『한국경제의 인프라와 산업별 경쟁력』, 나남출판, 2005.
이노우에 류이치로, 『중국의 탑 캄파니－약진 70사의 실력』, 일본 JETRO, 2004.
이대근 외, 『새로운 한국경제발전사－조선후기에서 20세기 고도성장까지』, 나남출판, 2005.
이병철, 『호암자전』, 중앙일보사, 1986.
이상수(노동부장관), 『2006년 노동정책방향』, 2006. 3.
이시욱 · 이강호 편, 『한국경제의 새로운 성장 패러다임과 정책과제 모색』, 한국개발연구원, 2008.

이영훈, 『수량경제사로 다시 본 조선후기』, 서울대학교 출판부, 2004.
________, 『중·고등학교 사회학 교과서에 그려진 한국경제의 모습』, 2005.
________, "20세기 한국 경제사 · 사상사와 박정희," 명지대 국제한국학연구소 제 5 회 국제학술대회 발표논문, 2005. 12.
이영훈 외, 『한국은행 100년사』, 우리은행 · 한국금융학회, 2004.
________, 『한국의 유가증권 100년사』, 증권예탁결제원, 2005.
이준구, 『쿠오바디스 한국경제』, 푸른숲, 2009.
________, 『인간의 경제학』, 랜덤하우스, 2009.
이준구 · 이창용, 『경제학 들어가기』(제 2 판), 2007.
이지순, 『남북한 경제의 이질성―경제통합에 관한 함의』, 서울대학교 출판부, 2004.
________, 『거시경제학』(제 4 판), 법문사, 2008.
이채욱, "한국기업의 미래 창조, 이것이 핵심이다," 한국능률협회 주최 제31회 하계 최고경영자세미나 발표논문, 2005.
이채윤, 『삼성과 도요타, 왜 최강인가?』, 열매출판사, 2006.
이케오 카즈히토, 『일·한 경제시스템의 비교분석』, 일본경제신문사, 2001.
이태진 외, 『서울상업사』, 태학사, 2007.
이한구, 『한국재벌사』, 대명출판사, 2004.
이헌창, 『한국경제통사』(제 3 판), 2006.
인터브랜드, 『브랜드가치 제고를 위한 최고경영자의 역할』, 2004. 7.
일본 경제산업성 편, 『신산업창조전략』, 재단법인 경제산업조사회, 2004.
일본 내각부 편, 『일본 21세기 비전』, 2005.
일본동경서적, 『최신 세계각국요람』(제 12 판), 일본 동경서적, 2006.
일본동양경제신보사, 『업계지도-103업계』, 2010.
일본 비즈니스개발(주), 『뉴비지니스백서』, 2005.
일본 상사와 뉴프론티어 비지니스 특별연구회, 『상사의 신(新)실상』, 일간공업신문사, 2004.
일본 야노츠네타기념회(矢野恒太記念會), 『세계국세도회』(2009/2010년판), 2010.
일본 NHK국제국 경제프로젝트 · 大和總硏경제조사부, *A Bilingual Guide to the Japanese Economy*(개정 제 2 판), 講談社, 2001.
일본 JETRO, 『중국 비즈니스 필휴 2009』, 2009.
일본 커리어 디벨롭멘트센타, 『도해 기업그룹과 업계지도』(2004년도 판), 다카하시 서점, 2004.
일본 총무성 통계국, 『일본통계연감』(제55회), 2006, 2009.
________, 『세계의 통계』, 2006, 2010.

일본 히도츠바시종합연구소, 『업계지도』, 高橋서점, 2005.
임현진 · 정영철, 『21세기 통일한국을 위한 모색』, 서울대학교 출판부, 2005.
임원빈, 『이순신 병법을 논하다』, 도서풀판 신서원, 2005.

장대년(張岱年), 『중국 고전철학개념 범주요론』, 북경 외문(外文)출판사, 2005.
장석인 · 정은미, "2005 혁신역량지수-지수로 본 한국의 혁신 현주소," 대한민국혁신 포럼 조직위원회 주최 대한민국 혁신포럼 2005 발표논문, 2. 14-15, 2006.
장웨이잉 · 청쓰웨이 외, 『중국개혁 30년』, 산해, 2009.
장철훈, 『금융위기 어떻게 오는가』, 북앤피플, 2003.
장하준, 『사다리 걷어차기』, 도서출판 부키, 2004.
장하준 외, 『쾌도난마 한국경제』, 도서출판 부키, 2005.
재정경제부, 『경제백서』(2004), 2005.
전승철 외, 『투기성 외국자본의 문제점과 정책과제』, 한국은행, 2005.
전영준 · 조성진, "일반균형모형을 이용한 조세개편의 효과분석" ; 곽태원 외, 『저성장 시대의 조세정책방향에 대한 연구』, 한국경제연구원, 2006.
정구현, "기업성장의 한계: 어떻게 극복 할 것인가?" 한국능률협회 최고경영자 조찬회 발표논문, 2005. 8.
정덕구, 『외환위기징비록』, 삼성경제연구소, 2008.
정영일 교수 정년퇴임기념 논문집간행위원회, 『21세기 농업 · 농촌의 재편전략』, 박영률 출판사, 2006.
정몽준, 『일본에 말한다』, 김영사, 2001.
정주영, 『이 아침에도 설레임을 안고』, 삼성출판사, 1986.
__________, 『이 땅에 태어나서』, 솔출판사, 1998.
정진호, 『한국경제의 글로벌경쟁력』, 한국경제연구원, 1996.
조갑제, 『박정희의 결정적 순간들』, 기파랑, 2009.
조동성 외, 『김우중-신문배달원에서 최고경영자까지』, 에지북, 2005.
__________, 『한국 자본주의의 개척자들』, 월간조선사, 2003.
조성봉 외, 『공정거래법 전면 개편방안』(하), 2004.
조순 · 정운찬 · 전성인 · 김영식, 『경제학원론』(제 8 판), 2009.
좌승희, 『신(新)국부론-차별화와 발전의 경제학』, 굿인포메이션, 2006.
__________, "세계경제발전의 역사와 미래: 다가오는 동북아시대, 한국은 일본을 추월할 수 있을 것인가?" 경기개발원 연구보고서 No. 29, 2010. 7
정보통신부, 『국민소득 2만 달러로 가는 IT 839전략』, 2005.
중앙일보, 『아! 대한민국』, 랜덤하우스, 2005.

중국 통계출판사, 『중국 통계연감』, 2009.
지역발전위원회, 『지역발전과 광역 경제권 전략』, 2009.

청와대, 『청와대 정책소식』, 합본호 1~50호, 2009.
최광 외, 『국가 정체성과 나라경제 바로 알기』, 봉명, 2006.
최상철, 『지금 왜 수도 이전인가!』, 화산문화, 2004.
최우석, "경제난과 신종건달," 중앙일보, 2005.
최종태, "철강넘어 에너지 · 자원사업까지…종합소재기업 도약," 한국경제신문 최종태 사장 인터뷰, 2010. 7. 23.

카나모리히사오(金森久雄) 외, 『일본경제독본』(제16판), 2004.
KBS Media, 『대한민국 길을 묻다 I』, 2009.
코미야 류타로 외, 『일본의 산업정책』, 동경대학 출판부, 1994.
코트라(KOTRA), 『2006년 세계주요도시의 생활여건』, 2005.

타카시 카도쿠라(門倉貴史), 『BRICs 경제』, 일본경제신문사, 2005.
타나카후미노리, 『아메리카 · 유럽경제의 상식』(제 2 판), 일본 도코무이스리 출판, 2005.

통계청, 『경제활동인구연보』, 2009; 『한국통계연감』, 2009; 『한국의 사회지표』, 2009.
＿＿＿＿, 『한국의 표준산업분류』, 2008.
＿＿＿＿, 『남북한 경제사회상 비교』, 2005.
＿＿＿＿, 『북한의 주요통계지표』, 2009.
＿＿＿＿, 『통계로 보는 한국의 변천』, 2004.
＿＿＿＿, 『국제통계연감』, 2009.

포스코, 『포스코 35년사』, 2004.

하루타모토오 · 스즈키나오츠구, 『아메리카의 경제』(제 2 판), 일본 岩波書店, 1998.
한국개발연구원, 『한국경제 60년사』, 초안, 2010.
＿＿＿＿, 『장기경제사회발전, 1977-1991년』, 1997.
한국경제연구원, 『시장경제원리로 읽는 경제상식의 허와 실』, 굿인포메이션, 2005.
한국노동연구원, 『2005 KLI 노동통계』, 2005.
한국무역협회, 『무역연감』, 2009.
＿＿＿＿, 『한국무역사』, 2006.
한국무역협회 무역연구소, 『주요무역 동향지표』, 2006.
＿＿＿＿, 『세계 속의 대한민국 2009』, 2009.
한국산업단지공단, 『전국산업단지현황 통계－국가, 지방, 농공단지』, 2004.

한국은행, 『국민계정』, 2004.
__________, 『경제통계연보』, 2005, 2006, 2010.
__________, 『숫자로 보는 광복 60년』, 2005.
__________, 『알기 쉬운 경제지표해설』, 2004.
__________, 『연차보고서』, 2009.
__________, 『우리나라의 통화정책』, 2005.
__________, 『우리나라의 통화지표 해설』, 2008.
__________, 『우리나라의 금융시장』, 2005, 2009.
__________, 『경제통계의 이해와 활용』, 2009. 3.
__________, 『우리나라의 금융제도』, 2005.
한국은행 조사국(임호열 · 박진호), 『헤지펀드의 최근동향과 주요국의 정책대응』, 한은조사연구 2006-6, 2006. 6.
한국 상장회사협의회, 『2005년도 주권상장법인 임원현황』, 2005.
한국자료정보사 · 한국지역개발연구원, 『국토종합개발계획 : 제 1 차～제 4 차 국토계획편』, 2003.
한경비지니스 · Money, 『대전망 2006』, 한국경제신문, 2005.
행정자치부, 『행정자치 통계연보』, 2005.
허남석 외, 『강한 현장이 강한 기업을 만든다』, 김영사, 2009.
현대경제연구원, 『대한민국 경제지도』, 원앤원북스, 2009.
환경부, 『환경백서』, 2005.
후카가와 유키코, 『실패했던 일본경제－한국이 배울 점은』, 중앙일보, 2006. 1. 28.

Acemoglu, Daron, *Introduction to Modern Economic Growth*, Princeton University Press, 2009.
Adams, Edward, *Korea Guide-A Glimpse of Korea's Cultural Legacy*(4th Ed.), Seoul International Tourist Publishing Co., 1983.
Alesina, Alberto and Enrico Spolaore, *The Size of Nations*, The MIT Press, 2003.
Amsden, Alice, *Asia's Next Giant－South Korea and Late Industrialization*, New York, Oxford University Press, 1989.
Anderson, Sarah, John Cavanagh, and the Institute for Policy Studies, *Field Guide to the Global Economy*, Revised ed., New York : The New Press, 2005.

Barro, Robert J., "Democracy and Growth," *Journal of Economic Growth*, Vol. 1, No.

1-27, March, 1996.

Barro, Robert J. and Xavier Sala-i-Martin, *Economic Growth*(2nd ed.), The MIT Press, 2004.

Barton, Dominic, "Asia in Transition and Implications for Korea," Institute for Global Economics Occasional Paper Series 05-02, Seoul, March, 2005.

de Barry, Wm. Theodore, *The Trouble with Confucianism*, Harvard University Press, 1991.

Baumohl, Bernard, *The Secrets of Economic Indicators*, Wharton School Publishing, 2005.

Bennis, Warren, *On Becoming a Leader*, New York : Addison-Wesley, 1994.

Bloom, Helen and Others, *Euro Management : A New Style for the Global Market*, London : Kogan Page, 1994.

Carson, Robert B. and Others, *Microeconomic Issues Today*(8th ed.), Oxford University Press, 2005.

Cha Dongse and Others, *The Korean Economy 1945-1995*, Seoul : KDI Press, 1997.

Choe, Sang-Chuel, "The Thirty-Year Experiment with British Greenbelt Policy in Korea," in H.W. Richardson and Chang-Hee Christine Bae ed., *Urban Sprawl in Western Europe and the US*, Ashgate Publishing co., pp.83-90, 2004.

Cumings, Bruce, *Korea's place in the Sun : A Modern History*, New York : Norton, 1997.

Das, Gurcharan, "The Indian Model," *Foreign Affairs*, July/August, 2006.

Deutsche Bank, "Global Growth Centers," *Current Issues*, August 1, 2005.

Diener, Ed & Robert Biswas-Diener, *Happiness-Unlocking the Mysteries of Psychological Wealth*, Blackwell, 2008.

Discovery Channel, *East Asia : Insight Guides*, Singapore, Apa Publications, 1999.

Dixon, John A & Kirk Hamilton, *Monitoring Environmental Progress : Expanding the Measure of Wealth*, The World Bank, November, 1995.

Drucker, Peter F., *Managing in the Next Society*, New York : St. Martin's Press, 2002.

__________, *The Essential Drucker*, New York: HarperBusiness, 2001.

__________, *Management Challenges for the 21st Century*, New York : Harper Business, 1999.

The Economist, "*A Survey of Capitalism and Democracy*," June 28, 2003.

_________, *"A Survey of South Korea,"* April 19, 2003.

_________, *Guide to Economic Indicators*(5th ed.), 2003.

_________, *Pocket World in Figures*(2005 ed.), 2005.

_________, *"A Survey of Germany"*, February 11, 2006.

Evance, Thomas, *They Made America*, New York : Little, Brown & Co., 2004.

Fordham Institute, *2003 Index of Social Health*, Fordham University, Tarrytown, NY, 2004.

Foreign Policy, "A.T.Kearny/Foreign Policy the Fifth Annual Globalization Index," *Foreign Policy*, May/June, 2005, November/December, 2007.

Fortune, *Global 500*, July 26, 2010.

Friedman, Thomas L., *The World Is Flat—A Brief History of the Twenty-First Century*, New York : Farrar, Straus and Giroux, 2005.

Frumkin, Norman, *Tracking America's Economy*(4th ed.), New York : E. Sharpe, 2004.

Fukagawa Yukiko, *The Korean Economy : A Critical Assessment from the Japanese Perspective*, Institute for Global Economics and Korea International Trade Association Occasional Paper Series 05-04, June 2005.

Fukagawa Yukiko, *Japan's Economic Recovery : Policy Implications for Korea*, Institute for Global Economics Occasional Paper Series 06-05, August 2006.

Fukuyama, Francis, *State—Building : Governance and World Order in the 21st Century*, New York : Cornell University Press, 2004.

Goldman Sachs Economic Research Group, *How Solid Are the BRICs*, Global Economics Paper No. 134, December, 2005.

Graham, Edward M., *Reforming Korea's Industrial Conglomerates*, Washington, D. C. : Institute for International Economics, 2003.

Gustafsson, Anders and Michael D. Johnson, *Competing in a Service Economy*, John Wiley & Sons, Inc, 2003.

Gwartney, James & Robert Lawson, *Economic Freedom of the World*-2004 *Annual Report*, The Fraser Institute, 2004.

Guillen, Mauro F., *The Limits of Convergence : Globalization and Organizational Change in Argentina, South Korea and Spain,* Princeton University Press, 2001.

Harrison, Lawrence E. and Samuel P. Huntington ed., *Culture Matters : How Values Shape Human Progress*, New York : Basic Books, 2000.

Helpman, Elhanan, *The Mystery of Economic Growth*, Harvard University Press, 2004.

Herrnstein, Richard & Charles Murray, *The Bell Curve*, New York : The Free Press, 1994.

Heywood, Andrew, *Key Concepts in Politics*, New York : Palgrave Macmillan, 2000.

Hindle, Tim, *The Economist Guide to Management Ideas*(2nd ed.), The Economist, Newspaper Co., 2003.

Hofstede, Geert and Jan Hofstede, *Cultures and Organizations—Software of the Mind*(2nd ed.), McGraw-Hill, 2005.

IMD, *World Competitiveness Yearbook*, IMD : Switzerland, 2006.

IMF, *World Economic Outlook—Globalization and External Imbalances*, April, 2005.

Jolly, Adam, *The European Business Handbook*(10th ed.), London : Kogan Page, 2003.

Jwa, Sung-Hee, *The Evolution of Large Corporations in Korea*, Northampton, Mass. : Edward Elgar, 2002.

__________, "In Search of 'Global Standards' : The Fallacy of Korea's Corporate Policy," *Harvard Asia Quarterly*, Spring, 2003.

Kelly, Kevin, *New Rules for the New Economy-10 Radical Strategies for a Connected World*, New York : Viking, 1998.

Kearny, Edward N. and Others, *The American Way : An Introduction to the American Culture*, New Jersey : Prentice Hall, 1984.

Khalil, Tarek, *Management of Technology—The Key to Competitiveness and Wealth Creation*, New York : McGraw-Hill, 2000.

Khanna, Tarun and Krishna Palepu, *Why Focused Strategies May Be Wrong for Emerging Markets*, Harvard Business Review, July-August 1997.

Kidwell, David S. and Others, *Financial Institutions, Markets and Money*(9th ed.), New York : John Wiley & Sons, 2006.

Kim, Byung-Yeon and Jukka Pirtilla, "Money, Barter and Inflation in Russia," *Journal of Comparative Economics*, 2003.

Kissinger, Henry, *Diplomacy*, New York : Simon & Schuster, 1994.

__________, *Does America Need a Foreign Policy-Toward a Diplomacy for the 21st Century*, New York : Touchstone, 2001.

De Kluyver, Cornelis A and John A Pearce II, *Strategy-A View from the Top*, 3rd ed., 2009.

Koh Ai Tee and Others, eds., *Singapore Economy in the 21st Century : Issues and*

*Strategies*, New York : McGraw-Hill, 2002.

Kotler, Philip, *Marketing Management*(11th ed.), New York : Prentice Hall, 2003.

__________, *Marketing Asian Places-Attracting Investment, Industry, and Tourism to Cities, States and Nations*, New York : John Wiley & Sons, 2002.

Kotler, Philip & Hermawan Kartajaya, *Repositioning Asia-from Bubble to Sustainable Economy*, New York : John Wiley & Sons, 2000.

Kotler, Philip and Others, *The Marketing of Nations—A Strategic Approach to Building National Wealth*, New York : The Free Press, 1997.

Krueger, Ann O., "Opening Remarks," Delivered at the Lunch for African Governors of Central Banks, IMF, October 4, 2004.

Kunte, Arundhati and Others, *Estimating National Wealth : Methodology and Results*, World Bank Environmental Economics Series Paper No. 57, January 1998.

Kuznets, Simon, "Modern Economic Growth : Findings and Reflections," *American Economic Review*, Vol. 6, 1973.

Lee Kuan Yew, *From Third World to First : The Singapore Story 1960~2000*, New York, HarperCollins, 2000.

Lie, John, *Han Unbound-The Political Economy of South Korea*, Stanford University, 1998.

Liker, James, *The Toyota Way*, McGraw-Hill, 2004.

Lodge, George C. and Ezra F. Vogel, *Ideology and National Competitiveness*, Harvard Business School, 1987.

Maddison, Angus, *The World Economy-A Millennial Perspective*, OECD Development Studies, 2001.

Mckinsey & Co., *Korea in the Third Millennium : A Vision for the year 2010 and a Roadmap to Strong and Sustainable Growth*, 2001.

Makower, Joel, *Strategies for the Green Economy*, McGraw-Hill, 2009.

Mason, Edward S. and Others, *The Economic and Social Modernization of the Republic of Korea*, Harvard University Press, 1980.

McCraw, Thomas K, *Prophet of Innovation-Joseph Schumpeter and Creative Destruction*, Harvard University Press, 2007.

McCraw, Thomas K. ed., *America versus Japan*, Harvard Business School Press, 1988.

Merrill Lynch & Capgemini, *World Wealth Report*, 2005, 2009, 2010.

Miyashita, Kenichi and David Russell, *Keiretsu-Inside the Hidden Japanese*

*Conglomerates*, New York : McGraw-Hill, 1996.

Morishima, Michio, *Why Has Japan 'Succeded'? Western Technology and the Japanese Ethos*, Cambridge : Cambridge University Press, 1982.

Morrison, Terri and Others, *Dun & Bradstreet's Guide to Doing Business Around the World*, New York, Prentice-Hall, 1997.

Nakamura, Takafusa. *The Postwar Japanese Economy : Its Development and Structure, 1937-1994*(2nd ed.), University of Tokyo Press, 1995.

Neff Thomas J. and James M. Citron, *Lessons from the Top*(2nd ed.), New York : Currency Doubleday, 2001.

Negroponte, Nicholas, *Being Digital*, New York : Vintage, 1995.

Nelson, Richard R. & Howard Pack, "Factors Behind the Asian Miracle : Entrepreneurship, Education and Finance," Unpublished Paper, September, 1996.

Noland, Marcus ed., *Economic Integration of the Korean Peninsula*, Washington, D.C. : Institute for International Economics, 1998.

North, Douglass C., *Understanding the Process of Economic Change*, Princeton University Press, 2005.

OECD, *Economic Surveys: Korea*, Paris, 2005, 2010.

__________, *Understanding Economic Growth : Macro-Level, Industry-Level, and Firm-level*, Paris, 2004.

__________, *The Sources of Economic Growth in OECD Countries*, Paris, 2003.

__________, *Learning for Tomorrow's World and Problem Solving for Tomorrow's World*, 2003.

__________, *Convention on the OECD*, December, 1960.

__________, *Economic Survey of Netherlands*, 2005.

__________, *Going for Growth; Economic Policy Reforms*, 2006.

__________, *OECD Factbook*, 2006, 2010.

Patrick, Hugh and Henry Rosovsky eds., *Asia's New Giant-How the Japanese Economy Works*, Washington, D.C. : The Brookings Institution, 1976.

Perkins, Dwight H., "Laws, Family Ties, and the East Asian Way of Business," in Lawrence E. Harrison and Samuel P. Huntington ed., *Culture Matters*, New York : Basic Books, 2000.

__________, "*Structural Transformation and the Role of the State : Korea, 1945-1995*",

Paper Presented at the KDI Conference on the Korean Economy, Seoul, 8-9 December, 1995.

Perkins, Dwight and Others, *Economics of Development*(5th ed.), New York: W. W. Norton, 2001.

Pipes, Richard, *Communism-A History*, New York : Random House, 2003.

Porter, Michael E., *The Competitive Advantages of Nations with a New Introduction*, New York : The Free Press, 1998.

__________, "What is Strategy? The New Learning : Imperatives for Korean Companies," 서울대학교 제9회 서남강좌 발표논문, 서울 1997.

__________, "Building the Microeconomic Foundations of Prosperity : Findings from the Business Competitiveness Index," in World Economic Forum, *The Global Competitiveness Report 2005-2006*, New York : Palgrave Macmillan, 2006.

Porter, Michael, Hirotaka Takeuchi & Marko Sakakibara, *Can Japan Compete?*, New York, Macmillan Press, 2000.

RAND National Defense Research Institute, *North Korean Paradoxes—Circumstances, Costs, and Consequences of Korean Unification*, Prepared for the Office of the Secretary of Defense, the US Government, 2005.

Reischauer, Edwin O., *My Life between America and Japan*, Tokyo : John Weatherhill, 1986.

Sawer, Malcolm eds., *The UK Economy*(18th ed.), Oxford University Press, 2005.

Schweizer, Peter, *Reagan's War—The Epic Story of His Forty-Year Struggle and Final Triumph over Communism*, New York : Anchor Books, 2002.

Seligman, Martin, *Authentic Happiness*, New York : Free Press, 2002.

Seoul Development Institute and Nomura Research Institute(Japan), *Can Seoul Become a World City?*, Seoul SDI, 2003.

Sen, Amartya, *Inequality Reexamined*, Harvard University Press, 1992.

Shinohara, Miyohei, *Industrial Growth, Trade, and Dynamic Patterns in the Japanese Economy*, University of Tokyo Press, 1982.

Siebert, Horst, *The German Economy*, Princeton University Press, 2005.

Smith JR, W. Thomas, *The Korean Conflict*, New York : Alpha Books, 2004.

Song, Byung-Nak, *The Rise of the Korean Economy*(3rd ed.), New York : Oxford University Press, 2003.

__________, "The Production Structure of the Korean Economy : International and

Historical Comparisons," *Econometrica*, 1997.

Song, Byung-Nak, and Edwin S Mills, *Urbanization and Urban Problems*, Harvard University Press, 1979.

Stiglitz, Joseph E., "Korea at the Crossroad II : Korea's Place in a Globalized World," Seoul National University, February, 2003.

__________, *Freefall*, W. W. Norton, 2010.

Stiglitz, and Shahid Yusuf ed., *Rethinking the East Asian Miracle*, World Bank and Oxford University Press, 2001.

Stiglitz, and Carl E. Walsh, *Economics*(4th ed.), 2006.

Telushkin, Joseph(Rabbi), *The Book of Jewish Values*, New York : Bell Tower, 2000.

Thatcher, Margaret, *Statecraft*, New York : Harpercollins, 2002.

Todaro, Michael P. and Stephen C. Smith, *Economic Development*(9th ed.), Pearson Education, 2006.

Toynbee, Arnold and Daisaku Ikeda, *Choose Life-A Dialogue*, Oxford University Press, 1989.

Trompenaars, Fons and Charles Hampden-Turner, *Riding the Waves of Culture Understanding Cultural Diversity in Business*(2nd ed)., 1997.

__________, *The Seven Cultures of Capitalism*, New York : Judy piatkus, 1993.

Tu Wei-Ming, *Confucian Ethics Today—the Singapore Challenge*, Singapore : Federal Publications, 1984.

UNDP, *Human Development Report* 2009, 2009.

US Census Bureau, Department of Commerce, *Statistical Abstract of the US : 2004—2005*(124th ed)., 2004, 2009.

The US Central Intelligence Agency, *The World Factbook*, Washington, D.C. : Skyhorse Publishing, 2004.

US Council of Economic Advisers, *Economic Report of the President 2006,* Washington, D.C., US Government Printing Office, 2005, 2010.

The US Council on Competitiveness, *Innovate America*, National Innovation Report, December 2004, 2010.

The US National Intelligence Council, *Global Trends 2025: A Transformed World*, 2008.

The US Small Business Administration, *The Small Business Economy*, 2009.

Weatherford, Jack, *Genghis Khan and the Making of the Modern World*, crown, 2004.

The World Almanac Education Group, *The World Almanac and Book of Facts*, New York, 2005, 2010.

The World Bank, *Expanding the Measure of Wealth : Indicators of Environmentally Sustainable Development*, ESD Studies and Monograph Series No. 17, 1997.

__________, *Estimating National Wealth : Methodology and Results*, Environment Development Papers No. 57(Arundhati Kunte and Others), January 1998.

__________, *World Development Report*, 2007, 2010.

__________, *World Development Indicators*, 2005, 2010.

__________, *Doing Business in 2006*, 2005, 2010.

World Economic Forum, *The Global Competitiveness Report*, 2005-2006, 2009-2010, New York : Palgrave Macmillank, 2006, 2010.

# [부표] 한국의 기본 경제통계

| | 최초 연도 | 1970 | 2009 |
|---|---|---|---|
| GNI($10억) | 1.4(1953) | 8.2 | 837.0 |
| 1인당 GNI($) | 67(1953) | 254 | 17,085 |
| 농업의 비중(%) | 47.3(1953) | 26.6 | 2.3 |
| 인구(천 명) | 20,189(1949) | 32,241 | 48,747 |
| 평균연령 | 23.1(1960) | 23.6 | 37.3 |
| 평균수명 | 52.4(1960) | 62.3 | 80.1 |
| 65세 이상(%) | 3.3(1955) | 3.1 | 10.7 |
| 농가인구(%) | 71.4(1949) | 44.7 | 6.6(08년) |
| 국토면적($km^2$) | 93,634(1949) | 98,477 | 100,140 |
| 농경지비율(%) | 21.9(1949) | 22.6 | 20.3 |
| 대지(%) | 1.2(1960) | 1.4 | 2.7 |
| 가 구 수 | 3,791(1955) | 5,576 | 16,917 |
| 평균가구원수 | 5.5(1955) | 5.2 | 2.8 |
| 주택수(천 호) | 3,932(1965) | 4,360 | 14,169(08년) |
| 주택보급률(%) | 81.3(1965) | 78.2 | 109.9[a] |
| 자가주택 비율(%) | | 68.2 | 55.6(05년) |
| 취업자(천 명) | 7,563(1963) | 9,617 | 23,506 |
| 농림어업(%) | 63.0(1963) | 50.4 | 7.2(08년) |
| 농가수(천 호) | 2,474(1949) | 2,483 | 1,212(08년) |
| 소비자물가지수 | 55.6(1965) | 100.0 | 1,796 |
| 제조업체수(천 개) | 8.6(1955) | 24.1 | 320.1 |
| 종사자수(천 명) | 221(1955) | 1,284 | 3,277 |
| 상장회사수 | 15(1963) | 48 | 770 |
| 주주수(천 명) | 15(1963) | 76 | 3,771(08년) |
| 자동차대수(천 대) | 12(1948) | 127 | 16,794(08년) |
| 승용차(천 대) | 2(1948) | 61 | 12,484(08년) |
| 수출($억) | 0.2(1948) | 8.4 | 3,635 |
| 수입($억) | 2.1(1948) | 19.8 | 3,231 |
| 외환보유액($10억) | 0.2(1960) | 0.6 | 270.0 |

| | 최초 연도 | 1970 | 2009 |
|---|---|---|---|
| 대외채무($10억) | | 2.6 | 152.2(채권) |
| 국민의 평균 교육연수 | 5.0(1965) | 5.7 | 11.9 |
| 초졸 이하 인구(%) | 95.0(1947) | 73.4 | 19.1(05년) |
| 대졸 이상 인구(%) | 0.6(1947) | 4.9 | 31.4(05년) |

주. a : 1인가구를 제외한 비율.

참고 : 통계청, 『한국의 사회지표』, 2009; 『통계로 본 8·15광복 이후 경제 · 사회변화상』, 2006. 8; 『통계로 본 대한민국 50년의 경제사회상 변화』, 1998; 송병락, 『한국경제론』(제3판), 1992; 한국은행, 『경제통계연보』.

# 국문색인

ㄴ

ㅇ

ㅈ

## ㅊ

ㅋ



ㅌ



ㅍ



ㅎ

# 영문색인

## 저자소개

〔주요경력〕
서울대학교 부총장 역임
미국 하버드대학교 경제학과 초빙교수(동아시아경제 강의)
국제연합(UN)·세계은행(IBRD)·아세아개발은행(ADB) 등 자문위원
한국개발연구원(KDI) 산업정책실장
한국과학기술원(KAIST) 산업공학과 대우교수
하버드대학교 케네디스쿨 리서치 펠로우
공정거래위원회 위원, 국민연금발전위원회 위원장
에너지경제연구원·자유기업원 이사장
현재 서울대학교 경제학부 명예교수, 포스코 전략대학 석좌교수

〔학　　력〕
서울대학교 경제학과 졸업, 경영대학원 수료
미국 남캘리포니아 대학원 경제학 박사
하버드대학교 포스트 닥터 과정 수료

제 5 판
한국경제의 길 — 독창적 모델을 찾아서 —

1981년 3월 20일 초판발행
1984년 10월 15일 제 2 판발행
1992년 9월 15일 제 3 판발행
2006년 11월 25일 제 4 판발행
2010년 10월 10일 제 5 판발행
2015년 3월 10일 제 5 판 4쇄발행

저　자 송 병 락
발행인 안 종 만
발행처 (주)박영사
서울특별시 종로구 새문안로3길 36, 1601
전화 (733)6771 FAX (736)4818
등록 1959. 3. 11. 제300-1959-1호(倫)

www.pybook.co.kr e-mail: pys@pybook.co.kr


정 가 25,000원　　ISBN 978-89-6454-063-3